睿文館

ÜBER DEN PROZEß DER ZIVILISATION

Soziogenetische und Psychogenetische Untersuchungen

Norbert Elias

文明的进程

文明的社会发生和心理发生的研究

〔德〕诺贝特·埃利亚斯 著　王佩莉 袁志英 译

上海译文出版社

献给我的父亲和母亲

赫尔曼·埃利亚斯，1940 年
死于布雷斯劳
索菲·埃利亚斯，1941 年(?)
死于奥斯威辛

目 录

中文版序

“文明”是个漫长的过程

——读埃利亚斯的《文明的进程》

邓伟志

西方人吃饭用刀叉，刀切叉挑，从容地将饭菜送入口中，细嚼慢咽，从不发出咂巴之声，残渣骨头也不会直接吐放于饭桌之上。在欧洲你几乎看不到有人随地吐痰，吐痰擤鼻涕用手绢或纸巾，这做派给人以文明的印象。这文明在今天已成为自然而然之事。不过在埃利亚斯看来，这种“文明表现”绝非原本如此，天然如此，而是历经数百年逐步演变的结果，是心理逐步积淀规范的结果。中世纪的欧洲，人对自己的行为较少调节，冲动和本能乃是人的主宰。那时就餐是用脏兮兮的手去抓，狼吞虎咽，吃相难看得很；啃过的骨头乱扔一气，赤手擤鼻涕，擤毕就在衣服上擦擦手。13 世纪时，一位拜占庭的公主在威尼斯忽发奇想，用一枚小巧的两股金叉将饭菜送入口中，竟引起轩然大波，被视为绝大的丑闻，不少神父跳将出来诅咒这一“犯罪”行为，甚至认为是对上帝的亵渎，公主会为此遭到天谴。直至中世纪末期，欧洲的风俗才逐步雅致化。16 世纪，首先是在意大利，继而在法国，最后在英国、德国，上层贵族才开始用刀叉进餐。这些都是德国社会学家埃利亚斯的名著《文明的进程》告诉我们的。

现今世界上有一两百个国家，当初并非如此。埃利亚斯探讨了欧洲民族国家的形成过程，这也是社会组织文明化的进程。个人行为的文明和社会组织的文明，在埃利亚斯看来，是人类文明进程的相互制约、相互促进的两个方面。《文明的进程》一书是埃利亚斯的成名之作，曾轰动西方世界，并一度成为畅销书。

诺贝特·埃利亚斯(Norbert Elias，1897—1990)出生于原属德国、战后划归波兰的布雷斯劳的一个犹太富商家庭。他被誉为20世纪百科全书式的人物，21世纪的社会学家，这样一个横跨两个世纪的学者，恐不多见。

有关“文明”和“文化”的定义不下千种，在埃氏那里，“文明”一词是对现代西方社会发展水平的一种总结性的概念，它涵盖如下内容：较高水准的科学技术、社会组织以及某种生活方式。文明是过程，或者说是过程的结果。埃氏没有进行价值评判，只试图进行客观描述。他说：“我们习惯把文明看成是一种财富，一种摆在我们面前的现成的财富，至于如何达到这一步的则不加闻问。”

他认为，人群社会若要生存，社会分工不可避免。分工相互关联，相互依存，单个的行动和整体过程愈协调配合，就愈会提高人与人之间相互依赖和依存的水平。随着分工的日益复杂，人与人之间相互依存的链条也会越来越长。而这一链条需要一种可靠的、可调节的、可监控的行为加以配合，否则就会运转不灵。埃氏在研究了大量的历史资料后得出结论说，人的行为方式在社会发展中不断变化，冲动、本能、情绪化的行动逐步为经过调控的、自我强制的习惯所取代。人的每一行动都处于相互依存的网络之中；这一网络要求人在采取行动时瞻前顾后；这种瞻前顾后慢慢形成自动化机制，亦即自我调节的机制，从而成了人的个性结构的因子。而今习以为常之事，如开头所说，并非天然如此，而是历经数百年演变的结果。他以人的就餐、如厕、擤鼻涕、吐痰、房事和攻击性等方面的行为举止为例，来论述规范的过程，也就是人类的文明进程。

《文明的进程》的下卷谈的是国家的社会发生。在埃氏看来，欧洲中世纪早期那些分分合合的王国算不得国家。由于离心和集中、竞争和垄断力量的运作，这些国家总是分久必合，合久必分。如何从这种怪圈中走出来呢？中央领主光是占有土地还不行，还要完成对暴力的独占，而后者的前提则是对税务的独占，有了税收，方能养活一支常备军。军队是镇压臣下反抗、巩固国内政权的必备手段。税务和暴力的垄断是相互依存的，没有暴力的垄断，捐税也收不上来。随着中央领主的统治日趋巩固，便会出现“垄断的社会化”；换言之，从王室家族中渐渐发展出一个分工明晰的管理机构来，也就是王室人员对行政机关的私人占有逐步社会化。先是转变为社会阶层独占，进而公共独占，最后变成国家的一个中央机关。埃氏将垄断的社会化称为“固有法理”，是一种相互依存的功能，不仅被统治者受到统治者的制约，反之亦然。

垄断社会化后，竞争又转至另一个层面，即为独占内部的机遇而展开竞争。国王处于竞争的中心，因而能进行调控，发挥所谓“国王机制”的作用。国王利用分配权挑动各个社会集团相互争斗，“分而治之”，使各方实力保持平衡，而自己“稳坐钓鱼台”。“国王机制”不仅显露出中央政权一步步迈向稳定的轨迹，也使人认识到各个社会集团相互交织的关系。各派力量平衡，说明各派相互依存达到了很高的程度。与此相应的是，宫廷社会高雅的风范对感情的调控也达到了高水准。翩翩的风度，潇洒的举止，不再是可有可无的外在，而是取得成功的必备条件。重大机遇只有通过赏赐、拉帮结派、溜须拍马和行贿收买才能得到。

然而这种“国王机制”并不能千秋万代，随着社会的进一步分化，专制主义社会必然瓦解。法国大革命一声炮响，不但第一、第二等级归于灭亡，而且第三等级中有贵族头衔与特权的市民阶层也被剥夺了权力，可是国家对暴力和税务的独占反而加强了。埃氏认为，在西方国家，这种独占抑或垄断不仅社会化了，而且在法律上也社会化了。

埃利亚斯突破了各个学科之间人为的藩篱，使其相互贯通，精心打造出这部著作，为 21 世纪的社会学指明了方向，为此有人称他为“革新者和克服者”。埃氏把历史研究推向一个崭新的阶段：不仅研究社会经济，而且考察了人的情绪气质和思维方式的变迁；不仅重视重大事件，而且大处着眼，小处着手，探讨行为举止，日常生活，以小见大。他以其《文明的进程》成了日常生活史研究的开拓者，从而在西方掀起研究宫廷和近代初期的衣食住行的热潮。传统社会学把个人和社会看成是两个各自独立的实体，而埃氏推翻了这种两分法，提出两者不可分割，“同是人的两个不同的、相互联系的方面”。它们的关系不是部分和整体的关系，抑或手段和目的的关系。个人不可能在社会之外，人的个性化不仅不能脱离社会，相反，有了人群的高度多元化，才会有人的高度个性化。在埃氏看来，人是一个统一体：生物的人、社会的人、历史的人、形而上的人综合在一起，联结在一起，才始而为人。所以对人不可单方面去看，而是要综合分析。《文明的进程》表明，人类社会处于不断发展之中，人类历史应看作是人际关系不断分化和整合的过程。埃氏以不同于西方传统的眼光来看待人和自然的关系，使人愈益增长一种地球上所有人都密切联系的意识。他认为，历史的过程，是偶然和系统有序相互交织的结果，其长期的能动性是有迹可寻的，他反对两种极端的历史观：要么把历史看成是无法调控、无法把握的一团混乱；要么把历史看成是有目的、有计划的进程。他将 19 世纪的进化论和 20 世纪社会变革论综合于这部著作之中，他的整个社会长期的结构变迁的进程模式也为 21 世纪社会学研究奠定了基础。《文明的进程》主要以法国为例展开他的论述，兼及其他国家。有人说，从来没有哪一位社会学家像埃氏那样为国际社会学作出那么大的贡献，“埃利亚斯和他的《文明的进程》属于世界社会学”。

《文明的进程》于1937年试印出版以来，也是历经坎坷。试印本曾分发给有关学者，反响并不热烈。1939年正式出版，托马斯·曼收到埃氏赠书后曾写下这样的话：“埃利亚斯这部书比我想象的有价值得多，特别是对中世纪的表述，以及对走向没落的骑士时代的论述。”这几句话大概是对该书最早的评论。先后还有几篇正式评论，但二战烽火连天，没有引起大家注意。直至20世纪50年代，荷兰社会学家古德斯布洛姆发现了它，立即有种“众里寻他千百度，蓦然回首，那人却在灯火阑珊处”之感，一口气读完了它，由他倡导，该书甚至成了荷兰教师的必备参考书。埃氏离国时尚未成名，这也影响了该书的传布。五六十年代德国风行的是由北美传来的系统论，六七十年代时兴的是新马(克思主义)或者说西(方)马(克思主义)，他的文明理论难以插足其间。举凡天时、地利、人和，均不得其一。1969年在瑞士再版，每部70马克，这是令人望而却步的价格。

1976年由祖尔坎普出版社出了简装本之后，才算取得了真正的突破。当时出版社担心出书容易卖书难，没料到，当年就销售了2万部，继而突破了8万部！以后又被译成世界各主要语种。

这是一部攻读社会学，特别是历史社会学的必备参考书。埃利亚斯将历史学、政治学、心理学、经济学、种族学、人类学、社会学熔为一炉，试图对人类的过去进行总结，对未来有所启示，所以此书被称为百科全书式的著作，21世纪的社会学。作为一名社会学教师，我郑重地推荐这部书，相信它一定会为读者增添精神营养，开阔视野，拓宽胸怀。

我和袁志英教授相识于30多年前，他曾翻译多种自然哲学和社会科学名著，对其专业领域的德语文学也有所建树。他的翻译准确流畅，曾有人以“极其准确、极其精彩、极其生动”来评价由他主译并审校的长达 70 万字的《智谋》下册，在我阅读了《文明的进程》的中译本后也有同感。

序　言

1 如果今天有谁对人的情感及情感控制结构进行研究并试图对此提出理论的话，往往会满足于将那些对发达国家同时代人所作的观察作为实证材料。也就是说，人们往往会不加考虑地认为，在对某一发展阶段的人，比如对自己所处社会到处可见的人的情感及情感控制结构进行研究的基础上，便可以提出有关人，有关各个社会里的人的情感及情感控制结构的理论。在这方面已经有许多比较容易得到的观察成果。这些成果指出，在各个社会的不同发展阶段上，甚至是在同一社会不同的阶层里，人的情感控制水准和模式也会各不相同。不论是对欧洲国家几百年来的发展进行研究，还是对位于地球其他地方的“发展中国家”几百年来的发展进行研究，总会一再地遇到这样的问题：社会会长期朝着某一方向发生变化，总体上专业术语称为“发展”；人的行为和经验，由外部强制和自我强制来控制的个人情感以及从某种意义上来说人的所有行为的构成也会朝着某一个方向变化。这一切究竟是怎么发生的？为什么会发生？在日常生活中对这种变化的解释往往是：自己国家的人比以前“文明”了，其他国家的人“不文明”，甚至比自己国家的人“野蛮”。这些解释中的褒贬成分显而易见，不清楚的是其所依据的事实。究其原因，部分是因为就目前社会学研究的水准来说，要对个人的结构，特别是对人的情感控制的长期变化进行实证研究还是非常困难的。目前，社会学所感兴趣的是较短时期内的社会进程，特别是一些与现时社会有关的问题。总的来说，关于社会结构和个人结构长期变化的问题目前还无人问津。

本书所要研究的正是这种长期的社会发展进程。对社会发展进程的各种类型作一个简要的说明，将有助于对本书的理解。首先可以从社会结构的变化上分出两大类：越来越多样化和统一化的社会发展以及与其相反的社会发展。第三种类型的社会发展是：虽然社会的结构和社会的某些观念发生了变化，但是这种变化既不是越来越多样化和统一化，也不是与其相反。最后，还有许多不涉及社会结构变化的类型。到此为止还没有穷尽社会变化的所有类型，因为还有许多混合类型。人们常常可以看到，在同一社会中好几种类型，甚至是朝着完全相反方向发展的变化同时并存。而这一简短的介绍已经足以说明这本书中所涉及的问题了。这本书的上卷所要探讨的是，能否用可信的材料来证实一种建立在各种观察之上的假设，即在某些社会中人的情感结构和情感控制结构长期地、一代又一代地朝着同一方向发展。这一卷展示了社会学的研究步骤及结果，与之相对应的是众所周知的物理自然科学的实验及成果。上卷的目的在于揭示和解释那些确实存在的、尚未进行过研究的领域，以及揭示和确定其相互间的联系。

人的情感和情感控制结构一代又一代地朝着同一方向，即朝着控制越来越严格、越来越细腻的方向发展得到证实之后，又产生了进一步的问题：是否可以在个人结构的长期变化与社会结构的长期变化之间找到某种联系。这种个人结构的长期变化和社会结构的长期变化是同方向发展的，即都朝着具有更高水准的多样化和统一化方向。这便是下卷所要探讨的问题。

事实上，对于长期朝着同一方向发展的社会结构变化还缺乏实证材料，因此有必要把下卷中的一部分篇幅用于揭示和说明有关这一类社会变化的实际情况。问题是，用可信的材料来证实社会结构的变化确实是朝着更高水准的多样化和统一化的方向发展是否可能。回答是肯定的。下卷中所谈到的国家形成过程便是说明这类结构变化的一个例子。

最后，本书末尾暂定的“文明论纲”中对朝着情感控制越来越严格、越来越细腻方向发展的个人结构长期变化和把人凝聚在一起的社会形态的长期变化之间所可能存在的联系提出了一个模式。这种社会形态是朝着更高水准的多样化和统一化，比如朝着人与人之间互相依赖的细化和不断加强，朝着“国家控制”不断稳固的方向发展的。

2 从实证和理论的角度来研究某种特定的、被称为“发展的”长期结构变化并揭示和解释有关的情况，就是对那种把“发展”的概念与一种机械的必然性或与一种目的论联系在一起的形而上学观点的摒弃。这一点是很清楚的。正如本书上卷所谈到的，文明这个概念在过去也常常被涂上某种形而上学的色彩，以致它的意义至今模糊不清。

正如以上所述，本书试图揭示与常用的、并非十分科学的文明概念有关的一些重要情况，首先是朝着情感控制越来越严格、越来越细腻的方向发展的个人的结构变化，由羞耻感和难堪界限前移所造成的人的感受的变化以及在就餐方面由餐具的多样化而引起的人的举止行为的变化。这种一代又一代地朝着同一方向发展的变化一旦被证实，接下去的任务便是如何对它加以阐释。如上所述，本书下卷末尾的论纲便是这样的一种阐释。

进行这样的研究，也同样是对至今仍然占有统治地位的有关社会变化的那些理论的摒弃。在社会学的领域里，这些理论已经逐渐地代替了以往那种旧的、带有某种形而上学色彩的以“发展”这一概念为中心的理论模式。可以看到，这些理论对我们以上所提到的各种不同类型的社会变化几乎不加任何区别。特别缺乏的是建立在实证研究之上、有关社会进程和发展的长期社会变化的理论。

当我在写这本书的时候，我清楚地知道，这本书将成为普遍意义上的社会进程和特殊意义上的社会发展理论的基础。这一理论是非教条的，是建立在实证研究基础之上的。我尤为深信的是，在下卷中对国家形成的长期进程所作的研究和所提出的有关模式也可被视为有关促使社会长期朝某一方向发展的动力的模式。社会发展的概念所指的便是这种长期朝着某一方向的发展。当时我并不认为有必要特别强调指出，这本书所作的研究既不同于 19 世纪意义上的，即机械进步意义上的“演变”，也有别于 20 世纪意义上的非典型的“社会变化”。当时我认为这一切都是显而易见的，因此便没有特意去指出这些理论上的关联。现在我知道当时的想法是错的。第二版序言给了我纠正这一错误的机会。

3 包罗万象的社会发展伴随着时而前移、时而后退的社会形态变化，但从长远看，这个变化始终是朝着一个方向发展的。这本书所研究和描述的便是社会发展中的主要现象之一，即几百年来不断前移的统一趋势，也就是国家形成的过程以及作为其补充现象出现的不断前移的多样化趋势。这个朝着一定方向发展的社会变化是可以证实的，不管人们如何对此加以评论。为了研究这方面的情况，光从社会变化这样一个角度出发是不够的。如果只说变化，那么对云和烟圈进行观察也会发现变化：它们时而呈现出这种形状，时而又呈现出那种形状。社会变化的概念是社会学研究中一个很不好用的概念，因为它既没有区别不涉及社会结构的变化和涉及社会结构的变化，也没有区别不朝着某一特定方向的发展和历经数代始终朝着同一方向，即更加统一方向的发展。

本书中要论述的其他一系列问题也是如此。我阅读了有关的文献和证明材料并对逐渐可以条分缕析的理论问题进行了思考。当我做了这些准备工作并且比较清楚该如何着手去阐述这些问题的时候，我便意识到，这本书也将会有助于揭示这样一种关系，即个人心理结构，也就是所谓的个人结构和那种把许多互相依赖的个人凝聚在一起的社会结构之间的关系这样一个复杂棘手的问题。这是因为本书的观点与大多数人的看法不同，它没有把这两种结构视为不变的，而是从一开始便把它们看作变化的，看作在同样的长期发展过程中互相依赖的两个方面。

4 倘若与这本书的研究范畴有关的各个学科，首先是社会学，已经像目前许多自然科学那样成熟的话，那么，对于长期的社会进程所进行的认真的、有文可查的研究，比如对文明进程和国家形成过程所进行的研究，在经过仔细核实、讨论，用批评的眼光剔除了那些毫无用处、一驳就倒的部分之后，便能够全部或部分地成为实证的和理论的社会学共同的基础知识。因为科学研究的进步，大多是建立在许多同专业人员的互相交流、启迪以及同一基础知识不断发展的基础之上的。所以，30 年之后，本书或许会成为这一学科的经典著作，或许会因为不同程度地为其他研究成果所超越而被送进坟墓。

后一种可能性已被排除。本书出版已有 30 年之久，但是这一经验与理论相结合的研究成果至今仍然具有开拓性意义，这是因为今天与 30 年前一样需要这一类的研究。对于本书所论述问题的迫切性的认识正在不断增长。可以看到，到处都有人在这一方面进行勇敢的探索。我在这两卷书中所收集的经验性文献，以及紧接着所提出的“文明论纲”，曾经为解决这些问题做出过努力。在我之后也有人在这一领域里进行了一些尝试，然而我并不认为这些尝试是成功的。

塔尔科特·帕森斯①在今天仍然堪称很有影响的社会学理论家。在此以他为例简要地论述一下，他是如何提出并解决这里所探讨的一些问题的。帕森斯理论的特点，正如他自己所说，是试图把他所观察到的各

① Talcott Parsons(1902—1979)，美国社会学家，结构功能理论的奠基者和主要代表。——译者

种社会类型解析为其基本的组成部分。[1]他把这些基本组成部分中的某一种类型称为“变量型”。情感和非情感的区分也属于变量型。如果说，他把一个社会看作某个玩牌者手里的牌，那么这种说法或许最接近于他的观点。在帕森斯看来，每一个社会都是纸牌各种混合的结果。然而，不管怎么混合，纸牌总是这一些。尽管纸牌组合花样繁多，可纸牌数量有限。纸牌中有一张便是情感和非情感的对立。据帕森斯说，他的这种思想最初源于特尼厄斯把社会类型分为“团体”和“社会”的做法。帕森斯也许是这么认为的，“团体型”的特征是“情感”，而“社会型”的特征则是“非情感”。与纸牌游戏中其他“变量型”一样，帕森斯也为这种类型规定了一种普遍意义，以区别于各种不同类型的社会和同一社会中各种不同的关系。同时，帕森斯也研究了社会结构与个人之间的关系。[2]他谈到，先前他只是把它们看作两个有密切联系的、互相影响的“人的行为系统”，而现在他则可以肯定地说，从理论上来看，它们是同一个基本行为体系中的不同的阶段或方面。他用下列例子形象地说明了这一点。他说，在社会学方面被视为“非情感”的形式，就其本质来说，就是在个人方面被视作“为了有纪律的组织和个人的长远利益而承担的放弃眼前满足的义务”。

为了更好地理解下面所要论述的问题，把后人为解决这些问题所作的努力与我在这本未经修改的再版书中所描述的研究进行一番比较，并非毫无意义。从帕森斯对于类似问题的研究中可以看到，在研究方法以及在对社会学理论的看法上有着明显的区别。《文明的进程》一书用详细的以经验为依据的文献所证实的过程，后来被帕森斯不必要地用静止的概念简化为状态。人的情感控制逐步地朝着不断强化和更有规律的方向——但绝不是朝着非情感的状态——变化这样一个复杂的过程，在帕森斯那儿被简单地说成是情感与非情感两种状态的对立。由此而得出的假定是，这两种对立状况以不同的程度存在于各种类型的社会之中，就像由化学物质组成的各种混合物那样。由于帕森斯在概念上把《文明的进程》一书中从经验和理论两个方面所证实的过程简化为两个不同的状态，他便无法对他所说的各个社会的不同特点作出解释。可以看到，他对如何解释这一问题只字不提。“变量型”中两个对立概念所指的不同状态似乎是与生俱来的。正如人们在实际情况中所观察到的那样，朝着不断加强、更有规律的情感控制方面的发展变化是非常清楚的，并且有着许多细微的差别。然而，在帕森斯的理论中，这种变化消失得无影无踪。用两个对立的概念把事实上正在形成和已经形成的社会现象分解为两种对立的状况，这无论是在经验还是在理论研究方面都意味着对社会学认识的不必要的简化。

毫无疑问，任何一种社会学理论的任务都是要搞清一切可能存在的人类社会所共有的特征。社会进程的概念和本书中使用的其他许多概念便是为这一目的服务的。然而，我认为帕森斯所选择的那些基本概念完全是任意的。隐藏在这些基本概念后面的观点是：任何一种科学理论的任务都是通过概念把一切可变的事物简化为不可变的，把一切错综复杂的现象简化为个别的组成部分。这种观点没有经过任何检验，可是却常常被视为理所当然。

帕森斯的例子使我们认识到，在思想上系统地把社会过程简化为社会状况，把错综复杂的现象简化为简单的、似乎彼此并不相关的各个部分的方法反而使社会学理论变得更加复杂。只有当这种理论上的简化及抽象的方法能够非常明确地说明和加深对于人既是个性的、又是社会的这样一种认识时，才能被看作是合理的。然而，事实上用这种思想方法形成的理论，比如像托勒密①的周转圆理论②必须借助于许多不必要的复杂的体系才能与可以用经验来确定的事实相统一。这些理论往往就像

① Ptolemy（约90—168），古希腊天文学家。——译者

② 根据这一理论，所有的行星都是以地球为中心周转的。——译者

是一片黑色的云层，光线必须透过云层的缝隙才能照到地面上。

5 帕森斯的理论便是这样的一个例子。他试图对个人结构与社会结构之间的关系提出一个理论模式，对此下面还将详细论及。在帕森斯那里，两个无法完全调和的概念经常被混为一谈。“个人”与“社会”，“自我”与“体系”，是互相区别的两种不同的存在。其中前者，即个人，被视为真正的现实，而后者则更多地被视为一种次要的现象；这样的概念与在由人组成的世界里个人和自我是不可分割的两个不同的层次这样的概念在帕森斯那里经常被混淆。所有涉及个别的人和社会的人的概念，诸如“自我”“体系”以及一切与之相近的概念，经过帕森斯——除非他是在心理分析的范畴中使用这些概念——的摆弄后，似乎就可以把不变的状态看作“个人”与“社会”的正常状态。如果被这些观念所扰，看不清人的实际情况，便无法真正理解这本书所进行的研究。如果认识不到“个人”和“社会”不是指两个割裂的存在，而是指同一个人不同的但不可分割的两个方面；认识不到在正常情况下“个人”和“社会”这两个方面都是处于一种变化的结构之中的，也就不能理解这本书所讨论的问题。进程是“个人”与“社会”的特性，任何一种研究人的理论都不能忽视这一特性。事实上，无论是对社会学还是对其他研究人的理论来说，认识这一特性都显得异常重要。正如本书的研究所表明的，只有当人们把“个人”和“社会”看作是变化的、正在形成和已经形成的东西，才能阐明个人结构与社会结构之间的关系。只有这样，人们才有可能像这本书一样，对这两者之间的关系提出一套可以用经验来证明的、与事实比较相符的理论模式草案。可以非常肯定地说，只要人们在思想上理所当然地把这两者视为首先是割裂的，然后才互相接触的，在正常的状态下总是处于静止的东西，就无法理解在观念上被看作“个人”与“社会”这两种存在之间的关系。尽管帕森斯和所有受这一思想影响的社会学家并没有明确地、直截了当地表露，但是，毋庸置疑，在他们的脑子里浮现着把“个人”与“社会”这两个概念视为两种割裂的存在的思想。为了说明这种思想，在这里仅以帕森斯为例。他接受了涂尔干①的观点，认为“个人”与“社会”之间的关系是一种“互相渗透”，是个别的人与社会体系之间的“互相贯穿”。不管人们怎么来理解这种“互相渗透”，这一比喻除了说明先有两种不同性质的东西存在，然后这两者才在某种程度上“互相贯穿”之外，还能说明什么呢?[3]

与这种社会学思想不同的观点到处可见。本书之所以能对个人结构和社会结构之间的关系进行比较深入的探讨，是因为此处并没有忽视这两者的变化及其正在形成和已经形成的过程，并没有把它们作为与结构无关的或“纯粹历史”的东西而忽略不计。个人的结构与社会的结构是在不可分割的互相联系之中形成的。人们无法确切地说，某个社会的人是文明的。然而，人们却可以在以事实为依据的、系统的调查研究基础上比较确切地说，某些群体的人比过去文明了。不过，这种说法并不说明孰优孰劣，也不带任何褒贬之意。个人结构的这种变化是社会结构变化的一个特殊方面，这一点是可以证实的。本书正是在这一方面作了尝试。

帕森斯与当代其他的社会学理论家一样，即使是在研究社会发展的问题时也把变化简化为状态。这种现象并没有什么值得奇怪的。帕森斯的观点是与社会学的主流相一致的。他认为，任何一个社会在通常情况下都处于一种稳定不变的平衡状态。只有当社会规定的义务被忽略、当互相适应的状态被打破的时候，这种平衡的社会常态才会发生变化。[4]根据这一观点，社会变化通常只是处于平衡状态的社会制度在外界干扰下

① Emile Durkheim(1858—1917)，法国社会学家。——译者

所出现的一种偶然现象。此外，按照帕森斯的观点，这种受到干扰的社会将会重新力求达到一种新的平衡。他认为，迟早会形成具有另一种均势的“体系”。尽管会遇到各种波折，但是这一均势总会机械地复原。总之，他认为社会变化的概念是指由于干扰而形成的、处于两个不变的正常状态之间的过渡状态。在这一点上，本书的观点也与帕森斯和他那个学派所坚持的观点有着明显的区别。本书通过大量的实证材料证明了这样一个观念，即变化是一个社会的正常特点。本书认为，应该以不断变化的社会结构为前提来研究处于某一特定时期的社会状况。与此相反，社会学的主流观点则认为，应该以那些在观念上通常被视为处于静止状态的社会来研究一切变化。于是他们便把社会视为一种“社会体系”，又把“社会制度”视为一种“处于静止状态的体系”。即使是一个有着多种形态的“高度发展”的社会，他们也常常力图把它看作一种静止的孤立的状态，而没有把这种高度发展的社会究竟为什么、怎么会发展成这种具有多样化状态的问题视为社会学研究中不可缺少的一个方面。按照这种主流的、静止的体系理论，社会变化、社会进程和社会发展，包括国家的发展和文明的进程，都只是一种“附属的东西”，在对短期的社会状况的研究中常常只是被当作一种纯粹的“历史的序曲”。对于理解“社会体系”及其“结构”和“功能”来说，并不需要对这些问题进行研究和解释。被当代“功能结构主义”学派经常挂在嘴边的那些概念，如“结构”“功能”，本身就已经被打上了把过程简化为状态这种奇特思维方式的烙印。当然，即使是这些概念的发明者也不能对被视为静止状态的社会“整体”或“部分”以及它们的“结构”和“功能”是发展变化的这样的认识采取完全置之不理的态度。然而，他们把这一类问题看作是通常情况下不变的社会体系的附属情况并把它们单独地列为一章，题为“社会变化”。这种做法与他们静止的思维方式是一致的。这样，“社会变化”本身便在概念上被视为一种静止状态的表征。

换言之，他们是这样把“状态”这一基本观念与对社会变化所进行的经验的观察研究联系在一起的：即在陈列着不变的社会现象的理论蜡像馆内又添置了几个特殊的蜡像。这些特殊的蜡像也是不变的，尽管它们被挂上了“社会变化”或“社会进程”的牌子。从某种意义上说，社会变化的问题就这样被冻结了起来，并在“状态”这一社会学观念中变得没有危险了。于是出现了这样的矛盾：一方面，无论是在生活实践还是在经验的社会学研究中，人们都比过去任何时候更加有意识、更加努力地关注社会发展的问题；而另一方面，恰恰是在这个时候，“社会发展”这一概念却几乎已经从当代社会学理论家的视野中消失了。

6 当人们要为一本在理论和经验两方面都与当代社会学所流行的观点相异的书写序时，便有义务清楚地告诉读者本书中所要探讨的问题及其解决问题的步骤，以及为什么、是以什么方式区别于主流的社会学理论的，首先是在理论的社会学方面。要做到这一点就无法回避以下问题，即为什么 19 世纪社会学的著名代表人物曾热衷于长期社会进程的研究，而在 20 世纪却一下子转向状态研究了；为什么在社会学研究领域里几乎再也没有人去为阐明长期的社会进程而努力了。在这篇序言里，我无法对社会学家主要研究兴趣的转移以及整个社会学思维方式所发生的相应的、根本的变化进行详细探讨。然而，鉴于这些问题对于理解下列研究及社会学发展的重要性，又不能完全弃之不顾。能从导致社会学思维退化和与之相应的研究范围缩小的整个情况中找出少许加以讨论，我便满足了。

20 世纪的许多社会学家，首先是那些主流的社会学理论家对 19 世纪著名社会学理论某些观点的背弃，便是“发展”这一概念之所以会变得声名狼籍，社会学家们之所以会越来越不重视社会进程、社会起源和一切社会形态的发展等问题的最明显的原因。事实表明，19 世纪由孔德[①]、斯宾塞[②]、马克思、霍布豪斯[③]和其他许多理论家所提出的有关社会长期发展的理论模式，其中有一部分是建立在假设的基础之上的。这些假设首先是由这些人的政治世界观决定的，其次是由他们注重客观实际的观念决定的。与他们相比，以后几代社会学家所掌握的材料要丰富得多，而且这些材料还在不断增加。他们运用自己掌握的丰富经验对 19 世纪经典的发展理论进行了检验，发现在旧的关于发展的模式中有许多观点是值得怀疑的，至少是需要加以修正的。许多被 19 世纪的社会学先驱奉为理所当然的信条无法为 20 世纪的社会学代表人物所接受。其信条之一是，社会必然会朝着进步和越来越完善的方向变化发展。以后的许多社会学家根据他们自己的社会经验，断然拒绝接受这种信念。在对历史的回顾中他们清楚地看到，旧的发展模式是由一些比较符合客观实际的观念与其他一些意识形态观点所组成的大杂烩。

如果是在一种比较成熟的科学领域里，鉴于这种情况人们或许首先会对旧的发展模式进行修正和调整，或许会非常明白而又清楚地指出，就目前所掌握的更加丰富的材料来看，旧的发展理论中哪些观点是值得作为研究成果加以保留和进一步发展的，哪些观点只是一种在一定时期内所形成的政治世界观方面的偏见。对于后者应该给它立上一块墓碑并把它作为一种死的教条送进墓地。

然而，人们并没有这么做，而是非常激烈地去反对那些探讨长期社会进程的社会学理论。关于社会长期发展的研究几乎完全被抛弃了。在全盘否定旧的理论模式的同时，社会学的主要兴趣转向对社会状况的研究。人们认为，在正常情况下社会状况总是处于一种静止的平衡的状态。与此同时形成了一套固定的标准的理由，以反对旧的社会学理论及其

---

① Auguste Comte（1798—1857），法国哲学家和数学家。——译者

② Herbert Spencer（1820—1903），英国哲学家。——译者

③ Leonard Trelawney Hobhouse（1864—1929），英国哲学家和社会学家。——译者

主要概念，特别是反对社会发展的概念。由于人们并没有花力气去把发展概念中符合客观实际的思想动机与意识形态的思想动机区别开来，便把长期的社会进程，特别是发展的进程理所当然地与 19 世纪社会学中这样或那样的信条联系在一起。首先是与这样一种观点联系在一起，即社会总是机械地朝着进步的、越来越完善的方向发展变化，不管这一发展是单一的、没有矛盾的，还是辩证的、充满矛盾的；从此，对于社会发展问题的研究几乎成了过时的东西。人们常说，将军在为一场新的战争制定策略时往往会把以往战争中旧的策略作为模式。如果理所当然地认为，“社会发展”和“社会进程”等概念必然包含旧有的社会进步思想的话，就会像那位将军一样，将这些概念仅理解为达到某一目的的手段。

在此人们可以看到，社会学从一种片面的思维方式突然转向另一种截然相反的但同样是片面的思维方式。社会学理论家曾经一度把主要精力放在对社会长期发展模式的研究上，然而，在下一阶段，他们又把静止不变的社会状况作为主要研究对象。如果说前一阶段的社会学持的是赫拉克利特的基本观点，即一切都是流动的——所不同的是，人们几乎是理所当然地把社会发展这一条河看作是朝着越来越完善的、人们所希望的方向流动的——那么后一阶段的社会学所持的则是埃利亚学派的基本观点。正如人们所说的那样，埃利亚学派把箭的飞行视为由一系列的静止状态所组成的。在他们看来，实际上箭本身并没有动，因为每一个瞬间它总是处在一定的位置上。今天有许多社会学家认为，社会一般总是处于一种平衡状态的，因此社会的长期发展便是一连串静止的社会状况。这种观点不由使人联想到埃利亚学派对于箭的飞行的见解。究竟应该如何来解释这种由一个极端走向另一个极端的社会学发展呢？

乍一看，导致社会学研究兴趣转变的主要原因，似乎是某些科学研究人员鉴于研究工作的科学性而对政治世界观介入这一学科理论所提出的抗议。当代社会学理论的代表人物自己也往往倾向于这一解释。然而，如果仔细观察的话，就会发现这种理由并不充分。对于19世纪主流的发展社会学采取敌视态度的人，并不是单纯地本着科学的、实事求是的精神在反对理想至上和社会信仰至上的做法。他们并没有透过“社会所应该成为的模式”这样一种没有生命力的、模糊的观念去努力钻研事物之间的关系，钻研社会的形成和功能。说到底，他们是想用其他的、有一部分甚至是截然相反的观念来反对当时社会学理论中某些主流的观念。如果说，关于社会所应该成为的和人们希望它成为的模式在某些意识形态上的观念导致了19世纪的社会学家把主要兴趣放在对于社会的形成和发展的研究方面，那么另外一些意识形态上的观念则导致了20世纪社会学领域里主流理论家们特别强调社会存在和社会的客观状态，导致了他们不重视社会形态的形成以及对长期的社会进程和对由这方面的研究所带来的新的解释不感兴趣。

人们在社会学发展中所看到的这种社会理想的转变并不是一种孤立的现象。它只是在社会学研究集中的那些国家里起主导作用的理想发生了根本转变的表现之一。这一转变是由19世纪和20世纪所有发达的老牌工业国内部形态的变化以及它们之间关系的变化而引起的。作为一个详细研究的总结，在这里只需简要地说明一下这一变化的大致情况就已经足够了。为了更好地理解以下以长期社会进程为中心的社会学研究，绝不能把这一研究重新作为棍棒，作为用自己的理想去反对其他理想的武器，我们应该努力地去理解社会进程本身的结构，努力地使社会学理论研究摆脱把社会理想和教条放在首位的做法。只有当人们在提出和解决社会学问题时把对实际情况的研究放在首位，而不再坚持必须按照自己的愿望去解决问题时，才有希望获得与客观实际相符的社会学认识，并用它来解决迫切的社会学问题。

7 19世纪，在一些工业国家中已经发表了第一批社会学方面的伟大著作。在这一世纪的时代大合唱中，这些国家中的一部分声音表达了正在上升的工业阶层的社会信念、理想以及他们的长远目标和希望。这部分声音逐渐地压倒了另一部分旨在巩固封建王朝和贵族权力、旨在维护和保存现有社会制度的声音。因为前者正处于不断上升的阶段，所以对美好的未来充满了希望。他们的理想是未来而不是现在，因此他们对社会的形成和发展特别感兴趣。这一时期的社会学家与正在上升的工业阶层中这个或那个阶层联合在一起，试图说明人类确实是朝着他们所向往、所希望的方向发展的；他们试图通过对迄今为止的社会发展方向及其动力进行深入研究来证实他们的向往和希望。毫无疑问，他们在这方面的研究中发现了许多有关社会发展问题的实际情况。只是当我们在对社会学这一发展进行回顾的时候，往往很难从他律的、昙花一现的以及受时间局限的某些学说理想所组成的大杂烩中找出一些重要的独立起作用的思想模式。这些思想模式是可以用事实来证明并经得起检验的。

此外，在19世纪的时代大合唱中还可以听到另外一些人的声音。这些人出于这样或那样的原因反对他们自己所处社会在工业化过程中所发生的变化。他们的社会信念是维护和保持现存的传统的东西。按照他们的价值观念，现代正在变坏，理想的图景应该是在过去。这些人不仅代表了工业化之前封建王朝国家少数权贵的利益，而且也代表了农民和手工业者等其他一些行业的人的利益。在工业化的过程中，他们无法维持其传统的社会职业和生活方式。他们与所有代表工商业市民阶层和工人阶层这两个正在崛起的阶层的人为敌，与所有由于这两个阶层地位的上升而从有关美好未来及人类进步的信念中吸取灵感的人为敌。这样，在19世纪的时代大合唱中，有一半人是歌颂美好过去的，而另一半人则是赞美美好未来的。

众所周知，把社会的理想寄予进步、寄予美好未来的那些社会学家是这一大合唱中两个阶层的领唱。在他们中间，有把自己与产业工人阶级等同起来的，比如像马克思和恩格斯；有市民阶层的社会学家，比如像19世纪初的孔德；或者像处于19世纪末、20世纪初这一过渡阶段的霍布豪斯。处于上升阶段的这两个阶层的代言人都对未来充满了信心。他们都相信，人类未来的处境将不断得以改善，尽管他们所憧憬的改善和进步是因他们自己的阶级状况而异的。如果想弄懂为什么关于人类进步的信念会在20世纪被人淡忘，为什么科学家们会相应地对长期的社会进程失去兴趣，那么很重要的一点就是了解19世纪对于这一问题感兴趣的程度以及这一兴趣的基础。

然而，如上所述，要弄懂这一变化，光注意到阶级形态，即这些国家内部的各种关系是不够的。19世纪欧洲各工业国家内两个阶层的崛起是与这些民族的崛起同步的。在这一世纪中，欧洲各工业国之间不断互相竞争，比以前任何时候都更加起劲地扩张他们对于地球上那些不发达国家的霸权。不仅是这些国家内部的各个阶层，就连这些国家本身也作为一个整体，作为正在扩张的社会形态在崛起。

人们很可能会把20世纪之前几百年内欧洲文献中的进步观主要归因于科学技术的进步。但是，这种解释是很不充分的。在20世纪可以清楚地看到，科学技术领域内所取得的经验对于进步观以及人类处境将不断得以改善的坚定信念的形成所起到的作用是多么微不足道。20世纪科学技术进步的实际规模和速度远远地超过了此前的几百年。在这一世纪中，第一批跨入工业国行列的那些国家中人民的生活水准比以前提高了，健康状况有了改善，人的寿命也延长了。然而，在时代的大合唱中，肯定进步的重要意义，把改善人类处境视为社会理想的核心，并坚信人类的未来将越来越美好的声音却明显地比此前的几百年低了。相反，这一大合唱中另一半人的声音则在20世纪逐渐升高并取得了优势。这些人怀疑发展的重要意义。对于他们来说，人类美好的未来或本民族的未来并不是什么特别值得追求的东西。他们把对社会的信念寄予现代，寄予对本民族的维护和保存。他们把现存的社会形态、过去的东西、传统的东西以及传统的社会体系视为最高价值并把它们理想化了。在 20 世纪以前的几百年间，实际的进步虽然已经能让人感觉到了，但还是缓慢的、有限的。那时候，对于继续进步和美好未来的信念还是许多信徒追求的理想，因而这种信念对于他们来说才具有非常重要的意义。到了 20 世纪，老牌工业国家在科学技术、健康状况、生活水平和减少人与人之间的不平等状态等方面所取得的进步，无论是规模上还是速度上都远远地超过了过去的几百年。这些进步虽然已成事实，但是就在这时候，对于很多人来说，进步已经不再是一种理想了。对所取得的实际进步持怀疑态度的人反而增加了。

引起这一变化的原因是多种多样的，在这里不必一一列举。一再发生的战争，从未间断过的战争危险，由原子能和其他新式的武器所形成的威胁，所有这一切促成了这样一种局面：一方面是进步速度，特别是科学技术领域里的进步速度的加快；另一方面则是对所取得的进步的意义以及对所有的进步意义表示不信任。

20 世纪的人对之前几百年来的“浅薄的进步观”以及有关人类社会不断向前发展的观念所采取的不屑一顾的态度，社会学家仍不愿正视长期社会进程的做法以及社会发展的概念几乎从社会学著作中消失殆尽的现象，凡此种种思想上走极端的现象光用战争所引起的震惊以及与之相近的理由来解释显然是不够的。为了理解这些情况，还必须顾及那些 19 世纪老牌工业国的社会结构和国际地位方面在 20 世纪所发生的变化。

20 世纪，市民阶层与老资格的或以老资格自居的工人阶层，在工业国家内最终替代了王朝时代的贵族和军事实权派而成为这些国家的统治集团。这两个阶层经常以一种尴尬而又不稳定的状况来保持彼此之间的平衡——刚开始时工人阶层处于较弱的地位，以后逐渐强壮了起来。19 世纪时，这两个正在上升的阶层曾经为了他们的崛起与他们国家内部传统的王朝贵族展开过斗争。对于他们来说，进步与更加美好的未来不仅仅是事实，而且也是具有强烈感情色彩的理想。到了 20 世纪，他们成了已经崛起的阶层。他们的代表人物组成了各级机构中的统治集团或参与统治的集团。在第一批进入工业化行列的国家里，市民阶层的代表和老资格的工人阶层的代表时而以合作的形式，时而以对立的形式组成了这些国家的主要实权派。与之相应的是除了阶层意识之外——有时候这种阶层意识只是一种表象——民族意识的作用越来越大；同样，除了阶层的理想之外，被视为最高价值的民族理想也显得越来越重要。这种现象首先在市民阶层中出现，然后在工人阶层中也越来越普遍。

然而，被视为理想的民族观念把人们的目光引向了现存的东西，引向了现状。两个强大的、人多势众的阶层，已经进入了国家的权力机构，因此对于他们来说无论是在感情上还是在意识形态上都把组织成国家的民族的现状视为最高价值。除此之外，无论是从感情还是从意识形态出发，他们都认为民族是永恒的，民族的基本特性是不变的。历史的变化只涉及表面的东西，人民和民族是不变的。组成英国、德国、法国、美国、意大利和所有其他民族的人的意识是不朽的。他们的“本质”总是相同的，不管是在 10 世纪还是在 20 世纪。

在 20 世纪，不仅是老牌工业国中的两个阶层已经从正在崛起的阶层最终走到了他们的尽头，连欧洲各民族以及他们在地球其他地方的后裔几百年来的上升现象也逐步停顿了下来。与非欧洲国家相比——除了少数例外的情况——他们最初处于一种绝对的领先地位，有一段时期这种优势甚至有所扩展；然而，欧洲各民族和世界上所有有权势的统治集团在权力占优势年代里所形成和巩固的坚定信念，在 20 世纪的实际发展进程中彻底动摇了。他们曾经认为，他们所拥有的统治其他民族的权力是由上帝、自然、历史所赋予的一种永恒的使命。他们之所以能承担这一使命，是因为他们在本质上比其他较弱的民族优越，也是因为他们的自身价值理所当然地高于其他的民族。老牌工业国中这种根深蒂固的自我意识和共同理想在20世纪初彻底动摇了。在民族理想与社会实践的碰撞中，现实使这些工业国家感到震惊，他们从各自的发展和反映他们本民族特点的共同理想出发对此进行了反思。在德国，这种震惊一开始便为军事上的失败这样一个更为直接的现实所掩盖。

连第二次世界大战的战胜国也在胜利后不久便看到了——最初只是少数人有所觉察——两个高度发达国家集团之间的长期战争冲突迅速而又彻底地限制了所有这些国家对那些不发达的国家的统治权。这些曾经比较强大的国家的权力往往是在一无所知和毫无思想准备的情况下被削弱的。这种情况既说明了旧的民族理想的稳固性，又说明了整个发展的任意性。

除了战争所可能引起的倒退外，对于这些老牌工业国家来说，争取进步和更为美好的未来的机会事实上仍然很大。但是，由于他们在传统的民族自我意识与共同的理想中总是习惯于把本民族的文明和文化视为全人类的最高价值，所以对前途感到失望。把本民族视为卓越而又具有最高价值的民族这样一种观念，常常被用来证明本民族对其他民族的统治要求的合法性。20世纪下半叶，当处于地球其他各部分比较贫穷的、曾经依附于他国的国家和一些受他国统治的非工业化国家的力量相对发展起来的时候，老牌工业国家的这种自我意识和对统治的要求便发生了动摇。[5]

换言之，从民族的现状与民族的未来在人的感情天平上的分量来看，对于现状的震惊只是加强了早已存在于民族感情中的一种倾向。如上所述，如果是从一种作为民族理想和价值观的自我确认出发的话，那么民族的现状与民族永恒不变的遗产在感情上总是比未来的希望和理想更有价值。“民族理想”把人们的眼光从变化的东西引向了现存的、不变的东西。

欧洲国家和与之相近的其他非欧洲国家所经历的这方面的变化，是与这些国家知识分子在观念世界和思维方式上所发生的特殊变化相一致的。在18、19世纪，当哲学家和社会学家讲到“社会”的时候，所想到的一般总是“市民社会”，也就是说，想到的是一种超然于黩武的王朝国家之外的人类共同生活。当时的知识分子是一些无法进入中央权力机构的集团的代言人。鉴于他们的处境和理想，每当他们说起社会的时候，想到的便是超然于一切国家之外的人类社会。随着两个阶层在绝大多数国家的掌权，特别是他们中有代表性的那些实权派的民族理想的改变，社会学中“社会”这个概念也发生了相应的变化。

对于社会上大多数的人来说，这两个阶层各自的阶层理想与民族理想越来越互相渗透，互相融合。当然，保守的、自由主义的民族理想和社会主义的、共产主义的民族理想给民族主义染上各种不同的色彩。然而，当两个老资格的工业阶层从徘徊在国家中央权力机构之外的集团一变而为民族中坚的时候，当他们中的代表人物代表并行使国家权力的时候，这两个阶层——包括其知识分子和政治上的代言人——的国家和民族观念便发生了变化。正是上述那些形形色色的民族主义对这一变化的总趋势发生了不同程度的影响。与这一发展情况相适应的是，当20世纪的许多社会学家谈到“社会”的时候，在他们的眼前所展现的不再是他们的前辈所憧憬的那种“市民社会”，那种超然于国家之外的“人类社会”，而是民族主义色彩较淡的“民族国家”这样一种理想。在从“民族国家”这一现实中抽象出来的对社会的一般看法中，又能找到上面所提到的那些形形色色的政治世界观。在20世纪的主流社会学理论家中既有代表保守、自由倾向的社会理想的，又有代表社会主义和共产主义倾向的社会理想的。由于美国的理论社会学发展较快，所以在20世纪曾经一度领先。在主流的、具有美国特色的民族理想中，保守与自由并没有被截然分开，也不像在有些欧洲国家，特别是像在德国那样[6]被视为对立的东西，这样一种倾向在当时社会学的主流理论中也能找到。

19 世纪的社会学理论，特别是关于社会发展和社会进步的观点之所以会在社会学和哲学问题的讨论中遭到拒斥，往往是因为这些理论遭到了所依据事实不够充分的指责。以上对那些老牌工业国家的内部结构以及这些国家之间关系发展的概述则强调了这些理论之所以遭到拒斥的某些意识形态方面的原因。根据在马克思主义传统中形成的意识形态观点来看，无论是排斥社会发展的观点还是把社会发展简化为状态的做法——后者主宰了社会学理论中的最新国家观念——都是由阶层的理想所决定的。这些阶层的希望和理想不在将来，而在于维持现状和目前的社会。然而，仅仅是对已经融进社会学理论的社会信仰和社会理想进行阶级分类的做法，在 20 世纪已经没有说服力了。为了理解这一时期社会学中的意识形态观念，有必要同时把各种民族理想和有关总的社会发展的理想都考虑在内。两个阶层进入了国家机构；而在这之前国家的权力是由许许多多非工业阶层的小集团所掌握的；这两个阶层飞黄腾达，他们的代表人物在这些国家中程度不等地占据了重要地位，即便是社会地位较低的工人阶层，没有他们最终的合作，国家统治也无法维持。这两个阶层越来越把自己与民族等同起来，如上所述，所有这一切都更加促使他们形成当时社会观中的一种信念，即把自己的民族视为人类生活中具有最高价值的民族。国与国之间互相依赖关系的加强和扩展以及由此而产生的国与国之间的冲突的增加，大规模的民族战争和从未中断过的战争危险，所有这一切都促进了这种以民族为中心的思维方式的发展。

国内外这两种发展情况的融合使得老牌工业国家的进步理想和把希望寄托在更为美好的未来、把过去视为一种发展的信念失去了影响；也使得进步的理想为保持和捍卫现状的理想所代替。这种新的理想把所有的事物都看作一成不变的和已经实现了的，并把民族看作永恒的。在时代的社会大合唱中，原来那部分把更为美好的未来和人类进步的信念当作一种理想来歌颂的声音被另一部分声音所代替。这些声音在时代的大合唱中成了主要的部分。他们所赞颂的是现状，特别是本民族的永恒价值，在连绵不断的各种大大小小的战争中有许多人为之捐躯。这里所概述的社会总的发展情况也同样反映在社会学理论的发展中。在社会学理论中，原来地位显赫阶层的理想曾经为逐步强盛的工业社会理想所压倒，而现在，后一种理想又为高度发达的工业国家中已经上升并稳定了的阶层的理想所代替。这些高度发达的工业国家的扩张已经达到并超过了极限。

为了说明这一社会学理论，只要以帕森斯所使用的“社会体系”这一具有典型意义的概念为例就已经足够了。当然，使用这一概念的不止他一个人。这一概念极其清楚地表明了这些社会学家对于“社会”的看法。他们所谓的“社会体系”也就是一个“处于平衡状态”的社会。这种平衡状态会出现一些小的动荡，但是在正常情况下社会总是处于一种稳定的状态。他们认为，社会的所有组成部分一般来说总是互相协调的。通常情况下，属于这一社会的所有个人都是在同一个社会化的过程中通过同样的标准来协调的，所有这些个人都生活在一个整体之中，在行动中遵循同样的价值观并顺利地扮演着社会所规定的各种角色。在他们中间一般是不会发生矛盾与冲突的。与社会体系的变化一样，矛盾和冲突也属于干扰现象。简言之，如果进一步观察便会发现，由社会体系这一具有典型意义的理论概念所描绘的社会图像实际上是一种民族的理想：所有属于同一个民族的人都在同一个社会化的过程中遵循着同样的标准并追求着同样的价值观念，所以在共同的生活中他们一般总是能够协调一致的。换句话说，这里所说的“社会体系”这一概念描绘的是作为一个团体的民族。在这样一种社会“体系”内人与人之间的关系已经相当平等，这一点虽然没有明说，但却被视为理所当然，这是因为人在社会中的融合是建立在同一个社会化过程以及由整个社会“体系”所统一的价值和标准之上的。这种社会“体系”的设想实际上是从对民主的民族国家的想象中抽象出来的。无论从哪一个角度看，这种设想都没有把一个民族的实际情况与一个民族所应该达到的目标区分开来。19 世纪的社会学发展模式把人们的希望，即社会进步和社会朝着更好的方向发展的理想，与实际观察到的情况混在一起当作事实；同样，20 世纪关于不变的社会体系的社会学模式也把人们的希望，即由民族的各部分所组成的协调的整体这样一种理想，与实际观察到的情况混淆起来作为事实。所不同的是，前一种观点是把未来理想化了，而后一种观点则是把现在、此时此地所存在的国家体系理想化了。

把存在与应该，把对事实的分析与对标准的假设——这种假设首先是建立在一种特定的社会形式和一种想象中的、比较平等的民族国家的基础之上的——混为一谈便是这一社会学理论的核心。这一社会学理论希望别人把它看作是适用于一切时代、一切地域的模式。这种社会学理论主要是从目前具有不同民主程度的社会中抽象出来的。它既把人们在一种“社会体系”中的高度统一和较高的社会民主化视为理所当然，又把这些东西看作希望和能够达到的。是否可以把社会学的这一理论运用到其他尚未达到如此程度的统一与民主化的社会？只要提出这样一个问题，便能发现这种以本社会目前所处状况这样一种狭隘观点为出发点的普通社会学理论的弱点。只要检验一下，这种“社会体系”的模式是否可以用作研究奴隶和非自由人比例很高的社会，或者是封建社会和等级社会——在这些国家里还没有一个适用一切社会成员的统一的法律，更谈不上统一的标准和价值观——马上就能发现，这种只注重状态的社会学模式是如何以现状为思考中心的。

这里以 20 世纪社会学中的体系概念为例所揭示的情况，同样也适用于当代社会学主流理论中的其他概念。“结构”“标准”“统一”“角色”，所有这些概念都表明了对人类社会看法上的一种变化，即把社会从其形成、起源、进程和发展中抽象了出来。正如人们所见，20 世纪的社会学背离了 19 世纪占主导地位的、视社会为动态的观点。对 19 世纪这种观点所作的批评，事实上并不是为了要本着科学的精神努力弄清实际情况，而主要是因为这种过去的理想再也不能适应现在社会的情况和经验了。于是人们告别了过去的理想，转向在这以后形成的理想。这种用某一思想体系来代替另一种思想体系的做法[7]说明，20 世纪的社会学家不是对 19 世纪社会学发展模式中的某些观点提出了疑问，而是对发展模式本身，对有关社会长期发展的社会起源和心理起源研究本身提出了疑问。简言之，他们不加区分地把所有社会发展模式与理论一概否定掉了。

显然可以这么认为，一旦了解了社会学理论的这些发展情况，就能更好地理解这本再次以社会进程为研究对象的书。已经习惯于用 20 世纪社会学理论中的主流思想来谴责 19 世纪社会学理论中的主流思想的人，往往难以想象可以在不带任何意识形态方面的动机和不把过去和现在的实际情况与希望、信仰混为一谈的前提下，把社会的长期进程当作研究对象。如果说这本书的研究有什么意义的话，那么就在于它把混淆了的实际情况与应该的情况，把科学的分析与理想区分开来。它指出了把社会的研究从社会意识形态的奴役下解放出来的可能性。在对社会问题的研究中，不再以政治世界观的理想作为指导并不意味着放弃用社会学的研究成果去影响政治的可能性。事实恰恰相反。只要不是自欺欺人，只要不是从一开始起就把自己所希望的和所想象的东西掺入对于实际情况的研究，便能更好地以社会学的研究成果来指导社会实践。

8 然而，如果要弄懂 20 世纪社会学的主流思想是如何在思想上和感觉上反对对社会结构和个人结构的长期变化进行研究的——实际上这种情况也阻碍了人们更好地来理解这本书中的研究——仅仅了解社会的状况，即社会中人的状况的发展是不够的，同时还必须了解作为人和关于人的观念的发展历史。如上所述，传统的人的观念，其特点是人被看作个别的人和社会的人。人们无论是在谈吐还是在思想上都把自己当作两个互相割裂的存在，并把其中的一个存在看作“现实的”，把另一个存在视为“非现实的”，而没有把个人与社会看作是同一个人的两个不同的侧面。

同样，如果不了解这种关于人的观念的思想内容，也就无法理解在人们思想中所出现的这种奇特的混乱现象。把关于人的观念割裂为个别的人和社会的人，其原因是多方面的。其一是价值和理想观念的不统一。只要仔细地观察一下就能发现，在所有发达的民族国家中都存在这种现象，尤其是在那些有着较多自由传统的国家。在所有这些民族国家的价值体系中，有一种倾向于把社会和民族视为最高价值，而另一种则倾向于把完全独立的人，把“封闭的个人”和“自由的个人”视为最高价值。要使这两个“最高价值”协调一致往往并不容易。在许多情况下，这两个理想是无法调和的。然而，人们一般并不正视这个问题。人们往往是带着极大的热忱来谈论个人的自由与独立，而与此同时，他们也以同样的热忱来谈论本民族的自由与独立。第一种理想认为，一个民主国家社会中的个别成员虽然同属于一个整体并需要互相依赖，但是他仍然是一个完全独立的人，一个可以不顾他人而独立做出自己决定的人；第二种理想则认为，为了“整个社会”的继续生存，每一个个人都应该而且必须献出自己所拥有的一切，甚至生命。不仅是在战争年代，即使是在和平时期个人也应该履行这一义务。

这种理想和伦理道德方面的矛盾现象——人们就是在这些东西的影响之下长大的——也在社会学理论中反映了出来。有些社会学理论是以独立的、完全自立的个人为出发点的，而另一些社会学理论则是以独立的社会整体这一“真正的现实”为出发点并把它作为社会学研究的真正对象。还有一些理论试图把这两者结合起来，可是一般并不加以说明，究竟怎样才能够把一种关于完全独立、自由的个人的思想与另一种关于完全独立、自由的“社会整体”的思想结合在一起。对于这个问题人们往往还没有清楚的认识。特别是在那些具有保守、自由色彩的民族理想的社会学家的理论中，可以看到这两种互相矛盾的理想的反映。马克斯·韦伯的理论——不包括他的实证研究——和继他之后塔尔科特·帕森斯的理论便是这样的例子。

为了说明这个问题，只要回过头来看看上述帕森斯关于个人与社会、关于“行动着的个人”和“社会体系”之间的关系的表述就已经足够了。在描述这两者的关系时帕森斯曾经使用了“互相渗透”及“贯穿”的比喻。这一比喻非常形象地说明了这一观点是如何把人的两个侧面看作互相割裂的两个存在。在这所思想大厦里，不仅存在着把社会体系的概念视为一个民族的理想这样的观点，也存在着把行动着的个人及“自我”的概念视为自由的、独立于一切他人而存在的个人的理想这样一种观点。在这两种情况下，理论家都悄悄地把自己的理想变成了事实，变成了实际的存在。至于个人的观念，这种理论也把人们所希望的和应该成为的独立的、能够自由做出决定的个人观变成了真实的个人观。

显然，要在此对人们思想中普遍存在的这种矛盾的对人的看法进行深入讨论肯定是不合适的。但是，倘若带着上述对个人的看法去看待文明的进程就无法正确理解这本书所进行的研究。在文明的进程中，个人的结构是朝着一定的方向发展的。这便是下面所使用的“文明”概念的真正含义。今天广泛流行的个人观，即把个人看作是完全与其他人相脱离、隔绝、完全独立自主的人的观点，很难与本书中提及的实际情况相符。有了这样一种观念就无法理解人类在个人和社会这两个层次上所同时经历的长期过程。为了说明个人的观念，帕森斯曾经用过一个陈旧的比喻，[8]他把个人比作一个封闭的黑箱，个人的某些过程是在这个箱子

"里面"进行的。这个比喻是从心理学的工具箱里拿来的，其根本意思是，科学在每一个个人身上所能观察到的，只是他的行为。人们可以对这个"黑箱"的所作所为进行观察，但是在这个箱子里面所发生的事情，也就是说，被人们称为"心理"或"思想"的东西，或者曾被一个英国哲学家称为"身体各器官的灵魂"的东西，[9]就不是科学研究的对象了。这篇序言不得不较为详细地来探讨这一关于个人观念的问题。因为这一观念在今天的人文科学中起到了很大的作用，并使人们不再把社会发展过程中人的长期变化看作研究对象。

把个人看作是完全自由、完全独立的人，看作是在"内心"完全独立自主的、与其他人相隔绝的"封闭的个性"，这样一种个人观在欧洲社会的发展史上有着悠久的传统。在古典主义哲学中，这一图象是以认识论的主体这一形式出现的。作为一个哲学的人，每一个个体完全可以凭借他自己的力量来获得对于"外部"世界的认识，而不需要向其他人去学习。至于个人是作为孩子降生到这个社会上来的，至于他从小到大以及作为一个成人所经历的发展过程，却被认为是不重要的。在人类的发展史上，经过了几千年人们才慢慢认识到自然界所发生的各种事情，诸如星球的运行、下雨、日出、打雷、闪电等都是一种盲目的、客观的、机械的和按一定规律发展的具有因果关系的表现形式。然而，作为哲学的人的"封闭个性"似乎无需向别人学习，无需顾及他所处社会的知识水准，只要睁开眼睛，就能认识到机械的、按一定规律发展的因果关系。这种观点把过程，即个人的成长过程和人们所共同经历的人类发展过程简化为状态。作为成年的个体，他用不着向别人学习，只要睁开眼睛就能完全依靠自己的力量立刻认识他所看到的一切对象。他不仅立刻就能分辨出什么是有生命的、什么是没有生命的，分辨出什么是石头、什么是植物以及什么是动物，也能马上就认识到这些东西是按照一定的因果关系和自然法则联系在一起的。哲学家所要研究的问题只是个人对因果关系的认识是不是依赖于他本人的经验所获得的。换一句话说，哲学家所要弄清的是，这种联系究竟是“个人之外”可以观察到的事物的真正特性呢，还是人的“内部”通过理性加给从“外部”经过人的感觉器官渗入到“内部”的东西。哲学的人一生到这个世界上就是成人，而不是儿童，有着这种观念的人是无法走出认识论的死胡同的。这些思想在实证主义和先验主义之间左右摇摆，进退维谷。这是因为人们把确实存在的、通过实证的方法可以观察到的，由许多人所组成的宏观世界和个人的微观世界的进程与发展，简化为一种状态以及一种立刻可以完成的认识活动的缘故。以上的例子说明，某种个人观念和自我认识是多么严重地阻碍了人们去认识长期的社会进程，即由许多互相依赖的个人所组成的社会形态的结构变化和个人的结构变化。有些人认为，他们的自身、他们的自我和他们“自己”，或者像人们常说的他们的“内心”，是与其他的人和其他的事物，与一切“外部”的东西隔绝的，是独立存在的。认为这种观点是天经地义的人，很难认识到那些说明个人的生活从小就必须依赖于别人这样的事实；很难想象个人只是相对的而不是绝对自主的，只是相对的而不是绝对独立的；很难想象许多这样的个人一起组成了可变的社会形态。因为这种自我认识似乎是不言而喻的，所以这些人很难意识到，这些认识本身便局限于一定的社会，是在某些特定的人与人互相依赖的形式和社会联系中形成的。简言之，这种经验是文明的某一发展阶段以及某些人类群体所具有的某种特殊的差别化和个人化。从小在这种团体中长大的人无法想象，居然会有人不是完全独立自主的，其内心不是与一切其他的人和事物相隔绝的。于是，他们的自我认识便成了天经地义，成了一种永久地处于状态中的人类的特征，成了所有人通常的、自然的共同经验。个人是一个封闭的人，一个自成一体的小世界，一个完全独立存在于大千世界之外的小世界，个人完全是由这种观念来确定的。每一个他人同样也是一个封闭的人，他的本质、他的天性和他的自身同样也只存在于他的内心。一堵看不见的墙把他的内心与一切外部的东西和人隔绝了开来。

然而，几乎没有人去考虑和解释这堵墙本身的天性。难道说，人的身体是外壳，包住了真正的自我？难道说，是皮肤隔开了人的“内部”与“外部”？在人的身上究竟什么是罩子，什么是被罩住的东西？关于“内部”与“外部”的经验似乎是那么显而易见，以至于人们几乎毋庸对此提出疑问，这些问题似乎是不需要研究的。人们只满足于使用“内部”和“外部”这样的空间比喻，却没有试图去严肃地指出什么是这一空间中的“内部”。尽管这种放弃对自身进行研究的态度是完全不符合科学精神的，但这种早已形成的封闭的人的概念不仅在社会上广为流传，而且在各人文学科中也大有市场。其变体，不仅有传统的哲学的人，即古典认识理论的个人，还有经济的人、心理的人、历史的人以及现代的社会的人。笛卡儿、马克斯·韦伯、帕森斯和其他许多社会学家的个人，就其本质而言如出一辙。与以前的哲学家一样，今天的许多社会学理论家也接受了这种自我认识和与之相符的个人观，并且不假思索地把它当作自己的理论基础。他们没有同这种自我认识和个人观保持距离，没有把它们从意识中拿出来——如果可以这么说的话——进行比较，同样也没有去过问它们的适用性。他们经常把这种自我认识和个人观原封不动地与鼓吹把过程简化为状态的思想并列在一起，就像帕森斯把静止的自我、行动着的个人和成年人——对其成长过程弃之不顾——以及与之毫无关系的心理分析理论并列在一起一样。他的理论中吸收了心理分析的思想。然而，这种思想恰好不是讲成年人的问题的，而是讲成长过程的，是讲个人是一个与其他个人互相紧密依存的、发展的过程。正因为如此，社会学理论家的思想才总是似乎没有出路。个人，或者更加确切地说，当前所流行的“个人”的概念，所指的似乎总是存在于社会“之外”的东西；而社会这个概念，所指的似乎也总是超然于个人之上的东西。好像人们只能在两种理论之间进行选择。其中的一种理论把个人看作是超然于社会之外的真正的存在，看作是“真实”的，而把社会只看作是一个抽象的概念，因而不是真正的存在；另一种理论则把社会视为“体系”，视为“独一无二的社会事实”，视为特殊的、超然于个人之上的现实。或许可以把这样两种毫无联系的观点，即把个人看作封闭的人，看作自我和超然于社会之外的观点与把社会视为一个超然于个人之上的体系的观点并列在一起，作为一条可能走出死胡同的路。最近就有人这么做。然而，这种做法并没有消除这两种观点之间的对立。为了冲出社会学和其他人文学科走入的死胡同，必须清楚地指出这两种观点——即把个人视为存在于社会之外的和把社会看作是超然于个人之上的——的不足之处。但是，只要人们把内心封闭的自我不加检验地当作“个人”这一观念的基础，把“个人”与“社会”理解为不变的状态，就很难做到这一点。

把个人和社会这两个概念视为静止的，这种观点就像是一个陷阱，束缚了人们的思想。只有当人们像这本书一样，结合实证研究把这两个概念看作过程，才能从中解脱出来。但是，这种做法受到了阻力，首先是来自欧洲人的一种异常坚定的信念。从文艺复兴时期开始，欧洲各社会的人对自我的认识使他们确信人是个别的人，人的“内部”是对“外部”的一切事物关闭的。笛卡儿对自我的认识是，作为存在于自己头脑内部的、思想着的自我的个人是与整个世界相对立的。在他那儿，这种对个人的认识被上帝的概念冲淡了一些。与之相同的基本认识在当代的社会学理论中被表述为行动着的自我，以及与“外界”和“其他人”相对立的自我。除了莱布尼茨的单子论之外，在哲学和社会学的传统中几乎没有一种观点是以许多互相依存的人为基本出发点的。莱布尼茨这样做了，可是他也只能借助于一种形而上学的思想才能解释所谓的封闭的人之间的联系，也就是“没有窗户的单子”之间的联系。不管怎么说，单子论早就朝着解决这些问题的方向，朝着今天的社会学中迫切需要形成的模式前进了一步。莱布尼茨所走出的关键的一步便是与自我保持距离。只有在这种情况下他才可能得出这样一种观点，即人们不能把“自我”看作是与其他的人和物相对立的，而应该把自我看作是其他人中的一个。整个这一时期主流的认识论的特点是——至少在无生命的自然领域里如此——以地球为中心的世界观被另一种世界观所代替。这种世界观要求人在认识中要与自己保持较大的距离，要求“自我退出中心”。然而，在人们对自身的认识中，以地球为中心的世界观仍然保留在以自我为中心的观念中。处于人的宇宙中心的每一个人，说到底都是完全独立于他人的个体。

今天，当人们对人进行思考的时候，仍然是理所当然地以个人为出发点的。事实上，当人们谈到社会学中的个人时，从来不说“社会的人们”或“经济的人们”，而总是说“社会的人”或“经济的人”。这种个人观念已在这些学科领域中固定了下来。从这种观念出发，社会便成了一个个完全独立的个人，其真正的本性被封闭在他们的内心。因此，人们最多只能在外部、在表面上互相交往而已。人们必须像莱布尼茨那样求助于形而上学，以便在没有窗户的封闭的人的单子和非人的单子基础上建立起这样的观点：单子与单子之间是互相依赖和互相交往的，这些东西是可以被人认识的。不管是把人当作与“客体”相对立的“主体”，还是当作与“社会”相对立的“个人”，都要以一个完全孤立的和独立的成年人为前提。在这一人的形态里反映了新时代许多人对自我的认识，它以一个客观的概念固定下来。有问题的是个人与他“以外”东西之间的关系，以及被视为状态的“个人”与“自然”和“社会”之间的关系。这一切究竟是确实存在的呢，还是仅仅是由人想出来的，或者主要是存在于人的思维过程之中的呢？

9 人们必须弄清这里所要讨论的问题究竟是什么。这里并没有对在封闭的个人这一具有多种变体的个人观念中所反映出来的人的自我认识的真实性提出疑问，而要讨论的是，能否把这一自我认识和个人观——一般来说这种人的自我认识总是自动地、不假思索地反映在他的个人观中——作为哲学和社会学的可靠的出发点，以便使人们获得对人，也就是对自我的客观认识。这种人的自我认识经常理所当然地认为，在人的“内部”和“外部”之间存在着一条严格的界线。此外，在欧洲的思维和表述的传统中，这种观点也是根深蒂固的。问题在于，不对这种观点的客观实际性进行批判的、系统的检验便把它作为一种理所当然的、无需解释的假设，作为哲学认识论的以及社会学的和其他人文学科理论的基础，这种做法究竟是否合适？

在人类发展史上的某个阶段，这种观点表现得非常顽固。它反映在许多人的作品中。这些人的思维能力和自我意识所达到的程度，使他们不仅能进行思维，而且还能意识到自己是思维的生物，并对作为思维的生物的自我进行反思。不论是在柏拉图的哲学中还是在古希腊其他的哲学流派中都已经包含了这一观点。如上所述，关于“外壳中的自我”的观点已经成了新哲学中固定主题之一，比如像笛卡儿的“思维的我”，莱布尼茨的“没有窗户的单子”，康德的“认识主体”，这一主体不可能越出它先验的外壳而进入“事物本身”。新近流行的完全为自己而生存的个人的观点也是“外壳中的自我”观点的一种表现。这种观点已经不再囿于“理智”和“理性”这样的思维活动与感觉，而将其视点落在人的整个“存在”（Dasein）上，正如存在主义哲学各种变体那样落在人的“生存”（Existenz）或行动上。这便是马克斯·韦伯的社会学理论的出发点——其割裂的观点上面已经提到过了——他试图把个人的行为分为“社会的行为”和“非社会的行为”，这指的也许就是“纯个人的行为”，但这一尝试并不是很成功。

然而，如果只是把自我认识和个人观念看作写在学者著作中的思想，还不足以认识它们的本质。显然，没有窗户的单子、封闭的个人等观点——像莱布尼茨这样的人至少是通过抽象的推论指出了单子间发生关系的可能性，从而使之易于为人们所接受——在目前不仅仅是被学者们所熟知，即使在不太注重反思的文学作品中也有所反映。比如弗吉尼亚·伍尔夫认为，人类之所以孤独，是因为他们的生活经验无法交流。人的这种自我认识也表现在“异化”这一概念中。在近几十年间，无论是在各种作品中还是在其他的地方，“异化”这一概念的各种变体越来越经常地被人使用。通过系统的研究来确定在发达社会中的各精英群体和各阶层究竟是否存在这种自我认识及其表现形式和表现程度，一定是很有意义的。以上所举的例子已经足以说明，在欧洲新时代的各个社会中，人们非常顽固地、理所当然地认为：他们的自我，他们真正的自己，其“内部”是与“外部”一切其他的人和物相隔绝的，尽管谁也无法简单明了地指出，围绕着人的内部的这堵墙——就像是装了东西的容器——究竟在哪儿、是什么东西、怎样把人的内部与“外部”隔开的。这里所要讨论的问题是，这一自我认识究竟是一种永恒的、无需作任何解释的人类所共有的基本经验呢，还是只反映了由人所组成的社会形态的某一发展阶段以及处于这一阶段的那些人所具有的特点？

在本书中讨论这个问题有两重意义。一方面，如果不去动摇这种自我认识，不去动摇这种理所当然的封闭的个人观念并对其进行讨论，就无法理解文明的进程；另一方面，在本书中所形成的文明理论也为解决这个问题提供了依据。因此，这里关于个人观的讨论将有助于人们更好地理解以下所要阐明的文明进程；同时，当人们读完这本书，对文明的进程有了总的了解之后，又会加深对这篇序言中所讨论的问题的理解。在这里，我只需简要地说明一下封闭的个人与文明进程之间的关系就行了。

倘若回过头来看一下人的自我认识的变化以及这种变化对于告别以地球为中心的宇宙观的重要意义，再来解释这个问题就要简单得多。这一观念的转变经常被说成是由于人们对星体运动知识的增加和对旧观念的修正。但是很显然，倘若以前占统治地位的个人观不发生动摇，倘若人们不能从一个与以前不同的角度来看待自己的话，也就不可能改变他们对于星体运动的看法。人的最初经验是，他们就是宇宙的中心，尽管是作为集体而不是作为单独的个人。地心说的宇宙观便是这种自然而然的、不加反思的以自我为中心的思想的反映。即使今天，在人们对于自然界以外的东西的思考中，比如在以民族为中心或在以单独的个人为中心的社会学思维方式中，仍然可以清楚地看到地心说的宇宙观。

在今天，地心说的宇宙观作为一种经验仍然能够为每一个人所接受。只是在公开的思想领域中，这种经验不再占主导地位了。倘若我们谈到并亲眼“看到”太阳从东方升起又在西方落下，我们就会自然而然地把我们自己和我们所生活的地球看作宇宙的中心，看作星体运动的中心。为了使地心说的宇宙观过渡到日心说的宇宙观，不仅需要新的发现和不断积累有关的知识，而且还需要提高人们在思维中与自身保持距离的能力。只要人们不从最初的自我认识，即不从不假思索地、自然而然地把自己所经历的一切都理解为是以他们自己为目的的、只对他们本身才有意义的这种认识中解脱出来，那么科学的思维就无法发展，就不能成为人类的共同财富。从另一个角度来看，符合客观实际的知识的增加以及人对自然的控制能力提高的过程，同时也是人们对自我的控制不断加强的过程。

在这篇序言中，不可能就如何科学地获得对对象的知识与人类对自身的新的看法，以及对新的个人结构，特别是人的情感控制的加强以及与自我保持距离的能力的提高之间的关系进行深入的讨论。倘若能够联想到在我们自己所处社会中的孩子们身上，至今还能随时发现这种自然而然地、不假思索地以自我为中心的思维方式的话，也许会有助于我们对这个问题的理解。日心说的宇宙观更加符合人们所观察到的事实，但是在感情上却难以令人接受。用这一宇宙观来代替以地球为中心的、以生活在地球上的人为中心的宇宙观的前提是情感控制，特别是自发的情感控制的加强。这种情感控制是在社会中形成发展起来的，每个人都必须学会。这是因为，这种新的观念把人类的位置从宇宙的中心移到了围绕着另一个中心旋转的许多行星中的一个星球之上。从一种由传统信念认可的自然观到以科学研究为基础的自然观的过渡，以及这一过渡所包含的对情感控制的不断加强，是文明进程的一个方面。以下将从另外一些角度来对文明进程中的这个方面进行研究。

虽然在当时，人主要是从客观事物出发而不是从人本身出发来解释人以外的自然现象，但在那个阶段，人们似乎还不能把文明发展和朝着自我控制越来越严格、越来越“内部化”方向发展的人本身的变化也作为认识问题来研究，并把它作为思考的对象。最初，人们还不能科学地认识人在对自然的了解不断增加的过程中其本身所发生的变化。那个阶段的人的自我意识有这样的特点：鉴于当时的主流是古典认识理论，人们探讨得更多的是认识的客体而不是认识的主体本身；是对于事物的认识而不是对自我的认识。但是，如果不把后者也作为认识问题来考虑，就可能陷入死胡同。

地球纯粹是机械地、按照一定的自然规律绕着太阳运行的，也就是说，这一运行并不是以人为目的的，对于人来说也不带任何感情色彩。这一观点的形成既是以人的情感控制的加强为前提的，同时又促使人进一步加强对情感的控制，促使人去抑制那种自发的感觉，即他们自己所经历的一切，特别是与人本身有关的一切，都是以他们自身为目的的。一切事物的企图、目的和规定性都与他们自身，与经历这些事情的人有关。到了被我们称作“近代”（指1500年至今）的阶段，人们才达到了能与其自身保持距离的程度。这样，人们才有可能在思想上认识到，自然现象有它自己的规律。自然现象是没有企图，没有目的，也没有规定性的，只是纯粹机械地发生或者由一定的因果关系而引起。只有当人们基于对客观事物的认识，能够对自然现象进行控制并给自然现象规定意义和目的的时候，自然现象对于人类本身来说才会有意义、有目的。但是在“近代”，人们最初还不能与其自身保持足够的距离，从而把这种与自我所保持的距离，把对自己情感的控制，总而言之，把作为对自然进行科学认识的主体本身变为认识的对象和研究的客体。

问题的关键在于，科学的认识为什么会是今天大家都很熟悉的欧洲经典认识理论。在认识思维的过程中，思维的人应与其对象保持距离，为了保持距离又要求思维者抑制情感。但是在这一阶段的思维中，人们最初并没有把这段距离视为思维过程中所应保持的距离，而把它看作是实际存在的距离，看作一种永恒的空间分隔。被封闭在人的“内部”的思维机器，即“理智”和“理性”，似乎被一堵看不见的墙与“外界”的对象隔开了。

倘若读者在本文的前面一部分已经看到了理想是如何在思维中悄悄地变为“实际存在”的东西，“应该”是如何变成了“存在”的话，那么现在所看到的便是另一种形式的物化了。每一种比较高级的、需要抑制情感的反思，特别是科学的思维和观察都要求思维者在思考的过程中与对象保持距离。只有在这样的前提下，科学的思维与观察才有可能进行。然而，在这一阶段的人的自我认识中，这一距离被视为思维者与他所思考的对象之间实际存在的距离。同时，随着在思维中与对象之间的距离的拉开，也要求人们在思考和观察的对象面前进一步抑制自己的情感。然而，在这一时期人的自我认识中，这种要求却被视为实际存在着的“笼子”，这只笼子囚禁了“自身”“自我”以及“理性”和“存在”，并把这些东西与个人“以外”的世界隔了开来。

本书的研究将从另外一些方面较为详细地来说明，为什么从中世纪后期和文艺复兴初期开始，个人的自我控制，主要是指与外部强制无关的、主动自发的自我控制——今天人们往往用“转向内心”和“内部化”来形容——会发展得特别快。从人与人之间的外部强制到个人的自我强制这样一个较大的转变，使得人的许多情感不再像以前那样自然地流露出来。在人类共同生活中所形成的这种自发起作用的个人自我控制，诸如“理性思维”和“道德良心”，比以前任何时候都更多、更实在地渗入了人的情感本能与每一个毛孔，并严格地阻止情感和本能在没有经过控制机制准许的情况下直接付诸行动。

这便是个人结构变化的核心和个人结构特点的核心。从文艺复兴时期起，这种个人结构的变化和特点在人的自我认识中表现为被封闭在外壳中的单独的“自我”，也就是被一堵无形的墙与“外部”的事物隔绝的“自我”。在人的自我认识中所意识到的隔开“主体”与“客体”，隔开“自我”与他人、社会的那堵墙就是文明所要求的、部分为自动起作用的自我控制。

从文艺复兴时开始的、朝着更高程度的个人化方向的发展已经众所周知了。这里将比较详细地介绍有关个人结构发展的一些情况。有些所涉及的情况迄今为止尚无人作过解释。从把自然视为观察者眼中的风景，继而把自然视为认识的客体——这一客体被一堵无形的墙与认识主体相分隔——发展到进一步把每个个人看作是一个完全孤立的、与其他人和物无关的、封闭的个人这样一种自我认识，以及当时的其他许多发展现象都是文明发展的特征。所有这一切都是人朝着自我意识的更高阶段发展的标志。在这个更高的阶段，作为自我强制的情感控制加强了，思维过程中主客体的距离拉大了，受自发情感支配的行为减少了。在这一更高的阶段，人们对于自身的这些特点虽然已经有所觉察，但是还没有在思想上与之拉开距离，还没有把这些东西作为研究的对象。

这样，我们便接近了在人的自我认识中被视为“封闭的人”的个人结构特点。假如有人重新提出这样的问题：究竟是什么原因导致人们形成了关于人的“内部”是与它之外所存在的东西相隔绝的这样一种观点，在人的身上究竟什么是外壳，什么是被关在外壳里面的东西；那么就能看到这一答案的方向：文明发展的特点就在于更加严格、更加全面而又更加适度地控制情感。被进一步加强的自我强制比以往任何时候都更加严格地阻止自发的情感不经控制就直接在行为中任意地表现出来，这便是被看作外壳的东西，被看作隔开个人的“内心世界”与“外部世界”的那堵无形的墙。被关在这个外壳里的东西是被抑制的，无法直接诉诸人的行为的那些情感和本能。在人的自我认识里，这些东西被视为必须在他人面前隐藏起来的，以及被视为真正的自我和个人的核心。关于“人的内心”的说法用起来很方便，但却容易引起误解。

大脑在人的脑壳中，心脏在人的胸腔中，这种说法是很恰当的。在这种情况下可以明确地说出什么是容器，什么是被装在容器中的内容，什么东西处于这个容器的壁内，什么东西处于壁外，以及隔开内外的这堵墙壁又是由什么构成的。但是，倘若把同样的说法用于说明个人的结构，就显得不合适了。举个例子，情感控制和情感之间的关系，并不是空间距离意义上的关系；前者并不具备容器的形状，无法把后者包括在内。有的人看重人的控制机制，即人的情感和良心，另外一些人则看重本能和情感。如果不想去争论其价值而只想弄清问题，那么可以说在人的结构中根本就没有什么内核和外壳。倘若仔细观察，那么无论是情感还是思维，无论是出于本能的行为还是受到控制的行为，所有这些都是人的活动。如果不用“情感”和“理智”等一般的实体概念，而用行为的概念，那么这个问题就比较容易理解了。如上所述，尽管可以用“外部”和“内部”，用一个装了东西的容器等比喻来形容人体的各个部分，但却不能以此来形容个人的结构和作为一个整体的活生生的人。在个人的结构中没有类似容器的东西，人的“内部”的说法用在这儿是不恰当的。在人的感觉中有那么一堵隔开了人的“内部”和“外界”的墙，然而不管这种感觉如何真实，实际上在人的身上并没有这样一堵墙。记得歌德曾经说过：大自然既没有“核”与“壳”之分，也没有内外之分。

这句话也同样适用于人。

一方面，文明的理论——本书的研究就在于努力形成这一理论——将有助于使人认清在被我们称为近代的那个时期错误的个人观，并与之保持距离，从而开始重新形成个人的观念。这种新的个人观很少顾及人的情感和与之相关联的价值观念，而更多地把人作为思考和研究的对象；另一方面，为了理解文明的进程，也有必要对新时代的个人观作出批评。在这个进程中个人发生了变化，变得比以前更“文明”了。只要人们仍然把个人想象成生来就是一个有外壳、有内核的封闭容器，就无法理解，为什么在一个历经许多代人的文明进程中，个人的结构发生了变化，而人的本性却没有变。

先谈这一些作为说明个人自我意识变化和个人观念发展的引子。不了解这些便无法想象文明的进程以及社会和个人结构的长期进程。只要人们把个人的概念与封闭在外壳中的“自我”这样一种自我认识联系在一起，那么就必然会把社会理解为是由一堆没有窗户的单子所组成的。于是，“社会结构”“社会进程”或“社会发展”等概念便被看作社会学家所创作的艺术品，被视为研究人员为了在思想上从许多实际上没有秩序、没有结构、完全独立行动的个人中找出一些规则而使用的“理想”方案。

正如人们所见，实际情况恰好与之相反。关于完全独立地作出决定、独立地行动和存在的个人的观点倒是人的一种发明，这一观点是某个发展阶段上人的自我认识的一个特点。这部分是因为人们错把理想当作了事实，部分则是因为把人的自我控制机制物化了，把人的情感与人的行为机制相隔绝，把人的情感与行为以及与对行为的直接控制相隔绝的缘故。

近代的很多人对于个别的人以及对人的“内部”与“外部”事物之间有一堵无形的墙这样一种自我认识深信不疑，就像中世纪的时候人们对于地球是宇宙的中心、太阳绕着地球运行深信不疑一样。关于社会这个宇宙以“自我”为中心这样一种观念，也必然会像当时物理宇宙的地心说一样，被一个虽然不近人情，但是却更加符合事实的观念所代替。不论“异化”和“趋向孤独”这类情感存在与否，它们究竟是源于对个人自我控制发展的无知，还是源于发达社会的结构特点，仍然是一个悬而未决的问题。尽管物理宇宙并非以地球为中心是一个不近人情然而却堂而皇之的观念，却无法完全消除太阳绕着地球运行这样的难以割舍的以自我为中心的自我认识。同样，在公众的思想中符合实际情况的个人观也无法完全消除人的“内部世界”与“外部世界”是被一堵无形的墙隔开了的这样一种难割难舍的以自我为中心的个人经验。但是，必须杜绝在人文学科的研究著作中随意使用这种个人经验和与之相应的个人观。这并不是不能做到的。在这篇序言和这本书中，读者至少可以看到一些新的个人的观念。这种新的个人观与直接观察到的人比较相符，所以，在这个基础上就比较容易理解诸如文明的进程和国家形成等问题。从旧的个人观出发则不可能理解这些问题，并会把有些问题，诸如个人与社会的关系，搞得相当复杂，而且提不出令人信服的解决方案。

代替“封闭的个人”——尽管这一说法还有其他的含义，但还是很有代表性的——这一个人观的是“开放的个人”。与其他概念相比，“开放的个人”或多或少地拥有一种相对的但绝非完全的和绝对的自主权。事实上，“开放的个人”的整个一生都必须向他人看齐，都必须依靠和依赖于他人。人们之间的这种互相依存与互相依赖便是将他们互相连接在一起的纽带。这些正是在这儿被称作形态的东西的核心，被称作一种由既互相看齐、又互相依存的人们所组成的形态的核心。首先，人生来就需要互相依存；其次，这种需要也是通过社会学习、教育和社会化过程唤起的，总之是由社会唤起的。所以，如果可以这么说的话，人总是以多数的形式，以形态的形式出现的。这就是上面所提到的，为什么把人理解为个别的人并不是十分有益的原因。倘若把人理解为由许多互相依存的人所组成的各种各样的形态、群体和社会，那就要恰当得多。这样，在传统的个人观念中出现的分裂现象就不存在了，超然于社会之外的个人和超然于个人之上的社会也就不存在了。形态的概念之所以被采用，是因为它比社会学现成的任何概念都更加清楚地表明，被我们称作社会的东西，既不是从脱离社会而存在的个人特征中抽象出来的，也不是一种脱离个人的“体系”和“整体”，而是由许多个人所组成的互相依存关系的本身。至于由个人组成的社会体系这样一种说法也是完全可以成立的。但是，鉴于当代社会学中社会体系这一概念的弦外之音，这种表达方式似乎有些牵强。另外，体系这一概念很容易使人产生社会是不会变化的这样一种感觉。

交际舞可以非常形象地来说明形态这一概念，它也是用来说明应该如何理解由人所组成的社会形态的最简单的例子。人们可以想象一下马祖卡、小步舞、波兰舞、探戈和摇摆舞。舞蹈中由互相依赖的人们所组成的活动的形态，或许会使人比较容易想象国家、城市、家庭、资本主义、共产主义和封建制度等形态。正如人们所见，在形态这一概念中，那种最终因为不同的价值观念和不同的理想而形成的对立消失了；也就是说，今天当人们说起“个人”和“社会”时通常会流露出来的那种对立消失了。人们当然可以泛泛地来谈论舞蹈，但是谁也不会把舞蹈想象成没有个人的造型，也不会把它想象成只是一种抽象的概念。同一个舞蹈形态可以由不同的个人来组成，但是如果没有许多互相照应、互相依赖的个人在一起跳舞，也就没有舞蹈。与每一个社会形态一样，一种舞蹈形态相对来说并不依赖于此时此地组成这一形态的特定的个人，然而这绝不是说舞蹈形态不需要个人。如果说，舞蹈是人们在对个别的、独立的个人的观察基础上抽象出来的思想概念的话，便毫无意义。同样，这也适用于一切其他的形态。正如舞蹈作为一种小的形态时快时慢不断发生变化一样，被我们称作社会的大的形态也同样时快时慢地变化着。

本书就是研究这些变化的。形态便是本书研究国家形成这一过程的出发点。这一形态是由许多较小的、互相自由竞争的社会群体所组成的。本书的研究指出了这一形态是怎么变化的，以及为什么会变化。同时它还指出，有些解释并不牵涉因果关系。这是因为社会形态所发生的变化部分是由其内部的动力引起的，即由互相自由竞争的群体走向垄断这样一个社会形态内部所包含的发展趋势引起的。本书的研究指出了在几百年的过程中，原有的形态是如何变为另一种形态的。在这种形态中，国王的垄断权力是独一无二的。在人们互相依存的关系中没有任何一种社会地位可以与国王这一至高无上的地位相抗争。同时，本书还指出了在这样一种形态的变化过程中个人结构的变化，以及这一结构是怎么变化的。

许多应该在序言中讨论的问题都不得不搁在一边，否则这篇序言将单独成册了。然而，尽管讨论的问题有限，但我的这些想法或许能告诉读者：为了理解这本书中的研究，必须大大地改变当今社会学主流的思维方式和想象力。从把自己和个人看作“封闭的人”这样一种观点中摆脱出来肯定不是一件容易的事。但是，如果不这样做的话，那就无法理解把文明的进程称为个人结构变化的含义。要使自己的想象力发展到能够想象形态，想象形态的一般特征是变化，而且这种变化有时候是朝着一个特定的方向的，同样也很不容易。

在这篇序言中我尽量对一些最为基本的问题进行讨论。我认为，如果不讨论这些问题就会妨碍对本书的理解。所涉及的这些思想并不是很简单易懂的，不过我试图尽量对此作出简明的解释。我希望，对于这些思想的讨论能有助于读者对本书的理解，或许还能给读者在阅读本书时带来愉快。

1968 年 7 月于莱斯特

诺贝特·埃利亚斯

前　言

本书所要讨论的核心问题，是那种被人们视为西方文明人所特有的行为方式。本书所涉及的问题很简单，今天所谓“文明人”所特有的行为方式，对西方国家的人来说并非与生俱来。倘若今天西方国家的文明人能够回到过去，比如封建的中世纪，那么他所看到的正是在今天被他斥为“不文明”的那些社会中习以为常的。他从自己所处社会的过去阶段得到的印象，肯定会与他在当今西方国家之外那些封建社会中所看到的人的行为方式相去无几。由于个人的喜好和所处环境，他可能时而会被这一社会虽未开化但却无拘无束、充满历险的生活所吸引，时而又会对遇见的“野蛮”风俗、肮脏和粗鲁感到厌恶。不管他对自己的“文明”作何理解，他肯定会非常清楚地感到，在西方国家历史上已属过去的这一阶段，同任何一个已达到当今西方文明程度的社会相去甚远。

这一事实对于许多人来说是显而易见的，再次提起也许会显得多此一举。然而，它却提出了这样一个问题：在西方国家中，这一“文明”的演变是怎样进行的，表现在什么方面，其原因和动力又是什么？对于这个问题，谁也不能同样理所当然地说，现在活着的几代人已经对此认识得很清楚了，尽管这对于了解人的自身来说非常重要。

这便是本书所希望解决的主要问题。

为了便于理解，在某种意义上也算是对所提出的这些问题作一番铺垫，我认为有必要先探究一下德国和法国对“文明”这一概念的理解及评价的差异。这便是本书第一章的任务。这样做或许会使“文化”和“文明”概念之间的对立不再显得那么生硬和理所当然。同时，这样做或许还会有助于德国人从历史角度去理解法国人和英国人的行为；当然，也会有助于法国人和英国人从历史角度去理解德国人的行为。最终，这一做法也将会有助于阐释文明进程中某些典型的现象。

为了接近主要的问题，首先要对西方国家人的行为和情感控制如何从中世纪逐步演变而来有个清楚的了解。有关这方面的描述是第二章的任务。这一章试图用简洁的方法尽可能做到生动、形象，以便有助于人们理解文明的心理进程。就我们今天所达到的历史思维水准来看，要了解这样一个已经绵延数代的心理进程，也许会显得过于大胆和不切实际。至于西方国家历史发展中所能观察到的人的心理状态变化是否循着一定的规则和方向发展，我们既不能从纯理论的角度，也不能从抽象的推测来判断。只有对历史材料进行一番检验，才能知道正确与否。因此，没有了解这些形象的材料之前，在这里不可能对全书的结构和要旨作一番简略的说明。本书的结构和中心思想是在对历史事实进行不断观察、不断检验以及不断地用以后观察到的东西对以前的看法进行修正这样的过程中逐步形成的。只有把这本书看作一个整体，才能更好地理解其每一部分，更好地理解其结构和方法。为了便于读者理解，这里只需罗列几个问题即可。

在第二章中可以看到许多例子。这些例子就像一些快镜头，在短短几页中便展现了几个世纪以来，在同一生活范围内人的行为标准是如何逐渐朝着某个特定的方向发展的；展现了人们如何就餐、如何就寝，又是如何与别人发生争斗的。在这样或那样一些日常事务中每个人的行为和感受逐渐地发生了变化，逐渐地走向了“文明”，只有历史的经验才能明确地阐述“文明”这个词的真正含义。历史经验向我们展示了羞愧和难堪在“文明”的过程中起着如何重要的作用。社会的好恶标准发生了变化，于是，由社会培养起来的不快和恐惧也随之发生了变化。人的恐惧心理的社会起源是文明进程中的核心问题之一。

还有很多问题都与这一点有着非常密切的关系。在文明的进程中，儿童的心理结构及其行为与成年人的距离越来越大。这就是为什么有的民族和族群显得“幼稚”和“年轻”，而另一些则显得“成熟”和“年长”的关键所在。我们用这些比喻所要试图说明的，是这些社会在不同类型、不同阶段的文明进程中所表现出来的差别。这是另外一个问题，它已超出了这本书的讨论范围。第二章中的许多例子和解释非常清楚地说明：今天经常引起心理学家和教育学家深思的所谓西方社会的心理“成熟”过程，正是个人的文明进程。社会所经历的几百年的文明进程，体现在文明社会中每一个正在成长的人身上，他们从小就程度不同地、机械地经历着个人的文明进程，每个人都在这一过程中取得了或大或小的成就。所以，如果把文明社会中成年人心理的起源与“文明”概念的社会学起源割裂开来的话，这种“心理”便无法理解。根据某一种“社会学起源的基本原则”，每个个人在他短暂的历史中都再一次经历了他所处社会漫长历史的全部过程。

第三章的任务是让人们了解这段漫长历史中的某些过程。这一章占了本书剩余部分的大部分篇幅。本书剩余部分试图弄清，在某些有着明确界限的范围内西方国家的社会结构为什么会在其历史发展的过程中不断发生变化，这一变化又是如何进行的。同时，作为对这些问题的回答，第三章及其后部分还对同一范围内西方国家的人的行为标准和心理状态所发生的变化进行了描述。

比如，人们可以从中看到中世纪早期的社会环境：大大小小的城堡比比皆是，即便城市的居民点也是封建式的。当时的城市中心是由骑士阶层的城堡和客栈组成的。关键在于究竟是哪些错综复杂的关系促进了被我们称之为“封建制度”这样一种东西的形成。这部分还试图指出一些“封建化的机制”。人们可以从中了解到，在原来布满城堡的地方如何慢慢地兴起了城市自由手工业者和商人的集居地以及一系列规模宏大、富比王孙的封建宫廷。在骑士阶层的内部越来越明显地形成了一个上层阶级，他们的住宅既是宫廷抒情诗和普罗旺斯抒情诗①的中心，也是讲究“宫廷礼仪”式的交往和行为的中心。如果说这本书的开头通过大量的例子介绍了符合“宫廷礼仪”的行为准则，从而描述了人们心理状况变化的概况，那么在这部分中便可以了解到这种行为方式的社会学渊源。

又比如，人们还可以看到，被我们称作“国家”的早期形式是怎样慢慢形成的。前面已经讲到，“专制主义”时期，在“礼貌”的口号下人的行为非常明显地朝着一个新的标准发展。今天，我们是用从“礼貌”一词繁衍出来的“文明”来称呼这种行为标准的。为了说明文明的进程，有必要先了解专制主义政权以及专制主义国家是怎样形成的。不仅是反思给予的启示，对现实的一系列观察也使我们接近了这样的推测：“文明”行为的结构与西方社会“国家”的组织形式之间的关系极为密切。如果换一个角度提问的话，那就是：中世纪早期甚为松散的社会为什么会变成一个内部基本保持和平，武装起来一致对外的、被我们称作“国家”的社会？中世纪早期，西方国家领土的真正主人是一群大大小小的骑士。究竟是哪些错综复杂的社会关系使这样一个如同散沙的社会合并成越来越大的地区，并处于一个比较稳定、集权的统治机器之下的呢？

如果去研究每一个历史的起源，似乎繁琐而又不甚必要。但是，因为每一种历史现象，诸如人的行为或社会机构确实都有其“形成”的过程，所以作为对它进行阐述的思维方式，绝不能简单地满足于人为地将

① 指 12 和 13 世纪法国普罗旺斯地区的抒情诗。——译者

这些现象从它们自然的、历史的发展中抽象出来，抹去其运动和发展的特性，并把它们视作与其形成和变化过程全不相干的静态组织。并非出于任何理论上的偏见，而是经验本身促使我们去探寻那些能够引导我们的意识既避开“静态观点”的暗礁，也避开“历史相对主义”的漩涡的思想方法和途径。前者倾向于把一切历史活动看成是无运动、无过程的；后者则仅把历史看作一种不断变更的过程，而不去研究这种变更的规律和历史构成的规则。而这些却正是本书所致力研究的问题。研究社会起源和心理起源的目的是揭示历史变化中的规律、其必然的过程和具体的机制。在研究的过程中可以为许多今天看来异常复杂甚至难以解答的问题找到简洁而又准确的答案。

从这个意义上来说，本书也对“国家”的社会起源进行了研究。研究的根本目的在于找出其形成的历史，这是一个“权力垄断”的问题。马克斯·韦伯早就像下定义似的指出，对人体实行暴力垄断的也是被我们称之为“国家”这样的社会机构。这本书试图说明，暴力的使用这样一个具体的历史过程是如何从自由竞争的骑士的特权逐渐发展为国家机构的集权和垄断的。事实表明，对于我们过去这段历史中所形成的垄断趋势的理解，并不比对我们今天所处历史阶段形成的强大的垄断趋势的理解来得更容易，但也不会更困难。还有一点也是不难理解的，即随着对人体实行暴力的垄断的形成，随着与之相关的各种错综复杂的社会关系的枢纽的形成，影响个人的整个社会机制发生了变化，以社会的好恶标准来使个人体现出社会性的这一作用方式以及在个人生活中起着重要作用的恐惧方式也都发生了决定性的变化。

最后，作为这本书的总结，“文明论纲”再一次强调了社会结构变化和人的行为、心理结构变化之间的关系。对于前面许多在描写具体的历史过程时只是简略地提到过的东西，在这一部分中都进行了详细的论述。比如对由于羞愧和难堪而产生的恐惧心理的概论，它是对前面所描述的生动的历史材料的理论性总结。另外，对为什么正是这种类型的恐惧在文明的发展过程中起着特别重要的作用也作出了解释。同时，还对“超我”的形成、“文明”人心理中自觉与不自觉的情感冲动作了一些说明。怎样来理解历史的进程；怎样来理解所有的进程都是由许多个别的人的行为所造成，而在这些进程中产生或形成的机构及组织又并非出自某个个人的安排和计划，诸如此类的问题得到了回答。最后，读者在这本书的“展望”中还能看到过去的认识和今天的经验是如何融为一体的。

本书提出的问题牵扯到许多方面，可以说是包罗万象，这些问题不可能在本书中全部解决。

本书标示了一个至今还很少有人瞩目的研究范围，并为搞清这些问题迈出了第一步，其他这方面的研究应该紧跟而上。

对于在这一研究过程中产生的许多问题和观点，我有意识地未加深究。凭空设想出一套文明的普遍理论，然后再来检验其是否与经验相符，这并不是我的初衷。对我来说最迫切的任务是，首先要找回某一领域内失去了的进程的观念以及人的行为变化的观念，然后要使人们对导致这一变化的原因有所了解，最后才是收集在这一研究过程中所形成的理论观点。如果能为这方面的思考以及进一步的研究打下一个比较稳固的基础，那么这本书就达到了它所预期的目的。为了逐步地解决在这一研究过程中产生的诸多问题，需要许多人的共同思考和各个学科分支的合作(这些学科分支在今天经常被人为的界限隔开)。这些问题涉及社会学和历史研究的各个分支，同样也涉及心理学、哲学、人种学和人类学。

这一问题的提出，很少源于狭义的科学传统，而更多源于我们的生活经验，源于从迄今为止西方国家文明所经历的危机、变化过程中所得到的经验，以及想了解“文明”究竟意味着什么这样简单的需要。在研究过程中，我既不认为我们的文明行为方式是全人类所可能具有的行为方式中最先进的，也不认为“文明”的生活方式是最坏的和日趋没落的。我们今天所能看到的，是在逐步发展的文明过程中所出现的一系列困扰。但我们还不能说已经完全明白我们为什么而苦恼。我们感觉到，随着文明程度的提高，我们被卷入了某种复杂的情况，这种情况是那些还没有达到我们这一文明水准的人所无法认识的。然而，我们也知道，这些不太“文明”的人也常常为他们自己的烦恼和恐惧所折磨，而这些是我们无法或者至少是无法像他们那样去感受的。假如人们了解了文明的进程究竟是如何发展的，那么对于这些问题也许会看得更加清楚一些。不管怎么说，这是促使我写这本书的许多愿望中的一个。文明的进程和自然现象没有多大的差别，它们就在我们中间和周围形成。就像中世纪的人对自然现象一无所知那样，我们现在对文明的进程也知之甚少。但是，将来有一天等到人们对这些进程有了进一步的了解，也许就能有意识地对它们加以引导。

在整个研究过程中，我不得不学会在很多问题上改变自己原来的想法。我也只能让读者慢慢地去熟悉许多不常见的观点和表达方式。我对社会进程的本质，对“历史发展的必然过程”——如果可以这样说的话——以及它们与心理发展之间的关系有了更加清楚的认识。社会起源和心理起源、情感控制和本能的形成、外部强制与自我强制、难堪的界限、社会的实力、垄断的必然过程以及其他一些概念反映出了这些情况。一般认为，对于显而易见的新事物，必须要用新的词汇来表达，而我则尽可能地少用新词汇。

关于这本书的主题就讲这些。

在我进行这一研究以及为此进行一系列必要的准备工作时，曾得到过许多忠告和支持。我希望借此机会向所有曾经帮助过我的人和机构表示衷心的感谢。

在阿姆斯特丹施托恩基金会的资助下，我才有可能充实我为争取大学教授资格而写的论文。这篇论文是研究法国贵族、王权和宫廷社会的。本书就是在此基础上写成的。我感谢该基金会，同时也感谢阿姆斯特丹的福利达教授和巴黎的伯克勒教授，感谢他们对我在巴黎工作期间所表现出的关心和友好。

我在伦敦工作期间曾经得到伦敦奥伯恩基金会的慷慨资助。我向该基金会，特别向伦敦的金斯贝格教授、剑桥的H·洛伊教授和伦敦的文学硕士A·马科韦表示衷心的感谢。假如没有他们的帮助，这本书就无法写成。同时我也感谢伦敦的K·曼海姆教授提供的帮助和建议。最后我还要感谢巴黎的哲学博士吉塞勒·弗洛伊德；剑桥的双重哲学博士M·布劳恩；剑桥的医学博士A·格吕克斯曼；芝加哥的哲学博士H·罗森赫伯特以及伦敦的R·邦威特等各位朋友对我提供的帮助，在与他们的交谈中我曾得到过某些启示。

诺贝特·埃利亚斯

1936年9月

第一章 “文明”和“文化”概念的社会发生

第一部分 “文明”与“文化”概念的对立在德国的社会发生

引 言

1.“文明”这一概念所涉及的是完全不同的东西：技术水准、礼仪规范、宗教思想、风俗习惯以及科学知识的发展等；它既可以指居住状况或男女共同生活的方式，也可以指法律惩处或食品烹调。仔细观察的话，几乎每一件事都是以“文明”或“不文明”的方式进行的。所以，要用几句话囊括“文明”所有的含义几乎是不可能的。

如果考察一下“文明”的一般定义，以及到底为了哪些共同之处人们才把所有这些形形色色的人类行为和成就都称作“文明”，那么首先可以找到这样一种简洁的表达：这一概念表现了西方国家的自我意识，或者也可以把它说成是民族的自我意识。它包括西方社会自认为在最近两三百年内所取得的一切成就，由于这些成就，他们超越了前人或同时代尚处“原始”阶段的人们。西方社会正是试图通过这样的概念来表达他们自身的特点以及那些他们引以自豪的东西，比如他们的技术水准，他们的礼仪规范，他们的科学知识和世界观的发展等。

2.“文明”一词的含义在西方国家各民族中各不相同。首先，这个词在英、法两国和在德国的用法区别极大。在英、法两国，这一概念集中表现了这两个民族对于西方国家进步乃至人类进步所起作用的一种骄傲；而在德国，“文明”则是指那些有用的东西，仅指次一等的价值，即那些包括人的外表和生活的表面现象。在德语中，人们用“文化”而不是“文明”来表现自我，来表现那种对自身特点及成就所感到的骄傲。

3. 一个奇特的现象：英、法语言中的“文明”以及德语中的“文化”，这些词似乎不言而喻地界定了某些范畴，从而与其他范畴相区别，其中隐藏的价值使它们在所属的社会内部使用时意义明确，而那些不属于这个社会的人们则很难理解其中全部的含义。

在英、法语言中，“文明”这一概念既可用于政治，也可用于经济；既可用于宗教，也可用于技术；既可用于道德，也可用于社会的现实；而德语中“文化”的概念，就其核心来说，是指思想、艺术、宗教。“文化”这一概念所表达的一种强烈的意向就是把这一类事物与政治、经济和社会现实区分开来。英、法语言中的“文明”可以指成就，也可以指人的行为、举止而不论是否有成就；德语中的“文化”则很少指人的行为以及那种不是通过成就而是通过人的存在和行为所表现出来的价值。德语中“文化”概念的这种特殊含义由它的派生形容词“文化的”(kulturell)淋漓尽致地表现了出来，“文化的”指的不是一个人的存在价值，而是某些特定的由人类所创造的价值和特性。这个词是无法直接译成英语和法语的。

“有教养的”一词与西方的文明概念非常接近。从某种程度上说，它是文明的最高形式，即便是在“文化上”“一无所成”的人和家庭也可以是“有教养的”。与“文明”一词相同，“有教养”首先是指人的行为和举止，指人的社会状况，他们的起居、交际、语言、衣着等。“文化的”之所以区别于“文明的”就在于它不直接指人本身，而是指人所取得的成就。

4. 与之紧密相关的是这两个概念的另一个区别："文明"是指一个过程，至少是指一个过程的结果，它所指的是始终在运动，始终在"前进"的东西；而德语中的"文化"，就它目前的使用情况来看，指的是另一种倾向，指那些已经存在的人的产品。就像"田野里的花"[1]，指的是艺术作品、书籍以及反映民族特性的宗教和哲学体系。所谓"文化"指的就是这些。

"文明"使各民族之间的差异有了某种程度的减少，因为它强调的是人类共同的东西，或者说，应该是共同的那些东西——至少对于那些已经"文明"了的人来说是这样。"文明"体现了某些民族的自我意识。对于这些民族来说，几百年来形成的民族界线和民族特性已无可置疑，因为这些东西早就通过他们的扩张和殖民完全确立了。

与之相反，德国"文化"的概念强调的是民族差异和群体特性。正是德国"文化"概念的这一功能，使它在民族学和人类学等研究领域占有一席之地，并远远地超过了德国语言的范畴，超过了这个名词最初所表达的一个民族的状况。与西方其他民族相比，这个民族用了很长的时间才在政治上取得统一和巩固。几百年来直至今天，它的领土总是被别人侵略或受到侵略的威胁。如果说"文明"表现了殖民和扩张的倾向，那么"文化"则表现了一个民族的自我意识。这个民族必须经常提出这样的问题："我们的特性究竟是什么？"他们必须经常从各个方面进行探求，以维持政治上、思想上与他人的界线。德语中"文化"概念所表达的倾向、所界定的范围以及对民族差异的强调，正与这一历史的进程相符。"究竟什么是法国的？什么是英国的？"很久以来，几乎没有一个法国人或英国人在他们的意识中提出过这样的问题，而"究竟什么是德国的？"这个问题，几百年来却一直没有平息过。在一个特定的时期，对这个问题的许多回答中的一个便是"文化"。

5. 因此，通过“文化”与“文明”这两个概念所体现出来的民族意识是很不相同的。德国人自豪地谈论着他们的“文化”，而法国人和英国人则自豪地联想起他们的“文明”。尽管这两种自我意识有着很大的差别，大家却都完全地、理所当然地把“文化”或“文明”作为观察和评价人类世界这一整体的一种方式。德国人也许可以试着向法国人和英国人解释他们所谓的“文化”，但是他们却无法表述那种特殊的民族传统和经验，那种对于他们来说这个词所包含的不言而喻的感情色彩。

法国人和英国人也许可以告诉德国人，是哪些内容使“文明”这一概念成了民族自我意识的总和。然而，不管这一概念在他们看来是多么理性，多么合理，它也是经过一系列特殊的历史积淀而形成的，它也是被一种感情的、传统的氛围所环绕的。这种氛围很难解释，却是构成其整体意义的一个不可缺少的要素。如果德国人想对法国人和英国人解释，为什么“文明”这一概念在他们看来虽有价值，但仅是次一等的价值时，这种讨论便失去了意义。

6.“文明”和“文化”这两个概念往往会与那些仅在某个小群体、某个家庭、某个宗教派别、某个班级或某个“同盟”内部使用的语言有相似之处，对于知情者来说这种语言内涵丰富，而对于局外人来说却意义甚少。这是因为这些概念是在共同经历的基础上形成的，是同使用它们的群体一起成长、一起演变的，这些群体的状况和历史就反映在这些概念之中。对于那些没有这种经验或没有同样的传统、经历的人们来说，这些概念是苍白的，而不是生动的。

自然，“文明”和“文化”形成的背景既不是某些宗教派别，也不是某个家庭，而是形成这两个概念的社会，是整个民族——或许，最早只是在这些民族中的某些社会阶层。从许多方面都能看出这两个概念与那些仅在某些小群体中使用的特殊语言有着共同之处，使用这种语言的人们往往有着某种共同的传统和经历。

数学概念可以同表述它们的那些人无关，三角学不用顾及历史便可以得到解释，而“文明”与“文化”的概念则不然。

可能是某个人用他所在群体内部现有的语言材料创造了这两个概念——至少是对现有的语言材料赋予了新的意义；于是这两个概念得到了普遍的认可。其他人接受了其中新的意义和内容，又将其传播开去，并在谈话或文章中不断将其完善，一个传一个，直到它们成为可供使用的工具。人们用它们来表达共同经历过的东西，并希望通过它们互相理解，于是它们成了时髦的语言，成了某个社会口语中流行的概念。这表明，它们不仅符合了个别人的表达需要，同时也符合了群体的表达需要。群体的历史在这些概念中得到了反映，人们也因为这些概念所包含的内容而去使用它们；尽管他们知道得并不很确切，为什么这些词表达了这样的意义和范畴，为什么其中存在着细微的差异和某些新的东西。他们使用这些概念，是因为他们觉得理所当然。他们从小就学会了通过这些概念的有色眼镜去看世界，至于这些概念的社会起源及其过程可能早就被遗忘了。一个概念可以世代相传，但人们却无法将不断变化的过程当作一个整体传下去。只要过去的经验和状况在现实的社会存在中还有一定的价值和作用，只要世代相传的人们还能够从这些词的意义中找到属于他们自己的东西，这些概念便有生命力。一旦在现实社会中找不到与这些概念的功能及其所反映的经验相联系的东西，这些概念便会慢慢死去。有时候它们只是停滞了，或者是其中某些特定的范围停滞了，以后又会从新的社会状况中再次获得新的现实意义。人们之所以重新记起这些概念，是因为现实社会中的某些东西借助过去的词汇得到了体现。

“文明”与“文化”[2]这两个对立概念的发展过程

7. 显然，德语中与“文明”相对立的“文化”概念在 1919 年以及之前的几年里又重新活跃了起来，因为有人以“文明”的名义对德国进行了战争①，同时，也因为在和约签订以后所出现的新情况中，德国人必须重拾自己的信心。

显而易见，从某种意义上来说，战后德国的历史只是给一种对立的观念注入了新的刺激，而这种观念的对立从18世纪以来就是通过“文明”和“文化”这两个概念来表现的。

或许是康德最先用这种相近的概念来表达他那个社会中某种对立的经验。

1784年，他在“从世界公民的观点撰写世界通史的想法”一文中写道：“我们通过艺术和科学达到了很高的修养，我们太文明了，以至于繁文缛节成了累赘……”

“道德观念属于文化范畴，”他继续写道，“而这一思想的流行，只不过造就了那些追求名誉、追求表面的礼仪规范等所谓的德行，只不过推进了文明而已。”

尽管这一对立命题的表述在其概念形成的时候就已经与我们现在的说法接近，但形成这些概念的具体出发点以及它们所涉及的经验和情况在18世纪末却截然不同。不过，当时所涉及的经验和情况与我们今天使用这些概念时所依赖的经验和情况还是有着历史的联系的。

当正在形成的德国市民阶层代言人，即处于中等阶层的德国知识分子[3]大都还是“从世界公民的观点”来谈论问题的时候，“文明”与“文化”概念的对立首先是模糊地、仅在其第二层次的意义上才涉及民族问题，其表层意义所反映的仅是一种社会内部的矛盾。不过，这一社会矛盾以非常奇特的方式孕育着民族问题的萌芽，主要是那些讲法语的、按照法国模式“文明化”的宫廷贵族与讲德语的、处于中等阶层的知识分

① 指德国发动第一次世界大战后，英、法以文明的名义联合起来对抗德国。——译者

子之间的矛盾。知识分子这个阶层主要是由市民阶层中“诸侯的仆役”和广义上的国家公职人员所组成，其中也有来自农村的贵族。

这也就是说，知识分子这个阶层远远地被排斥在政治生活之外。他们不是在政治的范畴里，而首先是胆怯地在民族的范畴里思考。他们全部的合法性存在于他们的思想、科学和艺术的成就之中；在那儿，与他们对立的是社会的上层。在知识分子看来，这些人“一无所成”。这些人是靠他们已经和正在形成的上流社会的举止行为来证实自我以及建立起自我意识的。这便是康德在讲到“文明变成了累赘”、讲到纯粹的“繁文缛节”、讲到“追求名誉”时，眼里所看到的那个阶层。这便是德国中等阶层知识分子与占统治地位的宫廷上流社会关于文明教养的争论。这一争论在“文明”与“文化”这两个概念形成的过程中起了作用，然而，与这两个概念所反映的内容相比，这一争论本身的历史更为悠久，影响更为广泛。

8. 这一争论早在 18 世纪中叶之前就能觉察到了，尽管在当时它只是各种思想的弦外之音，与 18 世纪中叶之后相比，还显得异常微弱。1736 年出版的《泽德勒百科大词典》[4]中关于“宫廷、礼貌和宫廷侍臣”的条目使我们能很好地了解这一概念。因为这一条目太长，无法在这儿全文转录。

条目中写道：“‘礼貌’一词无疑是从宫廷及宫廷生活中来的。大君主们的宫廷是一个舞台，每个人都想在那儿试试自己的运气，这就是说，要设法赢得君主和宫廷中最上层人物的垂青。人们想方设法去博得他们的欢心，使他们相信，我们随时都准备竭尽全力为他们效劳。虽然我们并不是随时都能够或愿意这么做，并且这种不能够和不愿意一般都是有充分理由的。然而，这一切都是以礼貌的形式表现出来的。我们以表面的行为给他人以最好的保证，使他们对我们寄予美好的希望，认为我们多么乐意为他们效劳；这使我们赢得了别人的信任，使他们在不知不觉中对我们产生了好感并很愿意给我们以回报。礼貌的普遍意义在于，它能给具备它的人带来特别的好处，尽管我们应该靠本事和德行来博得别人的尊敬。可是有多少人真有本事和德行呢？是的，又有多少人懂得如何去尊重本事和德行呢？那些流于表面的东西往往更能打动那些只注重外表的人们，尤其是在能迎合他们愿望的时候。用这些来形容一个礼貌周全的人是再确切不过了。”

这一条目朴实地、不带任何哲学阐释地说出了与康德相同的对立命题，即一面是虚伪的、表面的“礼貌”，另一面则是真正的“德行”。显然，这一命题是针对某些特定的社会状况而言的，只不过康德将其提高、深化了，并归之于“文明”和“文化”的对立。在此，作者只是以悲观叹息的语气顺带地谈到了这个问题。18 世纪中叶之后，情况有了改变。中等阶层通过道德和教育来证实自我的倾向愈加明确、愈加坚决，他们与流行于宫廷之中的那种表面的、肤浅的行为的争论也变得更加明显了。

关于德国宫廷观念的几个例子

9. 很难笼统地来谈论德国，因为在当时众多的小国家中每一个都有其特殊的情况。只有少数几个小国对德国的发展有影响，其余的都只是尾随其后。尽管如此，还是能发现某些普遍的、到处或多或少都存在的现象。

首先是“三十年战争”① 后的人口锐减和农村经济的凋敝。与英、法两国相比，在 17 世纪的德国，市民阶层是相当贫困的，即使到了 18 世纪也是如此。16 世纪曾经在德国一些地区十分繁荣的贸易，特别是长

① 1618—1648 年欧洲各国在德意志领土上进行的源于宗教和权力纠纷的战争。——译者

途贸易衰落了。大商号巨大的财富被分散了。部分是因为新航路的开辟引起了商业渠道的改变，部分是因为长期的战乱。剩下的只是目光短浅的城市中的小市民，他们只能顾及本地的需求。

一般人没有足够的经济能力去满足奢侈的需要，如文学、艺术。而有经济能力的德国各宫廷则用他们不多的金钱去摹仿路易十四的宫廷制度，并说法语。中下阶层使用的德语冗长臃肿，僵硬笨拙，就连莱布尼茨这个惟一的德国宫廷哲学家，这个在当时名满广大宫廷社会的、惟一称得上伟大的德国人，也很少使用德语。他说的是法语或拉丁语，并用这两种语言写作。他和许多人一样，也在考虑语言问题，考虑如何对待这个僵硬笨拙的德国语言的问题。

从宫廷直至市民阶级的上层说的都是法语。所有“有教养的人”“受尊敬的人”说的也是法语。说法语成了上流社会的等级标志。

“没有什么比用德语写信更加粗俗的了。”[5]1730 年，高特舍特的未婚妻在给她的未婚夫的信中这样写道。

即便是说德语，也要尽可能地多掺一些法语词汇，只有这样才算得上悦耳。“还只是几年以前，”1740 年，E・德・莫维隆在他的《法国与德国文学》一书中写道：“人们说不上四句话就要说两句法语，这是‘最好的用法’。”[6]他还详细地谈到了德语的粗野，他写道：德语的本质便是“粗俗和野蛮”。[7]萨克森人说：“萨克森地区的人德语比帝国其他任何地方的人都讲得好。”奥地利人也这么说自己，而巴伐利亚人、勃兰登堡人和瑞士人同样这么声称。莫维隆还写道：一些学者想提出语言规则，但是“在一个有着那么多独立小国的民族大家庭里，要使人们服从少数学者制定出来的语言规则是很困难的”。

和在其他领域一样，德国一群弱小的没有权力的、处于中等地位的知识分子，担负起了在英法两国很大程度上是由宫廷和贵族上流社会担负的任务。首先是学者，即各式各样处于中等地位的“诸侯的仆役”，他们试图在某个特定的精神领域为德语创造一个模式。这样，至少先在这个领域里建立起一种德国式的统一，这种统一在政治领域似乎还无法实现。这同样也是“文化”这一概念的任务。

在文明的法国观察家莫维隆看来，他在德国所见都是野蛮和落后。不仅是对语言，对文学他也同样写道：“弥尔顿、布瓦洛、蒲柏、拉辛、塔索和莫里哀，所有这些有名望的诗人的作品，都被译成了欧洲大多数的语言，而你们的诗人大多只是翻译家。”

他接着又写道：“请讲出一个以其不朽的著作而流芳百世的德国诗人的名字——我相信做不到。”[8]

10. 人们也许会说，这是一个不了解情况的法国人非权威性的意见。但是在1780年，在莫维隆之后40年，也就是法国革命前9年，当英、法两国都已各自经历了形成其民族和文化特征的决定性阶段，当西方这两个国家的语言早就找到了它们的规范及固定形式时，腓特烈大帝让人出版了他的《论德国文学》一书。[9]在这部著作里，他为德国著述不多以及这方面发展的缓慢感到痛惜，他对德语的看法大致上与莫维隆差不多，他还谈到了应该怎样来改变这种令人遗憾的状况。

他在谈到德语时说，“我认为这是一种半开化的语言，德国有多少个地区，就有多少种语言。而每一个地区的人又都认为自己的方言是最优美的语言。”他描述了德国文学的低水平，抱怨德国学者的学究气和德国经济发展的迟缓。当然，他也看到了造成这些状况的原因。他认为，德国之所以贫穷是因为连续不断的战争以及商业和市民阶层的不发达。

因此，他写道，“我们缓慢的进步不能归咎于我们民族的精华，而只能归咎于这种令人遗憾的国情和使我们民族在人力和财力上陷入困境的一连串的战争。”

他谈到，德国正在开始缓慢地重新富足起来，“第三等级在这种令人感到羞愧的堕落中不耐烦了。作为家长，他们已经再也用不着为孩子受教育这样的问题而负债。这便是我们所期待的革命的前兆。”他预言，随着逐渐形成的富足，德国艺术和科学的繁荣时期即将到来。德国人将变得文明起来，这将使他们和其他民族并驾齐驱——这便是他所说的幸福的革命。他把自己比作摩西，预见到本民族新的繁荣时期即将来临，而他自己却不能亲睹了。

11. 他说得对吗？

腓特烈大帝的这部著作问世后一年，1781 年，出版了席勒的《强盗》和康德的《纯粹理性批判》。1787 年发表了席勒的《堂·卡洛斯》和歌德的《伊菲格涅亚》。接下去便是我们所熟悉的德国文学和哲学的全面发展。看来，所有这一切都证实了他的预见。

然而，这一新的繁荣是经过长期酝酿的。德语的新的表现力并不是在两三年内一下子形成的。早在 1780 年，也就是《论德国文学》一书发表的那一年，德语就已经不再是腓特烈所说的半开化的“土语”了。只要回顾一下，我们就会看到，当时已经出版了一系列在今天看来意义重大的作品。歌德的《葛兹·封·贝利欣根》上演在 7 年之前，《少年维特之烦恼》也已出版，莱辛已经发表了他的大部分剧评和理论著作，其中有 1766 年发表的《拉奥孔》和 1767 年发表的《汉堡剧评》。1781 年，也就是腓特烈大帝的著作发表后一年，莱辛去世了。克洛普施托克①的作品已经属于过去，他的《救世主》发表于 1748 年。更不用说赫德尔和“狂飙突进”② 运动时期的戏剧以及当时一系列广为流传的小说了。索菲·德·拉罗什的《封·施特恩海姆小姐》便是一个例子。一个由市民、商人阶层组成的读者圈子早就在德国形成了，尽管这一阶层还

① Klopstock（1724—1803），德国诗人，德国启蒙运动的重要代表之一，“狂飙突进”运动的先声。——译者

② 18 世纪 70 年代受启蒙运动影响的、带有民族色彩的德国文学运动。——译者

比较弱小，但他们对这一类作品感兴趣。一种伟大的精神上的振奋一浪又一浪地席卷了整个德国，并通过文章、书籍和戏剧表现了出来。德语由此而变得丰富、生动起来。

所有这一切，腓特烈大帝在他的著作中都没有提到。他没有看到这些，或者根本不认为这些作品重要。他所提到的惟一一部青年人的著作是《葛兹·封·贝利欣根》。这是一部在“狂飙突进”运动时代、在崇尚莎士比亚的激情中产生的伟大剧作。使人感到特别的是，他是在谈到“下层社会”，即人民中的最低下阶层的教育和娱乐方式时提到这部作品的：

“您只要到大戏院去看看就会明白，迄今为止在德国占统治地位的审美情趣是多么低下。您可以看到，那儿上演的是被译成了德语的莎士比亚，一种令人讨厌的戏剧。而观众在欣赏这些几乎只有在加拿大的野蛮人那儿才会有的滑稽闹剧时，却摆出了一副怡然自得的样子。我之所以这样说，是因为这种戏剧伤风败俗，违背了戏剧的规则，而这些规则是不能随便改动的。

“出现在舞台上的是小偷、掘墓人，操着满口只有他们那个行当才说得出口的粗俗语言，随后出现的是王子和王后。像这样一种充斥着荒诞离奇和低级庸俗，充斥着伟大崇高和滑稽可笑，同时又掺杂着悲剧气氛的大杂烩，怎么会感动人、娱乐人呢？

“我们可以原谅莎士比亚，因为这一艺术在其形成的时候还不成熟。

“可是现在出现在舞台上的是《葛兹·封·贝利欣根》，这是对那些令人生厌的英国戏剧的拙劣模仿。而观众们却使劲地鼓掌，热烈要求重演这些平淡乏味的东西。

“……在谈论了德国下层社会之后，我现在必须同样坦率地来谈一谈我们的高等学府。”

12. 说这些话的这个人，在当时对普鲁士的政治、经济发展所起的作用超过了他同时代的任何一个人。也许他还直接影响到德国政治的发展。然而，他生长其中并由他反映出来的思想传统是欧洲“上流社会”的共同传统，即民族统一前宫廷社会的贵族传统。他说的是那个社会的语言——法语。他用来衡量德国精神生活的是那个社会的口味。在那个社会制度下形成的模式影响了他对事物的评判。长期以来，那个社会的其他人也像他那样来谈论莎士比亚，如伏尔泰。早在1730年，伏尔泰在他的悲剧《布鲁吐斯》的引言“论悲剧”中就已经表达了与腓特烈大帝非常相似的观点：

“我能肯定地说，我赞赏充斥在莎士比亚《裘力斯·恺撒》这一悲剧中的粗俗和放肆。这样一个对拉丁文一窍不通而只相信自己才赋的人，在蒙昧时期所创作的作品中，把这种放肆写得还不算太过分，这真使人感到幸运。”

事实上，腓特烈大帝对于莎士比亚的评价正是欧洲说法语的上流社会一种模式性的标准化意见。他既没有“抄袭”也没有“剽窃”伏尔泰，他所说的是他自己坦率的个人的信念。他无法从那些掘墓人和平民百姓既“粗俗”又不文明的玩笑中找到娱乐，特别是当这种玩笑和王子、国王崇高的悲剧感混在一起的时候。对于他的感情来说，所有这一切都没有明快的形式，都是“下层阶级的娱乐”。可以这样来理解他的观点：这些观点和他的法语一样，既很特别又很少有个性。他的观点和他的法语一样，都证明了他是属于一个特定的社会。他的政策是普鲁士式的，而他的趣味则是法国式的，说得更确切一点，是专制主义的、宫廷的，其矛盾性并不比现在关于民族问题的各种观点之间的分歧更大。这种矛盾性与宫廷社会的独特结构有关。这个社会在政治结构和嗜好兴趣方面虽然很不一致，但其社会等级、审美趣味、风格和语言在整个欧洲却大致相同。

这种独特的情况在腓特烈大帝年轻的时候或许曾引起过他内心的冲

突。他逐渐地意识到，普鲁士统治者的利益不可能总是同崇尚法国和受其宫廷礼仪的束缚保持和谐。[10]同时，这种矛盾还在他的整个一生，在他作为统治者的所作所为和作为一个人、一名哲学家所写下的东西之中，造成了一种不和谐。

同样，德国市民阶层的知识分子对他的感情也是很矛盾的。对于很多人来说他是一个民族英雄，他在军事和政治上所取得的成就，增强了他们长期以来所缺少的作为德国人的自我意识。然而，他对语言和审美趣味等问题所持的态度，比如像在《论德国文学》一书中的观点，还远不止这些，又是德国知识分子——正是作为德国这个国家的知识分子所反对的。

几乎在德国所有较大的王国中，甚至在许多较小的王国中，情况都是如此：在最上层的总是那些说法语的人或圈子，并由他们来决定政治；与之相对的，则是一个中等阶层的社会，一个说德语的知识分子阶层，他们对政治的发展基本上没有影响。正是因为从这个阶层中产生了某些人，人们才把德国称为诗人和思想家的国度。“教育”和“文化”等概念也正是从他们那儿才获得了德国式的特殊意义和倾向。

关于德国中等阶层和宫廷贵族

13. 指出法国古典悲剧是如何真实地表现专制宫廷社会所特有的那种精神状况和理想，这本身就是一个很吸引人的任务；腓特烈大帝曾将这种悲剧奉为与莎士比亚悲剧和《葛兹·封·贝利欣根》相对立的典范。“文明”发展道路上某一阶段性的特征在古典悲剧中得到了最完美的表现，诸如每一个真正的“上流社会”的特点——讲究礼仪；用理性来抑制人的情感；每个宫廷侍臣生存所必需的恰如其分的举止；杜绝所有平民式的表达方式等。凡是宫廷生活中必须掩饰的，凡是鄙俗的情感和姿势以及“人们”避而不谈的，在悲剧中就不予表现。出身社会底层的人在这样的悲剧中无从得益，因为对于上流社会的人来说，出身卑贱的人思想和感情必定是庸俗的。法国古典悲剧的形式是清晰的、一目了然的，犹如礼仪和宫廷生活一样有条不紊。[11]它完全按照宫廷贵族的愿望和独裁君主的意志来表现生活在宫廷中的人们。无论是谁，不管他是英国人、普鲁士人或是法国人，只要他囿于这样的社会状况之中，他的审美趣味就势必会被迫朝着一个方向发展。就连德莱顿这样一个除蒲柏之外英国最有名的宫廷诗人，也在《征服格拉纳达》一剧的后记中对早期的英国戏剧发表了与腓特烈大帝和伏尔泰十分相似的意见：

“这样一个以一位彬彬有礼的国王和一座那么辉煌、思想那么丰富的宫廷为楷模的、感情细腻而又有教养的时代，恐怕不一定能够欣赏那些古老的英国悲剧家的粗劣作品。”

这段话非常清楚地揭示了审美情趣与社会结构之间的关系。腓特烈大帝也反对那种把“王子和王后的伟大悲剧”与“小偷和掘墓人的粗俗”同时搬上舞台的低劣趣味。他怎么会理解一部以反对等级差别为中心的戏剧或文学作品，并对此表示赞赏呢？这样的作品希望表现的不仅仅是君主和国王以及宫廷贵族的痛苦，社会等级低下的人的痛苦也有其伟大和崇高的悲剧性。

德国的市民阶层正在逐渐富裕起来，普鲁士国王看到了这一点，他期望艺术和科学的发展，期望“一场幸福的革命”。然而，这一市民阶层使用的是一种与国王完全不同的语言。那些出身市民阶层的青年的理想、趣味以及他们效法的模式几乎都与国王的格格不入。

“我们在位于法国边境的斯特拉斯堡，”歌德在《诗与真》（第九卷）中写道：“我们摆脱了法国精神。我们认为他们的生活方式规矩太多，太贵族气，他们的诗太冷漠，他们的批评具有破坏性，他们的哲学晦涩费解，无法令人满意。”

歌德就是在这样的情绪下写出了他的《葛兹·封·贝利欣根》。腓特烈大帝，这个开通的、明智的专制主义及宫廷贵族审美趣味的代表者怎么能够理解呢？这样的国王怎么会对莱辛的戏剧和理论表示赞同呢？莱辛赞美莎士比亚的地方，正是他所鞭挞的。这也是莎士比亚比法国古典作家具有更优秀民众审美观的地方。

“如果把莎士比亚的杰作……翻译给我们德国人的话，我清楚地知道，其效果要比像现在这样把高乃依①和拉辛介绍给他们好得多，民众能从前者身上汲取更多的审美情趣，而这一点他们在后者那儿是不可能得到的。”

1759 年莱辛在他的《关于当代文学通讯》（第一部分，第十七封信）中写下了这段话。为了与正在逐步形成的市民阶层新的自我意识相适应，他号召写市民剧，并亲自动手写作。因为“伟大”并非宫廷贵族专有的特权。他写道：“自然并不承认由人类自己所造成的那种可恶的人与人之间的差别。自然在赐予人类心灵素质时并没有给贵族和富人以这样的优越性。”[12]

18 世纪下半叶的整个文学运动正是由这样一个社会阶层、由这样一些与腓特烈大帝的社会观和审美观截然相反的审美理想所承担的。而这些审美理想对于腓特烈大帝来说是无足轻重的，他对周围正在活跃起来的、充满了生机的力量不屑一顾，并诅咒那些他所无法视而不见的东西，如《葛兹·封·贝利欣根》。

这一德国文学运动的代表人物有克洛普施托克、赫德尔、莱辛、“狂飙突进”运动、感伤主义及哥廷根林苑派的诗人们、青年歌德和青年席勒以及其他许多诗人。这一运动肯定不是政治运动。直到 1789 年，除了极个别的例子外，在德意志还找不到一种导致一项具体的政治行动

---

① Pierre Corneille（1606—1684），17 世纪上半叶法国古典主义悲剧的代表作家，一向被称为法国古典主义戏剧的奠基人。——译者

的思想，找不到能使人联想到可能结成政治党派或形成政治纲领的东西。可以找到的是具有开明专制主义精神的建议和本着这种精神刚开始的实际的改革，特别是在普鲁士的国家公职人员中。可以找到的是像康德那样的哲学家，他们发现了一些与当时的社会统治状况相抵触的一般规律。在哥廷根林苑派青年一代诗人的著作中，可以看到的是他们对君主、宫廷、贵族、法国人以及宫廷中的不道德和冷漠的理智等所有这一切的无比仇恨。中等阶层的青年普遍地梦想着一个朦胧的统一的新德国，梦想着一种自然的生活，并对自身感情的解放表现出一种巨大的热情。这里所说的“自然”，是针对宫廷社会的“不自然”而言的。

只有情感与思想，而没有任何一种可能导致一项具体政治行动的东西。封建专制主义小国这样的社会结构没有为之提供任何机会。市民阶层虽然具有了自我意识，但专制主义的国家结构却牢不可破。市民阶层被排挤在一切政治活动之外。他们充其量可以独立自由地“思想和创作”，却不可能独立自主地行动。在这种情况下，写作成了一种最为重要的宣泄手段。尽管经过掩饰，但在这些作品中还是或多或少地流露出一种新的自我感觉和对现实的不满。在“写作”这个被专制主义的国家机器在某种程度上放任自流的领域里，德国中等阶层的青年一代用他们自己的语言，用德语来阐述他们自己、他们的新梦以及他们与宫廷背道而驰的理想。

如上所述，18 世纪下半叶的这场文学运动不是政治运动，然而，它却是一场社会运动，一场社会改革的极其重要的表述。在这一运动中，市民阶级肯定还没有作为一个整体来表述他们的意见。在这场运动中表述了自己的观点的主要是市民阶层的先驱——也就是在这儿被称作中等阶层知识分子的那些人。他们虽然分散在德国各地，但处境和社会地位却异常相似。正是这种相同的境遇使他们能够彼此默契。这些作为先驱的人们只是偶尔在某个地方形成圈子，时间或长或短。与民众相比，他们可谓精英。但在那些宫廷贵族的眼中，他们仍属于下等人。

在他们的作品中处处表明了这种社会状况与他们的理想之间的关系。他们崇尚自然，热爱自由，热衷于孤芳自赏，他们不顾“冷漠的理智”而执着地追求内在的激情。这一切在《少年维特之烦恼》一书中的某些地方表现得淋漓尽致。这本书的成功表明这种感受对于某一代人来说具有典型的意义。

书中 1771 年 12 月 24 日的信中这样写道：“还有那班麇集此间的讨厌的小市民，既虚荣又无聊。他们追逐等级地位，互相窥测，互相提防，都想抢先别人一着……”

1 月 8 日的信中写道：“人类到底是什么样的生物呀！他们的全部灵魂都寄托在繁文缛节上，成年累月，用尽心计，只想一步步坐到上首的席位上去！”

1772 年 3 月 15 日的信中写道：“恨得我咬牙切齿！真是活见鬼……我和伯爵一起吃饭，饭后我们在花园里散步。聚会的时间临近了。天晓得，我压根儿就没想到。”

维特留下了。前来聚会的贵族们到了。女人们窃窃私语，男人们也受到了这种气氛的感染。终于，伯爵略带尴尬地请他离开。看到有一个市民夹在他们中间，参加聚会的贵族觉得有失体面。

“‘您知道，’伯爵说，‘我发现参加聚会的各位对您的在场感到不满’……我不声不响地离开了这高贵的聚会，跳上一辆马车，直驰 M 地。在那儿，我一边坐在山坡上观赏日落的景致，一边诵读着荷马诗集中辉煌的篇章，欣赏着奥德赛如何受到非凡的牧猪人的款待。”

一方面是肤浅无知、繁文缛节和敷衍应酬，而另一方面则是转向内心世界，使情感深沉，醉心于阅读以及注重个人的教养。在这种特殊的社会状况中对立的便是康德在“文化”和“文明”的命题上所表达的那种矛盾。

同时，歌德在《少年维特之烦恼》一书的某些章节中也非常清楚地反映了市民阶层被夹在两个阶层之间这样一种状况。

“最最使我恼火的是，”1771 年 12 月 24 日的信中这样写道，“那市民阶层可悲的处境。尽管我和任何人一样，知道等级差别有必要，它确实也给了我很多好处，但它不应挡住我的去路。”

没有比这一段话更能说明中等阶层意识的特征了。通往下层的大门应该紧紧关闭，通往上层的大门应该敞开。和每个中等阶层知识分子一样，市民阶层也有自己的烦恼，他们不敢设想摧毁阻碍他们向上的围墙，因为他们害怕自己与下层人民之间的那堵墙也会在这场风暴中一起倒下。

整个运动是那些正在向上的人的运动。歌德的曾祖父是个马掌匠，[13] 祖父是裁缝，然后开了饭馆，接待宫廷里的客人，他相当富有，兼有宫廷贵族和市民的风度。歌德的父亲得到了皇家顾问的头衔，属于富裕而又能领取年金的市民阶层，歌德的母亲是法兰克福城一个显赫的市民家庭的女儿。

席勒的父亲是外科医生，以后当上了少校，军饷很低。而他的祖父、曾祖父和曾曾祖父都是烤面包的。舒巴尔特、比格尔、温克尔曼、赫德尔、康德、弗里德里希·奥古斯特·沃尔夫、费希特以及这个运动中的其他许多人也都出身于类似的社会阶层，出身于工匠或中等国家公职人员的家庭。有的家境略好，有的略差。

14. 在法国也有类似的运动。由于类似的社会变化，从中等阶层的圈子里也涌现出了一大批杰出的人物，伏尔泰和狄德罗就是其中的代表。可是在法国，这些天才没有费什么周折就被广大宫廷社会、被巴黎的“上流社会”接受并同化了。与之相反，德国一批出身于正在上升的中等阶层家庭的优秀儿子，却大都被摈弃于宫廷贵族的生活之外，尽管他们才华横溢，思想敏锐。只有极少数人挤进了这个圈子，比如歌德。

萨克森—魏玛的宫廷很小，且较贫困，尽管如此，歌德还是属于例外。总的来说，与西方其他国家相比，横在德国中等阶层知识分子或贵族上流社会之间的那堵墙是很高的。1740 年法国人莫维隆在观察德国情况时写道：

“人们在德国绅士的脸上发现了一种近乎粗鲁的神态。他们为自己出身于十六代贵族世家而感到自豪，并随时准备向人炫耀。他们对一切没有同样家世的人表示蔑视。……他们很少缔结门户不当的姻缘，同样也很少看见他们朴素而又友好地与市民阶层交往。如果他们与市民阶层联姻的话，那么他们肯定不是因为看重与他们的交往，不管那些人多么富有。”[14]

无数事实证明，贵族与市民阶层之间的社会区别非常严格。毫无疑问，这是由于双方生活圈子的狭小和生活不富裕所决定的。这种情况迫使贵族严密地封锁自己，把证明自己的贵族血统作为维护自身特权和社会存在的主要手段。与此同时，这种情况也从另一方面堵住了德国市民上升的主要途径，即通过金钱上升的道路。其他西方国家的市民阶层就是通过这条道路发展起来的，通过这条道路与贵族联姻，并被他们接受。

然而，不管形成这一严格区分的原因是什么，以及其中部分的原因是多么复杂，作为这一差别的后果，即长期以来贵族模式及其“存在价值”的观念与市民模式及其“成就价值”的观念这两者的格格不入，决定了德国人身上所表现出来的民族精神。正是因为这一格格不入，所以语言的主流，德国受过教育的人的语言以及几乎所有文献记载的新的思想传统，都是从中等阶层知识分子那里获得主要动力并受其影响的。与法国的甚至与英国的知识分子阶层相比(英国的情况似乎介于法国与德国之间)，德国的知识分子阶层具有更多更典型的中等阶层特征。

排斥异己的姿态，对特殊与区别的强调，这些已经在德国“文化”概念与西方其他国家“文明”概念的比较中显示了出来，在这儿还表现为德国发展的标志。

与德国相比，法国不仅很早就向外扩张殖民，即使在其内部，在其近代历史上也经常表现出类似的倾向。在这一方面具有特别重大意义的是推广宫廷贵族礼仪的运动，即宫廷贵族同化其他阶层的倾向。如果愿意的话，也可以把这种倾向说成是一种“殖民”。法国贵族对他们的出身等级总是引以为荣，他们以强调等级差别来保持自身的尊严。不过他们周围的“墙”上有更多的门，人们可以通过这些门去接近他们。因此，法国贵族同化其他阶层的作用比德国的大。

与之相反，德国列强的最大的扩张还是在中世纪。从那以后德意志帝国便越来越小。德国领土受到各方面的限制，一部分是在“三十年战争”前，而主要是在其后。强大的压力几乎来自每道边境。在内部，由于各种社会集团都为保存自己的狭隘利益而争斗，因此强调差别、互相排斥的情况，总的说来要比那些向外扩张的其他西方国家更厉害。德国被分成了许多小的主权国家，而且大部分的贵族又严格地把自己与市民阶层区分开来。这两种情况阻碍了一个统一的具有典范意义的“上流社会”的形成。而在其他国家，这样的上流社会至少会作为民族形成道路上的一站而显得意义重大，并在一定的阶段，在语言、艺术、情感方式和礼仪发展上打下自身的烙印。

说明德国中等阶层知识分子与宫廷贵族之间关系的文学例子

15. 18 世纪中叶以后，也就是当中等阶层富裕起来并具有了自我意识的时候，这个阶层的作品拥有了众多的读者。这些书清楚地表明，他们多么敏感地意识到了他们与贵族之间的区别。同时，这些书还指出，中等阶层与宫廷上流社会因为其各自的阶层结构和生活方式的不同而形成了不同的行为、情感、理想以及道德观念；书中还不无片面地写到了中等阶层的人是怎样来看待这些区别的。索菲·德·拉罗什的著名小说《封·施特恩海姆小姐》[15]就是一个例子。这本小说使它的作者成了当时最有名的女士之一。卡罗莉妮·弗拉赫斯兰特在读完这部小说后给赫德尔的信中这样写道:"这正是我对妇女的全部理想:温柔、富有、矜持、有教养而又受了欺骗。我在阅读的过程中度过了愉快、美好的时光。啊!我完全沉浸在自己的理想之中,沉浸在自我之中。"[16]

和其他许多生活在相似情况下的人们一样,卡罗莉妮·弗拉赫斯兰特热衷于她自己的痛苦,她希望自己与女主人公一样,除了富有、矜持、有教养等特性之外,还应该受骗。这种奇特的矛盾现象很能说明处于感伤主义阶段的中等阶层知识分子,特别是知识妇女的心态。出身于中等阶层的女主人公往往受宫廷贵族出身的公子哥儿的骗。由于社会地位的悬殊,市民阶层的小姐无法与这样的引诱者结合,但却总是暗暗地希望他出现。对于社会地位优越的"引诱者"的恐惧,由此而来的警告,以及在想象中能够在某个隐蔽的危险的地方与之交往的刺激,再加上自己也有与主人公相似的那种被骗的感觉等,这一切都说明了中等阶层的人们,不仅是妇女,在与贵族交往过程中那种特殊的矛盾心理。从这一角度来看,"封·施特恩海姆小姐"在某种意义上来说是对"维特"的补充。这两个人物都体现了这一阶层的特殊的矛盾心理,它表现为敏感、多愁善感诸如此类的情感。

这部小说讲了这样一个故事:一位出身于正在上升的市民家庭的乡村贵族,一位高贵的小姐,她从乡村来到宫廷。君主是她母亲的亲属,想使她成为自己的情妇。在走投无路之际,她求助于小说中写到的那个"恶棍",一个生活在宫廷中的英国勋爵。总的来说,这位勋爵所使用的语言与中等阶层圈子里的人对"贵族引诱者""可鄙的恶棍"的想象完全相符。他的行为之所以荒谬,是因为他把中等阶层对他这一类人的指责作为他自己的思想说了出来。然而,即使是在这种人面前,女主人公也保持了她在节操和道德上的优势，以作为等级低下的一种补偿。最后她死了。

小说的女主人公，即被封为贵族的上校的女儿封·施特恩海姆小姐这样说道："一想到宫廷的礼仪规范及风俗习惯是怎样压抑着一颗生性卓越的心灵的最高贵的活动；一想到为了避免那些讲究时髦的先生、太太的轻蔑而不得不附和他们，不得不和他们一起喧哗，我的心里便充满了鄙视和怜悯。这些人追求娱乐，追求时髦的装饰，希望别人赞赏他们的服饰、家具或者是一种新的有害的食物——哦，我的爱米丽，我心里多么不安，多么厌恶……我不愿意再谈那些做作的虚荣心了，它会编织出那么多的阴谋诡计，它向洋洋得意的罪恶卑躬屈膝，却蔑视道德和成就，它一点也不觉得自己可耻可悲。"[17]

"我相信，我的姑妈，"她在宫廷生活了几天后说道，"我的性格不适应宫廷生活。我的情趣、爱好都和宫廷相去甚远。我认为，仁慈的姑妈，我离开的时候会比来的时候更高兴。"

"最最亲爱的索菲，"姑妈对她说，"你确实是一个非常迷人的姑娘，可是那个上了年纪的牧师向你灌输了一套过于拘泥细节的想法，你得改改才行。"[18]

在另一处她写道："由于对德国的爱，最近我卷入了一场争论。我充满热情地为我的祖国的功绩辩护。事后，我的姑妈对我说，这恰好证明我不愧为教授的孙女……她的责备使我非常恼火。我九泉之下的父亲和祖父都受到了侮辱。"

牧师和教授实际上是中等阶层出身的国家公职人员和知识分子的两个最重要的代表。这是对新的、有教养的德国语言的形成和推广起过决定性作用的两个社会形象。从这个例子中可以非常清楚地看出，小宫廷贵族圈子中的那种暧昧的、毫无政治倾向的民族感情是如何被贬为市民情感的。同时，牧师和教授这两个形象又标示出了作为德国中等阶层文化的社会支点是大学。大学是对这一文化起着最重要的影响和作用的中心。它连续不断地向全国输送一批批新的毕业生、教师、牧师和中等国家公职人员，随之也给社会带来了一个打上某种烙印的观念世界和某些理想。在某种意义上，德国的大学是与宫廷对峙的中等阶层的中心。

以下是中等阶层想象中的那个“宫廷恶棍”的自我告白。这些话应该是站在讲坛上的牧师用来斥责他的。

“你知道，对于爱情我是从来不去控制自己的情欲的，它给人带来最细腻、最活跃的快感……各种各样的美人我全领略过了……我对她们已经厌倦了……我曾经用精心编织的罗网套住了女人中所有的类型，有讲究道德的，傲慢的，聪明的，冷淡的，风骚的，甚至还有女人中最虔诚的。对此，道德家们……也许会作出种种评说。……阿莫尔取笑我的虚荣心，他给我从一个偏僻的乡村角落找来了一个上校的女儿，她的身段、她的才智和性格是那么的迷人，以致……”[19]

25 年以后，类似的对立命题、相近的思想和题材使另一本书也获得了成功。1796 年在席勒主编的《时序》杂志上刊登了卡罗莉妮·封·沃尔措根的《阿格娜丝·封·利利恩》[20]。在这部小说中，身为上层贵族的母亲因为种种隐秘的原因不得不把她的孩子放在宫廷圈子以外的地方让人扶养。她说：“为了谨慎起见，我不得不让你远离宫廷这个圈子。我真要感谢这种谨慎的做法，因为我在那儿并不幸福。在这个无奇不有的圈子里要想形成一种严肃的、稳固的思想几乎是不可能的。在那儿你也许会变成一个受舆论左右的小玩偶。”

女主人公对于自己是这样说的：“我对那些社会名流的语言和生活习俗知道得很少。虽然有些东西与我所奉行的那些简单的准则是矛盾的，然而，我那惯于应变的感觉却又毫不费力地与之妥协了。仇恨骗子，谴责欺骗行为；在荣誉和道德之间选择道德；在荣誉与自身利益之间选择荣誉，这一切对于我来说是那么自然，就像朝发暮至一样。然而，这个世界的价值观对所有这些概念竟弃之不顾。”[21]

然后她是这样来描绘法国的文明君主的：“这个君主已经有六七十岁了，还拿那些古老而又僵硬的法国礼仪来折磨自己和其他人。德国诸侯的后代从法国国王的宫廷中学来了这一套礼仪，在自己的领土上如法炮制，当然在程度上还有所不及。由于年龄和习惯的缘故，君主在这些繁文缛节的束缚下倒也学会了行动自如。在妇女面前，他总是遵从以前骑士时代的那种优雅而又恭敬的礼仪，以致他的仪表并不令人讨厌。但他只要一离开那些礼仪规范，马上就变得让人一刻也不能容忍。以致他的孩子们……都把当父亲的视为暴君。

“这些宫廷人物的漫画时而使我觉得可笑，时而又使我觉得可悲。在他们的主子出现的那一瞬间，他们那种发乎内而形于外的敬畏，君主一个仁慈或愤怒的眼光在他们身体里所引起的那种触电似的感觉……以及按照君主的最新旨意随时改变自己的意见，所有这一切对我来说都不可理解。我觉得自己犹如站在一箱木偶的面前。”[22]

一边是礼貌、阿谀和讲究的礼仪，而另一边则是实在的教育；在道德和荣誉面前宁可选择前者。18 世纪下半叶的德国文献中充斥了这样的对比。

1928 年 10 月 23 日，爱克曼对歌德说：“像公爵所受过的那种扎实的教育，可能在君主里面是很少见的。”“非常少见，”歌德回答说，“尽管许多人都能对一切可能出现的话题巧妙地说上几句，但只是浮在表面，胸中实无点墨。只要想到宫廷生活所带来的那种可怕的分裂和隔离的状况，这些就会不足为奇了。”

在这种情况下，有时候歌德也会强调“文化”这一概念，他说：“那时候在我周围的人们一点也不懂得科学，这些人都是德国的宫廷人物，这个阶层连起码的文化都没有。”

克尼格有一次强调说：“宫廷人物在哪儿也不像在这儿(德国)这样

形成了一个非常奇特的圈子。”

16. 所有这些表述都描绘了一种非常特殊的社会状况。我们从康德所说的“文明”和“文化”的对立中所意识到的正是这种状况。即使撇开这些概念，这个时期及其经验也给德国的传统打下了深深的烙印。在“文化”概念中，在深沉与肤浅的对立的命题中，以及在许多相似的概念中，首先反映出来的是处于中等地位的知识分子阶层的自我意识。知识分子是一个不大的阶层，且分散在全国各地，因此，这种自我意识在很大程度上是以“个性”这一独特形式出现的。他们不像宫廷社会那样结成一个社会团体、一个“上流社会”。这一阶层主要是由国家公职人员和广义上的国家公职人员所组成，也就是说，由那些收入直接或间接地与宫廷有关的人所组成。而这些人，除了少数例外，则不属于宫廷、贵族上流社会。这一知识分子阶层没有广大的市民阶层作为后盾。在18世纪德国的许多小国中，那些专门经商的市民阶层发展相当缓慢，他们本来可以成为那些从事写作的知识分子的读者，可在这一时期，他们才刚刚开始富裕起来。这就是说，那些从事写作的知识分子几乎是在空中飘浮，他们把精神和书本视为自己的骄傲。对于这一阶层来说，几乎没有地方可以让他们去从事政治活动，实现自己的政治目标。对于他们的生活和社会结构来说，商业问题和经济秩序的问题并不是主要问题。贸易、交通和工业还未发展起来，这些部门需要的是由君主们所制定的商业政策的保护和促进，而不是急于摆脱他们的束缚。使18世纪中等阶层知识分子地位合法化，并使他们建立起自我意识和引以为荣的，是在德语中被称作“纯粹精神”的那种东西。这些东西无一例外都在经济和政治的圈子之外，它们是书籍、科学、宗教、艺术、哲学、个性、丰富的内心世界、人格以及个人的“教养”。这一“教养”主要源于书本。与此相符的是，反映德国知识分子阶层自我意识的口号，如“教养”和“文化”，正好与法国和英国市民阶级上升时期所提出的口号相反。在德国知识分子的口号中所显示出来的一种强烈的倾向是，把真正有价值的东西，即把上述领域内所取得的成就，把纯粹的精神的东西与政治、经济和社会完全区分开来。德国市民阶层独特的命运：政治上长期的软弱无力，民族长久的不统一等，所有这一切总是一再地促使他们朝着同一个方向发展，他们的观念和理想也朝着同一方向发展并被固定下来。首先这样做的，是没有广大社会背景的、独特的德国知识分子阶层。作为德国新兴的市民阶层，他们表达了这个阶层所特有的自我意识，提出了具有中等阶层特征的理想和一整套言简意赅的概念以反对宫廷上层社会。

知识分子把他们所看到的上层社会中与“教养”和“文化”背道而驰的状况作为斗争的目标。他们的矛头主要针对宫廷贵族的行为，而很少去抨击其政治、社会特权。即便有这样的斗争，往往也是胆怯的、妥协的。

同样是在与爱克曼的谈话中，歌德曾对德、法两国知识分子阶层结构中所存在的区别做过一个非常能说明问题的描述。安培来到了魏玛，歌德虽然不认识他，但却经常当着爱克曼的面称赞他。使大家惊讶的是，这位鼎鼎大名的安培先生竟是一个“二十几岁的乐天小伙子”。爱克曼表示了他的惊奇，歌德回答他说(1827 年 5 月 3 日，星期四)：

“对于像你这样在德国荒原上出生的人来说，这当然不很容易，就连我们这些生在德国中部的人要得到一点智慧，也得付出很高的代价。我们基本上都过着一种孤陋寡闻的生活！从真正的人民那儿我们很少接触到文化，我们所有有才华、有头脑的人物全都分散在德国各地。有的在维也纳，有的在柏林，有的在柯尼斯堡，还有的在波恩和杜塞尔多夫。彼此相距 50 至 100 公里，以致个人之间的交往和思想上的交流都很少。我想，倘若像亚历山大·封·洪堡这样的人物来到此地，他在一天之内向我传授的那些我所寻求和必须知道的东西，将会是我在孤陋寡闻的情况下独自钻研一年都无法得到的。

“然而，你想象一下像巴黎那样的城市，全国所有的优秀人物都聚集在这块地方，每天互相来往，互相争论，互相竞赛，互相学习和提高。那里有来自世界各国最好的作品，无论是关于自然还是关于艺术的，每天都摆出来供人阅览。你想象一下那个世界都市，在那儿每走过一座桥或一个广场，就会使人想起过去的伟大事件。不过你所想象的应该是19世纪的巴黎，而不是处于一个死气沉沉、枯燥乏味的时代的巴黎。这时莫里哀、伏尔泰、狄德罗之类的人物已经在三代人之中掀起了一股如此丰富的精神文化潮流，这是在全世界任何一个地方都难以见到的。如果你这样想的话，就会懂得为什么一个像安培那样有头脑的人在这种环境里24岁就能有所成就。”

紧接着歌德又提到了梅里美：“在德国，人们最好放弃那种在这么年轻时就写出如此成熟的作品的想法。这并不能归咎于任何个人，而是要归咎于他那个民族的文化状况以及我们大家都经历过的、那种在孤陋寡闻的情况下开辟道路的巨大困难。”

作为引言的论证，以上这些就已经足够了。这些论述使我们在回顾历史时非常清楚地看到，德国政治上的分裂是怎么造成了德国知识分子阶层的独特结构及其独特的行为方式和思想状况。在法国，知识分子都聚集在一个地方，都在一个或多或少统一的和集中的上流社会圈子里交往；而在德国，首府多，却都很小，没有一个集中统一的上流社会。知识分子又分散在全国各地。在法国，闲聊始终是一种重要的交际手段，并且几个世纪以来已成为一种艺术；而在德国，最重要的交际手段是书本，因而，德国知识分子所发展的更多的是一种统一的书面语言，而不是统一的口语。在法国，年轻人便已经处于一种丰富、活跃的精神氛围之中；而在德国，出身于中等阶层的年轻人则必须单独去奋斗、去探索。两者上升的途径截然不同。最后，歌德的这一段话也非常清楚地表明了什么叫做没有背景的中等阶级知识分子阶层。前面已经引过他的一段话，大意是宫廷里的人们很少有文化。这儿，他认为在人民中间情况也是如此。事实上，“文化”和“教养”是这个从人民中上升的为数不多的中等阶层的口号与特征。人们很难理解这些精英的努力，不仅是凌驾于他们之上的人数不多的贵族阶层，就是位于他们之下的广大民众也是如此。

正是因为职业的市民阶层不发达，所以才造成了中等阶层的先驱——市民知识分子阶层——反对上层社会的斗争完全脱离了政治的状况，造成了他们把主要的攻击矛头指向上流社会的行为方式和一般品行，诸如“肤浅”“表面的礼貌”“不真诚”等。我们这里所用的少量引文已经很清楚地说明了这些问题。总而言之，在这样的斗争中除了“教养”“文化”这样的概念之外，很少形成类似的、用以阐明德国知识分子合法地位的、有某种特性的对立的概念，即使有，也不很突出。在这些少量的、有特色的对立概念中，有一个便是康德所说的“文明”。

“文化”与“文明”对立中社会矛盾的缓和及民族矛盾的加剧

17.“文化”与“文明”的对立命题不论以什么概念来表达，有一点是清楚的：它所表达的是人的某种特性的对立，这种对立最初表现为社会矛盾，以后则主要表现为民族矛盾。中等阶层知识分子与宫廷贵族[23]在德国发展进程中某一阶段的紧张关系导致了“文化”与“文明”的对立。这种经验对于“深刻”和“肤浅”、“正直”和“虚伪”、“表面的礼貌”和“真正的道德”等对立概念的形成也起了决定性的作用。人们肯定会意识到，宫廷式的与法国式的非常相近。G·C·H·利希腾贝格①有一次在

① G. C. H. Lichtenberg（1742—1799），德国物理学家、作家。——译者

他书中的格言里谈到了法语中的“promesse”① 和德语中的“versprechung”② 之间的差别时很清楚地表明了这一点(第三卷，1775—1779页)。[24]他说：“后者必须履行，而前者不然。我感到奇怪的是，人们在德语中使用这些法语词时居然会没有注意到这一点。法语的词汇使德国思想不再显得那么严肃并使它带上了一种贵族气息…… ‘erfindung’③ 是指一种新的东西，而‘decouverte’④ 则是给旧的东西安上一个新的名称。比如哥伦布发现了美洲，而阿美利哥·韦斯普奇⑤则‘decouviert’⑥ 了‘美洲’这个名称。再比如，‘gout’⑦ 和‘geschmack’⑧ 在意义上几乎是对立的。有爱好和兴趣的人和很少有高明的鉴赏能力。”

一提到“文明”这个词或与之相近的概念，人们很少会想到德国的宫廷贵族，而是很自然地先想到法国以及其他西方国家，特别是在法国革命之后。

有许多这方面的例子，这里只举其一。1797年，一个名叫梅纽莱的法国流亡者写了一本关于汉堡的小册子《汉堡杂谈》。汉堡一个大教堂的牧师迈尔在他的《随笔》中对此作了以下的评注⑨：

“汉堡还非常落后。从一个很有名的时代起(有足够的名气使那些流亡者成群结队地到我们这儿来落户)它就取得了长足的进步(如此说来还是取得了进步，确实是这样吗)，为了进一步补充说明这些进步的内容

① 意为：允诺，诺言。——译者
② 意为：诺言，许诺。——译者
③ 德语：发明。——译者
④ 法语：发现。——译者
⑤ Amerigo Vespucci(1454—1512)，意大利航海家。1507年M. 瓦尔德泽米勒以他的名字命名了美洲大陆。——译者
⑥ 法语：发现。——译者
⑦ 法语：爱好，兴趣。——译者
⑧ 德语：欣赏能力，审美趣味。——译者
⑨ 以下括号内为迈尔的评注。——译者

（上帝让他说出了这些情况），我这里指的并不是在物质生活方面，而是指在科学、艺术方面（正好你们是在北方[①]），在追求高消费舒适的生活以及时髦商品方面所取得的文明和进步。（情况就是这样!）然而，还需要若干年，还需要一些变化，才可能会有大批新的外国人到这儿来落户，（只是他那些文明的同胞不会再成群结队地到这儿来了）才会有物质财产的丰富。”

在这儿，“文明的”和“文明”的概念显然已经与法国人的形象连在一起了。

由于德国市民阶层逐步从下等阶层上升为德国民族意识的支柱，最后上升为占统治地位的阶层（这是很久以后的事情了，而且其统治地位也是有局限性的）；由于这个阶层不仅从反对宫廷贵族的斗争中证实自己，还进一步通过和其他与之竞争的民族划清界限来证实自己，因此，“文化”与“文明”这一对立概念的内容、意义与作用也随之发生了变化，从主要用于表现社会内部的对立发展为主要用于表现民族对立。

被视为德国历史所特有的发展进程，与这样的一种变化是完全一致的。许多原来属于中等阶层的社会特征，通过社会环境渗入了人们的行为之中，变成了民族特征。例如，真诚与坦率作为德国人的特征，与表面的礼貌形成了对立。这里所说的真诚，原来是中等阶层的特征。这一特征是与那些出入宫廷和某些社会场合的人们的行为相对比而形成的。这一点在爱克曼与歌德的一次谈话中说得非常清楚。

爱克曼在 1824 年 5 月 2 日说：“通常，在社交的时候，我总是带着个人的好恶以及一种爱和被爱的需要。我寻找生性与我相似的人，我愿意与这样的人深交，而不愿意与其他的人打交道。”

歌德回答说：“您的这种自然倾向显然不是一种好的社交方式。如果

---

① 德国北部的基督教较注重文化、艺术的发展。——译者

我们不用文化教养来克服我们的自然倾向，那它还有什么用呢？要求旁人的意见都和我们相投，那是很愚蠢的，我从来不干这种蠢事。所以，我才学会了与各种类型的人打交道，才学会了认识各种不同的性格和为人处世之道。因为在跟那些与自己生性相反的人交往时，只有严于律己，才能与他们和睦相处。您应该这么去做，别无选择，您只能投身到这个上流社会中去，不管您喜欢它，还是不喜欢它。”

那时候，对于人类行为方式的社会和心理起源基本上还无人知晓。即使有人提出这样的问题，也会使人感到非常陌生。但是，至少有一点是清楚的，那就是属于不同社会群体的人有着不同的行为方式。对此，人们已经习以为常。因此，在谈起这个问题时，总觉得理所当然。当人们谈起农民、宫廷贵族、英国人、德国人、中世纪的人们或20世纪的人们时，总是用这些概念来指一定的社会群体的人。尽管这些人在个性上千差万别，可是他们的行为方式在某些方面总是一致的。这当然是与其他社会群体的人比较而言。从某种角度来看，农民的行为与宫廷侍臣的不同，英国人和法国人的行为与德国人的不同，中世纪人的行为与20世纪人的不同，尽管他们在其他方面可能会有许多相似之处，因为他们毕竟都是人。

前面所引用的爱克曼和歌德的谈话，也清楚地表明了不同社会群体的人在行为方式上的不同。歌德无疑是个很有个性的人，由于他的社会经历，各种不同社会地位的人的行为方式在他身上融合为一个特殊的统一体。他这个人，他的看法和行为对于他所从属的社会群体和他所经历过的社会状况来说无疑都没有典型意义。然而，在这里他非常明确地道出了作为一个宫廷侍臣和一个善于交际的人的经验。歌德认为，必须收敛自己的感情，必须抑制自己的同情和反感，在上流社会的交际中必须如此。然而，处于另一种社会状况、具有另一种感情色彩的人则会认为这是虚伪和不正直。由于歌德意识到自己不属于任何社会群体，所以就更想强调这种抑制个人情感的益处和通情达理的地方。他的这一席话属于当时少数人的意见。这些人看到了"礼貌"的社会意义，对精通世故持肯定的意见。在法国和英国，上流社会对于整个民族的发展所起到的作用比在德国大得多，因此，歌德所谈到的行为方式在那儿也起着更大的作用(在法国和英国很少有人像歌德这样来反思这个问题)。类似的想法，即必须设法与别人和睦相处，必须顾及他人；以及歌德从某种特殊的社会意义出发所谈到的，人们不能凭着自己的感情行事等，这些经常在法国宫廷文学中出现。作为对当时社会状况的反思，这些思想属于歌德个人，而相似的社会状况和上流社会生活在整个欧洲却导致了相应的行为准则及行为方式。

这一点也同样适用于爱克曼对他自身行为方式的描述。与宫廷贵族社会里发展起来的那种即使处于敌对的情感也始终保持外表的平静和亲切友好的处世之道相比，爱克曼的行为方式显然源于这一时期小城市中等阶层的生活环境。在这种氛围中形成的行为方式肯定不仅仅存在于德国。在德国，这样一种或与之相似的中等阶层典型的行为方式被知识分子在文学作品中充分地表现了出来。由于德国宫廷和中等阶层这两个圈子之间的界线非常分明，所以，这种行为方式是以一种比较单纯的形式表现出来的，它同时也表现为德国民族的一种行为方式。

那些被我们称为民族的社会群体，在很大的程度上是以他们的情感方式和他们在调节情感时所依据的模式来互相区别的。由于传统的公共机构①和当时所处的环境，每个人的情感表达方式都得按照一定的模式来形成。爱克曼所描述的行为之所以具有典型意义，是因为它代表了一种特殊的情感方式，即公开承认自己的爱好。而歌德则认为，这种情感不利于社交，因为它恰好与上流社会所必须具备的情感模式相反。

① 指教会、学校等。——译者

几十年之后，尼采将这样的一种行为理所当然地视为典型的德国民族的行为。它在历史发展的进程中不断地被修正，以致不再具有与爱克曼时代相同的那种社会意义了。尼采对此进行了讽刺。他在《善恶的彼岸》(第244段)中说：“德国人喜欢‘坦率’与‘诚实’，坦率和诚实是多么令人舒服啊！在今天，这种坦率、亲切、德国式的打开天窗说亮话的诚恳态度也许是德国人最危险、也是最幸运的伪装了。德国人从不掩饰自己的感情，总是瞪着一双忠诚的、空空如也的、德国式的蓝眼睛——外国人很快就把他和他的睡衣混淆起来了。”①

这是许多例子中的一个，如果忽略其片面性的话，可以从中看到德国中等阶层所具有的那些社会特征是如何在其缓慢上升的过程中逐渐地转变为德国的民族特征的。

如果读一读下面冯塔纳②在《伦敦的夏天》中对英国的评价，这一点就显得更为清楚。

“英国和德国之间的关系犹如形式与内容、现象与实质。在注重事物的实质方面，世界上从未有过一个国家像英国那样达到了一种纯粹的地步。相反，对人的看法，在这个国家却只注重形式和流于表面的东西。你不必是个绅士，只要有办法使自己看上去像个绅士，那么你就是绅士了；你不必有理，只要在形式上显得有理，那么你就有理了……到处都是表面现象。任何国家的人都不会像英国人那样盲目地去崇拜一个光辉的名字。

“德国人活着是为了生活，而英国人活着则是为了显示自己。德国人活着是为了自己，而英国人活着则是为了别人。”

也许有必要指出，最后这一种想法同爱克曼与歌德之间的对立观点恰好不谋而合。爱克曼说：“我坦率地表明自己的好恶。”歌德则说：“人

① 这里指外国人很快就会觉得德国人索然无味。——译者
② Theodor Fengtana(1819—1898)，德国小说家。——译者

必须克己而与他人和睦相处。”

冯塔纳说：“英国人有上千种享受，可他们生活得并不舒适。这本来是可以做到的，但他们的虚荣心太强，他们随时都准备接待和会见客人……每天换三套西装，餐桌上总有固定的礼仪规矩，在起居室和客厅也同样如此。他们是杰出的，是值得我们钦佩并以之为师的。尽管我们对此惊讶不已却仍然不免向往我们小市民的德国。在那儿，人们懂得舒适、愉快、无拘无束地去生活，而不必注重仪表，显身扬名。”

这里没有提到“文明”的概念，这一描述离德国的“文化”思想也十分遥远。然而从中——就像从其他所有类似的想法中一样——可以看出：在德国，“文明”和“文化”的对立并不是一个独立的现象，它存在于一种氛围之中。这一对立的概念表现了德国的自我意识。在这一对立概念的背后，首先是德国某些阶层在体现自身价值、自身特点及行为方式等方面的不同，然后还有民族之间在这些方面的不同。

第二部分　“文明”概念在法国的社会发生

法语中“文明”概念的社会发生

1. 如果在某些方面，法国市民阶层的发展不是恰好与德国市民阶层的发展相反的话，那么就无法理解真正的“教养”和“文化”与纯粹表面的“文明”在德国是如何由社会内部的对立发展为民族对立的。

在法国，市民阶层知识分子和中等阶层中出类拔萃的人物较早被宫廷社会的圈子所容纳。德国贵族用来炫耀自己的高贵地位、证明自己贵族出身的方法，在法国传统中并不是完全没有，但自从实行和巩固了“专制的君主统治”以来，这些东西就不再起决定性的作用，不再成为阶层之间严格的界线了。这种方法以后为市民阶层所沿用，在德国的种族立法中重新活跃了起来。在德国，由于等级之间的界线非常分明，所以，具有特殊贵族传统习惯的市民阶层的上升仅局限于一定的范围内。比如，在军事方面的较多，而在其他方面则不然。法国的情况则完全不同，早在18世纪，至少是市民阶层的上层人物与宫廷贵族之间在习俗方面就没有明显的区别了。如果说从18世纪中叶起，行为和习俗随着中等阶层的迅速发展，或者换言之，随着宫廷社会吸收了中等阶层上层人物后的不断扩大而逐渐发生了变化，那么，这些变化并没有阻碍17世纪宫廷贵族传统的延续。宫廷市民和宫廷贵族说的是同一种语言，读的是同样的书，在某一层次上，遵从同样的礼仪和规矩。当社会与经济比例的失调打破了旧制度①的结构时，当市民阶层成为一个具有民族意识的群体时，原来为宫廷所特有的、在某种意义上是宫廷贵族和宫廷化了的市民阶层与其他阶层相区别的那些社会特征，在一种愈演愈烈的扩展运动中以某种方式演变成了民族的特征。诸如行为方式和习俗的形成；交际形式及情感方式的形成；重视礼仪、斟酌词句、注重交谈能力和发音的清晰等。所有这一切最早都是在法国宫廷内部形成的，然后才通过连续不断的扩展运动逐渐从社会特征演变成了民族的特征。

这方面的区别尼采也看得很清楚。他在《善恶的彼岸》（第101段）中写道："只要有宫廷的地方，就有咬文嚼字的习惯，就有为所有从事写作的人所必须遵守的修辞规则。宫廷语言只是宫廷侍臣的语言，他们没有专业，甚至在谈到科学的事物时也避免使用一切现成的技术术语，因为这些术语专业味太浓。因此，技术术语和所有会暴露专家身份的用语在具有宫廷文化背景的国家里都被视作修辞上的污点。现在，当所有的宫廷……都已成为一幅幅漫画时，人们便对此感到惊讶不已。从这个意义上来说，甚至连伏尔泰也是迂腐并令人难堪的。

---

① 指法国大革命前的制度。——译者

“我们大家刚摆脱了这种宫廷的审美趣味，而伏尔泰却是这方面的行家里手。”

在德国，18 世纪正在上升的中等阶层知识分子都在具有专门科学的大学里受过教育。因此，他们形成了自己所特有的文化，在科学和艺术的领域里有自己的表达方式。可是在法国，市民阶层相当富裕，他们是在完全不同的情况下发展起来的。除了贵族读者之外，法国正在上升的知识分子还拥有广大的市民阶层的读者，而他们自己以及中等阶层中的另一些成分则被宫廷同化了。德国的中等阶层在极其缓慢地上升为具有民族意识的群体的过程中越来越清楚地意识到，他们以前在自己国家的宫廷内所观察到的那种行为方式是他们邻国的民族特征。他们从感情上就厌恶自己国家宫廷中的行为方式，并对其持摈斥态度，他们认为这种行为方式不见得有何高明，对邻国的民族特性也或多或少地表示出不赞同。

2. 在德国，中等阶层和贵族之间的社会隔阂很深。两者之间的社交活动极少，习俗方面的差别非常明显，相互间的等级差别和紧张关系却长期没能在政治上得到反映。相反，在法国，阶层之间的“栅栏”相对来说低得多，阶层之间的社交接触也密切得多。市民阶层则很早就表现出了政治积极性，阶层之间的紧张关系也很早就得到了政治上的解决。这一现象看起来似乎是矛盾的。

然而，这一矛盾只是看似存在而已。由于君主专制，法国贵族长期被排挤在政治职务之外。市民阶层很早就参与了统治和管理，他们甚至担任了政府的高级职务。他们进入宫廷以及对宫廷的影响，带来了两方面的结果：一方面是不同社会地位成员之间持续的、密切的接触；另一方面，是市民阶层很早就得到了较强的政治训练，并学会了在政治范畴内进行思考。时机一旦成熟，他们便有可能发挥其政治上的积极性。总的来说，在德国的一些小王国中情况恰好相反。政府中高级的位置大多由贵族担任。与法国不同的是，贵族在德国许多小王国的最高管理机构内起着决定性的作用。贵族作为一个独立的阶层，它的力量没有像在法国那样受到彻底的冲击。与法国相反，德国市民阶层由于其经济上的不发达，其自身的力量和社会的力量一直到19世纪还相当薄弱。与法国的市民阶层相比，德国中等阶层与宫廷贵族的社交联系在很大程度上被切断了，这与德国市民阶层经济上的弱点和长期被排斥在国家主要职务之外的状况是分不开的。

3. 法国的社会结构使温和的反对派大约从18世纪中叶起慢慢地发展了起来，他们甚至成功地进入了宫廷这个狭小的圈子。他们的代表还没有形成党派。为了适应“旧制度”的结构，他们采取了其他形式的政治斗争。他们在宫廷中形成了一个没有固定组织的群体，并在广大的宫廷社会，甚至在全国取得了人们以及各种群体的支持。在这些宫廷集团的斗争中，各种不同的社会利益得到了体现。诚然，这些东西并非是以清晰的形式表现出来的，并掺杂着各种各样的个人问题。但不管怎么说，它们暴露了出来，并得到了调整。

与德国“文化”概念一样，法国的“文明”概念正是在18世纪下半叶的这场反对派运动中形成的。由于两国中等阶层的行为方式和所处的情况不同，所以，法国“文明”概念的作用、意义以及其形成过程也完全不同于德国的“文化”概念。

当看到首次出现在法国文学中的“文明”概念与另一个概念，即与多年之后康德所提出的“文化”概念相对立的那个文明概念有着许多相似之处，这的确是很有意思的。根据目前的论断，[25]由“文明化”这一动词发展而成的“文明”概念第一次在文学作品中出现是在18世纪60年代米拉波①的著作中。[26]

---

① Honoré-Gabriel Riqueti, count de Mirabeau(1749—1791)，法国政治家。——译者

他说："我非常惊讶，我们在所有领域的研究中所具有的错误观点，在文明的问题上居然表现得这么突出。如果我提出这样的问题：文明究竟意味着什么？大多数人一定会回答：国人之文明在其风尚之温和，生活城市化，彬彬有礼，高雅举止蔚然成风，其人遵从礼仪犹如法律。我认为，这一切仅仅是道德的表面现象，而不是它的本来面目。如果文明不能赋予社会以道德的实质与形式的话，那么它对社会便毫无贡献可言。"米拉波认为，道德风尚的改良，礼貌以及值得称道的举止行为，这一切都只是道德面具，而不是它的本来面目。倘若文明不能给社会带来德行的实质与形式的话，那么它对于社会来说就毫无益处。这一番话与德国中等阶层用于抨击宫廷礼仪的说法十分相似。从米拉波的描述中同样可以看出，在这儿，礼貌、值得称道的交际形式以及被大多数人视为"文明"的东西，是与中等阶层所奉行的理想相对立的。欧洲各国的中等阶层正是在道德这一理想的鼓舞下起来反对宫廷贵族并以此来证实自我的。在这儿，"文明"的概念也和宫廷贵族的特性联系在一起，这一点与康德的意见相同。由此，被称作"文明人"的不是别的，而正是那种体现了宫廷社会本来理想的"正直的人"的扩大了的变体。

与"有教养的""有礼貌的""开化的"等概念一样，"文明化"也是这些几乎被视作同义词的概念中的一个。宫廷社会的人们时而用这些概念的狭义，时而又用这些概念的广义来表明他们自身行为的特殊性，并通过这些概念来表明他们高度的社会教养及其行为规范，以示与其他普通的、社会地位低下的人在教养方面的差别。

在"文明"概念形成和流行之前，"礼貌"与"有教养的"这两个概念具有与之相同的作用。欧洲的上等阶层曾以这两个概念在被他们认为是普通的、没有受过教育的阶层面前表现出一种自我意识，并以它们来表明自身行为的特殊。正是这种特殊使他们觉得自己有别于所有普通的、没有受过教育的人们。米拉波的一番话非常清楚地表明，"文明"

的概念最初是如何体现出宫廷上等阶层的自我意识的："如果有人问他们，什么是'文明'？他们肯定会回答：'温良的风尚''礼貌'等。"尽管米拉波的观点要温和得多，但是，他与卢梭的观点一样，认为现有的价值观被颠倒了。他说："你们的文明以及你们引以为荣并自以为高于普通人的那些东西都没有什么价值。"[27]

"……在任何时代的任何语言中，对牧人爱羊和爱牧羊犬的描写①都说明了我们在对奢侈和所谓的文明的追求过程中变得完全麻木不仁的心灵所走过的道路。"

18 世纪下半叶，对于"普通人"，尤其是对具有鲜明特征的"普通人"以及"野蛮人"的看法标志着一个人在社会内部对峙中的态度。卢梭对于他那个时代占主导地位的价值观进行了极其猛烈的抨击。然而，正是因为这一点，卢梭在一些法国知识分子中影响不大，正是这些知识分子参与了由宫廷贵族和中等阶层发起的改良运动。相反，他在非政治化的、在精神领域里表现得十分激进的德国知识分子中所引起的反响则要大得多。尽管卢梭的社会批评非常激烈，但他并没有找到一个统一的概括性的概念，以表达在他心中积聚的全部谴责。米拉波创造了这一概念，或者说，至少是率先在他的著作中使用了。也许，早在米拉波之前就有人在谈话中使用过这一概念。米拉波把"文明人"的概念变成了一个具有一般社会特征的概念，即"文明"。不过，与其他的重农主义者一样，他的社会批评比较温和。这种批评的前提是对现存社会制度的认可，事实上是改良主义的批评。德国的中等阶层知识分子至少在思想上，在他们书本里所描写的白日梦中树立起了一些与宫廷上等阶层截然相反的概念，并以这种方式在政治上中立的范畴里进行斗争。在现存的机构和权力范围内他们找不到实现其政治和社会抱负的工具，甚至连可

① 指田园般质朴的生活和人的自然真挚的感情。——译者

攻击之处也无法找到。但是，他们至少在书本里提出了自己与宫廷上等阶层关于人的理想以及文明化的思想完全不同的想法，他们提出了新的理想和新的行为模式。而参与宫廷改革的法国知识分子则长期以来一直处于宫廷的传统之中。他们希望改良、修正与变革。除了少数像卢梭这样独立思考的人之外，他们并没有提出任何与统治阶层相对立的激进的理想与模式，而只是提出了与统治阶层相一致的改革理想与模式。在“虚假的文明”这一提法中，已经让人感觉到了与德国的运动完全不同的地方，这一提法所包含的思想是：必须用真正的文明来代替虚假的文明。他们没有像德国的市民阶层知识分子那样通过“有教养的人”以及“个性”的思想提出一个与“文明人”截然相反的模式，而是继承了宫廷的模式，使之发展、变化。他们指出了自己走过的道路：一个持批评态度的知识分子阶层，他们不断写作，不断斗争，然而他们本身却直接或间接地处于宫廷社会的大网之中。

重农主义和法国改革运动的社会发生

4. 人们不禁回想起法国18世纪中叶之后的状况。

那时，法国赖以统治和颁行税收法、关税法的基本原则仍然与柯尔贝尔①时代相同。但是法国社会内部的权力关系和利益关系以及法国的社会结构本身却发生了许多根本性的变化。严格的保护贸易制度，以及在外国竞争的情况下对民族手工业和贸易的保护，确实为发展法国的经济和提高国家的税收效益作出了巨大的贡献——这对于国王及其代理人来说是至关重要的。粮食贸易中的限制、垄断和储藏制度，以及省与省之间的关税壁垒保护了一部分的地方利益，而更主要的是这些政策保护

① Colbert, Jean-Baptiste(1619—1683)，17世纪法国重商主义的主要代表。——译者

了对于王室乃至整个法国的安宁来说最重要的地区——巴黎，使它免受歉收、涨价以及由于饥荒而引起的暴乱之扰。

与此同时，法国的人口和资本力量有了发展。贸易网比以前铺得更密、更广，工业生产更有生气，交通有了改善，法国各地区间的经济联系和互相依赖的关系比柯尔贝尔时代更加密切。部分市民开始觉察到传统的税收和关税制度的阻力和不合理，尽管他们自己也是在这些制度的保护下发展起来的。像米拉波那样的进步地主和乡村贵族认为，谷物经济中的重商主义不仅没有促进农业的发展，反而损害了它的利益。他们从英国的自由贸易制度中学到了不少东西。首先是管理机构中的一些高级行政官员自己认识到了现存制度的弊端。这些人中间为首的是一些具有进步倾向的、充当地方行政长官的人，也就是从“旧制度”中脱胎而出的、那个惟一具有现代意识的官吏制度的代表。这种官吏制度与那种世袭的、可以买卖的官吏制度完全不同。管理机构中的这些进步人士将全国各地都能感觉到的那种改革的愿望传达给宫廷，成了沟通两者的桥梁。他们还直接或间接地参与了宫廷各集团之间争权夺利的政治斗争，尤其是为争夺部长职位而展开的斗争，并在其中起到了一种不容忽视的作用。

这些斗争并不像以后议会中的政治斗争那样不涉及个人，这一点在前面已经说过了。在议会中各种利益都是由党派来代表的。这些出于各种各样的原因为了扩大在宫廷中的影响和争夺职位而斗争的宫廷集团，又构成了一个社会核心。通过这样一个核心，全国许多集团与阶层的利益在国家中央机构得到了表述。改革的愿望也是以这种方式反映出来的。

18 世纪后半叶的国王，已经不再是那种可以为所欲为的君主了。他们比路易十四更加体会到身为社会进程之囚的滋味和对宫廷中各种各样集团与党派的依赖性。部分集团与党派甚至遍布全国各地，并深深地扎根于中等阶层之中。

重农主义是这些党派斗争的理论表述之一。它不仅仅是经济上的，而且是一个规模很大的政治和社会的改革体系。重农主义以尖锐、抽象而又教条的形式包含着一些不太教条的、理论性不强、不很彻底的思想，表现了显示整个运动特点的实际的改革要求。有很长的一段时间，在财政上为首的一直是这一运动的杰出代表杜尔哥[1]。如果要给这个没有统一名称、没有统一组织形式的流派起一个名字的话，那么可以把它称作“官吏改革派”。无疑，这一改革派是以部分知识分子和部分经商的市民阶层为其后盾的。

另外，对于如何改革的问题，即使在有改革愿望和要求的人中间也存在着巨大的分歧。其中有的人很希望改革税收制度和国家机构，但同时又持有与重农主义完全不同的贸易保护的观点。福博内[2]便是重商主义流派的代表之一。如果只是因为他以及与他持相同观点的人非常强调关税保护的观点就立刻把他们划为“重商主义者”的话，那么，人们就无法完全理解他们。在福博内与重农主义的争论中，已经完全表现出了现代工业社会内部的分歧。从此以后，这一分歧便成了代表自由经商利益与代表重农主义利益的集团之间一再斗争的焦点。这两个流派都参与了法国中等阶层的这场改革运动。

另一方面，也并不是所有的市民阶层都赞成改革而只有贵族持反对意见的。有相当一部分典型的中等阶层强烈地反对那些严肃的改革尝试。事实上，他们的生存完全依赖于尚未改革过的“旧制度”。高级官员中的绝大部分，即穿袍贵族[3]就属于这一批人。他们的职位就是世袭的家产，从今天的意义上来说，就像一个工厂或一个商店，都能成为遗产。另外，属于这一批人的还有手工业行会和很大一部分税权租赁者，

---

① Anne-Robert-Jacques Turgot(1721—1781)，法国政治家和经济学家。——译者

② François Véron Duverger de Forbonnais(1722—1800)，法国经济学家。——译者

③ 中世纪法国官僚贵族。——译者

即资产者。如果说，法国的改革事实上是失败的；如果说，社会比例的失调最后猛烈地冲破了“旧制度”的结构，那么，很大一部分原因就在于这批中等阶层对于改革的抵制。

这一总的回顾非常清楚地说明了一点，而这一点非常重要：在这一时期，法国的市民阶层已经在政治上起作用了，而德国的却不行。在德国，知识分子阶层仅仅局限在精神与思想的领域里；而在法国，宫廷市民阶层的知识分子在思考其他人类问题的同时，也对社会、经济、行政和政治问题进行了思索。不同的是，德国的思想体系是纯粹的研究，知识分子的社会活动场所是大学。而产生重农主义的社会场所则是宫廷和宫廷社会，那里的人们考虑的是具体的做法，即如何来影响国王和他的情妇。

5. 魁奈[①]和重农主义的基本思想为大家所熟悉。魁奈在他的《经济表》中把社会经济描写成一个具有或多或少自发性的过程，描写成一个封闭的商品生产、流通和再生产的循环过程。他谈到了生活中的自然法则可以与理性融为一体。从这一思想出发，魁奈反对统治者任意地介入经济流通过程。他希望他们了解经济规律，以便引导这些过程。他不希望他们一无所知地任意公布规定。他要求贸易自由，特别是谷物贸易自由，因为按照他的观点，自发调节和自由竞争可以为消费者和生产者创造出一个比那种由上面规定的传统的调节方法以及省与省、国与国在贸易上重重设障更有益的制度。

他认为，这种自发的过程必须为一些明智的、有开明思想的官吏所认识，并必须由他们来引导。法国的改革家与英国的改革家得出经济生活可以自发调节这一经验的背景是不同的。魁奈以及与他持相同意见的人始终固守着现存的君主制。他没有触及“旧制度”的基本要素及其结

① François Quesnay(1694—1774)，法国重农学派经济学家。——译者

构。这一点更加适合一部分与他观点相近的官吏和知识分子，这些人对问题的看法不那么抽象，不那么尖锐，而是比较注重实际，但是他们也得出了与重农主义的核心人物相似的结论。其实，他们的经验和共同的思路是非常简洁的，大致可以归纳为：统治者万能以及统治者可以随意调节人的行为的观点是错误的。社会和经济有它们自己的规律。他们反对来自政府和权势的非理性的影响，认为必须建立起一个理性的、开明的管理机构。这一机构必须按照社会进程的“自然法则”，也就是说，必须按照理性来管理，来统治。

6.“文明”这一概念的形成就是这些表达方式中的一种，就是这一改革思想的一种清晰的反映。如果说，关于“文明人”的思想在这儿导致了一个可以用来说明整个教养与现存社会状况总和的概念的产生，那么，这一概念所反映出来的首先便是反对派和社会批评家们的预见。

另外，他们还得出这样一条经验，政府不能任意作出规定。因为，如果这些规定没有清楚地认识到无名的社会力量与规律的话，就会遭到它们的抵制。这种经验表明，专制制度对于那些由政府所作出的任意的“反目的的”“非理性的”决策而引起社会发展的灾难、混乱和贫穷等，也无能为力。如上所述，这种经验在重农主义的思想中反映了出来。这一思想表明，社会进程与自然现象一样有其自身的发展规律。同时，这一经验在由“文明化的”这一动词转变而来的“文明”这一名词中得到了体现，并使“文明”这一概念的运用超出了个人使用的范围。

工业革命的阵痛——不能将其视作人为操纵的结果——在很短的时期内教会了人们第一次把自己、把自己的社会存在作为一个进程来看待、思考。如果仍然把米拉波看作是第一个使用“文明”这一概念的人，那么便可以清楚地看到，这一经验使他以全新的观点来看待他那个时代的整个教养状况。他感觉到，并且也认识到，教养与“文明”也是有其发展过程的。他希望统治者看到这一规律，并加以利用。这便是

“文明”这一概念在其早期使用阶段的意义所在。

米拉波有一次在《人类的朋友》[28]中谈到金钱的过剩减少了人口，而个人的消费则大大增加。他认为，假如金钱太过剩的话，“会废弃工业和艺术，从而把各国推入贫困和人口不足的深渊”。他又说：“由此可以看出，从野蛮经文明和富裕走向堕落这样的循环同样会在一个精明能干、小心谨慎的大臣眼前重蹈覆辙，犹如一架机器，刚刚装好又迅速地报废了。”

实际上，这句话概括了重农主义者所有的基本观点。他们很自然地把经济、人口以及整个教养的发展进程看作一个大的整体，并坚持把这一切看作一个循环过程，看作一个自发的起伏运动。这句话还概括了他们的政治倾向和改革愿望。他们认为，这些知识最终是为统治者提供的，以便他们认识这些规律，从而能够更好地、更加开明理性地来调节和引导这些社会进程。

米拉波在1760年向国王递交的《赋税原理》中，提出了重农主义关于改革税收的设想。在这篇上书中，他表达了与上述相同的思想。

“在贵国之前已经经历了文明这一循环过程的所有帝国和他们的事例都为我上述的观点提供了具体的佐证。”

乡村贵族米拉波对财富、奢侈以及所有居统治地位的人的教养所持的批评态度，使他的观点具有一种特殊的色彩。他认为，真正的文明应该出现在野蛮和由于金钱过剩所造成的虚假的、“腐朽没落的”文明之间。开明的统治就是要操纵和控制这种自动的发展，使社会介于野蛮与没落之间并使之繁荣昌盛。“文明”所涉及的全部问题在其概念形成时就已经显示了出来。早在那个时期，这一概念就已经与“没落”和“衰亡”的思想连在一起了。之后，这一思想随着危机循环的节奏时而公开，时而隐蔽地表现出来。同时，人们也非常清楚地看到：改革的愿望完全局限于现存的、由上面操纵的社会制度之中。有这一愿望的人尽管对当时的教养不满，但是并没有提出一个全新的模式和全新的概念，而是着眼于现存的东西，希望改善它，希望政府采取巧妙的、开明的措施把“虚假的文明”重新变为“好的、真正的文明”。

7. 刚开始的时候，“文明”这个概念在每一个人的用法中可能有许多细微的差别。然而，它所包含的要素与巴黎社会有改革愿望和进步思想的人的普遍需要和普遍经验相符。改革运动在不断发展的商业和工业化的过程中所得到的动力越大，这一概念在这些圈子内的使用便越是频繁。

路易十五统治的最后时期暴露了旧制度的弱点和紊乱。无论是国家内部还是外部的关系日益紧张，社会变革的信号增多。

1773 年，在波士顿港成箱成箱的茶叶被沉入海底。1775 年，英国在美洲的殖民地宣布独立。在独立宣言中讲到，政府是为人民的幸福而设立的。如果政府不符合这一目的，人民中的大多数就有权推翻它。

热衷于改革的法国中等阶层以莫大的同情热切地关注着大洋彼岸的事态。在这种关切和同情中夹杂着社会改革的愿望以及不断增长的对英国的民族仇恨，尽管他们的领袖人物并不想用暴力来推翻君主制度。

同时，从 1774 年起，法国将与英国发生武装冲突，必须进行战争准备的情绪明显加强。这一年，路易十五去世。新国王执政后，在宫廷的大小圈子内围绕着管理和税收制度的改革所进行的斗争越来越激烈。斗争的结果，杜尔哥在这一年当上了“财政总监”，受到了全国所有有改革愿望和进步思想的人士的欢迎。

“伸张正义的时刻终于姗姗而来”，杜尔哥被任命时，重农主义者博多①这样写道。达朗贝尔②也写道，如果现在“无法产生善良的话，那

---

① Nicolas Baudeau(1730—1792)，法国经济学家和神学家。——译者

② Jean Le Rond d'Alembert(1717—1783)，法国著名物理学家、数学家和天文学家。——译者

么善良就不可能产生”。弥留之际的伏尔泰遗憾地说，现在是他谈论“建立道德和理智”[29]的时候了。

也就是在那些岁月里，“文明”这一概念第一次作为一个意义比较固定的概念为许多人所常用。这一概念在雷纳尔①所著《从哲学和政治的角度看欧洲人在印度和美洲设立机构和开展贸易的历史》这本书的1770年第一版中一次也没有出现过，然而，在1774年的第二版中，它“被作为一个显然是具有普遍意义和不可缺少的术语来使用”。[30]

在霍尔巴赫1770年出版的《社会体系》一书中还没有“文明”这个词，但在他1774年出版的《社会制度》一书中，“文明”已经成了一个经常被使用的词汇。

比如，他在这本书中写道，没有任何东西“比那些昏君随时卷入的、无休止的战争更有碍于公众幸福、人类理性进步以及人类的完全文明”[31]了。

在另一处他又写道：

“人类的理智还没有得到充分的锻炼，各国人民的文明进程还没有结束。至今尚有无数因素阻碍着有益的知识的进步。然而，惟有知识的进步才有助于改善我们的政府、我们的法律、我们的教育、我们的体制和我们的道德。”[32]

这一具有开明的社会批评思想的改革运动的基本观点是：通过知识的进步——不是18世纪德国意义上的“科学”进步，因为在这儿谈论知识的不是大学里的学生与教授，而是自由作家、国家公职人员、知识分子以及各种类型的宫廷市民，沙龙和上流社会这些媒介使他们的思想得到了统一——也就是说，首先要说服国王，使统治者们信奉“理性”，或者说信奉与之有相同意义的“自然”；通过让开明的有改革愿望的人

① Guillaume Thomas François Raynal(1713—1796)，法国启蒙时代作家。——译者

们占据领导地位来改善教育、法律和国家各个机构。在社会交往中，人们为不断进步的改革过程中的某个观点创造了一个固定的概念，即“文明”。在米拉波所创造的那个带有个人色彩的、还不具备社会意义的概念中清楚地表现出来的东西，即说明改革这一运动特征的东西，在这儿同样显示了出来：这就是对现实所持的一半肯定、一半否定的态度。这种意见认为，社会在“文明”的道路上已经达到了某一阶段，但是还不够，不应停留在这一阶段。文明进程不断发展，并将继续发展下去：“各国人民的文明进程还没有结束。”

两种不同的观念在“文明”这一概念里融为了一体：在这个概念中，人们创造了一个在普遍意义上与社会发展的另一阶段，即“野蛮”状况相对立的概念。这种感觉早就逐渐渗透了宫廷社会，并在“礼貌的”“文明的”等宫廷贵族的用语中得到了体现。

但是，参与宫廷中等阶层改革运动的人认为，民众还不够文明，文明不仅仅是一种状况，而且是一个过程，必须不断发展。这便是“文明”这一概念所表达出来的新的东西。在这一概念中包含了那些向来使宫廷社会认为自己在社会等级上高于普通的、不开化的或野蛮人的思想，即关于“道德”或教养状况的思想，关于规矩及社交礼节的思想，关于每个人都必须顾及他人的思想，以及关于许多与之相近的思想。然而，不论是在正在上升的中等阶层的笔下，还是在那些参与改革运动的人的言谈中，都表达了一种共同的想法，即要把社会变成一个文明社会，要使国家、法律、教育和广大民众文明化，首先要从现存的野蛮的、反理性的状况中摆脱出来，不管这种状况是表现在法律惩处、表现在市民阶层的等级界线还是表现在阻碍自由贸易的发展方面。文明化是由国王倡导的道德改良和国家内部安居乐业的结果。

伏尔泰有一次在谈到路易十四时代[33]时说：“国王终于使直到那时为止一直骚乱不安的人民变得安分守己，只有对敌人才勇猛无畏……品行温顺了……”这里应该进一步指出，事实上国内和平对于文明的进程具有极其重大的意义。然而，属于年轻一代改革派的孔多塞①比伏尔泰具有更多的反对派意见。他在对伏尔泰这一思想所作的注释中曾发表过这样的看法：

“尽管一部分法律蛮无人道；尽管行政原则充满弊端，苛捐杂税与日俱增，税务法残酷无情；尽管对新教徒进行迫害、镇压，指导政府贸易和工业管理的信条陈腐低劣，我们仍然看到，王国内的民众毕竟在法律的保护下过上了安宁的生活。”

以上所列举的情况对现实采取的是一种并非全盘否定的态度，它使我们对所需要改革的东西有了一个印象。不管在这些摘引中是否明确地提到了“文明”一词，“文明”的概念却涉及了所有这一切，即所有仍然还是“野蛮”的东西。

所有这一切都明显地区别于德国的发展进程以及德国的概念，由此可以看出，法国正在崛起的中等阶层知识分子是如何站在宫廷圈子里，又是如何带有宫廷贵族的传统特征的。他们说这个圈子的语言，并进一步发展它。尽管有某些变化，但是他们的行为与情感表达方式主要还是按照这一传统形成的。他们并没有形成与宫廷贵族相对立的思想和概念。由于他们在宫廷有一定的社会地位，所以他们在诸如“文明”等宫廷贵族概念的基础上提出了他们自己在政治和经济上的要求和想法。德国知识分子所处的社会状况不同，所得出的经验也不同，因此这些想法中的大部分离他们很遥远，或者至少对他们来说不具有同样的现实意义。

法国的市民阶层在政治上比较积极，至少在某些方面热衷于改革，最后又在短期内酝酿了革命。在行为方式和情感表达方式的形成方面他们一如既往地继承了宫廷的传统，即使在旧制度的结构被打碎之后也是

① Marquis de Condorcet(1743—1794)，法国哲学家、数学家和政治科学家。——译者

如此。由于贵族与中等阶层的密切交往，许多宫廷的教养早在革命之前就已经成了中等阶层的教养。这样就不难理解，为什么法国的市民阶层革命打碎了旧的政治结构，却没有冲破传统的教养。

德国的中等阶层知识分子在政治上毫无权力，但是在思想上却非常激进。他们形成了一个自己的、纯粹市民阶层的传统以区别于宫廷贵族的传统与模式。尽管在19世纪逐步成为德国民族特性的那些东西中也包括了已经市民阶层化了的贵族传统，然而，对于德国文化传统和德国人的行为方式来说，来自中等阶层的影响是起决定作用的。另外，由于市民阶层和贵族之间的社会界线特别分明，因此德国人在教养方面也存在着极大的差别。这种状况一直持续到18世纪以后。

法国的“文明”概念恰好反映了法国市民阶层所特有的社会命运，正如德国的“文化”概念反映了德国市民阶层所特有的社会命运一样。与“文化”概念相同的是，“文明”这一概念在其形成初期也是反对派和中等阶层的工具，特别是中等知识分子阶层在进行社会内部斗争时所运用的工具。随着市民阶层的崛起，“文明”这一概念便成了民族精神的体现，成了民族自我意识的传达方式。在革命的过程中，“文明”这一概念在众多的革命口号中并没有起到特别大的作用，它所表明的是一个逐步发展的过程，一个进化的过程，而且并没有否定其原来作为革命口号的意义。18世纪以来，当革命开始缓和下来时，这一概念却成了一个响彻全球的口号。在这一时期，文明概念已经变成了法国为自己进行民族扩张和殖民运动的辩护词。1789年，当拿破仑率领部队向埃及进军时，他向部下大声喊道：“士兵们，你们要去从事的事业是征服，这一征服将对文明产生无法估量的意义。”与形成“文明”这一概念时所不同的是，这些西方国家认为“文明”这一进程在他们自己的社会内部已经完成。从根本上来说，他们自认为是一个现存的或者是稳固的“文明”的提供者，是一个向外界传递“文明”的旗手。不断向前发展的整个文明进程在他们的意识中只留下了一个模糊的印象。他们用文明的结果来炫耀自己，以示自己的天赋高于他人。至于在几百年的过程中，人们是如何形成文明行为的这样一个问题和事实，却没有人感兴趣。从这时候起，那些推行殖民政策并因此而成了欧洲以外广大地区上等阶层的民族，便将自身的优越感和文明的意识作为了为殖民统治辩护的工具，就像当年“文明”概念的鼻祖“礼貌”和“开化”曾经被宫廷贵族上等阶层用来为他们的统治进行辩护一样。

事实上，当西方各国普遍地开始意识到文明、意识到自身行为的优越以及他们在科学、技术和艺术方面所取得的成就时，文明进程中一个重要的阶段便结束了。

以下所要论述的便是文明进程中的这一阶段以及这以前的阶段，即文明概念尚未形成、人们还没有把文明视为一个进程的那个阶段。

第二章 “文明”使人类行为发生的特殊变化

“礼貌”概念的历史

1. 中世纪西方国家用以表达其自我意识的主要对立命题是基督教与异教之间的对立。说得更确切一点，也就是正统的罗马和拉丁语国家的基督教与异教、邪教以及希腊和东正教[1]之间的对立。

在中世纪，西方国家以十字军的名义，正如以后以文明的名义一样，发动了他们的殖民、扩张战争。尽管文明的口号已经非常世俗化了，然而，在这个口号里仍然能听出拉丁语国家基督教和封建骑士十字军东征思想的余音。骑士阶层和罗马、拉丁语国家的宗教信仰是西方国家发展中某一阶段的见证，而这一阶段是西方国家一切大的民族所共同经历过的，关于这一点人们至今记忆犹新。

当骑士阶层和作为一个统一体的天主教土崩瓦解的时候，“礼貌”这个概念在西方社会里才有了意义。这一概念是一个社会的缩影。这一缩影作为一个阶段和一种模式，对西方社会的教养以及“文明”这样一种特殊的形态所起到的作用并不亚于这之前的封建社会。同时，“礼貌”这个概念也标志着一个囊括了各种不同民族的社会的形态。在这个社会中，人们说一种共同的语言，就像在教堂里一样，先是说意大利语，然后主要是说法语。这些语言代替了以往的拉丁语，它们表明，欧洲在一种新的社会基础上形成了一个统一体。同时也表明，宫廷社会这样一种新的社会形成了，并在某种程度上成了统一的欧洲的支柱。宫廷社会的状况、自我意识和特点，在“礼貌”的概念中得到了表现。

2. 在将近16世纪中叶的时候，“礼貌”这一概念才有了我们这里所说的那种特征和功能。我们可以确定人们是从什么时候开始使用这个概念的。它第一次是在1530年出版的由鹿特丹的伊拉斯谟①所著的题为《男孩的礼貌教育》的一本小册子里出现的，以后便为社会所接受。显然，这本小册子所涉及的题目在当时正合时宜，因为它很快就得到了广泛的流传，并一而再再而三地重版。到伊拉斯谟去世为止，也就是在这本小册子出版后的6年时间里，就再版了30多次。[2]前后总共再版130多次，其中18世纪再版13次。不容忽视的是还有大量译本、模仿和改编之作。这本小册子出版后两年就有了第一本英文译本，4年后被改编成了问答手册，并开始在学校里被用作男孩的教科书。紧接着出了德文和捷克文的译本。1537年、1559年、1569年和1613年不断有新的法文译本问世。

16世纪，当马蒂兰·科尔迪耶②的法文小册子——在这本小册子里，科尔迪耶把伊拉斯谟手册中的行为准则与另一个人文主义者约翰内斯·苏尔皮丘斯③的行为准则编在一起——出版后，法国某种规格的铅字就被称作“礼貌”④型。直到18世纪末，以“礼貌”或“男孩的礼貌”为题，直接或间接地受到伊拉斯谟影响的所有这一类型的书都是用“礼貌”型铅字排版的。[3]

3. 这儿也和以后“礼貌”这一概念转化为“文明”概念时一样，

---

① Desiderius Erasmus(1466—1536)，中世纪尼德兰(今比利时和荷兰)著名的人文主义思想家。——译者

② Mathurin Cordier(1479—1564)，中世纪神学家，人文主义者。——译者

③ Johannes Sulpicius，生卒年不详，中世纪人文主义者。——译者

④ 原文为拉丁文 civilitas，与下面的法语 civilité，英语 civility，意大利语 civilità，德语 zivilität 为同义词，意为礼貌、礼仪。——译者

是由某个人倡导的。在词的发展历史上这种情况是很常见的。伊拉斯谟以他的小册子给“civilitas”这个词赋予了新的、进一步的含义。然而，不管他是有意识的还是无意识的，他显然是说出了与当时的社会需要相吻合的东西。从此，“civilitas”这个概念便以它从伊拉斯谟小册子里所获得的那种特定意义牢牢地扎根在人们的意识之中，并在各种流行的语言中发展为相应的时髦的语言，比如法语的“civilité”，英语的“civility”，意大利语的“civilità”以及德语的“zivilität”。然而德语中的“zivilität”并没有像其他的文化中那些相应的词那样普遍地被采用。

每当人们突然对一种语言中的某些词汇感兴趣，特别是像“礼貌”这样的注定要进入人们生活中的、具有长久生命力的概念，几乎总是意味着人类生活本身的改变。

伊拉斯谟本人也许并不认为《男孩的礼貌教育》这本小册子在他的所有著作中有什么特别重要的意义。他在引言中写道，造就年轻人的艺术包括各种各样的学科，“男孩的礼貌教育”只是其中的一项。他并不否认这是“哲学中最丰富的部分”。这本小册子之所以具有不同寻常的重要意义，并不是因为它是一种个别的现象或某个个人的著作，而是因为它展示了一种变化以及社会进程的特性。这本小册子所引起的反响，它的题目成了欧洲社会人们阐释自我的主要表达方式，正是这些东西才使它引起了人们的注目。

4. 这本小册子讲了些什么呢？

首先必须弄懂它的题目，弄懂为什么、在什么意义上人们才使用了这一新概念。这一新概念必定是涉及了社会的变化与进程，正是因为这点它才会成为时髦的语言。

伊拉斯谟的书中讲到了一个十分简单的问题，即人在社会中的行为，并着重讲到了“外表的得体行为”。

这本书是为了教导男孩而写的，伊拉斯谟把它献给了一个贵族出身的男孩，一个君主的儿子。

这本书以清晰、精巧的语言，严肃、风趣而又精确地表达了一种简单的思想。可以这么说，在这以后出版的类似书籍中，没有一本能做到如此清晰、有力、风格独具。如果仔细观察的话，那么就能在这本书的后面发现一个世界、一种生活方式。这种生活方式与我们的生活方式在许多方面已经非常接近，而在另外一些方面却又相去甚远。这本书讲到了一些我们现在已经失去了的行为方式，其中有的也许是被我们称为“野蛮的”或“不文明的”，书里讲到的许多行为方式，有的现在已难以说出口，而有的则已经成为不言而喻的事情了。[4]

比如，伊拉斯谟讲到了人的目光。他所讲的是那些学习礼貌规范的人所必须遵守的东西，但同时也是他自己所谙熟的，是他对活生生的人的直接观察的结果。

“人的目光应该柔和、真诚、宁静，而不应该空洞、冷漠或像阴险恶毒的人那样东张西望。”

接着，他的语气虽然没有大的变化，但是翻译起来有点麻烦：眼睛睁得溜圆表明愚蠢，呆视表示懒散，过于锐利的目光说明一个人就要发火，过于活泼而又富于表情的眼神则是一种恬不知耻的表现。倘若一个人的眼睛里流露出一种安详而又令人尊敬的友好神情，那便是最好的了。“Animi sedem esse in oculis.”① 古人云：心之位在眼中。

身体的姿势、手势、服饰以及面部表情，这本书中讲到的所有这些“外表”行为都是一个人全部的内在反映。伊拉斯谟很懂这一点，他强调指出：“尽管这些外表行为出自一个人平和协调的内心，但是我们仍然认为，我们之所以很少见到正直而有教养的风度，在很多情况下是因

---

① 作者在这本书中引用了许多拉丁文原著，并对其中的一部分予以了翻译，这里按原书风格照录，凡有德文译文的，拉丁文不再翻译，下同。——译者

为缺少教导的缘故。”

接着他又说，鼻孔里不应该有鼻涕。农夫用帽子和围裙擦鼻涕，做香肠的师傅用手臂和臂肘。用手擤鼻涕然后擦在衣服上同样也不符合规矩。比较恰当的做法是，尽量转过身去，把鼻涕擤在一块布里。“Strophiolis accipere narium recrementa, decorum.”擤鼻涕时，如果用两个手指把鼻涕甩在地上，必须马上用脚蹭去。“Si quid in solum dejectum est emuncto duobus digitis naso, mox pede proterrendum est.”吐痰时也应如此，“吐痰时应尽量转过身去，以免把痰吐在或溅在别人身上。如果把痰吐在地上，应该马上用脚蹭去，以免引起别人恶心。倘若不允许这么做，就应该把痰吐在一块布里。”

这本书也以同样极其详尽的、极其理所当然的口吻论述了一些其他的行为，比如书中讲到了人们应该怎么坐，怎么问候等。仅仅是谈论这些行为就使以后具有另一种情感模式的“文明化”了的人感到震惊。另外，这本书也描写了单脚独立等对我们来说已经非常陌生了的姿势。人们或许会由此而想到，我们在中世纪的绘画和雕塑中所看到的那种陌生的行走与舞蹈的姿势，并非是画家和雕塑家所臆想出来的“规矩”。他们只是保留了那些我们现在感到陌生的、然而当时确实存在过的举止和神情，只是表现了另外一种心灵和情感的特征而已。

越是深入地研究这本小册子，就越能看清当时具有另一种行为方式的社会图像。这些行为方式，有的与我们现在的相似，大多数则与我们现在的相去甚远。

我们可以看到人们就餐时的情形。伊拉斯谟写道：“A dextris sit poculum, et cultellus escarius rite purgatus, ad laevam panis.”就餐时酒杯和擦干净的餐刀摆在右边，面包放在左边。这是指餐具。大多数的人都随身带着餐刀，所以规定必须把它擦干净。叉几乎不用，或者至多只是在从大盘子往自己面前叉肉时用一下。餐刀和匙经常是一起使用的。并不一定每个人都有自己的餐具。伊拉斯谟说：如果有人把汤一类的食物端到你的面前，你喝过之后必须把匙擦干净了再放回原处。

盛肉的盘子端上来以后，通常是每个人切一片，用手拿着放在自己的盘子里，如果没有盘子便放在一片厚的面包上。伊拉斯谟所用的“quadra”这个词，显然是既可以用来指金属的盘子，又可以用来指面包片。

伊拉斯谟说：“Quidam ubi vix bene consederint mox manus in epulas conjiciunt.”还没有在位置上坐稳，就急着把手伸到盘子里去了。只有馋鬼和狼才这样急不可待，盘子端过来时不要第一个把手伸过去。只有农夫才会把手指浸到肉汁中去。不要在盘子里乱翻，拿放在最上面的一块。“in omnes patinae plagas manum mittere”把手伸到盘里乱翻乱搅是缺少克制的表现。同样，把盘转过来使最好的一块转到自己跟前的做法也是很不礼貌的。

“Quod digitis excipi non potest, quadra excipiendum est.”不能用手拿的东西就用你的“quadra”来接。如果有人用匙递给你一块蛋糕或酥馅饼，你可以用你的“quadra”来接，或者接过别人递给你的匙，把食物放在“quadra”上，然后把匙还给别人。“Si quis e placenta vel artocrea porrexerit aliquid cochleari, aut quadra excipe, aut cochleare porrectum accipe, et inverso in quadram cibo, cochleare reddito.”

如上所述，盘子也是很稀有的。在伊拉斯谟那个时代以及更早一些表现就餐的绘画中，我们看到的总是与伊拉斯谟那本小册子里所描述的同样陌生的情形：餐桌上有时候铺着华丽的桌布，有时候根本就没有，桌上的东西总是寥寥无几。刀、匙、酒杯和盐瓶，这就是所有的餐具了。有时候也可以看到被称作“quadra”的面包片，这在法语中叫做“tranchoir”或者“tailloir”。从国王、王后一直到农夫和农夫的妻子都是用手来进餐的。在上流社会里有一套讲究的就餐形式。伊拉斯谟说，饭前必须洗手，但是那时候还没有肥皂。往往是客人伸出双手，侍童在客人的手上倒一些水。有时候水里放了甘菊或一种叫迷迭香的植物，会散发出淡淡的香味。[5]上流社会的人不把两只手同时伸进盘里。最讲究的人只用三个手指进餐。这便是上流社会区别于下层社会的高雅标志之一。

伊拉斯谟说："Digitos unctos vel ore praelingere vel ad tunicam extergere ... incivile est."手指沾上了油腻，用嘴去舔，或者把手上的油擦在衣服上都是不礼貌的。

喝酒时常常有人请别人用他的酒杯，或者大伙儿共用一个酒罐。伊拉斯谟提醒说："在喝酒之前先把你的嘴擦干净。"甚至有人把正在吃的肉递给自己喜欢的人。伊拉斯谟说："最好不要这样做。请别人吃吃过的东西并不是很礼貌的。"接着他说道："把咬过的面包放到调味汁里去蘸是粗野的举动，把放在嘴里嚼过的食物放在'quadra'上也不是优雅的举止。如果有什么东西咽不下去，你就悄悄地转过身去扔掉。"

然后他又说："最好在就餐的间隙进行一些交谈。有的人不停地吃呀喝呀，这并不是因为他们饿了或渴了，而是因为不这样做他们就无法控制自己的行为，他们就会搔头、剔牙、用双手打手势、拨弄餐刀或者咳嗽、吐痰和擤鼻涕。总的来说，所有这些看似神经错乱的行为都是由于乡巴佬不知所措的缘故。"

伊拉斯谟认为有必要指出，——在他那个时候还有可能说出这些话——在没有必要的情况下不要裸露你的身体。"一个具有自由禀性的人不应该暴露那些令人感到羞耻的身体部分，即使不得已必须如此，那么也要做得尽量不让人注意。"

伊拉斯谟说，有些人规定男孩必须"夹紧屁股，不让肠子里的气跑出来"。但是这样容易得病。

在这本小册子的另一处他写道："憋住自然而生的声音是愚蠢的表现，这样做有利于文明，但不利于健康。"如果你憋不住要呕吐的话，尽管吐出来，“如果你憋不住要呕吐的话，就到旁边去，因为呕吐并不是什么耻辱的事情，只是样子不好看而已。”

5. 伊拉斯谟在他的小册子里极其详尽地巡视了人们的行为方式以及社交生活中最主要的情况。他以同样自然的口吻谈到了人类交往中最基本和最微妙的问题。他在这本小册子的第一章里讲到了“身体各部分的礼貌和非礼貌行为”；在第二章中讲到了“身体的保养”；在第三章里讲到了“在教堂里的礼貌”；在第四章里讲到了“就餐时的规矩”；在第五章里讲到了“聚会”；在第六章里讲到了“游戏”；在第七章里讲到了“卧室”。

通过这些问题的论述，伊拉斯谟给“礼貌”这一概念增添了新意。

我们在自己的意识中并不会总是自然而然地回想起自己历史上的这一阶段。伊拉斯谟和他那个时代在谈论人的一切行为时那种无拘无束的坦率，我们已经失去了。在许多方面，他逾越了我们的羞愧界线。

这正是我们在这儿所要论述的问题。当人们探究各个社会用以阐述自己的那些概念的演变时，当人们从“文明”这一概念追溯到“礼貌”的概念时，立刻就会找到文明进程和西方国家所经历过的人类行为的实际变化的踪迹。伊拉斯谟所涉及的许多问题，我们只要谈起，或者只要听说就会感到羞愧，这种现象正是文明进程的表征之一。当有人相当坦然地谈论身体的各项功能而不像我们这样遮遮掩掩、有所顾忌时，我们便会多多少少地感到不舒服，并因为这种感觉把那些人的行为称作“野蛮”或“不文明”。这种“由于野蛮而引起的不舒服”，说得更确切、更中性一点，是由另一种情感状态，一种在许多被我们今天称作“不文明”的国家里仍然适用的羞愧程度所引起的。这一羞愧程度是我们今天的羞愧程度的前提和阶梯。这样，就产生了一个问题，西方国家为什么会，并且究竟是如何从一个程度达到另一个程度的，他们究竟是如何“文明化”的。在观察这一文明的进程时，不可避免地将唤起类似“不舒服”和“羞愧”这样的感情。我们尽量不作与“文明”和“不文明”概念相关的一切评价，至少是在对文明进程进行观察的过程中有必要这样做。我们的行为方式是从那种被我们称为“不文明”的行为方式中产生的。然而，这些概念在表达实际的行为变化时过于静止，不够细腻。事实上，在被我们称作“文明”与“不文明”的行为之间并不存在像“善”与“恶”那样的对立。这里所指的显然是同一发展过程中的不同阶段，并且，这一发展过程仍在继续。我们现在的行为以及现阶段的文明很有可能会使我们的后人感到羞愧，就像我们前人的行为有时会使我们产生羞愧一样。社会中人的行为及其情感表达，从一种并不具有起始点的也不能绝对地、笼统地称为“不文明”的形态水准，发展到了我们现在用“文明”这个词来概括说明的水准。为了理解现在的水准，我们必须回顾历史，追溯使之产生的另一水准。我们习惯于把“文明”视为一种财富，一种像现在这样供我们坐享其成的财富，而根本不问我们究竟是如何达到这一水准的，根本不问文明是指一个过程还是指一个过程中我们现在所处的阶段。机器、科学发明、国家形态等所有可以算作文明的个别的事物，都是某种特定的人类行为的见证，都是社会和人与人之间一种特定结构的见证。这里要提出的问题是能否进一步了解人类行为的变化和人类“文明”的社会进程，至少是了解其中的某些阶段和这一进程的最基本的特点。

中世纪的社交礼节

1. 伊拉斯谟在他的小册子《男孩的礼貌教育》中描述了一种特定的社交行为。很难简单地用“文明的”或“不文明的”这样的对立观点来评价这一社交行为。

伊拉斯谟之前的情况如何？他是不是第一个研究这些问题的人？

绝对不是。中世纪的人们，古希腊罗马的人们以及与之相近的、正在发展“文明”的人们肯定早就已经对类似的问题进行了研究。

不作任何界定地去着手研究一个没有起始点的进程是不可能的。不管我们从哪儿开始，看到的总是发展，总是还可以往回追溯。追溯性的研究必须要界定范围。要尽量使这一界定与实际进程中的阶段相符。为了了解中世纪到新时代的变化和发展情况，这本书以中世纪的水准为出发点，而对其本身不作深入研究，这就足够了。

中世纪为我们留下了大量关于被人们称作社交行为的记载。在这些记载中关于就餐行为的规定有着相当重要的作用。与今天不同的是，进餐、喝酒是当时社交生活的中心，它——不总是，但经常是这样——形成了社交的圈子，使人们聚在一起，并发生交际活动。

有学问的教士有时用拉丁文记载行为准则，这便成了他们所处时代文明水准的见证。圣维克托①在他的小册子《关于修士见习期的设立》中也谈到了这些问题。西班牙人佩特鲁斯·阿尔方斯②是个改变了宗教信仰的犹太人，他在12世纪初期所写的《教士守则》中也谈到了这些问题。1241年，约翰内斯·封·加兰③以《学生的道德教育》为题用拉丁文写了一首长达662行的长诗，其中也谈到了交际方式，特别是就餐时的交际方式。

除了僧侣阶层用拉丁文记载的这些行为准则之外，从13世纪起，首先是在宫廷骑士的圈子里，人们开始用各种通俗的语言记下与之相似的材料。

关于世俗上层社会中所流行的交际方式，最早的记载大约出于普罗

---

① Hugh of Saint Victor(1096—1141)，德国神学家。——译者

② Petrus Alphonsi，生卒年不详，11世纪物理学家、天文学家、作家。——译者

③ Johannes de Garlandia，生卒年不详，中世纪语言学者。——译者

旺斯①以及与之相毗邻的、在文化上也与之相近的意大利。连德国最早的一本关于礼貌的书也是由一个名叫托马辛·封·齐尔克拉里亚②的罗曼民族③的人写的，题为《从罗曼国家来的客人》（吕克特译）。托马辛的另一本书也是用罗曼民族的语言写成的，在其德文的题目中留下了“礼貌”这一概念的最早形式。他把这本现在已经失传的书称为《有关宫廷礼貌的书》。

同样也是在宫廷骑士的圈子里，邦维奇诺·达·里瓦④写了50篇关于礼仪的文章，汤豪泽⑤写了一首题为《宫廷礼仪》的诗。有时候在宫廷骑士们所著的长篇叙事史诗中，比如在14世纪的《玫瑰列传》[6]中，也能发现这样的行为准则。约翰·拉塞尔⑥的诗《论教养》是英文的，大约写于15世纪。它以诗歌的形式囊括了一个贵族青年在君主那儿任职时所要遵循的全部行为准则，在其简写本《儿童读本》[7]中同样也是如此。

除此之外，在14、15世纪左右或者更早一些时候，出现了一大批用各种语言写成的关于“就餐礼貌”的诗歌。这些诗歌或长或短，便于记忆。中世纪时，书籍极少且价格昂贵。在这种情况下，背诵作为一种教育和制约的手段起到了一种与今天完全不同的作用。作者们试图通过压韵的形式把这些行为准则灌输到人们的头脑中去，使他们记住在社交场合，首先是在就餐时，什么是该做的，什么是不该做的。

2. 这些关于“就餐礼仪”的诗歌与中世纪其他标明作者姓名的、有关礼仪的书籍一样，并非现代意义上的个人作品，并非一个完全个性化

① Provence，地名，法国东南部。——译者
② Thomasin von Zirclaere(1186—1245)，中世纪德国作家。——译者
③ 指意大利、西班牙及法国这一地区的人。——译者
④ Bonvicino da Riva，中世纪作家。——译者
⑤ Tannhäuser，中世纪德国诗人。——译者
⑥ John Russel，中世纪作家。——译者

了的社会中某些个人自己思想的记录。我们通过文字所看到的，是由一个伟大的言传口授的文化传统流传下来的片段，是当时那个社会中确实存在过的风俗的反映。这些东西之所以重要，正是因为他们并没有记录什么伟大的、超凡脱俗的东西，而是向我们揭示了一个社会的特征。即使像汤豪泽的《宫廷礼仪》和约翰·拉塞尔的《论教养》这样以某个作者的名义流传至今的个别诗歌，也同样属于那个已经消失了的、与当时社会形态相符的口头文学潮流，只不过它们是以某些作家个人作品的形式存在而已。记录这些口头文学的人，既不是立法者，也不是这些规定的首创者，他们只是对社会上流行的要求和禁忌作了收集和整理。所以，几乎所有的以文学或非文学的形式所记录下来的规定都是相似的。这些记录下来的规定是同一种风俗习惯的反映，也是当时社会生活中特定的行为和情感尺度的见证。

倘若进一步深入研究的话，也许会发现在各个民族传统的风俗习惯之间有着某些分歧；倘若材料足够的话，也许还会发现在每个民族内部的各个社会等级的风俗习惯之间也存在着某些差异。即使是在同一个传统中也会出现某些变化。比如 14、15 世纪，随着行会市民阶层的崛起，人们说话的语气，甚至连风俗习惯本身都发生了某些变异。同样，在近代，当市民阶层继承了原来宫廷贵族的行为模式之后也发生了类似的情况。

对于中世纪人类行为的变化本身进行深入研究并不在这本书的范围之内。在这里只需指出这些变化并提醒人们注意下列情况：中世纪的文明水准也是由社会内部的变化形成的；中世纪肯定不是“文明”进程的开端或“最低阶段”，也不像人们有时候所说的那样处于“野蛮的”或者是“原始的”状态。

这是一个与我们现在不同的文明水准，至于这一水准是好是坏这里暂且不作讨论。“寻找失落的过去”一步步地把我们从 18 世纪带回到 16

世纪，又从 16 世纪带回到 12 和 13 世纪。如前所述，这样做并不是因为我们认为这儿是文明的“开端”，而是为了对我们自己的发展进行回顾，对中世纪到近代初期这段时间内文明水准的发展进行回顾，并且弄清人类在这期间究竟发生了一些什么变化。这些材料对于我们这儿所界定的反思是足够用的了。

3. 与以后的所有社会阶段一样，中世纪的“良好举止”这一水准也是由一个特定的概念表现出来的。中世纪的世俗上层社会，至少是其中一些为首的圈子用这一概念来表达他们的自我意识和他们的情感特征的。用以表达这种自我意识和“有社交能力”的行为的概念，在法语中叫做“courtoisie”①，在英语中叫“courtesy”，在意大利语中叫做“cortezia”——这些词经常有各种不同的说法，还有一些与之相近的概念，在德国这一概念同样也有各种不同的说法，比如“hovescheit”，“hubescheit”或者“zuht”。所有这些概念——与以后出现的那些功能与之相同的概念相比，都直截了当地、更加毫无掩饰地指出了一个特定的社交场所。它们所表明的都是宫廷社会的行为方式。首先是世俗上层社会中某些为首的圈子——他们用这一概念来表达首先是在大的封建宫廷中形成，随后才在其他阶层中广为流行的行为准则和戒律。在这些人看来这两者之间是有差别的。对于这些差别，在这本书中将不作专门讨论。然而，在后人的感觉中，当时对礼貌与不礼貌行为的衡量标准在相当大的程度上是统一的。这种统一就是本书中所说的特定的“水准”，也就是我们这儿讨论的出发点。

这一水准究竟是什么样的？什么是当时典型的行为？什么是这些规定所共有的特性？

与以后的时代相比，首先值得一提的是当时那些行为准则的质朴和

① 指古代宫廷贵族的礼仪。下同。——译者

单纯。与所有那些人们可以突发地、直接地表达自己情感的社会一样，那时候人的心理状态还不太细腻，思想也不太复杂。那时候不是朋友便是敌人；不是欢乐，便是忧愁；不是好人，便是坏人。

君子常随和，遇恶者当怒。

在一本关于行为准则的、题为《卡托的短诗》[8]的德文译文中是这样写的。这本书在中世纪广为流传，其作者名叫卡托。在这本书的另一处写道：

下人有过，汝怀怒气。
当忍不忍，事过乃悔。[9]

一切都很简单，对于冲动和喜好也无需像以后那样严格加以克制，即使就餐也是如此。

贵人与饮，座无俗人。
或有违者，礼不可背。

这是汤豪泽写的《宫廷礼仪》中的一段。[10]"贵人"指的是那些高贵的、宫廷里的人们。宫廷礼仪主要是为上流社会，为那些宫廷骑士所制定的。人们总是一再地把高尚的宫廷行为与"农夫的行为"相比较：

动口在先，再置碟盏。
村夫之习，贵人不齿。[11]

不能把咬过的面包再放到公用的盘里去蘸。农夫可以这样做，宫廷里的人则不能。

其骨已食，再置公盘。
其何行也，其恶行也。[12]

不要把啃过的骨头放回到公用的盘里。我们从其他记载中得知，当时的人们习惯于把骨头扔在地上。

就食而咳，桌布拭涕。
以吾之见，皆不可取。[13]

有一条规定这样写道。还有一条说：

就食擤涕，手拭鼻涕。
其行愚哉，君子不为。[14]

当时还没有手绢，用手来擤鼻涕是理所当然的。但是就餐时应当特别小心谨慎，也不能用桌布来擤鼻涕。

接下去是说，在吃饭时不能发出咂嘴声和鼻息声：

就食鼻息声如海狸，
咂嘴亦如巴伐利亚之萨克森人。
日长天久繁衍成习，
其人定欠良好教育。[15]

如果你不得不搔痒的话，不要直接用手，而应该隔着衣服：

就食体痒，勿使手触。
当效君子，隔布搔之。[16]

那时候每个人都是用手到公用的盘子里去抓食物的，所以就餐时也不能用手掏耳朵，挖鼻孔和擦眼睛：

擤涕、掏耳、擦眼，
就食之时不可为。
于礼有违，
其行也背。[17]
就餐前应洗手：
盥洗手爪，
当在食前。
如若不为，
棍棒可加。[18]

另外一本题为《关于就餐的格言》[19]的书与汤豪泽所著的《宫廷礼仪》有着某些相近之处。连这本书中的许多用词听起来也与汤豪泽的相似。这本书要求人们用一只手就餐，如果与另外一个人合用一只盘子或者吃同一片面包时——经常会遇到这样的情况——应该用靠外面的那只手吃：

就食之时，靠外用手。
人坐尔右，用尔左手。

须避须戒，用尔双手。[20]

如果你没有带手绢的话，不要用衣服来擦手，而应该让它自然晾干，这句话出自同一本格言书。[21]

尔所需之物当事先备之，
可免彼时汗颜呆坐之窘。[22]

就餐时宽腰带也不是好的行为。[23]

以上这些规矩不仅是对儿童，也是对成年人而言的。对于我们来说，这些为上流社会的人们所制定的行为准则实在太简单了。从现在的行为水准来看，甚至比乡村里一般农民的风俗习惯更简单。在用其他语言所写的关于礼貌的书中也反映了与此相同的文明水准，尽管在某些方面有些差异。

4. 在众多的传统中，有一种从拉丁民族发源的，以后主要发展为法国、也许也是意大利和普罗旺斯地区的就餐礼仪。这一传统把就餐时的各种行为准则和戒律编撰在一起。[24]这些行为准则与戒律有各种变体，但基本上与德国的就餐礼仪相同。第一条规定是，就餐时必须祈祷。这一条在汤豪泽的《宫廷礼仪》中也能找到。一再出现的规定有：必须坐在指定的位置上；就餐时不能摸鼻子、掏耳朵。经常可以看到的规定还有：不能把臂肘放在桌上；要表现出高兴的神情；话不要说得太多。有些规定提醒人们：不要搔痒；不要急不可待地去抓食物；已经塞进过嘴巴里的东西，不能再放回公用的盘里，这一条经常被提到。同样也有一些规定提醒人们：就餐前必须洗手；不能把吃过的食物放到盐瓶里去蘸。还有一些规定一再强调：不能用餐刀剔牙；不能把痰吐在餐桌上，或吐到餐桌对面；不能再要已经端走的盘子里的食物；就餐时不要随便离开。常有这样的规定：饮酒前先把嘴唇擦干净；不要说菜烧得不好或者其他会惹别人生气的话；如果在葡萄酒里浸过面包，就必须把酒喝完，或者把剩下的倒掉；不要用桌布擦牙齿；不要请别人喝你喝剩的汤，也不要请别人吃你吃过的面包；擤鼻涕的声音不要太响；就餐时不能睡觉，等等。

在其他类似的关于社交形式的压韵诗里，在与这些法国式的传统没有直接关系的其他传统中，也能找到同一水准的关于礼貌与不礼貌的规定与提示。所有这些规定与提示都是某一特定水准上人与人之间关系的见证，都是中世纪的社会状况和中世纪人的“心态”的见证。这些规定和提示之间的相似之处，可以从其相似的社会起源和心理起源的角度来解释。所有这些法国的、英国的、意大利的、德国的和拉丁语国家的行为规定之间都可能会有相似之处，尽管这种相似并不是绝对的。与其共同之处相比，它们之间所体现出来的差别是微不足道的。相对近代而言，中世纪上流社会的行为是一致的。

邦维奇诺·达·里瓦所写的有关礼仪的书较有个性，是当时意大利传统中相当“进步”的一本有关就餐礼仪的书。除了以上提到的法国传统中的许多规定之外，这本书还要求人们在咳嗽和打喷嚏时转过身去，不能用舌头去舔手指。这本书还说，面包要切得像样；不能在盘子里挑最好的食物；手指不能碰到公用酒杯的边缘；不能用两只手去拿酒杯。这本书所提到的礼貌的基本内容、水准和风俗习惯大体上也与其他的相同。有趣的是，3 个世纪以后有人对邦维奇诺·达·里瓦所著的这本关于礼仪的书作了修改，而且是两个不很重要的改动：他说，如果酒杯不是盛得很满的话，可以用两只手去拿；如果好多人喝同一杯酒的话，千万不能把弄碎的面包放到酒里，而达·里瓦只是说，如果把碎面包放到酒里，就必须把酒喝完，或倒掉。[25]

在德国的传统中也有类似的规定。我们现在看到的有关 15 世纪德国就餐礼貌的记载，在语调上也许比13世纪托马辛·封·齐尔克拉里亚的《从罗曼国家来的客人》和汤豪泽的《宫廷礼仪》要粗野些，但关于礼貌与不礼貌的尺度却几乎没有什么明显的改变。以后的行为准则与上面提到的过去的规定有着许多共同之处。有记载提到，这些规定中有一点是新的：不能把痰吐在桌子上，但可以吐在桌子底下或墙上。有人指出，这是品德败坏的迹象。但是难道在这以前的几个世纪里人们的行为准则就与之完全不同吗？再说，在更早一些时候所流行的法国传统中也有类似的规定。从文献文字的广义上推断出来的意义，在绘画中得到了证实。当然，对于绘画也需要作进一步的研究。与以后的时代相比，我们在直到15世纪的表现就餐的绘画中所看到的餐具一直是很少的，虽然每一幅画中略有不同。在比较富裕的人家，盘子一般是放在餐桌上的，往往没有什么固定的顺序。每个人想要什么就拿什么，或者让人把盘子端过来。许多人合用一个盘。固体食物，主要是肉，是用手拿的，液体则用勺和匙来舀。人们用同一样式的刀，同一样式的匙，用同一样式的酒杯喝酒。常常是两个人合用一个盘子。

如果可以这么说的话，那么这便是中世纪就餐技术的水准。这一就餐技术水准与一种人与人之间的关系和情感形态的特定水准相符合。

如上所述，在同一水准之中还存在着许多变异和差别。比如，当社会等级不同的人一起进餐时，总是让社会等级高的人先洗手，或者让他们先把手伸到盘子里去拿食物。在以后的几个世纪里，餐具的形式发生了显著的变化，但始终有一种相当确定的“发展趋势”。有一部分世俗上层社会的人特别讲究吃喝。当时并不缺乏与这一水准相当的餐具，只是人们并不觉得有所需要。他们认为这样就餐是理所当然的，这种方式对他们来说很合适。然而，他们也同样适应于通过华丽的餐具和餐桌上的装饰来炫耀自己的财富和地位的做法。在13世纪豪华的宴会上，匙是用金子、水晶、珊瑚或蛇纹岩制成的。有记载说，有的人在斋戒期用黑檀木柄的餐刀，在复活节用象牙柄的餐刀，在圣灵降临节用镶嵌过的餐刀。刚开始的时候，勺的形状是圆的，较浅，使用时必须把嘴张得很大。从 14 世纪起，勺的形状就成了椭圆形的了。

中世纪初出现了叉，人们用它从公用的盘里给自己取食物。在卡尔五世①的珠宝珍品中有满满一打叉子。在卡尔·封·扎福英②的财产中有许多华丽的餐具，但只有一把叉子。[26]

5. 有的人会说："与当时的水准相比，我们取得了多大的进步啊!"常常使人搞不清楚的是，这个"我们"究竟指的是谁。说这话的人把自己算在"我们"之内，似乎他自己也有一份功劳似的。

但是也可能会听到与此完全相反的评论："究竟有哪些变化呢？不就是一些习俗上的变化，还有什么呢?"也有一些观察家似乎很善于评论这些风俗习惯，就像人们现在对孩子说话那样："如果有一个比较理智的人去对这些人说，这种就餐的方式是不卫生的，是不能促进食欲的就好了。如果有人教会他们用刀叉就餐，那么这种不好的习惯很快就会消失。"

但是就餐的行为方式并不是孤立的，它是整个社会所形成的行为方式的一个部分，而且是一个很有代表性的部分。就餐行为的方式总是与某一种特定的社会结构相一致的。值得探究的是，这一结构究竟是什么。中世纪人们的行为方式与他们的整个生活方式和整个生存结构之间有着密切的关系，就像我们的行为方式和社会准则与我们的生活方式和社会结构紧密相连一样。

有时候，一则很小的消息就能使我们看清这些风俗习惯的稳固性，并使我们明白，不能把它们理解为"负面"的东西，理解为"缺乏文明"或"缺乏知识"的表现——这种看法在我们这儿很容易产生——而

① Karl V.（1500—1558），中世纪神圣罗马帝国皇帝。——译者

② Karl V. Savoyen。——译者

应当把它们看作与当时人们的需要相符合的东西。对于他们来说，这种形式是有意义的，是必要的。

公元11世纪，威尼斯共和国的一个元首娶了一位希腊公主。在她所处的拜占庭的圈子里人们显然是用叉子的。总之我们听说，她是用“有两个齿的金属的长柄叉”[27]把食物送到嘴里去的。

这件事情成了当时威尼斯的一桩特大丑闻。“这种标新立异的做法是一种极度的讲究，以至于元首夫人受到了教会的严厉斥责。教会把天怒的说法扣到她的头上。不久，她染上了一种令人作呕的疾病，圣·博纳旺蒂尔①立刻宣布，这是上帝对她的惩罚。”

又过了5个世纪，随着人际关系结构的变化，这种餐具的使用才成了人们的普遍需要。从16世纪起，叉子首先从意大利传入法国，然后又传入英国和德国。至少是在上流社会里，人们慢慢地把它用作就餐的工具；而在这之前的很长一段时间里，人们只是用它来叉取盘子里的固体食物。亨利三世大约是从威尼斯把叉子带回了法国。为了这种“矫揉造作”的就餐方式，他的宫廷侍从没少受别人的嘲笑，刚开始的时候这些人还没有完全学会使用这一餐具。据说，他们从盘子里叉起食物，等送到嘴里只剩了一半，另一半在中途掉了。一些我们认为理所当然的风俗习惯——这是因为我们从小就适应了现时社会的行为方式，并对它形成了条件反射的缘故——整个社会必须逐步地、费力地学会并使之固定下来。无论是像叉子这样很小的、微不足道的东西，还是更大一些、更重要一些的行为方式都是如此。[28]

在17世纪，叉子主要是上流社会中的一种奢侈物。那时候的叉子大多是用金银制成的。

以上所述的这种对“革新”所采取的态度非常清楚地说明了一点：

---

① Saint Bonaventure(1221—1274)，中世纪意大利学院派神学家和哲学家。——译者

按照中世纪的习惯，一起吃饭时用手在同一个盘里抓肉，用同一个酒杯饮酒，用同一个锅或同一个盘子喝汤的人们，以及具有另外一些已经考察过的或还有待于继续考察的特性的人们，他们之间的人际关系与我们的不同。这不仅是因为他们有着另一种意识，这一点已经非常清楚和确切地论述过了，而且还因为他们的情感生活有着另一种结构和特性。他们的情感方式是受当时社会行为方式和人际关系形式制约的。按照我们今天这个社会的制约条件来看，当时的行为方式和人际关系是令人难堪的，至少是没有吸引力的。当时的礼貌范畴里所缺少的，或者说还没有达到现时强度的，便是今天把一个人的身体与另一个人的身体接触强行分开的那堵看不见的情感的围墙。今天，只要稍微接近某些东西，如触到别人的嘴和手；只要看到或提到别人身体的某些动作或让别人看到自己的某些动作，就会感觉到这堵墙的存在，就会出现难堪和羞耻的感觉。使人感到难堪和羞耻的肯定还不止这些。

文艺复兴时期人的行为变化

1. 伊拉斯谟的那个时代是否把羞耻和难堪的界线向前推进了一步？在他写的那本书里是否有迹象表明，人的敏感程度和人们所期待的那种自制能力正在不断提高？人们可以这样来推测。从某种程度上来说，人文主义者所著的关于礼仪的书成了中世纪与近代有关的礼仪书籍之间的一座桥梁。伊拉斯谟的那本书在人文主义者所著的一系列关于礼貌的书中达到了顶峰，这本书具有双重特性：它在许多方面保持了中世纪的传统和特征，许多传说中的关于礼仪的规定和准则在这本书中重又出现；同时，它又包含了一些新规则的萌芽。随着这些新规则的发展，逐渐地形成了一种观念，这种观念把封建骑士的礼仪概念挤到了次要的地位。16 世纪，“courtoisie”这一概念在上流社会里逐渐被废除，而“civilité”

则越来越频繁地被使用，最终在17世纪，至少是在法国，取得了优势。这是一个极其显著的行为变化标志，它肯定不是通过用一个截然不同的行为方式来代替旧的行为方式这样一种突变来完成的。如上所述，伊拉斯谟所著《男孩的礼貌教育》一书在许多方面完全保留了中世纪的传统特征。古代宫廷贵族礼仪中的绝大多数规定都在这本书中再现。尽管伊拉斯谟提出要用三根手指去拿肉，而不能用整只手，但是人们仍然是用手拿肉吃的。书中还规定：不要像馋鬼和狼那样扑向食物。关于就餐前洗手，怎样使用餐刀，以及吐痰、擤鼻涕等许多规定都在这本书中再现。也许伊拉斯谟读过某些关于就餐礼貌的韵文或是僧侣有关这些问题的记载。这一类书籍中的大部分在当时肯定是非常流行的，伊拉斯谟不可能没注意到。他与古代遗产的关系得到了证实，伊拉斯谟同时代的评论家已经指出了这一点。至于这些评论家在整个人文主义者对于礼貌问题以及如何培养人的问题的讨论中所采取的立场，还有待进一步深入的研究。[29]且不管文字记载如何，在礼貌问题上，使人感兴趣的首先是这些规定的社会学起源。伊拉斯谟所写的这本书肯定不是由其他书中的规定拼凑而成的。与其他对于这些问题有所研究的人一样，在他眼前有一个特定的社会准则，一个礼貌和不礼貌的特定标准。伊拉斯谟所著的这本关于礼貌的书也是对当时社会生活进行观察的总结。正如后来有人所说的那样，这本书只是“整个世界作品中极小的一部分”。撇开其他的不谈，光是这本书所取得的成功，它的迅速推广和成为男孩的教科书这些情况就足以说明，它完全符合当时社会的需要，并提出了一个合乎时代要求的行为模式。这一模式是当时的社会，或者说得更确切一点，首先是当时的上流社会所希望的。

2. 当时上流社会正处于“过渡阶段”，那些关于行为准则的书籍同样也处于这一阶段。我们可以从这些书的语气和观察方式中感觉到，这一时期的行为规则尽管与中世纪的有着千丝万缕的联系，但是新的东西正在萌发之中。我们所认为的那种“质朴”，那种“好”与“坏”、“善良”与“凶恶”的简单对立已经不复存在了。人们对问题的看法更加细腻了，也就是说，对于自身情感的控制加强了。

人文主义者所写的一部分内容相近的关于礼貌的书，首先是伊拉斯谟所写那本小册子与有关封建骑士礼仪规则的书之间的区别，首先在于写作的语气和观察问题的方法的不同，而并不在于，或者说并不完全在于书中所提到的规则以及所涉及礼貌和不礼貌的行为本身。同样的社会准则，在中世纪被作为非个人的东西口口相传，而现在则被以一种新的方式、新的语气说了出来。这种变化使人们感觉到，作家虽然对于中世纪的，首先是古代的文献有着相当深入的研究，但是他在书中所传递的并非只是传统的遗产，而主要是他个人的看法和经验。

中世纪和古代的传统遗产与个人的经验相结合，如果说这一点在《男孩的礼貌教育》一书中表现得还不够明显的话，那么在伊拉斯谟的早期作品中则反映得更加清楚，更加直接。在他的《对话》中，有一部分是古代模式，主要是模仿卢奇安①的，特别是在他的《杂文篇》里（巴塞尔，1532），有几处伊拉斯谟直接描写了他以后在《男孩的礼貌教育》一书中所谈到的个人经验。

《对话》一书写的是德国和法国客栈风俗习惯之间的差别。在这本书里，他描写了一家德国客栈中的一间客房：大约有八九十个人坐在一起。正如前面所提到的，这中间不仅有平民百姓，也有富裕和高贵的客人。男人、女人和孩子，所有的人都住在一起。每个人都在做他所认为

① Lukian，生于公元120—125年间，死于公元2世纪末，曾以演说家身份周游小亚细亚、希腊和意大利等国。卢奇安是个很有才智、十分风趣的希腊讽刺作家。他以简练而又温文尔雅的珂提卡语抨击了迷信、对宗教的传统看法以及与他同时代的那些有钱有势的哲学家、文学家和雄辩家的虚伪。他的讽刺文章常常喜欢采用对话和信札的形式。从古希腊、罗马、拜占庭时期一直到16世纪的人文主义者，推崇和摹仿卢奇安的作家不乏其人。——译者

必要的事情。有一个人在洗衣服，并把洗好的湿衣服晾在炉子边。还有一个人在洗手。但是，叙述者说，在那个盆中的水里洗过手之后，必须用另一盆水才能把手上的脏水冲掉。大蒜的气味和其他的臭味弥漫整个房间。人们随地吐痰。有一个人在桌上清洗靴子，然后在靴子上擦油。每个人都把自己的面包放到公用的盘里去蘸。咬一口，蘸一下。盘子是脏的，酒是劣的。倘若有谁不满意的话，店主就会说：在我这儿住的有的是伯爵和高贵的客人。你要是觉得不合适，可以另找地方。对于外国人来说，住店特别困难。首先是别人都目不转睛地盯着他看，仿佛看到了从非洲来的珍禽异兽。这些人只把他们自己国家中的贵族当人看。

客房里的暖气太足了，人们挥汗如雨，直冒热气。其中肯定有很多人患有这种或那种隐秘的疾病。"叙述者说，也许大多数的人都患有那种比麻风病更可怕的怪病。"

"另一个人说，真是些勇敢的人，他们对此毫无顾忌，还互相取笑。"

"然而这种勇敢的举动已经使许多人丧生。"

"那么他们该怎么办呢？对此他们已经习惯。一个人是很难与自己的习惯决裂的。"

3. 人们可以看到：伊拉斯谟以及在他前后描写人的行为和交往方式的那些人，首先是观察家。他们收集了自己在生活中发现的礼貌与恶习。在对于礼貌与恶习的看法上，他们既有一致，也有分歧。这些著作由于受其题目的限制而必须紧密联系社会实际，它们虽然不像另外一些记载了某个优秀人物非凡思想的作品那样引人注目，但作为研究社会进程的资料来说，它们却具有特别重要的意义。

然而，除了同时代极少数几位作者之外，伊拉斯谟对于这一问题的评论在传统的关于礼貌的书中是一个例外。在这本书中，伊拉斯谟带着极大的个人热情阐述了那些部分已经陈旧的规定和要求。正因为这样，这本书才成了“那个时代的特征”，成了社会变革的反映和那种常常被人们误解为“个人化”的东西的表征。此外，这本书还指出了一点，即社会行为在当时已经成了一个非常重要的问题，以至于那些极有名望和才华的人也来评论它，并不以之为耻。一般来说，这一任务稍后便落在了二三流的思想家身上，他们模仿、继承和发展，从而又造成了一批非个性化的有关礼仪的书籍，尽管其程度不像中世纪那么明显。

与人的行为方式、交际形式和羞愧感的变化密切相关的社会变革，下面还将专门论述。但是，为了弄懂伊拉斯谟的观点以及他对交际方式的论述方法，有必要在这里先作一些提示。

伊拉斯谟的这本书是在社会发生重新组合的时候问世的。它是中世纪的社会等级制度瓦解之后和近代的社会等级尚未确立之间的那个著述颇丰的过渡时期的反映。它所处的正是宫廷贵族阶层逐步形成的时期。这种情况既给了一小部分世俗市民阶层知识分子的代表、人文主义者和伊拉斯谟以脱颖而出的机会，也给了他们获得名望和思想影响的可能性，使他们能够与社会保持一定的距离并且坦率地说出自己的看法。这种机会无论在伊拉斯谟之前或在他之后都不曾有过。知识分子阶层中的代表所获得的这种与社会保持距离的机会，使这些人无需把自己完全地、无条件地与任何一个社会群体等同起来，尽管与其他阶层相比，他们与宫廷贵族阶层更为接近。这种情况在《男孩的礼貌教育》一书中也表现了出来。伊拉斯谟绝没有忽视或掩盖社会差别。他看得非常清楚，在他的那个时代，形成良好的交际方式的真正场所是君主诸侯的宫廷。比如，他曾经对一位王子——《男孩的礼貌教育》一书就是为他而写的——说：“年轻人，我对你说男孩的礼貌，这并不是因为你很需要这些东西；你从小就在宫廷中长大，很早就有一个优秀的教育者……也并不是因为这本书中讲到的一切都与你有关；你出生在王宫贵族的家庭里，生来就是统治者。”

然而，在说这一番话的时候，伊拉斯谟始终而且是非常明显地表现出作为一个知识分子、作为人文主义知识分子阶层一员所特有的那种自我意识。他通过思想、知识和写作而崛起，通过书籍确立起了自身的合法地位，他敢于同占统治地位的阶层和他们的看法保持距离，尽管他与之有着十分密切的关系。在《男孩的礼貌教育》一书最后的献词里，伊拉斯谟对那位年轻的王子说："青年人，首先是贵族的青年人应该具备谦逊的美德。通过对自由艺术的研究使其心灵才智得到发展的人都应该被视作高尚的人。尽管可以让别人在自己的盾牌上画上狮子、雄鹰和其他动物作为纹章，而真正占有雄鹰的，应该是那些能够把他们自己在艺术和科学领域里的造诣画进盾牌纹章里的人。"

这便是以上所描述的那个社会发展阶段中知识分子的语言和他们所特有的自我意识。这些思想与 18 世纪德国知识分子阶层的思想以及他们通过"文化"和"教养"这样的概念来证明其合法地位的做法，在社会发生和心理发生上的相似之处是显而易见的。但是即使在紧接着伊拉斯谟生活年代的那段时期里，也很少有人能够这么坦率地说出这些看法。很少人有机会能够毫不掩饰地、直截了当地把这些思想写进给某个贵族的献词中。随着社会等级制度的日益巩固，这样的表达方式越来越显得不妥，甚至还会被人看做是一种冒犯。由于人们更加注重各个社会等级之间在行为上的差别，所以从这个时候起便形成了礼貌的概念，至少是在法国，形成了对"civilité"的基本要求。贵族与市民阶层知识分子虽然交往，但有一个礼节上的要求，即在交往中注重等级差别并明确地表现出来。然而，在德国从人文主义时代起，市民阶层的知识分子，除了极个别的人之外，便不同程度地与宫廷贵族社会相隔绝。德国的知识分子具有典型的中等阶层特征。

4. 对于德国礼貌一类书籍的发展情况及其与法国这一类书籍之间的区别，可以用很多例子来加以论证。在此详细地论述这些问题，势必离题太远。只需指出代德金德的《粗鲁的人》[30]这部作品，指出其德译本——由康拉德·沙伊特①翻译，在德国流传极广，影响极大——就能使人体会到其中的区别。德国所有描写粗鲁人的文学作品都是以一种冷嘲热讽的口吻写成的，但是它们极其严肃地表达了一种“克服粗俗习俗”的要求。这一类的文学作品十分明确地，甚而比任何其他国家这方面的传统都更加纯粹地表现出了作者身上典型的中等市民阶层的特征。他们中有一部分人是教师和基督教牧师。以后德国所写的关于“礼貌”和“交际形式”这一类书，大部分亦是如此。在德国，宫廷也逐步成为首先形成这些东西的场所，但是由于其市民阶层与宫廷贵族之间的社会等级的隔墙比别处高，所以市民出身的作者以后在谈论这本关于礼貌的书籍时，大多像是在谈论一桩人们必须学会的陌生的事情，因为礼貌只是宫廷中的风俗习惯。尽管他们对此非常娴熟，但却像局外人那样，往往非常笨拙地来谈论这个问题。稍后，特别是在三十年战争之后，在德国从事写作的便是这批充满忧虑的、受地域等级和经济限制的知识分子阶层。直到18世纪下半叶，当德国市民阶层知识分子作为从商的市民阶层的先驱取得了新的上升机会和更多的行动自由时，人们才重新听到了与人文主义者，特别是与伊拉斯谟相似的那种语言和自我意识的表达，即便此时也几乎没有人像伊拉斯谟那样不加掩饰地对贵族说：你们所有的纹章都不如“自由艺术”，不如在艺术和科学领域里取得的成就有价值，尽管很多人基本上都是这样认为的。

以上提到的18世纪末期所发生的变化，有着一个相当悠久的传统，其渊源一直可以追溯到德国社会的结构，这种社会结构是自中世纪末起随着德国城市和市民阶层的大力发展而形成的。在法国以及英国和意大利的某些时期，一部分从事写作的知识分子总认为自己属于宫廷贵族的

① Conradt Scheidt。——译者

圈子，而在德国则很少有这样的情况。在那些国家里，市民阶层出身的作者不仅大都是为宫廷贵族圈子而写作的，而且他们在很大程度上把宫廷贵族的礼仪、观点和风俗习惯视为自己的礼貌、观点和风俗习惯。在德国，则很少有知识分子理所当然地把自己完全与宫廷上层阶层等同起来。他们对于那些主要是靠交际手段、礼貌和规矩，靠乖巧的举止行为而取得个人地位的人，抱有一种怀疑的、不信任的态度。这种态度由来已久。因为德国宫廷贵族一直四分五裂，没有形成一个大的、统一的“上流社会”，并且很早就成了国家公职人员，所以德国宫廷贵族的“既定价值”并没有像在西方其他国家里那样完全形成，而是形成了一种比其他西方国家更加强烈的东西，这种东西一方面表现为中等阶层的公职人员、大学和文化的传统，另一方面则表现为贵族的公职人员和军事传统。

5. 伊拉斯谟所写的那本关于礼貌的书，其影响不仅遍及德国，也遍及英国、法国和意大利。伊拉斯谟没有把自己与宫廷上层社会等同起来。他的这种做法与德国知识分子的态度相似。他曾经说过，“礼貌”研究无疑是“哲学中最丰富的一个组成部分”，他在这句话中所提出的价值尺度也与以后德国传统中对于“文明”和“文化”的评价不无相似之处。

因此，伊拉斯谟的行为准则并不是为某个特定的阶层所写的。除了偶尔有几处对农民和小商人进行指责外，他并没有特别注重社会地位的区别。这些准则不属于任何一个社会阶层，完全可以把它们理解为人类的共同准则。正是这一点使他的这本书有别于意大利，特别是法国以后出版的类似书籍。

伊拉斯谟的语句非常简单：“Incessus nec fractus sit，nec praeceps.”即走路时步子不能迈得太慢，也不能迈得太快。不久，意大利人德拉·卡萨[①]在他的《加拉泰奥》一书（第六章5，第三部分）中也讲到了这一

① Della CaSa Giovanni（1503—1556），中世纪意大利诗人。——译者

点。同样的规定在德拉·卡萨那儿就非常明显、理所当然地表明了社会地位的区别。“Non dee l'huomo nobile correre per via, ne troppo affrettarsi, che cio conviene a palafreniere e non a gentilhuomo. Ne percio si dee andare sì lento, ne sì contegnosò come femmina o come sposa.” 即一个贵族不能像奴仆那样奔跑，也不能像妇女或新娘那样慢吞吞地走路。然而，值得一提的是——所有的观察都说明了这一点——与其他语言的译本相比(1609 年日内瓦出版的 5 种语言的版本),《加拉泰奥》的德译本和拉丁文译本一样，很有规律地试图再次抹去原文中的社会等级差别。如上面所摘引的这段话在德译本中(第 562 页)是这样翻译的：“一个贵族或者是一个有声望的人(erbarer mann)在街上既不能奔跑，也不能疾走，因为只有男仆才这样，一个高贵的人不应该这样做……然而，也不能像年轻的新娘或华贵的、德高望重的老妇人那样慢吞吞地行走。”

这里所用的“erbarer mann”一词可能是指市民阶层出身的顾问①，类似的词在其他许多地方也能找到，在意大利语中仅用“gentilhuomo”②一词；在法语中用“gentilhomme”；在德语中则被称作“有德行的、有声望的人”。然而，同一意思在拉丁文中则为“homo honestus et bene moratus”。这样的例子不胜枚举。

伊拉斯谟那时的情况正是如此。伊拉斯谟所提出的那种没有社会特性的规定，在意大利语和法语的传统中被严格地视为上层社会的规定，而在德语的传统中至少表现出一种试图抹去其社会阶层性质的趋势，尽管在很长一段时期里没有一个作家能够在与社会保持一定距离方面达到像伊拉斯谟那样的程度。从这个意义上来说，伊拉斯谟的态度在所有写过这一题目的人中是非常特殊的。这源于他个人的性格，但同时也与他所处的时代有关。他正好生活在两个具有稳固的社会等级制度的大时代

① 旧时有功绩的公职人员的名誉头衔。——译者
② 绅士。——译者

之间，那是一段比较宽松的时期。

人们可以从他对人的观察方法上一再感觉到那段著述颇丰的过渡时期的宽松气氛。在这一气氛下，一方面他可以对“鄙俗的”“粗野的”“下里巴人的”东西进行批评；另一方面他又无需像以后的大多数作者那样无条件地去接受那帮宫廷老爷们的行为方式，尽管他也把这个圈子称作培养礼貌行为的场所。他非常清楚地看到了许多宫廷礼貌中过分的不自然的东西，并敢于指正。比如在讲到嘴唇的形状时他说：“时不时地噘起嘴唇，像吹口哨那样，并没有什么好看。让那些高贵的先生们在人群中散步时这样去做吧！”他还说：“让那些宫廷的人慢慢地先把面包捏扁，然后再用手指去掰。你还是规规矩矩地用刀切。”

6. 在这里，人们非常清楚地看到了今天和中世纪在提出行为准则方式上的区别。比如，从前人们简单地说：“The breade cut fayre and do not breake.”[31]即规规矩矩地用刀切面包，不要用手掰。而伊拉斯谟则直接把行为准则和戒律融入了人们的经验和观察。这种观察方法使传统的行为准则摆脱了僵硬的形式，而传统的行为准则则是对一再重复的风俗习惯的反映。有条古老的规则说：“不要急不可待地扑向食物。”[32]

> 尔听吾言：
> 佳肴未齐，切勿进食。
> 急不可待，贻笑大方。
> ……
> 切记勿忘，渴则张口。

伊拉斯谟也提出了同样的准则，然而，他在提出这条准则时似乎亲眼看到了这些人。他说，有的人就餐时狼吞虎咽，似乎马上就要被投入监狱，或者像小偷分赃时那样大吃大喝；另外一些人一下子把许多东西塞进嘴里，腮帮子鼓得像皮风囊；还有一些人在咀嚼的时候咧开嘴，发出一种像猪一样的声音。然后，他提出了那条不知已经被重复过多少遍的，而且显然还将继续被重复的普遍规律：“嘴里塞满了东西再喝酒或说话，这样的做法既不礼貌，也不安全。”

在所有这些规定中，除了中世纪的传统之外肯定还掺入了许多古希腊罗马的东西。阅读扩大了观察的眼界，而观察又反过来丰富了阅读和写作。

有这么一种说法：从某种程度上来说，服饰是身体的一部分，从服饰上可以看出一个人的精神状态。伊拉斯谟举了许多例子来说明什么样的服饰反映了什么样的精神状态。这便是以后被人们称为“心理学”观察方法的萌芽。礼貌的这一新阶段以及它在“civilité”这个概念中的集中表现，与这种观察方法紧密联系，并且还将日益密切。为了能够真正做到“civilité”意义上的“礼貌”，人们必须作某种观察，必须打量四周，注意别人的行为和他们为什么要这么做。于是,在人与人之间便形成了一种新的关系，一种新的组合形式。

大约过了150年之后，当“civilité”在法国上流社会，在“巴黎上流社会”成为一种固定的行为方式时，法国上流社会便有人用下面这段话阐明了他对“人世的科学”的见解：“我认为，若要学会所谓人世的科学，首先必须努力真正了解人类的共性，然后是了解与我们共同生活的那部分人的特性，也就是说，要了解他们的脾性、他们正反两方面的见解以及他们的德行和缺点。”[33]

作者在这番话中非常精确、非常有意识地表达出来的东西，早在伊拉斯谟那儿就已经开了个头。然而这种整个社会和所有的作者所表现出来的对于观察，对于把个别的事物与规则相联系、把观察与阅读相联系这种做法的偏爱，则是伊拉斯谟时代所没有的。这种偏爱也表现在文艺复兴时期其他的礼貌书中，而且肯定并不仅限于此。

7. 如果有人问起在伊拉斯谟那种对人的行为的观察方法中表现出了什么新的倾向[34]——以下便是其中一种。在我们用“文艺复兴”这个概念来表明其特征的这场改革和改组过程，人际交往中被看作“合乎礼仪”和“不合乎礼仪”的东西肯定也在某种程度上发生了变化。然而，这种变化绝对不是因为有人突然提出与旧行为方式截然相反的新的行为方式而产生的。“宫廷礼仪”（courtoisie）传统中的大部分仍然被一个用“礼貌”（civilitas）这样的概念来称呼其“好的行为方式”的社会所接受和沿用。

人们越来越注意观察自己和他人，这表明，行为的性质整个起了变化。人们比中世纪时更加有意识地在培养自己和造就他人。

那时候虽然有人提出：要这样做，不要那样做。但总的来说，在很多方面人们并不去深究。几个世纪以来，尽管人们一再重复那些相同的、在我们看来是基本的行为准则和戒律，但是这些规定显然并没有形成比较固定的习惯。可是现在不同了，人际间的制约加强了，对于“好的行为”的要求进一步被强调。所有的行为问题显得重要起来了。以前的行为准则主要是以短诗或易于背诵的韵文的形式出现的，或者散见于其他有关的论文之中，而伊拉斯谟的行为准则是以散文的形式独立成书。第一次有一本完整的书来论述社会上的所有行为方式，而不再仅仅是就餐时的行为方式。这本书的成功清楚地表明了行为问题的意义正在不断增加。[35]此类书籍的出版，像卡斯蒂寥内①的《霍夫曼》和德拉·卡萨的《加拉泰奥》——这里只举几本著名的书为例——也指出了同一个发展趋势。作为其背景的社会进程前面已经提到了，这里还必须更加清楚地指出：旧的社会纽带尽管没有被打破，但是在很大的程度上松动了，并正在重新组合。各种各样社会出身的人搅在一起，社会的运转和起伏

① Baldassare Castiglione（1478—1529），意大利外交家，文艺复兴时期作家。——译者

加速了。

从 16 世纪起，几乎所有的地方都慢慢地出现倒退，这种现象一直持续到了 17 世纪。一个更加稳固的社会等级建立了起来。各种社会出身的人又重新形成了一个新的上流社会，一个新的贵族阶层。这样一来，究竟什么是统一的、好的行为便愈来愈成问题。同时，新的上层社会改变了的结构使其每个成员都被置于他人和社会的监督之下，这种压力是他们从来没有体验过的。伊拉斯谟、卡斯蒂寥内、德拉·卡萨和其他作者就是在这样的情况下写下了这些关于礼貌的书籍。被迫在一种新的社会形式中开始共同生活的人们，对于别人的反应比以前更加敏感了。行为准则并非跳跃性地，而是极其缓慢地变得越来越严格。同时，人们也越来越希望别人顾及他人。与前一个阶段相比，人们对于为了避免伤害别人、激怒别人而应该做什么和不该做什么的体验更加细腻了；不能伤害别人，这一从新的统治关系中产生的社会要求也变得更具有约束力了。

在“宫廷礼仪”中也有这么一条规定：“不要说那些容易引起争执、容易激怒别人的话。”

> 勿对他人，声色俱厉。[36]

“做一个好的同桌”：

> 吾子稍候，临桌就餐，
> 须知规矩，其与邻座，
> 友之善之，众人褒贬，
> 由此出之，……

这是一本英文的《礼仪之书》[37]中所写到的。伊拉斯谟提及的许多事实与之有着共同之处。然而，其间语调的变化、敏感程度的增加、对于人的观察的加强以及对于别人心理活动的进一步理解却不容忽视。这一点在伊拉斯谟为《男孩的礼貌教育》一书所写后记中表现得尤为明显。在这篇后记中，他打破了所谓“良好行为”的公式，抨击了在具有良好行为的人身上所常见的那种傲慢，并把举止行为回归为更广泛的人道：

“Maxima civilitatis pars est, quum ipse nusquam delinquas, aliorum delictis facile ignoscere, nec ideo sodalem minus habere charum, si quos habet mores inconditiores. Sunt enim qui morum ruditatem aliis compensent dotibus.”

即“能够原谅别人的过错，这是‘civilitas’，也就是礼貌最主要的德行。不要因为你的同伴有些不雅的举止就鄙弃他，有的人举止粗俗却很有才华”。

伊拉斯谟接着又说：“Quod si sodalis per inscitiam peccet in eo sane, quod alicuius videtur momenti, solum ac blande monere civilitatis est.”

即“如果你的一个同伴由于无知而犯了过错……悄悄地、友好地告诉他。这就是礼貌”。

这种感受与姿态又一次表明了，尽管伊拉斯谟与当时的宫廷上层社会非常接近，但他并没有把自己与之等同起来，他与宫廷上层社会的准则保持着思想上的距离。

《加拉泰奥》一书的名字源于一个故事，讲的是如何以伊拉斯谟所提到的最后一条规则，即“悄悄地、友好地告诉他”来指出别人的过错。然而，在这本书里作者以与伊拉斯谟完全不同的、理所当然的口气强调了这些风俗习惯中的宫廷性质。

故事中讲道：有一天，一个名叫理查德的伯爵到费罗纳的主教府邸去做客。无论是主教大人还是他府中的人都认为他是“具有最完美的礼貌的宫廷骑士”。但是主教大人还是在伯爵身上发现了一个惟一的缺点。

主教并没有当场对他说，当他告别的时候，主教让一位叫加拉泰奥的先生去送他。这个人是主教府邸中最擅长交际的，这些东西是他在王公贵族的官邸中学会的。书中特别指出：在加拉泰奥的身上“具有人们在王公贵族的官邸中常见的那种品质”。

这位加拉泰奥送伯爵走了一程。在与伯爵告别的时候他说了以下这段话：在此离别之际，主教大人想送给伯爵先生一件礼物。主教大人说，在他的一生中还从未见过一个有身份的人具有像伯爵这么完美的礼貌。他只在您身上发现了惟一的一个缺点。您在就餐的时候老是咂嘴，发出的声音别人听了很难受。主教大人让我在临别之际把这一点作为礼物告诉您，请您不要介意。[38]

关于就餐时不能发出咂嘴声在中世纪的行为准则中经常能找到。但是《加拉泰奥》一书开始时所讲到的这段故事则非常清楚地表明了其间发生的变化。这段故事不仅指出了人们开始特别注重“良好的行为”，而且也说明了人们互相之间在这方面所施加的压力正在不断增加。可见，作为一种社会监督的方法，这种表面上看起来非常温柔、非常周到的宫廷式的指正具有更大的强制性，尤其是当这些话出自一个社会等级高的人之口。用这种方法来训练人们养成一种长期习惯，比诽谤、嘲笑或用体罚作为威胁更加行之有效。

在社会内部形成了一些和平的团体，旧的行为准则只是在逐步地发生变化，而社会的监督则越来越具有约束力。主要是情感方式以及社会对于情感方式的作用发生了缓慢的变化。显然，在整个中世纪，礼貌与不礼貌的标准尽管存在着许多地域性和社会等级上的差别，但是并没有发生决定性的变化。因此，连续几个世纪关于礼貌与不礼貌的标准总是相同的。社会准则只是在有限的程度上变成了人们的长期习惯。而现在，随着社会的改革，随着人际关系中新的结构的形成，逐步地出现了一种变化，自我控制的强制力正在增长，同时行为的标准也随之起了变化。

卡克斯顿①的《礼仪书》大约写于15世纪末。早在这本书中就已经非常清楚地表达出了这种感觉，即风俗习惯和行为准则正在发生变化：

> 旧习已弃，新风日开。
> 是是非非，颠倒转换。
> 彼时是是，今日非是。
> 今之新事，人其非之。[39]

“Thingis somtyme alowed is now repreuid.” 事实上，这句话听起来就像一场已经到来的变革的口号。16世纪还仍然是过渡时期。在一两个世纪之后，人们便对伊拉斯谟和他同时代的人可以无所顾忌地谈论的事物、动作和行为产生了一种羞愧和难堪的感觉。让人看到这些东西，或者仅仅是在社交场合提到，都是忌讳的。在谈论礼貌和习俗的问题时，伊拉斯谟和德拉·卡萨一样都是非常简单明了的。比如他说：“坐在椅子上不要摇来摇去，这样做看起来是在偷偷地放屁，或者是想要偷偷地放屁。”这原是中世纪的人在谈论人的身体动作时所特有的那种无所顾忌的口吻，作者加上了自己的观察和对“别人会怎么想”的考虑。这样的例子不胜枚举。在对16世纪的“行为”和他们的行为准则进行回顾的过程中，人们时常会处于这样两种印象之间：“这完全是中世纪的模式”以及“这已经完全与我们自己的感觉相符”。正是这种看似矛盾的现象才真正符合当时的实际情况。这个时代的人具有双重性，他们站在时代更迭的“桥”上。行为和行为准则开始发生变化，但是这种变化是极其缓慢的。在对这些个别阶段进行观察的时候尚缺少一种可靠的尺度，哪些

① William Caxton(1422—1491)，英国出版人，作家。——译者

情况只是偶然的波动？何时何地情况有了发展？什么时候会出现反复？一切果真朝着一个特定的方向变化吗？欧洲社会确实是在“文明”的口号下慢慢地朝着文明的举止行为、习惯和情感方式前进吗？也就是说，果真朝着那种我们认为是“文明”社会和西方“文明”所特有的水准前进吗？

8. 很难非常清楚、生动地再现这一变化，因为这一变化的进程太慢了，步子跨得太小了；再者，其间发生了不少波动，绕了不少大大小小的弯路。仅仅观察每一个个别阶段本身，仅仅靠这一条或那一条资料来证实其习惯和礼貌水准显然是不够的。人们必须用镜头拍下整个变化运动或者至少是其中的一大段，必须把一幅一幅的画面衔接起来，才能从某个特定的角度统观整个过程，统观行为方式和情感方式的逐步演变以及难堪界限的前移。

关于礼貌的书籍使我们有了这样的可能性。对于人类行为的某些侧面，特别是在就餐的风俗习惯上，这些书籍为我们提供了详细的见证——关于社会生活某些侧面的见证——这些证明材料比较全面，尽管它们在出版的时间上不尽连贯，但从 13 世纪到 19、20 世纪这段时间的材料至少还是完整的。在这儿确实可以把一幅一幅的画面连接起来，看清楚整个发展的各个阶段。从中我们所能观察到的是最简单、最基本的行为方式。在这些方面人人都必须符合社会水准，而很难有个人别出心裁的做法。以这些行为作为观察对象也许只有利而没有弊。

这些关于礼仪和就餐礼貌的书是一种特殊的类型。倘若我们用“文学价值”的尺度去衡量过去时代遗留下来的这些书，那么其中的大部分都是没有多大价值的。

然而，当人们要考察某一社会要求它的成员必须做到和适应的行为方式时，当人们要观察风俗习惯、社会行为准则和戒律的变迁时，恰恰是这些在文学上也许一文不值的、对于什么是好的行为的说明却有着极其重要的意义。它使我们比较清楚地看到了社会进程中的各种变化，对于这些变化我们所掌握的直接材料很少，特别是过去遗留下来的材料。在这些关于礼仪的书中恰好有我们所要寻找的东西，即在某一时期社会所要求其成员适应的风俗习惯和行为水准。这一类的诗歌和书籍本身便是直接促成这些“制约”（konditionierung）与“生活方式”（fassonierung）[40]的工具，而这一要求又是由时代的结构和状况所决定的。这些书籍还褒贬了当时被认为是礼貌的行为以及恶习。

关于就餐行为

第一　例子

a）完全列举当时上流社会行为。

13 世纪。

A

这是汤豪泽的诗和宫廷中好的礼仪。[41]

1 熟知仪礼者，方谓有教养。
其人循绳墨，无败其德行。

2 多礼仪，佳其事。
人循礼，无犯罚。

25 就食之时，勿忘穷人。
感恩上帝，其食也畅。

33 贵人饮汤，不应有声。

咂咂作响，贵人不为。

37 饮汤有声不合礼，赞许胡闹亦非德。
胡闹行为近疯狂，放肆灌汤入肚肠。

41 就食俯身及盘，呼哧呼哧有声。
更兼咂嘴吧吧，此人与猪无异。

45 其人俗不可耐，持己咬过面包，
置于公盘蘸料，恶习宫廷鄙弃。

49 已啮骨肉，复入公盘，
人虽为之，此举实恶。

53 芥末味汁，好者取之，
且匿且置，勿入其指。

57 就食擤涕，桌布拭鼻，
以吾之见，皆丧规矩。

65 就食多言，两事并举。
就寝多言，丧其睡眠。

69 他人就食，尔作呕吐。
吾友切记，此举最恶。

81 口中包含食物，还要饮水如畜。
见此少教之举，当知其行之恶。

85 就食儿戏，用嘴吹汤，
此举不佳，非礼勿动。

94 饮前拭嘴，免污酒杯，
人应如此，礼之所为。

105 就食之时，手勿搁桌。
同台有女，勿戴头盔。

109 就食之时，手不搔颈，
如无可忍，隔衣而搔。

113 搔痒隔衣犹可，肮脏其手非德。
谁人恶习在身，观者历历在目。

117 勿学他人，餐刀剔牙，
积之成习，无善无佳。

125 摇身晃体，宽松腰带，
桌边如此，千夫所指。

129 就餐擤鼻涕，复以手拭之，
其人甚邋遢，不知何为礼。

141 就餐前，不洗涤，
如其为，当责罚。

157 勿学他人，就餐掏耳，
摸眼擤涕，皆非良习。

……①

邦维奇诺·达·里瓦所提到的第一条规则与第 25 首诗相似。第 1 条规则是：

尔近餐桌，当思贫困。

摘自《一首关于席间礼仪的格言诗》。[42]

313 勿端盘狂饮，应使用汤匙。

315 俯身及盘，如猪发声，
呼哧其响，人其如畜。

319 喘气如鲑，咂嘴如獾，
就食打嗝，不合礼仪。

又如：

① 省略号以下至第 92 页至省略号为原诗注释。——译者

在邦维奇诺·达·里瓦的《礼仪》一书中写道：
第 16 条规则实际上是：

用匙就食，嘴勿发声。
如发其声，类同畜生。
如有此习，戒之最佳。

又如：
在《教养之书和教好规矩的学校》[43]一书中写道：

201　尔用汤盘喝汤，勿发吮吸之声。

关于第 45 首诗见《一首关于席间礼仪的格言诗》。

346　入口肉骨，复置盘中，
宫廷不为。

又如：
摘自《席间须知》。①

食物已入口，勿置于公盘。

关于第 65 首诗参见《男孩席间举止》。②

① 原文如此。——译者
② 同上。

22　咀嚼之时勿笑勿言。

关于第 81 首诗参见《席间须知》。

15　饮酒时，当先咽下口中之物。

又如：

摘自《儿童读本》。

149　咀嚼时勿饮。

关于第 85 首诗参见《礼仪书》。[44]

111　不论汤、食冷热，不可向其吹气。

关于第 94 首诗参见《儿童读本》。

155　饮前须揩净其唇。

又如：

摘自《席间举止》。[45]

勿用不净之唇就饮，
盖因此习着实可鄙。

关于第 105 首诗在《儿童读本》中也有类似之处。

146　勿使人见尔有伏桌就餐之陋习。

关于第 117 首诗参见《男孩席间举止》。[46]

30　就餐时勿用餐刀剔牙。

关于第 141 首诗参见《男孩席间举止》。

11　未洗之手勿触食物。

关于第 157 首诗参见《席间须知》。

9　不可抠鼻掏耳。

以上所选的一小部分类似的例子是在浏览各种关于就餐和宫廷礼仪的书籍时摘录的。关于这方面的礼仪并不止这些。把它们摘录于此只是为了给读者一个印象，在中世纪的各种传统中以及上下几百年的时间里，对于人类行为论述的语气和行为准则及戒律的内容是何等相似。

……

15 世纪？

B

摘自《席间规矩》[47]（节选）。

1　竖子有礼，尤在人前。

既入餐席，循规蹈矩。[1]

学会这条规矩。

2 竖子修爪，去其污垢。
爪蓄其垢，搔体有忧。

修剪指甲，洗掉里面的脏东西；指甲里留着脏东西，搔痒时很危险。

3 竖子盥手，无论晨午，
及至晚餐，无忘乃三。

早上起来和每次就餐前都应该洗手。

12 竖子知礼，无躁无急。
手勿及盘，主人在先。

不要第一个把手伸到盘里去。

13 竖子须知，食炙入口，
须下咽之，不得吐之。

---

① 以上诗歌部分原文为古法语，描述部分为作者所写，下同。——译者

在嘴里放过的东西，不要再放回盘子里去。

14 竖子谨记，无如是为：
咀嚼之物，复与他人。

不要把自己咬过的东西请别人吃。

15 竖子就食，切忌贪婪。
食无过之，食无吐之。

不要把嚼过的东西吐出来。

15 竖子食咸，盏取其盐。
将食入盏，其礼尽失。

不要把你的食物放到盐罐里去蘸。

24 竖子持静，赞尔有礼。
与人同食，无啸无喧。

用餐时要安静，有礼貌，不要吵吵闹闹。

26 竖子暮饮，须尽己杯，
剩之不佳，委地则可。

假如你把掰开的面包放到酒杯里去蘸，应该把酒全部喝完或倒掉。

31 竖子滥饮，其言夸夸，
如若放肆，举止尽失。

不要狼吞虎咽似的塞得过饱，否则你便会做出不好的举止。

34 竖子用餐，席被其幔，
手无把搔，臂无依蹭。

就餐时不能搔痒，也不能在桌布上蹭痒。

C

1530年。

摘自伊拉斯谟《男孩的礼貌教育》(第四章)。

“Mantile si datur, aut humero sinistro aut buacchio laevo imponito.”(假如有餐巾的话，把它放在左肩或左臂上。)

“Cum honoratioribus accubiturus, capite prexo, pileum relinquito.”(与有身份的人同桌进餐，必须脱下帽子，还得注意梳理好头发。)

“A dextris sit poculum et cultellus escarius rite purgatus, ad laevam panis.”(面包放在左边，酒杯和刀放在右边。)

“Quidam ubi vix bene consederint, mox manus in epulas conjiciunt. Id luporum est ……”(有些人还没有坐稳就已经把手伸到盘里去了，只有狼才这样……)

“Primus cibum appositum ne attingito, non tantum ob id quod arguit avidum, sed quod interdum cum periculo conjunctum est, dum qui fervidum inexploratum recipit in os, aut expuere cogitur, aut si deglutiat, adurere gulam, utroque ridiculus aeque ac miser.”(盘子端上来时，不要第一个把手伸过去。这样做不仅看上去很贪婪，而且也有危险。因为如果有人不

小心把烫的东西放进嘴里，必须吐出来，咽下去的话会烫坏上颚。不管怎样，他的样子会显得可笑或叫人可怜。)

“Aliquantisper morandum, ut puer assuescat affectui temperare.”(最好稍候片刻，等这个男孩慢慢习惯于控制自己的情感。)

“Digitos in jusculenta immergere, agrestium est: sed cultello fuscinave tollat quod vult, nec id ex toto eligat disco, quod solent liguritores, sed quod forte ante ipsum jacet, sumat.”(把手指伸到调味汁里去是粗野的举止。想吃什么用刀和叉来拿，不能像馋鬼那样在整个盘子里乱翻乱搅，而应该拿正好放在上面的那一份。)

“Quod digitis excipi non potest, quadra excipiendum est.”(不能用手指来拿的东西，用“quadra”来接。)

“Si quis e placenta vel artorcrea porrexit aliquid, cochleari aut quadra excipe, aut cochleare porrectum accipe, et inverso in quadram cibo, cochleare reddito.”(如果有人用匙递给你一块酥饼或蛋糕的话，用盘子去接，或者接过别人递过来的匙，把食物放在你的盘子上，然后把匙归还原主。)

“Si liquidius est quod datur, gustandum sumito et cochleare reddito, sed ad mantile extersum.”(假如别人递给你的是汤汁的话，喝完后把匙归还原主，但是首先得用餐巾把它们擦干净。)

“Digitos unctos vel ore praelingere, vel ad tunicam extergere, pariter incivile est: id mappa potius aut mentili faciendum.”(用舌头去舔手指上的油腻，或者把它擦在衣服上，是不文明的。最好用桌布或餐巾来擦。)

D

1558 年。

摘自贝内文特大主教乔瓦尼·德拉·卡萨《加拉泰奥》，引自 1609 年日内瓦出版的五种语言版本(第 68 页)：

你想，主教和他那个高贵的社交圈子里的人会对我们经常看到的那些人说些什么呢？那些人像猪猡一样地把嘴拱在汤盆里，埋着头，连眼睛也不往上看一下。他们的手从不离开食物，两腮鼓鼓的，就像吹喇叭或类似的乐器。那些人简直不是在进餐，而是在狼吞虎咽。他们把手和臂肘都弄脏了，然后用餐巾去擦。连最脏的厨房抹布也比他们的餐巾干净得多。

然而，那些邋遢鬼们还用弄脏了的餐巾去擦汗（因为吃得太急，汗从他们的头上和额上顺着脸颊脖子往下淌），而且经常用餐巾去擤鼻涕。

E

摘自C.卡尔维亚克《礼貌》。[48]（这本书有许多地方是摹仿伊拉斯谟的，但也有独到的见解。）

小孩坐定以后，如果餐盘上放着餐巾，他应该拿起放在手臂上或者左肩上，然后把面包放在左边，刀放在右边，酒杯也放在右边。如果他想把酒杯放在桌上，拿起时又不冒犯别人，他就应该把它放在右边。否则的话，不是拿不到酒杯，就是妨碍邻座。

孩子必须了解和熟悉他所处的环境。

就餐的时候……他必须手上拿到什么就吃什么。

如果有调味汁，孩子可以规规矩矩地蘸一下，但是蘸了一面之后，不要翻一面再去蘸……

孩子必须从小就学会撕割羊腿、兔子或类似的肉食。

孩子如果把咬过或吃在嘴里的东西再吐出来，那是非常（肮脏的）事情。他只能在仆人面前这样做。

把嚼过的东西从嘴里取出放回餐盘，这样做也是很不礼貌的。除非在等待甜食上桌的时候，可以吮吸一下骨髓，随后要把骨头放回餐盘。同样，樱桃、李子以及类似水果的果核，咽下去或者扔在地上都不合适，可以吐在盘子里。

孩子不能像狗一样地就着骨头啃。

孩子需要食盐，应该用刀尖去挑取，而不能用三根手指去撮。

孩子必须把肉切成小块……不可以像刚刚学吃东西的幼儿，两手摸着往嘴里送东西。他应该始终用右手的三根手指小心地拿面包和肉吃。

至于咀嚼的方式，各地风俗不同。德国人咀嚼时双唇紧闭，觉得不这样就非常丑陋。法国人则相反，他们半张着嘴嚼东西，觉得德国人那样并不好看。

所以，每个民族都具有某些区别于他人的独具一格的地方。孩子应该遵循本地的风俗习惯。

德国人喝汤或其他流质喜欢使用小勺，而意大利人却用叉子。法国人则看哪样方便，两者皆用。意大利人根本不要求（一般来说）每人要有一把刀，而德国人非要一人一把刀不可，谁要把别人跟前的刀借走，那人会极不高兴。法国人恰恰相反，一桌的人合用两三把刀，要来要去、递来递去不成问题。所以，如果有人向小孩要刀，小孩应该把刀在自己的餐巾上擦一下递过去。递过去时他必须自己手握刀尖，把刀柄向着别人，否则就有失礼貌。

F

1640年至1680年之间。

摘自《古朗日侯爵之歌》。[49]

> 从前人们喝汤，不拘什么形式，
> 各自拿起汤匙，熟鸡身上揩拭，
> 杂烩调味汁里，浸入面包手指。

从前人们在一个盘子里用餐，把面包和手指浸到调味汁里。

> 如今人们喝汤，各人一个盘子。

应以小心为上，使用刀和叉子。
仆人时时巡查，取走餐具洗刷。

今天每个人都用匙和叉子在自己的盘子里就餐，仆人不时地在餐橱上刷洗盘碟。

G

1672年。

摘自安托尼·德·古尔旦①《文明新论》。

第127页：

“Si chacun prend au plat, il faut bien se garder d'y mettre la main, que les plus qualifiez ne l'y ayent mise les premiers.”（大家在一个盘子里就餐时得注意，在社会等级最高的人尚未动手之前，不要把手伸过去；也不能绕过自己面前的菜盘到别处取菜；更不能挑选最好的肉块，哪怕是最后一个取菜。）

还必须注意，当您每次用用过的勺子到别的盘子里去取菜的时候，一定要先把它擦拭干净，因为有些人非常讲究清洁，您把进过嘴的勺子再放进汤里，他就不愿意喝了。

如果是和非常爱干净的人同桌用餐，光擦拭勺子还不行，必须换一把。所以时下许多地方的餐盘上都搁着几把勺子，以供喝汤或用调味汁时不断调换。

不应在汤锅里喝汤，而应该舀一些在自己的盘子里喝。如果汤太烫了，每一勺都应吹一下，等它凉了以后再喝。

谁要不幸被烫了一下，应该尽可能忍受疼痛，不应显露出来。不过，要是有时候烫得过于厉害，难以忍受，必须尽快在别人尚未发现之

① Antoine de Courtin（1622—1685），法国外交官。——译者

前，用一只手端起盘子，送到嘴边，另一只手遮住别人的视线，把嘴里的东西吐入盘子，迅速交给身后的仆人。文明要求人们彬彬有礼，而没说要人自杀。用手指碰油腻之物、调味汁或糖浆等都是很不成体统的。因为这样做同时还会引起我们接二连三地做出不体面的动作。首先您会不断地用餐巾擦手，把餐巾弄得脏如抹布，别人见您再用餐巾擦嘴，会引起恶心；其次，手放到面包上去擦，那就更不干净了。最后，用舌头舔净手指，这是最不干净的做法。

第 273 页：

……正如许多习俗已经有所改变，我并不怀疑还有许多习俗将来也会发生变化。

从前，只要面包尚未咬过，就可以浸到调味汁里，而现在则将其视为粗鲁之举。

以前人们吃不下的东西可以从嘴中取出扔在地上，只要做时不太声张即可；现在这是不堪目睹的事情……

H

1717 年。

摘自弗朗索瓦·德·卡利埃尔[①]《论人世科学和生活行为的实际知识》。

第 97 页：

在德国北方的王国，王子向臣下祝愿健康，第一个饮酒，然后令人把剩下的酒连同喝过的酒杯传给臣下喝，这是文明之举和礼仪之举。同喝一杯酒，根本不是缺乏礼貌，而是磊落与友谊的标志。女士同样先举杯饮酒，然后把剩下的酒让与或交给他人，这并不像我们国家那样，意味着有什么特殊的表示……一位女士答道(第 101 页)："我难以对这种

① François de Callières(1645—1717)，法国外交官和作家。——译者

喝酒方式和女士们的做法表示恭维——这样说也许会得罪北方的贵族，这种做法(指喝女士们酒杯里喝剩的酒)显得不讲卫生，我希望采用别的方式来表示坦率。”

b) 像德·拉·萨勒所著的《礼仪与基督教礼貌守则》一类书中的例子说明了宫廷礼仪和模式在广大市民阶层中的传播，而例子I则完全表明了这一时代市民阶层和都市的水准。

例子I说明，大约在1754年人们还是很多人用一个盘就餐的，也并没有人反对别人在他的盘子里用手抓肉吃。此处所说的“恶习”大部分在上流社会已经不复存在。

这里所引的1780年出版的《礼貌》一书，是一本用很差劲的铅字排版的薄薄的小册子，只有48页，印于康城，没有标明印刷日期。“大不列颠博物馆”的目录在1780年的后面打了一个问号。不管怎么说，这本小册子是18世纪风靡法国的无数廉价礼貌书籍和小册子中的一本。《礼貌》一书，从它的全部观点来推断，显然是为居住在都市和小城镇中的平民阶层所写的。在我们这里所引的18世纪的所有“礼貌书籍”中，没有一本像《礼貌》一书那样赤裸裸地提到身体的动作。这本书中所反映的有许多地方使我们想起了伊拉斯谟在他的《男孩的礼貌教育》一书中所强调的上流社会的礼貌水准。用手来进餐，在这本书中似乎是完全理所当然的。以这本书为例是为了补充说明其他的引文，也是为了提醒人们，应该把整个变化看作是复调式的、多层次的，也就是说，不是直线发展的，而是像赋格曲那样由各个动机相似的层次先后排列而成的。

接着，1786年的例子非常直接地反映了由上而下的推广运动。特别应该指出的是，通过这个例子可以清楚地看到，现在已经成为“文明社会”全体成员的风俗习惯中的大部分，在当时只是宫廷上流社会所特有的。对于市民阶层的人来说，这些东西还是比较陌生的。后来成为“文明”的风俗习惯的东西在这里是以宫廷礼仪的形式出现的。

1859年的引文意在提醒人们，19世纪的人像今天一样，已经完全忘记了整个变化的过程。不久前才达到的“文明”标准已经被看作是完全理所当然的东西，而文明的先导则被视为“野蛮的”了。

I

1714年。

摘自《法国礼貌》，作者不详(列日，1714?)

第48页。 “Il n'est pas ... honnéte d'humer sa soupe quand on se serviroit d'ecuelle si ce n'étoit que ce fut dans la famille aprés en avoir pris la plus grande partie avec la cuilliére.”（把盆子端起来喝汤并发出咂咂的吮吸声是不礼貌的，除非是在家里。在家里也只有用勺子舀完了大部分的汤之后才能这样做。）

“Si le potage est dans un plat portez-y la cuilliére à votre tour sans vous précipiter.”（如果不是用自己的盘子，而是用公用的盆盛汤，等轮到你时才能用你的勺来舀，不要操之过急。）

“Ne tenez-pas toujours votre couteau à la main comme font les gens de village; il suffit de le prendre lorsque vous voulez vous en servir.”（不要像乡巴佬那样老是用手握着餐刀，要用的时候再去拿。）

“Quand on vous sert de la viande, il n'est pas séant de la prendre avec la main; mais il faut présenter votre assiette de la main gauche en tenant votre fourchette ou votre couteau de la droite.”（如果有人给你分肉，不要用手去拿。应该用左手拿盘子去接，右手拿刀或叉。）

“Il est contre la bienséance de donner à flairer les viandes et il faut se donner bien de garde de les remettre dans le plat après les avoir flairées.”（让别人嗅肉是不合规矩的，千万不能把自己嗅过的肉再放到公用的盘子里去。）

“Si vous prenez dans un plat commun ne choisissez pas les meilleurs morceaux.”（从公用的盘中取肉时不能挑最好的。先用叉叉住盘中的肉，然后用刀割下一块，再用叉把肉叉到自己的盘子里，不能用手拿。但是，这里并没有说不能用手拿已经放在自己盘子里的肉。）

“Il ne faut pas jetter par terre ni os ni coque d’oeuf ni pelure d’aucun fruit.”（不要把骨头、蛋壳和果皮扔在地上。）

“Il en est de méme des noyaux que l’on tire plus honnétement de la bouche avec les deux doigts qu’on ne les crache dans la main.”（这一点也同样适用于果核。用两只手指取出口中的果核比把它吐在手中更符合规矩。）

J

1729 年。

摘自德·拉·萨勒《礼仪与基督教礼貌守则》（鲁昂，1729 年）餐桌上应该使用的东西(第 87 页)。

就餐时应该使用的东西有：一块餐巾，一个盘子，刀、匙、叉各一把，少一件便是违反规矩。

很多人一起进餐时，要等最有身份的人摊开餐巾后其他的人才能摊开自己的餐巾。如果同桌的人身份相同，则可不拘礼节，大家同时摊开餐巾。(注意：随着社会与家庭的民主化才出现了这条规矩，当时仍为贵族等级社会的社会结构，也反映在人与人之间最基本的关系上。)

不能用餐巾擦脸，这是不合规矩的。用餐巾擦牙齿更是失礼，若用餐巾来擤鼻涕则是不堪容忍的粗野行为……如果嘴、唇和手指沾上了油腻，可以而且应该用餐巾来擦。用餐巾擦掉刀上的油腻，然后再拿刀去切面包；用餐巾擦拭用过的刀叉。(注意：这只是许多例子中的一个。这些例子说明在我们的就餐风俗习惯中有许多非常详细的规定。对于每一种餐具的使用都有一系列详细的要求和戒律，没有任何一项像以后几代人所以为的那样，是理所当然的。这些要求和戒律随着人际关系的形成及变化而逐步地完善。）

当手指上沾满油腻的时候，最好先用一片面包擦一下，然后把面包放在盘子里，再用餐巾擦。这样，餐巾就不会因为沾上油渍而变得肮脏不堪了。

如果匙、刀、叉脏了或沾上了油腻，用舌头去舔是最没有礼貌的，用台布去擦也是极其粗鲁的。在这种情况下，应使用餐巾。应当非常注意保持台布的整洁，不能把水、酒或其他脏东西洒在上面。

如果盘子脏了，不能用匙或叉去刮，也不能用手指去刮盘子或其他餐具，这种做法极不文明。应该不去管它，方便的话可让人把它换掉。

就餐时不能把刀一直握在手里，应该等要用时才去拿。

手里握着刀把面包送到嘴里是极不文明的，倘若用刀尖挑着送到嘴里那就更不文明了。吃梨、苹果和其他水果时也应注意这一点。（注意：这些例子说明了使用餐刀时的忌讳。）

不能像握木棒那样用整只手来握住刀、匙，而应该始终用手指来拿。

喝流质不能用叉，匙是用来喝流质的。

应当始终用叉子来吃肉食，因为按照礼仪不能用手指碰油腻之物、调味汁或果子露。谁要是这么做，就违反了文明的规定。就像用餐巾和面包来擦手指、用舌头来舔手指一样，这是最不干净的。一个出身高贵、富有教养的人绝不应该这么做。（与其他的一些段落一样，这一整段摘自 1672 年出版的安托尼·德·古尔旦的《文明新论》，见例子 G，第 159 至 160 页。这一段内容也经常出现在 18 世纪其他的“礼貌书籍”中。关于禁止用手去抓食物的理由特别富有启发意义。在古尔旦的书中只是说不能用手去拿油腻的、特别是加了调味汁的食物，因为这样做势必会导致一系列“令人难堪”的动作。然而，德·拉·萨勒的看法并不完全与他一致。德·拉·萨勒曾在一处写道：如果你的手指上沾了油腻……由此看来，当时的戒律还没有像今天这样被视为理所当然的。可见这一戒律是如何逐步地变为个人的习惯，变为一种“自我强制”的。）

K

1774 年。

摘自德·拉·萨勒《礼仪与基督教礼貌守则》。

（1774 年版，自第 45 页起。）

（注意：如上所述，在路易十五统治初期这一关键时期，作为社会变化的外部表现，改革的愿望日益迫切。与此同时，“文明”的概念开始普及。在这样的情况下，德·拉·萨勒那本曾多次原封不动再版的关于礼仪的书被修改了。这本书中所反映的文明水准变化是发人深省的。某些方面的变化非常显著。比如，很多事情已经没有论述的必要了；许多章节缩短了；许多从前曾经详细论述过的“恶习”只是一笔带过。同样，对于曾经非常详细地论述过的人体动作也是如此。总的来说，笔调不像以前那样柔和了，有些地方要比第一版尖锐得多。）

放在盘子里的餐巾是用于保护衣服，使之不受食物沾染的。应该将餐巾尽量摊开，从领子到膝盖，把前身全部遮住。匙、叉、刀必须始终放在自己的左侧。

匙是食用流质类食物的，而叉则是用来食肉的。

如果匙或刀脏了，可以用餐巾擦，但绝不能用台布去擦，这种失礼的行为是不可原谅的。

盘子脏了，应当要求换一个。用手指去擦或用匙、刀和叉去刮是极其粗俗的行为。

在贵族家庭的餐桌上，仆人应当小心侍候，不等呼唤主动调换盘子。

舔手指、用手把肉送到嘴里，用手指搅拌调味汁或把面包片放在调味汁里蘸过后拿起来吮吸，这些都是最不文明的行为。

绝不能用手去撮盐。孩子把肉一块块地堆起来，从嘴里取出已经咀嚼过的东西，再用手指把肉推开，这是最鄙俗不过的行为。（所有这些曾经被指责为普遍性恶习的东西，在这里只是作为儿童的恶习被提了出来。成年人已经不再这样做了。）

……再也没有比把肉放到鼻子底下嗅或让别人嗅更不文明的了。这是最容易冒犯一桌之主的不礼貌行为。万一发现食物中有不洁之物，应该不加声张地把它剔除。

L

1780 年？

摘自《儿童文明守则》，作者不详。

印于康城，日期不详。第 35 页。（见 B 开始时的注）

……然后，他把餐巾摊开放在身上，把面包放在左侧，把刀放在右侧，用来切肉。（这里所描述的就餐时的顺序在许多地方可以得到证实。用手来撕肉是最基本的形式，这在以前的上流社会中也是很普遍的，而此处则规定用刀来切肉，也没有提到使用叉子。用手撕肉在这儿被视为农夫的行为，而用刀来割肉显然是城里人的标志。）他必须注意，不能把刀放在嘴里，不能把手放在盘子上，也不能把臂肘撑在桌上，唯有病人和老人才能这样。

懂事的孩子总是让年长的人先动刀叉。

……然后，如果上的是肉食，就应小心利落地把它切成块，与面包一起食用。

从嘴里取出已经咀嚼过的肉食，再将其放回盘中，这是最为粗俗和肮脏的做法。凡是从盘中取出的东西，不能重新放回去。

M

1786 年。

摘自诗人德利莱①和科森神甫②的一次谈话。[50]

最近，马扎兰学院的文学教授科森神甫和我谈起几天前他在凡尔赛宫里参加的一次夜宴……

“我打赌，”我对他说，“您一定做了100件不合礼仪的事。”

“什么?”科森神甫立即回答说：“我似乎和别人一样，没做什么特别的事。”他脸上露出了不安的神色。

“说得多好！我敢肯定您做的事情根本和别人不一样。好吧，让我们看看，就说晚餐吧。首先您上桌后是怎样摆弄您的餐巾的?”

“我的餐巾？我和别人一样啊，我把它摊开，放在身前，一头系在扣眼里。”

“嗯嗯，我亲爱的，这么做的仅仅是您一个。人们从不拿餐巾炫耀，而是让它留在膝盖上。您喝汤的时候是怎么喝的?”

“我想，和别人没有什么两样。我用一只手拿着勺子，另一只手拿叉子……”

“您拿着叉子？噢，我的天哪！没有人拿着叉子喝汤……再给我说说您是怎么吃面包的。”

“肯定和别人一样，我仔细利索地用刀切。”

“不，面包是要用手掰开的，而不是用刀切的……再谈谈您是怎么喝咖啡的。”

“嘿，这一回没错，和大家一样。咖啡很烫，我把咖啡杯里的咖啡小心地倒在托盘里再喝。”

“简直是，肯定没有一个人像您那样。大家都用咖啡杯喝咖啡，而不用托盘……”

---

① Jacques Delille(1738—1813)，法国诗人和翻译家。——译者

② Cosson。——译者

N

1859年。

摘自《上流社会的风俗习惯》。

伦敦，1859年(1889年第2次印刷)。第257页。

毫无疑问，是先用手指然后才发明了叉。因为我们并不是野蛮人，所以我认为叉是件好东西。

第二　对于席间风俗习惯引文的一些想法

第一类　关于以上引文所属各社会的概况

1. 本书所罗列的这些引文，旨在说明人类行为形成的实际过程和变化。一般来说，所摘录的引文至少对于某些社会群体和阶层来说是具有典型意义的。任何个人，即使像伊拉斯谟这样个性鲜明的人，都无法创造出他那个时代的“生活方式”。

我们听到了各个时代的人对几乎完全相同的事物所发表的意见。这样做是为了使其间的变化一目了然，这一效果是我们仅用自己的语言来描述所无法达到的。人们试图用一系列的要求和戒律来塑造每一个人，使之符合社会水准。这些要求和戒律最迟是从16世纪开始不断发生变化的。显然，这一变化并不是直线发展的。只要把几百年来人们对于这些问题的见解综合起来，便可以从这一变化的众多波折和曲线中发现某种特定的“趋势”和变化走向。

16世纪的礼貌书籍代表了新宫廷贵族的要求，这一阶层是由各种不同社会出身的人慢慢集聚而成的。随着这一阶层的兴起，形成了一种不同于其他阶层的行为准则。

17世纪下半叶，安托尼·德·古尔旦代表一个极其稳固的宫廷社会，即路易十四的宫廷社会，发表了他的议论。他的对象主要是那些有身份的人。这些人不是直接生活在宫廷里，但是很想了解宫廷中的风俗和习惯。

他在他的“遵嘱”部分写道：

“这篇东西不是用来印刷成文的，仅仅是为了满足一个外省贵族的要求而写的。这位贵族把作者视为知己，要求作者为他的儿子写一些关于礼仪方面的注意事项，因为他希望在儿子完成学业后将其送进王宫。

“……作者写下这篇东西，完全是以上流社会中有教养的人，尤其是以青年人为对象的。作者希望他们能够从这些小小的议论中有所得益，因为并不是每一个人都有机会到巴黎的王宫去学习那些讲究的礼仪的。”

那些本身就生活在形成礼仪模式的圈子里的人，用不着通过书本来学习如何待人接物，这一点是很清楚的。因此，弄清这本书的写作目的与对象很重要。这本书记载了造成狭小宫廷贵族圈子与其他阶层之间差别的秘密。

至于这本书的对象，这里已经说得很清楚了。作者强调，这本书是为“有教养的人”写的，也就是说，主要是为上流社会的人写的。其目的首先是为了满足外省贵族，然后是满足高雅的外国人想要了解宫廷行为方式的需要。鉴于这本书所取得的巨大成功，可以认为，它也迎合了市民阶层内上层人物的兴趣。有许多材料可以证明，在这一时期，宫廷中的习惯、风尚和行为方式不断地渗入中等阶层的上层，并成为他们模仿的对象。由于这些人所处的社会地位不同，这些东西便发生了或多或少的变化。正是因为这个缘故，这些东西在某种程度上失去了它们作为上流社会区别于其他阶层的标志的特性，慢慢地贬值了。这种情况迫使上流社会进一步完善他们的行为。宫廷风俗习惯的形成，向下普及，略微有所变形并失去其作为等级区别标志的作用等，这正是上流社会行为方式持续变化的动力。乍一看，这些有关宫廷社会行为方式的想法与模式似乎是偶然的，没有什么一定的规则；但重要的是，从长远的观点来看，在这种变化中存在着一种被称为羞愧、难堪界线的前移运动，或者是被称作“教养”或“文明”的东西。特定的社会结构引起了特定的、有着自身规律的心理发展。

2. 18 世纪，随着财富的积聚，市民阶层崛起了。社会等级的区别并没有取消，但与上一世纪相比，越来越多的市民阶层成员与贵族一样属于宫廷的社交圈子。法国革命前夕，社会力量日益薄弱的贵族又一次强烈地表现出封闭的趋势。

无论如何，必须把这一扩大了的宫廷社会视为一个整体。在这个社会中，宫廷贵族和宫廷市民相互交往，这个社会与下层之间并没有截然的界线。在这一扩大了的宫廷社会中，集中了全国各社会等级的精英。随着各阶层的富有程度和互相间联系的增加，进入宫廷社会，至少是模仿宫廷社会的愿望日益迫切。教会这一圈子首先成了宫廷风俗习惯的传播者。适度的强制和情感控制，整个行为方式的形成和调节；这些以“礼貌”的名义在上流社会中形成的东西，开始是纯粹作为世俗社会现象，作为社会共同生活中某一形式的结果出现的，这时却迎合了教会行为传统的某些发展方向。“礼貌”得到了基督教的支持。与往常一样，教会成了向下传播某种模式的重要机构之一。

“值得惊奇的是，”令人尊敬的德·拉·萨勒在他的《礼仪与基督教礼貌守则》一书前言的开头部分写道：“大部分基督教徒仅仅把规矩和文明视作纯粹是人类与上流社会的品质，而没有想到精神的升华，没有把它们视作与上帝、众生和我们自己有关的德行。”因为法国的教育和学校大部分掌握在教会组织的手里，所以通过教会的媒介——当然，以教会为主，但不局限于教会的媒介——越来越多的礼貌书籍潮水般地涌向全国。它们成了儿童基础课的辅助教材并经常与识字用的启蒙教材一起刊印发行。

正是由于这个缘故，“礼貌”这一概念对于社会的精英们来说越来越贬值了。这一概念经历了与以前的“宫廷礼仪”相似的盛衰过程。

关于“宫廷礼仪”（courtoisie）和“礼貌”（civilité）概念盛衰的说明

3. 如上所述，“courtoisie”这个词的本义是指在较大的封建君主的宫廷中所形成的某种行为方式。显然，早在中世纪这个词就已经失去了它原来的意义，即特指“cour”，特指“宫廷”的等级界线。市民阶层的圈子里也流行“宫廷礼仪”。16 世纪至 17 世纪，随着封建骑士这一战争贵族的逐渐消亡和新的专制主义的宫廷贵族的兴起，“civilité”便成了有社交能力的行为的表示。在 16 世纪具有半封建骑士、半宫廷专制主义性质的法国过渡社会中，“宫廷礼仪”和“礼貌”这两个概念有一段时间是并存的。到了 17 世纪，“宫廷礼仪”这个概念渐渐地变得不时髦了。

1676 年，一位法国作家说：“‘彬彬有礼’和‘宫廷礼仪’这些词开始老化了，已经不再时兴了。我们现在说有礼貌的、有教养的，或礼貌、教养。”[51]

是的，“宫廷礼仪”一词这时成了中产阶层的概念。

1694 年，弗朗索瓦·德·卡利埃尔在一篇以《论表达方式中的好习惯与坏习惯——兼论市民阶层的说话方式》为题的谈话录中（第 110 页起）这样写道：“我的邻居——按照巴黎市民的说法——是个市民。当他说‘和蔼的’‘彬彬有礼的’时候，已经不是以符合礼仪的方式来表达的，因为‘彬彬有礼的’和‘和蔼的’这些词在上流社会已经不时兴了，被‘文明的’和‘有教养的’这两个词取代，正如‘文明’和‘有教养’已经取代了‘彬彬有礼’和‘和蔼’一样。”

同样，在 18 世纪“礼貌”（civilité）这一概念也逐渐地在专制主义的宫廷上流社会失去了其重要性。这一阶层经历了一场极其缓慢的改组过程，即市民化的过程。至少到 1750 年为止，这一过程一直是与市民阶层的宫廷化过程联系在一起的。1745 年，杰多伊神甫[①]在《罗马的市井生活》（文集第 173 页）这篇文章中对由此而产生的问题进行了讨论，即为什么在他所处的社会里“市井生活”（urbanité）这种说法——尽管它指的是一种非常美好的东西——不像“礼貌”（civilité）、“人性”（humanité）、“礼节”（politesse）和“殷勤”（galanterie）这些词使用得频繁。他的回答是：“市井生活即意味着与罗马这个城市有着特殊关系的，那种反映在语言、精神和举止上的礼貌。然而，对于我们来说，这种礼貌仅仅存在于宫廷之中，在各大城市甚至在首都都是不存在的。因此，‘市井生活’一词可以废弃不用。”

如果意识到，在这一时期“市井生活”一词或多或少是用来指区别于狭小的宫廷社会的那个“良好的市民社会”的话，那么，就不难看出这一问题的现实意义了。

与此处一样，在这一时期的大多数言论中，“civilité”用得少了，而“politesse”相对用得多了。同时，把所有这些概念与“人性”（humanité）等同起来的倾向更加鲜明了。

早在 1733 年伏尔泰就已经在《扎伊尔》一书题赠市民、英国商人 A·M·福尔克的献词中非常清楚地表达了这些倾向：

“奥地利的安娜摄政以来，法国人成了世界上最易交往和最有礼节的人民……这种礼节再也不是那种所谓的带有强制性的‘礼貌’了，而是一种自然法则，有幸的是，他们比其他民族更注意培养这种法则。”

与从前的“宫廷礼仪”（courtoisie）概念一样，“礼貌”（civilité）这一概念也慢慢地开始衰落了。不久，这个词所包含的内容以及与之相近的内容在一种新的概念，即“文明”那里得到了继承和发展。这种新的概念是一种新的自我意识的表达形式。“宫廷礼仪”（courtoisie）、“礼

① Nicolas Gedoyn（1667—1744），法国文学批评家和翻译家。——译者

貌”（civilité）和“文明”（civilisation）标志着社会发展的三个阶段。它们表明了各自是从哪个社会产生并针对那个社会而言的。然而，上流社会的行为变化，那种被人们称为“文明的”行为模式——至少是根据我们这儿所研究的范围来看——事实上是在中间阶段形成的。19 世纪所用的“文明”概念清楚地表明，文明的进程——确切地说，文明进程中的一个阶段——业已完成，并且已被人们所遗忘。人们只是希望其他的民族，有一段时期只是希望自己社会中的下层来经历这一进程。在自己社会的中上层，“文明”似乎已经成了一种稳固的财富。人们希望推广文明，并在业已达到的水准范围内继续加以发展。

上面所引用的例子，清楚地表明了在过去的宫廷专制主义阶段人的行为是如何朝着这一水准发展变化的。

关于就餐“文明”发展的概况

4. 18 世纪末，也就是在法国革命之前，法国的上流社会达到了以后逐渐被整个“文明”社会视为理所当然的那种就餐习惯的水准，当然还不仅仅是在就餐这一方面。上面所列举的 1786 年的例子 M 是很有启迪意义的：其中讲到了餐巾的使用，这在当时还只是一种宫廷的习俗，而以后则在整个文明社会、在市民阶层中普及了；讲到了不能用叉来喝汤，倘若想到过去的汤——现在的法国也是如此——内容比现在多，那么对于用叉来喝汤就容易理解了；另外还讲到了一项宫廷要求，席间不能用刀切面包，而要用手掰，这一要求现在已经民主化了。同样，也谈到了喝咖啡的习俗。

这些例子说明了我们日常礼节是如何形成的。如果把这一幅幅画面排列至今的话，就能看出，在各个国家和各个社会等级之间出现了一系列就餐礼仪的变体；尽管时至今日仍有一些细节上的变化，诸如旧的要求松动了，新的要求又补充了进去，等等。同一文明礼仪和情感调节机制在民众中，在中等阶层、工人和农民中的渗透程度各不相同。然而，文明社会人际交往中最基本的要求和忌讳，即就餐的技术水准，如何使用刀、叉、匙、盘子和餐巾以及其他的餐具等，所有这一切基本上没有变。即使是由于使用了新的能源后各方面的技术，包括烹调技术在内都发展了，而就餐方式和其他交往形式的基本内容仍然没有发生什么变化。只有当人们非常仔细地观察时才能发现其中的发展趋势。

现在仍然继续变化的，主要是生产技术。消费方式的发展，是由当时的社会结构，即由那些空前绝后的消费阶层来推动和维持的。随着这些社会阶层的没落，相对于职业生活而言的私人生活就不再发生那种迅速、剧烈、趋于完善的变化了。这些领域发展和变化的速度逐渐地减慢，尽管在宫廷社会阶段其速度还是比较快的。

甚至连餐具的形状，即盆、刀、叉、匙和盘子的形状也只是“18 世纪”和前几个世纪的变体而已。在某些个别的方面肯定还有许多变化。餐具的用法越分越细便是一个例子。在很多场合，不仅每一道菜后要更换盘子，连刀、叉等也要更换。仅用刀、叉和匙代替手来用餐还不够，在上流社会中逐步发展为每一样食物都有一种特定的餐具。用于喝汤的匙、吃鱼的刀和切肉的刀一起放在盘子的一边，用于吃餐前点心的叉、用于吃肉和吃鱼的叉放在另一边。盘子的前方——按照每个国家的风俗习惯——放吃甜食的刀、叉和匙。吃最后一道菜或水果的时候还会送来其他的餐具。所有这些餐具形状各异，有的大一点，有的小一点，有的圆一些，有的尖一些。如果仔细观察的话，它们并不是什么新的东西，仅是同类事物的变体和同一水准内更细微的区别而已。只是在一些很小的方面，首先是在刀的使用方面，有一些缓慢的超出已有水准的发展。这一些以后还会谈到。

5. 从某种意义上来说，从那时起上溯至 15 世纪，情况亦基本如此。尽管在这一过程中出现过一些波折，出现过时髦的东西、地域性的和社会等级上的变体以及有特定发展方向的缓慢变化。但直到 15 世纪为止——出于完全不同的原因——就餐的技术水准、社会所允许和禁止的基本的东西以及人们对人、对己的行为方式，基本上是相同的。这一行为体现了社会的禁忌与要求。

无法十分准确地确定从一个阶段到另一个阶段的过渡。这种迅速的变化有的地方开始得晚一点，有的地方早一点。到处都有一些很小的、准备性的推动力。然而，整个发展的形态大致上是相同的：首先是中世纪的阶段，这一阶段在宫廷骑士的鼎盛时期达到了某种高度，其标志是用手进餐。接下来是发展变化较快的阶段，大致包括 16、17 和 18 世纪。在这一阶段带有强制性的、对于就餐行为的讲究持续地朝着一个方向发展，即朝着交际形式及就餐要求和戒律的新的水准发展。

从这时候起又是一个阶段，其间保持了原有的水准，并极其缓慢地朝着一个特定的方向发展，对于日常行为的讲究尚未完全失去其作为社会等级标志的意义。不过，从这时候起，它的作用已经不同于前一阶段了。与以前相比，金钱成了区分社会等级的惟一基础。人的物化，人的成就和产品变得比他们的举止行为更加重要了。

6. 中世纪社会的戒律，甚至宫廷骑士时期的戒律对于情感还没有很大的限制。与以后相比，当时的社会制约力还是比较弱的。当时的规矩，不管从这个词的哪方面意义来说，都是不带强制性的。如就餐时不应该咂嘴和喘息；不应该把痰吐到桌子的对面；不应该把鼻涕擤在台布上，当时的台布是可以用来擦沾了油腻的手指的；也不应该把鼻涕擦在手指上，因为要用手指到公用的盆里去取食物。与别人合用一个盆、一个盘子就餐在当时是理所当然的事情；不应该像猪一样把身子倾向盘子；不应该把咬过的东西重新放到公用的调味汁里去蘸；等等。

这些风俗习惯中有许多在伊拉斯谟的书里和卡尔维亚克的改写本里就已经提到过了。纵观整个发展比孤立的观察更容易从他们对于同时代风俗习惯的描写中清楚地看到这些变化的轨迹。当时，餐桌上的东西还是有限的，左边是面包，右边是刀和酒杯。这就是全部的餐具。已经提到了叉，然而它的作用是有限的，还只是一种从公盘里取食物的工具。与擦鼻涕的布一样，餐巾也出现了，这两样东西——作为过渡时期的标志——时有时无，还不是必需的。书中写道，如果你有一块擦鼻涕的布，比把鼻涕擤在手里要好；如果有餐巾的话，把它铺在左肩。而在150年之后，餐巾和擦鼻涕的布这两样东西就不同程度地成了宫廷阶层必不可少的东西。

其他习惯和风俗的发展变化也与之相似。

最初，人们是合用一个公盆或许多人合用一个勺来喝汤的。有关宫廷礼貌的书规定要用匙。刚开始时匙也是合用的。1560年，卡尔维亚克著作的引文中所反映的情况就已经向前迈了一大步。他提到，德国的习惯是，每个就餐的人都有一把匙。1672年古尔旦在其著作中说明了下一步的发展。现在人们已经不再直接从公盆里喝汤，而是开始用自己的匙把汤从公盆舀入自己的盆中。引文中提到，已经有那么一些非常讲究的人，他们不愿意吃别人用过的匙舀过的盆里的东西，因此有必要在把匙伸到公用的盆里去舀食物之前用餐巾擦干净。但有些人甚至觉得这样做还不够。在他们那儿，用过一次的匙绝对不能再伸到公用的盆里去，而必须重新换一把。

类似的记载不仅表明，人们共同生活的整个礼仪是如何变化的，而且也说明了人们自己是怎么感受到这一变化的。

就这样一步一步地形成了喝汤的方式，这种方式现在已经成为理所当然的了。每个人有自己的盘子，有自己的匙。人们用一种专门的餐具来舀汤。就餐有了新的格调，一种适应于共同生活中新的需要的格调。

其实，就餐的行为方式中没有任何一种是理所当然的，没有任何一种是所谓“自然的”羞愧感的产物。匙、叉和餐巾并不是突然一下子被发明出来的，也不像技术工具那样有着明确的功能和清楚的使用说明，而是人们在几百年的社会交际和使用过程中逐步地确定了它们的作用、形状，并使之固定下来的。正在变化的礼仪中的任何细小习惯都是极其缓慢地被普遍接受的，甚至连那些在我们看来是非常基本的、完全“合情合理”的事情，比如像用匙来喝流质这样的习惯，也是如此；每一个动作，比如像拿刀、拿匙、拿叉的姿势和如何来使用这些餐具等，都是一步一步地达到统一，从而标准化的。如果我们把这些排列在一起的画面视作一个整体的话，那么使这些东西具有一个统一标准的社会机制的轮廓也就清晰可见了：人们的行为模式总是在那么一个狭小的宫廷圈子里确立起来的。显然，这些模式首先是用于满足这一圈子所处的社会状况以及与这一社会等级相适应的心理状态的。然而，法国社会整体结构和发展逐步地使越来越多的阶层渴望效仿上流社会所形成的模式。这些模式非常缓慢地在整个社会中推广开来，当然在推广的过程中并不是没有发生相应的变化。

一个社会群体对另一个社会群体的模式的接受，从一个社会群体的模式到成为另一个社会群体的模式的变化——时而从一个社会的中央到外围，比如从巴黎的宫廷到其他宫廷；时而在相同的政治社会群体内部，比如在法国或萨克森，从上至下，或从下至上——这种形式的变化是整个文明过程中最重要的变化。说明这些变化的例子只展现了文明全过程中一个很窄的面。这不仅仅是指就餐的形式，也包括思维和谈吐的方式。总而言之，法国人的整个行为都是以类似的方式形成模式的；尽管其变化的时期和结构有着很大的区别。在社会状况和人的心理状况不断发生变化的情况下，人际关系中的某种礼仪的形成并不是孤立的，然而，在这本书中我们只能研究这条线上的发展。下面试举文明进程中“谈吐”这样一个小小的例子，以提醒人们注意，对于交际形式及其变化的观察只揭示了包罗万象的社会行为变化中特别简单、特别易于了解的一个部分。

关于宫廷谈吐模式的形成

7. 至于谈吐，也同样是先由一个狭小的圈子形成某种标准的。与德国相似——虽然在程度上相去甚远——法国社会所说的语言也和中等阶层不同。

在卡利埃尔所写的《流行用语》这本当时流传甚广的小册子(1693年版，第46页)中曾这样写道："您知道，市民阶层与我们的说话方式完全不同。"

如果我们仔细观察，什么被视为"市民阶层"的表达方式，什么被视为宫廷上流社会的表达方式，那么我们就会发现与就餐习惯和一般交往形式例子中相同的现象：17世纪至18世纪也有一些类似的情况——法国宫廷社会用以区别于其他阶层的表达方式和语言以后逐步地变成了法国的民族语言。

我们看到一个名叫蒂博的出身市民阶层的青年，他去参加一个很小的贵族聚会。女主人问起他父亲的情况：

"夫人，他是您卑微的仆人，"青年人答道："许多人都知道，他一直病魔缠身。承蒙您恩泽倍加，经常派人前去探询他的健康状况。"

情况很清楚，贵族的圈子和这市民家庭之间有交往。这一点女主人在前面已经提到过了。她还说，蒂博的父亲是个非常和蔼可亲的人，但是她并没有提到，这种交往有时候对于贵族来说是很有益的，因为这些人有钱。[52]这不禁使人联想到德国社会与之截然不同的情况。

除了市民知识分子阶层之外，这一时期贵族与市民阶层的交往显然还没有密切到取消这两个阶层之间语言上的差别的程度。用宫廷社会的眼光来看，年轻的蒂博每两句话中便有一句显得笨拙，不得体；用这本书上的话来说就是"满嘴市民阶层的味儿"。在宫廷社会中人们不说"许多人知道""经常"和"病魔缠身"。

人们不像蒂博先生那样在接下去的谈话中使用"我请求您原谅"，

在宫廷社会中，人们说“我请求您宽恕”。市民阶层现在也这么说。

蒂博先生说：“一个我的朋友，一个我的亲戚，一个我的表亲。”而宫廷社会则说：“我的一位朋友，我的一位亲戚(第 20 页)。”蒂博说：“我死去的父亲，可怜的死者。”有人告诉他，这种说法也不是“文明社会善于辞令者的表达方式”(第 22 页)。上流社会在讲到一个人死的时候，从来不说“死了”。然而“死”这个词还是可以用的，如果人们这么说：“应当祈求上帝，以便死者的灵魂……”语言漂亮的人说：“我故世的父亲，故世的某某先生，故世的公爵等。”书中指出：“可怜的死者是市民气很浓的说法。”

8. 这儿也和其他交往形式中一样存在着一个双重变化：市民阶层的宫廷化和宫廷社会的市民化。或者说得更加确切一点：市民阶层受到宫廷社会行为的影响，而宫廷社会也受到市民阶层行为的影响。在法国，由下至上的影响在 17 世纪肯定要比在 18 世纪弱得多。但是，在 17 世纪这种影响也并不是全然没有的。出生于澳·勒·维孔特一个市民家庭的财政部长尼古拉·富凯的府邸有一段时间风头超过凡尔赛宫，并在有些方面成为其效仿的榜样。这只是一个小小的例子。市民阶层上层人物的财富迫使宫廷社会与之展开竞争。市民阶层源源不断地拥入宫廷圈子使谈吐方面也发生了某些特殊的变化：这一潮流把新的人员，新的语言材料，即市民阶层的“俚语”带进了宫廷圈子。市民阶层的语言在宫廷语言中不断经过加工、磨炼、雕琢和变化；总之，它们被“宫廷化”了，也就是说符合了宫廷社会的感受和情感标准，同时又成为“宫廷贵人”(gens de lacour)区别于市民阶层的语言。过了一段时间，这种经过加工和精雕细琢的语言重新渗入市民阶层，变为“市民阶层的特殊语言”。

在所引用的卡利埃尔的一篇谈话《论表达方式中的好习惯与坏习惯》(第 98 页)中，公爵说，有一种说法“在巴黎市民阶层和出身于市民阶层的某些宫女中屡见不鲜。他们说：‘让我考虑考虑’，而不是说

‘让我考虑一下’，在这里，后面那个‘考虑’是多余的”。

接着公爵又说：“但是，最近又有了一种新的不好的表达方式，它起源于最底层的民众，却在宫廷里广为流传，这便是‘他知道的事情有一长串’，这种说法是指某个人了解的事情很多，面很广。现在宫廷里的命妇也开始使用这种说法了。”

下面还有很多类似的例子。市民阶层，甚至宫廷里的一些人都说“Il faut que nous faisions cela”，而不说“Il faut que nous fassions cela”①。有些人说“l’on za”或“l’on zest”，而不按宫廷的习惯说“l’on a”或“l’on est”。他们说“Je le l’ai”，而不是说“Je l’ai”②。

事实上，几乎所有在此以宫廷表达方式出现的东西，以后都成了民族的表达方式。但是，肯定也有一些例子说明，由于有些宫廷谈吐形式“过于精致”、过于“矫揉造作”而逐渐被淘汰了。

9. 所有这一切同时也是对上述德法两国在民族特性的社会起源上的差别的一种解释。语言是那种被我们视为最易了解“民族特性”的东西之一。在此我们从上述这个个别的、具体的例子中看到，这种特殊性和典型性是怎样在特定社会形态中形成的。法国的宫廷和宫廷社会曾经给法国语言打下了决定性的烙印，而德国的皇家最高行政管理机构有一段时期也对德国语言起到过类似的作用，尽管其效果远远不如法国宫廷。1634 年的时候曾有人标榜自己的语言完美无缺，因为他是以施佩耶尔地方行政管理机构所发布的公文为标准的。[53]以后便主要是大学，大学对于教育和语言的重要性接近于法国宫廷。然而，政府办事机构和大学这两个社会等级上相近的机构对于言谈方式的影响要小于对于写作的影响。

① 这两句法语的意思都是：“我们必须做这件事”，前一句为直陈式，后一句为虚拟式。——译者

② 法文“l’on a”和“l’on za”意为“有”；“l’on est”和“l’on zest”意为“是”；“Je l’ai”和“Je le l’ai”意为“我有这样东西”。在这三组词中，第一种均为正确的用法，而第二种均为不规则用法。——译者

他们不是通过会话，而是通过文献和书信来塑造德国“书面语言”。当尼采偶然发现，德国的饮酒歌写得很有水平；或者，当他把宫廷侍臣伏尔泰取消专业术语的做法与德国人对专业词汇的使用进行比较时，他便清楚地看到了这一不同发展进程的结果。

10. 法国的“宫廷贵人”说：“这种说法好，这种说法不好。”这样便产生了问题：他们究竟是按照什么标准来评判语言的好坏的？他们对语言进行选择，对表达方式进行推敲和改变的出发点是什么？这些问题为思考者打开了一个广阔的领域，我们在这儿顺带说一下。

有时候这些人自己也想到了这个问题。他们对于这一题目的论述乍一看令人有些惊讶，因为不管怎么说这些论述都已经超出了语言的范围：这些话、习惯用语和某些细微的差别是好的，因为它们是社会精英使用的；那些话、习惯用语和某些细微差别是不好的，因为社会等级低的人是这样说的。

在上面所引的谈话中，当有人告诉蒂博先生这种用法好、那种用法不好时，他有一次为自己辩解道：“夫人，我对您感激不尽，”他说(《论表达方式中的好习惯与坏习惯》，第23页)，“您颇费苦心地开导我，但是我觉得‘死’一词是成立的，许多有教养的人都这么用。”

夫人答道：“有很多人不懂我们语言中的细微差别，这是完全可能的……这种细微的差别只有一小部分精通语言的人才了解。他们说一个人死亡的时候根本不用‘死’一词。”

只有极小部分人懂得语言的细微差别，这些人所说的语言便是正确的，其他人的语言都不行。这种评价是无可争辩的。还有一条比这更进一步的理由：“我们这些精英是这样说的，只有我们才有细腻的语感。”不需要这种东西的人就不会懂得它。在本书的另一处更加强调了这一点：“至于谈到违反正确用法这个问题，其实并没有一定的标准，关键在于要得到一定数量富有教养的人士的首肯；他们的耳朵习惯于某些表达方式而不习惯另外一些。”（第98页）接着便是一些人们应该避免的说法的罗列。

老化的语言不适用于一般的、严肃的话题；过于新式的语言又有矫揉造作、忸怩作态的嫌疑，人们也许会说这是故作风雅。而带有拉丁文和希腊语味儿的深奥语言，又不免使人有“上流社会人士”之嫌。如果可以用其他熟悉、简便的说法来表达相同的意思，那么使用这种高深莫测的语言的人便显得太学究气了。

必须谨慎地避免使用民众中流行的低级语言，因为一看便知道使用这些语言的人仅受过“低等教育”。一位宫廷发言人说：“只有在这种情况下，我们才提到这种语言，这种低级的语言。”他是在把宫廷语言和市民语言进行对比的时候这么说的。

必须从语言中去掉“坏的成分”，因为它不能表达“细腻的感情”，即情感的细腻化。这种情感的细腻化在整个文明的进程中起到了很大的作用。但是，只有很小的一部分人具有这种细腻的感情。持这种观点的人认为，有的人天生就有这种细腻的感情，而有的人天生就没有。那些感情细腻的人在他们的圈子里通过协商决定什么是好的，什么是坏的。

也许可以对表达方式的选择提出理性的理由，然而与之相比，社会等级方面的理由意义要重大得多。社会等级方面的理由认为，一种表达方式之所以比别的好，是因为它是上流社会或者是上流社会的精英使用的。

“老化的语言”，也就是那些不再时髦的语言，是年长的一辈或者不经常直接参与宫廷生活、被淘汰的人使用的；“过于新式的语言”是那些想发迹的、由年轻人组成的小群体使用的。他们有着自己特殊的“俚语”，其中有一部分也许在将来会变得时髦起来。和德国一样，“深奥的语言”是受过大学高等教育的人，首先是精通法律的人、高级官员们使用的，也就是说法国的穿袍贵族(noblesse de robe)使用的。“低级的表达方式”指的则是市民阶层直至“下等人”（populace）所使用的语言。对于语言的争论完全符合当时那种特定的、富有特色的社会状况。从语言问题上反映出了这一时期对语言起主导作用的那批人以及他们的界线。从广义上来说这是指那些“宫廷贵人”，从狭义上来说这是指一小部分、特别是当时贵族圈子里在宫廷中有影响的人。这些人处心积虑地想显示出自己与那些在社会等级上一跃而起的暴发户、市民阶层出身的宫廷侍臣的区别，想显示出自己与那些“老化的人”“年轻人”，即那些正在上升的“故作风雅的”年轻竞争者以及大学毕业的学有专长的公职人员的不同。正是这个圈子里的人对当时的语言潮流起到了决定性的影响。这些宫廷小圈子里的人怎么说，“人们就必须怎么说”，这才是“正确的”。语言的模式在这些圈子里形成，然后通过大大小小的波浪向外扩展。这种语言发展和受影响的方式是与当时社会结构的特定形式相一致的。

从 18 世纪中叶起市民阶层对于法国语言的影响逐渐扩大了。然而，人们至今依然能够感觉到法语曾经经历过一个漫长的宫廷贵族阶段，就像人们能够感觉到德语曾经受到过博学的、中等阶层知识分子的影响一样。无论哪个时期，在法国市民阶层中所形成的精英或所谓的精英总是继承了那种源远流长的传统，即通过语言来显示其不同于他人的倾向。

关于人们用什么理由来说明这是“坏的”，那是“好的”“更好的”行为的问题

11. 语言是社会活动和心理活动的体现之一。在语言形成的方式问题上所观察到的许多东西，也同样在对其他社会现象进行研究的过程中反映了出来。比如，当人们在说明为什么这种就餐行为和风俗优于那一种时所用的方法，几乎与人们在说明为什么这种表达方式优于那一种时所用的方法毫无区别。

这种情况并不完全与 20 世纪的观察家所期待的相符。比如，观察家

们期望寻找“卫生的原因”来解释取消“用手进餐”、叉的使用、每个人用自己的餐具以及与他们自己的身份相符的其他一整套礼仪。因为他们自己通常是用这种方式来解释这些风俗习惯的。然而，直到18世纪下半叶为止，在促使人们进行大幅度地自我克制的动机中几乎找不到朝这一方向发展的东西。这种自我克制出于人们自身的要求，与其他种种原因相比，这种所谓的“理性的原因”至少是处于很次要的地位。

在最早的阶段，人们经常用这样的理由来解释为什么要自我克制：不要这样或那样做，因为这是不符合“宫廷礼仪的”（courtois），是不“高雅的”（höfisch），一个“高贵的”（edler）人是不会这样做的；在许多情况下人们都是用考虑到别人会产生难堪作为其解释，比如在汤豪泽的《宫廷礼仪》一书中这样写道：“不要用手来搔痒——这只手也是用来伸到公用的盘里去取食物的——同桌的人会看见，应该隔着衣服搔痒。”（诗第113首，例子A）

以后在解释这些情况时的主要理由基本上与之相似：不要这样做，因为这是不“礼貌的”（civil）或者不“合礼的”（bienséant），或者把必须尊重社会等级高的人作为解释的理由。

与表达方式的形成一样，在其他社会行为的形成过程中，向起主导作用的圈子所制定的模式看齐的社会动机起到了极其重要的作用。甚至连用于督促人们养成就餐时“良好行为”的措词也往往恰好与督促人们使用“好的表达方式”的措词相同。

比如，在卡利埃尔的《论表达方式中的好习惯与坏习惯》中曾经提到过这种或那种表达方式……“是文明将它引入了谈吐正确的人中间”（第22页）。

同样是这个“礼貌”（civilité）概念，古尔旦和德·拉·萨勒在表达什么是好的、什么是坏的交际形式时也一再使用过。正如卡利埃尔在书中简单谈到那些“谈吐正确的人”那样，古尔旦写道（例子G的结束语）：“以前‘人们’可以这样或那样说，而今天‘人们’不能再这样做了。”1694 年，卡利埃尔在谈到语言时说，有许多人没有完全懂得我们语言中的“细微差别”，“正是这种细微的差别只为一小部分人所了解”。

1672 年，当古尔旦在谈到匙用过之后必须擦拭，然后才能重新放到公盆里去的时候也讲过同样的话：“有些人非常讲究干净，您把用嘴喝过的勺子再放进汤里，他就不愿意喝了。”（例子 G）

这种“细微的差别”，这种敏感和特别发达的“难堪”的感觉最初是宫廷小圈子，然后是整个宫廷社会用以区别于其他阶层的标志。这一点既适用于语言，也适用于就餐的风俗习惯。这种细微的差别是建立在什么基础上的？为什么它要求人们这样做而不能那样做？对于这些问题没有任何说明，也没有人过问。我们所能清楚看到的便是这种“细微差别”，或者说难堪界限的前移。在这种特定的社会情况下人的感觉与情感首先在上流社会中发生变化，然后，整个社会的结构又使这种变化了的情感尺度逐步在社会中推广开去。没有任何材料表明，人的情感状态与感受程度的变化是出于被我们称为“明了的、理性的原因”，出于某种可以论证的因果关系。古尔旦并没有像后人那样，说与别人在同一个盘中喝汤是“不卫生的”，或者“有碍于健康的”。在宫廷社会的压力下难堪的感觉不断地朝着某个方向前移。其中有一部分戒律是出于以后被科学研究所证实的原因，而更多的戒律则是人们在交往过程中不断地互相施加的。这与“卫生”毫无关系，只是出于“难堪的感觉”。今天，情况依然如此。这部分的原因比人们一般所设想的要大得多。总之，从某些方面来看，这一过程正好与人们今天通常的假设相反。在很长的一段时期内，随着人际关系的变化和社会的变化，难堪的界限向前推移了。人的情感状况、敏感程度、感受能力和行为方式朝着某个特定的方向发生变化，尽管在变化的过程中有过许多波折。在这一发展过程的某一时期，这种行为被认为“从卫生角度来看是正确的”，被一种明确的对于因果关系的认识所证实，并继续朝着同一个方向发展和巩固了下来。从某些角度来看，难堪的界限的前移或多或少地与某些不明确的，或者说在刚开始时还无法用理性来解释的，诸如某些疾病会因此而传染这样的经验相联系。更确切地说，难堪界限的前移或多或少地与某些不明确的，因此也无法用理性来确定的某种担忧和恐惧相联系。在以后的发展过程中这种担忧和恐惧才被一种明确的认识所确认。然而，“理性的认识”并不是促进就餐和其他行为方式“文明化”的动力。

在就餐和谈吐“文明化”过程中所显示出来的这种极其相似的情况是很有启发意义的。这一情况清楚地表明，就餐行为的变化是人的情感和行为这样一种包罗万象的变化中的一部分。同时它还非常形象地说明了这种发展的动力如何来自社会结构、人的组合及其互相间关系的形式。人们清楚地看到，首先是一些较小的圈子成为变化的中心，然后这些变化又逐渐在其他广大的阶层扩展。这一扩展本身便是以某种人际关系，即一种特定的社会结构为前提的。如果形成这些模式的圈子和广大阶层没有产生出这样的生活条件，或者说没有产生出这样一种允许并要求情感和行为方式逐步发生变化以及难堪界限前移的社会状况，那么这种变化肯定是无法实现的。

以上所描述的这一过程，就其形式——而非内容——而言与某些化学过程相似。在这些化学过程中，一种液体被整个置于一种变化的条件之下，一种结晶的条件之下。在液体中首先形成一个很小的核，形成一种晶状物，然后其余的液体逐渐地在这个核的周围结晶。把这个晶体的核本身视为变化的原因是再错误不过的了。

某一社会阶层在社会发展的这个或那个阶段成为这一过程的中心，并为其他阶层形成模式，而这一模式又在其他阶层中传播开来，并被接受，这一切都是以整个社会所处的某种特殊状况和特殊的结构为前提的。在这一前提下，一部分人的任务是形成模式，而另一部分人的任务则是领会和推广这一模式。究竟是社会组合中的哪些变化使人的行为也跟着起了变化，下面将详细论述。

第二类　关于吃肉

1. 尽管我们常常把人的行为、希望和自我塑造看作与其社会生活相脱离的、自成一体的现象，然而，就其本质来说，这些现象正是人们的行为和人际关系最本质的东西，是社会和心理的具体表现。这一点适用于“语言”。语言不是别的，是声音化了的人与人之间的关系；适用于艺术、科学、经济、政治以及其他按照一般的价值观在我们的生活和头脑中占有重要位置的种种现象；同样也适用于那些根据一般价值观来看显得不重要和微不足道的现象。

正是这些看似微不足道的现象通过社会结构、心理发展以及人与人之间的关系给我们以简洁明了的启示，而这些启示是那些看似重要的现象所无法给予的。比如，从某种方面来看，人与肉食的关系对于人际关系及其情感结构所产生的推动力就很有启发意义。

在中世纪，人们对于肉食至少有三种不同的态度。在这方面，也像千百种其他现象一样，显示出了行为方式的不统一。与近代相比，这种行为方式的不统一正是中世纪的特征。中世纪的社会结构还不能促使一种行为模式从由某个社会阶层所形成的中心逐步地向整个社会渗透。在中世纪，每个社会阶层都有着自己特定的行为模式，而其他的阶层，那些处于其他等级的人们则有着与之截然不同的行为模式，整个西方国家基本上都是如此。因此，处于同一区域的各个阶层之间在行为上的区别，往往要比那些处于不同区域而社会等级相似的人之间的区别大。如果一个阶层的行为方式进入另一个阶层——这种情况经常会发生——其面貌也会随之大大改观，这是因为各个阶层严重封闭的缘故。

在中世纪，人们在肉食方面的消费大约有以下几种：与我们这个时代的标准相比，当时世俗上流社会肉的消费量特别大。他们大量地食肉，这对我们来说简直难以置信。

部分寺院因为禁欲而完全放弃了肉食。这种放弃或多或少出于一种自我节制，而不是出于肉食的匮乏，这些人甚至还极度地鄙视进食并克制食欲。在这个圈子里有许多极端鄙视世俗上流社会中人暴食暴饮的言论。

社会下层，即农民的肉食消费量往往是很有限的。然而，这并不是出自心理的需要，或因为考虑到上帝和彼岸世界而作出的自愿节制，而是由于肉食少的缘故。牲畜是非常珍贵的，长期以来基本上供上等阶层食用。有这样的记载："如果农民畜养牲口，那么其中的绝大部分是为了那些特权阶层、贵族和市民而养的。"[54]也是为那些神职人员，那些非禁欲主义的、分为各种不同等级的神职人员，其行为往往接近于世俗上流社会。关于中世纪和近代初期上流社会肉食消费的具体数据很少。再者，在较低微、较贫困的骑士和大的君主诸侯之间肯定又有明显的区别。贫困骑士的水准往往与农民相去无几。

从稍晚一些时候，即 17 世纪德国北方一个宫廷关于肉食消费的统计[55]来推断，平均每人每天消费两磅肉，还要加上大量的野味、家禽和鱼。调味品很重要，而蔬菜则相对来说不那么重要。其他的记载基本上也都证实了这种情况。至于细节还有待核实。

2. 另一种变化得到了比较确实的证明：在中世纪到近代这段时期里，往餐桌上放置肉的方式有了显著的变化。这一变化的发展是很有启示作用的：中世纪的上流社会里经常把整头牲畜，或者一头牲畜的大部分端上餐桌。不仅仅是整条整条的鱼、整只整只的家禽和鸟——其中有的还带着羽毛——而且，还会有整只的兔子、羊羔和四分之一的小牛出现在餐桌上，更不用说更大的野味和穿在铁钎上烤的猪和牛了。[56]

牲畜是在端上餐桌后才被分割开来的，所以直到 17 世纪为止——

18 世纪也有这种现象——有关礼貌的书中一再指出，分割牲畜对于一个有教养的人来说是多么重要。

1530 年，伊拉斯谟说：“必须从小就熟悉分割牲畜的艺术……”

1672 年，古尔旦说：“倘若给人分菜，必须始终把最好的给别人，而给自己留下最少的，并且只能用叉。倘若有身份的人向您要放在您面前的菜肴，您就必须善于正确而又有条理地切割肉食，认清最好的肉块，以便有礼貌地把它让给有身份的人。

“对于肉食的分割方式我在此不作规定，因为关于这一问题已有专论。那些专著中甚至配有齐全的插图，告诉您应该用叉在哪儿把肉块固定住，以便于切割。因为前面已经提到，在任何时候，即便是在食用的时候，也不能用手去拿肉。然后您还应懂得从何处下刀，先切哪一块，哪儿是最好的，以便将它让给较为高贵的客人。参加了三四次好的宴会之后是很容易学会切肉的。如果不会就表示歉意，并请他人代劳，这是无可非议的。”

德国与之相似的例子：

1650 年在林特伦出版的一本新增印的有关礼仪的小册子中这样写道：

“因为司仪这个官衔在诸侯和君主的宫廷中并不是最小的，而是最显赫的，所以担任这一职务的人不是贵族就是那些具有良好出身的人。担任司仪者必须长得挺拔、匀称，有着笔直的胳膊和灵巧的双手。每当他出现的时候，必须不带任何强烈的情感，必须避免做出任何不必要的、愚蠢的举动……他给人的印象应该是从容不迫，不会因为手和身体的颤抖而失去尊严。如果他不具备这些条件，那么那些出席宫廷宴会的人便会觉得难以忍受。”

在餐桌上切肉和分肉这两项任务是一种特殊的荣誉。一般来说都由主人承担，或由主人请尊贵的客人来承担。“年轻人和地位低微的人不应该争着给别人分菜，只需顾及自己便可。”这是1715年一本无名氏写的《法国礼貌》中所提到的。

17世纪法国上流社会渐渐地不再在餐桌上分割牲畜。分割牲畜在当时是一个出入社交场合的人所不可缺少的才能，就像打猎、击剑和跳舞一样。以上所引的古尔旦的原话已经指出了这一点。

3. 慢慢地不再把大块大块的牲畜端上餐桌，不再在餐桌上分割牲畜。这种情况肯定与许多因素有关。其中最重要的原因之一可能是随着大家庭变成小家庭而导致的家政逐渐减缩，[57]然后是像诸如纺纱、织布、屠宰等生产和加工的任务逐渐地从家政中分离出去，变成手工匠、商人、工厂主的职业，而家庭则基本上成了一个消费单位。

总之，这方面的心理特性也与大的社会进程的特性相符。在今天，如果必须自己或由别人在餐桌上分割猪或半条小牛，或者从一只带羽毛的野鸡身上割肉，这对于许多人来说肯定都会产生一种很不舒服的感觉。

甚至有那么一些“感情细腻的人”——重复古尔旦的话是因为事实上这是一个与之相似的过程——他们一看到吊着一只只死牲畜的肉铺就感到恶心，还有一些人出于不同程度的具有理性色彩的难堪感觉而拒绝食肉。这种难堪的感觉已经超出了20世纪文明社会的难堪程度，因此被视为“不正常”。不能忽视的是，正是因为在普遍的社会发展中存在着这种推动力，才促成了过去难堪程度的变化。从发展趋势来看，这种超前的难堪感觉还将继续推动今后的变化。

这一发展的趋势是显而易见的。从因直接看到屠宰了的牲畜被端上餐桌，看到分割牲畜而感到极大的愉悦——至少是没有一点不舒服的感觉，发展到了另一种程度，即尽量避免想到肉肴是用屠宰了的牲畜烹调而成的。在我们绝大部分肉肴中，通过切割和烹调的艺术隐去或改变了牲畜的形状，以致人们在食用的时候几乎不会再想到它们的原貌。

这一情况还表明，在文明化的过程中，人们试图驱逐一切可能使他们联想到自己身上的“兽性”的感觉。即便是在进餐时他们也念念不忘。

各个国家在这方面的发展肯定不尽相同。与欧洲大陆相比，英国的许多地方仍然以新的形式保存了旧的习俗。比如，英国人爱吃一种“带骨头的牛羊腿肉”，因此，他们仍然保持了把大块肉端上餐桌、由主人来切肉和分肉的做法。这种风俗习惯在英国比在德国和法国城市阶层中要盛行得多。然而也应该看到，今天的“带骨头的牛羊腿肉”只是往餐桌上端大块肉的一种弱化了的形式。从中不难发现对难堪界限前移的反映。大约在 19 世纪中叶，社交宴会的风俗习惯接受了“俄国方式”。

1859 年，在英国一本名为《上流社会的风俗习惯》的书中写道：“我们最为感激这些新方式的是，它消除了那种笨拙的野蛮景象，即吃带骨的大块腿肉的习惯。大块带骨头的腿肉看上去一点也不雅观。它使主人埋头其上，为忙于切割而弄得狼狈不堪。事实上，除非胃口特别好，否则的话，光是看到这么多肥肉便会让人难以下咽。那些大块的带骨腿肉使讲究饮食的人看了感到厌恶。吃这种肉时，应该将其置于旁边的桌上，避开人们的视线。”

人们越来越注意把令人难堪的举动置于社交视线之外，除了极少数例外的情况，这一点也同样适用于在餐桌上切割整只牲畜。

正如许多例子所证实的那样，切肉曾经是上流社会社交生活中不可分割的组成部分。以后人们便慢慢觉得，观看切肉是一桩令人难堪的事情。切肉本身并没有被取消，因为要吃肉就必须把牲畜切开，但是这种变得令人难堪的事情，或把它“置于幕后”的做法，很能说明被我们称作“文明”的整个过程的特性。从在餐桌上分割大块的或整只的牲畜，到因不愿看到死的牲畜而引起的难堪界限的前移，以及在幕后的专门地方来分割牲畜，这一发展便是典型的文明的发展。

在其他社会与之相似的现象后面是否也存在着类似的过程，这一点还有待于研究。特别是在具有更加悠久的“文明”历史的中国，把分割牲畜置于幕后的做法比西方国家要早得多，彻底得多。① 在那儿，文明的进程已经发展到了牲畜的肢解和切割完全是在幕后进行的，在餐桌上根本就不用刀。

关于席间餐刀的使用

4. 从餐刀在社会中的使用方式来看，它也是人的心理的体现，是不断变化的人的本能、愿望以及社会状况和社会构成原则的具体体现。在今天的西方国家里，被当作餐具来使用的餐刀其主要特点是在这方面有许多戒律和禁忌。

以理性的观点来看，刀肯定是一种危险的工具。它是一种用于攻击的武器，能戳出伤口，能用于分割死的牲畜。

这种显而易见的危险引起了种种情感。刀成了与它的用途和形状有关的各种感受的象征，但是这些感受并不是由“理性”从刀的用途中得出的。由刀引起的恐惧已经超过了理性所能解释的范围。这种恐惧大于任何可能的“可以估量的”危险。同样，由使用刀和注视刀所引起的快感也是如此，尽管这种快感现在比较少见。鉴于我们这个社会的结构，有关刀的使用的社会礼仪更多是由刀引起的恐惧和不快来决定的，而不是由它引起的快感来决定的。因此，餐刀的使用受到了一系列戒律的约束。如上所述，这些戒律已经远远地超出了“纯粹的合乎目的”的作用。这些戒律每一项都有许多莫衷一是的、模糊的、难以检验的理性解释。只有当我们从整体上去观察这些禁忌的时候，才能推测社会对刀的态度。刀在餐桌上的使用规矩以及围绕着刀的各种禁忌主要来源于人的情感。恐惧、难堪、负疚以及各种各样的联想和情感，已经超过了刀可

① 可参见《孟子·梁惠王章句》：“君子之于禽兽也，见其生，不忍见其死。闻其声，不忍食其肉。是以君子远庖厨也。”其成书在公元前 475—公元前 221 年间。——译者

能引起的危险。正是由于这些原因，关于刀的戒律才在人们的心目中有着如此特殊、稳固的地位；正是由于这些原因，关于刀的戒律才有了“禁忌”的性质。

5. 中世纪的上流社会是由骑士组成的。当时的民众也是处于常备不懈、时刻准备战争的状况。鉴于当时情感控制的水准以及对人的本能比较不加约束和调节的情况，有关餐刀的戒律也很少。“不要用刀来剔牙”，经常可以听到这种说法。这一条重要的戒律已经预示着以后有关餐刀戒律的发展方向。另外，餐刀是当时最重要的餐具，把刀伸进嘴里是理所当然的。

有材料证明，在中世纪的后期，甚至更早一些时候，人们对于餐刀的谨慎态度并不仅仅是出于理性的考虑，即刀会割伤或碰伤自己，而更主要的是出于感情上的考虑，这种感情是由看到或想象刀对着自己脸部的情形而引起的。

卡克斯顿在《礼仪之书》中(第28首诗)曾经这样写道：

> 勿使刀对脸，
> 视之乃感觉，
> 恐怖与危险。

这一条以及以后的各条有关戒律确实包含着提醒人们注意由理性所估计到的危险的成分。这是对于死与危险的一般的提醒和联想，是刀这种工具的象征意义。随着社会内部的不断和谐，由注视刀而引起的不快压倒了快感，于是刀的使用受到了限制，最后还可能在社交场合被禁止。光是看到刀对准自己的脸就足以引起恐惧：“不要把你手里的刀对准你的脸，因为这样会引起很大的惊恐。”这便是后来有关不能把刀伸进嘴里的那条严格戒律的情感基础。

同样，在以上所列举的例子中，卡尔维亚克（在例子 E 的末尾）在 1560 年首先提出的那条戒律也说明了类似的情况：“把刀递给别人的时候，应当握住刀尖，而把刀柄递过去。不这样做是不合规矩的。”

在这儿也常常和在以后的阶段——到那时，教育孩子时对每条戒律都有一种“理性”的解释——一样，在说明社交礼仪的时候只是说：“如果不是这样做的话，就是很不礼貌的。”然而，这条戒律的感情色彩是显而易见的：不能像在攻击时那样把刀尖对准别人。这一动作的象征意义以及由此引起的对于战争威胁的联想会令人感到很不舒服。这一条关于餐刀的礼仪也包含了理性的成分：可能有人会利用递刀的机会突然行刺。由于这一危险的存在而产生了一条社交礼仪，这是因为这一危险的姿势是死亡和危险的象征，会在人的感情中引起普遍的不快。社会越来越注意限制可能由人所造成的各种危险，并开始注意改变个人的情感控制机制。与此同时，社会也越来越注意限制可能会引起危险的各种象征、姿势和工具。

对于刀的使用的限制和戒律增加了，对每一个人施加的强制力量也相应地增加了。

6. 如果越过发展过程中的各个细节，而只是观察其结果，只是观察餐刀礼仪的即时水准，那么便会惊奇地发现一系列程度不同的戒律。关于不要把刀伸进嘴里的要求是最严格的、家喻户晓的。至于这条戒律大大地超过了事实上可能会出现的危险这一点就不用说了，因为习惯于使用刀并用刀就餐的社会阶层是不大会经常用刀割伤嘴巴的。这条戒律成了社会地位高贵的标志。在我们看到一个人把刀伸进嘴里时所产生的难堪的情感中，既包括了由这一危险的象征而引起的普遍的恐惧，也包括了由于害怕在社会等级上下降而产生的那种特殊的、社会等级概念上的恐惧。这种恐惧是早就由家长和教育家唤起的。在说明餐刀的用法时，他们常常会说：“没有人会这样做。”还有一些有关餐刀的戒律与对身体构成的直接危险并没有关系，或者关系极小。其中有一部分似乎并不是因为刀所象征的战争意义的缘故。不能用刀来吃鱼，关于这条严格的戒律——现在这种情况有所改变，吃鱼有了一种特殊的刀——的感情意义目前还不清楚，尽管心理分析理论为搞清这个问题指出了一个方向。有这样一条众所周知的戒律，不能用整只手握住餐具，特别是刀。德·拉·萨勒曾经说过："不能像拿棍子一样。"刚开始时这一说法只是针对叉和匙而言的(例子 J)，后来才成了一种普遍的倾向。不能用刀或限制用刀来切肉丸和不能用刀来敲鸡蛋壳的戒律，虽然没有那么严格，但也与之相似。有时候在特别敏感的阶层里，人们甚至避免用刀来切苹果和柑橘。1859 年和 1890 年出版的《上流社会的风俗习惯》一书中写道："我想暗示的是没有一个讲究饮食的人会用刀来削苹果的，而橘子的皮则应该用匙来剥。"

7. 从某种意义上来说，这些严格程度不等的戒律——肯定还不止这些，还可以作些补充——说明了刀的使用的一般发展，这一发展是非常清楚的。在文明社会里由上而下逐步地形成了一种趋势，在现有的就餐技术中尽量限制刀的使用，有可能的话就完全不用。

例子 I 中引用的一条看似无足轻重、不言而喻的规定预示着这样一种倾向："不要像乡巴佬那样老是用手握着餐刀，要用的时候再去拿。"这条规定在 19 世纪中叶显然已经非常明确。前面引用过的英文版的《上流社会的风俗习惯》一书中写道："让我告诉你一条规矩——所有可以不用刀来切的东西，应当用叉子来切。"只要观察一下刀的使用现状，便可证实这一倾向。这是有关就餐技术和就餐礼仪的发展已经超出了宫廷社会所达到的水准的极少数清晰可见的例子之一。这当然并不是说，西方国家的"文明"确实是继续朝着这个方向在发展。这只是一个开端，一种可能，就像在每个社会里都有许多开端和可能性一样。可以想象，厨房里对于肉食的准备将继续朝着这样一个方向发展，即在社交宴会上进一步限制餐刀的使用，并在更大的程度上把切肉的任务“置于幕后”专门的地方。

严重的倒退行为肯定也是可以想象得到的。比如，众所周知，在最近的一次战争中①，人们的生活形式被迫发生了变化，打破了和平时期各种大大小小有关文明的禁忌。在不得已的情况下，军官和士兵在战壕里又用刀和手来进餐。不可避免，难堪的界限迅速地发生了变化。

这种打破常规的现象经常可能发生。不过，被打破的风俗习惯又会卷土重来。除了这些情况之外，餐刀使用过程中的发展情况清晰可见。[58]

对于情感的调节和约束加强了，关于使用危险器具的要求和戒律增加了，且越分越细。最终将尽可能地限制使用这些象征着危险的器具。

看到文明的这一发展，不禁使人想起其与中国历史悠久的风俗习惯有着相似之处。如上所述，在那儿好几个世纪之前宴席上就已经不用餐刀了。对于许多中国人来说，欧洲人进餐的方式是“不文明的”。有时那儿的人会说：“欧洲人是野蛮人，他们用短剑来吃饭。”据推测，中国这一风俗的由来是因为很久以来，在那儿形成行为模式的上流社会不是由骑士阶层，而是由一个和平的并且具有很高和平意识的阶层，即有学问的官吏阶层所构成的。②

关于席间叉的使用

8. 叉究竟有什么用处？叉是用来把切小了的东西送进嘴里的。我们为什么要用叉？我们为什么不能用手指来进餐？因为这是“野蛮的”，1859年《上流社会的风俗习惯》一书的匿名作者，一个“站在俱乐部窗口的人”曾经这样说过。为什么用手指进餐是野蛮的？正如人们

① 指第一次世界大战。——译者

②《韩非子·喻老》：“昔者纣为象箸而箕子怖。”根据这条记载，中国至迟在商末——约公元前11世纪，便已使用筷子，而无使用餐刀的记载。这可能同中华民族较早进入农耕社会有关。汉末《释名》载：“貊炙，全体炙之，各自以刀割，出于胡貊之为也。”可为参证。——译者

经常说的那样，这根本就不是问题。用手指进餐是野蛮的，粗野的，不文明的，这是不言而喻的。

然而问题正在于：为什么用叉进餐比用手指要文明？

因为用手指来进餐不卫生——这一回答听起来很有说服力。如果许多人把手伸到同一个盘子里，我们就会觉得不卫生，因为这样做的危险是可能在与其他人的接触中传染上某种疾病。我们中的每一个人似乎都怕生病。

然而，这种解释似乎又有些不对。今天我们不再是很多人合用一个盘子进餐，每个人都从自己的盘子里把食物送进嘴里。用手指从那儿，即从自己的盘子里拿食物不会比用手指把蛋糕、面包、巧克力以及其他东西送进嘴里更不卫生。

那么，究竟为什么要用叉呢？为什么用手把自己盘子里的食物送进嘴里是“粗野的”“不文明的”呢？

因为弄脏手指，或者在交际场合让人看到自己又脏又油腻的手指会使人产生一种难堪的感觉。不再用手从自己的盘子里取食与疾病的传染和所谓的“理性原因”并没有什么关系。在这儿，在对有关叉的礼仪所引起的我们自身感受的观察中，可以非常清楚地看到：当我们在判断一种就餐行为是“文明的”还是“不文明的”时候，起主要作用的是我们的难堪感觉。叉只是一种特定的情感和难堪程度的体现物。在分析从中世纪到新时代就餐技术变化的背景时，我们又要重新提及本能与情感的变化，这一现象在分析其他与之相似的具体表现时就已经提到过了。

一些在中世纪丝毫不会使人感到难堪的行为方式，逐渐地会令人产生不快的感觉。难堪的程度通过相应的社会戒律表达了出来。据观察，这些禁忌不外乎礼仪化和制度化了的不快、难堪、恶心、恐惧和羞耻等感觉。这些感觉是社会在特定的环境中培养起来的。他们之所以会一再地重复产生，主要是因为这些感觉以某种礼仪的形式，以某些交际形式固定了下来，当然其原因还不止这一个。

这儿所举的例子告诉我们——这些例子反映的面很窄，所选的引文也有些偶然性——在发展的某个阶段，叉的使用还不是理所当然的事情，难堪的感觉首先在一个很小的圈子内形成，然后才慢慢地向外扩展。1672 年，古尔旦曾经指出(例子 G)："用手指去碰油腻之物、调味汁或糖浆等都是不成体统的。因为这样的举动还会引起我们接二连三地做出不体面的动作。比如，会使我们不得不经常用餐巾去擦手，把餐巾弄得像厨房里的抹布一样脏，以至于看到你再用餐巾来擦嘴的人会感到恶心。或者你必须用面包来擦手，这同样是很不干净的。(注意：法语中'propre'和'malpropre'这两个概念，按照古尔旦的用法和他在书中一个章节中的解释，与我们'干净'［sauber］和'不干净'［unsauber］的概念不大相符，倒是与我们以前经常使用的'proper'① 这一概念有更多的相似之处。)最后还有一种可能性，那就是用舌头去舔手指，这是最最不体面的做法了。"

然而，在 1729 年出版的德·拉·萨勒所著的《礼貌》(例子J)——意在向更大的圈子推广上流社会的行为——一书中写道："当你的手指沾满油腻时，先用一片面包擦一下。"这一点表明，即使在这个时候，人们还停留在早在几十年前古尔旦就已经提到的那种难堪的层面。

但另一方面，德·拉·萨勒又几乎逐字逐句地照搬古尔旦所提出的规定："'礼仪'(bien-séance)不允许用手去碰油腻之物、调味汁和糖浆。"在谈到由这一动作所引起的"不礼貌"的举动时，他和古尔旦一样，除了提到可能会弄脏餐巾，还提到了会导致用面包擦手和用舌头去舔手指的举动。

人们可以看到，在这儿所有的一切还在孕育之中。新的水准并不

① 意为：讲究、考究。——译者

是一下子就形成的。有些行为方式被置于戒律之下，并不是因为它们不健康，而是因为它们会使看到这些行为的人产生一种难堪的感觉或联想。形成楷模的圈子通过许多有关部门和制度，逐渐地在更大的圈子里唤起一种让人看到自己不体面之举时的羞耻感——这种羞耻感在这些圈子里本来是不存在的——和害怕别人会因此而产生难堪联想的恐惧感。这两种感觉一经唤起，便会通过某种礼仪，比如关于用叉的礼仪，在社会中普遍地扎下根来。只要人际关系的结构不发生根本的变化，这些感觉便会重复产生。对于年长的人来说，这样的行为水准已经成了理所当然的事情。然而对于儿童来说，这种感觉与水准并非与生俱来。年长的人总是强迫儿童——有时激烈一点，有时缓和一点——像他们那样克制自己，抑制自己的本能和喜好。如果一个孩子用手去抓黏的、湿的或油腻的东西，大人就会对他说："你不能这样做，这样做不行。"当成年人看到这种举动时，用不着别人提示，不快之感便会油然而生。

即使不对孩子说这些话，他们的绝大部分行为和情感也会由于受到周围环境的影响，比如成年人普遍使用刀、叉，而被迫以同一形式或朝着同一方向发展。因为整个周围世界的压力和范例变成了每一个成年人的压力和强制，所以大多数正在成长的人早就忘了他们的羞耻和难堪之感，他们的快感和不快是在外界的压力和强制下形成并达到某种水准的。在他们看来，所有这一切都是他们个人的事情，是"内心的活动"，是与生俱来的。

在古尔旦和德·拉·萨勒的引文中可以非常清楚地看到，在刚开始的时候成年人也是因为出于"礼貌"，出于对别人的顾忌，即为了不让别人看到自己难看的动作，为了避免因为让别人看到自己"沾满调味汁的"手而产生的羞愧之感，才觉得不应该用手来进餐的。而以后则逐渐地由"超我"，由一种内在的无意识，由社会打在每个人内心的烙印来禁止人们用叉以外的其他东西进餐。每个人在他人和外部强制下所习惯了的社会水准，最后将会在自我强制之下顺利地复制。即使个人的意识并不希望如此，这种自我强制也会起某种作用。

在几百年的社会历史进程中，逐渐前移的羞耻感和难堪正是以这种方式以缩短的形式在某个人身上再现。如果想用一个法则来说明这种一再重复的过程的话，那么可以同样把它说成是生物起源的原则、社会起源的原则或者心理起源的原则。

对于自然需要看法的变化

第一　例子

A

15 世纪？

选自《席间规矩》。

孩子，千万注意，在你的座椅上，
是否有何东西，看去不合礼仪。

在你入席之前，仔细看看，你的座位是否被弄脏了。

B

摘自《一首关于席间礼仪的格言诗》。[59]

329　尔手不可，
探及衣下，
把挠体痒。

C

1530年。

摘自伊拉斯谟《男孩的礼貌教育》。

（以下的注释是从1530年科隆版上节录下来的。这一版本可能是直接用于教学目的的。标题中加上了如下的说明：在作者的认可下由吉斯贝尔图斯·隆戈留斯·乌尔特拉特拉伊克蒂努斯作了新的注释，科隆，1530年。在一本教科书中这样来谈论这些问题，这与以后对于这些问题的看法形成了鲜明的对比。）

在别人正在大小便时向他打招呼是不礼貌的……

“Membra quibus natura pudorem addidit retegere citra necessitatem procul abesse debet ab indole liberali. Quin ubi necessitas huc cogit, tamen id quoque decente verecundia faciendum est, etiam si nemo testis adsit. Nunquam enim non adsunt angeli, quibus in pueris gratissimus est pudicitiae comes custosque pudor.”（一个有教养的人不应该在不必要的情况下暴露那些自然赋予羞耻之感的身体部位。倘若不得不这么做，则必须避开众人，小心谨慎，即使没有人在场也应如此。因为天使无所不在。他们最喜欢的莫过于男孩有羞耻之心。羞耻之心是礼貌行为的陪伴者和守护者。）“Quorum autem conspectum oculis subducere pudicum est, ea multo minus oportet alieno praebere contactui.”（如果让别人看到身体的这些部位就会产生羞耻的感觉，那么就更不应该让别人去碰这些部位。）

抑制小便有损于健康，在隐蔽的地方解手是合乎规矩的。有人规定，男孩必须夹紧屁股，不让肚子里的气排出来。如果为了尽量使自己显得高雅而弄出病来，这样的做法并不是礼貌。假如有可能，应该回避众人，悄悄地把屁放出来。假如无法回避，那么正好用上一句古老的成语：可以用咳嗽声来掩盖放屁声。既然憋住肠子里的气比收缩肚子更加危险，那么那些书中为什么规定，不能把肠子里的气排泄出来呢？

关于这一点注释(第33页)里这样写道:

这样做会得病的，请听老科斯关于放屁的格言……假如能够不以放屁的形式、没有声响地把肠子里的气排出来，是最好不过的，即使很响地把它排泄出来也总比把它憋住好。在这时候必须克服羞耻的感觉，让身体减轻负担，而不能夹紧屁股。所有的医生也都是这样建议的。讽刺诗人艾顿的作品中也描写了类似的情况，他在神圣庙堂里向朱庇特[①]问候时夹紧了屁股，尽量不让屁放出来。一些过着寄生生活的人，即那些自以为了不起的人说：我已经学会了夹紧屁股。

用咳嗽声来掩饰放屁声，使那些因自己的放屁声被别人听见而感到羞耻的人有了掩饰的手段。有一条古老的规矩说：每放一个屁咳嗽一声。

抑制肠中之气有损于健康：讽刺诗人尼卡尔西[②]在他的第二卷书中曾用诗描写过被憋住的屁的难闻气味，因为这些诗随处可见，我这里就不一一列举了。

(注意：这本书详细、认真而又无所顾忌地讨论的这些问题，现在已经完全成了私事，在社会生活中严禁谈论。这一现象特别清楚地显示出，难堪的界限正朝着某一特定的方向变化和前移。在本书的讨论中一再提到羞耻感是为了强调羞耻程度的不同。)

D

1558年。

摘自贝内文特大主教乔瓦尼·德拉·卡萨的《加拉泰奥》。

引自1609年日内瓦出版的五种语言版本(第32页)。

除此之外，一个合乎规矩、品行端正的人也不能(“Similmente non si convienè a Gentilhuomo costumate apparecchiarsi alle necessità naturali...”)当着别人的面大小便，或者准备大小便。也不能在大小便之后走到别人

① 朱庇特：罗马神话中的主神。——译者
② Nicarchi。——译者

面前去穿衣裤。大小便之后从厕所回到社交圈子时不能洗手，因为洗了手便会使在场的人眼前浮现出那个肮脏的过程。出于同样的原因，如果在马路上看到污秽之物——有时候会遇到这种情况——立即指给同行者看，也不是一个好的习惯。

还有一件事情也是不合规矩的：把臭的东西递给别人。有些人自己喜欢闻臭的东西，他们一边把极臭的东西凑到鼻子上，一边说：尽管这东西臭，我喜欢闻这股味道。在这儿应该说：因为这东西臭，不应该去闻它。

E

1570 年。

摘自 1570 年《韦尔尼格罗德的宫廷规矩》。[60]

不能像那些从未到过宫廷，从未接触过有德行、有教养人士的农民那样，粗野地、毫不害臊、全无羞耻之心地当着妇人之面，或在门窗洞开的宫廷居室和其他房间内解手，而应该时时处处在言行中体现出有理智、有教养和令人尊敬的风度。

F

1589 年。

摘自 1589 年《不伦瑞克的宫廷规矩》。[60]

同样，每一个人，无论是谁，白天黑夜、餐前、餐后或就餐期间，都不能在走廊里、居室内、楼梯上或螺旋形的石阶上随便解手或乱丢污秽之物，而应该到合适的、规定的地点去方便。

G

1619 年左右。

摘自理查德·韦斯特①《关于与别人相处时应有的以及允许和不允

① Richard Weste。——译者

许的行为》。[61]

你的生殖器，
勿让人看见，
这样很可耻。
别人觉得你，
讨厌而粗鲁。

勿要强忍小便，勿要有屁不放，
此物滞留体内，使人难以忍受，
只要悄悄去做，不会使你难堪。

H

1694 年。

摘自《奥尔良公爵夫人的通讯》。

（1694 年 10 月 9 日，另一种说法为 1718 年 8 月 25 日。）

烂泥的气味令人恶心。巴黎是个可怕的地方，街道上弥漫着臭不可闻的气味，令人难以久留。炎热的气候使许多鱼肉腐烂了，烂鱼烂肉的味儿和人的气味交织在一起，臭气熏天，不堪忍受。

I

1729 年。

摘自德·拉·萨勒《礼仪与基督教礼貌守则》。

（鲁昂，1729 年。自第 45 页起）

除了头和手之外，必须遮住身体的任何部位，这是礼貌及廉耻所要求的。应当尽可能避免用手去触摸身体上平时并不外露的部位。如果被迫触摸，也应极其小心，要习惯于忍受那些小小的不适，而不要东抓西挠……

触摸或者窥视另一个人，尤其是异性身上上帝禁止人们窥视的东西，那更是有违礼貌。如果需要解手，始终应该隐至无人之处。不管是什么自然需要，都应该(包括儿童)躲到不被人发现的地方去做才好。

在公众场合，从体内排泄气体，无论是高声还是轻声甚至是无声，都是极不礼貌的。(这条适用于新情况的规则正好与例子 C 和例子 G 中的规定相反。)如果被人听见，则是可耻的。

谈论身体被遮掩的部分，谈论人体的某种自然需要，或者公然说出名称来，都是不合礼貌的。

J

1731 年。

摘自约·克里斯特·巴尔特[1]《骑士风度的伦理学》。

这本书将告诉读者，在彬彬有礼的场合，一个年轻人应该如何以有教养的举止和恳切殷勤的言辞博得众人的青睐。这本书将向当今世界的所有礼貌爱好者揭示，应当如何运用并享受这一伦理学。德累斯顿和莱比锡，1731 年(第四版)第 288 页。

(德国在这一方面的发展比法国的慢。这一本在 18 世纪上半叶出版的礼貌守则，其水准与上面所引的伊拉斯谟规则中的水准相等；向一个正在解大小便的人打招呼是不礼貌的，等等。)

从一个正在解手的人身旁走过时，应当装作没有看见。向这个人打招呼也是有悖礼貌的。

K

1774 年。

摘自德·拉·萨勒《礼仪与基督教礼貌守则》。

---

① Joh. Christ. Barth。——译者

（1774 年版，第 24 页）

（注意，在旧的版本中，“必须掩饰的身体部位和自然需要”这一章占两页半，而在 1774 年的版本中只占一页半。“必须注意避免的”这一节被删去了。作者在旧的版本中认为可以或必须谈到的许多问题，在新的版本中没有再提到。）

除了头和手之外，必须掩饰身体的其他任何部分，这是礼仪和廉耻的需要。

至于自然的需要，则必须（包括儿童）在不易被人发现的地方得以满足。

谈论身体的掩饰部分，谈论人体的某种自然需要，或者公然说出其名称，都是不合礼貌的。

L

1768 年。

摘自 1768 年迪·德方夫人致德·舒瓦瑟尔夫人的信。[62]

（有关器具声誉价值的例子。）

亲爱的祖母，我想给您和神甫描绘一下：当昨天早晨有人把您捎来的一个大口袋送至我床前时，我是多么惊喜。我急忙将口袋打开，把手伸进去，我摸到一粒粒小豆……然后摸到一个桶……我赶紧把桶拿出来，原来是个便桶。它是那么的漂亮精致，我的下人异口同声地说，本该做成一个调味盆。便桶昨天一晚受人观瞻，见之者人人赞不绝口。小豆……则吃得颗粒不剩。

第二　关于这些例子和这方面变化的一般评说

1. 有关宫廷礼仪的诗极少谈到这个问题。围绕这一生活方面的社会要求和禁忌也很少。这时候，至少是在世俗社会里，这些要求和禁忌最初还不是强制性的。无论是这些行为本身，还是有关的谈论或联想都不像以后那样会引起一种羞耻和难堪的感觉，并完全成为隐秘的私事。

伊拉斯谟的小册子是这一领域文明发展史上的一个标志。与之前的时代相比，这本书显然是把羞耻的界限往前推进了一步；然而，与以后的时代相比，这本书在谈论人的自然需要时又显得毫无顾忌，“很少有羞耻感”。这对于绝大多数具有现代文明水准的人来说是不可理解的，并常常会使他们感到“难堪”。

然而，这本书的作用显然就在于培养人的“羞耻感”。书中在要求儿童养成克制自己的本能习惯时所提出的“天使无所不在”的理由是很有典型意义的。人们在青年人的心目中唤起一种恐惧感，以迫使他们按照社会准则来克制自己的欲望。几个世纪以来，对于之所以产生这种恐惧感的原因的论证不断地发生变化。最初，无论是对自己还是对别人，人们往往会把这种导致一个人放弃其欲望的恐惧解释为一种对于外部神灵的畏惧。而后来，这种自我束缚和自我克制以及因为越轨行为而产生的恐惧、羞耻和难堪的感觉，则非常明显地以社会强制、羞耻感和对他人的恐惧的形式出现。至少，在上流社会，在宫廷贵族的圈子里是如此。然而，在广大的下层社会中，人们仍然继续长期地把天使作为一种制约儿童的工具。当人们为使儿童达到某种放弃欲望的程度和形成某种感情模式时，越来越多地使用“有害于健康”的说法和“卫生的理由”时，当这些理由在成年人的文明思想中占据了越来越重要的地位时，人们便很少提到天使了。虽然人们往往并没有意识到这些理由与作为制约儿童的工具的“天使”之间的关系。只有意识到了这一点才能来检验哪些理由是理性的，哪些理由只是具有理性的外表，即主要是出于成年人的难堪和羞耻的感觉。

2. 如上所述，伊拉斯谟的这本书是一种新的羞耻和难堪程度的先驱。这种新的水准首先是在世俗上流社会中逐渐开始形成的。

而另一方面，伊拉斯谟又是以一种非常理所当然的口气来谈论那些现代人羞于启齿的事情的。《男孩的礼貌教育》一书证明，伊拉斯谟是一个敏感而又感情细腻的人。但是他认为，在讲到身体的各种机能时直呼其名并没有什么不好，而从我们这个社会现在所达到的情感控制水准来看，这些东西在有关礼仪的书中是不能直呼其名的，甚至连提都不应该提。然而，在伊拉斯谟的细腻感受与他的无拘无束的谈论之间并没有什么矛盾之处。因为他处于情感约束和情感抑制发展过程中的另一个阶段。

当我们读到那时候人们遇到“解大小便的人”是一种自然而然的事情时，伊拉斯谟那个时代的另一种社会水准便十分清楚了。在那个时代，人们毫不害羞地当着别人的面解手，同样也毫不害羞地与别人谈论此事。这不禁使我们想到了今天在东方国家中仍然处处可见的某些行为方式。然而，细腻的情感要求我们不能和正处于这种状态的人打招呼。

伊拉斯谟说，要求年轻人“憋住肠子里的气”是不礼貌的，因为在有教养的外表下他可能会得病。对于打喷嚏和其他与之相似的行为，他也说过类似的话。当我们读到这些情况，一种不同于我们现在的水准也就清晰可见了。

有关健康方面的理由在这本书中即使能找到的话，也是不多的。正如上面所提到的那样，这些理由是用于抵制那些强制人们抑制自然本能的做法的；而后来，主要是在 19 世纪，有关健康的说法却几乎总是被用来作为强迫人们自我克制和放弃本能的理由。直到 20 世纪，这些情况才有所好转。

3. 德·拉·萨勒书中的例子足以说明难堪的感觉是如何发展的。

这本书 1729 年和 1744 年两个版本之间的区别是很发人深省的。即使是老的版本也已经代表了一种与伊拉斯谟书中完全不同的难堪程度。解大小便时要避开别人的视线，这一要求已经十分明确地被提了出来。这一要求的提出本身便说明了，人们的实际行为还与之不相符合。连成年人也没有做到，更不用说儿童了。尽管德·拉·萨勒认为，谈论这些行为和身体的有关部位是很不合规矩的，可是在我们看来，他自己就谈得相当详细。他道出了这些事物的名称，而在古尔旦 1672 年为上流社会各阶层所写的《礼貌》一书中就已经没有这一章节以及类似的表达方式了。

在德·拉·萨勒这本书以后的版本中，所有这些详细的规定都被删除了。渐渐地人们对这类事情保持一种“沉默”。当有比较陌生的人在场时，即使是有关的提示也足以使人感到难堪。在社交场合人们尽量避免触及会使人联想到这类事情的话题。

同时，这些例子也使我们看到，把这些事情排除到社交生活之外的实际过程是多么缓慢。

这方面的史料是很充足的。最能说明问题的是，这种“沉默”以前并不存在，或并不十分严格。然而，我们并没有看到这些材料的真正价值，而只是从中去了解一些稀奇古怪的事情。因此我们并没有从总体上来把握它们并把它们拼成一幅能显示某一特定发展方向的图像。如果能这样来看待这些材料的话，就不难从中发现文明进程的曲线。[63]

4. 最初，当人们在做这些事情或者看到这些事情的时候，很少有羞耻和难堪的感觉，因此也很少要求对此加以节制或避人耳目。做这些事情是理所当然的，就像梳头和穿鞋一样。自然，人们也是这样来制约儿童的。

在 1568 年的一本教科书，即马图林·科尔迪埃写的学生谈话录中，教师对一个学生说：“请你严格地按顺序告诉我，你在起床和早餐之间这段时间里都干了些什么。孩子们，请注意听好，以便学着你们同学的样去做。”这个学生答道：“Experrectus surrexi e lecto，indui tunicam cum thorace ... deinde egressus cubiculo，descendi infra，ruinam in area reddidi ad parietem，accepi frigidam aquam e situla，manus et faciem lavi usw.”

（我醒来后便起床。穿上衬衣、袜子和鞋子，束紧皮带。在院墙边小便。从桶里舀出干净的水，洗脸、洗手，然后用毛巾擦干，等等。）[64]

以后，在院子里解手这样的事情，至少是在这一类为制定模式而写的教科书中，会被认为“不重要”而不提。然而，在这儿它既不是特别“不重要”，也不是特别“重要”，它是一件理所当然的事情，和其他一切事情一样。

如果今天有哪个学生提到这类事情，那么他或是在开玩笑，或是太按字面上的意义去理解教师的话了。一般地说，他至少会以婉转的方式提到这类事情，或许他会微微一笑，以掩饰自己的尴尬，而别人则会以“会心”的微笑来回答他，因为谈论这样的事情多少总是触犯禁忌的。

成年人的行为与这些各种各样的制约形式相符。长期以来，街道或者是人之所及的一切地方都能用以达到与上面的院墙一样或相似的目的。当某个人有这种需要的时候，在楼梯上、屋角里或宫殿墙壁的挂毯上解手，这并不是什么非同寻常的事情。例子 E 和 F 都说明了这一点。同时，这些例子也说明了，由于许多社会等级不同的、需要互相依赖的人长期地以一种特殊的方式共同生活在宫廷之中，所以形成了一种自上而下的压力，要求人们进一步控制自己的情感和自我抑制。

首先是社会等级高的人以某种形式要求或强迫社会等级低的人，在某种情况下也要求或强迫与他社会地位相当的人进一步控制其情感，即要求和强迫他们放弃某些本能、抑制其情感。直到较晚的时候，当市民阶层和其他许多社会地位与之相等的人一起形成了一个庞大的阶层并成为上流社会和统治阶层的时候，家庭才成了惟一的，确切地说，成了培养人们放弃其本能的最基本的，也是最主要的场所；直到这个时候，子女对家长的依赖才成为推动社会所必需的情感调节和情感模式发展的最早的、也是最重要、最有力的动力。

对于上流社会来说，先是在骑士宫廷时期，后来是在宫廷专制主义时期，宫廷本身，即社会交际就已经在很大程度上直接起到了这个作用。在这一阶段，许多在某种程度上被我们称为“第二自然”的东西还没有被培养成为一种自动起作用的自我强制和一种即使一人独处时也会起作用的习惯。也就是说，人们首先是因为顾及别人，顾及种种社会原因才强迫自己放弃本能和抑制情感的。这时候每个人抑制情感的方式和程度主要取决于其本身的而不是对方的社会地位。随着社会分工程度的提高，人际关系比以前更加密切，每个人对别人的依赖性，包括社会地位高的人对社会地位低的人的依赖性也越来越大。正是这种不同等级的人之间的互相接近，人与人互相依赖关系的改变以及社会等级差异的弱化使上述情况逐步发生了变化。只有当那些社会地位高的人在社会地位低的人面前产生羞耻感时，他们之间的地位才彼此接近。直到这个时候人的情感控制才逐步发展到了对于民主化的工业社会里的人来说理所应当的程度。

让我们从丰富的材料中找出一个能够非常清楚地说明这一对比情况并且能使我们看出整个发展的例子：

德拉·卡萨在他的《加拉泰奥》中曾经提到过一系列应该避免的恶习。他讲到，在社交场合不应该睡着，不应该抽出信笺读信，也不应该剪指甲或清除指甲里的污垢。接下去他还讲到(第 92 页)：“除此之外，坐的时候不应该把脊背或屁股对着别人，或者把一条腿跷得高高的，以至于那些每时每刻都应该用衣服遮掩起来的身体某些部位露出来被人看见。这类事情一般是不应该做的，更不应该当着那些会使他们感到羞耻的人的面去做(se non tra quelle persone, che l'huom non riverisce)。如果是一个很有地位的人在他的仆役、朋友或社会等级比他低的人面前这样做的话，那么这并不是狂妄自大，而是一种友好和厚爱的表示。”

在一些人的面前人们会感到羞耻，而在另一些人的面前人们则并不感到羞耻。很显然，这时候的羞耻感是一种社会功能，它的形成与当时的社会结构相符。对于这一点人们似乎还没有清楚地意识到，尽管已有大量的历史材料证实了这一点。直到17世纪，法国的国王和那些贵族大臣仍然喜欢在某种场合接见下人，这种场合在以后的德文俗语中被称作甚至连皇帝也应该回避别人的场合。在起床、穿衣或者是上床睡觉的时候接见下人，在很长的一段时期里是一种很自然的习俗。[65]伏尔泰的女友德夏特莱夫人有一次洗澡时在她的男仆面前裸露着身子。她的男仆十分尴尬，而她则毫不在乎地叱责他没有好好地给她加热水。[66]这件事也说明了同样的羞耻感程度。

那些在高度民主化、工业化的社会里已经完全成为禁忌并会引起各种程度的羞耻和难堪感觉的行为方式，最初只是在部分范围内才是禁忌，才会引起羞耻和难堪的感觉。只有在与社会等级高的人或者与自己地位相当的人的交往中人们才不表现出这些行为。另外，在这一方面人们也是按照与上述对就餐风俗习惯的观察中同样的模式来强迫和抑制自己的。在《加拉泰奥》中有一处写道(第580页)："我认为，从公用的盘里，从同时给所有客人准备的盘里给别人取菜并不合适，除非给别人取菜的人在社会等级上高于对方，以使对方从中获得一种特别的荣誉。

"如果这发生在地位相同的人中间，那么给人的感觉是，给别人取菜的人似乎自认为在某些方面比别人略胜一筹。"

在等级社会中，人们共同生活中的每一个动作都反映了一定的声誉价值。甚至连那种被我们称为"礼貌"的对于情感的抑制，其形态也与日后逐步取消了社会等级差别之后大相径庭。这里特别提到的在地位相同的人交往之中不能给别人取菜的情况，以后成了普遍的风俗习惯：在社交场合各人吃各人的，大家同时开始就餐。

在裸露身体的方面，情况也与之相同。最初，不管是在什么情况下，在社会地位高的人或在与自己地位相同的人面前裸露身体，都是一种令人难堪的违反礼仪规矩的行为；然而，在社会等级低的人面前这样做则是一种友好的表示。以后，当人们在社会等级上平等起来时，人们便普遍地把它视为一种违反礼仪规矩的做法。与社会等级相关联的那种羞耻与难堪的感觉逐步地从人们的意识中消失。正因为不应该裸露身体，不应该在方便的时候让人看见等社会要求适用于每一个人，而且人们也是这样来教育孩子的，所以对于成年人来讲，这些要求便成了他自己的内在要求，并在不同程度上变成了一种完全自动起作用的自我强制。

5. 人的自然需要的满足之所以能被排除在公众场合之外，人在这方面的情感控制和情感模式之所以能形成，是因为在人的敏感程度提高的同时发明了一种技术设施。这一技术设施的运用使人的这方面行为被移至社会生活的幕后，从而比较圆满地解决了这个问题。这方面的情况与就餐技术的发展相似。不能单方面地，并且肯定不能从技术发展和科学发明的角度来解释人的心理变化过程以及羞耻和难堪界限的前移。相反，要指出这种技术发明和科学发现的社会发生及心理发生倒并不是很困难的。

当人际关系发生了普遍的变化之后，人的需要也跟着起了变化。一种与变化了的水准相符的技术设施的发明意味着对改变了的习惯的进一步巩固。同时，这一技术设施也担负起了不断再现和传播这一水准的任务。

今天，当这一行为水准已经相当巩固并成为理所当然的事情时，反而出现了某种宽松现象——这主要是相对19世纪而言。这种情况至少表现在对自然需要的谈论方面。对这些情况的观察是很有意思的。人们自由地、毫无顾忌地谈论所要谈论的事情，而且是不带任何尴尬或勉强的微笑，也不会因为触犯禁忌而引起别人的嘲笑。这种现象在战后越来越普遍。与进入新时代之后在洗澡和跳舞方面的习俗一样，这种宽松现象之所以能存在，是因为与前移了的难堪感觉相符的习惯水准以及通过一系列技术、制度巩固下来的自我强制水准和人们对自身情感、行为的抑制大体上已经确定无疑了。这是一种在已经达到的某种范围内的宽松现象。

6. 我们这个文明阶段所达到的水准是以所谓的“成年人”与儿童之间在行为上的巨大差距为特征的。儿童必须在短短几年时间里达到人类在几百年内所形成的羞耻和难堪程度。他们必须迅速地学会按照构成我们这个社会特征的那种特殊模式严格地来控制自己的情感，而这种模式是在历史的进程中非常缓慢地发展形成的。在这一方面，父母只是对儿童进行制约的工具——并非全能的工具，即制约的主要实行者。作为一个将人们集聚在一起的社会整体，正是通过父母和其他千百种途径向每一个正在成长的人施加压力，并把他塑造成比较完美或不太完美的人的。

在中世纪，社会也是作为一个整体来塑造人的。但是，当时形成情感模式的社会机制、执行机构以及制约机构，特别是在上流社会中，绝大部分与今天的不同——关于这一点下面还将详细论述。首先要指出的是，那时候成年人所必须遵循的有关情感控制和自我抑制的规定比以后的文明阶段少得多；其次，成年人与儿童在行为上的差别也要小得多。

中世纪有关礼貌与规矩的书籍所致力于克服的那些不良嗜好与倾向，现在仍然经常可以在儿童身上发现。不过，因为这些现象在今天总是及时得到矫正，所以在中世纪常见的某些“恶习”在当今的社交场合几乎完全被杜绝了。

今天，人们也谆谆教导孩子，不能看到桌上有自己喜欢的东西就立即伸手去拿；就餐时不能挠痒，不能摸鼻子、耳朵、眼睛和身体的其他部位。人们也教育孩子不要在嘴里塞满食物的时候说话或喝饮料，不要歪歪斜斜地坐在餐桌旁，等等。这些规定中的大部分在汤豪泽的《宫廷礼仪》中就能找到，然而，这本书中的这些规定显然并不仅仅是对儿童、也是对成年人而言的。只要看一下当时成年人满足自然需要的方式就更加清楚了。上述的例子表明，当时的成年人经常是以人们今天在孩子身上还可以看到的那种方式来解决这个问题的。成年人互相之间所期待的情感控制和情感调节的程度并不比对儿童的要求高。与现在相比，当时成年人与儿童之间的差距很小。

今天，各种行为准则与条例把人们禁锢得如此之紧，塑造人的习惯的社会控制与压力如此之大，以致正在成长的儿童只有一种选择：要么服从社会对行为方式的要求，要么被排除在“有教养的社会”之外。一个没有达到社会所要求的情感水准的儿童，往往会被某一社会等级或阶层视为不同程度的“病态”“不正常”“有犯罪倾向”，或者是“不成体统”而被排除在这一圈子之外。是的，从心理学角度来讲，不正常、有犯罪倾向和不成体统在某种程度上指的就是病态，而没有别的意思；至于人们对此的理解，则因历史上不断变化的情感模式而异。

从某种意义上来看，例子 D 的结尾是很能说明这个问题的：“还有一件事情也是不合规矩的：把臭的东西递给别人闻，或者有的人自己喜欢闻臭的东西，等等。”根据今天的羞耻和难堪程度以及情感控制的模式来看，在与别人交往中所表现出来的这种情感与行为完全是“病态的”“反常的”和“不健康的”。假如有人经常表现出这种行为，人们就将按照他的社会地位或者把他关在家里，或者把他送进疯人院。倘若这种行为只是发生在社交生活的“幕后”，那么最好请一个精神病大夫来矫正这个人不能制约自己的现象。一般来说，这种情感倾向在制约的压力之下已经从成年人白天的意识中消失。只有通过心理分析才会发现，这种现象仍然存在，只是没有或无法宣泄出来而已。可以把这种形式称作潜意识或梦幻。事实上，这种倾向在我们社会中被认为是“幼稚的”残留物。因为社会水准要求成年人完全抑制和改变这种情感倾向，所以如果它表现在成年人身上，便被视为童年时代的“残余”。

在《加拉泰奥》一书中所表现出来的难堪程度就已经要求人们摆脱这种情感倾向了。然而，与现在相比，当时社会为改变这种倾向而施加于个人的压力是微不足道的。从程度上来看，由这些行为所引起的厌恶、难堪和恶心的感觉比现在要弱得多。因此，社会对于这种情感表达及其行为方式所制定的戒律也比现在松得多。人们并不把这种行为看作“病态的不正常”或者“反常”，而仅仅把它视作一种违反礼貌、礼仪或失策的行为。

德拉·卡萨在讲到这一“恶习”时并没有特别强调，就像我们今天说起某人有一次在社交场合咬指甲一样。就他所说到的“这类事情”来看，这一恶习在当时无伤大雅。

从某种意义上来说，这一例子标志着一个转折点。可以这么推测，这种情感表达方式过去就有，可是直到现在才开始引起人们的注意。社会开始通过制造恐惧感逐步地、越来越严格地压制某些方面的积极欲望，或者说得更加确切一点，把这些情感变成了“私人的事情”，也就是说把它们变成个人的“内部事物”，变成了“隐秘的事情”，而把通过制约而引起的不快、厌恶、难堪等消极的情感变成社会的普遍感觉。正是因为社会越来越严格地对许多情感表达方式进行了谴责，并把它们从社会生活和意识的表层“排除”出去，所以才必然地拉大了成年人与儿童在行为和心理结构方面的差距。

关于擤鼻涕

第一　例子

A

13 世纪。

摘自邦维奇诺·达·里瓦《就餐礼貌五十条》。

a. 对主人的规定：

擤涕咳嗽须背身，

无使污物染其桌。

假如你擤鼻涕或咳嗽，转过身去，不要让脏东西掉在桌上。

b. 对王室侍从和一般仆役的规定：

第三十一条规定：

知礼之侍童，擤涕之时，当以布掩之。就食与伺候，皆不可以手指擤涕。然以裹胸布拭涕，则可。

（注：b 部分的意义不是很明确。但是有一点是清楚的，它是专门为在桌旁伺候的人所规定的。一个名叫乌古乔内·皮萨诺①的评论家说："在这儿 Donnizelli 和 Domicellae 指的是那些和仆人一样在餐桌旁伺候的漂亮男孩和姑娘……"这些侍童不允许与骑士同桌用餐；或者，如果允许的话，则必须坐在矮一点的椅子上。第三十一条规定是专门针对他们，也就是说，针对王室侍从中的某些人，总之是针对社会等级低的人的：一个有礼貌的侍童，当他想擤鼻涕的时候，应该用一块布来掩饰；就餐和伺候的时候，不应该用手指来擤鼻涕，而礼貌的做法是用裹胸布。）

B

15 世纪？

摘自一首《关于席间礼仪》的格言诗。

323 如以餐巾擤鼻涕，

此举有悖于礼。

① Uguccione Pisano。——译者

C

摘自《席间规矩》第33条。

竖子若流涕，
无使手去擤，
手为持肉用，
不为粗陋举。

［注：根据编著者的注释（《儿童读本》第2卷第14页），礼貌的做法应该是，如果用右手来进餐和从公用的盘子里取肉，就用左手来擤鼻涕。］

D

摘自奥·卡巴内《历史上个人的隐秘习俗》。

丛书，巴黎，1610年，第101页。

15世纪时，人们还是用手来擤鼻涕的。当时的雕塑家毫无顾忌地用尽可能写实的手法再现了这种动作。

在第戎菲利普·屈恩墓旁的骑士群雕中人们可以看到，其中有一个骑士正在用大衣擤鼻涕，还有一个骑士则用手在擤鼻涕。

16世纪。

E

1530年。

摘自伊拉斯谟《男孩的礼貌教育》（第1章）。

用帽子或衣服来擤鼻涕是农夫的做法，把鼻涕擦在手臂或臂肘上是鱼贩子的举动，把鼻涕擤在手上然后擦在衣服上也不好。应该把鼻涕擤在strophiolum[①]里，而且应该转过身去，特别是当有尊贵的和重要的人

① strophiolum：直译为“裹胸布”，参见下文。——译者

物在场的时候，如果用手指擤了鼻涕，然后把它甩在地上的话，应该立即用脚蹭去。

关于这一段的注释：

浓鼻涕和稀鼻涕的差别就在于前者是黏稠的，而后者则是流体的。总而言之两者都是脏东西。此外，下列概念在拉丁文作家那里是具有同一功能的同等概念：紧身胸衣（strophium）和裹胸布（strophiolum），汗巾（sudarium）和小汗巾（sudariolum），亚麻布（linteum）和小亚麻布（linteolum）。

F

1558 年。

摘自贝内文特大主教乔瓦尼·德拉·卡萨《加拉泰奥》。

引自 1609 年日内瓦出版的五种语言版本。

第 72 页：不能把手帕递给别人用，除非它刚洗过……（“non offerirai il suo moccichino ...”）

第 44 页：不应该把刚用来擦过鼻涕的拭鼻布（schnuptuch）展开来看，就像手帕里包的是从脑袋上掉出来的珍珠和宝石似的。

第 618 页：……对于这些人我真不知该说些什么……他们把手帕或擦鼻布衔在嘴里四处炫耀。

G

摘自奥·卡巴内《历史上个人的隐秘习俗》，丛书，巴黎，1610 年。

a. 手帕的声望价值（和叉、便桶椅等一样，手帕最初也是一种珍贵的奢侈品。）

第 103 页：马西阿尔·德奥韦涅《爱情规则》。

……为了使她铭记在心，他打定主意，为她制作一块最漂亮、最值钱的手帕，上面绣着他的名字。这块手帕要用金丝镶边，再加上许多小蝴蝶作流苏。

（注：这种手帕是女士们挂在腰带上钥匙旁边用的。）

b. 第 168 页：1594 年，亨利四世问仆人自己有多少件衬衣，仆人答道："殿下，有一打左右，不算那些穿破的。""那么手帕呢?"国王又问，"有没有八块?""现在有五块。"（莱斯托伊尔《亨利四世日记》）

1599 年，亨利四世去世后，人们在他情妇的财产清单中发现"五块用金、银和丝绸织成的手帕，价值一百埃居"。

c. 第 102 页：蒙泰依①说，16 世纪时，法国和其他地方一样，老百姓擤鼻涕时不用手帕。在市民阶层中，人们习惯于用袖子来擦鼻子，只有有钱的人才在口袋里放一块手帕，因此，要说一个人家财雄厚，人们就说他擦鼻子不用袖子。

17 世纪。

推行教养的顶峰。

讲究和约束的第一次高潮。

H

1672 年。

摘自安托尼·德·古尔旦《文明新论》。

第 134 页：（就餐时）不用餐巾遮掩一下，就公开地用手帕擤鼻涕或擦拭脸上的汗水……是令人作呕的肮脏行为。

……

必须避免打哈欠、擤鼻涕和吐痰。如果不得不在大雅之堂做这些事，则必须用手帕捂住，转过脸去，并用左手遮住，过后不要再去看手帕里的脏东西。

I

1694 年。

① Monteil。——译者

摘自梅纳日《法语词源词典》。

“拭鼻用的布”（Mouchoir à moucher）一词给人造成一种肮脏的感觉，夫人们不如把它称为“手帕”（Mouchoir de poche），如同我们说脖帕(Mouchoir de cou)一样。

[注：用手帕(Mouchoir de poche)这一委婉说法取代了使人感到难堪的词。]

18 世纪。

J

1714 年。

摘自《法国礼貌》，作者不详。(列日，1714 年)

注：成年人与儿童之间的差距正在拉开。只有儿童，至少是在中等阶层中，才允许作出像中世纪的成年人那样的行为。

第 41 页：不要像儿童那样用手指或衣袖来擦鼻涕，而应该用手帕，擦完后不要打开看里面的东西。

K

1729 年。

摘自德·拉·萨勒《礼仪与基督教礼貌守则》（鲁昂，1729 年）。

不停地用手去抠鼻孔是很不礼貌的；如果再把鼻孔里抠出来的东西放进嘴里，那就更加不能容忍……

用手、袖子或衣服来擤鼻涕是不礼貌的行为。用两个手指擤鼻涕，然后将鼻涕甩在地上，再用衣服来擦手指，这是与文明最为相悖的。我们知道，衣服上留着这样的污斑是不礼貌的。不管人多穷，衣服应当永远保持整洁。

有些人用一个指头抵住鼻子，然后用力喷气，将鼻中的污垢擤在地上。这么做的人都是不懂文明的人。必须始终用手帕来擤鼻涕，而不能用其他东西代之。擤鼻涕时通常应用帽子挡住别人的视线。

［注：这一例子非常清楚地说明，这本书是用来传播宫廷风俗习惯的。］

擤鼻涕时鼻子不应发出声音……擤鼻涕之前，磨磨蹭蹭地取出手帕是有违礼貌的。把手帕展开，看看用哪一角来擤鼻涕，这样做也是对周围人的一种不尊敬。应该不动声色地从口袋取出手帕，迅速地擤鼻涕，不要引起别人的注意。

不应该在擤了鼻涕以后再去看手帕，而应该迅速折叠好放回口袋。

L

1774 年。

摘自德·拉·萨勒《礼仪与基督教礼貌守则》（1774 年版，第 14、15 页）。

这一章的题目就叫：鼻子。

［注：经过删减。］

不论用手还是用其他东西故意去弄鼻子都是不礼貌和危险的；用手指去抠鼻孔更是不讲卫生，会使人生病的。过于频繁地去抠鼻子会在鼻孔内引起不适，这种不适之感长久不易消失。孩子最容易做这种错事，父母必须注意纠正他们的坏习惯。

［注：这一理由在旧的版本中没有提到过。它表明，从这时候起人们逐渐地开始把有损于健康作为制约的方法，并用它来取代必须尊重其他等级比自己高的人这样的理由。］

在擤鼻涕的时候，必须遵守所有的礼貌和卫生规则。

［注：所有的细节都被略去了。“沉默”的范围不断扩展。其先决条件是，有关这一方面的细节成年人都已熟悉，并在家庭内部得到了控制。——显然，在旧版本出版的时候，这一前提还不存在。］

M

1797 年。

德·拉·梅桑杰尔①《1797 年的巴黎旅人》(第 2 卷，第 95 页)。

(注：与前面所列举的 18 世纪的其他例子相比，这里主要是从“上流社会”年轻人的角度出发来观察的。)

几年前人们创造了一种擤鼻涕的艺术。有的人在擤鼻涕的时候模仿小号的声音，有的则摹仿猫叫，炉火纯青者则发出恰如其分的声音。

第二　关于擤鼻涕引文的一些想法

1. 在中世纪的时候，人们一般是用手来擤鼻涕的，就像用手来进餐一样。因此就有必要对就餐时擤鼻涕的现象作出特别的规定。礼貌，即宫廷礼仪，要求人们用左手来擤鼻涕，而右手是用来拿肉的。这一条规则只局限于餐桌。定出这条规定的原因仅仅是为了顾及他人。今天，人们往往只要一想到这样会弄脏手指，就会产生一种难堪的感觉，而这种感觉当初是根本不存在的。

这些例子再一次非常清楚地表明，某些看似极其简单的文明器具是如何逐步发展起来的。同时，这些例子生动地说明了为普及这样一个简单的器具、为使人们产生对它的需要所必须的特殊的社会与心理条件。手帕的使用——与叉一样——最初起源于意大利，它之所以风行起来主要是由于它的声望价值。女士们把绣满了花的珍贵的手帕挂在腰带上。文艺复兴时期那些“故作风雅”的年轻人请别人使用自己的手帕，或者把它衔在嘴里四处炫耀。因为手帕非常珍贵，而且价钱很高，因此刚开始时即使在上流社会也不多见。正如我们听说的那样(见例子 G，b)，16 世纪初的时候，连亨利四世也只有五块手帕。用手帕，而不用手或衣袖来擤鼻涕，通常被视为财富的象征(见例子 G，c)。直到路易十四才有了较多的手帕。在他的带动下，手帕才普及了起来，至少在法国宫廷

① De la Mésangère。——译者

社会中是如此。

2. 与其他方面一样，伊拉斯谟在他的书中非常清楚地说明了这一方面过渡时期的情况：用手帕是规矩的行为。如果有社会地位高的人在场，应当转过身去擤鼻涕。然而，同时他也说道：如果用两个手指擤鼻涕、鼻涕掉在地上的话，应当用脚蹭去。手帕的使用已经为人所知，但是尚未推广，甚至连在上流社会里也很少有人使用。伊拉斯谟的这本书主要是为这个阶层所写的。

两个世纪之后，情况几乎完全改观了。手帕的使用成了一种普遍的现象，至少在希望具有“良好行为”的人们中是如此。但是，用手擤鼻涕的习惯还没有完全消失。上流社会把这种习惯看作一种“恶习”，总之是粗俗可鄙的。德·拉·萨勒把某种极其粗俗的用手指擤鼻涕的方式称作“可耻的”，而把较好的用两个手指擤鼻涕的方式称为“完全有违礼仪的”，这样的分法读了使人觉得有意思(见例子 I、K、L、M)。

使用手帕的风俗刚开始推广，便一再提到对于一种新的“恶习”的戒律，即擤了鼻涕之后不能往手帕里看。这一“恶习”是与使用手帕的新风俗同时出现的(见例子 G、I、K、L、M)。随着手帕的使用，人们必须对自己的嗜好进行某种调节和抑制，而这种嗜好似乎又在上述“恶习”中找到了新的表现方式。换句话说，人的某些本能欲望，即对于身体内分泌的兴趣在这儿又重新表现了出来。在历史进程中的过去阶段，这种现象曾经表现得更为清楚、更为不加掩饰。在今天，这些现象至多表现在梦中和潜意识中，表现在秘密的领域或者是社交生活的“幕后”。也就是说，今天“一般”只有在儿童身上才会发现这种现象。

德·拉·萨勒的这本书再版时，第一版中的许多非常详细的规定大都被删去了。在其他的书中也有类似的情况。用手帕来擤鼻涕成了普遍的、理所当然的风俗。用不着再像以前那样详细论述。除此之外，人们越来越不好意思去谈论这些细节，而当初德·拉·萨勒则非常质朴、毫无顾忌地对这一切进行了详细论述。再版时，德·拉·萨勒比过去更加强调了儿童抠鼻孔的坏习惯。和对待儿童的其他坏习惯一样，在抠鼻孔这一点上，他不再提社会的戒律，或者说，除了社会的戒律之外他还把有关健康的忠告作为制约的手段。他指出，如果经常“这样做”，会给自己带来损害。从另一个角度来看，这是制约形式发生变化的结果。迄今为止，在对人的习惯进行评判的时候，几乎总是以其他人对这种习惯的看法作为尺度的。有些习惯之所以被禁止，至少是在上流社会中被禁止，是因为它们会使别人感到讨厌和难堪，或者是因为这种做法对别人“不尊重”。而现在，对一些坏习惯的禁止则往往不再是由于顾及他人的缘故。即便是在一人独处的时候，这些坏习惯也会使人产生难堪、害怕、羞耻和内疚的感觉。这样一来，为社会所不欢迎的人的本能的表现和倾向被这种新的制约方式杜绝得更加彻底。在为使儿童适应一定的社会水准而对之实行制约时，许多被我们称为“道德”或“道德的理由”与“卫生”和“卫生的理由”具有同样的作用。用这种方法来塑造人的行为，其目的是把社会所希望的行为变为人的潜意识，变为一种自我强制，并使这种行为在个人的意识中变为一种自愿的行动，即让人们为了自身的健康，为了自己的人格而表现出一种别人所期望的行为。随着这种新的习惯塑造方式以及与中等市民阶层同时占据统治地位的新的制约方式的形成，在社会上无法得到充分表现的人的本能和本能的倾向与在个人心目中已经确立起来的社会要求之间的矛盾，进一步激化并成为新时代的心理学理论，首先是心理分析理论所关注的中心。可能从来就有“精神病”(Neurose)，但是，我们今天在自己周围所见到的精神病则是以一种特殊的、历史的形式表现了人的心理矛盾。对这种情况必须从心理发生和社会发生的角度来解释。

3. 在前面所引的邦维奇诺·达·里瓦的两首诗中就已经指出了要求摈弃坏习惯的社会机制(见例子A)。人们对于骑士和主人的期待与人们对于“Donizelli”，即对于王室侍从和仆役的要求之间的差别，不禁使人想起了社会等级的差别。可以用来证明这一点的材料很多。主人们因为看到仆人的某些动作而感到难堪。他们迫使这些在他们身旁的、社会等级比他们低的人对此加以克服和抑制，然而刚开始时他们对自己则不加约束。在为主人们所写的诗中，只是简单地写道：如果你要擤鼻涕，应该转过身去，以免鼻涕掉在桌上。至于手帕的使用这儿并未提及。是否可以认为，在这个社会里用手帕来擦鼻涕已经成了理所当然的习惯，因而在有关礼貌规矩的书籍中根本就没有必要提到？情况并非如此。相反，在对仆役的规定中则明确地写道：如果你们不得不擤鼻涕的话，不要用手，要用裹胸布。无法确保对这两首诗的这种解释是正确的。但是有许多事实可以证明，某些事情如果发生在社会等级低的人身上，人们便会感到难堪、无礼，而同样的事情如果发生在社会等级高的人身上，他们却根本不感到羞耻。当社会进入专制主义时期，也就是说，当专制主义宫廷社会中的上流社会，即等级森严的贵族阶层同时又是一个必须为他人服务并依赖于他人的阶层时，这种情况便发生了根本的变化。对于这个乍一看来非常矛盾的现象，即上流社会的高度依赖性，还将在其他情况下谈到。这儿只需要指出，这种依赖性及其社会结构对于情感约束的结构和模式具有决定性的意义。以上所举的例子表明，随着上流社会依赖性的增长，对于情感的约束也加强了。文明进程中的第一个顶峰以及诸如擤鼻涕方面表现出来的“感觉细腻化”正好发生在路易十四时期，即发生在那个贵族上流社会的依赖性表现得最充分的时期，这并不是偶然的(见例子I、J)。

上流社会具有依赖性这一点同时也说明了文明的行为与器具所具有的双重性，至少在它们刚刚开始形成的时期是这样。一方面这些行为与器具代表一种强制，它们要求人们抑制某种行为，而另一方面它们又很快变成了一种反对社会等级低的人的武器，变成了一种社会等级高的标志。手帕、叉、盘子和所有此类东西，最初在社会上都是具有某种声望价值的奢侈品(见例子H)。

次一等的上流社会，即市民阶层的社会依赖性肯定与宫廷贵族的不同，但是他们的依赖性更加严重，更有强制性。

一般来说，今天人们几乎已经意识不到“工作的”上流社会是一个多么独特、多么令人惊异的现象。这一上流社会为什么要工作？他们为什么要屈服于这种强制，因为他们已经像人们有时所说的那样在“统治”地位上了，也就是说并没有更高一级的人要求他们这么去做。

本书中不可能对这个问题作出详尽的回答。然而，引起这方面变化的原因，显然与引起上述制约器具及其制约形式发生变化的原因相似：在宫廷贵族社会阶段，人们对于嗜好和情感的抑制主要是出于顾及他人以及对别人表示尊敬的缘故，特别是出于对社会等级高的人表示敬意的缘故。在这以后的阶段，迫使人们控制和调节本能并进行自我抑制的强制力则很少是以人为代表的，而是——暂且笼统地这么说——以无形的、不牵涉到人的形式出现的，诸如社会分工、市场、竞争和错综复杂的人际关系。这些东西比以前更加直接地迫使人们去抑制、调节人的情感和本能欲望。正是这一系列的社会情况导致了上面所提到的新的制约方式，其目的是使社会所要求的行为变为每个人内心所希望的行为。这种对情感的调节与抑制是参与“工作”所必须的，也是市民阶层工业社会中情感形成的总的模式。这一阶段的情感抑制模式，也就是说，哪些情感需要抑制，哪些不需要抑制、调节和变化，肯定与前一阶段，即宫廷贵族阶段的模式不同。对于某些人的本能倾向来说，由于市民阶层社会的依赖性不同，对其约束比以前更加严格，而对于另外一些人的本能倾向来说，宫廷贵族的制约模式仍然在起作用，只是随着变化了的情况有所改变而已。由于各种各样的因素，与以前相比在这一时期形成了各种不同的民族情感抑制模式。不论是在宫廷贵族社会，还是在19、20世纪的市民阶层社会，其上流阶层都在很大程度上受到了社会的制约。上流社会受到越来越多的制约，这种情况成了推动文明发展的主要动力。关于这一点下面还将讲到。

关于吐痰

第一　例子

A

中世纪。

摘自拉丁文的餐桌规矩《男孩席间举止》（《儿童读本》第 2 卷，第32 页）。

27　吐痰勿上桌，
　　吐痰勿越桌，
37　吐痰勿入盆。

不要把痰吐在桌上，不要吐到餐桌对面，不要吐在你用于洗手的盆内。

B

摘自法国的《席间举止》（《儿童读本》第 2 卷，第 7 页）。

29　吐痰于桌，实非有礼。
59　谦谦君子，恕不为此。
　　尔欲吐痰，吐入痰盂。
　　离桌避席，无使人嫌。

不要把痰吐在餐桌上。当你洗手的时候也不要把痰吐在洗手盆内，而应该吐在洗手盆外。

C

摘自《礼仪书》（《儿童读本》第301—302页）。

85　痰无吐桌或越桌，人言此举不合礼。

133　餐后漱洗亦须知，痰勿入盆水勿溅。

不要把痰吐在桌上或吐到桌子对面。当你洗手的时候，不要把痰吐在盆内。

D

摘自《德国的卡托》。

察恩克，同上，第137页。

276下　勿学村夫，痰飞越桌。

E

1530年。

摘自伊拉斯谟的《男孩的礼貌教育》。

吐痰的时候应当转过身去，以免把痰吐在或溅在别人身上。如果地上有浓痰，如上所述，可以用脚蹭去，以免引起别人的恶心。倘若不允许这么做，可以把痰吐在手帕里。把痰重新咽下去是乡巴佬的做法。我们经常看到，有的人每说三句话便吐一口痰。他们这样做并不是出于需要，而是出于习惯，这种习惯也是乡巴佬的。

F

1558年。

摘自贝内文特大主教乔瓦尼·德拉·卡萨的《加拉泰奥》。

引自1609年日内瓦出版的五种语言版本。

第570页：如果有人坐在餐桌边搔痒，是令人很不舒服的。是的，此时此地同样也必须尽可能不吐痰。倘若不得不这么做，那么应该以一种礼貌的方式，不要引起别人的注意。

我经常听说，有些民族长期以来生活很有节制，经过努力练习，他们根本就没有吐痰的需要。那么我们为什么会在短暂的时间里(注意：这里指的是就餐的时候，只是在这段时间里应该对吐痰的习惯加以限制。)做不到这一点呢?

G

1672年。

摘自安托尼·德·古尔旦的《文明新论》。

第273页：上述习俗并不意味着大多数这类规定是永恒不变的。已有许多习俗发生了变化，我并不怀疑还有许多习俗将来也会发生变化。

比如，以前可以当着有身份的人的面吐痰，只要用脚把痰蹭掉就行，如今这种行为就有失礼貌了。

以前，人们可以毫不掩饰地吐痰或打哈欠，只要打哈欠时不说话就行了。而如今，有身份的人对此很反感。

H

1714年。

摘自《法国礼貌》，作者不详(列日，1714年)。

第67页：频频吐痰是令人厌恶的。如果不得不这么做，应该尽量避开众人。注意，不要把痰吐在别人身上、衣服上或者壁炉边没有燃尽的木材上。无论在哪儿吐痰，吐完后都要用脚蹭掉。

在有身份的人面前应该把痰吐在手帕里。

第41页：把痰从窗口吐到街上或者吐在壁炉里都是不文明的。

不管把痰吐得多远，都应该走过去用脚把它蹭掉。

I

1729 年。

摘自德·拉·萨勒的《礼仪与基督教礼貌守则》（鲁昂，1729 年）。

第 35 页：人们不得不吐痰。把应该吐掉的东西咽下去是很不合适的，这样做让人看了难受。

但是也不应该养成频频吐痰的习惯，这不仅是不礼貌的，而且使所有的人见了都恶心和不适。倘若是在贵族府邸，或者是在干净的场所，则应当把痰吐在手帕里，而且应侧过身去。

应当养成习惯，在有身份的人家里，在所有打蜡或铺地板的地方把痰吐在手帕里。在教堂里更有必要养成这一习惯……可是，有时候教堂的石板地比厨房和马厩还要脏……

吐完痰，应当迅速地折起手帕，放回口袋。应当十分注意，不要把痰吐在自己或者别人的衣服上……如果发现地上有痰迹，应当立刻把脚伸过去蹭掉。如果自己的衣服上有痰迹，让人看见是很不礼貌的，应当让仆人擦掉。

J

1774 年。

摘自德·拉·萨勒的《礼仪与基督教礼貌守则》（1774 年版）。

注：在旧的版本中打哈欠、吐痰和咳嗽这一章一共有四页，而在这个版本中被压缩成一页。

第 20 页：在教堂里，在有身份的人家里和所有干净的场所，都应把痰吐在手帕里。有的孩子把痰吐在同学脸上，这是最不能容忍的无礼行为。对这样的人应当严加惩罚。我们再也不能原谅那些把痰吐在窗外、墙上或家具上的人……

K

1859 年。

摘自《上流社会的风俗习惯》(伦敦，1859 年)。

第 256 页：在任何时候，吐痰都是一个令人讨厌的习惯，对此无需多言。我只想说，不要养成这种习惯。除此之外，吐痰还是粗鲁鄙俗的，并且有害于健康。

L

1910 年。

摘自奥古斯丁·卡巴内的《历史上个人的隐秘习俗》(丛书，巴黎，1910 年)。

第 264 页：不知您注意与否，我们的先辈毫不犹豫地拿出来展示的东西，今天则被我们放到隐蔽的角落里去了。

比如，有些不宜公开的用具，当时却堂而皇之地放在那儿……当时，人们并没有想到要避人耳目。

另外，还有一件东西也是如此。如今，这件东西已经不再属于家里的摆设了，我指的是痰盂。

第二　对有关吐痰引文的一些想法

1. 和其他的引文一样，这一组引文也清楚地说明了从中世纪开始的行为变化，而且，这一变化是有特定方向的。显然，是朝着被我们称作“进步”的方向发展的。即使是今天，很多到东方和非洲去旅行的欧洲人，总会为那里“不够干净”和随地吐痰的现象而感到特别不舒服。倘若他们是带着某种幻想去的，那么就会感到“失望”，就会更加确信在他们身上体现了西方文明的“进步”。然而，至少是在 400 年之前，这一习惯在西方国家里也同样是很普遍的、理所当然的。这儿所举的例子便说明了这一点。总的来说，这些例子极其生动地说明了文明的行为是如何产生的。

2. 在上述所举的例子中，可以看出吐痰行为变化所经历的几个阶段：不管是拉丁语的、英语的、法语的，还是德语的就餐礼仪都证明，在中世纪随地吐痰不仅仅是一种风俗，而且是一种普遍的需要。即使是在宫廷上流社会里，吐痰也被视为完全理所应当的事情。人们对自己的主要约束是：不能把痰吐在餐桌上或餐桌的对面，而应该把痰吐在桌子底下。规定中讲到，在漱口和洗手的时候，不能把痰吐在盛水的盆内，而应该尽可能地吐在旁边。这一规定在有关宫廷礼貌的法典中一再出现，以至于人们可以想象，现在被看作“恶习”的行为在当时是一种常见的现象。在中世纪对于要求改正这些“恶习”所施加的压力并不是很大，制约的手段也并不是强制性的，因此它们并没有在社交生活中消失殆尽。在这一点上，又一次显示出中世纪的社会制约与它以后阶段的社会制约之间的区别。

到了 16 世纪，社会在这一方面所施加的压力加强了。用脚蹭去痰迹成了规矩。当遇到伊拉斯谟所说的“如果地上有浓的痰迹”的现象时，必须用脚去蹭。在这儿，对于取消随地吐痰现象的要求也仍然带着过渡时期的特征。把痰吐在布里，在这时只是作为克服这种坏习惯的一种可能性，而不是作为一种必须提出来的。这种坏习惯慢慢地开始变得令人难堪了。

1672 年古尔旦的引文清楚地表明了下一步的发展：“从前可以当着有身份的人的面吐痰，只要用脚把痰蹭掉就行了，如今这种行为便有失礼貌了。”

同样，在 1714 年发表的为广大阶层所写的《法国礼貌》一书中这样写道：“应当尽量避人耳目，注意不要把痰吐在别人的身上或衣服上。在‘大人’，也就是说有身份的人面前……应该把痰吐在手帕里。”

在 1729 年德·拉·萨勒的引文中，这一规定被扩展为在一切场所

“人们应该适当遵守”的规定。他还说到，人们应养成这样的习惯，在教堂里也不应该把痰吐在地上，而应吐在手帕里。

到了1774年，几乎是一提到这一习惯便会使人感到非常难堪。到了1859年，“在任何时候随地吐痰都是一种令人讨厌的习惯”。随着19世纪难堪界限的前移，作为克服这一恶习的技术器具——痰盂，至少是在室内起到了很大的作用。1910年，卡巴内使我们注意到，与其他一些器具一样，痰盂也逐渐从一种值得展示的器具变成了一种个人的用具（见例子L）。

渐渐地连这一用具也变成多余的了。在西方社会的大部分地方似乎连频频吐痰的需要也逐渐消失了。人们又一次达到了德拉·卡萨只是从古代作家那儿读到的类似的难堪与克制的程度，即有些民族生活很克制，经过努力练习，他们根本就没有吐痰的需要（见例子F）。

3. 围绕着随地吐痰和其他出于自然需要的动作的各种禁忌与约束在很多社会中都有，不论是在未开化的社会，还是在文明的社会。这两种社会在这方面的区别是：在未开化的社会里人们——尽管只是在观念中——总是因为迫于他人，即外部强制而遵守这些戒律；而在文明社会里，这种外部强制则完全转化为自我强制。那些被禁止的嗜好，比如像吐痰，在这种自我强制的压力下，或者换言之，在“超我”和“近忧远虑”的压力下，部分地从意识中消失了，而保留在意识中的恐惧则是由一种间接的顾虑引起的。在我们这个时代，因为吐痰而产生的恐惧以及羞耻和难堪的感觉，并不是由任何神秘的力量，即上帝、鬼怪或恶魔所引起的，而是由某种特定的、有规律可循的东西，比如某些疾病和它们的“病原体”所引起的。以上所举的这些例子同时也非常清楚地表明了对于某些疾病的产生以及对于痰有传播病原体的危险的理性认识，既不是引起恐惧与难堪感觉的主要原因，也不是推动文明和吐痰等习惯改变的动力。

最初有很长一段时间人们特别强调：不要把痰重新咽下去。伊拉斯谟说："把痰重新咽下去是乡巴佬的做法。"（见例子 E）1729 年德·拉·萨勒说："人们不得不吐痰。"这也就是说，不应当抑制吐痰的需要。几百年来，在对人的这一本能的表现所规定的戒律和约束中找不到任何"卫生的原因"。直到 19 世纪，直到这一行为变化的晚期，也就是说，事后人们才对吐痰的危害有了理性的认识。即使是在这一阶段，人们在指出吐痰有害于健康的同时也还总是强调，这是一种令人难堪和令人讨厌的行为。在关于吐痰的例子 K 中这样写道："除此之外，吐痰是粗鲁鄙俗的，并且有害健康。"

有必要非常明确地指出，据我们所知，有害于健康的行为并不一定必然会引起难堪和羞耻的感觉；反之，会引起难堪与羞耻感觉的行为也并不一定有害于健康。用手来进餐或者在进餐时发出咂嘴声，这种行为在今天会引起人们特别难堪的感觉，但是完全可以不用担心这种做法会有害于人的健康。然而，不管是由在昏暗灯光下阅读，还是由有毒气体所引起的联想，都绝不会引起任何类似难堪与羞耻的感觉，尽管这两件事对于健康的损害是众所周知的。早在人们清楚地认识到某些疾病会通过唾液传染之前，由吐痰所引起的难堪和厌恶的感觉以及对于吐痰的禁忌便已经加强了。最初导致这种难堪感觉的产生以及对这些行为的约束并使之不断加强的，是人际关系以及人与人互相依赖关系的变化。"以前人们可以毫不掩饰地吐痰或打哈欠，只要打哈欠时不说话就行了，而如今有身份的人对此很反感。"（见例子 G）这便是人们最初要求抑制情感的理由。对于社会的顾忌早在自然科学的认识之前就已经存在了。国王要求他的侍臣把这种情感的抑制作为"尊敬的表示"。在宫廷社会中，这种依赖关系的象征以及这种不断增长的要求抑制情感和自我克制的强制同时又成了"身份高贵的标志"。这种现象立刻在下层中得到了效仿，并随着广大阶层的崛起而推广开来。与以往的文明发展阶段一样，这时候人们用“没有人会这么做”的告诫来培养抑制情感的习惯以及恐惧、羞耻和难堪的感觉。直到很晚，随着某种“民主化”（Demokratisierung）趋势的形成，人们才用科学的理论，才用不论等级地位、对所有的人都适用的理由来培养这种习惯与感觉。推动这种曾经一度广泛流行的嗜好逐步发生变化的主要动力，并不是这种习惯会引起疾病的理性认识，而是人们共同生活的方式和社会结构的变化。这一点下面还将详细论及。

4. 从随地吐痰到这一需要的消失，这一变化是说明情感可塑性的一个极好的例子。可能是因为这一需要与其他的需要，比如像抽烟，相抵消了；或者是因为食物结构的某些变化而减少了这一需要。显然，人的其他许多欲望是无法像吐痰那样被压去的。吐痰的嗜好以及在上述例子中提到的喜欢看吐出来的痰的嗜好，是可以替代的。这种现象至今仍然在孩子身上以及在对梦的解析中清楚地表现出来。每当有人不加掩饰地谈起“这类事情”时我们便会以某种特殊的笑声来抑制。然而，人的其他需要却无法像吐痰那样完全被替代或改变。这样便对情感可塑性的界限提出了问题。毫无疑问，情感有其本身固有的特定规律性，可以把这种规律性称为“天生的”。历史的进程是按照这一规律性而形成的，同时这一规律性又规定了历史进程的活动范围和界限。由此而提出的任务是，如何在历史的进程中进一步确定人的生活和行为的可塑性。不管怎么说，我们可以再一次从中看到，自然与历史的进程几乎是无法分割的，是互相作用的。羞耻与难堪感觉的形成以及难堪界限的前移，既是自然的，又是历史的。从某种意义上来说，这些感觉形式是在某种形式的社会条件下人的自然本性的表现，同时它们又对社会历史的发展起作用。

很难判断是不是由于“文明”与“自然”的截然对立而导致了“文明”人的心理压抑，也就是说导致了西方国家文明新阶段中所出现的情感失调的特殊情况。但有一点是确定无疑的：“未开化的人”的感情与“文明人”的情感一样受到历史和社会的影响，尽管“未开化的人”对自己的历史几乎一无所知。在人类发展的历史上没有零点，就像在人类的社交活动与社会联系中没有零点一样。无论是在“未开化”的社会还是在文明社会里，到处都有由社会所造成的禁忌与约束以及它们的心理基础，即由社会所造成的恐惧、喜悦、厌恶、难堪与兴奋。有人把那种所谓“未开化”人的水准，也就是“自然”的水准与“文明人”的水准，即社会历史的水准进行比较。这种做法的意义究竟何在，这一点至少还不够清楚。对于人的心理功能来说，自然的与社会的进程是不可分割的，是共同起作用的。

关于卧室中的行为

第一　例子

A

摘自《男孩席间举止》。

1463—1483年间英国席间规矩（《礼让之书》，伦敦，1869年，第63页）。

如与贵人同床，
当问其卧何边。
不可率先上床，
此举尽失其礼。

如果你与一个地位比你高的人同床就寝，应该问他喜欢睡哪一边。在他请你就寝之前便上床是不符合礼貌的。

223 就寝手脚平置，
睡前先道晚安。
此乃就寝大礼，
不可置之脑后。

上床后应该躺平，然后向比你地位高的人道晚安。

（注：为了便于理解，引文没有完全按照旧的表达方式，正确的引文见《礼让之书》，出处同上。）

B

1530 年。

摘自伊拉斯谟的《男孩的礼貌教育》（第 7 章，卧室）。

在你脱衣服和起床时，应想到羞耻，不要让别人看到你露出那些习俗和本性要求掩蔽的部位。如果与人同床而睡，应该静静地躺着，不要动来动去而裸露身体，不要掀去被子打扰同床的人。

C

1555 年。

摘自皮埃尔·布罗的《论优良习俗和文明规矩》（里昂，1555 年）。

当尔酒足饭饱，
准备上床将息，
若已有人在床，
举手投足要轻，
侧身平躺勿动，
勿将他人惊醒。

D

1729年。

摘自德·拉·萨勒的《礼仪与基督教礼貌守则》（鲁昂，1729年）。

第55页：上床睡觉时……不能在任何人面前脱衣服。尤其是还没有结婚的人，绝对不能当着任何异性的面躺下睡觉。

除了年幼的孩子外，任何人都不能和异性同床睡觉。倘若旅途中出于无奈不得不与另一个同性同床就寝，绝对不能靠得太近，以免影响或碰到别人。更不能把腿插到同睡的人的两腿之间……

……

乱开玩笑或无聊的闲谈也是不符合礼貌的。

从被窝里起来的时候，不能光着脑袋，不能把睡帽扔在椅子上或者别人能看见的地方。

E

1774年。

摘自德·拉·萨勒的《礼仪与基督教礼貌守则》（1774年版，第31页）。

异性同屋就寝是极大的过错，如果出于不得已，床也必须分开……只有这样，羞耻之心才能不受影响。而且只有在极其贫困的情况下才勉强允许这么做。

倘若不得不与另一个同性同床睡觉——这种情况极少——则必须老老实实，十分小心……

……

一旦醒来，稍稍定神之后就当立即以讲究的方式起床，而不要躺在床上闲聊或干别的事情，这样最容易养成懒惰和轻浮的习性。床是用来使身体得到休息的，而不是用来干别的事情的。

第二　对于例子的几点想法

1. 卧室成了人的生活中“最私人”和“最隐秘”的地方。与人体的大部分活动一样，“睡觉”也逐渐地被移到社交活动的“幕后”。小家庭是给人的这一行为和其他的行为所留下的惟一合法的、被社会认可的领地。一堵有形无形的墙遮住了人的生活中“最私人”“最隐秘”的行为以及无法抑制的“兽性”，使别人无法窥探。

在中世纪的时候，人的这一行为并没有如此私人化，也没有被排除在社会生活之外。在放着床的屋子里会见客人是很常见的，而床本身也由于其装潢而成为一件有声望价值的东西。很多人在同一间屋子里过夜是极普通的事情，比如上流社会的主人与仆人，女主人与其女仆或与几个女仆同屋就寝。在其他阶层中男女同屋就寝，[67]与过夜的客人在一个屋子里睡觉也是常有的事。[68]

2. 以前不习惯穿衣睡觉的人可以把衣服全部脱光。一般来说，在世俗社会中人们是裸体睡觉的，而在僧侣教团中则按照其各自严格的规矩，或和衣而睡，或完全脱光。神圣天主教本笃会——至少是在 6 世纪——规定其教团的成员必须和衣而睡，甚至不准松开衣带。[69]12 世纪，当法国克吕尼维新教团富有而又强大起来时，当禁欲主义的强制比较松弛时，该教团的规定允许不穿衣服睡觉。西妥教团的僧侣在改革后又重新恢复本笃教的旧规定。在这一时期的教团规则中，没有提到过专门用于夜间穿的睡衣，连世俗社会给我们留下的史诗或画册中也没有提到过。妇女也同样没有睡衣。如果有人穿着白天穿的衬衣就寝的话，会引人注目。别人会怀疑，这个人的身体是否有缺陷，除此之外还有什么理由要把身体遮掩起来呢？而当时和衣而睡的大多数人也确实是出于这个原因。比如，在小说《紫罗兰列传》中，一个女仆惊异地问她的女主人为什么穿着衬衣睡觉，女主人回答说，她穿衬衣睡觉是因为她身上有一块胎记。[70]

除此之外，裸露身体时的无拘无束和与此相应的羞耻感的程度还特别清楚地表现在洗澡的习俗中。在以后的时代里，人们往往吃惊地获悉，骑士在洗澡时都是由妇女在旁伺候的；同样，他们夜间的饮料也常常是由妇女端至卧榻之旁的。去浴室洗澡之前，人们往往在家里先脱光衣服，至少在城市里是这样的。一位目击者说："有多少回我看到脱得光光的、只剩一块遮羞布的父亲带着赤身裸体的妻子和孩子穿过小巷去浴室……有多少回我看到10岁、12岁、14岁、16岁和18岁的姑娘光着身子，只系着一小块布，或者常常是披着一件穿旧了的或撕破了的浴衣，或者像这儿本地人说的那样，仅在前面戴个肚兜，而背后则赤裸着。中午时分她们常常裸着背、赤着脚，放在屁股后面的手里拿着钱，从她们的家里穿过长长的巷子去澡堂；还有多少回我看到10岁、12岁、14岁和16岁的男孩完全赤裸着身子与姑娘们同行……"[71]

这种无拘无束的感觉在16世纪，特别是在17、18和19世纪逐渐消失了。首先是在上流阶层，随后是慢慢地在其他阶层中消失了。直到这时候为止，整个生活形式，人与人之间的较小的距离，使得赤身裸体，至少是在适当的地方，比近代的初期要显得自然得多。有人说："直到16世纪为止，赤身裸体是日常生活中极普遍的。晚上每个人都脱光了衣服上床睡觉，在蒸汽浴室里人们也脱得一丝不挂。"[72]这种情况首先是针对德国人而言的，但可以肯定不仅仅在德国如此。与以后相比，这时候人们对于自己的身体，与对自己的其他行为一样，没有多少羞耻之感。也可以说，这种态度是比较幼稚的。睡觉的习俗与洗澡的习惯都说明了这一点。

3. 大约在使用叉和吐痰用手帕的同时，一种专门的睡衣也慢慢地开始流行了。与其他的"文明器具"一样，睡衣也逐渐地在欧洲普及。睡衣的流行也同样标志着这一时期人们所经历过的重要变化。人们对所有与身体有关的东西的敏感性正在增长。有些到这时为止从未引起过哪怕是类似于羞耻感觉的行为方式现在使人感到羞耻了。在《圣经》中已经描写过的那种心理过程:“他们看见自己赤身裸体,为此感到羞耻,”以及在历史的进程中常见的羞耻感的前移和情感态度的变化也同样在这儿重复。人们赤身裸体时的那种无拘无束的感觉也和当着其他人的面解大小便时的那种无拘无束的感觉一样消失了。随着在社会生活中让别人看见自己赤身裸体时的那种自然感的逐渐消失,在艺术中裸体的表现则有了新的重要意义:裸体越来越成为人的一种幻想和愿望。用席勒的术语来说,与以前各阶段的“素朴”相比,裸体的表现成了“感伤的东西”了。

在法国宫廷社会中,起床与就寝,至少是那些地位高的先生和夫人的起床与就寝直接属于社交生活。睡衣也与其他社交场合穿的衣服一样做工考究,富丽堂皇。随着其他各阶层的崛起,这种情况发生了变化。起床与就寝逐渐地变成了隐秘的事情,从人们的社交生活中被排除了出去,并被移入小家庭的内部。战后的几代人以及战后有关礼貌的书籍总是带着某种讥讽的眼光——往往还带着一丝不寒而栗的心情——来回顾这一阶段。这一时期像睡觉、穿衣和脱衣等行为都非常严格地被排除在社交生活之外,连谈论这些事情也极其严厉地受到戒律的限制。在1936年出版的一本英国的有关礼貌的书中写道——也许有一点夸张,但肯定并不是完全没有根据的:“在第一次世界大战前推行教养的时期,比较有名的作家如果想以睡觉作为写作题材的话,一般总是只写露宿。因为在外露宿时,晚上女士和先生都不睡觉,他们只是休息,而究竟是怎么休息的,则与他人无关。如果哪个作家的想法与别人不同,他的书就会被排斥在图书馆之外。”[73]战后在这一方面的规定变得比较松了,并出现了某种相反的变化。这一情况的出现显然是与社会的不断变化,与体育、漫游和旅行的普及以及青年人较早地离开家庭独立生活的情况有关。长睡袍变成了睡衣睡裤,也就是说变成了一种“有社交功能”的睡觉穿的服装便是一种标志。这并非倒退，并非像有的人所认为的那样，是羞耻和难堪的情感的一种回流，或者是对本能毫不克制和释放的现象；而是要形成一种适当的形式。这种形式既要满足我们前移了的难堪界限，又要适应当今的社交生活中我们每个人都必须经历的特殊情况。“睡觉”这一行为既不像以前那样隐秘，也不像前一阶段那样被一堵堵“墙”围住。经常有这样的情况，人们不得不当着陌生人的面脱衣服睡觉或穿衣服。睡衣和内衣的造型和做工都已考虑到了这一点，并作了相应的改变。这样，即使在这种情况下穿着睡衣或内衣被人看见，也不必为此感到“害羞”。然而，前一阶段的睡衣则因不讲究款式而会使人产生羞耻和难堪的感觉。那时候的睡衣确实是不能让家庭圈子以外的人看到的。一方面 19 世纪的长睡衣具有划时代的意义，因赤身裸体而产生羞耻和难堪的感觉发展了，并已成为人的内在要求，以至于人们即使一个人单身独处或在家庭小圈子里的时候，也必须把身体遮得严严实实的；而另一方面又可以把 19 世纪的长睡衣称作时代的产物。这一时期“隐秘的”和“私人的”东西远远地被排除在社交生活之外，所以其做工很不讲究。一种强烈的人的内在要求、一种自我强制的难堪感觉和道德心与一种“因为是隐秘的东西而不讲究形式”的情况奇特地结合在一起，这便是 19 世纪的社会特征，同样也是我们这个时代的特征。[74]

这些例子使我们有了一个大概的印象，即睡觉这一行为是如何慢慢隐秘化的，是如何慢慢地从人们的社交生活中被排除出去的；同时随着羞耻感的前移，人们为青年人制定的行为规定又是如何带有特殊的道德含义的。在中世纪的例子中(例子 A)，人们要求青年人克制自己，其理由主要是应该顾及别人，尊重比自己“有身份的”、社会地位高的人：“如果你与一个地位比你高的人同床就寝，应该问他喜欢睡哪一边。在他请你就寝之前就上床是不符合礼貌的。”皮埃尔·布罗对约翰内斯·苏尔皮丘斯的书进行了改写，他的法文改写本(例子 C)也同样是持这种态度的："若已有人在床，举手投足要轻，……勿将他人惊醒。"然而，伊拉斯谟所提出的道德要求，即对于某一种行为的要求则并不是为了顾及别人，而主要是为了"自身"的缘故："当你脱衣服和穿衣服的时候，必须想到礼貌规矩。"但是顾及社会习俗和顾及他人的想法还是起主导作用的。当我们想到这些规定，包括帕勒博士所提到的、显然是为那些赤裸着身体上床睡觉的人而制定的规则时，便可以看到那一时期与以后在这方面所存在的鲜明对照。根据人们讨论这些问题时的态度来看，不住在一起的、没有家庭关系的陌生人同床就寝在伊拉斯谟的那个时代还是极其自然的事情，而绝不是什么不体面的事情。

以上所引的18世纪的例子之所以并没有沿着同一方向直线发展，是因为它们并非主要取之于上流社会。那时候，一个年轻人与别人同床就寝的现象即使在其他阶层中显然也不再像以前那么自然了："倘若旅途中出于无奈不得不与另一个同性同床就寝，绝对不能靠得太近，以免影响和碰到别人。"德·拉·萨勒的书中(例子D)是这么写的。他的书中还写道："不能当着任何人的面脱衣服或上床睡觉。"

在德·拉·萨勒这本书的1774年版中省略了一切细节，而语调则明显地加强了："倘若不得不与另一个同性同床睡觉——这种情况极少——则必须老老实实、十分小心。"(见例子E)这显然是道德要求的语气。甚至连说出其理由都会使一个成年人感到难堪。人们只是通过威胁性的语气让孩子感到这种情况是危险的。成年人越是觉得他们那种关于难堪和羞耻的尺度是"理所当然"的，就越是感到对情感的文明约束是"不言而喻"的，那么在某种程度上他们便无法理解，为什么人不是"生来"就具有这种难堪和羞耻的感觉的。孩子们往往不可避免地一再触犯成年人的难堪界限，不可避免地——因为他们首先必须适应——违反社会戒律、超出成年人的羞耻界限并触犯成年人自己也很难克服的情感危险区域。在这种情况下，成年人往往并不对自己提出的行为要求作出解释。因为他们根本就不可能对此作出充分的解释。成年人所受到的制约使他们不同程度地、无意识地根据社会的水准来调节自己的行为。每一种与社会水准相悖的行为，每一种违反本社会所要求的戒律和违反自我克制的行为都意味着一种危险，意味着对成年人所承担的自我约束的一种蔑视。那种常常只有道德要求才独有的情感上的弦外之音，即带有攻击性和威胁性的严厉语气反映了某些人的危机感，即戒律的触犯将打破所有那些把社会行为水准视为“第二自然”的人本来就不稳定的心理平衡；也反映了那些人的恐惧心理，即他们自己的情感、他们自身的社会存在和他们生活于其中的社会秩序将因此而受到了间接的威胁。

随着羞耻感界限的前移，成年人与儿童之间距离逐渐扩大。成年人与儿童之间的，首先是无法对孩子进行很好制约的家长与他们的孩子之间的一系列特殊的矛盾正是在这种情况下产生的。导致这些矛盾形成的绝大部分原因在于文明社会的结构本身。直到较晚的时候，由于对社会有了新的看法，一小部分人，首先是职业教育家，才认识到了这个问题。然而，直到时常被人们称为“儿童的世纪”的时代，人们才认识到了儿童和成年人之间的显著距离，认识到儿童的行为不可能与成年人的一样。直到这时候，与之相应的教育上的建议和规定才慢慢地进入家庭的圈子。而在这之前很长的一段时间里，人们却要求儿童与成年人一样地去遵守严格的道德和戒律。当然还不能说这种情况在今天就已经完全消失了。

这里所列举的一小部分有关卧室行为的例子，使我们了解到这些倾向在以后的世俗教育中是如何充分表现出来的。

关于这方面的发展几乎无法加以说明。与就餐行为的形成一样，在这一方面由于情感制约的作用，在人体与人体之间逐渐地形成了一堵墙，形成了羞耻感和感情上的隔阂。与家庭圈子以外的人，也就是说与陌生人同睡一张床，渐渐地让人感到难堪了。只要不是万不得已，家庭里也常常是每个人都有一张自己的床，在中层和上层社会中甚至是每个人有自己的卧室。儿童很早就与其他人分开，被教会了独立。这慢慢变成了他们自己的习惯和经验。只有当人们看到，在中世纪陌生人与陌生人、儿童与成年人同睡一张床是非常自然的事情时，才发现，在我们的生活中人际关系和行为方式发生了多么巨大的变化。只有这时人们才意识到，文明发展到最近的这个阶段，床和人体成了心理上异常危险的区域，这并不是自然而然的事情。

对男女关系看法的变化

1. 在文明的进程中，对于人的两性关系的羞耻感有了很大的加强与变化。[75]这一点特别清楚地表现在，当后来文明阶段中的成年人必须与他们的孩子谈论两性关系的时候总是感到难以启齿。这种难以启齿的现象到了今天几乎成了很自然的事情。在我们看来似乎仅仅从生理学的角度就可以解释，为什么孩子不懂得两性之间的关系；为什么给半大的姑娘和男孩启蒙，让他们了解自己并向他们解释发生在他们周围的事情，是一个特别棘手和令人尴尬的任务。只有当人们了解了另一个阶段的人在这些方面的举止行为，才会意识到，这种情况是极不自然的。这也是文明进程的一个结果。伊拉斯谟的名著《对话》一书的遭遇就是一个很好的例子。

伊拉斯谟得知，有人篡改了他青年时代写的一本书，未经他本人的同意便擅自加上了一些文笔极次的补充文字印刷出版了。于是他对这本书进行了修改，并在 1522 年换了一个新的题目重新出版。他把这本书叫作《家庭谈话规则》，其目的不仅仅是为了教男孩学语言，更多的是为了把他们“引入生活之门”。

直到临终前不久，伊拉斯谟还在对这本书进行扩充和修改。正如他所希望的那样，这本书不仅使男孩能够从中学到好的拉丁文体，以提高他们的语言水平；也像他在题目中写的那样，这本书能够把他们引入生活。《对话》成了当时最著名、最风行的书之一。与伊拉斯谟写的《男孩的礼貌教育》一书一样，《对话》也一再重版，有许多种译本，并且也成了教科书和教育男孩成长的经典著作。

再也没有什么能够比 19 世纪被迫阅读《对话》一书的那些人，对这本书的批评更直截了当、更生动形象地说明西方社会在文明进程中所发生的变化了。一个名叫封·劳默尔的很有权威的德国教育学家曾经在他所著的教育史(斯图加特，1857 年，第一部分，第 110 页)中写过下面一段话：

"怎么能够容忍许多学校使用这样一本书呢！男孩们能够从那些色情的东西中学到些什么呢！改革只是成年男子的事情。男孩们能够从那些对话，即从那些关于许多他们一点不懂的东西的对话、关于讽刺教师的对话、关于两个妇女有关他们丈夫的对话、关于一个求婚者与他所追求的姑娘的谈话以及关于一个青年男子与妓女的对话中学到些什么呢？最后这一段对话不禁使人联想起席勒写在诗歌《诡计》开头的两行诗句：

> 如果你们想同时讨好这个世界上的孩子和虔诚的人，那么就去描写淫欲，再加上魔鬼。

伊拉斯谟在这本书中极其粗俗地描写了淫欲，又加上了一些所谓训世的东西。一个神学博士竟要 8 岁的男孩读这样的书，并想以此来教育他。"

事实上，伊拉斯谟的这本书就是为他的出版商的儿子写的。这位做父亲的显然是毫无畏惧地把它印了出来。

2. 正如以上所述，这本书遭到了严厉的批评。然而，这些批评主要并不是针对此书的道德观念，而是针对写书的这个“知识分子”的，是针对这个既不是正统的基督教徒，又不是正统的天主教徒的。反对《对话》一书的首先是天主教教会，因为这本书中的某些地方对教团和教会的一些机构进行了猛烈的抨击。这本书出版后不久就被列入天主教的禁书目录。

与此相反，《对话》一书在另一方面获得了极大的成功，特别是作为教科书。

赫伊津哈①在他的《伊拉斯谟》（伦敦，1924 年，第 199 页）一书中谈到《对话》时说：“从 1526 年起，两百年间，这本书的再版和译本几乎没有间断过。”

在这期间，伊拉斯谟的这本书对于很多人来说一直是一本经典著作。究竟应该如何来理解这些人和 19 世纪的批评家们在对这本书的看法方面所存在的分歧呢？

事实上，随着文明程度的提高，伊拉斯谟在这本书中所谈到的许多事情，人们逐渐地不再当着孩子的面谈论了。到了 19 世纪已经绝对不可能把这本书作为男孩的教科书了。而伊拉斯谟则很希望这本书能作为男孩的教材，他在给他的教子（约 6 至 8 岁）的献词中还特别强调了这一点。正如 19 世纪的批评家所指出的那样，他在《对话》中写了一个青年男子如何向一个姑娘求婚；写了一位妇女如何抱怨她丈夫的恶劣品行。在这本书中也确实还有一篇一个青年男子与一个妓女的对话。

这本书与《男孩的礼貌教育》一书一样，也反映出了伊拉斯谟在所有涉及情感调节问题方面的敏感，尽管当时的情感调节方式与我们今天的水准完全不可同日而语。与中世纪世俗社会的水准相比，甚至是与伊

① Johan Huizinga（1872—1945），荷兰语言学家和历史学家。——译者

拉斯谟本人所处的世俗社会的水准相比，《对话》一书无疑是朝着情感节制的方向跨了一大步。到了 19 世纪，情感的节制主要是以道德的形式表现出来的。

在关于求婚者与姑娘的对话中，求婚的年轻人非常坦率地说出了他希望从姑娘身上得到的东西。他向姑娘道出了自己对她的爱情，并对企图拒绝他的姑娘说，她已经勾去了他身体中的灵魂；他告诉她生儿育女的好处，并说这是允许的；他让她想象一下他和她像国王与王后一样地统治着他们的孩子和仆人的美妙前景——这一想象非常清楚地告诉我们，成年人与孩子之间所存在的极小的心理上的距离往往是与一个更大的社会等级上的距离同时并存的。最后姑娘接受了他的求婚。她表示愿意成为他的妻子，但是，她说，她很看重自己的贞节。她说，她愿意为他保持贞节。她甚至拒绝了他的吻。当他不肯罢休苦苦哀求的时候，她笑着提醒他，他曾经说过，她已从他身体中勾去了他灵魂的一半而使他差一点丧命，所以她怕让他吻过后会把他的灵魂全部勾去而害死了他。

3. 如上所述，伊拉斯谟的《对话》一书在当时就曾经被教会方面指责为“不道德”。然而，不能因此而对当时的实际水准，特别是当时世俗社会的实际水准作出什么错误的结论。由天主教方面出版的、明确用以反对伊拉斯谟《对话》的一本书，在谈到两性方面的事情时其无拘无束的态度与《对话》并无半点区别。这本书的作者也是一个人文主义者。不是从僧侣阶层的水准出发，而是从世俗社会的水准出发，并为此而写作，这正是人文主义者们的著作，特别是伊拉斯谟著作的新意所在。

人们试图把拉丁文从教会传统及教会圈子的孤立和局限状态中解脱出来，并把它变为世俗社会的一种语言，或至少变成世俗上流社会的一种语言。人文主义者正是这一运动的代表。这一倾向标志着在西方社会结构中所发生的一种变化，即西方世俗社会对一种世俗的、学识渊博的著作的需要正在不断增加。这一变化在这本书的其他地方曾一再显示出来。人文主义者正是这一变化的实施者，他们所体现的正是世俗上流社会的这一需求。人文主义者在著作中所写的东西重又接近了世俗社会生活，同时，在世俗生活的经验也直接进入了有学识的著作之中；这也是“文明”这场伟大运动中的一条发展线索。顺着这条线索就能找到重新评价古希腊罗马艺术并使之复兴的原因之一。

伊拉斯谟在为《对话》一书所作的一次辩解中就曾经非常确切地阐述了这一变化过程：“正如苏格拉底把哲学从天上拉回了人间那样，我也把哲学引向游戏和宴会。”他把这句话写在关于“如何使用对话”的说明中，以后这段说明就印在《对话》一书的后面作为附录(《对话》，1655 年版，第668 页)。

正是因为这一缘故，应该正确地看待这本书，应该把它视为世俗社会行为水准的见证，尽管这本书中的有些要求，如对于抑制欲望和控制行为的要求已经超出了当时的水准。这些要求是作者的愿望，它们预示着将来的发展。

伊拉斯谟在关于“如何使用对话”的说明中谈到上面提到的求婚者与姑娘的那篇对话时说：“我希望所有的求婚者都应当像我所描写的那个求婚者一样，他们不应当通过其他的对话而缔结婚姻。”

被 19 世纪批评家视为“色情的粗俗描写”的东西，按照现在的难堪标准必须在孩子面前用“缄默的禁忌”来限制的东西，对于伊拉斯谟以及与他同时代的帮助他推广这本书的人来说，则是范例性的对话。在他们看来这本书特别适合于给正在成长的孩子们建立起一种模式。与在他们周围实际所发生的事情相比，这本书中所提出的要求在很大程度上还只是一种理想的图景。[76]

4. 封·劳默尔在他的论争文章中所提到的其他对话也是如此。那个抱怨其丈夫的妇女得到了启示，她只有先改变自己的行为，然后才能改变她丈夫的行为。一个青年男子与一个娼妓的对话也是以这个妓女决心改邪归正为结果的。

为了了解伊拉斯谟希望在男孩的心目中树立起一种怎么样的模式，人们必须自己来听一听这段谈话。一个名叫路克雷蒂亚的妓女已经有好久没有见到名叫索福罗纽斯的男青年了。她明确地道出了她的请求，为此他来到了她的住所。他问道，她是否能肯定不会有人看见他们，她是否有一间更暗一点的房间。当她把他带到一间稍微暗一点的房间里时，他又有了新的顾虑。他问，她是否确实可以肯定不会有人看见他们。

索福罗纽斯："我觉得这个地方还不够僻静。"

路克雷蒂亚："为什么羞怯？这是我最隐秘的房间，[77]是我的天地。这个地方这么暗，我几乎看不见你，你也几乎看不见我。"

索福罗纽斯："你看看屋子里有没有裂缝！"

路克雷蒂亚："根本就没有什么裂缝。"

索福罗纽斯："没有人会在近处偷听我们说话吗？"

路克雷蒂亚："连老鼠都不会，我的宝贝，你还犹豫什么？"

索福罗纽斯："我们能够瞒过上帝吗？"

路克雷蒂亚："不能，上帝无所不见。"

索福罗纽斯："那么能瞒过天使吗？"

"谁也不会看见或听到我们的，连老鼠也不会，"她说，"你还犹豫什么？"

但是那个年轻人却说："那么上帝和天使呢？"然后他开始运用辩证法的所有技巧来劝导她，问她是否有许多仇人，问她如果能惹她的仇人生气是否会使她感到高兴？问她如果放弃现在的青楼生活而成为一名品行端正的女子是否会使她的仇人恼火？最后他终于说服了她。他将在一个正派的女士那儿悄悄地为她租一套房屋，然后为她寻找一个借口，使她能够悄悄地离开现在所住的地方，并答应在开始时照料她的生活。

不管对于后来时代的批评家来说，对于这一情况的描写——而且是在一本“儿童读本”中——是多么“不道德”，但是不难理解，如果以另一种社会水准，从另一种情感模式来看的话，这一描写则可能是非常“道德”和富有典范意义的。

同样的发展情况，同样的水准差别还可以通过许多其他信手拈来的例子得以证实。面对过去时代的这些模式和制约规定，19 世纪的批评家以及 20 世纪的一部分批评家感到有些茫然不知所措。如果人们没有把自身的难堪界限，没有把自身的情感模式——这些东西都是处于一种特定的社会制度之中的——看作是一种经过发展而形成的并且还在不断发展的东西，而仅仅从今天的水准出发的话，那么就很难理解，为什么会把这些对话作为学校的教科书，而且特意把它们作为儿童读本。我们这儿所讨论的正是要人们把自己的水准和对待儿童的态度看作经过发展而形成的东西。

比伊拉斯谟更加正统的那些人也做了像他一样的事情。如上所述，为了排斥伊拉斯谟所写的有异教嫌疑的《对话》一书，一个正统的天主教徒也写了另外一些谈话，题为《医生约翰内斯·莫里索图斯在四本书中与他的儿子康斯坦丁的谈话》（巴塞尔，1549 年）。这些谈话同样也被用来作为男孩的教科书。作者莫里索图斯认为，从伊拉斯谟的那些对话中人们往往无法得知，“所听到的话究竟是出自一个基督教徒还是一个异教徒之口”。然而，严厉的天主教阵营在评论他的这本书时指出了同样的问题。[78]在这里只需引用 1911 年的一段评论就足以使人们对这本书有所了解。[79]评论写道：“在莫里索图斯的书中，女孩、处女和女士比在伊拉斯谟书中具有更加重要的意义。”在许多谈话中她们往往总是自己在独白。在第一、第二卷中她们的谈话就已经并不是那么无关紧要的了，而在最后两卷中[80]……她们所谈到的那些棘手的事情则令我们摇头并发问：那个严厉的莫里索图斯的这本书是写给他儿子看的吗？他确实相信，他的儿子会等到可以看这后几卷书的年龄时才会去阅读和研究它们吗？除此之外，我们还不能忘记，16世纪的时候人们在两性关系上还不太拘束，在供学生练习用的书本中往往充塞着许多令我们今天的教育家感激不尽的句子。①

“但是，问题还不止这些！莫里索图斯对这些对话在实际中的应用究竟是怎么想的呢？显然那些男孩、少年、成年男子和白发苍苍的老头是绝对不会把只记录了女子对话的书作为学习拉丁文的典范的。也就是说，莫里索图斯忘了他写这本书的教学目的，在这方面他并不比遭到诟骂的伊拉斯谟好多少。”其实这个问题并不难回答。

5. 伊拉斯谟从未“忘记他的教学目的”，这一点他在关于《对话》的使用说明中写得非常清楚。在这篇说明中他讲到了他写每一篇对话的教学目的所在，或者说得更加确切一点，他想在男孩子的心目中树起什么样的典范。比如，在谈到一个青年男子和妓女的那篇对话时他说道："Quid autem dici potuit efficacius, vel ad inserendam adolescentum animis pudicitiae curam, vel ad revocandas ab instituto non minus aerumnoso quam turpi puellas ad quaestum expositas?"（为了使男孩子懂得羞耻，为了使女孩子搬出那个危险的、不光彩的地方；我还能说些什么其他的比这更加有效的话吗？）不，他从来没有忘记过他自己的教育目的，只是羞耻的程度不同罢了。他想使《对话》成为向男孩展示世界的一面镜子。他想教会男孩应该回避什么，怎么样才能过上恬静的生活：“有关老年人的那篇谈话像镜子一样展示了，人们在生活中应该回避什么，怎样才能过上安稳的生活。”

毫无疑问，莫里索图斯的“谈话”一书也是以此为目的的，而同时代的其他许多教育书籍也是如此。正如伊拉斯谟所说，所有这些书都希望把男孩“引入生活”。[81]这儿所指的实际上是成年人的生活。在以后的

① 此处为反语。——译者

时代里逐渐发展起一种倾向，人们告诉孩子，什么是他们应该做的，什么是他们不应该做的。而在这些书中，人们为了把男孩引入生活，告诉他们的是什么是成年人应该做的，什么是成年人不应该做的。从这儿便可看出其中的差别。人们并不是因为出于某种理论上的考虑才这样或那样做的。对于伊拉斯谟和与他同时代的人来说，以这种方式与孩子谈话是很自然的事情。那时候的男孩子，不管是处于必须依赖他人的地位还是作为童仆，都很早就进入与成年人同样的社会环境之中。在性生活方面，成年人不管是在行为上还是在谈吐中都不像以后那么有节制。由于当时的情感抑制处于另一种状况——这种情感状况是由当时的人际关系的结构和状况所决定的——那时候的成年人自己也对这种想法感到很陌生，即情欲是隐秘的、私下的事情，应该严格加以控制，不能在别人与孩子的面前流露出来。所有这一切都使得当时成年人与儿童在行为和情感水准方面的差距比现在小得多。事实一再证明，很好地了解成年人与儿童之间距离的扩大，了解人在 12、15 岁，现在大约是 20 岁之前生活于其中的特殊环境，对于理解过去的人以及我们自己的心理状况是非常重要的。就人的生理发展而言，过去与今天并没有多大的区别。只有了解了这一社会变化，我们才能更好地理解今天所存在的“成年”的问题，以及由此而产生的其他特殊问题，比如像成年人心理结构中的“童年残余”（infantilen residuen）。今天，儿童与成年人在服饰上所表现出来的极大差别只是这一发展中特别显而易见的一个标志。在伊拉斯谟的那个时代以及他以后很长一段时间内，成年人与儿童在服饰上的区别甚小。

6. 使新时代的观察者感到惊奇的是，伊拉斯谟竟然在他的《对话》一书中对一个孩子说起妓女和她所住的青楼。对于生活在我们这一文明阶段的人来说，在教科书中提到这类事情是不道德的。在 19 和 20 世纪的社会中肯定也存在这些东西，但是人们从小就学会了在社会交往中对一些事物保持沉默，对性欲和其他某些情感感到羞耻与恐惧。这些情感机制已经达到了近乎完美的程度。在社交场合甚至连提到这类事物和对此的看法都是不允许的。与孩子们谈论这些事情被看作是犯罪，是玷污他们的心灵，至少是一种极端错误的教育方法。

而在伊拉斯谟的那个时代里，让孩子们知道这些东西的存在是非常自然的事情。没有任何人在孩子们面前隐瞒这些事情。至多是告诫他们不能这么去干。伊拉斯谟正是这样做的。如果人们只是读了那个时代有关教育方面的书籍，那么很容易把对这种事情的谈论仅仅看作是作家个人的想法。但是，倘若进一步看到在实际生活中儿童是如何与成年人生活在一起以及成年人与成年人之间、成年人与儿童之间的隔阂是多么微小，那么人们就会把伊拉斯谟和莫里索图斯所写的对话直接与当时的水准联系起来。伊拉斯谟和莫里索图斯必须考虑到，孩子们无所不知，这在当时也是非常自然的事情。而教育家的任务则是告诉孩子们应该怎样来对待这些事情。

在当时的大学里人们可以公开地谈论青楼，光是这一事实也许并不能说明什么问题。但是，那时候大多数人进大学的年龄毕竟要比现在小得多。不管怎么说，这一切至少可以说明，娼妓甚至可以作为大学公开演讲的诙谐题目。1500 年海德堡的一个硕士生以“妓女对情人的忠诚”为题作了一次公开演讲，另一个人的演讲题目是“情妇的忠诚”，还有一个人的演讲题目是“猪的行会的垄断”以及“嗜酒方式以及如何避免嗜酒”。[82]在当时的许多布道中也有与此相似的情况。没有任何文章提到儿童不准聆听这些演讲。在教会和世俗的许多圈子内，人们肯定是反对这种形式的婚外两性关系的，但是社会戒律还没有变成个人的自我强制，在公开场合中谈论这些事情还不会使人感到难堪。并不是每一种有关这些事情的言论都会受到谴责的。

如果了解了娼妓在中世纪一些城市中的地位，那么这一区别就会显得更加明显。与今天的许多非欧洲国家一样，娼妓在欧洲中世纪城市的公众生活中有着非常特殊的地位。有些城市在欢度节日的时候，让娼妓举行赛跑。[83]她们还常常被派去欢迎高贵的宾客。比如，在1438年维也纳市的结算报告中有这样的记录：对于来自民间的女子赏酒12杯，对于陪伴国王的女子赏酒12杯。[84]有些市长或议员让高贵的宾客在妓院里尽情玩乐。1434年，西吉斯蒙德皇帝公开向伯尔尼市政府致谢，感谢市政府让他和他的随从免费在妓院里享受了3天。[85]那时候的妓女就像是用来款待贵宾的一道佳肴。

妓女，德国人常常把她们叫作“美人儿”或者“俏姐儿”，也和其他的职业行当一样，在城市中形成了一个团体。她们享有某种权利，同时也担负着某些义务。有时候她们也会像其他职业的人一样起来反抗不正当的竞争。比如，1500年在一个德国城市中有些妓女跑去找市长告状，说只有她们这幢青楼有公开营业的权利，而现在另外一幢青楼也在悄悄地招揽顾客。她们在得到市长的许可后闯入那幢房子，把里面的东西砸了个稀巴烂，并把那儿的鸨母打了一顿。还有一次她们把一个与她们竞争的妓女从家里拉出来，强迫她住在她们的青楼里。

简而言之，她们与刽子手一样，社会地位很低，被人歧视，但却完全是公开的，用不着隐瞒其身份。连这种形式的婚外男女关系也还没有被移置于社会生活的“幕后”。

7. 从某种程度上来讲，两性关系和婚姻关系也是如此。仅仅是通过结婚的风俗习惯我们就能对此有所了解。在傧相的带领下，参加婚礼的人一起拥入洞房。由女傧相为新娘宽衣解带，并取下所有的首饰。新郎新娘必须当着众人的面上婚床。只有这样，这一婚姻才有效。人们“让他们躺在一起”。[86]“只有踏上婚床，法律才会生效。”在中世纪的后期，结婚的风俗习惯逐渐起了变化，新郎新娘可以穿着衣服上婚床。当然，这一风俗习惯在不同的国家和不同的社会阶层中不尽相同。不管怎么样我们还是听说，在吕贝克这一古老的结婚形式一直被保留到 17 世纪的初叶。[87]连在法国专制宫廷社会中，新郎和新娘也是在众人的簇拥下踏上婚床的。在他们当着众人的面脱光衣服后，人们才让他们重新穿上衬衣。所有这一切都说明了对于两性关系的另一种羞耻尺度。通过这一系列例子，人们再一次清楚地认识到了以后逐渐在 19、20 世纪占统治地位的那种羞耻程度的特殊性。在这一段时间里，即使是在成年人中间，所有与性生活有关的东西也都被移置幕后，并在很大程度上被掩盖了起来。所以长期以来，对儿童隐瞒生活的这一侧面便有了可能性和必要性。而在这之前的那些阶段中，两性关系以及所有与之有关的东西都是公开生活中的一个重要部分，因此使儿童从小就熟悉这方面的生活是极其理所当然的事情。即使是从制约的意义上来说，为了使儿童学会成年人的水准也完全没有必要像文明发展中的以后阶段那样，使儿童认为这方面的生活是一种秘密和禁区。

在宫廷贵族社会中，性生活肯定已经比中世纪更加隐秘了。市民工业社会的观察家们之所以经常感觉到宫廷社会“轻浮”，是因为这种企图遮掩的倾向前移了。然而，与市民社会本身的情感控制水准相比，在这一阶段中，人们无论是在社交场合中还是在意识中对性生活的遮掩还是很微不足道的。以后阶段的人对这方面的评论往往是错误的，因为人们没有把自己的和宫廷贵族社会的水准看作是变化发展中互为条件的各个阶段的水准，而把它们当作绝对的东西来比较，并把自己的水准看作是衡量其他一切水准的尺度。

这时期成年人之间可以毫不隐讳地谈论人的生理功能。同样，无论是在谈吐还是在行动中，他们也是这样来对待儿童的。这样的例子不胜枚举。这里要描述的是一个特别生动形象的例子：在 17 世纪的宫廷中，有一个名叫封・布莱的小女孩。宫中的贵夫人经常来找她闲聊。有一天，她们和她开了个玩笑，企图使她相信她怀孕了。小女孩极力否认并为自己辩解。她说这是绝对不可能的，而贵夫人们却提出了一条又一条的理由。

有一天，她早上醒来在床上发现一个新生的婴儿。她感到非常惊讶，天真地说："只有在圣母马利亚和我的身上才会发生这样的事情，因为我一点也没有感到疼痛。"这句话不胫而走，小小的玩笑成了整个宫廷的消遣。许多人去看望这个小女孩，就像真有那么回事似的；皇后陛下圣驾躬亲，向她表示慰问，并表示愿意做她孩子的教母。这一玩笑并非到此为止，人们继续与那小女孩讨论，一定要她说出谁是孩子的父亲。经过一段时间的认真考虑，那小女孩终于得出了一个结论：她说，孩子的父亲只可能是国王或封·吉什伯爵，因为只有这两个男人曾经吻过她。[88]谁也没有觉得这一玩笑有什么不妥之处。它完全符合当时的尺度，谁也不认为让儿童适应这一尺度对于儿童纯洁的心灵会有什么危害，显然人们丝毫也没有觉得这种玩笑与他们的宗教教育有什么抵触。

8. 关于性生活方面比较严格的羞耻和难堪的界限以及与之相应的对性行为的抑制极其缓慢地、均匀地在整个社会上普及。当成年人与儿童之间的距离逐渐拉开的时候，被我们称为"性启蒙"的问题才成了一个"亟待解决的问题"。

上面引用了著名教育家封·劳默尔对伊拉斯谟《对话》一书的批评。当人们在了解了劳默尔自己对性教育以及对如何使儿童适应他那个社会的水准的看法后，这方面的整个发展就会显得更加清晰。1875 年，封·劳默尔出版了一本《女孩子的教育》。他在这本小册子中给出的成年人在回答他们的孩子所提出的有关性问题时的范例，肯定不是他那个时代的惟一的行为方式。然而，这一行为方式却在很大程度上反映了 19 世纪的水准。它不仅反映了对女孩子、同时也包括了对男孩子进行性启蒙的水准。

封·劳默尔在这本小册子中(第 72 页)写道："我觉得有些母亲的观

点完全是错误的。她们认为，必须让女儿了解家庭里所有的关系，甚至包括两性之间的关系，并告诉她们一些结婚后将会面临的问题。这种观点在卢梭笔下的《德绍尔的女慈善家》一书中变成了一幅粗俗而又令人讨厌的漫画。还有一些母亲走上了另一个极端，她们的女儿长大以后就会明白，母亲在她们小时候告诉她们的那些事情是不真实的。与上述提到的其他情况一样，这种情况也是应该受到谴责的。人们根本就不应该当着儿童的面谈论所有这一类事情，更不应该以神秘的方式来谈论，因为这样容易引起儿童的好奇心。只要有可能就让儿童相信，是天使给母亲带来了孩子。在某些地区所流传的这一传说要比在另一些地区所流行的关于鹳给母亲衔来孩子的传说要好得多。如果孩子确实是在母亲的照料下成长起来的，那么很少会对这一点提出什么奇怪的问题……即使是母亲因为生产而不在他们身边的时候，他们也不会提出什么奇怪的问题……如果以后女孩子们问起，她们的弟妹究竟是怎么来的？那么就可以说：是仁慈的上帝给母亲送来了孩子。每个孩子在天上都有一个守护天使。当我们非常欢快的时候，那看不见的守护天使肯定正在为我们操劳。至于上帝究竟是怎样送来孩子的这一点你就不用知道了，再说你也弄不明白。在绝大多数情况下，女孩子只要得到这样的回答就满足了。而母亲的任务则是不断地让她们的女儿去接触善的和美的东西，使她们没有时间去为这一类事情伤脑筋……做母亲的……只需严肃地说上那么一次：知道这类事情对你没有什么好处，你必须避免听到这类谈论。从此以后一个规矩的女孩子只要听到别人谈论这类事情就会感到害羞。”

在分别以伊拉斯谟和封·劳默尔为代表的两种谈论性生活的方式之间所显示出来的文明发展状况与其他情感表达的发展状况相似。在文明的进程中，性行为也逐渐地被移置社交生活的幕后，并被局限在一个特定的区域内，即家庭的小圈子内；与之相应的是，在人的意识中两性关系也受到了限制，被砌上了围墙并被移置“幕后”。人类生活的这方面被一种难堪的感觉所围绕。这是社会心理恐惧的一种表示。即使是成年人在谈论这些事情的时候也显得特别谨慎，总是绕圈子。只要有可能，人们就根本不和孩子、特别是女孩子谈论这类事情。劳默尔并没有说明为什么不应该和孩子谈论这些事情。他完全可以说，这对于尽可能久地保持女孩的心灵纯洁有好处。但是，即使他提出这样的理由也只能说明，在这一时期里羞耻和难堪的感觉是如何逐渐加强的。正如在伊拉斯谟生活的时代里谈论这些问题是理所当然的事情一样，在以后的时代里不再谈论这些问题也是很自然的事情。正因为这里所列举的两个时代的见证人，即伊拉斯谟和劳默尔都是虔诚的人，都是笃信上帝的人，所以他们之间所存在的区别才会显得格外重要。

显然，在劳默尔所提出的模式背后并不存在什么“理性”的动机。从理性的观点来看，他并没有解决他所面临的问题。他所说的话中充满了矛盾。他并没有说到，究竟应该在什么时候、以什么方式使女孩子了解自己身上所发生的和将要发生的变化。他认为，最主要的是必须培养起“对这些事情的羞耻感”，也就是说要培养起羞耻、恐惧、难堪和负罪的感觉，或者说得更加确切一点，必须培养起一种与社会水准相符的行为。人们可以从中感觉到，作为一个教育家本身要冲破这一方面的羞耻和难堪的界限是多么艰难；人们也能从中感觉到，社会的发展使个人在这方面陷入了一种一筹莫展的境地；教育家所能给予母亲的惟一忠告便是尽可能不要去触及所有这类事情。这里所表现出来的并不是某一个人的不明智或冥顽不化，这里所涉及的并不是个人，而是社会。直到以后，人们才逐渐认识到了这一问题，并找到了较好的方法使儿童去适应对于性欲的更进一步的抑制和调节，使他们对谈论性欲感到难堪。所有这些都是社会生活中所必须的。

一方面，封·劳默尔已经看到了这样的问题，即不能使儿童觉得生活中的这些领域有什么神秘的色彩，因为“这样容易引起儿童的好奇心”；而另一方面，因为在他生活的社会里这些领域已经成了“秘密的领域”，所以在由他提出的规矩中也无法避开这一既成事实：“做母亲的只需严肃地说上那么一次：知道这类事情对你并没有好处……”对这一切行为起到决定性作用的不是什么“理性”的动机，也不是什么合乎目的的理由，而是已经自觉实行自我抑制的成年人本身的羞耻感。是存在于他们内心的社会戒律和阻力，是他们自身的“超我”，使他们对于这些问题缄口不言。

正如人们所见，对于伊拉斯谟以及他同时代的人来说，根本就不存在如何向儿童解释男女之间关系的问题。生活在当时的社会环境以及人际关系中的孩子，自然而然地就了解了这一切，因为成年人对于自身性行为的抑制还没有那么严厉，那堵神秘的墙还没有那么厚，社会生活幕前和幕后之间的距离还没有那么大。那时候教育家最根本的任务，就是在儿童完全了解这些情况的前提下把他们引向正确的方向，或者说得更确切一点，即把他们引向教育家所希望的方向。这正是伊拉斯谟通过诸如一个姑娘与她的求婚者以及一个青年男子与妓女的对话所试图达到的目的。这本书所获得的成功表明，伊拉斯谟恰如其分地表达了他同时代人的看法。

当性欲和其他的许多情欲一样在文明进程的发展中受到了一种越来越严格的控制，并发生了越来越大的变化的时候，问题就不同了。这时候，社会强制成年人把所有的情欲，特别是性欲变成私下的事情，加上“缄默的禁忌”，即社会对于谈论这些事情的限制以及对有关性生活方面的大多数用语的约束——心理压抑的特征，所有这一切，在成年人周围形成了一堵厚厚的、神秘的墙。简而言之，使得这堵墙难以打破(总有一天会打破)，使得性启蒙难以实行的，并不仅仅是必须使正在成长的儿童学会遵从成年人控制情欲的尺度，而主要是成年人自身的心理结构使他们对于这一类神秘的事情难以启齿。他们往往找不到合适的语言和词汇，用他们所熟悉的脏话来谈论这些事情显然是不合适的，而运用医学术语对于许多人来说又很不习惯。如果仅从理论上来思考是无法找到答案的。是社会心理抑制妨碍了成年人谈论这些问题。所以封·劳默尔才提出了不要去谈论这些事情的忠告。这种情形之所以会加剧，是因为随着各种情感和对此的谈论越来越被排除在社交生活之外，启蒙的任务，即培养儿童控制情感的任务，越来越责无旁贷地落在了父母的身上。父母之间以及父母与孩子之间的爱扩大了谈论这类事情的阻力，不仅从孩子方面来看是这样，即使从父母方面来看也是如此。

很清楚，由此而产生的问题是，究竟应该如何向孩子讲明这类事情。倘若认为儿童的成长过程在每个时代里都是相同的，那么就无法理解正在成长中的孩子的心理状态。儿童的意识和情感的形成、变化总是因他们与成年人之间的关系而异的。在每个社会里，这种关系都会因为其社会结构特点的不同而具有某种特殊的形式。骑士社会中，儿童与成年人之间的关系就不同于城市市民阶层社会中的；中世纪整个西方世俗社会中的这种关系，也不同于新时代的。正是因为整个社会结构要求成年人具有与之相应的行为水准，并维系了成年人与儿童之间的关系，所以只有从历史的阶段性出发，从整个社会的结构出发，才能理解儿童在适应和形成与成年人同样的行为水准过程中所产生的一系列问题，诸如在我们这个文明社会中典型的青春期问题。

9. 我们可以从西方国家的婚姻及其发展过程中看到与“性启蒙”方面非常相似的文明发展。西方社会的两性关系主要是通过一夫一妻制来调节的，一般地来看这种说法显然是正确的。然而，事实上在西方国家的历史中两性关系的调节模式曾经发生过巨大的变化。无疑，教会很早就为一夫一妻制进行了斗争，但是直到后来，直到情感调节越来越趋向严格的时候，一夫一妻制才成了一种严格的、联系两性之间关系的社会制度；直到这个时候，社会才确实摈斥男子婚外的性关系，或者至少是使它变成一种绝对隐秘的事情。在这以前的一些阶段中，男子的、有时也包括女子的婚外性关系，根据各个社会两性之间关系的密切程度而异，在世俗社会的舆论中或多或少被看作是理所当然的。直到16世纪，我们还时常会听说，在最有名望的市民家庭中，做父亲的往往让他的私生子与由合法婚姻而生的孩子在一起长大，并不向孩子隐瞒他们之间的区别。这时候，男子在社会中还不用为他的婚外性关系而感到羞愧。把私生子看作家庭的一部分，做父亲的为他们的前途而操心，如果是女儿，还要为她们举行隆重的婚礼，这一切常常被看作是理所当然的。当然，相反的情况也是存在的。毫无疑问，夫妻之间时而会为这类事情发生“许多误解”。[89]

在整个中世纪，私生子的地位并不是始终如一的。但是毫无疑问的是，有很长一段时期无需对此进行隐瞒。直到市民社会，随着情感抑制和社会戒律的不断加强，性生活才越来越严格地被限制在一夫一妻制之中。在这方面同样不能把教会的要求当作衡量世俗社会真正水准的尺度。事实上，尽管这种做法并不一定公正，私生子与婚生子在家庭中的区别往往只是：私生子不能继承父亲的地位，一般来说也不能继承父亲的财产，或者至少不能与婚生子继承同样多的财产。众所周知，在上流社会中，非婚生子女往往明确地、不无骄傲地把自己称作“Bastard”。[90]

17、18世纪宫廷专制社会中婚姻的一个特征是，男子对女子的统治第一次被打破了。妇女的社会地位几乎与男子的相当；在社会舆论方面，妇女也起到了很大的作用。如果说到这时候为止，社会只把男子的婚外性关系视为合法的，而把在社会上“较弱的性别”的婚外性关系视为道德败坏的话，那么这时候随着男女在社会地位上的变化，妇女的婚外性关系也在某种程度上被认可了。

这种社会权利的取得，或许可以把它称作宫廷专制社会中第一次妇女解放。对于文明的发展，对于羞耻和难堪界限的前移，以及对于社会对个人控制的加强，究竟起到了哪些决定性的作用，这一点还有待于进一步的研究。正如其他社会群体在取得权利和其社会地位上升之后，必然会要求所有的人遵从一种新的情感控制准则，并使以前居优势地位和从属地位者所具有的不同的情感约束取一新的中间值。妇女地位的加强，概括地说，也意味着对妇女的情感约束有所放松，对男子的情感约束有所加强；同时，对于双方来说也都意味着，男女互相交往之间的社会强制变成了一种新的、更加严格的自我情感约束。

在德拉法耶特夫人著名的小说《德克莱芙公主》中当公主的丈夫知道自己的妻子爱上了封·内穆尔斯公爵时，说了这样一段话：

“我只愿意相信您，这是我的心灵和理智劝我选择的方法。我虽然给了您自由，但是根据您的禀性，我的这种做法比任何规定都更能限制您。”[91]

这一例子说明了，社会环境是如何使男女双方将社会强制转变为自我约束的。公主的丈夫知道，用强力是无法制服他妻子的。他的妻子爱上了另一个人，他并没有因此而咒骂喊叫，也没有提到他作为丈夫的权利，公众的舆论是不会支持这些做法的；他克制着自己，对他的妻子说：我给你自由，但是我知道，这样一来却比任何戒律和规定都更能限制你。换一句话来说，他期待妻子能够和他自己一样进行自我限制、自我约束。这一典型的例子说明了随着男女双方在社会地位上的平等而出现的新情况。从根本上来说，这种自由并非是由某个丈夫给他妻子的，而是由社会结构所赋予的。这种自由也要求新的行为方式并带来了新的矛盾。不管怎么说，在这一社会中确实有许多妇女利用了这种自由。有许多说法表明，在宫廷贵族社会人们往往认为，把两性关系限制在婚姻之中的做法是市民阶层的，与贵族的社会地位不相符。所有这一切使我们了解到，某种形式的自由是多么紧密地与某种社会形态和某种特殊形式的束缚联系在一起的。

我们今天还在使用的、已经比较固定了的语言形式，把自由与束缚强制表现为像天堂和地狱那样对立的概念。从现在的观点来看，这种把两者表现为绝对对立的概念的说法无疑在很大程度上还有它的正确性。对于被关在囚牢里的人来说，监狱墙壁之外的世界便是自由的世界。但仔细地考虑一下，如果把自由理解为一种绝对不受任何社会约束和依赖的状况，那么在以上这两个对立的概念中“自由”是多么微乎其微。对于其他的对立概念来说，情况也是如此。人们往往是从一种非常压抑的、不堪忍受的束缚形式下被解放出来，同时又进入一种不太压抑的束缚形式。文明的进程、人在情感生活方面所必须屈从的束缚形式和在某种意义上所经历的进步，也总是与各种形式的解放相联系的。专制主义宫廷中的婚姻便是许多例子中的一个。这一婚姻的特点是，在宫廷中丈夫与妻子各有各的起居室和卧室。与骑士社会相比，这时候的妇女已经很少受到外部的强制和约束。但是，无论是妇女还是男子都比以前更多地承担了那种内在的、自我的强制。这是由宫廷社会的结构与行为准则所决定的。与妇女的“解放”一样，这种内在的、自我的强制，也是由社会的结构特点所决定的。

倘若把 19 世纪市民阶层的婚姻与 17、18 世纪宫廷贵族的婚姻进行一番比较的话，也会出现类似的现象。

从整体上来看，这时候的市民阶层已经从专制主义等级社会的压力下解脱了出来。无论是市民阶层的男子还是妇女都已经摆脱了他们在封建等级社会中作为“二等公民”所必须遵从的外部强制。由于贸易与金钱在生活中的注入，由于这两方面的进步，使市民阶层有足够的社会力量来获取解放。但是，也正是出于这一原因，社会对于个人的约束反而比以前加强了。从某种观点来看，由于职业生活的缘故，市民社会中的人所必须遵循的自我强制有别于宫廷社会的情感模式。但是不管怎么样，就情感生活的许多方面来看，市民社会——首先是商业活动——所要求和造就的自我强制比宫廷社会所要求的更加严格。为什么社会发展的状况，更加确切地说，为什么恰恰是职业生活——随着市民阶层的崛起，职业已经成为一种普遍的生活形式——要求人们更加严格地控制性欲？这确实是一个问题。这儿暂且不谈19世纪情感生活的特殊模式与其社会结构之间的联系。从市民社会的水准来看，宫廷社会的婚姻及其对性欲的控制是非常放纵的。市民社会的舆论强烈谴责任何形式的婚外两性关系。与宫廷社会的主要区别在于，市民社会里男子的社会地位又重新高于女子，所以，社会对有婚外性关系的男子的谴责往往比对在这方面犯下过失的妇女的谴责要宽容得多。但是，无论是哪一方违反了这一戒律都必须完全避开公开的社交场合。与宫廷社会不同的是，这种关系必须被移置幕后。以上只是用于说明个人所必须遵从的情感抑制和自我约束正在不断加强的许多例子中的一个。

10. 文明的进程并不是直线发展的。人们可以像这本书一样指出这一发展的总的趋势。但是，如果仔细地去探究的话，在文明的进程中存在着各种各样纵横交错的发展。倘若把这一进程放在一个较长的时间背景之下来观察的话，那么就可以清楚地看到，那种用武器、战争和体罚威胁而造成的强制逐渐地减少了，而人与人之间互相依赖的形式则加强了，并逐渐形成了一种自我调节和“自我控制”的情感模式。一句话，变成了一种自我的强制。倘若我们只是对由男子组成的各个历史阶段的上流社会，也就是说，首先是由武士——或者我们把他们称为骑士——然后是朝臣，再以后是由职业市民所组成的那个阶层进行观察的话，就可以看到，情感模式的发展是直线进行的；但是，倘若去研究一下历史进程中的各个阶层，就会发现这一发展是极其错综复杂的。每个历史阶段都有各种各样的摇摆现象。人们常常可以看到，内部和外部的约束往往会一会儿前移，一会儿倒退。这些左右摇摆的现象，特别是当我们注视着自己所处的时代时，很容易使我们看不清这一发展的总趋势。对于在个人情感生活和男女关系中所必须遵循的束缚方面所发生的这些左右摇摆现象，我们至今还记忆犹新。人们一定还记得，与战前相比，战后曾出现过一种被我们称为“道德松弛”的情况。战前人们在行为方面所受到的许多约束逐渐减弱或者完全消失了。有些以前被禁止的东西，现在允许了。如果只关注我们这个时代的话，文明的进程似乎是朝着与这本书中所指出的相反方向在发展；似乎是朝着社会对个人的强制不断减弱的方向发展。

然而，如果仔细观察的话，则不难看出，这种现象只是一种小小的回流，只是包罗万象的文明进程中各个阶段内一再出现的各种各样的发展变化中的一个小小波折。

这里举一个游泳的风俗习惯为例。一个19世纪的妇女如果在公开场合穿着现在所流行的游泳衣而不遭到社会的谴责，那简直是不可想象的。但是，这一变化以及随之而来的男女体育运动的大力推广，所有这一切都是以一个很高的情感约束水准为前提的。只有当一个社会中高度的情感抑制已经成了理所当然的事情，只有当一个社会中严格的自我强制和社交礼仪使每个人都受到了约束、从而不管是妇女还是男子都感到绝对安全的时候，这种相对以前阶段来说完全自由的游泳和其他体育习俗才能得以发展。这完全是在一种特定的“文明”行为水准的范围内，也就是说，在一种对情感高度约束和控制已经成为人们自然而然的习惯下的一种松弛现象。

但是，与此同时也出现了要求人们养成一种新的、更加严格的情感约束的预兆。我们所处的时代也是如此。在一些社会中我们发现了这样的现象，情感的社会约束的严格程度和自觉程度远远地超过了迄今为止占统治地位的水准。至于这样一种严格程度和自觉程度所要求的对本能更进一步的抑制与调节将会对人们的举止以及习惯带来什么样的后果，现在还难以判断。

11. 在对我们这个时代或者是对文明发展的各个方面进行观察时，会发现各种纵横交错的发展以及某些行为准则的时而前移、时而倒退；然而，就我们现在的认识来看，其整个发展趋势是始终如一的，不管从哪一种情感的表达方式来看都是如此。总的来说，性欲的文明发展与其他情感的发展一致，尽管在社会起源上它们各不相同。从各个上流阶层男子的情况来看，有关性欲的规定越来越严格。人的这一本能逐渐地、越来越严格地被排除在公开的社会生活之外。即使是在谈论这一问题的时候，人们也必须越来越约束自己。[92]与对其他情感的抑制一样，对性欲的抑制也不再通过对身体所采取的外部强制手段而形成，而是通过社会生活的结构，通过一般社会机构的压力，特别是通过一定的社会机构来执行的，主要是通过家庭来把它培养成每个人的自我强制和从小就自发起作用的习惯。这样，社会的要求和戒律将越来越进一步地成为自我的一部分，成为有着很强的调节作用的超我。

与其他许多情感一样，性生活也越来越被限制在一个特定的领域，被限制在得到社会承认的合法婚姻之中。这不仅仅是对妇女，同时也是对男子而言的。在以前的社会舆论中对男子和妇女的婚外两性关系的认可和半认可被逐渐地排除了，当然也有倒退的现象。于是，每一种违反这一规定的做法以及一切与之有关的事情便进入了隐秘的领域。人们对此缄口不言，因为这类事情会影响一个人的声誉及社会地位。

这样，小家庭便逐渐地成了男女之间性生活和亲昵举止的惟一合法领域。以后，小家庭也逐渐地变成了整个社会中培养儿童在情感表达方面养成符合社会要求的习惯和行为方式的主要场所。当情感抑制和隐秘化程度还不是很高的时候，当情感生活还没有这么严格地被排除在人们社会交往之外的时候，由父母亲承担的、对儿童的情感进行最初制约的任务并没有这么重。当情感隐秘化程度还不像现在这么高的时候，当家庭内部生活还不像现在这么封闭的时候，所有与儿童接触的人都参与了对儿童的情感进行制约的任务，而并不仅仅是家庭成员以及仆人。在当时上流社会的家庭里，其成员和仆役的人数往往比现在要多得多。那时候，人们可以毫不避讳地谈论各方面的情感，并可以在言行之中比现在更加坦然地顾及自己的情感。对性欲的羞耻感也还没有现在这么严重。这便是上面所引用的伊拉斯谟的教育小册子之所以使以后的教育家这么难以理解的缘故。那时候，对于儿童的约束以及培养他们遵从社会习俗并不是在一个特殊的封闭的领域里进行的，而是直接在人们的社会交往中进行的。我们应该读一读让・黑罗阿尔德大夫的日记，以便对上流社会具有典型意义的制约方法有所了解。在这本日记中让・黑罗阿尔德记载了路易十三从小到大每天、几乎是每个小时的言行。

情况就是这样的矛盾：社会要求每个人所达到的对情感的控制、调节、抑制和隐秘化的程度越高，对正在成长的儿童进行相应的约束就会越困难，培养他们初步建立起符合社会要求的情感习惯这样一个任务就越是落在家庭的小圈子里，落在父母亲的身上。就制约的机制而言基本上与以前的相同。也就是说，这种制约并不是出于父母对这一任务的了解，也不是出于他们有意识的计划，即出于对儿童的特点和他们所处环境的考虑而形成的，而主要是下意识地，或者说在一定程度上是通过条件反射而形成的。家长的情感形态和习惯造就了孩子的情感形态与习惯。孩子的情感形态和习惯，总是朝着父母在对他们进行制约时所希望和预见的相同或相反的方向发展的。换一句话来说，父母与孩子的情感习惯很少是由“理性”来决定的。孩子的情感模式和特点正是在父母与其自身情感形态的交织之中逐渐形成的。会引起父母羞耻与难堪感觉的语言和行为方式也会引起孩子的类似感觉。这是因为父母的厌恶感和对这类举止言行的种种压抑，会以某种形式传染给孩子。父母正是以这种方式逐步地在孩子的身上复制出符合社会水准的羞耻和难堪的感觉。这一水准同时又是形成千差万别的个人情感的基础。至于这种持续不断地交织在一起的父母与孩子的情感、习惯和好恶是如何具体地对孩子的情感生活的形成产生影响的，至今还未被家长所认识。

12. 文明的发展使得人体的一切功能越来越严格地、越来越完全地隐秘化了。人体的功能被限制在一定的范围之内，被移置“关闭的门后”。这种做法导致了各种各样的结果。其最重要的结果之一是人性的分裂。这一结果虽然在其他情感方面也会时而出现，但是在性欲的文明发展方面表现得尤为突出。人类生活的两个方面，即公开的，也就是说可以在社会的人际交往中表现出来的一面和“私下的”、“秘密的”、避人耳目的一面，越是被截然地分割开来，人类的分裂便表现得越明显。与人的其他一切生理功能一样，性欲也是众所周知的一种自然现象。它是每个人生活中的一个部分。人们已经看到，所有这些人的生理功能是如何逐渐地背上了羞耻和难堪感觉的包袱的，甚至在社交场合谈论这些事情都越来越严格地受到了一系列规定和戒律的限制。人们越来越设法在他人面前掩盖这些生理功能并尽量避免去谈论它们。在实在无法隐瞒的地方——比如像结婚、举行婚礼的时候——人们便用经过仔细拟定的礼仪，用特定的、隐晦的和符合社会羞耻水准的套话来掩饰羞耻、难堪、恐惧以及每当涉及人类生活中这些本能的情感时便会产生的种种激动。换一句话说，随着文明的发展，人类生活越来越严格地被区分为私下的、秘密的和公开的领域，从而形成了人的秘密的和公开的行为方式。然而，人们却认为这一分裂是理所当然的。他们已经被强制地养成了这个习惯，所以几乎意识不到这个问题的存在。

随着人的行为逐渐地被分为在公开场合中允许的和不允许的两种形式，人的心理结构也发生了变化。由社会认可的戒律被培养成了个人的自我强制。对某些情感的强制性的压抑以及由这些情感而引起的社会羞耻感已经变成了个人的习惯，以至于即使人们独自一人时在隐秘的场所里也不会去违反这一习惯。由这些情感而引起的快感与由戒律、限制、社会羞耻感和难堪而引起的厌恶会在他的内心发生争斗。显然，这便是弗洛伊德试图用“超我”和“潜意识”，或者通常所说的“下意识”所表达的情形。然而，不管以什么方式来表达，社会的行为准则总是会以这样或那样的形式来影响每一个人，并会在某种程度上成为每个人自我的一个组成部分。人的这一部分，即超我，与人的心理结构和自我形成了一个整体。这一整体总是不断地、必然地随着社会的行为准则和社会结构的变化而变化。这种由“超我”和“下意识”等概念所表达出来的“自我”，或者说意识的高度分裂，是生活在我们这个文明阶段中的人的一种特征。这种情形是与我们这个文明社会迫使人的行为发生分裂以及在人际交往中必须对情感进行控制和限制的程度相一致的。导致这种分裂的萌芽存在于任何一种社交生活形式之中，同样也存在于那种被我们称为“原始”的社交生活形式之中。这种分裂所达到的程度和它所具有的形式反映了一定的社会发展阶段，也就是说反映了文明的进程。

必须强调指出的是，这便是我们这儿所谈到的社会结构和人的自我结构之间所存在的恒定的一致性。

关于攻击欲的转变

说明。

人的情感是一个整体。我们可以用各种不同的称谓去描述不同方面和具有各种功能的情感，比如像饥饿、吐痰的需要、性欲和攻击欲，但是在生活中几乎不能把这些各种各样的情感分割开来，就像心脏与胃、脑子的血液和生殖器中的血液不能分开一样。它们可以部分地互相补充、互相代替，还可以在一定的范围内互相变化、互相平衡调节。在某一方面出现的障碍也会在另一方面表现出来。简而言之，这些各种各样的情感构成了人体内的一种循环。它们既是一个整体，又是这一有机整体中的一个部分。它们的结构在许多方面还不是很清楚，但是它们的形态和社会特征却对各个社会及社会中的每一个个人具有决定性的意义。

人们今天谈论欲望或激情时的方式常常会使人产生这样一种想法，即在我们的内心存在着各种各样的欲望。人们在谈到“想死的欲望”或“想出名的欲望”时，就像是在谈论各种各样的化学物质。如果对这些形态各异的情感逐一进行深入研究的话，也许会得到意想不到的结果并给人以极大的启示。但是，人们在从事这些研究时必须在思想方法上把人的情感看作一个统一体，而把每一种特殊的情感看作这一整体中的一个部分，否则的话，人们便会在生动的对象面前一筹莫展。同样，在以下的研究中所要谈到攻击欲也是一种不可分割的情感形式。可以谈论“攻击欲”，但是必须清楚的是，它是这个有机整体内的一种情感，它的变化将会引起整个情感模式的变化。

1. 关于攻击欲的水准和程度目前在西方国家中不尽相同。仔细观察的话，西方国家在这一方面所表现出来的差别往往是很大的；但是，如果把这些“文明”民族的战斗欲与他们在各个不同社会阶段的、处于另一种情感水准的攻击欲进行一番比较的话，那么，这些差别就会显得微不足道，就会从我们眼前消失。与阿比西尼亚的武士在战争中所表现出来的狂怒——这种狂怒在文明国家军队的武器装备面前肯定无济于事——或者与民族大迁移时期各个种族在战争中所表现出来的愤怒相比，文明世界中即便是最好战的那些民族的攻击欲也是有所抑制的。与其他所有的情感一样，战斗欲也受到了约束，这是由于战争中分工程度的提高、人与人之间更加紧密的合作以及对他人、对武器的依赖不断加强而造成的；攻击欲受到了一系列逐步变为自我强制的规定和戒律的限制与束缚。与其他所有的欲望一样，攻击欲也发生了变化，变得“文雅”了、“文明”了，只在梦中或者被我们称之为病态的爆发中才会以它原来没有受到过抑制的形式表现出来。

在这一方面的情感中，在人与人之间发生敌对冲突的领域里，也发生了与其他所有的情感方面一样的历史演变。中世纪在文明发展的过程中属于哪个阶段，我们姑且不论，而仅以其世俗上层，即以骑士阶层的水准为出发点，以便能够对这一方面的发展有一个大致的了解。中世纪战争中的情感宣泄也许已经不再像民族大迁移早期那样不受抑制了，但是与新时代的水准相比，它又显得非常公开和无拘无束。在新时代，各种残酷的做法，由摧残和折磨别人而引起的快感以及对体力上的优势的炫耀等，越来越被置于由国家组织所确立的强大的社会控制之下。社会厌恶感的形成，使所有这些欲望逐渐地只能拐弯抹角地通过“文雅的”或者“巧妙的”方法表达出来。“巧妙的”一词其最初的意义与“文雅的”相同。只有在社会发生变革的时期，或者是在殖民地区，也就是在社会控制松弛的时期和地方，这些欲望才会比较直接地、不受拘束地、不太顾及羞耻和难堪感觉地表现出来。

2. 中世纪的社会生活正好朝着与此相反的方向发展。那时候，抢劫、战争、对人和野兽进行追捕，所有这一切都直接属于生活之必需。因为这些活动与其社会结构相符，所以可以公开地表现出来。对那些有权有势、彪悍健壮的强者来说，这些活动也是他们的生活乐趣。

在宫廷抒情诗人贝尔特朗·德·博尔恩①所写的一首战争颂歌中有这样一段话：“我对您说，只要我听见两军阵内高喊：‘杀死他们!’听见树荫下失去主人的马匹在嘶叫，听见‘救救我，救救我’的叫喊；看见大人小孩一个个倒在草地上，看见被旗杆尖头戳穿的尸体在流血，就能吃得下，睡得香。”[93]

只有当人们耳闻目睹战争的喧嚣和混乱：胸腹俱裂的尸体，置人于死地的梭镖长矛，失去了主人的马匹的嘶叫声，“冲啊”的叫喊声以及

① Bertran de Born(1140—1215)，法国贵族，吟游诗人。——译者

受伤倒地者的呼救声，才能体会到生活和饮食起居的乐趣。文学作品中所记载的这一切使我们对原始情感的狂暴有了一个印象。

在贝尔特朗·德·博尔恩所写的这首战争颂歌中还有一处这样写道："令人愉悦的季节来临了。我们的战舰就要出征，我们勇敢强悍、举世无双的理查德国王就要到来。我们马上就能看到盼望已久的场面：人们挥金如土，新造好的石炮争先恐后地施展其本领，城墙将被摧毁，城楼将要倒塌，敌人将会饱尝囹圄和锁链的滋味。我喜欢蓝色的、油光锃亮的盾牌，喜欢五彩缤纷的战旗、旌旗与平原上扎起的帐篷连成一片的景象；我喜欢矛被折断、盾被击穿、乌亮的头盔被劈成两爿，我喜欢厮杀格斗。"

根据一首《武功歌》的解释，战争便是强者冲向敌人，扯断其葡萄蔓，砍去其树林，破坏其农田，摧毁其城堡，填平其水井，抓住并杀死俘虏……

砍去俘虏的肢体是一种特别的嗜好。也是在这首《武功歌》里，国王说："至于您讲到的我的头颅我毫不担忧，我把它当作木瓜，对此嗤之以鼻。任何一个骑士只要让我逮住，我定要割掉他的鼻子或耳朵，叫他无地自容；若是一个执达吏或商人，我就要砍掉他的双脚或手臂。"[94]

这些不仅仅是歌词而已。这些史诗所描述的内容在社会生活中确实有它们的位置。同时，这些史诗是为那些特定的听众所写的。与其他许多文学作品相比，它们更加直接地表达了那些听众的情感。这些史诗在某些地方可能会有所夸大。在骑士时代金钱有时候已经起到了抑制情感和使情感发生变化的作用。人们往往只砍去比较穷困的和社会等级较低的人的手脚，因为从他们身上无法得到可观的赎金，而饶过骑士，希望从他们身上得到赎金。作为直接反映社会生活文献的编年史也记载了许多类似的例子。

这些编年史往往是僧侣写的，所以这些编年史所反映的价值观，往往便是受骑士阶层威胁的弱者的价值观。

但是，它们给我们提供的情况却是非常真实的。

比如编年史中记载了这样一位骑士："他的一生是在抢劫、毁坏寺院与教堂、袭击朝圣进香者和压迫孤儿寡妇中度过的。他特别喜欢砍去无辜者的手脚。仅在萨尔拉特黑色僧侣居住的一所寺院里，人们便发现有 150 个男女被他砍去了手臂或挖去了眼睛。他的妻子和他一样残忍。她帮着他干这些事情。折磨那些穷苦的妇女，对于她来说是一种享受。她让人割去那些妇女的乳房或者拔去她们的指甲，使她们丧失劳动能力。"[95]

作为一种例外，作为一种"病态"的乖戾的现象，类似的情感宣泄在以后的社会发展阶段里也会出现。不过，在这时候还没有一种对于这种行为进行制裁的社会强制。会引起恐惧的惟一的威胁和危险便是在战争中被强者战胜。正如 19 世纪法国的历史学家吕歇尔①所指出的那样：除了一小部分社会精英之外，杀戮抢劫完全符合当时骑士社会的标准。几乎没有例子可以证明，在其他国家和以后的几个世纪里这方面的情况有什么改变。残酷的宣泄并没有从社会生活中被排除出去，并没有受到社会的谴责。人们往往从折磨和杀戮中感到莫大的快乐，而这种快乐是被社会所认可的。从某种程度上甚至可以说，是社会结构促成了这一发展，是社会结构迫使人们不得不这么做，并迫使人们相信只有这样做才是对的。

比如，究竟应该如何来处置俘虏呢？在当时的社会中钱很少。对那些付得起赎金的、出身骑士阶层的俘虏，人们还能在某种程度上做到手下留情。但是，如何对待其他的俘虏呢？把他们留下来就等于是把他们养起来，而把他们送回去则意味着增加敌人的财富和战争实力。因为在

---

① Achille Luchaire(1846—1908)，法国历史学家，先后任波尔多和巴黎大学教授，专门从事卡佩王朝时期法国制度和社会的历史研究。——译者

当时不论是侍者、从事劳动和战斗的人员，还是一般的下属，都是上层社会财富的一部分。人们或者把俘虏杀了，或者把他们弄残废了再送回去，使他们失去劳动和战斗的能力。为了同样的目的，人们破坏农田，填没水井，砍伐树木。在一个以农业为主的社会里，在一个以不动产为基本财产的社会里，这样的做法无疑也是为了削弱敌人的力量。从某种程度上来说，这种带有强烈情感的行为是社会之必须。人们按照社会的要求行事，并从中感到了乐趣。与当时社会较低的情感控制和约束水准相符的是，这种破坏摧残的乐趣有时候会因为破坏者突然发现自己与被折磨的人有着共同之处而变为一种特别的怜悯。这肯定也是由于生存始终受到威胁而产生的恐惧和负疚情感的一种表露。今天的胜利者，明天完全有可能因为某种偶然的情况而被战胜、被俘虏，从而陷入极其危险的境地。在这种持续不断的起伏变化中，即在战争时期对人和野兽的追捕与作为“和平时期”享受的骑士比武之间的不断变化中，一切都是难以预料的，即使是对于那些脱离了“尘世”的人来说也是前途未卜。只有上帝和聚在自己周围的人们的忠诚才是惟一可靠的东西。对于身陷恐惧之中的人来说，眼前的时刻显得极其重要。正如实际命运变化无常一样，快乐会在转瞬之间突然变成恐惧。同样，恐惧也常常会在寻求新的欢乐中消失。

中世纪世俗社会的大多数人过着像土匪首领那样的生活，以至于他们的欣赏水平和习惯与土匪首领相似。这一社会给我们留下的报道中所描写的情形，与我们所处的这个时代对于封建社会的报道中所描写的情形大致相同。同时，在这两个时期的报道中所反映的当时的行为水准也极其相似。只有一小部分社会精英显得有些与众不同。这一点下面还会谈到。

中世纪的武士不仅热爱战争，而且以此为生。早在青少年时期，他们就已经受到了战争的训练。当他们成年的时候便被列入骑士的行列。

只要他们有足够的力量，就一直战斗下去，直到白发苍苍为止。除此之外，他们的生命没有其他任何作用。他们的住宅既是一个哨所，也是一座堡垒；既可用于进攻，也可用于防御。如果他们碰巧生活在和平时期，那么至少需要对于战争的幻想。他们在竞技场上大显身手，这种竞技与真实的战斗往往并没有多少差别。[96]

19 世纪的历史学家吕歇尔说："对当时的西方社会来说，战争是正常的现象。"

维辛加在谈到 14、15 世纪的时候说："连年不断的战争，各种各样危险的暴徒对于城市和乡村持续不断的骚扰，以及由一种严厉的、无依据可循的审判权所形成的一种长久的威胁……所有这一切，引起了一种普遍的不安情绪。"[97]

在 15 世纪的时候，骑士仍然像 9 世纪和 13 世纪的时候一样，对于战争感到欢欣鼓舞，尽管其欢乐的程度有所抑制，不再像以前那样无所顾忌。

"战争是件令人愉快的事情。在战争中人们彼此爱戴。当人们看到格斗进行得那么激烈，看到鲜血流淌时，便不由激动得热泪盈眶……"[98]说这番话的人叫让·德比埃伊。他失去了国王的宠爱。他向他的侍从口述了自己的生活经历。当时是 1465 年。说这番话的人已经不再是完全自由独立的骑士，不再是他自由领土上的小国王了。他自己本身也已经处于一种为别人效劳的地位。"战争是一件令人感到高兴的事情。在战争中人们互相之间爱得那么深切。当人们看到战争进行得那么顺利，看到自己人战斗得那么勇敢，眼泪便不由得夺眶而出。一种甜蜜的欢乐在心中油然而生，人们感受到了朋友的忠诚可靠；当人们看到自己的伙伴为了遵守和履行创世主的旨意而勇敢地把生死置之度外的时候，便会决定与他同生死共患难，决定不为任何爱情而离开他。人们从中感到莫大的欢欣。没有经历过战争的人不会体会到这一切是多么美好。你们也许会想，这样的人会不会怕死？绝对不会！他们是那么坚强，那么兴奋，以至于他们都不知道自己在哪儿。真的，在这个世界上他们什么也不怕！”

这是由战争引起的喜悦。但是，这种喜悦肯定已经不再是由于折磨人，由于听见刀剑声、战马的嘶叫声或看到敌人的恐惧——“救命、救命”的声音听起来是多么美妙，敌人的死亡、敌人被撕裂的尸体躺在那儿是多么美好[99]——而感受到的，而是出于一种与朋友休戚相关的感觉和为美好事业而战的信念。把战争的喜悦当作一种战胜恐惧的陶醉，这种情感显然比以前表现得更为突出。

这里所表达出来的是非常简单而强烈的感受。人们厮杀，全身心地投入到战争之中；人们看到朋友在战斗而与他们并肩作战，忘却了自己身在何处，忘却了死亡本身。这一切是多么美好，还能要求什么呢？

3. 有许多历史的见证使我们感觉到，中世纪世俗上流社会对于生死的态度并不总是与神职上流社会在他们的书中所写的、通常被我们视为中世纪“典型”的生死观相一致的。对于神职上流社会来说，至少是对于他们的代言人来说，生命的形式是由人们对于死亡、对于身后的事情以及对于彼岸的观念所决定的。

当然，在世俗上流社会中并不能完全排除这种观念。在每个骑士的一生中也许会经常出现这样的情绪和阶段，但是，也有许多例子说明了一种与此截然不同的态度。我们经常可以听到这样的劝告：不要使你们的生活被死亡的思想所主宰，热爱今生的欢乐。这种忠告与我们今天所认识到的中世纪的水准并不完全相符。

“任何一个懂得宫廷礼仪的人都不应该惩罚喜悦，而应该热爱喜悦。”[100]这是13世纪初一本小说中关于宫廷礼仪的要求。又过了一段时间，“年轻人应该心情愉快，活得痛快，而不应该愁眉不展，死气沉沉”。[101]骑士的显著特点是不“愁眉不展”，而僧侣则毫无疑问经常是“愁眉不展”“死气沉沉”的。

在对待死亡的问题上，并没有表现出对生活的否定。这种态度极其真切而又明确地表现在卡托①所写的一些有关行为准则的诗句中。生命没有保障，这是在这些流传于整个中世纪的诗句中一再重复的主题。[102]比如在一首诗中这样写道：

“赋予我们的是一个，
残酷的、前途未卜的生活。”

但是，人们并没有由此而得出这样的结论：想着死亡，想着身后的事情，而是：

“如果你怕死，
你就会生活在一种困境之中。”

这种观念在诗中的另一处表达得更为清楚、绝妙：[103]

“我们知道死亡定会来临，
却无法预料自己的未来。
尽管死亡像小偷那样悄悄走来，
将痛苦和爱情分开，
但你必须充满信心，
毫不惧畏。
倘若你怕死，
你就不会赢得欢乐。”

① Der Deutsche Cato。——译者

这里并没有提到彼岸。如果谁在生活中总是想着死亡，那么就不会领略到生活中的快乐。自然，骑士们强烈地意识到自己是基督徒。他们所具有的观念和所遵循的礼仪都来源于基督教的传统。但是，由于他们的社会环境和心理状况与那些著书立说的僧侣阶层的不同，所以他们头脑中的基督教和价值观往往与僧侣阶层的大相径庭。基督教既没有阻碍他们去尽情地享受人世间的快乐，也没有阻碍他们去杀戮、去抢劫。这一切都是他们的社会职责，是他们这个阶层的特性，他们为此而感到高兴。对于一个骑士来说，视死如归是生活之必需。他们必须战斗。社会的结构和氛围使每个人都必须遵守这一准则。

4. 在中世纪，这种手持武器时刻准备战斗的情形，不仅仅是对于武士，即使对于上流社会来说也是生活中所不可避免的。即使是城市市民阶层的生活也和以后的时期有很大的不同。在他们的生活中充满了大大小小的争斗。他们的攻击欲、仇恨和从折磨别人中所得到的快感，也比以后各阶段表现得更为赤裸。

随着第三等级的逐渐崛起，中世纪的社会矛盾加剧了。市民阶层并不仅仅是依靠金钱而强大起来的，抢劫、争斗、掠夺和家族纠纷，所有这一切在城市居民生活中所起到的作用，并不比在骑士阶层生活中所起的作用小。

可以任意举一个例子。比如像马蒂恩·德埃斯库希①的生平。他是一个皮卡尔人，是15世纪写过《编年史》的许多作家中的一个。[104]从他写的《编年史》我们可以推测，他及时地记录了历史，是一个有才华的、值得尊敬的作家。但是，各种文件所记载的他的生平却完全是另外一副模样。[105]

“1440年至1450年，马蒂恩·德埃斯库希开始了他的官运，先是当

---

① Mathieu d'Escouchy。——译者

议事员、乡代表，然后是陪审员和佩鲁纳市参议会的地方议事会议长（神父）。从一开始人们便发现，他与这个城市的执政官让·弗罗芒家族有纠纷，并几次闹到了法庭上。不久，这个城市的执政官以伪造罪、谋杀罪以及‘荒淫无度和企图行凶’的罪名对德埃斯库希进行追究。而德埃斯库希则以地方议事会议长的身份威胁他仇敌①的寡妇，要对她的巫术进行调查。他仇敌的寡妇则设法迫使德埃斯库希让法庭去进行这项调查。事情一直闹到巴黎议事会，德埃斯库希第一次进了监狱。在这以后，我们又发现他 6 次入狱，大部分是作为被告，有一次是作为战犯。几乎每一次都是因为严重的刑事案件，他还不止一次地被戴上重重的镣铐。弗罗芒家族与德埃斯库希之间的互相控告以一次武力冲突而告终。在这次武力冲突中德埃斯库希被弗罗芒的儿子打伤了。双方都收买了流氓无赖，以求置对方于死地。当这场历史悠久的家族纠纷从我们眼前消失后，又出现了新的冲突。这一次，德埃斯库希被一个僧侣打伤。然后德埃斯库希于 1461 年迁到了内斯勒。他受到了新的指责，有人怀疑他又犯了罪。然而，这一切并没有阻碍他的飞黄腾达。他当上了地方长官，里贝蒙特的神父以及国王在圣康坦的全权代表。然后又是受伤，进监狱，赎罪入伍。他成了战俘，在这以后的一次战役中他伤残回乡。然后他结婚了，但是对于他来说这并不意味着一种安稳的生活的开端。我们发现他因被指控伪造图章而被捕，并像强盗和杀人犯那样被押送到巴黎。接着，他又与贡皮涅的一个高级官员发生了新的纠纷。在拷问之下他承认了自己的罪责，被撤销了职务并被判了刑，然后又平反，重新被判刑，直到他生命的踪迹从文献中消失。”

这是许多例子中的一个。这里再举封·贝里公爵祈祷书中著名的小插图[106]为例。这本书的编者说：“人们一直认为，好多人至今还深信，15

① 原文如此。“仇敌”指何人不详。——译者

世纪的小型画像出自那些严肃的僧侣和虔诚的修女之手，是这些人在和平时期在他们的寺院里画成的。在某些情况下可能是这样的。但是一般看来，情况并非如此。画出这些漂亮画像的都是世俗的人们，都是工匠。这些世俗艺术家们本身的生活并不是很虔诚的。”我们经常可以听到一些在今天的社会里将被谴责为“罪行”的事情。这样的事情在今天的社交场合简直是“不可想象的”。比如，两个画匠互相指责对方犯了偷窃罪。然后，其中的一个画匠纠集了一帮人在大街上把另一个画匠刺死了。公爵封·贝里需要这个杀人犯，便为他请求大赦，请求“赦免书”。还有一个画匠拐骗了一个8岁的小女孩，想和她结婚，这当然是违反女孩父母意愿的。这些“赦免书”告诉我们，到处都有这样的“血腥纠纷”，这些纠纷往往持续数年，并时常会在公开的场合或在乡村里导致真正的、野蛮的厮杀。不仅骑士是这样，商人和工匠也是如此。贵族的身边总是跟着一帮人，这些人随时准备大打出手。在其他具有与之相似的社会形态的国家里也有类似的情形。比如像今天的阿比西尼亚和阿富汗等国家还是如此。“……为了进行‘械斗’，他在白天总是随身带着仆人和手持武器的打手……而‘平民’，即市民却不能享受这种奢侈，但是他们有‘亲戚朋友’，经常是一大帮手持各种各样可怕武器的亲戚朋友们赶来帮忙，尽管地方‘习俗’和城市的‘布告’一再禁止，但仍然无济于事。如果市民们要进行复仇的话，也会进行这种械斗。”[107]

城市当局一再企图平息这些家族纠纷。乡代表们把人们召集到一起，为实现城堡内的和平，他们发布各种命令和规定。好了一段时间，然后又发生了新的械斗。于是，过去的械斗又重新引发。比如，有两个合伙人为了买卖上的事情发生了分歧。他们争吵起来，越吵越厉害。有一次，他们俩在一个公众场合相遇。其中的一个把另一个打死了。[108]又比如，一个旅店老板责怪另一个抢走了他的客人。于是，他们俩便成了冤家对头。其中的一个老板说了另一个一些坏话，于是便酿成了一场家族大战。

私人械斗，家庭复仇和家族间的血仇，不仅仅是发生在出身高贵的人中间。15世纪的城市生活中到处充满了家族之间以及集团之间的争斗。就连市民，连那些小人物，比如像铸币匠、裁缝和牧童，也动不动就拔刀子。[109]

“我们知道，在公元前5世纪的时候，尽管人们畏惧地狱，尽管有社会地位的约束，尽管有骑士精神，尽管社会关系有和睦可亲的一面，但是当时的习俗还是充满暴力的。人们特别喜欢用暴力来满足自己的激情。”

这时候的人们并不老是阴沉着脸、紧皱着眉头，一副凶相毕露好斗的样子；恰好相反，刚刚还在开玩笑，互相取笑，你一句我一句的，突然之间玩笑便变成了争斗。很多对于我们来说是矛盾的东西，比如像他们的虔诚和他们对地狱的恐惧，他们的负罪感和他们的赎罪行为，他们突如其来的喜悦、欢乐和他们转瞬即燃的仇恨，难以压抑的攻击欲，所有这一切以及由一种情绪到另一种情绪的突然转变，事实上都是同一情感形式的各种不同的表征。与以后相比，这时候的人们比较直接地表达自己的本能与情感，并对此不加节制和掩饰。只有我们这些对所有的情感表达都加以压抑、节制和顾虑重重的人，只有我们这些社会禁忌已经作为自我强制而成为情感生活一部分的人，才会把那种不加掩饰的虔诚、残酷及攻击欲视为矛盾和对立的东西。宗教以及赏罚分明的上帝本身并不是“文明的”或压抑情感的。恰恰相反，宗教的文明程度总是和它所处的社会以及信仰它的阶层的文明程度相一致的。因为以这种方式所表达的情感，在我们自己生活圈子里一般只有在孩子的身上还能看到，所以我们把这种情感表达的形式称为“天真无邪”。

不管人们在哪儿打开这一时期的文献，总能找到与之相似的情形：一种不同于我们的情感表达方式和一种没有保障、没有对未来的长远考虑的生存方式。在这样的社会里，如果有谁不是以其全部的力量去爱、去恨的话，如果有谁没有激情的话，那么这个人就应该进寺院，在世俗的生活中他失败了；而在以后的社会里，特别是在宫廷中则恰恰相反。在那儿，如果有谁无法抑制和掩饰自己的激情与情感，无法表现得“文明”，那么便意味着他在世俗生活中的失败。

5. 不管在那个时候还是现在，是社会结构要求和培养了一种特定的情感控制水准。吕歇尔说：“我们这些有着和平的风俗和习惯并受到仔细保护——现代国家对每个人的财产和生命的保护——的人们[110]几乎无法理解那个社会。”

“那时候，国家被分成了许多省份，每一个省份，从某种意义上来说，成了一个小小的国家，从而鄙视所有其他的小国。而在这些省份的内部又分为土地主的领地和世袭封地。这些地产的主人之间不断地发生争斗。不仅仅是那些大的领主和男爵们，就连那些较小的城堡主们也生活在一种自我封闭的野蛮状况，不断地与他们的‘君主’（Souveräne），与他们同等地位的对手，或者与他们的臣民进行战争。除此之外，在城市与城市、村庄与村庄以及山谷与山谷之间，也始终存在着战争。”这一状况已经比较形象地描述了在本书中一再作为一般评论所提到过的社会结构与情感结构之间的互相关系。这时候还没有一个足够强大的集权中央可以强迫人们进行自我抑制。如果在这一块或那一块地区的集权中央强盛起来，如果在一块较大的或较小的地区人们被迫生活在一个和平的环境里，那么人的情感模式和水准便会逐渐地发生变化。人们在日常生活中的自我抑制和在正常的社交生活中的“互相顾及”便会不断发展。关于这一点下面还会有详细的论述。对人体进行攻击的情感发泄也会随之被限制在一定的时间和范围内。当中央集权垄断了对人体的惩罚之后，不再是每一个强壮的人都可以任意地发泄对别人的身体进行攻击的欲望，而只有少数人经中央集权的允许才可以这么做，比如像警察对罪犯进行体罚。广大的人民大众只有在战争和革命爆发的特殊时期，在由社会认可的对内部和对外部的敌人进行斗争的时期才能这么做。

但是，在文明社会里，甚至连那些受到时间和地域限制的攻击欲也变得不再涉及个人，并且表现得不像中世纪那样直接和强烈。在那些受到时间、地域限制的范围内，攻击欲往往可以得到比较充分的发泄，并主要表现为民族之间的战争。即使是在这些限定的范围内，在文明社会的日常生活中所培养起来的那种对攻击欲的必要克制和改变也不会完全被置之脑后。当然，如果不是仇敌之间赤手空拳的搏斗已经为使用武器的战斗所代替的话，那么这种对攻击欲的克制可能会比我们估计的要退化得快。在使用武器的战斗中，人们必须对情感进行严格的控制。在文明社会里，即使是当一个人在战争中面对着敌人的时候，也不能直接地宣泄他的攻击欲。不管他的心情如何，他都必须听从看不见的或不能直接看到的指挥官的命令去与一个经常看不见的或不能直接看到的敌人进行战斗。只有重大的社会动乱和有意识的宣传，才能某种程度上在较大的民众圈子里重新唤起人类的本能，即由杀戮和摧残所引起的快感，并使之合法化。这些本能已经被排除在文明社会的日常生活之外并会引起社会的谴责。

6. 不过在文明社会的日常生活中，以“比较文雅”和比较巧妙的形式出现的这些情感仍然有其限定的、合法的位置。对于随着文明的进展在人的情感方面所发生的转变来说，这一情形是很有典型意义的。比如，人的战斗欲和攻击欲在社会许可的情况下在体育比赛中得到了表现。这些欲望主要表现在“观看”中。比如像在拳击赛的观看中以及类似的白日梦中，人们把自己与那些可以在压抑的、有节制的范围内宣泄这些感情的人等同起来。这种在观看中或者倾听中，比如像通过收听无线电广播来发泄情感的做法，是文明社会的一个明显的特征。这一特征对书籍、戏剧的发展起到了一定的作用，对确定电影在我们这个世界里的位置则起到了决定性的作用。在教育中，在对青年人进行制约的规定中，原来那种主动的、攻击性的欲望已经开始转变为被动的、在观看中得以满足的有教养的快感，也就是说，仅仅变为一种视觉上的快感。

比如，在德·拉·萨勒《礼貌》一书1774年版中（第23页）这样写道：

“小孩喜欢用手去抚摸他们所喜欢的衣服或其他东西。必须纠正他们的这种贪婪的欲望，教会他们只用眼睛来观察他所看到的东西。”

现在，这一点几乎已经成了一条理所当然的制约规定。出于一种社会性的自我强制不用手去摸、去碰自己所向往的、喜爱的或者仇恨的东西，这是文明人的主要特征。这一特征对文明人手势习惯的形成起到了重要的作用，尽管在西方国家的各个民族中其手势的模式也各有不同。

德·拉·萨勒在这本书的另外几处指出，在文明的进程中嗅觉的使用也受到了限制。喜欢嗅闻食物和其他东西被视为动物的特性。这里指出了一种较为复杂的现象，即由于嗅觉受到了限制，人的另一个感觉器官——眼睛的作用在文明社会里便显得更为重要。正因为在文明社会中欲望的直接满足受到了无数规定的禁止和限制，所以眼睛和耳朵一样，甚至比耳朵更加明显地成了传递和满足人的欲望的媒介。

即使是在人的情感宣泄由直接的行动变为观看的过程中，也可以清楚地观察到，人的情感是朝着有节制的和人道主义的方向发展的。值得一提的是，与以前阶段由眼睛所享受的快感相比，拳击比赛是人的攻击欲和残酷性的一种非常有节制的表现。

举一个16世纪的例子，也许可以比较形象地来阐明这个问题。之所以从许多例子中挑出这一个，是因为它说明了人是如何通过眼睛来满足其残酷欲望的。这种残酷的做法没有任何理性的理由，也不是为了达到任何惩罚和管教的目的，而纯粹只是为了从折磨和虐待中得到一种快感。

16世纪的巴黎，每逢庆祝施洗约翰节（宗教节日，在每年的6月24

日）的时候总要活活烧死一二十只猫。这一庆祝方式是很有名的。民众们欢聚一堂，奏起节日的乐曲。在一个支架下堆起一个大大的木柴垛。然后人们把装在布袋或篮子里的猫挂在支架上。布袋和篮子开始燃烧，猫纷纷落在柴火堆上，人们则因为听到它们惨叫而感到高兴。通常总是有国王和宫廷里的人在场。有时候人们请国王或王太子享受点火这一荣誉。听说有一次因为国王卡尔九世的愿望，人们特意抓了一只狐狸，和猫放在一起烧。[111]

事实上，这并不比焚烧异教徒和各种各样的酷刑以及公开的处决更过分。如上所述，这一做法之所以显得更为残酷，是因为在这儿折磨活的生物的快感表现得如此赤裸，如此不加掩饰，如此毫无目的，甚至找不出任何理性的借口。只要我们一听到这种做法，就会对这种娱乐方式产生反感。这种反感对于我们今天的情感水准来说完全是“正常的”。这再一次证实了人的情感的历史演变，并特别清楚地显示了这个演变过程中的一个方面：许多曾经引起过我们快感的东西，今天则引起了我们反感。无论是现在还是过去，这并不是一个只涉及个人感觉的问题。施洗约翰节的焚猫，与我们社会中的拳击赛和赛马一样，是一种社会活动。不管是现在还是那时候，由社会提供的各种娱乐是社会情感水准的具体体现。尽管每个人的情感表达方式各不相同，但所有的人都必须遵守这一社会水准。一旦有谁超出了这一情感范围，就会被视为“不正常”。如果有人在今天还想以16世纪焚猫的方式来满足他的欲望的话，那么这个人就会被视为“不正常”。这是因为在我们这个文明阶段里一般是用恐惧来制约人们对于这种事情的欲望的，而这种恐惧已经被培养成一种自我强制。这显然是最基本的心理机制，在这个心理机制的基础上情感的历史演变才得以实现：社会采取了各种措施来压制和惩罚它所不希望的本能和欲望，从而使人对此感到厌恶，或者使这种厌恶的感觉占上风。在用威胁和惩罚的手段来唤起人们的厌恶感和使他们习惯性地产生厌恶感的过程中，这种厌恶感总是必然地与那种从根本上来说希望满足这方面欲望的行为同时并存的。于是，由社会所唤起的厌恶和恐惧便不断地与一种被掩盖起来的人的欲望作斗争。今天，这种厌恶和恐惧感并不总是仅仅由父母来培养的。我们从各个方面所观察到的羞耻和难堪界限以及情感水准的前移，也许正是在这一系列机制的共同作用下得以发展的。

还有待进一步研究的是，究竟是社会结构的哪些变化造成了人的这些心理机制，究竟是外部强制的哪些变化促进了人的行为和情感的“文明”。

骑士生活概况

至于人的行为和情感为什么会发生变化，这个问题实际上与人的生活方式为什么会发生变化是一样的。中世纪的社会有其特定的生活方式，每个人都受其约束，都必须以骑士、行会手工业者或农奴的身份来生活；而在近代社会里，每个人都必须去适应与之不同的社会机遇和生活方式。在近代，一个出身贵族的人可以当宫廷的朝臣；但是，即使他希望——好多人都这么希望——也不能再过放荡不羁的骑士生活。从某一个特定的时期起，骑士的社会功能和生活形式已经在社会结构中消失了。其他行业，比如像神甫、牧师或行会的手工匠，在社会关系的总结构中也多少失去了其重要性。这些人曾经在中世纪起过非常重要的作用。为什么人的社会功能和生活方式会随着历史的进程而发生变化？这些社会功能与生活方式曾像个坚固的外壳把人包裹其中。这一变化的原因与人的本能、人的情感模式以及一切与之有关的东西发生变化的原因是一样的。

在这本书中已经讲到过一些关于中世纪上流社会的情感水准。作为补充，同时也是作为探究上流社会情感水准之所以发生变化的一个媒介，在这里有必要再简单地介绍一下骑士的生活方式以及社会给每一个贵族出身的人所提供的、也是所限定的生活环境。当骑士这个阶层“衰亡”后不久，骑士的形象以及他们所生活的环境便坠入“云雾”之中。不管是把中世纪的武士看作“高贵的骑士”而只看到他们生活中伟大、崇高、历险和美好的一面；还是把他们视为“封建诸侯”和欺骗农民的骗子而突出他们生活中粗鲁、残酷、野蛮的一面，每个观察者总是受到其自身时代的期望和价值观的影响，所以骑士这一阶层的真实情况往往被歪曲。希望这儿的几幅画，说得更加确切一点，是对几幅画的描述能重新唤起人们对骑士阶层生活状况的回忆。除了那个时代遗留下来的一些著作外，当时的画家和雕塑家的作品——尽管真实反映骑士生活的很少——使我们非常强烈地感受到当时情感模式的特点以及这一模式与我们现在的模式之间的区别。在较晚的时候，即在1475年至1480年间所遗留下来的少数画册中有一本叫《中世纪家庭画册》的——这个名字似乎不太恰当——很有名。这本画册的作者姓名不详，但是可以肯定，这个人对他同时代的骑士生活非常熟悉。与其他画匠不同的是，他是站在骑士的立场上用骑士的眼光来观察世界的。比较能说明这个问题的是，他在一张画面上画了许多行业的工匠，唯独那个画匠和站在他身后的姑娘穿着宫廷的服装。姑娘把手搭在他的肩上，而画匠则向她眉目传情。这很可能是一张自画像。[112]

如上所述，这些画出自骑士时代的末期，出自卡尔·屈南和马克西米利安等最后一批骑士的时代。根据骑士的纹章来推断，卡尔·屈南和马克西米利安本人，或者是他们身边的骑士可能会出现在这本画册的某一页上。《中世纪家庭画册》中提到：“毫无疑问，我们……看到的是卡尔·屈南本人，或者是他身边的某一个布尔巩特的骑士。”[113]这本画册中所表现的一些骑士比武的场面也许正是在诺伊斯战役(1475年)之后马克西米利安与卡尔·屈南的女儿玛丽·封·布尔巩特定亲现场。不管怎么说，这本画册所表现的是过渡时期的人。这一时期，宫廷贵族逐渐代替了骑士贵族。在这本画册中已经有一些可以使我们想起宫廷朝臣形象的东西了。但是总的说来，这些画面较好地表现了骑士阶层的特定生活环境，表现了他们的生活内容，他们周围的事物，以及他们是怎么来看待这些事物的。

我们在这些画面中看到了一些什么呢？

我们看到的总是一望无际的田野，画面上几乎没有任何能使人联想到城市的东西。一个个小村庄、农田、树木、草地、山丘、小河，还时常可以看到城堡。在这些画面中还没有出现那种思恋的情绪，那种对于"自然"的"感伤"态度。不久，当绝大部分贵族不得不放弃他们在乡下的领地中无拘无束的生活，当他们越来越依赖于半城市化的宫廷、越来越依赖于国王和诸侯的时候，人们便慢慢地觉察到了那种对于自然的感伤态度了。我们从这些画面中所能感受到的情感水准与以后的有着很大的差别。在以后时期的艺术表现中，画家总是按照他自己的审美观和情感模式对他所看到的东西进行极其严格的、特殊的筛选。当上流社会不断城市化、宫廷化的时候，当城市与乡村生活之间的区别越来越明显的时候，最初在画面上几乎总是作为人物陪衬的"自然"，那一望无际的田野便显出一种对以往的思恋。换句话说，画面中的自然以及生活在其中的人物都显得极其庄严崇高。总之，人在选择表现对象时的感觉起了变化，即对于在自然的表现中哪些东西能够唤起人们的情感，哪些东西会使人感到难堪和不舒服的感觉起了变化，这一变化也同样适用于对人物的表现。为了迎合专制主义宫廷中的那些观众，画家们不再表现那些在乡村里，也就是说在"自然"中确实存在的东西。他们画山丘，但是不再画竖在山丘上的绞刑架和吊在绞刑架上的死者；他们画农田，但是不再画衣衫褴褛、吃力地赶着马匹的农民。正如所有"猥亵的""粗俗的”话都被排除在宫廷语言之外一样，所有这类现象也从专门为宫廷上流社会而制作的绘画中消失殆尽。

然而，表现中世纪末期上流社会情感的《中世纪家庭画册》却与此不同。其中，我们可以看到在生活中所能见到的一切：绞刑架、衣衫褴褛的奴仆以及辛勤耕作的农民，而且，这一切并不是像以后那样被作为一种抗议而特意强调的，而是被作为一种非常自然的东西，被作为像鹳鸟窝和教堂那样人们日常所见的东西来表现的。在生活中，这些事物并不会使人感到难堪。同样，对这些事物的表现也不会使人难堪。在中世纪，对于有钱人和贵族来说，无论是伸手向他们乞讨的乞丐和残疾人，还是为他们干活的农民和手工匠都是他们生活中的一部分。这些人的存在并没有构成对他们的威胁，他们绝对不会把自己与这些人等同起来，因此看到这些人也不会使他们感到难堪。他们常常会拿农民和那些笨手笨脚的人来寻开心。

这本画册也表现了这些内容。在开头的几页画中，人物总是位于某一星座之下。这些画面并不是直接以骑士为中心的。但是，它们却清楚地展示了骑士周围的事物，以及他们是如何看待这一切的。接下去的几页则直接展示了骑士的生活内容、他们的喜悦以及他们所从事的活动。这些画册中所有的画都表现了一种与以后时期相异的难堪尺度和社会态度。

比如，在画册的开头人们可以看见诞生在土星下的人们。画面的前景上是一个穷人，他正在挖取一匹死马的内脏，或者是在割取马肉。他弯着腰，裤子有点下滑，露出了屁股。一只老母猪在他身后一拱一拱的。一个衣衫破旧、年迈体弱的老妇人正拄着拐杖一拐一拐地往前走。在路旁的一个小屋内，坐着一个可怜的家伙，手和脚都上了木镣铐。他身旁的女人一只手上了木镣铐，另一只手上了枷锁。在画面的后方，一个仆人正在小溪旁挖沟。这条小溪蜿蜒流淌，消失在作为画面背景的树林和山丘中。远处，一个农民和他的小儿子正赶着一匹马费劲地在高低不平的山地上耕作。再远处，一个衣衫褴褛的人正被人押往绞刑架。趾高气扬地走在他身旁的是一个帽子上插着一根羽毛的全副武装的人。走在他另一边的人则身着僧侣服，手里拿着一个大十字架。跟在他们后面的是一个骑士，他骑着马，还带了两个随从。山丘上竖着一个绞刑架，上面吊着一个死人。在车裂人的刑车上也有一具死尸。一群黑色的鸟在死尸周围盘旋，一只鸟正在啄死尸的肉。

画面上并没有突出绞刑架，它的存在就像是一条小溪或一棵树。骑士去打猎的时候也正是这样看待它的。一群人骑着马过来了，往往是先生和女士同骑一匹马。野兽消失在一个小树林里。一头鹿显然是被打中了。远处，画面的后部有一个小村庄，也许还有一家客栈，几口井，磨坊的水轮和风车，还有几幢房屋。有个农民在耕地，他正望着一头想窜过他的农田逃跑的野兽。一边的小山坡上是一个城堡，城堡对面的一个小山丘上有一部车裂人的刑车和一个吊着死人的绞刑架。一群鸟在山丘上盘旋。

象征着骑士审判权的绞刑架是骑士生活的背景之一。它并不特别重要，也并不特别令人难堪。判决、绞刑和死亡，所有这一切在骑士时代的生活中都显得比以后更加现实。因为它们还没有被移置生活的幕后。

对于穷人和劳动者的看法也是如此。13 世纪时，贝特霍尔德·封·雷根斯布尔克①在他的一次布道中说：“如果你们大家都是主人的话，那么谁来给我们种地呢?”[114]还有一次他说得比这个更加露骨：我要告诉你们这些基督徒，万能的上帝是如何把基督徒分为各种等级的人以及“等级低的人应当如何为等级高的人服务。有一部分人是高贵者和统治者，这是万能的上帝亲自规定的，而其他的人则是臣民，必须为别人服

① Berthold Von Regensburg(1220—1272)，中世纪德国牧师。——译者

务”。[115]在 15 世纪的这些绘画中，人们也能找到与之相同的生活意识。只有骑士和贵族才可以享受闲暇，而其他的人则必须为他们劳动。这并没有什么令人难堪的，这是非常自然、非常理所当然的社会秩序。人们还不会把自己与别人进行比较，也根本不存在所有的人都是“平等”的这种观念。也许正是因为这个缘故，所以当人们看到正在劳动的人时并不感到羞耻和难堪。

人们可以看到庄园及庄园主们的欢乐：一个贵族小姐正在给她年轻的情人戴花环，而他则把她拉到自己的身边。另外一对恋人正紧紧地搂抱在一起散步。一个年纪大的女仆正生气地看着年轻人的爱情游戏。仆人们在一旁干活。一个在打扫院子，一个在刷马，还有一个在给鸭子喂食，一个年轻的女仆在窗口向他示意，他转过身去准备朝那幢房子走去。画面的前景是正在嬉戏的贵族妇女，而画面的后景则是嬉戏的农民。一只鹳鸟正在屋顶上啄着。

人们接下去看到的是坐落在湖畔的一个小小前院。一个年轻的贵族和他的夫人站在桥上。他们倚在桥的栏杆上看仆人们在水中捕鱼和捉鸭子；三个青年女子划着一条小船；芦苇和灌木丛；远处是一个小城镇的城墙。

人们还可以看到一些人正在一个有树林的山坡上盖房子。城堡的主人和他的妻子在一旁观看。为了采石，工匠们在这座小山上挖了一个坑。他们有的在凿石头，有的人则用小车把石头运走。画面的前景，有人正在盖了一半的房子前干活。画面最前景的几个工匠正在吵架。他们拔出刀来打架。城堡的主人站在离他们不远的地方。他把正在吵架的人指给他的妻子看。男女主人的镇静态度与正在争吵的人们的激动姿态形成了鲜明的对照。下层的民众打架，而主人却袖手旁观，他生活在另一种境界。

这件事情本身并不重要，在今天的社会里也时有所见，重要的是画面所表现的情景以及它所强调的工匠们和主人的情感差别。在以后阶段的上流社会是不会允许画家这样来表现的。这与他们的情感水准不相符合。这样的场面不“美”，不属于“艺术”表现的范畴。在以后时期的一些荷兰画家，比如在布吕格尔①那儿，还能找到这样的画。他们专门表现中等阶层，即非宫廷阶层。他们的难堪尺度允许他们把残疾人、农民、绞刑架和正在干活的人搬上画面。然而，他们对于社会等级的感受则完全不同于中世纪末期的上流社会。

在中世纪，各种劳动阶层的存在是理所当然的。他们是骑士生活中不可缺少的陪衬。主人就生活在他们中间。当主人看到仆人在他身旁干活，或者以他的方式来作乐时，并不会感到惊讶。相反，这是做主人的自我感觉中的一个部分，即他与那些在他周围干活的人不一样。他是他们的主人。这种情感在这些画面中一再地表现出来。在所有这些画中，粗俗的举止和行为与礼貌的举止和行为形成了鲜明的对比。凡是主人的行为，不管他骑马、打猎、恋爱还是跳舞，总是高雅的，符合宫廷礼仪的；凡是农民和仆人的行为，总是粗鲁的，笨拙的。中世纪上流社会的难堪感觉还没有要求把所有粗俗的东西移置生活的幕后。他们只满足于知道自己有别于他人。自己与他人之间的对比增强了他们的生活乐趣。值得一提的是，莎士比亚也在他的戏剧中以比较缓和的形式表现了上流社会因为意识到了这一对比而产生的乐趣。这种情况在中世纪上流社会遗留的所有著作中都表现得十分赤裸。社会联系越密切，社会分工越细致，上流社会对于其他阶层的依赖性也就越大；从而反映出其他阶层的社会力量，至少是潜在的社会力量也就越强大。那时候的上流社会首先是一个武士阶层，他们垄断了刀剑和其他的武器，使其他阶层不得不依附于他们。尽管他们在某些方面也要依靠其他阶层，但是依赖性极小。

① Brueghel。——译者

同样，由下而上的压力以及来自下层的推动力也比以后小得多。这一点还有待于详细论述。上流社会毫不掩饰他们作为统治者的感觉以及对于其他阶层的蔑视。迫使他们抑制和约束情感的强制同样也很弱。

当人们回顾过去的时候，很少有材料能比这些画更加形象地反映出这种理所当然的统治者意识和充满自信的、对其他社会等级的蔑视。这一点不仅表现在画面上那个贵族身上，他正在指给他妻子看工匠们如何吵架以及那些捂着鼻子怕闻难闻的蒸发气体的铸铁匠，同时也表现在正看仆人捕鱼的那个主人身上；不仅表现在一再出现的、挂着死尸的绞刑架上，也表现在那种使骑士的高贵与民众的粗俗形成强烈对比的手法之中。这一切显得那么理所当然，甚至不用作任何特别的强调。

这是骑士比武的场面。乐师们奏起了音乐，小丑们正在表演粗俗的滑稽戏。贵族观众骑在马上交谈，经常是先生和女士同骑一匹。可以从服饰上看出身份的农民、市民和医生也在观看。两个身披沉重盔甲、显得非常笨拙的骑士在场地中央等待。朋友们正在给他们出主意。有人把一根长矛递给其中的一个骑士。传令官吹起了号角。两个骑士手持长矛各自朝着对方冲去。与骑士比武形成对比的是民众的粗俗行为。画面的背景上正在赛马的一些民众作出各种各样胡闹的举动。一个人吊在一匹马尾巴上，惹得骑在马上的人很恼火。其他的人用鞭子抽马，让马像发疯似的奔跑。

这是一个军营，炮车围成了一个堡垒。中间是富丽堂皇的帐篷，上面印着各式各样的纹章，插着各种各样的军旗，其中有一面是国旗。中间被许多骑士簇拥着的是国王或皇帝。一个骑马的使者正在向他报告消息。军营的大门外，带着孩子的妇女们坐在地上伸手乞讨。一个身披甲胄的武士骑着马，押着一个被捆绑的俘虏。远处，一个农民正在耕地。军营的周围遍地都是野兽的尸骨。一匹倒毙的马，一只乌鸦和一条野狗正在吃死马的肉。战车旁蹲着一个仆人，他正在干活。

在另一幅画上人们可以看到，在战神的星座下骑士们正袭击一个村庄。画面的前景，一个雇佣兵将一个农民杀死在地上。右边很可能是一个小礼拜堂，有一个人在里面被杀死了，他的东西被人抢走了。礼拜堂的屋顶上，几只鹳鸟恬静地坐在它们的窝里。画面的后景，一个农民正想跨过篱笆逃跑，但是，一个骑在马上的骑士拉住了他掀起的衣角。一个农民的妻子伸着双手叫喊着。一个被缚的、可怜巴巴的农民头上被一个骑士打了一下；更远处，雇佣骑兵们正在放火烧一幢房子。一个骑兵赶着一头牲口，并使劲抽打想要阻拦他的一个农妇。许多农民挤在山坡上的教堂里。他们从窗口伸出一张张恐惧的脸，望着下面。在很远的一座小山上有一座防卫坚固的寺院；在那高高的围墙后面可以看得见教堂顶上的十字架。在更高一点的地方，还有一座小山。山上有一座城堡，或者是寺院的另一部分。这便是画家在画战神的星座时所想到的。这幅画画得非常生动。人们在看这幅画的时候会有一种直接的感受，似乎亲身经历过的往事又浮现在眼前。看其他一些画的时候也有同感；人们之所以会有这种感受，是因为这些画还不是“感伤的”，在这些画里还没有那种对于情感的严格的束缚。在很长的一段时期里，这种对于情感的严格束缚使艺术家在为上流社会而作的艺术作品中只表现上流社会所希望看到的图景，抑制了所有与前移的难堪尺度相矛盾的东西。这本画册所表现的是，骑士是如何来看待和感受他们那个世界的。当时的情感筛选标准是：表现使人欢乐的事物，抑制令人不快的、羞耻的和难堪的现象。这种筛选标准使许多现象直截了当地被表现了出来。同样是这些现象，在以后的绘画中则具有某种感情色彩，并自觉或不自觉地走到了上流社会情感筛选标准的反面。在这儿，农民并没有什么值得怜悯的。他们既不代表德行，也不代表罪恶。他们有点可怜，也有点可笑，这正是骑士对他们的看法。世界是以骑士为中心的。饿狗、乞讨的妇人、腐烂的马、蹲在墙边的雇农、燃烧着的村庄、挨打的和遭抢劫的农民，所有这一切和比武、打猎一样都属于骑士的生活范畴。这便是上帝创造的世界：一部分人是统治者，而另一部分人则是仆人。所有这一切并没有什么可以令人难堪的。

骑士社会末期和即将到来的专制主义宫廷社会在情感水准方面的差别也表现在对爱情的表达方式上。这张画所表现的是生活在维纳斯星座下的人们。展现在我们面前的又是一片一望无际的田野。一座座的小山丘，蜿蜒曲折的河流，灌木丛和一片小树林。画面的前景是三四对年轻贵族，总是一个青年男子和一个青年姑娘。他们随着音乐的节拍，围着圈踏着舞步，显得庄重而又文雅。所有的人都穿着时髦的、长长的、鸟嘴状的皮鞋。他们的动作得体、协调；一个人的帽子上插着一根羽毛，其余的人头上都戴着花环。我们所看到的也许是一种慢步舞。画面的后景站着三个小伙子，他们正在奏乐。旁边是一个食品桌，上面放着水果和饮料。一个年轻的仆人靠在桌旁随时准备伺候。

对面是个小花园，四周围着篱笆，有一扇门。几棵树木状如凉亭，树下放着一个椭圆形的澡盆，一个青年男子赤身裸体地坐在里面。他正拉着一个年轻姑娘，而这位裸体的姑娘正准备跨进他的澡盆。与前面一样，一个送饮料和水果来的上了年纪的女仆板着脸看着这对年轻人的恋爱游戏。与画面前景的主人一样，画面后景的仆人也在寻欢作乐。一个仆人正扑在一个年轻女仆的身上。女仆躺在地上，她的裙子已被撩了起来。男仆再一次打量周围，看看周围是否有人。在另一边，两个平民出身的小伙子正在跳轮舞，其动作幅度之大，很像是摩尔族的舞蹈动作。还有一个小伙子在为他们奏乐。

在另一幅图上人们还可以看到，在一望无际的田野上有一幢用石头砌成的小浴室。浴室前有一个小小的院落，院子的围墙也是用石头砌的。越过围墙，人们可以隐隐约约地看到一条小路，看到灌木和一片向远方延伸的树林。院子里一对对的青年男女有的坐着，有的在散步。其中有一对正在欣赏新式的水井，其余的人在交谈，一个青年男子的手上停着一只鹰隼。他的身边是狗，还有一只小猴子和盆栽的植物。

通过一个敞开的拱形大窗可以看到浴室里面。两个青年男子和一个青年女子赤身裸体地并排坐在水中聊天。还有一个姑娘也已经脱光了衣服，开门准备向水中的那几个人走去。在敞开的拱形窗台上坐着一个男孩，他在给沐浴的那几个人弹吉他。窗下有一个水龙头，洗澡用的水就是从那儿流出来的。浴室前面放着一只小桶，里面用水浸着饮料。旁边的一张桌子上放着水果和一只酒杯。桌旁坐着一个头戴花环的年轻贵族。他优雅地用一只手托着头。在浴室的楼上，一个女仆和一个男仆正在看着主人们享受。

正如人们所见，在这儿男女之间的恋爱关系也比以后阶段要公开得多。在以后阶段的社交场合和绘画中，人们虽然也能看到男女之间的恋爱关系，但是这种关系总是被遮掩的。在这儿，裸体还没有使人产生羞耻的感觉，画家还不必因为顾及内部的或外部的社会约束而把裸体作为一种感伤的东西，不必像今人那样，似乎只有涉及希腊人和罗马人时才能触及裸体。

然而，这儿对裸体的表现完全不同于以后阶段人们私下传阅的“私人画册”。这些恋爱场面并不是“伤风败俗”的。这儿所表现的恋爱就像比武、打猎、出征和抢劫一样是骑士生活的一部分。在这些绘画中，作者并没有刻意地去渲染这些场面。人们感觉不到由此而形成的强烈刺激，也感受不到一种在现实生活中无法实现的、“伤风败俗”的愿望的流露。这些绘画并非出自被压抑的心灵，它们的目的并不在于要冲破禁忌和揭示某种“隐秘的东西”。它们是极其自然的。作者画出了他自己在日常生活中经常看到的东西。与我们现在的羞耻和难堪的尺度相比，在这些画中两性关系被表现得非常纯朴、自然。为此，我们把这种现象称为“素朴的”。人们可以看到，有时候《中世纪家庭画册》的作者也会开一些非常粗俗的玩笑，这当然是就我们的感觉而言。在这一阶段的其他一些画家那儿，比如，像在画坛大师E·S那儿，或者是在一个使用“Bandrolle”① 的通俗画家[116]那儿也能找到这类粗俗的玩笑。后者大约是模仿E·S的。连这样一个通俗的画家也模仿了这个主题，这个人很可能是僧侣。由此可见，当时社会的羞耻尺度与现在的羞耻尺度之间的差别是多么大。然而，即便是这一类的玩笑也被表现得那么自然，就像是服饰上的某个细小的部分。这肯定是一种粗俗的玩笑，但是总的来说，这种玩笑还不算太粗俗，还是在允许范围之内的。比如，一个遭到抢劫和被追逐的农民的一个衣角掀了起来，被一个骑士一把扯住；再比如，一个上了年纪的女仆板着脸看着年轻人的爱情游戏。这似乎是对她的一种讽刺，她的年纪已经不允许她享受这些东西了。

所有这一切都是当时社会心态的表现。那时候的人可以比较轻松、迅速、自发和公开地按照自己的情感和感觉行事；那时候人的情感还没有像以后那样受到约束，或者说控制，因此，总是在两个极端之间激烈地摇摆。这一情感调节水准适用于中世纪整个世俗社会，它既适用于农民，也适用于骑士。然而，在这一情感水准的内部还存在着一些明显的差别。具有这种情感水准的人必须放弃许多本能的东西，这种放弃只不过是以另一种形式表现出来的，还没有达到以后时代的程度，还没有形成一种持久地、稳定地、几乎是机械地起作用的自我强制。人的社会结合和互相依赖还没有迫使他们在别人面前抑制自己的生理功能，或者像以后阶段那样克制自己的攻击欲。这一点适用于所有的人。但是，与骑士相比，农民攻击欲的发泄受到了更多的限制，也就是说，他们的攻击欲只能发泄在与他们地位相等的人身上。骑士的情况则不同，骑士在攻

① 意为“卷带”，在中文里没有找到对应的译法，这里是指中世纪西方绘画中画面上经常出现的类似飘带的图案，其中填以文字，为画中人的语言或画家的说明。——译者

击其他阶层的人时所受到的限制比在骑士圈子里小。因为他们在与其地位相同的人作战时必须受到骑士法典的约束。谁也不会去要求农民在擤鼻涕、吐痰和坐到餐桌旁取食物时必须进行自我抑制，农民的社会地位还没有使之成为必须。而正是在这些方面，骑士阶层的强制要严格得多。尽管与以后时代的情感发展相比，中世纪的情感约束尺度是统一的，但由于世俗社会被分成各个不同的等级，这还不包括神职人员的等级；所以这个“统一”的内部在情感模式方面还存在着显著的差别，还有待于进一步研究。只要把这些画面中贵族们得体的、有所自我抑制的举止与农民和仆人们粗俗和无所顾忌的动作进行一下比较，就能看出其中的差别了。

总的说来，中世纪的人在情感表达方面比以后时代的人更加自由，更加不受约束。但是，也不是绝对意义上的不受约束，不受社会模式的影响。在这里没有零点，不受任何约束只是一种幻觉。在抑制本能和各种强制的形式、程度以及人们对这些东西的理解和人与人之间的依赖关系发生了无数次变化的同时，情感方面的冲动与平衡以及每个人得到满足的形式和程度也随之发生了变化。

骑士阶层是如何获得情感方面的满足的？倘若我们把这些画面联系起来看的话，就会对此有所了解。与以前相比，这时候的骑士更经常地生活在宫廷中。但是，城堡和统治阶层的宫殿以及山丘、小溪、农田、村庄、树木和森林仍然是他们的生活环境。这些事物都显得那么自然，人们还没有用感伤的眼光来看待这一切。这儿是骑士生活的地方，他们是这儿的主人。出征、比武、打猎和爱情游戏是他们生活中的主要内容。

但是，在15世纪，特别是16世纪，这一切便发生了变化。在半城市化了的诸侯城堡中，由一部分旧的贵族和一部分上升了的中等阶层组成了一个新的贵族阶层。他们有了新的生活环境、新的社会功能和新的情感模式。

人们感觉到了这一变化并把它表达了出来。1562年，一个名叫让·迪·佩拉的人把德拉·卡萨的礼貌书译成了法语。他给这本译著加上了这样一个标题：《加拉泰奥——绅士必须遵守的礼仪准则》。这个题目本身就已经清楚地说明，这时候对贵族的强制比以前严格了。在这本书的前言中，佩拉明确地指出了骑士时代和宫廷生活时代对贵族所提出的不同的要求：

"大人，善于骑马，能投标枪，衣着整洁，谙熟兵器，尊重妇女，培养爱情，这些还不是绅士的全部美德和品行。进一步的要求是：懂得如何伺候国王和王室用餐，懂得尊重有身份、有地位的人，语言得体，甚至连一眼一瞥、一举一动都应当十分讲究。"

在这里描写的贵族所应具有的美德、贵族的生活及他们的生活环境，正是我们在《中世纪家庭画册》中所看到的，即战争和爱情。

与此不同的是，贵族的生活环境变了。在宫廷中为诸侯服务的使命要求他们具备更多的优良品行。这时候，贵族的美德不仅表现在披上甲胄时必须显得威武雄壮以及必须精通各种武器，也不仅表现在与妇女交往中必须有所自制或能"挑起爱情"，尽管人们把这一点也看作是贵族的品行。除此之外，他们还应该具备更多的德行，即如何伺候①国王和王子们用餐，如何使自己的谈吐得体，符合对方的等级和身份，甚至连眼神、姿势，直至极其细微的动作和眨眼都应非常讲究。

这时候要求贵族对自己进行一种新的强制，要求他们进一步对自己的行为进行调节和控制。这对于昔日的骑士阶层来说，既没有这个必要，也没有这种可能。因为这时候贵族必须进一步依赖他人，他们已经不是自由人了。他们曾经是自己城堡的主人，城堡就是他们的家乡。而现在，他们不得不在宫廷中生活、在诸侯的餐桌旁伺候。在宫廷中，他

① 这里所说的"伺候"不同于下人的劳作，而是象征式的，是一种身份和地位的显示。——译者

们必须与许多人生活在一起。在每个人的面前，他都必须按照对方和自己的等级行事。他必须学会在宫廷中具有不同等级、不同身份的人面前恰如其分地控制和调整自己的姿势、谈吐及眼神。新的生活环境和新的社会结构迫使他们进一步自我抑制，并比以往任何时候都更加严格地约束自己。

通过“宫廷礼仪”这个概念所表达出来的理想举止，逐渐地被另一种通过“礼貌”概念所表达出来的举止所代替。

让·迪·佩拉所翻译的《加拉泰奥》，说明了这一过渡时期在语言方面的特征。直到1530年或1535年，在法国只流行“宫廷礼仪”这个概念。到16世纪末的时候，“礼貌”这一概念慢慢用得多了，而“宫廷礼仪”这一概念也仍然存在。到了1562年，这两个概念仍然并存，不分上下。

佩拉在他译著的献词中说：“有关年轻朝臣和绅士教育的书籍，应当成为人们在礼仪、礼貌及风俗习惯方面的借鉴和镜子。”

这些话是献给纳瓦拉王子亨利·封·布尔邦的。他本人的一生就是由骑士到宫廷贵族这一过渡时期最好的例证。当他成为国王亨利四世时，他便成了法国这一转化的直接督行者。他不得不经常违背自己的意愿，强迫甚至处死那些违抗者，那些不懂得应该如何由骑士、由自由自在的主人转变为依附于国王侍臣的人。[117]

第三章　西方文明的社会发生

宫廷社会概貌

1. 贵族、教会和王公为统治权的份额与土地的收益所进行的斗争贯穿于整个中世纪。12、13 世纪，又有一个集团崛起，进入角逐的行列，那就是特权化的城市居民，即“市民阶级”。

这种长期不断搏斗的境况，角斗者之间力量的对比，在不同的国家有着很大的不同。斗争的结局就其本质来讲都是一样的：权力最终集中于国君或其代表的手中，各个等级无力执掌政权。多头政治，各个等级的政治参与渐渐遭到排挤；一人独尊的独裁统治，或者说“专制”统治在或长或短的时期内得以贯彻。在法国、英国和哈布斯堡王朝实行的是国王统治，而在德意志和意大利地区则是领主统治。

2. 从大量的材料中我们了解到，法国国王从腓力二世①、弗兰西斯一世②直至亨利四世③是如何逐步扩大他们权力的，勃兰登堡大选帝侯腓特烈·威廉④是如何排挤邦议会中享有特权等级代表的，佛罗伦萨的美第奇家族是如何使贵族与参议院、英国的都铎王朝如何使贵族和议院靠边的。到处都是一个一个的行动者，我们所看到的是一个个行动者的各种不同的行动；向我们展示出来的是他们个人的弱点和才干。人们会不由自主地将这种规模的历史看成是由各人的各个行动镶嵌起来的五彩图案，毋庸置疑，这充分体现了历史的丰富性。

那一连串伟大的国君正好有那样的表现，那为数众多的领主都一个个正巧取得了胜利，或者说众国王差不多在同一时期使各个等级都甘拜下风，很显然这都不是偶然的。有人不无道理地说这是一个专制主义的时代，改变为这样的统治形式乃是整个西方社会结构变化的结果。不仅仅是个别国王取得了权力，显而易见的是国王或者说国君这种社会体制在整个社会渐变过程中赢得了新的分量，其力量在日益增长，这是社会将其作为一个机会奉献给它的所有者，或者是其代理人与臣仆的。

一方面可以这样提问，此人或彼人是如何取得统治权的，其人或其继位人是如何扩大或者失去业已取得的专制主义政权的。

另一方面也可以这样问，在何种社会变化的基础上中世纪的国王或者国君体制在某些世纪里具有专制主义或者独裁的性质的，并使这种权力得以增长的；是什么样的社会结构，是什么样的人的关系的发展使得这种形态的社会体制在或长或短的时间内得以保持的。

处理这两个课题差不多使用相同的材料，只是后者的探讨要在史实的层面上进行，文明的进程就是在史实的基础上发生的。

在几个世纪里，国王或国君的职能取得了专制的形态，同时情感有节，行为有度，可以说行为的“文明”也使人感到有了明显的强化，这种情况不能视为时间上的偶然并列。本书前部分所汇集的语录便是这种行为变化的证明；它们清楚地表明，这种变化和等级社会的形成有着何等密切的关系。这种社会的至尊便是那拥有绝对权力的国君，从广义的

---

① Philippe Ⅱ Auguste(1165—1223)，法国卡佩王朝国王。在位期间加强王权，将王室领地划分若干区，直接委派巴伊管理，削弱地方贵族势力。——译者

② Francis Ⅰ(1494—1547)，促进中央集权，提倡人文主义，严格控制教会。——译者

③ Henri Ⅳ(1553—1610)，法国波旁王朝国王。对宗教采取协调政策，惩治犯上作乱之贵族，加强王权。——译者

④ Friedrich Wilhelm(1620—1688)，实行重商主义，利用周边国家的竞争不断扩张疆土，是勃兰登堡—普鲁士集权军事国家的奠基人。——译者

角度来讲，便是国君的宫廷。

3. 在西方社会中有种称之为“文艺复兴”的运动，它或迟或早、时起时伏、缓缓地席卷欧洲。在这一运动中，即便是宫廷，即便是君主宸居，也有了新的面貌，取得了新的意义。

在这一时期的运动中，宫廷渐渐成为形成西方风格的真正中心。在向前发展的阶段里，随着社会力量对比的变化，宫廷有时和教会，有时与城市，有时与遍布全国的领主封臣和骑士分享职权，或者有时不得不将这种职权转让给其他的中心。中央权力的宫廷至少是在德意志的土地上，特别是在新教地区，要与王国官方的大学和教育机构共同实现其职权。而在罗曼语族的国家里——这一点也许还要加以探讨——在所有天主教的国家里，这个时期国君宫廷的意义，宫廷社会的重要性，在作为社会监督部门、形成人的行为模式的机关方面要远远超过大学，远远超过所有其他社会形式。佛罗伦萨早期文艺复兴是由诸如马萨乔①、吉贝尔蒂②、布鲁内莱斯基③和多那太罗④等人代表，其艺术风格是否可归之于宫廷风格尚无定论；而所谓意大利文艺复兴全盛时期的艺术风格则可肯定为宫廷风格；特别是巴罗克、罗珂珂、路易十五⑤和路易十六⑥时期的风格；最后是在很大程度上业已浸透工业资产阶级特征的法兰西第一帝国时代的艺术风格，都是宫廷风格。

---

① Masaccio(1401—1428)，意大利文艺复兴时期佛罗伦萨的画家，首次运用单一光源和革新的透视法，画出世俗化的宗教人物。——译者

② Ghiberti(1378—1455)，意大利文艺复兴时期的雕塑家。——译者

③ Brunelleschi(1377—1446)，意大利文艺复兴初期的建筑师。其建筑风格典雅、宁静、清晰。——译者

④ Donatello(1386？—1466)，意大利文艺复兴初期的雕塑家，写实主义雕塑的奠基人。——译者

⑤ Louis XV(1710—1774)，法国国王，路易十四之孙。死时国库空虚，民不聊生，专制制度达到空前危机的地步，启蒙思想广为传播。——译者

⑥ Louis XVI(1754—1793)，法国国王，路易十五之孙，法国大革命后被处以绞刑。——译者

在宫廷形成了一种社会，一种人的组合形式，这在德文中还没有找到一个专门的、明确无误的称谓。显而易见，这是因为在德国这样一种人的组合形式中，至少是在魏玛社交界的最终和过渡形式中，几乎还从没有取得核心和决定性的意义。德文概念的“上流社会”，或者简言之“monde”意义上的“社会”，就像相应的社会形体自身一样并没有极为鲜明的特点，这和法文及英文的称谓有着极大的不同。法国人说“société poli”，或法文概念的“bonne compagnie”或“gensde de la Cour”，英文的“society”，至少都是指同一方向。

4. 众所周知，具有决定性影响的宫廷社会是在法国形成的。同样的交往形式，同样的举止风度，同样的审美观和语言都是从巴黎传布开去的，或短暂或长久地流行于欧洲其他的宫廷。这种传布之所以能得以进行，还不仅仅由于法兰西是那个时期最为强大的国家，而且还因为在欧洲社会一气呵成的转变中到处都出现了相似的社会形式，相同的社会类型，相似的人际关系形式。其他国家的专制主义贵族根据自身社会的需要，从这一时期最为富有、最为强大和权力最为集中的国家的手中接受了那种雅致的文明，接受了表现这种文明的语言，一种使这种文明与那种不知其归属的人相区分的语言。其他国家的宫廷贵族看到，在法国最为成功地形成了符合自己理想的东西。由于社会状况的类似，法国的东西也合乎自身的理想：善于体现自身的价值，同时善于以极为细腻的方式进行交际：问候致意注意礼节，语言表达注意方式，以便精确地标志出上下左右的人际关系。人要成为“高雅”之士，“文明”之人。各个国家的统治者在接受法国礼仪和法国礼节的同时也取得了表达自己尊严的理想工具。这些礼仪礼节使得社会的等级更加显而易见，并使得所有其他人，首先是宫廷贵族自身感到自己的依附性。

5. 如果在各个国家只是孤立地观察和描述个别现象，那是远远不够的。西方宫廷都有相对一致的教养作为它们相互通达的手段，将它们视之为欧洲社会的整体，就会出现一种新的图像，一种新的理解。从中世纪终结开始渐渐形成的东西，并非只是这个或那个宫廷社会，而是进入整个西方的宫廷贵族，其中心就在巴黎：在其他所有的宫廷中都有其隶属，在所有其他的圈子里都有其后人。后者提出，他们有权进入“世界”，有权属于“社会”。首先是市民阶级的上层，部分甚至是广大的中产阶级，都有进入这“世界”、属于这“社会”的愿望。

这一多层次的社会成员在整个欧洲领域内说着同样的语言，先是意大利语，继而便是法语；他们读同样的书，有着相同的审美观、相同的礼仪——尽管水平参差不齐——以及相同的生活方式。不管他们有多大的政治分歧，甚至是相互征战，可总是在一段或长或短的时期内相当一致地向往着巴黎这个中心。宫廷和宫廷之间的社会交往，亦即宫廷贵族社会内部的交际，在相当长的一段时期内较之宫廷社会与本国其他阶层的交往联系总是更为频密；宫廷都说着同样的语言就说明了这一点。后来，大约是从 18 世纪中叶开始，有的国家早些，有的国家晚些，随着中产阶级的崛起，随着社会、政治重心逐渐由宫廷转移至各个国家的市民社会，宫廷贵族社会之间的联系也随之松动，不过这种联系却从来没有消失过。法语即使在上层也逐步让位于本民族的市民语言，这当中当然有过激烈的斗争。宫廷社会自身的差别也越来越大，差别表现于市民社会的形式上。特别是法国大革命的一声炮响使得贵族社会最终失去它的中心地位。等级社会的整合日趋式微，而民族整合形式取得了优先的地位。

6. 如若寻找社会传统，寻找那种产生共同基调、产生西方各民族传统更为深刻统一的社会传统，那就不能只考虑基督教会，只考虑共同的罗马—拉丁遗产，而且还要看到那最后的、伟大的、前民族的社会形式，这种社会形式或多或少是在西方社会民族差异的背景下超越于具有不同语言的底层和中间阶层。在这里种种和平交往的形式被创造了出来，欧洲社会的变化从中世纪结束起使得这种交往对于所有的阶层来说多多少少都是必要的。中世纪社会的上层穷兵黩武，那时的风俗习惯残忍、野蛮，并肆无忌惮；那时的社会生活动荡不安，险象环生，这势必产生一系列的后果。和平交往的结果使得这种风俗习惯变得“温和”了，“精致”了，“文明”了。一方面是宫廷生活的压力，另一方面，为取得国君或者“大帝”的恩宠，一般来说便有必要与众不同，要使用相对和平的手段，使用阴谋手段和交际手腕来争得机会；这就迫使人们克制自己的感情、自我约束或者“自我控制”（self-control），这是一种独特的宫廷式的理性。这使得18世纪处于反对地位的市民阶级——特别是在德国，不过在英国也是如此——认为宫廷侍臣首先总是理智人的同义语。

在这里，在这前民族的宫廷贵族社会里，一部分被认为至今尚为西方所共有的（尽管有着民族的差异）清规戒律已经出现，或者说已初步形成。这使得西方所有民族有着共同的特点，拥有着共同特点的独特的文明，虽则它们之间还有着种种的差异。

随着专制主义社会的逐步形成，“文明”意义上的上层行为和对本能的控制也在发生着变化，一系列的事例均能证明这一点。这也清楚地表现出，对性生活的更大的约束和更有力度的调节与社会的更为密切的联系，与贵族对大领主、国王或国君日益增长的依赖性有多么密切的关系。

为什么会有这么紧密的联系和这么大的依赖性呢？为什么变得不那么好勇斗狠的廷臣上层代替了相对独立的武士抑或骑士上层了呢？为什么在中世纪的进程中和新时代的起始阶段各个等级的参与权一步步萎缩了呢？为什么一人独尊的专制抑或“绝对”统治，为什么与之俱来的贴上宫廷标签的强制在所有的欧洲国家都得以贯彻呢？为什么在欧洲所有国家的大大小小地区都由中央加以平定而成为一个个的一统天下了呢？

专制主义的社会发生学在文明的整个进程中确确实实都占有一个关键性的地位：不去探讨国家形成的过程，不去探讨首先特别明显地表现于专制主义政体的那种势不可当的社会中央集权化，就无法理解行为的文明、人类意识和本能控制的相应变化。

专制主义社会发生学简论

1. 在中世纪行将结束之际，有些机制为统治区的中央政权提供了越来越多的机遇，现在首先要用几句话描述一下其中最重要的几种机制。它们在西方所有大国中的表现差不多都是一样的，不过在法兰西王国表现得最为明显，最为明确无误，最为深刻。

在中世纪的一些地区货币经济逐步发展，代替了自然经济。这对该地区内一方为武士贵族的大多数、一方为国王或国君的两个方面产生了极为不同的后果。地区内货币流通量愈大，物价上涨就愈烈。在这种情况下，所有其收入跟不上物价上涨的阶层，所有有着固定收入的人，都处于不利的地位，首先是那些从其田产中取得固定收益的封建主受到了损害。

那些由于新的赚钱机会其收入得以提高的人却得益匪浅，某些市民集团即属于这类人，首先国王也属这类人。因为中央领主能在整个统治区内从任何收益中捞取一份，因而国王的收入随着货币流通量的不断增加而水涨船高。

这种运行机制，就像通常那样，先是渐渐悄悄地运作着，直至后来才为有心人有意识地把握住；至于中央政权的代表人物将其提高为制定政策的原则则是后来的事。在此机制的基础上，越来越多的收入起先差不多是自然而然地被纳入中央领主的支配权之中，这是国王或国君逐步取得绝对化或专制性质的诸多先决条件之一。

2. 在中央政权财政机会增长的同时，其军事机会也相应增长。支配全国税收者较之任何其他人都更有可能雇到更多的武士；同时这种人不那么受到兵役的制约，封建扈从基于土地分封而有义务服兵役。

这是一个渐进的过程，它像所有其他过程一样开始得甚早，只是后来才逐步形成为固定的体制。当年征服者威廉一世①率领一支军队入侵英国，军队的一部分是由封臣组成，其余部分则为雇佣骑士。从那时直至中央领主建立常备军经过了数百年的时间。常备军建立的前提是：税收日益增加，人力供应过剩。在某一社会中，人口的数目和职业数目与收益之间比例失调，这在今天则以"失业"而闻名。这种人数过剩的地区，比如德国和瑞士的某些地区则向所有能出得起价钱的人供应雇佣兵。后来腓特烈大帝②由于其统治区人少而不敷军事需要便招募兵丁以为自救之计，在这当中他表现出极大的技巧。总而言之，军事的优势总是和财政经济联袂而行。常备军建立的第二个先决条件是：统治区的中央政权有着"专制"的性质。

继这种发展路径之后而来的是战争技术的改变，后者又深化了这种发展。火器缓慢发展的结果使得步战的平民群众在战争价值方面优于人数有限、进行骑战的贵族，而这一点对中央集权也产生了有利的影响。

国王，比如说早在法国卡佩王朝早期，其权势不过相当于一个男爵，相当于同等的领主，有时甚至还不如其他的领主。然而随着收入的增加，而今国王也有机会对国内所有军事势力取得军事上的优势。至于

---

① Wilhelm the Conqueror（约 1027—1087），英国国王。诺曼底公爵罗伯特之子。1035 年父卒袭位，1063 年兼并曼恩伯国，翌年迫使布列塔尼伯爵称臣。1066 年英国国王爱德华辞世，于是便纠集诺曼封臣和来自法国各地的骑士，在教皇的支持下渡海侵入英国。——译者

② Friedrich der Große（1712—1786），普鲁士国王，在位时曾推行所谓"开明"专制，进行一系列的改革。曾多次发动战争，开疆拓土，加强了普鲁士在欧洲的地位。他参与瓜分波兰的行动，并组成反奥的"诸侯联盟"，打击奥地利，扩大了普鲁士在德意志境内的影响。——译者

哪一个贵族之家赢得了王冠，并以此争得了机会，这要取决于一系列的因素。这当中肯定与个人的资质不无关系，不过也常常为偶然事件使然。财政和军事机会的增加渐渐同国王职务有着密不可分的关系，而和个人的意志与才干并不相干。只要对社会进程进行一番观察，就会发现这一到处应验的规律。

中央职务所带来的军事和财政机会的增长也是中央所管辖的大大小小的统治区域取得和平的先决条件。

3. 这两种发展系列都有利于强大的中央政权，而不利于古老的、中世纪的武士阶层。武士和日益增长的货币经济领域没有什么直接的联系，它们从新出现的机遇中几乎无法直接取得什么利益，所能感受到的只是货币的贬值和物价的上涨。

人们曾算出，1200 年的 22 000 法郎的财产在 1300 年仅剩下 16 000 法郎，到 1400 年则贬值为 7 500 法郎，而在 1500 年只有 6 500 法郎了。16 世纪这种贬值的势头加速前进，1200 年的 22 000 法郎其价值在此时已降至2 500法郎了。对这个世纪的法国的观察亦可大致适用于整个欧洲。

早在中世纪就已开始的这一动向在 16 世纪以特别快的速度发展着。从弗朗茨一世[①]统治时代至 1610 年，法兰西币值从 100 贬为 19.67，这一发展曲线对社会变动所产生的影响并非几句话能说得清楚的。一方面是货币流通的增长，贸易活动的增加，市民阶层的发展，中央政权收入的提高；另一方面则是贵族收入的减少，部分骑士生活陷于悲惨的境地，部分骑士打家劫舍，巧取豪夺，以争得靠和平手段无法争得的东西；还有一些人则是不断变卖田产以维持生计，一旦田产卖光，生活便会陷入绝境。有鉴于此，很大一部分贵族被迫或惑于新的机遇而服务于国王或国君，后者能出价养活前者。这就是为那些没有参与货币流通增

① Franz Ⅰ(1708—1765)，哈布斯堡—洛林王朝的神圣罗马帝国皇帝。——译者

长和商贸扩大的武士阶层所提供的经济机遇。

4. 如上所述，战争技术的发展对武士阶层也产生了不利的影响：步兵本来被蔑视为步战之人群，而今在战斗中其重要性已胜过骑兵。于是不仅武士的优越已为明日黄花，中世纪武士阶层的武器垄断亦被打破；而那种只有高贵之人、只有贵族方可为武士的状态开始发生变化。换言之，所有武士皆高贵，皆有贵族血统，而今变成了另外一种状态：贵族至多只能成为贱民队伍中一名吃饷的军官。对武器对军事的垄断权已从整个骑士等级手中转移至该等级中的个别人，即国王或国君的手中。后者依靠整个地区的税收有能力为最大的军队发出薪饷。这样一来，贵族中大部分便由原来相对自由的武士或骑士变成了有薪饷的服务于中央领主的武士或者军官。

以上即为这种演变的几条重要的结构线索。

5. 另外还需补充的是，随着货币经济领域的扩大，贵族失去了它在社会中的权势，而市民阶层却随之取得了权势。不过一般说来，这两个等级中没有哪一个等级强大到足以长时期立于另一等级之上。斗争无时无处不在，一直存在着紧张的状态。斗争的阵线并不分明，情况极为复杂。某些贵族阶层和某些市民阶层会结成暂时的联盟。两大等级的部分集团之间会有相互交叉的结盟形式，甚至会相互融合。但不论情况如何，中央架构的崛起，权势的增长和权力的不受限制，都是取决于贵族与市民之间的紧张状态的持久存在。专制的中央政权的代表人物因而不得不一直维持其统治区内等级和集团之间的那种脆弱的平衡。一旦失去这种平衡：要么是某个集团，要么是某个阶层过分强大，或者贵族集团和市民上层结盟，哪怕只是昙花一现，也会极大损害中央集权专制的权威，甚至——如在英国所发生的那样——会使中央政权颠覆。与此相应的是，我们看到一系列的国君，有的保护和扶助市民阶级，因为他们觉得贵族太强大了，认为是一种威胁；继之而来的统治者又会对贵族优礼有加，这是因为贵族太弱了，或者说市民阶级太强大了，太不听话了，任何平衡维持者都会如此行事。专制的领主，不管他们是否意识到，都会在这种并非由他们所创造的社会机制中一展身手。中央领主的社会存在取决于这种机制的存在和运转。就是这些中央领主也要受到这种社会规律性的制约，在这种规律下他们粉墨登场。这种规律性，这种社会结构在几乎所有的西方国家都以各种不同的形态或迟或早地形成了。不过只有举例才能完全说明这种社会结构形成的全过程。法国即是从某个时期开始以直线发展进行这一过程的国家，因而可以以它为例来说明这种社会结构的形成。

中世纪社会发展机制

第一部分　封建化机制

前　言

1. 说起 17 世纪中叶法国、英国和德意志帝国中央政权的强大，和英国国王、德意志帝国皇帝相比，法国国王可说特别强而有力。不过这种情况的出现乃是长期发展的结果。

在加洛林王朝[①]行将结束、卡佩王朝开始之际，那时的法国情况几乎相反，而德意志帝国皇帝的中央政权要比法兰西国王的政权来得强大，英国则面临着具有决定性意义的统一和诺曼人的革新。

从那个时代起，德意志帝国的中央政权发生逆转而日趋式微。

在英国，自诺曼人时代起强大的王权和强大的等级制政权或强大的

① Karolingerzeit，这是查理大帝之后法兰克王国的第二个王朝，814—911 年曾统治德国。——译者

议会政权相互交替着。

在法国，大约从12世纪起王权差不多是——这中间也有反复——一直在增强。从卡佩王朝、瓦罗亚①王室直至波旁王朝，这种王权增长的势头可说是持续不断。

这三个国家的各个地区经过漫长的过程才组合为民族的统一体，没有必要一开始便来讨论这些势不可免的区别。首先，那些后来成为“法国”“德国”“意大利”和“英国”的地区，当其整合与组合相对微弱之时，它们作为社会机体的联结在社会势力的较量中就不会有很大的分量。在这个阶段里，这些民族历史发展的大曲线往往受到个人的幸与不幸、个人的才干、个人的同情与反感，或者“偶然事件”的强烈影响。后来“英国”“德国”或者“法国”作为有一定结构的社会组织取得了自身的分量，有了自身的规律性，此时它们发展的大曲线受上述因素的影响和前一阶段相比要小得多。起初历史发展的线索，从以后的整体来看，并没有受到内在必然性[2]因素的强烈影响。后来随着较大地区和人群的不断组合，规律性的东西才渐渐显示出来。这些规律为个别人的专横、任性和利益设置障碍，或者提供机会。继而这种社会统一体的规律便会抵制所有的偶然性，或者在所有偶然性的事件上打上它自己的印记。

2. 我不想一开始就论述正是法兰西公国，正是“法兰西岛”② 成为一个民族结晶点的必然性。法国南部地区同西班牙北部地区及相邻的意大利地区的文化、政治关系较巴黎更为紧密。受凯尔特—罗曼语强烈影响的古老的普罗旺斯语区，即奥克和奥依语区，亦即有着强烈的法兰克气质的，首先是卢瓦尔以北的地区，包括普瓦图③、布尔戈涅、贝里④、

① Valois，1328—1589年统治法国。——译者

② Isle de France。——译者

③ Poitou，法国地名。——译者

④ Berry，法国普瓦图地区。——译者

圣托格，和弗朗什孔泰之间的差异是非常显著的[3]。

《凡尔登条约》(843 年)和稍后的《密尔森条约》(870 年)为法兰克王国东部所规定的边界和以后逐渐形成的“法国”和“德国”或者“意大利”之间的边界是极不相同的。

《凡尔登条约》对法兰克王国的东部边界是这样确定的：起自今天南部的里昂海湾，顺着罗讷河①以西的南北方向直至根特地区。洛林和勃艮第②—索恩河以西的公国地区除外，还有阿尔勒③、里昂、特里尔和梅斯也都在西法兰克王国之外，而在南部，巴塞罗那伯爵领地[4]则在其边界之内。

《密尔森条约》规定，罗讷河乃是西法兰克王国和东法兰克王国之间的界河。东西法兰克王国之间的边界沿伊泽尔省深入至莫泽尔河以北。这样一来特里尔和梅斯便成了边界城市。再往北去，便是以其命名的地方密尔森。北部边界止于南部弗里斯兰地区莱茵河的入海口处。

不过这些为边界所分开的地域既不是国家，也不是民族，在某种意义上它们也许是正在形成的国家或民族，如果将其理解为统一、封闭和稳定的社会的话。这个阶段所有较大的统治区首先引人瞩目的乃是其凝聚力缺乏稳定性，而离心的势力却非常强大。

这些离心势力是怎样的性质？这些统治区域的结构到底具有什么样的特点使得这些势力有着特别强大的力量？从 15、16 或者 17 世纪起社会结构到底发生了怎样的变化才使得中央政权超过了所有的离心势力而使统治区域有着较大的稳定性呢？

① Rhone，欧洲主要河流。——译者

② Burgund，法国中部地区，历史地理名称，亦为欧洲古国名。——译者

③ Arles，法国南部城市，地处罗讷河三角洲头。——译者

中世纪统治机构中凝聚与分散的势力

3. 查理大帝通过征伐建立了庞大的帝国，其先辈所建立的功勋虽非促成帝国形成的惟一因素，但为其奠定了基础。查理大帝本人是一位战无不胜、攻无不克、防御有方的统帅，他那不世的勋业乃是他的帝国的支柱，是他的威望和他那强大社会的支柱。

作为统帅，查理大帝拥有被征服的土地和由他保卫的土地；作为百战百胜的国君他要分封土地给予他的武士，以酬谢他们跟随他南征北战的辛劳。查理大帝正是借助这样的权威才将这些臣子聚合在一起，尽管后者分散于他们的封地或田庄之中，管理着他们的封地。

皇帝和国王不可能独自一人来管理整个国家，于是便将自己的亲信和臣仆派往全国各地，以代他考察执法的情况，处理捐税事宜，视察劳役工程的进展，惩治犯上作乱的反抗。国王不是用金钱来酬报其劳务，在这一阶段并非缺少货币，而是货币数量相对不大。当时绝大部分的需求大多直接由土地加以满足：来自田地、森林、圈厩的东西通过家庭和宫廷加工来满足大部分的需要。即便是法耳次伯爵①、公爵等中央政权的代理人，也全都仰仗土地来养活，也靠土地养活其扈从。土地是中央政权分封给他们的采邑。在这个社会阶段里，统治机构的性质完全不同于具有精确意义上的国家的那个时代的统治机构。这个阶段所说的“官吏”[5]绝大部分“是农夫，他们只是在一定期间办公，平时出现了什么意想不到的事儿才来处理，他们和地主乡绅相似，又像是具有警察和司法审判之权”。他们将军事职能与警察司法职能结合起来；他们是武士，是军事扈从的指挥官，是所有封地所有者的指挥官，而封地是国王赐予

① Pfalzgraf，德意志帝王行宫所在地享有王权的封建伯爵领主。——译者

他们的采邑；一旦面对外部敌人的威胁，这些“官吏”便负起军事上的责任来。简言之，他们将所有的统治职能集于一身。

可是这种独特的统治机构——那个社会阶段分工和分化水平的范例——总是会一再导致日益明显的紧张状态，其根子在于统治机构的结构本身。它制造着某种典型的过程，这种过程一再重复，少有变化。

4. 有人有朝一日被中央领主赋予对某一地区的统治权，并且实际上也主宰了这一地区，此人为养活与保护自身和其亲信，便几乎不再仰仗中央领主，至少是在没有强敌压境或者邻国来犯的情况下如此。因而他或者其后裔一旦有可能，一旦中央政权有衰微的迹象，他就会明确无误地表示出他对其封地有着统治权，毫不含糊地进行统治，对中央政权显示出他的独立性。

在这个统治机构中，数百年间总是一再出现这样的趋向和角色：拥有中央领主一块地方的领主，氏族大公或者氏族头领，随时都会给中央政权造成威胁。南征北战的国君或国王们，面对外敌他们是统帅，是国家的保护者。起先他们试图在自己统治区内有效地对付这种威胁：他们尽量将自己的亲信、亲属或奴仆安插在有着特权的氏族大公的位子上，由他们作为国王的钦差管理王国的一部分地区。在相当短的时间内，常常是在一个世代之内便会有更换大公之事发生。而中央政权的前任代表，他们曾是中央领主的奴仆和钦差，则千方百计摆脱中央领主的控制，力图占有原先所占有的地方，就像占有其家族的遗产和统治区一样。

这样便产生了王权伯爵(comes palatii)，他们成了独霸一方的独立的统治者，亦即成了法耳茨伯爵。这个词使人想起当初宫廷所委派的监督者的称谓：边关伯爵①、大公、伯爵、男爵或国王大臣。能征善战的国王将其亲信、亲属和奴仆作为钦差一批又一批地派往全国各地；原先所派遣的钦差及其后代作为氏族大公或领主对中央政权不断反抗，以取得

① 或马尔克伯爵。——译者

其所占地区的继承权和实际上的独立性，所占地区最早是采邑性质。

一方面国王被迫将其统治的部分地区的支配权拱手让人，因为当时的战争、经济和运输组织的水平使他别无选择。那时社会向国王们提供的货币税收还没有达到这样的地步：维持一支有薪饷的军队，向被派往边远地区的官员发薪，以使后者依附前者。当时官员所得待遇的形式只能是奖赏或分封土地。国王不得不将大量的土地作为采邑分封出去。这些作为中央政权代表的官员在其所管辖的地区实际上比这地区所有其他的武士或地主都更有权势。

另一方面，受封者，中央政权的代表，一旦中央领主和先前代表相互间的依赖发生了有利于他们的变化，就会将受封时的誓言和藩臣的忠诚抛到九霄云外，而为他们所占土地的独立性进行斗争。他们，领主或氏族大公，实际上是将国王曾经拥有的、赏赐给他们的土地攫为己有，他们已不再需要国王，而是想方设法摆脱国王的强权，只是在外敌入侵的情况下才另当别论。如果国王作为战争统帅出现，他们还需要国王，那情况又会翻转过去。在这种情况下活剧又会从头演起，其先决条件是：中央领主在战争中取得了胜利。于是国王或中央领主又会通过实力或威吓重新占有全部的土地，并会重新分配这些土地，这一切都是以武力为后盾的。这就是中世纪早期西方社会发展机制的一种固定模式或进程，到了中世纪后期这种情况便有了某些变化。

5. 在欧洲以外至今还有一些地区有着类似的社会结构，可为上述进程找到例证。埃塞俄比亚的发展就与上述模式有不少相似之处，尽管近来由于货币的大量流入、从欧洲引进了一些新的建制已经有所变化。然而拉斯特法里①崛起而为中央领主或者说整个地区的皇帝，还是仰仗对其他强大领主的武力征服。对意大利的反抗失败得如此之快，这是因

① Ras Taffari，指埃塞俄比亚皇帝海尔·塞拉西。——译者

为：在这样一个封建的、主要是自然经济的国家里，一旦中央领主没有完成其抵御外族侵略这一最重要的任务，一旦显示出“软弱”，各个领地的离心倾向便会加强。

在西方的历史中，早在墨洛温王朝①就已出现了这种机制的迹象，在这里，“王朝的官爵业已开始向世袭统治权的方向发展”。[6] 在这个时代就已流行着这样的说法：“这种官爵拥有者的实际权力越大，其经济和社会靠山越是强大，王权就越是难以将官爵拥有者死后所遗留的职位转移至别的家族。”[7] 换言之，中央领主行使支配权的统治区的大部分越来越明白无误地转入地方领主的手中。

加洛林王朝已经明显地出现了这种进程，查理大帝一如埃塞俄比亚的皇帝，极尽可能消灭那些公侯世家，并以自己的“官员”、伯爵取而代之。一旦那些伯爵们作威作福，其统治已明显超越所指定的地区时，查理大帝便要进行一次换人浪潮：将其周围的亲信作为“missi dominic”，亦即钦差大臣派往该地，以便进行监督。早在虔诚者路易②的时代，伯爵职位已经开始世袭。查理大帝的继承人已经“无法摆脱业已既成事实的世袭的强制性要求”，[8] 钦差大臣的派遣使用已经失去了意义。虔诚者路易就已不得不将钦差从其应该监管的地区撤回朝廷。路易一世没有查理大帝那样的赫赫战功护持，因而在帝国内部和社会组织之中出现了强大的离心倾向。到了查理三世的时代，这种离心倾向达到第一次高潮。887 年，查理三世无法用剑将外部敌人丹麦诺曼人打败，用巴黎的金钱也无法将敌人拒诸国门之外。随着加洛林家族嫡系统治的终结，卡洛曼③的私生子、胖子查理④的侄子阿尔努尔夫·冯·凯尔恩特

① Morowingerzeit(486—571)，法兰克王国的朝代。——译者

② Ludwig der Fromme(778—840)，法兰克帝国皇帝，查理大帝之子。——译者

③ Karlomann(866—884)，日耳曼人路易之子，小路易之弟，胖子查理之兄。——译者

④ Karl der Dicke(839—888)，法兰克国王，881 年加冕为皇帝，884 年重新统一查理帝国，887 年为侄子阿尔努尔夫所废。——译者

戴上了王冠，这可说是离心倾向的典型表现。阿尔努尔夫在与入侵异族的战斗中经受住了考验，不愧为军事统帅。他带领巴伐利亚人向喑弱的中央领主进军，很快便得到东法兰克人、图林根人、萨克森人和施瓦奔人等部族的拥戴，并作为真正意义上的统帅为这些德意志的武士拥立为国王。[9] 自此国王这一职务在社会中又重新直接显现出它原本的权力源泉和法定的威力。891 年，阿尔努尔夫在杜勒河畔的列文①成功地击退了诺曼人的入侵。然而作为统帅一旦在新的威胁面前裹足不前，便会立即出现相反的境况，松散统治区中的离心倾向便会立即占了上风："Illediu morante，multi reguli in Europa vel regno Karoli sui patruelis excrevere."（只要阿尔努尔夫有那么一段时间偃旗息鼓，不事征战，欧洲各地便不知有多少人来称王称霸。）当时的一位作家曾这样写道。[10]一言以蔽之，这就是社会规律，一种在这一阶段为欧洲社会发展进程打下印记的社会规律。

这样的一种运动过程在萨克森第一批的帝王中循环往复地进行着。君临整个帝国的王冠恰恰落在萨克森大公们的头顶之上，这又清楚地表明，在这个社会中中央领主的最重要职责是什么。萨克森人尤其经受着来自东方的、咄咄逼人的非日耳曼部族的压力，他们的大公首先要护卫的是其部族所在的区域。捕鸟者亨利一世②于 924 年与入侵的马扎尔人成功地达成停战协定；928 年他又御驾亲征，直捣勃兰登堡；929 年他在划定的边境之地建立了迈森（Meißen）城堡；933 年，他在里阿德③大败马扎尔人，然而并没有将其全歼，真正消除马扎尔人的威胁；934 年他

① Löven，现为比利时的一个城市。——译者

② Henrich I，der Vogler（约 876—936），德意志国王，萨克森王朝的建立者。原为萨克森大公，在位期间依靠中小封建主建立骑士武装，加强王权。925 年兼并洛林，928—932 年向东扩张，侵占波拉勒斯拉夫人土地，其中包括勃兰登堡。932 年打败马扎尔人。——译者

③ Riade，位于萨勒河支流温斯特鲁特河畔的一座城市。——译者

在北方边区石勒苏益格成功地击退了入侵的丹麦人，重回靖边。[11]这一切大都是他作为萨克森大公完成的。对萨克森人来说，最为重要的乃是：击退入侵其边境和即将犯境的异族。不过在这些萨克森大公为靖边而战的过程中，在他们战而胜之、无往而不利的过程中，同时也赢得了军事上的威权和声望，而这对于遏制内部的离心倾向是极为必要的。对外患的节节胜利为内部的中央政权的强大缔造了坚实的基础。

亨利一世基本上维护和巩固了边境的安全，至少是在北部边境做到了这一点。亨利一死，索布人便立即撕毁和约，亨利之子奥托①将其击退；继而在937年和938年，马扎尔人重又犯境，同样为奥托击退。此后他便开始了更大规模的征战：940年，德意志统治区达到了奥得河地区。每每征服了新的土地，教会便接踵而至。这种做法由来已久，至今还是如此。只是当时更胜于今天，教会是为统治的巩固服务的。

东南部也发生了同样的情况。955年——当时还在德意志的领土上，在奥格斯堡的莱希菲尔德打败了马扎尔人，自此差不多最终结束了马扎尔人的进犯。为了防止马扎尔人的入侵，建立了东部边区，此乃以后的奥地利的雏形，其边界位于普雷斯堡②。在此以东，在多瑙河的中游，渐渐形成了马扎尔人的定居之地。

奥托一世作为统帅有如此赫赫战功，这完全与其在帝国内的权势相称。先前皇帝们的全权代表，或者先前皇帝的后裔，而今都成了部族的首领和领主，他们都有意和奥托一世分庭抗礼，后者尽其所能以自己的亲属和亲信取代他们。施瓦奔归于其子鲁道尔夫执掌，巴伐利亚则分封给他的弟弟亨利，洛林由其女婿康拉德管辖；当鲁道尔夫举兵反叛之时，奥托一世便将施瓦奔赐给了也名为奥托的另一个儿子。

① Otto(912—973)，即奥托一世或奥托大帝 Otto I, der Große，德意志萨克森王朝国王，神圣罗马帝国的皇帝。——译者

② Preßburg，即现在的布拉迪斯拉发。——译者

奥托一世似乎较其前任更加有意识地向一再削弱中央政权的机制开刀，向破坏作为统治机器的中央集权制的机制开刀。为此他一方面将受封者的活动范围缩小，限制其职权；另一方面赋予神职人员某一地区的统治权，其继承者比他还要坚决地贯彻这一方针。主教区神职人员的代表被委以伯爵职务，这种高级神职人员没有世袭的接班人，对他们的任命最终会遏制中央政权的大员向“世袭地产贵族”蜕变，后者极具独立的野心。

随着遏制措施的施行，与中央相对抗的离心力量经过了很长时间才得以加强。上述的安排最终导致神职统治区转变为诸侯之国，转变为世俗的统治。植根于这种社会结构的离心倾向对于向心倾向的优势重又出现。与世俗显贵相比，神职人员中的显贵在以下方面所动的脑筋不可谓不多：如何保住对其管辖地区所拥有的独立支配权。神职人员而今成了世俗领主，他们也不希望中央政权过分强大。高级神职显贵和高级世俗显贵利益的一致，使得德意志帝国境内中央政权的实际权力几个世纪中都处于软弱无力的境地，地方领主的支配权和独立性却得以加强，而在法国则出现完全相反的情况。法兰西的高级教士几乎无人成为较大的世俗领主，主教的大部分地产分布于地方领主所管辖的地区，为了保护自身，他们对中央政权的强大深感兴趣。这种教会和王室利益的一致性保持了相当长的时间，这是最终导致法国的中央政权较早战胜离心倾向的诸多因素中的一个重要因素。按照同样的法则，首先是西法兰克王国解体了，它比东法兰克王国解体得还要快，还要彻底。

6. 西法兰克的加洛林王朝的最后几任国王，正如人们所说的那样，[12] 个个都是英勇无比，思路清晰，具有伟大的品性。他们都在这样一种提供给中央领主机会少的境况下南征北战，这种情况清楚地表明，在这样一种社会建构下重心是多么容易向着不利于中央领主的方向移动。

中央领主作为统帅，作为征服者和土地的分封者拥有着权力，除此而外，他的家产，他直接拥有的土地乃是构成其社会力量的基础。中央领主是靠其直接拥有的土地来养活他的仆从、他的宫廷和其全副武装的扈从的。就这一点来说，中央领主并不优于任何一个地方领主。西法兰克的加洛林王朝的地产和其“自己的领地”在为争得别人效劳的长期斗争中分散消耗殆尽。

为了取得援助，为了进行奖赏，先王们不得不将土地分封为采邑。在没有进行新的征服之前，每一次土地的分封就意味着王室土地的减少，而其子孙则是更加需要支援，而新的支援又要以新的分封支付，致使后来继位者的土地所剩无几，其所能豢养的扈从也日渐减少。西法兰克加洛林王朝的最后几代君王有时就是这样处于绝望的境地。受封之臣有义务参加征战，如果对此缺乏个人的兴趣，那么领主就会对其或明或暗地施加压力，以使其履行义务。跟从国王的封臣越少，其力量便越少威胁，那么跟从国王的力量就会越少。这样的社会机制既从土地方面、也从军事力量方面驱动着加洛林王朝的统治，一旦滑坡，便不可收拾。

路易四世①本人英勇无比，一往无前，有时他称为“le roi de Monloon”，即拉昂②国王。加洛林王朝所留给他的全部家当就只剩下这个拉昂了。前几代国王几乎没有可用之兵为其征战，几乎不再有什么土地来养活和奖赏其扈从亲兵：“有那么一天，这位查理大帝的后裔不得不面对这样的局面：将应该纳税的土地分封给其周围的领主们，并保证他们拥有不纳赋税的权利。也就是说，为了使其依附自己，就要给他们更多的独立性；为了继续统治下去，就要越来越多地放弃。”[13]

这样一来，国王的职位便江河日下，日渐衰微。王位拥有者为加强王业所做的一切，到头来只能得到相反的结果。

7. 西法兰克加洛林王朝先前的统治区乃法国的雏形，而在这个时期

① Louis Ⅳ，936—954年在位。——译者

② Laon，法国北部的一个城市。——译者

则分裂为几个不同的统治区。实力相若的诸侯之国经过长期反复的较量逐步形成了某种平衡。在加洛林王朝没有嫡传男丁的情况下，部族首领或领主便在他们当中选举一人立为国王。此人的家族在保卫家园、反对异族诺曼人的入侵的斗争中建立了卓著的功勋，并且早已是日渐式微的王室的强大竞争对手。东法兰克地区也与此相类似：随着加洛林王朝的结束，那些在击退来自东方和北方异族，诸如斯拉夫人、马扎尔人、丹麦人的入侵的战斗中建功立业的部族首领，即萨克森的大公最终也崛起为国王。

法兰西家族和西法兰克加洛林王朝的最后几代国王进行过长期的斗争。

斗争的结果是：雨果·卡佩①取得了王位。卡佩王朝也经历了加洛林王朝日趋式微的过程，卡佩所属的法兰西家族自身日渐虚弱。法兰西的公爵们也要结盟，也要求臣民服役，也不得不分封土地和出让权力。在此期间，诺曼人已经迁徙进来，并已基督教化了。诺曼大公分别建立了自己的统治区：阿奎坦②和勃艮第大公们的统治区，安茹③和佛兰德④伯爵们的统治区，韦芒杜瓦⑤和香帕尼⑥伯爵们的统治区不见得比新王室、法兰西大公们的领土小，有的还要更大一些，也更有权威。家族的力量和领土是屈指可数的，而家族产业能赋予国王权力的手段却是国王政权的真正基础。如果王室的家族产业并不多于其他领主家族的产业，那么王室的权力也不会大于后者的权力。王室是从其家族产业和其领地中取得经常性收入的，至多还加上其他领地教会的税收。除此而外，国

① Hugo Capet(938—996)，法兰西卡佩王朝的建立者，该王朝的第一代国王；巴黎伯爵，法兰西公爵。——译者

② Aquitanien，法国西南部，历史地理名称。——译者

③ Anjou，法国西北部，历史地理名称。——译者

④ Flandern，西欧历史地区名，位于法国东北部，比利时的西南部。——译者

⑤ Vermandois，法国北部城市。——译者

⑥ Champagne，法国东北地区地名，所产葡萄酒有名，旧译香槟。——译者

王便没有什么进项了。

在德意志境内，国王拥有一再战胜地方领主离心倾向的中央集权的职能，并且拥有战胜外敌入侵、征服新的土地的统帅职能。而在西法兰克地区，国王的这两种职能都较早地消亡了。这正是西法兰克地区较早分裂为诸侯之国，并比东法兰克地区分裂得更为彻底的重要原因之一。较之西部，东法兰克地区遭受异族入侵和入侵威胁的时间要长得多。因此国王总是一再披挂出征，保卫其手下各部族的领地，进而开疆拓土。被征服的土地的支配和分配权归诸出征的国王，所以便有一批家臣和封臣依附于他。

西法兰克地区自诺曼人定居下来之后，几乎不再有异族入侵的危险。再者它不像东法兰克地区，在其东部不再有空余之地，不再有征服新土地的可能性，因而其分裂也加速进行。这是因为使国王战胜离心势力的最根本因素乃为保家卫国和攻城略地，而西法兰克地区缺少这些因素。在这样的社会结构之下，国王或中央领主除了自身的领地而外，再也没有什么东西使得各路诸侯有求于中央领主的了。

“这种所谓的国君不过是在塞纳和卢瓦尔河畔占有几个伯爵领地的普普通通的男爵，这些领地相当于今天的四五个省份。王室的领地只是在某种关键时刻才显示出它理论上的威严。和各个地方领主的领地相比，国王的领地既不是最大的也不是最富的。所有领主领地结合起来便是今天的法兰西，国王和其强大的藩臣相比并不见得更有权威。国王也像其藩臣一样靠其田庄的收入、农民的赋税、农奴的劳动所得和该地区修道院及主教的‘自愿贡奉’来生活。”[14]

这种事实上的虚弱并非个别国王的虚弱，而是国王职务本身的虚弱。在雨果·卡佩崛起为王之后，随着王室的日渐衰落，其统治地区的分裂重又慢慢地、持续不断地进行着。卡佩王朝的头几代国王还常常携其王室巡幸全国。从王室典籍所记载的巡行地区中我们可以了解到他们所走的路线，国王在其较大封臣的驻守地还保有法庭，他们自身在法国南方还有某种影响。

12世纪初，各地方领主对其领地，亦即国王以前所封采邑的统治已达到专横跋扈、为所欲为的地步，他们根本不听国王的招唤，完全是自行其是。这种既成事实即使是强悍的国王也难以改变。卡佩王朝的第五代国王胖子路易①英勇善战，绝非懦夫，可他的话出其领地便无人听从。据王室记载，其巡幸从未超出其领地之外。[15]他生活于他的领地之中，在其封疆大臣的领地中他不再保有行宫。其封臣很少为向其朝拜而出现于他的王宫之中。相互间的友好访问极为罕见，中央和地方，特别是和南方各地绝少通达音讯。12世纪初的法兰西至多不过是各个诸侯国的联合，是大大小小领地极为松散的联盟，是在各个诸侯之间建立的某种平衡。

8. 在德意志帝国境内，王冠和皇冠的拥有者与强大的大公家族进行了长达一个多世纪的斗争，最后大公中的施瓦奔家族在12世纪战胜了其他家族，取得了保有中央政权所必需的手段。

从12世纪末起，德国社会的重心愈益明显、势不可当地转移至领主统治。在后来称为德意志的“罗马帝国”（Imperium Romanum）或者“神圣帝国”（Sacrum Imperium）的广大地区里，诸侯之国的统治极为巩固，从12世纪末开始的长达数世纪的岁月里，这些诸侯之国一再成为形成强大中央政权的障碍，因而也成为整个地区整合统一的障碍。而在法兰西这块较小地区，从12世纪起便从外部分裂中慢慢地走了出来，尽管有时也会出现倒退，可总是持续不断地走向中央政权重新强大之路，走向围绕着一个中心日益扩大的重新整合之路。

那种极端分裂的图景构成了不容忽视的出发点，只有这样才能了解

① Louis Ⅵ，1108—1137年在位，即路易六世。——译者

以下的情况：较小地区通过何种途径结合成为一个巩固的统一体；社会中较大统治区中央机关的形成又是经历了怎样的过程。中央机关的机制一般称为“专制主义”，中央机关则称为统治机器，这种统治机器构成了现代国家的框架。在被称为“专制主义的时代”里，中央政权和中央机关是稳定的，这与先前“封建”时代的任何一个中央政权的不稳定性形成强烈的反差。

社会结构中，有利于中央集权的因素是什么，阻碍中央集权的因素又是什么？

这一问题牵涉到社会进程的机制问题，牵涉到人们相互关系和相互依赖形式的改变，随着人与人之间相互联系和相互依赖形式的改变，人的行为和本能情势也会在“文明”的意义上发生改变。

9. 中世纪，特别是中世纪早期的社会，分权的势力总是一再战胜集权的力量，这当中起作用的因素并不难发现。研究中世纪的历史学家曾对这种因素进行了重点研究。比如汉佩①就在论述西方中世纪盛期时曾这样写道：[16]

“国家世界的封建化迫使国君、统帅和官员以地产来装备自己；如果他们不想陷于贫困的境地，如果他们想使藩臣在军事上作出报偿，他们就得进行军事扩张，扩张的目标势必要指向邻国权力真空地带。用培养现代官员的办法可以克服这种依附关系，可当时还缺乏这样做的经济前提。”

上述引言含蓄地表明，一切本质性事物都可以那种离心力量的势所必然、同时以这个社会王权制所陷其中的机制来加以说明，这就不能将“封建化”理解为所有这一切变化的外在“原因”；那些错综复杂的关系：势必以土地分封武士和官吏，在不进行新的征战的情况下国王的地

① Karl Hampe(1869—1936)，历史学家，海德堡大学教授。——译者

产就势必会减少，和平时期中央政权招致削弱的趋向，所有这一切都是“封建化”大进程中的小进程。上述引言同时也表明，这种特殊的统治形式和特殊的统治机器与某种经济形式有着密不可分的关系。

明确地说，只要是自然经济关系在社会中占有统治地位，那就几乎没有可能形成强有力的、中央集权的官僚体制，形成稳定的、主要以和平手段进行工作的并一直受到中央监控的统治机器。国王南征北战，中央政权派遣代表管理国家，所委派之人或其后人渐渐坐大而成为领主，他们对中央政权的挑战，所有这一切自动发展都和一定形式的经济关系相适应。如果在一个社会中有那么一块土地的生产就能满足人们衣食住行的日常需要，如果没有较大规模的分工和产品交换，如果与此相应的是——所有这一切都是同一整体形式的诸多方面——道路很糟，运输手段很差，那么不同地区相互之间的依赖也就微乎其微。只有较大区域间的相互依赖有了明显的增长，才会形成有某种程度稳定的中央机构。首先社会结构无法提供相应的操作手段。

“我们几乎无法想象，一个幅员辽阔的中世纪帝国的政府和行政，其交通状况是多么困难。”一位当代的历史学家曾这样写道。[17]

查理大帝也要靠散落于莱茵、马斯和莫泽尔河流域的古老的祖传产业和田产的收益来养活自己和其宫廷。每座行宫，每座宫殿，都和为数众多的邻近的农户或村落有着从属关系，多普施①的这一想法颇具启发性。[18]皇帝和国王从一个行宫巡幸至另一个行宫，一行人等全靠邻近农户和村庄的收入供养。在这一时期长途贩运也并非完全没有，不过所贩之物主要是奢侈品，绝非日常所用，即便是葡萄酒一般也不会从远处运来。要想畅饮葡萄美酒，那就得下令在自己的地区种植葡萄，不过交换中的剩余充其量只对邻近的户头有利。中世纪种植葡萄的地区而今不再

① Dopsch（1868—1953），文化和经济史学家。——译者

种植了，或因种葡萄太辛苦，或是因为“无利可图”，佛兰德或诺曼底地区即是如此。另一方面我们一般认为是本来的葡萄栽培区的地区，像布勾尼①，还远远没有像后来那样专门种植葡萄。即使在那里，任何一个农民，任何一家农户也都会有某种程度的自给自足。甚至是在17世纪，布勾尼专事种植葡萄的也只有11个区。[19]各个不同的地区慢慢联结了起来，相互间的联系慢慢密切了起来，分工越来越细，更大地区更大人群的整合程度也越来越高，与此相应的是对交换手段、对越过较大地区也有同等价值的计算单位——货币的需求也越来越大。

对“自然或家庭经济”“货币经济”“较大人群密切联系”“个人社会依附关系的改变”“愈益发展的职能分工”等诸如此类的说法有个明确的概念，这对理解文明的进程至关重要。不过这样的一些术语很容易僵化为神圣的话语，从而失去其形象性，最终亦失去其明确性。归根结底，这是对自然经济概念社会状况的观照，这一概念所表明的乃是这样一种特殊的形式：人与人之间密切联系，相互依附。在这样的社会中，所完成的是从土地里直接取之、从自然界直接得之至直接消费的过程，亦即没有或者很少有中间环节的过渡，物品的加工在自己的家中进行。这种途径渐渐发生了变化：在这条路上越来越多的人加入了进来，在产品从最初的生产者向最后的消费者流通中发挥加工者和分配者的作用。怎么会，首先是为什么会出现这样的情况，是什么推动了这一链条的延伸，这本身就已构成了一个问题。货币不过是人们所需要、社会所创造的工具而已。当链条延伸，生产和分配有所区分之际，在某种情况下货币使这种分工更加强化。如果使用“自然经济”和“货币经济”的概念，很容易给人一种这样的印象：两种“经济形式”之间存在着绝对的对立，这样的对立引发了某些争论。在具体的社会进程中，生产和消费

① Bourgogne。——译者

链条的转移与区分是渐进的，撇开以下的情况不说：西方社会某些地区的远距离的经济交流和由此而来的货币使用从来就没有完全中断过。可以说，西方社会中的货币经济领域，社会职能的分工，不同地区的密切联结，较大人群的相互依附，都是逐步扩大和加强的；所有这一切都是相同社会进程的不同方面。我们所说的统治形式和统治机器的改变，也无非是这一进程的一个方面。中央机关的结构与职能分工的结构和不同地区的密切联结也是相适应的。在自然经济占统治地位的社会中，趋于政治上闭关自守的离心倾向的加强又与地方经济的自给自足的程度相匹配。

10. 在自然经济占统治地位的武士社会的发展中，一般来说可分为常常翻来覆去的两个阶段：一为穷兵黩武、向外扩张和专事征伐的中央领主的阶段，一为不事扩张的、保守的统治者阶段，后者不再征服新的土地。

在前一个阶段中，中央政权极为强大。这一社会阶段中央领主的第一性的社会职能乃为统帅，中央领主也是直接以统帅的形象出现的。人们需要王室作为统帅出现时，它如若长时间没有显现其征伐的职能，或者王室统帅大军没有取得胜利，那么国王作为整个地区最高仲裁者或法官的第二性职能也会随之丧失。这时的国君较之其他的领主，从根本上来说只是多了一个头衔而已。

在另外一个阶段，没有大敌压境，出于种种原因开疆拓土之路又走不通，离心势力势必会占上风。南征北战的国王如果控制了全国，但在相对和平的日子里王室所占有的权力也会慢慢旁落。任何一个占有一块土地的人，总会视自己为这块土地的主人。这也完全与对中央领主实际依赖的情况相适应。和平时期这种依赖下降到最低限度。

在缺少或者说正在形成经济依赖和较大地区整合的地方，出现了较经济更为强烈的另外一种整合形式，即军事整合，团结起来防卫共同的敌人。传统的共同体感情从不会制止分崩离析，单凭这种感情也不会造就凝聚力，而只是对这种凝聚力有所加强，将其引向某种方向。共同体感情的最强大的支柱来自共同的信仰，最重要的促进者是教会。除了这种共同感情而外，对外征服的欲望、进行防卫的压力乃是将相距较远地区的人们联结起来的最为重要的手段。正是出于这个原因，这个社会的凝聚力与后来的相比才不那么稳定，地方分权的力量才会那么强大。

本质上自然经济社会中的两个阶段，一为征伐统治者阶段，一为保守统治者阶段，或者说具有这种或那种倾向的阶段，正像所说的那样，常常是相互交替的。在西方国家的历史上也的确如此。可是德国和法国发展的例子同时也表明，在征伐统治者时期尽管有种种反弹，然而较大统治区的分散趋向，土地占有权从中央领主向以前封臣转移的趋向直至某一时刻还一直向前发展。

为什么？加洛林王朝在其后继者时代可以代表整个西方，其外敌的威胁已经无足轻重了吗？加洛林王国的逐步分崩是否另有原因？

这一进程动力的问题有着很大的意义，要是将其和一个著名的概念联系在一起的话。统治权和土地的逐步分散，国土由从事征伐的中央领主手中转移至武士阶层手中不过是一个名为“封建化”的过程。

民族大迁徙后的人口增长

11. 长久以来，人们对封建化问题的看法处于重大的变化之中，为此对这一问题要予以更多的、更有意识的强调。过去的历史研究对于一般的社会进程没有涉猎，对西方的封建化亦未论及。只想到个别发起者的倾向，社会变动只问及单个首创者的思维定式，或者在社会变动中只看到司法体制，只寻找由这个人物或那个人物所首创的例证，所有这一切都使得这些进程和体制对于深思之人变得无法理解，正如同当初自然进程对于经院思想家一样。

在现代，新课题的突破也是由历史研究者开始的。从事采邑制度研究的历史学家愈益强调：采邑制度并非个别人的某种有计划的创造，新的体制并非简单地可由旧有体制来加以解释。“这里关涉到的设置，”比如多普施[20]在论及封建化时曾这样写道，“并非由国家或者国家政权的代表为实现某种政治目的有计划、有预谋地创立。”

卡尔迈特[21]对有关历史进程的课题说得更加明确：

“封建制度不管它与先行的封建制度有多么大的不同，都是直接来自先行的制度。无论是革命，还是个人的意志都无法将其制造出来。它出现于漫长的进化道路。封建性属于我们称之为历史中的‘自然事件’或者‘自然事实’的范畴。des forces pour ainsi dire mecaniques（其组成在某种程度上是受机械力量的制约），并且逐步向前发展。”

在其论文“社会封建化”[22]提要的另一处他是这样说的：

“在历史中对原因，亦即对先前类似现象的认识是有趣的，有教益的，就是我们也不能无视这些先行的现象。然而这些原因并非惟一的因素，甚至也不是最重要的因素。问题的关键并非要知道‘封建因素’从何而来，其起源是从罗马还是从日耳曼人那里去找，而是这种因素何以取得了‘封建’的性质。如若这些基本的东西真正成了基础，这只能归功于进化，其秘密既不能求教于罗马人，也不能求教于日耳曼人……其形成乃是与地质力量相媲美的力量作用的结果。”

在我们的语言尚未为历史—社会进程发展出一套清晰而特殊的语汇之前，使用自然或技术领域中的概念是不可避免的。之所以首先从这些领域中摘取概念则是不难理解的：这些概念足以表达历史中社会进程的必然。这样做即使会有这样的误解：社会进程及其必然，来自人与人之间的密切联系，真的，从本质上来说，具有和地球围绕太阳转或者运作机器的操作杆一样的性质。在这样的措辞中就明白无误地表达出为一种新的、结构性的历史课题所进行的奋斗。后来的建制和先行相似的建制有何关系的问题，在任何时候都有其意义。然而这里决定性的历史问题乃是为什么建制发生变化，为什么行为和情感也会发生变化，为什么恰恰以这样的方式变化。这个问题要触及历史—社会变迁的严格规则。也许直至今天也并非总是易于理解的：这种变动无法从永恒的东西中加以解释；更不易理解的是，历史上从没有完全孤立的事物，自生自灭，而总是和其他事物纠葛在一起。

对这些变迁的解释如果只限于个别人写在书上的想法，那也是搞不清其原因的。问及社会进程，那就得直接在盘根错节的人的关系中，在社会自身中寻找强制性，使社会保持运动状态的强制性，使运动保持某种形式和某种方向的强制性。这适用于封建化的过程，适用于日趋明确的分工，也适用于其他的各个进程，亦即在我们的概念用语中只是通过不具进程性质的话语，通过在进程中形成的某些建制，通过诸如“专制主义”“资本主义”“自然经济”“货币经济”等一类的概念来代表的进程。所有这些都暗中指向人与人关系结构的变动，这显然不是个别人策划好的，继而单个人不管你乐意与否都不得不陷入其中的变动。这一点最终也适用于人的仪表自身的改变，适用于文明化的或者文明的进程。

12. 人与人关系的结构和与之相适应的建制的改变的最重要原因之一便是人口的增加或减少。人口的增减也是不可从人与人关系整个驱动装置中排除出去的。不过人口增减本身，并非如流行的思路很容易使我们倾向认为的那样，是构成历史—社会运动的“第一原因”。不过它在变动因素相互作用中起着重要的、不容忽视的作用，同时它也特别明确无误地显示出社会力量的强制性。这一类因素在所探讨的阶段到底起着什么样的作用还要进一步研究。回忆一下民族大迁徙时代的那次运动也许有助于理解人口增减所扮演的角色。

直至8、9世纪，一批又一批各民族的人群从东方、北方和南方向欧洲古老的聚居区迁徙，这是一个历时很久的运动的最后也是最强劲的一次浪潮。我们所看到的仅仅是一些小小的片断：希腊“蛮族”涌进古老的小亚细亚，意大利“蛮族”侵入邻近的西部半岛，凯尔特“蛮族”向着先前已经有相当程度文明化的“古老的文明之地”挺进，这些凯尔特部落最终定居于西部，部分定居于北部。

最后日耳曼各部落涌进了先前同样整个变成了“古老的文明之地”的大部分地区。日耳曼人自己又来保卫为其征服的“古老的文明之地”，抵御从四面八方奔涌而来的新的民族迁徙浪潮。

632 年，穆罕默德去世。此后不久，阿拉伯人便开始南征北战。[23]713 年，他们征服了阿斯图里亚斯①山区以外的整个西班牙。8 世纪中叶，这股势头才被遏制于法兰西的南部边界，就像当年凯尔特人被阻挡于罗马大门之外一样。

斯拉夫部落则从东向法国突进，8 世纪末他们饮马易北河。

“如果公元 800 年有那么一个政治预言家有一幅欧洲的地图，如我们现在所能构想的那样，那他会这样预言的：欧洲大陆东部的一半，从丹麦半岛直至伯罗奔尼撒半岛，会是一个斯拉夫帝国，或者至少是一组强大的斯拉夫国家。从易北河口到爱奥尼亚海，斯拉夫各部族绵延不断……这条线似乎也标志出日耳曼人的世界。”[24]

日耳曼人的迁徙稍晚于阿拉伯人征伐的停顿。此后斗争接连不断，长时间不分胜负。日耳曼和斯拉夫部落之间的界线一时间向前推进，一时间又往后退缩。总的来说，斯拉夫各部族迁徙的浪潮自 800 年之后停滞于易北河岸。

被称为西方“古老的文明之地”的地方在日耳曼部族的统治和率领之下一直保持着它与各迁徙部落的界线。较早迁徙浪潮的代表保卫着这

① Asturien。——译者

片土地，防止继之而来的席卷欧洲的迁徙浪潮代表的进袭。后者前进的步伐受到遏制，在到达法国边界的地方慢慢定居下来。于是围绕这块古老的聚居地，在辽阔的欧洲腹地也渐渐形成了花环状的定居点。先行迁徙的部落将土地占为己有，声势浩大的迁徙运动一步步停顿下来。不过迁徙进袭还时有发生，先是匈牙利人，最后是土耳其人，然而他们的进袭或早或晚都被粉碎于较好的防卫技术和原先定居者的强大。

13. 于是出现了一种崭新的局面。欧洲不再有自由的空间。已经没有或者几乎没有可供使用的土地——以当时耕种技术水平而论——没被占领。此时欧洲，首先其辽阔的腹地人烟之稠密，从整体来看超过以前任何时候，当然和接踵而来的几个世纪相比还是稀少得很。种种迹象表明，随着大迁徙运动骚乱浪潮的逐渐平息，人口也在增长，这样一来各民族之间以及各民族内部之间的紧张关系也得以改变。

古希腊罗马后期，在这片“古老的文明之地”，人口或慢或快地逐步减少。于是适用于人烟相对稠密地区的社会建制亦告消失。比如说社会内部货币的使用和人口的密度有着密切关系，人口密度是分工与市场形成不可或缺的先决条件。如若人口减少超过一定界线，不管其出于什么原因，市集也会自动地无人问津。这是从自然界取得产品之人和产品需要者之间的链条缩短了的缘故。货币这一工具已失去了它的意义。古希腊罗马时代的发展就是朝着这个方向运行的。社会的市政领域在变小，农业性质在加强。古代的分工远远没有我们现今社会来得精细，所以这种发展更容易进行。城市的用度在一定程度上总是直接地、没有贸易这一独立中间环节地来自奴隶众多的产品。鉴于当时的技术水平，产品的长途运输总是充满着艰难险阻，因而远途贸易基本上限于水运一途。主要是在水域附近才能发展出较大的市场，较大的城市，货币交易才趋于活跃。而内地的经济总是保持着一种家庭经济占优势的性质。自给自足的宫廷——自己的产品自我供应——对于城市阶层来说从没有在近代西方社会的程度上失去其意义。随着人口的减少，古希腊罗马社会结构的这一面重又强烈地表现出来。

民族大迁徙的金戈铁马余音甫歇，这时烽烟又起。为数众多的新的部落汹涌而至，他们各霸一方，在整个欧洲地区创建了辽阔的新的定居基地。加洛林王朝时代这些聚居区有着完善的家庭经济性质，这种经济形式也许甚至比墨洛温时代[25]还要完善。政治中心继续向内地转移——如上所述，这和陆路运输的艰难有关，也有一些例外，比如海地特①帝国；庞大的统治区域几乎没有哪一个政治中心停留于西方的祖先手中，就是这种情况的表现。可以设想，在这一时期人口正极为缓慢地增长。常有开垦某地的消息传来，总是土地不敷使用、人口密度开始提高的信号。不过所有这一切肯定只是发端而已。民族大迁徙的浪潮尚未停息下来，从9世纪起才愈益表明人口加速增长。曾几何时，在加洛林王朝后继者统治区域的某些地方，已经表现出社会性人口过剩的征兆。

古代终结时代人口的减少，后来民族大迁徙，情况变化了，人口开始缓慢增长，对此进行总括性的回顾即到此为止，从中可看出人口运行的曲线。

14. 在欧洲各族的历史上，明显的人口过密阶段和人口压力较小阶段相互交替。可是如何理解人口过密呢，这需要进行一番解释。人口过密并非决定于某一地区居住的绝对人数。在较高程度工业化的社会里，对土地的利用相对密集，远途贸易发达，其统治形式由于有着进出口海关的设置对工业比对农业更为有利，因而在这种情况下人多人少都能生活下去。而同样多的人口生活在自然经济的社会里，由于耕作方式粗放，远途贸易不发达，那就会显示出这种状态下的人口过密的种种典型征候来。某一地区，我们首先将这样一种人口增长称为“人口过密”：现

① Hethute，小亚细亚东部的一个古老民族，语言属印度日耳曼语系。——译者

存的社会结构总是只能满足少数人的生活水平需求。迄今为止所得经验昭示我们，对某些社会形式和某种需求水准来说，“人口过密”只是相对的，只是一种社会性的人口过密。

在有某种程度阶层区分的社会里，人口过密的征候大体上都是一样的：社会内部关系趋于紧张，“有产者”，在自然经济为主的社会里是“有地者”，愈益排斥“无地者”或者所拥有之地不足以维持其有水准的生活的人；同时也常常是在“有产者”内部，那些拥有财产多的人愈益排斥财产少的人；社会地位相同的人愈益凝聚起来对付圈外人；或者去争夺为他人所垄断的机遇。此外，加大对人烟较稀或防御空虚的邻近地区的压力，最后向外迁徙的趋向愈益强烈，去征服新的土地，至少是迁居垦殖新的土地。

能否以流传下来的资料详尽说明定居之后数世纪欧洲人口增长的状况，首先也能说明不同地区人口密度的不同，至今尚难以断言。

不过有一点是明确的：民族迁徙运动消停下来之后，在各个部落之间大的战斗和财产转移告一段落之后，便显示出这种“社会性人口过密”、人口加速增长的种种征候来，随着人口的增长社会建制也在发生着变化。

15. 人口不断增长的压力的表征首先特别清楚地表现于西法兰克王国的地区。

差不多在9世纪——和东法兰克王国不同的是——异族部落对西法兰克王国的威胁慢慢减弱。诺曼(底)人在王国以其名命名的一部分首先停止了进击。他们也借助西法兰克的教会掌握了那里的语言，成功地承袭了那里的全部传统，其中高卢—罗马成分和法兰克成分掺和在一起。诺曼人又追加了他们自己的因素。特别是领主统治框架下的行政机构从诺曼人那里又得到了重要的推动。不过从现在起，无论如何他们都是在扮演西法兰克领主统治联盟中诸部落中的一个部落，而且是领导部落之一的角色，这些领导部落对于这个王国的总的发展起着决定性的作用。

阿拉伯人，萨拉逊人①不时前来搅扰地中海沿岸，可从 9 世纪以来他们几乎没有对西法兰克王国构成威胁。

法国东部是德意志帝国的领域，在萨克森皇帝的治理下重又强大起来。从 10 世纪到 13 世纪初叶，德意志帝国和西法兰克王国之间的边界，除少数例外，几乎没有移动过。[26] 925 年，西法兰克王国收复了洛林，1034 年收复勃艮第。除此之外，这条边界直至 1226 年相当平静。王国的扩张趋向基本上是朝东。

西法兰克王国来自外部的威胁相对微小。不过与此相应的是越界向外扩张的可能性也不大。首先是东方，一则是人烟稠密，再则东方国家军事力量强大，西法兰克王国要想从中开拓新的疆土也是缘木求鱼。

由于外部威胁在一定程度上得以解除，王国内部人口开始明显增长。在 9 世纪以后几个世纪中增长加快。14 世纪初人口增长的速度几乎相当于以后的 18 世纪初[27]的增长速度。

当然，这种增长势头并非直线运行的，但从整体来看，增长是不停的。许许多多个别现象都表明了这一点。各个现象定要联系起来看，才能理解整个运动的力度和运动内的个别现象。

从 10 世纪末起到 11 世纪，土地造成的压力逐步强化了对新领土的渴求，对现有土地更加肥沃的渴望，在西法兰克地区日益显著。

如前所述，早在加洛林王朝时代，有时肯定更早，就已在有些地区开垦新的耕地。可是到了 11 世纪，开垦的速度加快，开垦的规模也在扩大。森林被砍伐，竭尽当时技术水平之所能地将沼泽地变为良田。1050 年到 1300 年，这是法国地区垦殖的伟大时代，[28] 在内部争取新土地的伟大时代。1300 年左右，这一运动的速度又开始减慢。

---

① Sarazene，欧洲中世纪对阿拉伯人的称呼，后泛指伊斯兰教教徒。——译者

十字军东征社会发生学观察

16. 外部的大风暴停息了，眼下是沃土一片，人口在增长。土地，最最重要的生产手段，它是社会中产业和财富的同义语，可它甚是有限。在国内开垦、开拓新土地远远不能弥补土地的短缺，于是不得不在境外寻找新的领土。和在境内垦殖联袂而来的是对外的殖民，在其他地方征服新的领土。早在 11 世纪初诺曼骑士便进军南意大利，那里的一些国君也雇用他们来当武士为其服役。[29]1029 年，他们中的一员因服役有功而在那不勒斯公国北部边界得到一块小小的封地。其他骑士也紧紧跟上，其中便有小诺曼庄园主唐克雷德·德·豪特维尔①的儿子们。该庄园主共有 12 个儿子，光靠父亲的土地他们如何能过上像样的日子？于是 8 个儿子去了意大利，在那里他们慢慢争得了在家乡无法争到的东西：对一块土地的拥有权。他们中的一位名叫罗伯特·吉斯卡②的兄弟在战斗中渐渐成了公认的诺曼武士的首领。他将分别征服来的、分散的庄园和领地集中在一起。在其领导下诺曼武士从 1060 年开始向西西里岛进击。在 1085 年罗伯特·吉斯卡去世时，萨拉逊人已被受阻于该岛的西南角，其他地方尽归诺曼人所有，并建立了一个新诺曼封建王国。

所有这一切并非预先策划好的。起先在家乡遭受压力，没有出头之日，于是便有人铤而走险，离乡背井；外出人获得成功，他人便来学样，最后由此出现了一个国家。

在西班牙也发生了类似的情况。

早在 10 世纪，法国骑士就已协助西班牙的国君攻打阿拉伯人。

如上所述，西法兰克的领土和东法兰克有别：与其毗邻的并非尚未

---

① Tancred de Hauteville。——译者

② Robert Guiscard。——译者

统一部落可供垦殖的广阔之地。东部壁垒森严，无法进一步扩张。伊比利亚半岛乃是其惟一的直接出路。直到11世纪中叶，还是三五成群的人翻山越岭向这里进发，后来则是大军进击了。此时的阿拉伯人内部四分五裂，暂时没有进行大的反抗。1085年拿下了托莱多。1094年，巴伦西亚归熙德①统帅，此后不久，托莱多得而复失。战斗一直进行，不分胜负。1095年，一位法兰西伯爵得到一块从葡萄牙收复的土地以为其采邑。不过直至1147年其子里斯本②在第二次东征的十字军的协助下才真正掌控了这块封地，成了那里的封建国王，巩固了统治。

除了西班牙而外，法国附近只剩下海峡那边还有征服新的领土的机会。早在11世纪中期就有零星的诺曼骑士朝着这个方向进军了。1066年，诺曼大公率领一支由诺曼和法国骑士组成的大军到了海岛那边，争得了新的领地，并且重新分配了土地。向外扩张的可能性，在靠近法国的地方开疆拓土的前景越来越小。于是人们便将目光投向了远方。

1095年，在较大的封建主动作之前，已有一队人马在骑士不是瓦尔特·哈伯尼希茨③就是高提尔·森察伏④的率领下进军耶路撒冷；他们在小亚细亚便全军覆灭。1097年，一支强大的武士军队在诺曼和法国领主的统领下向圣地开拔。十字军先是要求东罗马帝国的皇帝将其所要征服的土地分封给他们，然后才继续进军，去攻占耶路撒冷，建立新的封建领主之国。

这样的远征如若没有教会的掌控，没有对圣地的信仰，而径直地往圣地进发，那是不可想象的。如果没有西法兰克王国领域，还有所有其他拉丁基督教信仰地区内部的社会压力，十字军东征的出现同样也是无

① Cid，西班牙民族英雄。——译者
② Lissabon。——译者
③ Walter Habenichts。——译者
④ Gautier Senzavoir。——译者

法想象的。

社会内部的紧张状态不仅表现于对土地和面包的渴求，而且对整个人的心灵也是一种压力。社会压力即为动力，如同发动机之电流，它会使人动起来。教会对这种已有的力量加以操纵，它将困苦接受下来，给困苦以希望，并指出法国境外的目标。它对为新的领土所进行的斗争赋予深远的意义，并为其辩护。它使这种斗争变为为信仰而进行的斗争。

17. 十字军东征是基督教西方第一次扩张和殖民运动的特殊形式。民族大迁徙运动长达数世纪之久，从东方和东北方滚滚而来的各个部落向着西方和西南方突进，他们对欧洲可用之土地的占有已达至最最边远之地，达至不列颠群岛，欧洲到处是人。迁徙者定居下来。温和的气候，肥沃的土地，不受任何束缚的驱动力都有助于人口的迅速繁衍。土地过于狭小，民族迁徙浪潮在某种程度上走进了死胡同。为土地所困者又重回东方，或如同在欧洲那样也参加十字军东征；在德意志人的聚居区，经过长期艰苦的斗争，其边界向东越过易北河到达奥得河畔，继而往魏克瑟尔河口扩展，最后向普鲁士延伸，甚至直至巴尔干半岛，尽管在这样的迁徙浪潮中参加的只是骑士，而并非德国的农民。

正是这后一种现象特别清楚地表明了社会性人口过密和扩张的第一阶段的特点，这一阶段还有一系列其他的特点。文明进程一直向前发展，和其一同前进的还有性生活的制约与调节。出于以后还要论说的理由，文明进程在上层较之在下层总是发展得快一些，后来多子女的现象便有减少的趋势，不过和上层相比，下层的这种趋势要弱一些。上层和下层子女多寡平均数的差异对于维持上层的水准具有很大的意义。

基督教西方人口迅速增长的第一个阶段和后来阶段相比有如下的特点：统治者、武士或贵族阶层，其繁衍的速度几乎不慢于农奴、佃农、农民，一句话，直接和土地打交道者的繁衍速度。随着人口的增长，对一些人来说，起先必然意味着生存机遇的减少。为生存机遇所进行的斗争，不间断地引起紧张关系的械斗，儿童的高死亡率，疾病和瘟疫，所有这一切都会使过密的人口减少一部分。很有可能防卫手段相对不多的农民阶层所受上述情况的打击较武士为甚。再者，农民的迁徙受到很大的限制，特别是不同地区互通声息和进行交流又异常困难，剩余劳动力的配置在全国绝不可能快捷而均衡。因而很可能在某些地区由于械斗和兵燹、瘟疫、开拓了新的土地或者农奴的逃亡而出现了劳力短缺的情况，而在另外的地方则是劳力过剩。在同一时代的某一地区，我们确实得到有关农奴过多的明确无误的证据，而在另外地区却有证据表明，那里的领主颇为费力地以较好的条件招聘佃农、客户、临时工，[30]亦即劳动力，以耕作自己的领地。

无论怎样，对这里演进进程的性质具有决定性意义的，乃是在这个社会里不仅仅形成了人的过剩，形成了无人身自由或只有半人身自由的劳动者的“后备大军”，而且也形成了上层，即没有产业或者没有足够产业确保其地位的骑士的“后备大军”。只有如此才能理解西方这第一个征伐扩张运动的性质。农民、农奴的子弟不管是以何种方式来参加这场殖民战斗，而殖民战斗的主要动力却是来自骑士在土地上所受到的困扰。新的土地只能用剑直接征服而来。骑士手拿武器杀出一条血路，他们执掌帅印，构成了大军的主力。上层，贵族的人口过剩为这第一个远征殖民时代打下了特殊的烙印。

这个社会的横剖面是由以某种形式占有土地者和无地或少地者组成的。一方是土地的垄断者：首先是武士之家，亦即贵族之家，地主；也还有农民，农奴，半自耕农，在某地还有块土地可怜巴巴养活自己，或者根本无法养活自己的“一无所有者”。另一方是从这一或那一阶层被排挤出来的无地者。他们之所以被排挤，或是因为缺少机遇，或是因为受到主人的压迫。他们参加了迁徙运动或者是殖民运动，不过他们首先是将要形成的城镇的人力资源。那些出身武士阶层的落泊者，概括来说，他们都不是“受宠的长子”，他们所得遗产离其要求都太远，甚至不能维持其生计，在骑士当中他们是“一无所有者”，在长达数世纪的期间内他们以各种各样的社会面貌出现：十字军骑士，匪帮头目，效忠于较大领主的吃粮的骑士，最终他们也成了最初常规军的人力资源。

18.“没有哪块土地不是领主的”，这是一句名言，常常被人引证，它不仅仅是法律的基本条文，同时是武士阶层的社会口号。这句话表达了骑士的渴望：将所有能够占有的土地攫为己有。在所有拉丁基督教地区，有的地方早些，有的晚些，全都是这种情况。每块可利用的土地都是有主之地，对土地的需求从没停止过，甚至还在增长。然而满足这种需求的机会却在降低。随着社会内部紧张状态的加剧，对外扩张的欲望也在上升。可整个社会由此所取得的特殊动力不仅仅使得吃亏者行动起来，这种动力势不可免地也传布到那些有地和广有土地的人的身上。在穷困潦倒、债台高筑和日趋没落的骑士身上，这种社会压力表现为一种简单的渴望：取得一块土地，得到能使其过上体面生活的人手。在富有的骑士和大地主大领主的身上，这种社会压力也会唤起取得新土地的渴望。下层对相应生活手段的简单渴求，而在上层则变成了对扩大统治、土地更多、权力更大、更大的社会威势的渴求。在地主身上，首先是在最高级的地主身上，即在伯爵、大公和国王身上，那种对财富的追求还不仅仅来自个人的虚荣心。前面我们举出了西法兰克加洛林王朝，还有卡佩王朝的例子，从中可以看出，以土地占有和土地分配为中心的社会化机制甚至迫使王室也走向没落，如果王室没有机会开疆拓土的话。在整个的内外扩张的阶段，我们不仅看到穷困的骑士，而且还有许多富有的骑士一直在追求新的土地，尽力扩大其家族的权力，这无非表明，这个社会的结构和状况是多么强有力地一直推动着所有阶层去追求新的土地：吃亏沦落者只为了占有一块安身立命之地，而富有者为的是占有更多的土地。

人们以为，追求更多的财富，追求收益，乃是“资本主义”，亦即新时代的典型特征。而中世纪社会则以保持其正当的、符合其身份的收入满足为其特点。

这种说法在一定的范围内无疑是正确的，如果仅就追求“更多”的货币而言的话。不过中世纪的很长的阶段，构成财富的主要形式不是货币财富，而是土地财富。所谓追求收益，我们就暂且保留这种说法，在这里必然说的是另外一种形式，另外一种方向；它所要求的行为方式不同于多少已发展成货币经济和市场经济的社会的行为方式。在近代，第一次出现了专门从事商业的阶层，他们孜孜以求的是赚取越来越多的货币，这种说法是正确的。中世纪的自然经济所追求的不是直接赚取越来越多的货币，而是越来越多的土地，这样强制性对生产资料——土地追求的社会结构特点往往被人忽略。此外，在这个时代，政治和军事职能尚未像在近代社会逐渐达到的那样和经济职能区分开来。军事行动、政治经济上的谋求在很大程度上是一回事，谋求更多的财富，地产形式的财富，同时也意味着谋求统治领域、领土主权的扩大，谋求军事力量的扩张。某一地区最富有之人亦是土地最多之人，毫无疑问也是军事上的最强者，他可以获取最多的追随者；他既是军事统帅，也是执政者。

在这个社会里，一个领主和其他的领主总是以某种方式对峙着，正如同当今一个国家和其他的国家对峙一样，正因为如此一个邻近的领主谋取新的土地就会直接间接地给另一领主造成威胁。这在今天就意味着：各个国家之间既是潜在的盟友，又是潜在的敌人，它们之间极不稳定的均衡体系很容易被破坏。所以在这个内外扩张的阶段这种简单的机制使得不少富有而强大的骑士成为贫穷的骑士，使他们一直警惕着其他骑士的崛起强大，一直谋求自己地盘的扩大。如果一个社会一旦由于土地的狭小和人口的压力而陷入这样的运动之中，那总会有领主骑士在别的领主征战正酣时作壁上观；当别的骑士谋求扩大地盘时，他们只是保境安民；谋求扩张者有的到头来势必会变得弱小，并面临着日益增长的威胁：说不定在哪一次的动乱中会走向末日。那个时代富有的骑士和领主并非像在这里所探讨的那样，从理论和一般出发来看待事物，他们都是很具体地来看待一切：他们身旁的人占地更多、地盘更大，或者他人在其近邻夺取了新的土地，取得新的领土，那他们就会衰落。以十字军东征头领为例子可以更清楚地说明这一情况。比如戈特弗里茨·冯·布雍①，他将其家乡的田产卖出和典当，为的是在远方争得新的更大的田产，果不其然，他争得了一个王国。后来的哈布斯堡家族的例子也能说明这一点。哈布斯堡家族的人做皇帝朝思暮想的乃是扩大其“家族势力”，没有家族势力的支持，即使做了皇帝也是虚弱得很；正是由于该家族的贫穷和虚弱，才被强大的、觊觎其权力的众领主推举到皇帝的位子。诺曼大公征服英格兰对于西法兰克王国的发展所具有的意义能特别清楚地说明这个问题。事实上一个领主势力的扩张完全打破了王国内部各领主联邦的平衡。诺曼大公在自己的领地诺曼底所感受到的离心势力的压力不亚于其他的领主，他征服英格兰并非为了所有的诺曼人，而完全是为了扩大自己家族的势力。他之所以将英格兰的土地分赠给随他征战的武士，只是试图以此举阻止离心势力在其新的领地上兴风作浪，免得在英格兰的土地上出现较大的领主。将土地分封给骑士乃是自然之事，是统治和管理的必要。但他避免将一块封闭的、辽阔的领地指派给某一个骑士。他也将土地分派给爵位较高的人，为了生计他们要求更多的地方，不过他所分下去的土地多为零星分散之地。[31]

对英格兰的征服同时使他一举成为西法兰克王国中最为强大的领主。这样在其家族和有着国王称号的法兰茨恩大公家族之间早晚势必会展开一场争夺王国统治权的斗争，甚至会争夺王冠。我们知道，以后几

① Gottfrieds v. Bouillon(1060—1100)，第一次十字军东征的领袖，1099 年攻陷耶路撒冷，同年被选为耶路撒冷的第一个国王。——译者

个世纪的发展在多大程度上受到法兰西大公和诺曼大公之间斗争的影响，法兰西岛的统治者们取得了新的领土而力量对比逐渐趋于平衡，在这种斗争中海峡两岸形成了两个不同的统治区，两个不同的民族。这不过是中世纪强有力发展机制中诸多例子之一。是这种机制推动富有和贫穷的骑士要求新的土地。

社会内部的扩展：新机关新工具的形成

19. 不断增长的人口和业已有主土地之间的比例失调使得大部分的统治阶层走向社会扩张、征服新的领土之路，而这又使得很多下层劳动者无路可走。被迫离开土地使他们之中的大多数人走上另外的方向：脱离土地。如上所说，无人身自由的农奴离开土地，成了正在形成的手工业者聚居区的资源；而这些聚居区逐渐形成于位置优越的地主庄园的周围，因而也可以说成了正在形成的城市的资源。

较大的人群聚集——“城市”一词往往给人以错误的概念——早在9世纪的自然经济的社会中就已出现。这和市镇不同，“市镇不靠种地，而主要是靠手工业和商业维持，或者有着某些特权和特殊的建制”。[32]这里类似城堡，同时又是大庄园主农业管理中心。当时城市自身也慢慢失去了它的一统性。老住户，属于各类骑士，亦即各类庄园主的族群比邻而居，有的是世俗人士，有的却是僧侣，他们各有各的经济生活。内中任何的经济活动都不能超出庄园经营，亦即庄园主领地的范围。生产和消费基本上是在同一地区。[33]

到了11世纪这种情况有了进一步的发展。这里也和大多数的骑士扩张相类似，不过这里讲的是无人身自由的农奴阶层，这些过剩的劳动者，起先是没有组织的三五成群地流入庄园中心。庄园主对于这些全都是离开别的庄园的外来者态度并非一贯。[34]有时给予他们最低限度的自由，但在大多数情况下又期望和要求他们支付与其农奴和佃农相同的劳役和地租。然而这些人聚集在一起又往往改变了庄园主和下层人之间的力量对比。新来者团结一致，加强自身动乱力量，在流血的、长期的斗争中不断为自己争得了新的权利。这样的斗争最早爆发在意大利，稍后又起之佛兰德：1030 年在克雷莫纳，1057 年在米兰，1069 年在勒芒①，1077 年在康布雷②，1080 年在圣康坦③，1099 年在博韦④，1108—1109 年在努瓦永⑤，1112 年在拉昂，1127 年在圣奥梅尔⑥。这一系列的事件和骑士的征伐反映出这个阶段社会内部的紧张关系，它使得社会处于动乱之中。上述的一系列事件可说是从事手工劳动的市民最初的解放斗争。市民在与武士阶层所进行的斗争中几经挫折，最后在欧洲各地终于争得了自己的权利，起初是小范围的自由，继而便是较大范围的自由，这表明社会发展使他们有了更多的机会。这种独特的现象，这种从事劳作的城市下层逐步崛起为政治上的独立的力量——先是以职业市民阶级的形象出现，最终成了政治领导的现象，包含了所有理解那些西方社会有别于东方的、为自己打上特殊烙印的结构性特点的钥匙。

11 世纪初期基本上只有两个自由的阶级，一为武士或者说贵族，一为僧侣；在他们下面的只有农奴，无人身自由者，半人身自由者。“僧侣祈祷，武士战斗，农奴耕种。”[35]

尽管特别从 1050 年起这一运动加强、加速了垦殖和殖民扩张，1200 年左右，亦即在两个世纪里，确切地说是在一个半世纪里，一系列手工业者聚居区，一系列的城镇，争得了自己的权利和司法权，争得了特权

① Le Mans，现法国城市。——译者
② Cambrai，法国北部城市。——译者
③ St. Quentin，法国北部城市，地处索姆河畔。——译者
④ Beauvais，法国北部城市。——译者
⑤ Noyon，法国北部城市。——译者
⑥ St. Omer，法国北部城市。——译者

和自治权。自由民的第三等级已和其他两个自由民阶级平起平坐。在土地有限、人口增长的压力下，社会不仅向远方扩张，而且也在内部膨胀；社会发生了分化，产生了新的细胞，形成了新的器官：城市。

20. 随着越来越细的分工，随着新的更大市场的形成，随着交换向着更远的地方延伸，对机动的、统一的交换手段需求也在增长。

如果农奴和佃农交给地主的只是地租，如果生产和消费之间的环节很少，没有中间环节，那么社会便不需要什么统一的计算单位，不需要所有交换对象都与之有关的交换手段，亦即不需要一个共同的标准。而今随着加工者从庭院经济单位脱离出来，随着经济独立的手工业者的形成，产品交换经过更多的人手交换环节的延长，交换运作的网络也随之复杂起来。于是便需要一种统一的、机动的计量单位，一种所有其他东西能以其为标准的交换对象。如果分工和交换日趋复杂与活跃，那就需要更多的货币。货币事实上如同社会组织的化身，交换行为与人的链条的象征，庄园从其自然状态走向消费之路所必经的人的链条。只有在一个交换社会的内部形成了较长的链条，亦即有着一定的人口密度或在较大的社会联系和较细的社会分工的情况下，人们才需要货币。

如果深入探讨古希腊罗马后期许多地区货币经济关系的逐步衰退、在 11 世纪开始又有新的发展这样的问题，这未免走得太远；不过联系以上所述对这一问题稍作提示也是必要的。

毋庸讳言，货币在欧洲古老的聚居区从没有完全丧失其效用。整个时期内在自然经济的领域内都有着货币经济的飞地；此外在加洛林王国之外还有着古罗马帝国的广大地区，在这些地区货币流通从没有衰落到加洛林王国的那种地步。因而人们总是不无道理地探究基督教西方货币经济的“前提”，探究从未丧失过货币经济的飞地。人们不禁要问，货币经济来自何方，它的原因是什么，从何时人们又学会使用货币？这种课题，这样的研究方向不无价值。如果在其他先进或邻近文明地区这种工具没有发展到如此地步，不知货币为何物，它如此快地重新起用是着实难以想象的。

然而这样回答并没有触及货币流通在西方重又增长这一问题的本质方面。人们仍然要问，为什么西方社会在其发展的很长阶段只需要数量相对不多的货币，为什么对货币的需求和使用又慢慢增长起来了呢，货币使用在社会中产生了变革性的结果。在这里也要探究运动着、变革着的因素。如果只是探究货币经济的前提，如果只是探讨货币或者货币经济的起源，这一问题还是等于没有回答。如果是对现实的社会进程进行探讨，那就会解答这个问题。在行将终结的古代世界里，在货币流通逐渐衰退之后，又重新产生出人的关系，产生出具有整合与密切形式的人的关系，正是这种关系使得货币的需求量增大。这表明社会的细胞结构在分裂，货币使用有了新的增长就表明了这一点。不仅是内部的膨胀，而且移民和殖民运动本身也使财产活跃起来，唤起新的需求，建立起长途商贸关系，这一切对货币需求量的增大也不言自明地起着重要作用。整个进程中的每一次运动都会对另外运动起着阻碍或加强的作用。随着社会的分化，运动和内部关系紧张的联系也日益复杂，对于各个因素不可孤立来看。然而社会自身没有内部的分化，土地没有过渡到强有力者的手中，人口没有大幅度的增长，独立的手工业和商业社区没有形成，社会内部对货币的需求就不会这么快地增长，货币经济关系领域也不会这么快地重又扩大。对于货币，对于其使用的增减，都不可从其自身出发来理解，而是要从人、从人的关系结构来理解。要在这里，在人的整合的变动中寻找这种变化的原始性力量。毫无疑问，一旦货币的使用增长，又会推动这整个的运动，人口的增长，社会的分化，城市的增加与扩大。

“11 世纪初，还明显地缺少大规模的货币交易。财富大都固定不变地掌握在教会和世俗地主的手中。”[36]

在此之后对于可以灵活运行的交换手段的需求逐渐增长，现存的硬币不敷需要。起初人们使用辅助手段，借助贵金属板盘和饰品来进行交换，对此加以称量，以得出计量单位；马匹也可扮演价值衡量标准的角色；由于需求的不断增加，新的硬币滚滚而来，这些硬币都是有一定分量、具有贵金属权威的流通手段。随着对灵活运行的交换手段需求的不断增加，这种进程也许在不同的阶段重复着；如果硬币不敷日益增加的需要，交换会借助自然或半自然辅助手段，这种手段会重占优势。社会的不断分化和人的行动联系的密切又使得商贸和交换量不断增长，硬币流通量也随之增加，反之亦然。这当中总是不断出现新的不平衡。

13 世纪后半叶，至少是在佛兰德地区，其他地区有的早些，有的晚些，流动财富大量增加，“由于在这当中创造出一系列的工具”，财富周转的速度相当快：[37] 自铸的金币——到那时法国自身尚未铸造金币，与迄今为止的埃塞俄比亚相类似，流通和库存的金币都是拜占庭的金币，作为找头的零钱，汇票，吨位证书，所有这一切都是交换链条织成的看不见的网络日益繁密的象征。

21. 如果运输手段不济，如果社会无法将货物搬运到远处，那又如何组成不同地方和地区的交换关系，使得分工超越狭小的地域呢？

加洛林王朝时代的例子业已表明，国王及其宫廷人员不得不从一个行宫奔波至另一个行宫，以便在当地享用其庄园的产品。和早期专制时代相比，这时的宫廷用度不管是多小，但是将维持其生存所需的产品运来运去却是极为艰辛，以致人们干脆去产地就食。

可是在人口增长、城市明显增多、人际交往大大增加、其所需手段也大大发展之时，运输手段也在发展。

马匹挽具，所有役畜驮畜的挽具，在古希腊罗马时代都不适于长途运送分量很重的货物。当时以这样的挽具能运送多长的距离，多重的货物，是一个值得探讨的问题。不过有一点是清楚的：这种运输方式是与其内陆经济的结构和需求相适应的。在整个古典时代，陆路运输和水路相比特别昂贵，[38]特别旷日持久，特别艰辛。所以大的商贸中心都在海边或可进行航运的河流之滨。水运成为主要交通的中心乃是古希腊罗马社会结构的重要特点。在水路码头，首先是海边，出现了富裕的、人口密集的城市中心。这些城市所需求的生活用品与奢侈品往往从遥远的地带运来，这些地带构成了长途交换交通复杂多变链条中的一个枢纽，一个环节。而在广袤的腹地，也就是说，在罗马帝国的大部分，那里是陆路交通为主，其居民的基本生活需要直接来自狭小的周边地区；这里交换链条很短，我们统统称之为“自然经济”的经济形态占统治地位；这里只是在狭小的范围内才使用货币；古典时代自然经济区域的购买力很是低下，无法订购奢侈品。窄小的城市地区和广阔内陆地区之间的反差极大。正如狭长的神经末梢一样，濒临水路的大的城市聚居区联结着广大的内陆地区，将其力气，将其劳动产品吸引至自身，直至中央集权的统治机器瓦解，直至在与城市所进行的积极斗争中农业地区摆脱了城市的主宰重又获取自由，直至这种有着深广联系的狭小、复杂的大城市区解体，其自身也充斥着形式没有变化的短狭、地域有限的交换关系和自然经济的建制。在这种古希腊罗马社会占主导地位的城市区中，显然没有需要进一步发展陆路交通运输。凡是通过陆路运输无法进行或陆路代价高昂者，宁可走水路。

在各族处于一个庞大的共同体的加洛林王朝时代，又加上阿拉伯人的扩张，古希腊罗马主要运输动脉——地中海无法通航。由于地中海无法通航，这时的陆路交通、内地的联络便有着完全不同于以前的意义。内地联络的增加也促使陆路交通工具的发展，而陆路交通工具的发展同时又促使联络和交换在这一方向的发展。后来即使远洋航线，像在古希腊罗马那样，比如威尼斯和拜占庭之间，佛兰德各城市和英国之间的航线，对于西方的进一步崛起重又具有决定性意义；然而以下的事实对西方发展的特点也同样具有决定性意义：远洋航线的网络和愈益稠密的陆路交通网络相结合，在内地也逐渐发展出巨大的商业中心和市场。陆路交通工具的发展超出古希腊罗马的水平，便是社会日益发达的分工和联系超出欧洲内陆地区的明证。

把马匹作为役畜使用，如上所述，这种做法在古罗马并不常见。挽具勒着马匹的咽喉，[39]对骑士来说也许是很必要的，这可使其温驯听话，服从指挥。古希腊罗马的浮雕常常出现战马高扬头颅的形象，“高傲”的姿态，这些都和这种套马的方式有关。然而这种方法使得马匹或毛驴相对来说不大可以作为役畜使用，特别是沉重的负载，这必然会勒紧马匹的咽喉。

给马蹄打掌的方式也有类似情况。古希腊罗马没有带钉的马蹄铁，而后者才给马匹以充分的反作用力，使其在拉载时使出力气。

从10世纪起，这两种情况在逐步改变。在垦殖的速度逐渐加快、社会分化、城市市场形成、作为联系象征的货币重又大量使用的同时，陆路运输工具、使用畜力的工具也有了决定性的进步。这种改进在今天看来是微不足道，然而在那个时代的意义不下于后来的机械技术的发展。

在所谓的[40]“巨大的设计建造的热潮”中，11和12世纪对畜力使用的范围也在扩大。负载的主要分量由咽喉转移至肩部。马蹄铁应运出现。13世纪基本上已发明了骡马驮畜的现代驮运技术，为远距离陆路运输载重较大的货物奠定了基础。同时还出现了有轮的车辆，并开始路面的建设。随着运输技术的发展，古希腊罗马所缺少的水磨也日显重要，从远处将谷物运来为其加工也不无合算。[41]这也是向着分工愈益细密、联系愈益密切迈出了一步，向着庄园封闭地区的职能分化迈出一步。

中世纪社会出现的一些新因素，和古希腊罗马社会的比较

22. 我们称之为“文明”的行为和性生活的改变，是和人际愈益密

切的联系和人际间愈益增长的依赖关系分不开的。从这里所能举出的一些例子可以看出，这种联系正在某种程度上处于形成之中。在这较早的阶段，西方的社会联系在某些方面业已不同于古希腊罗马。社会的细胞结构重又开始分裂，这种分裂多方利用了先行高度分化阶段在建制可达到的范围内所剩下来的东西。然而重新分化的条件，以及这种分化方式与方向自身在某些方面和先行分化阶段有所不同。

关于11、12世纪“商业复兴”的说法，如指古希腊罗马建制重又复兴，这无疑是正确的。没有古典时代的遗产，社会发展所提出问题的解决和样式肯定不会以这样的方式取得成功。从某些方面来说，新的建筑总是矗立于旧有的基础之上。可是运动的动力并非停留于“向古典学习”的阶段。发展动力即在社会自身的内部，在它的自动机制，在人与人如何相处的条件之中。这种自动机制，这种条件业已不同于古希腊罗马。这样的观点相当流行：西方先是以文艺复兴重又达到了“古典时代的水平”，继而又渐渐“超越了它的水平”。不过先不论其是不是“超越”，是不是“进步”，与古典时代相比在建设规律和发展方向方面所出现的新气象也并非在复兴时代才显现出来，早在上面业已说过的扩张和增长的早期就已显现；然而在文艺复兴时期它们第一次比较鲜明地显现出来。

在这里要特别加以强调的是两个结构上的差别：在西方社会缺少战俘奴隶这样廉价的劳动力。即使在什么地方有这样的劳动力——实际上并非完全没有——可他们在整个的社会结构中并没有起到很大的作用。这使社会发展从一开始便走向另外的方向。

如上所述，另外一种情况也极为重要。再移民定居并非像以前那样只在海滨，或只是围绕河流航道，而是很大一部分定居于内陆地区，和陆路交通动脉相联结。这两种现象常常是密切联系，它们使得西方社会的人一开始便面临着古典社会无需解决的问题，其影响所及，将社会发展纳入新的轨道。奴隶在庄园经营耕作中所起作用甚微，可能和缺少奴隶来源有关，也可能是本地农奴完全可以满足武士阶层的需要之故。无论怎样，奴隶劳动无足轻重，所以缺少奴隶经济那种典型的社会规律。只有了解这种不同规律的背景才能真正了解西方规律的特点。在一个有着奴隶的社会里，不仅仅是分工，人际关系，上下层相互依赖的关系，以及这两个阶层本能欲望的状况都和一个有着或多或少自由劳动的社会不同，而且社会紧张关系，甚至连货币的功能有时也不相同，自由劳动对劳动设备发展的意义就更不用说了。

描述西方文明特点的进程时，对于不同于西方的、形成奴隶市场社会的进程在这里只是作一个简短的总结。两种进程在两种社会都是势所必然。对于以奴隶劳动为基础的社会发展机制今天所进行的研究成果总结如下：[42]

“奴隶劳动阻碍了自由劳动力的生产活动。它在三个方面表现出阻碍的作用：奴隶劳动要有人进行监督，并要进行保卫田产工作，这样一来它便使得为数众多的人脱离了生产劳动；奴隶劳动使人对体力劳动产生普遍的反感情绪，并使人厌恶任何形式的集中性劳作；最为重要的乃是它将自由劳动力从奴隶所从事的活动中驱赶了出来。正如格雷欣①法则所说，劣币会驱逐良币。经验表明，任何行当和任何工作领域都会发生奴隶劳动排挤自由劳动的事。结果是：为较高的职业寻找合格的人才变得困难起来，因为要为此取得必要的知识就得向从事同样职业的身份低下的奴隶学习。

“这样所产生的后果是很严重的：那些从生产活动中被排挤出来的人自身并没有富裕到能够靠奴隶劳动而生活的程度，于是他们便慢慢形成了一个无所事事的中等阶层，为了生存，他们便无所不用其极。现代经

① Thomas Gresham(1519—1579)，英国商人，王室驻尼德兰的金融代理人。——译者

济学将其称为‘卑贱的白人’（mean whites）或者是‘白垃圾’（white trash）；学罗马史的人则将其称为‘游手好闲的人’（clientes）或者‘渣滓’，这样的阶层往往引发社会不满，也使奴隶国家穷兵黩武……

“奴隶社会有三个界线分明的等级：一为奴隶主，一为平民，再就是奴隶，平民不事生产，靠群体，靠战争抑或靠上层养活。

“由于对生产劳动的普遍厌恶，从事生产的只有奴隶，奴隶劳动是全国惟一的生业，这样就又产生了另一种后果：全社会的生活取决于不可加以改变的活动，取决于无法适应新情况的活动。如果不通过奴隶的繁衍，就无法解决劳力短缺的问题。这种劳力又不能从社会的其他阶层当中征召，维持生计的资财总是入不敷出。于是不得不从国外来谋取：奴隶社会要么是在对外侵略中招致毁灭，要么就是对自由劳动制的邻邦债台高筑……”

奴隶的劳作使自由民在很大程度上从所谓不体面的劳作中解脱出来，于是除了不事劳动的奴隶主上层而外又形成了一个不事劳动的中层。使用奴隶劳动的结果使得社会与一种相对简单的劳动设备相联系，这是一种奴隶能驾驭的技术设备，正因为如此，任何改变、改进、对新情况的适应都相对困难。资本的再生产又和奴隶的再生产分不开，也就是说直接间接和征战的胜利与奴隶来源的多寡分不开，而这一切又是很难逆料的，不像在一个不买一个人的终身而是购买在很大程度上有社会自由的单个人的劳动的社会里那样把握得准。

只有从这一背景出发才能理解，在中世纪早期人口逐步增长的情况下，缺乏奴隶或奴隶的作用微乎其微对于西方社会发展方向所具有的意义。这一社会从一开始就走上了与古罗马[43]不同的轨道，它受到不同于古罗马所受规律的制约。11 和 12 世纪的城市革命、劳动者、脱离农村者、市民，从骑士地主的威权中逐步解放出来，便是首先的证明。从这里便可看出西方逐渐变化为整体皆进行劳作的社会的线索。缺乏奴隶进口和奴隶劳动的结果便是劳动者即使作为下层也有着很大的社会分量。人与人之间的交往越是密切，与此相应的土地和土地产业越是进入交易的循环，越是被纳入货币的运转，不事劳作的上层——武士或贵族便越是依赖劳动者下层或中层，后者的社会地位就越是强大。在古典奴隶社会里，至少有很大一部分城市自由民从劳动中解脱出来；西方社会正好与此相反，自由民劳动的结果使大家相互依赖的程度不断增加，最后也导致原先不事劳动的上层愈益进入分工的循环之中。缺乏奴隶和自由劳动的发展也是西方技术发展、货币发展为“资本”这一特殊形式的先决条件，而货币发展为资本正是西方的特点。

23. 以上所简略描述的是西方从中世纪向近代发展的特殊趋向的一个例子。

西方在中世纪并非沿海而居，这一事实也有很重要的意义。如前所述，民族大迁徙先前在欧洲地区总是只在滨河地带，首先是在地中海沿岸才促成了发达的商贸关系，导致较大区域的整合。希腊是这样，罗马更是如此。罗马人的统治渐渐扩展到广阔内海盆地四周，最后伸延至四面八方。“其最远边界到达莱茵河，多瑙河，幼发拉底河，撒哈拉大沙漠，构成了巨大的防御区，它保证了地中海的出入。毫无疑问，地中海对于罗马帝国来说是政治统一的基础，同时也是经济统一的基础。”[44]

日耳曼各部族起初到处也是首先向地中海进击，他们先是在罗马帝国沿海的领土上到处建立国家，罗马人称地中海为“仙丹海”[45]（mare nostrum）。法兰克人没有达到此种地步，他们发现所有沿海地区都被占领，并试图以武力打破这种局面。所有那些动乱和战斗也许使地中海圈子内的交流陷于混乱。很显然，地中海在欧洲这片土地上作为交通要道，作为联系的枢纽，作为任何较高文化发展的基础和中心那种古老的地位由于阿拉伯人的入侵更是破坏殆尽。由于阿拉伯人的入侵原已松动的联系最终中断，于是罗马人的海而今很大部分成为阿拉伯人的海。

"联系东西欧，联系拜占庭帝国和西方日耳曼各王国的纽带断了。伊斯兰教的入侵……使得阿拉伯人取得了前所未有的地位。"[46]

换句话说，至少是在此之前，在广阔河谷彼岸的欧洲内陆地区和少数几个军事要道上还从未出现过如此丰富多彩的社会，生产也从未达到分工如此精细的程度。是否只是阿拉伯人的入侵才为欧洲内陆为中心的发展创造了条件，眼下尚难得出结论。民族大迁徙中各个民族对欧洲大陆的占领可能为欧洲内陆的发展创造了条件。不过对西欧中欧发展方向起决定作用的乃是迄今为止交通航道大动脉的暂时切断，这一点是毫无疑问的。

在加洛林王朝时代，一个强大的国家实际上是第一次以远离海洋的内陆为中心。社会所面临的任务是：大力发展内陆的交往。经过几个世纪的努力内陆交往发展了，结果又将古典时代的遗产置于新的条件之下，为古希腊罗马所没有的组织形式奠定了基础。从这一点出发才能理解古典时代整合单位和另外的、在西方逐步形成的整合单位之间的区别：我们总将这些单位称为国家和民族。这些整合单位很大一部分有着内陆中心或首都，内陆交通线又将各民族群体联结起来。

以后西方中心所努力追求和发展的不仅仅是在沿海地区或围绕着巨大河谷进行垦殖，而且对广袤的内陆地区进行垦殖；西方确实占领了世界广大地区并对之进行移民，其先决条件就在于在母国形成了内陆交往的形式，这种形式不取决于奴隶劳动。在中世纪业已有了这种发展方向的萌芽。

直至今天社会的内陆农业地区以前所未有的程度参与分工精细的循环，进入广远的交换网络，其原因也概出于此。

而今谁也不能说，西方社会一旦迈进这条道路，就一定会在这条道上一直走下去。至今尚未看透的杠杆所形成的网络正往这个方向发挥作用：西方社会能够保持在这条道上，能够稳定在这条道上。不过看到这一点是重要的：这一社会这么早就已踏上这条道路，后来，在近代也留在这条道上。从全球社会的发展来看，这整个时期，中世纪和新时代加在一起，成为一个相互归属的时代，是一个伟大的中世纪，这一点是不难想象的。看到这一点同样也是重要的：狭义的中世纪并非像人们常常描述的那样只是一个静止的时期，一片“僵死的树林”，而是有着充满运动的阶段和区域，朝着新时代继续向前运动的那个方向运动；有着扩张、进一步分工、社会转型和革命、劳动工具改革的阶段。毋庸置疑，也有着建制和思想固定甚至是有几分“僵化”的领域和阶段。充满着扩张的阶段与领域，和为维持多于为扩展和发展而进行斗争、社会建制愈益固定的阶段与领域之间的这种相互交替对于新时代来说并不陌生，尽管新时代社会发展甚至交替的速度大大快于中世纪。

封建主义社会发生学

24. 社会扩张进程有其界线，或迟或早总有其停止的时候。11 世纪开始的扩张运动也渐渐消停下来。对于西法兰克的骑士来说通过垦殖开辟新土越来越困难。直接从境外争得新的领土几乎不大可能，或者只有经过艰苦的斗争才可得到。东地中海沿岸地区进行的垦殖在取得初步成功之后再也难以为继，然而武士阶层的人口还在不断增加。这一统治阶层的感情与本能冲动较之其后代上层更少受到社会和文明进程的束缚。男子对妇女的统治还很少受到触动。“在这个时代的编年史的每一页上都提到有着 8 个、10 个、12 个或更多儿子的骑士、男爵、大领主的大名。”[47]于 12 世纪鲜明出现、13 世纪得以巩固的所谓“封建制度”并非社会农业地区的这种扩张运动的最后形式；在城市地区，这种运动还以另外的形式持续了较长时期，封闭的行会制度才是其最后的终结形式。对于这个社会内部所有那些没有寸土、一贫如洗的骑士来说，他们越来越难以获取土地；对于只有些微地产之家来说，他们越来越难以取得新的地产，扩大其占有的地产。财产关系僵滞在那里，崛起暴发愈益困难。与此相应的是武士间等级的差异也无变化。贵族阶层与其地产多寡相应的等级愈益显露出来。当时称谓其职务级别、而今是称谓其“职位”的各种各样的头衔也都在一种新的意义上愈益固定下来：与某一家族的名号相联系，以表明其地产的多寡，同时也表明其军事实力的强弱。大公家族乃王家仆从的后裔，当年国王曾派其外出代管某一领地，而这些王室代表慢慢变成了有某种独立性的掌管这一领地的封臣，伯爵或者说“Comtes”① 也与此相类似。“Vicomtes”② 乃为伯爵将其封为副伯爵，以代伯爵掌管某一小块领地的那人的后裔，那人占有了那块领地，并使它成了他的可以遗传的财产。“Seigneurs”③ 或者“Sires”，原为伯爵警卫的后裔，警卫是来保护伯爵之城堡或宫殿或者某一块领地的，为此自己也建造了城堡。[48]后来城堡和其周围的土地也成了他家族的遗产。大家都是将其所有的东西保持下来，不再让上面夺走分毫，下面的人也不可逾越雷池。从一个对内对外都进行扩张的社会(在这样的社会中，崛起，取得土地，甚至取得很多土地，对一个武士来说并非艰难之事)，即从一个有着相对机遇或空缺的社会，历经几个世代便逐渐成为一个大小职位或多或少业已封闭固定的社会。

25. 从有着巨大崛起暴发和扩张机遇的阶段，走向满足名位和蹿升需求的机会相对减少、将所有人固定在各自的位子上、同等地位者愈益抱成一团的阶段，这样的过渡，这样的过程，在历史上经常发生。我们自身就处于这样的变迁之中，由于工业社会极富弹性而变化；由于一个领域结束而在另外的领域开创了新的机遇而变化；由于相关领域有着不

① 亦称伯爵。——译者
② 在伯爵和男爵之间。——译者
③ 领主或庄园主，亦可为头衔。——译者

同的发展水平而变化。然而从整体来看，不仅仅是每一次危机便是对一种方向的推动，每一次的繁荣便又是对另一方向的推动，而且社会的大趋向起初是越来越清楚地向着等级职位封闭固定的制度发展。

远看，这样的时期会使人的心灵阴暗，至少使那些潦倒之人如此；这样的时期会使社会形式变得生硬僵化，下层之人有将其破毁之企图，同等地位之人会更加紧密地团结。

详加考察便可看出，在一个以自然经济为主的社会里，其进程不同于货币经济社会。后来的研究者对封建化进程一眼看不明白的首先乃是这样的事实：无论是国王，还是大公，或者位级更低者，都无法阻止仆从慢慢成为封地独立的主人。不过正是这一现象的贯彻表明在这里运作的社会自动机制的强大。在一个自然经济武士社会里，如果王冠的拥有者不事征伐，亦即不能成功地开拓新的领土，王室就会逐步衰落，这是一种上面业已说过的势所必然。随着扩张可能性的逐步减少和外患的频仍，相类似的进程上演于武士社会的全过程。这是一种以土地财产为基础的社会的典型规律。在这种社会里，商贸往来不起大的作用，任何一个地产庄园都多多少少有种自给自足的性质；在这种社会里，武士阶层抱成一团，以利攻防，乃是较大领地整合的基本形式。

武士以百人队的形式生活于部族社团之中，关系相当密切。后来这种形式逐步扩展至全国，其数目不断增长。然而随着数目增加并扩展到全地区，当初部族或百人队所给予单个人的保护也随之丧失。各个家族已成为各自为之的家族，部分星散于各自的庄园和城堡；各个武士，也是这一家族的主宰，同时也是一大批农奴、依附农、各种级别的半自由者的主宰，而今生活在遥远的领地，比任何时候都觉得孤立。在全国范围内，在武士之中，渐渐建立了新的关系形式，建立了更多、所达之地更远、个人更感与世隔绝的职能，建立起土地占有规律的职能。

随着部族社团的渐渐解体和日耳曼武士与高卢罗曼上层成员的融

合，随着武士散布于广阔的领地，个人已无可能反对社会强者而维护自身，只有求得强者的保护。而强者则无可能反对同样的强人，亦即反对其他其地产与己接近、其军事实力与己相若的强者来维护自身，只有借助武士，借助他们所提供的军事服务以成为自己的臂膀来保护自己，为此要赏赐土地给这些武士，或者对其已拥有的土地提供保护。

个人依附的现象出现。单个的武士互相结盟。军队中位阶高者、所占领地大些者——一个制约另一个，时时处处都会发生交替——是“领主”，社会地位差些的是属臣。后者在某种情况下又成为武士，所拥有的领地更少，所拥有的生产资料更是寡欠，所拥有的武士装备更差，他们也只能以自己的效劳来换取保护。单个结盟乃是防止他人侵袭保护自己的惟一形式。

“封建制度”和部族情结形成特别的反差。随着部族的解体，必不可免地又出现了新的派别团体，新的整合形式。于是对个体化发生了强大的推动，而这又为社会的活力与扩张趋向所加强。这相对来说是对氏族团体的个体化，部分也是相对家族团体的个体化，正如后来推动封臣团体、行会团体、等第团体，重又是家族团体相对个体化一样。封臣的誓约无非是对各个武士结盟共保打上印鉴，无非是土地赐予者与提供保护者的武士和提供服务武士之间的神圣的凝固。在扩张运动的初级阶段，国王为一方，作为征服者他占有全部的土地，没有任何的劳役，他只是分发土地。农奴则处于金字塔的另一极，没有任何的土地，只是提供劳役，或者缴纳租税。所有的中间阶层起初都有其两面性。他们对下分发土地，提供保护，对上提供服务。位级高者依赖服务，首先是军事服务，位级低者依赖土地或保护，这种相互依附的网络隐藏着紧张关系，而后者又会导致特殊的转移。封建化的进程无非是势不可当地转移进这样相互依附的网络。西方在某个阶段，那些位级高者对服务的依赖时时处处都高于属臣对于保护的依附，一旦后者有了自己的一块土地。

这使每一块土地都要养活其主人的社会的离心力量得以强大。这就是那种进程的简单规律。在这种进程中，从以往的臣仆总是重新变为独立拥有封地者，臣仆的名号衍变为根据地产大小和军事力量的强弱而来的普通称谓，这种情况贯穿于武士社会的整个阶梯。

26. 后来的研究者如不老是考虑“法律”称之为什么，封建社会武士之间的关系如何，那他就很容易理解这种转移及其机制。现今社会的思维习惯迫使回顾者不由自主地发问：国王、大公、伯爵为什么能够容忍本来属于自己的地产和土地的占有权被人夺去？为什么他们没有使自己的“法律要求”得以贯彻？

这里所关涉的并非是一个多层次的社会里所说的“法律问题”，而这正是理解封建社会的前提：不可将特殊的法律形式径直看成是法律本身。法律形式都适应于那个时代的社会建构。普遍的、以书面形式固定下来的法律准则从属于工业社会所有制形式，法律准则的形成是以很高程度的社会联系为前提，也以与此相联系的中央建制的形成为前提。这种建制在其统治区内能使得同一法律具有普遍的有效性，并有足够的力量赋予书面合约、固定下来的法律条文和授权代表判决以尊严，即使当事人有抵触情绪。作为现代法律头衔和财产要求后盾的权力不再直接显现出来。对于个人这种权力是如此强大，其存在的确定性，由其所发出的威胁是如此不言而喻，只有在极其罕见的情况下才会受到科尔哈斯[①]式的争讼的挑战。正因为如此，这样来观察法律的倾向才极为强烈，似乎法律自为而存在，似乎法律是从天上掉下来的，似乎法律是绝对的，那种国家机器即使不再存在，或者那种国家机器有了另外的建构，法律还是法律。

在法律机器和政权机器之间，由于社会层次的增多，中间环节也随

① Kohlhaas，德国著名作家克莱斯特笔下的人物，为报仇雪恨而争讼不已，最后为当局处决。——译者

之延长。法律机器肯定从未完美过，常常是，虽不总是，独立于政权机器之外而进行工作，因而很容易忽略，这里的法律，正如在任何社会里一样，它是社会建构的功能，是社会力量对比的表现，是各社会集团相互依附依赖的象征，或者说是社会力量对比的象征。[49]

在封建社会里这些都会赤裸裸地表露出来，人之间和地区之间的依赖程度微小。当时统治整个地区的政权机器多不稳定，财产关系的调整直接按照相互间的依赖程度和实在的社会力量(注)状况来进行。

(注)关于社会力量概念的注解。一个人或一个集团的“社会力量”是一种复杂的现象。如关系到个人，绝不会完全等同于他个人的体力；关系到集团，也并非人的数目总和。不过人的体力和灵巧在某种情况下亦会构成社会力量的根本因素。这种因素取决于社会的整体建构，以及个人在社会中所处的地位，体力在社会力量中所占的份额。这种社会力量在其结构中、在其建构中是极为繁杂的，就如同社会的结构和建构自身。比如说在工业社会里，个人的最大的社会力量和体力的关系很小，虽则在社会的发展中有那样的阶段，体力作为社会力量的成分对于所有人来说重又占据重要的地位。

在封建时代的武士社会里，强大的体力是社会力量不可或缺的因素，然而单是体力还远非社会力量的决定性因素。简单说来，一个人的社会力量，按其机遇来说，在封建武士社会里完全取决于他所实际占有土地的多寡和土地的肥沃程度。毫无疑问，其体力也构成了这种占有权力的基本因素。如果一个武士不能战斗，不能将其身投入于攻击和护卫之中，长此以往，他在这个社会里几乎没有什么机会。然而在这样的社会里一旦拥有较多的土地，作为这个社会的最为重要的生产资料的垄断者就会拥有社会力量，亦即有着超越其个人力量的机遇。他可要求其他依赖土地的人为此缴纳租税，付出劳役。他的社会力量等于其实际占有土地的多寡和肥沃程度，这同时也意味着其社会力量的大小取决于其扈从的多少、军队的多少，其军事力量是否强大。

从而也可清楚地看出，为保持和保卫其土地他要仰仗别人的效劳。这种对其扈从的仰仗是社会力量中的一个重要因素。越仰仗他人的效劳，就意味着其社会力量越少；非占有者对土地的需求增大，拥有土地者的社会力量就增大。一个人的社会力量或一个团体的社会力量完全可以用比例来表示。

深入探讨何谓“社会力量”，本身就是一个课题。社会力量这一概念对于理解过去和现在的社会过程到底有何意义，这是不言而喻的。“政治权力”也是社会力量的一种形式。因而如果考察社会力量不去客观考察相关者自己所言所行，就无法理解个人的、团体的、社会阶层的、国家的行为和命运。如果对各个国家社会力量对比的网络进行几分公开的分析，政治游戏自身就会失去一些它的赌博冒险性和神秘性。为这种分析研究出精确的方法仍然是社会学诸多任务之一。

在工业社会中，有种关系从某种意义上来说可和封建社会中骑士间或者说领主间的关系相比，以封建社会为例可以说明这种关系的规律性。这是一种国家间的关系。即使在这种关系中社会力量也起着决定性的作用。除了经济上相互依靠或依赖外，军事力量在社会力量中占有较大的分量。而军事潜力又如在武士社会里一样，是由领土的大小和肥沃程度、在其领土上所能养育人口的多寡与劳动潜力共同决定的。

对于国与国之间的关系来说，没有在各个国家都有效的法律。缺少一个包罗一切的权力机器以为这种国家间的法律之后盾。没有权力机器为后盾的国际法的存在掩盖不住这样的事实：从长远看，国与国之间的关系只是靠社会力量对比来加以调节。力量对比的任何改变，在地球某些区域不同的平衡系统中一个国家的力量的增长和扩张——由于相互联系的不断增加——就意味着在整个地球的社会中其他国家社会力量的自动削弱。

在这个区域的市民地球社会越是接近“机会封闭系统”的状态，“有产”和“无产”之间，在对其权利要求就其规格来说拥有太少土地或生产资料者和就其规格来说拥有足够土地或生产资料者之间的紧张关系就越是会自动加剧。

封建社会各个领主之间的关系和工业社会各个国家之间的关系的类比并非是完全偶然的类比，其相似性存在于西方社会自身发展的曲线之中。在这种发展过程中，相互间的联系和依赖日益密切，于是总是在更高一级整合与区域单位之间的新的阶梯上建立起相类似的关系形式，这其中也有存在于较小整合与区域单位之间的法律形式，尽管向另外级别集团的过渡也带来某些质的改变。

应该指出，我们正在论述的进程，亦即形成愈来愈大的、对内相对和平、对外进行战争谋划的整合单位对于行为和情欲生活的改变、对于文明进程所具有的意义。

各领主之间的关系和今天各国之间的关系的确有相似之处。只是10和11世纪各个领主之间的经济联系、交换往来、分工比起今天各国要少得多，因而各领主间的经济依赖要少得多。领主所拥有的军事潜力的强弱，扈从的规模，实际所占有土地的多寡，更是直接决定领主间的关系。总是会一再看到这样的情况：在这个社会里没有任何的旦旦誓言，没有任何的契约——这与今天国家的关系相类似——能长久地承受住社会力量的变化。臣属的忠诚到头来还是要由联盟者间的相互依赖的实际程度来进行调节，按照以提供土地与保护、需要广义效劳者为一方，以提供效劳、需要土地和保护者为另一方之间的供求关系来调节。如若扩张、征服或开辟新的领土变得困难之时，那么提供效劳、接受土地的一方起先就会有较大的机会；这便是这个社会发生的第一次社会力量对比变化的背景，仆从独立化的背景。

在这个社会里土地总是实际占有者的“财产”，他真正行使占有的权利，并有足够的力量来保卫其一旦到手的土地。因而为取得效劳而不得不分封土地者面对土地的接受者、效劳者，受封者起初总是处于不利的地位。“领主”对被分封出去的土地拥有“权利”，然而受封者却实际占有着土地，受封者惟一仰仗于领主的只是广义的保护。可保护并非总是必须的。封建时代的国王只有当其封臣面临外敌的威胁而需要保护和统帅时，当其征服新的土地并将其分封时，他才强大；而当封臣没有受到威胁，没有什么新的土地进行分封时，国王就会弱小。另外级别的领主一旦将土地分封出去，而受封者并不需要其保护，那他们也会衰微。

某一级的领主可用武力迫使这个或那个受封者履行其义务，并可用武力将其赶出土地。但他不能这样对付所有的受封者或为数众多的受封者。因为他需要——却没想到武装农奴——一些武士的效劳，以便驱逐其他的武士；或许他需要新的领土，以便偿付新的效劳。为了征战他需要新的效劳。就是在这条道路上西法兰克王国的领土在10和11世纪实际分裂为为数众多的小小的和愈来愈小的领地。每一个男爵，每一个Vicomte，每 个Seigneur都是以其城堡或城堡群为中心占有一个或多个庄园，就如同一位国君占有一个国家一样。名义领主的权力，中央领主的权威是微小的。实际拥有土地的封臣对于领主所提供保护的依赖要小于后者对于封臣效劳的依赖，这样一种强制性的机制在发挥作用。地产的分散，土地从国王的支配权过渡到不同层次的武士社会支配权，这就是封建化所达到的极限。然而随着强大的分散力量而出现的社会紧张系统同时也包含了向着相反方向的推动力量，向着新的集中推动。

宫廷抒情诗的社会发生学和宫廷礼俗

27. 封建化的过程可分为两个阶段：一为刚刚讲过的极端分裂的阶段；继而便开始向相反的方向运作，于是出现了一个再整合的阶段，第一个阶段里松散的形式得到范围更大的整合。如将极端分裂的状态看成是起点，在这一很长的历史过程中，越来越大的地区和人群愈益相互依赖，最终导致固定的、有组织的整合单位。

“在10和11世纪，分裂的现象愈演愈烈。似乎没人能够将一块足以采取有效行动的统治地区保持住。封地，执政的机遇，权利，愈益零星变小……任何一个权威都是从上到下，沿着每一个台阶走向愈益分裂之路。

“可继之而来的是，在11世纪，特别是在12世纪，发生了反弹，于是出现了一种在历史中多次以各种形式重复的现象。有着较好地位、较大机会的领主控制着封建运动。他们使得开始固定下来的封建法律有个另外的转折，使其有利于他们的附庸。他们的努力为某些巨大的、历史的联系所眷顾……那种反弹首先是在巩固一旦获取的地位的意义上。”[50]

武士社会从一个对个人有着相当大的崛起或扩张机会的、有活力的阶段逐渐过渡到一个各种地位日渐封闭的阶段，过渡到起初大家都在设法保持和巩固其所有的阶段，在此之后，在武士中间重心又有所转移，这些武士在全国各地就如同“小国君”（reguli）、小国王那样坐镇于他们的城堡作威作福：少数富有的、领地多的领主在社会力量方面胜过为数众多的小领主。

对于慢慢开始运作的独占①机制以后还要详谈。而今只是指出对于

① 或者说垄断。——译者

较大武士存在愈益具有决定性有利影响、而对较小武士存在愈益具有决定性不利影响的一个驱动因素，亦即逐步商业化的意义。在 10 和 11 世纪的较少分化的社会里，相互依赖的交织，土地供求之消长，保护和效劳的提供，这一切都是运作于驱动的建构之中。相互依赖的关系在 11 世纪缓慢发展，在 12 世纪猛烈快速地复杂化了。以今天的研究水平很难确切地了解商贸交换和流通与当时的货币手段的增长情况，只是使人们有可能真正了解到社会力量对比变化的概貌。在这个社会中，分工、市场交流和货币交换已有相当大的增长，尽管经济的自然形式在很大的范围内、在很长的时间内总是占有主导地位。商贸和货币交流的增长对于少数富有的大领主有利的程度大大不同于对于大多数的小领主。后者基本上像以往那样生活于其庄园之中，他们的吃用直接来自其庄园提供的东西，和商贸交换关系网络的联系微乎其微。而那些大领主则与此相反，他们使自己庄园所产之过剩产品进入商贸关系的网络。日益发展的手工业者和商人的聚居区——城市也大都与大领主的城堡和行政管理中心连在一起，不管大领主和这个地区的城镇关系是多么动摇不定，也不管它们在不信任、敌意、公开斗争与和平约定之间如何摇摆，到头来大领主的地位针对小领主而言得到加强，来自他们的租税也会增多。大领主为小领主提供了跳出那种分封土地以换取效劳、受封者将土地攫为己有的永久性循环的机会，这种机会是对离心势力的抵制。直接或间接进入商业网络的结果，使得大领主的宫廷聚集了大多数小封建主所缺乏的财富，无论是实物，还是浇铸或没浇铸的贵金属。这种机会面临着这样的局面：对机会的需求不断增长，沦落武士和其他被驱离土地的人们对效劳的提供日益增加。社会扩张的可能性越小，各个阶层，包括上层的后备大军就越大。即使是上层的许多人，如能在大领主的宫廷里谋取个职位，有个栖身之地，衣食不愁，也就很满意了。如果有朝一日大领主开恩，赏赐一小块土地，得到一块封地，那是实属万幸。在德国家喻户晓的瓦尔特·冯·德尔·福格威德①的命运从这个角度来说对于法国的许多人物的人生历程也完全具有十分典型的意义。从这种社会强制的深层来看，在瓦尔特大喊“我有我的封地”的背后，有几多屈辱，几多无功而返的乞求，几多失望愤懑，人们都可感觉到。

28. 诸如国王、大公、伯爵、高级男爵这些大封建主——或者套用一般说法，领主——的宫廷，由于机会的不断增长，宫廷侍从人员也不断增加。数百年之后，专制的国君国王的宫廷在更高一级的整合阶段重新上演了类似的进程。然而在此之后社会之间的联系，商贸和货币交流的发展已经达到这一步，从整个统治区所得之税收和由专制的统治者以税收豢养的常备军完全有能力在全国范围内置离心力量、贵族地主的独立欲望于无能为力的境地，这支常备军由农民和市民的子弟组成，贵族充任指挥官。在12世纪，整合和交通商贸网络还远远没有如此发达，在国王一级的领域内还不能持久地抗衡离心力量；在大公一级或伯爵一级的领地内对付那些附庸封臣也是相当困难，大多是经过艰苦的斗争才能制止他们将封地攫为己有的野心。社会力量的增长主要反映在那些家大业大、尚有许多未被分封的地产的富有封建主的头上；拥有国王头衔的封建主在这一点上和其他大封建主并没有什么两样。大封建主从商贸和货币交流中取得了巨大的地产，由此他们所获取的机会使其对那些小的、自给自足的骑士占尽了优势，也占尽了军事优势：首先是在庄园领地的大小上。尽管那个时代道路交通状况很糟，但中央政权采取行动并非极端困难。所有者一切加在一起，使得那些占有中等大小领地的封建主具有特别的社会意义。所谓中等大小，就是较之国王或后来意义上的国家一级要小，较之大骑士还要大些。

这也并不是说，发展到这个水平，也就只能为这样大小的领地建立

① Walthers von der Vogelweide(1170—1229)，中世纪宫廷抒情诗人。——译者

起一个真正稳定的统治和管理机器。各地区彼此依赖和货币在全国流通还远远没有达到这样的程度：使得某地区最高最富的封建主能够建立一个只以或主要以货币支薪的官僚阶层，并以此建立起严密的中央集权来。这需要一连串的战斗，在大公、国王、伯爵的社会力量也只是在自己的领地内刚刚建立起某种权威时，忽而战端又起；战斗的结局总是仆臣、中小骑士依然故我地在其庄园领地行使其统治的职权，继续作威作福，称王称霸。可是在大封建主宫廷里挤满了人，王公贵族的门下人群熙来攘往，货品流进流出之际，大多数小骑士还继续过着那种自给自足的生活，常常是相当艰窘的日子；他们向农民索取所能索取的东西，养活一大群儿女，还有几个仆人。儿女仆人的衣食并不周全；骑士之间也经常处于敌对状态；这些小骑士能取得超出自己田地里所产的惟一形式便是劫掠他人之田园，特别是修道院寺院的田产。后来货币流通，货币需求量日益提高，于是将袭击的目标慢慢指向城市和运输中的货物，并向战俘勒索赎金。战争，掠夺，袭击，打劫，这是自然经济的武士调整其收益的形式，这是他们惟一能干得了的事情。他们生活越是困苦，就越是仰仗这种形式。

因而说逐渐发展的商业化和货币化事实上只对少数大地主大封建主有利，对大多数小封建主则不那么有利。然而国王、大公或伯爵的优势还远远没有达到后来的专制时代的程度。

28.[①] 如前所述，在历史上常常发生相似的重心转移的情况。大资产阶层和小资产阶层之间的强烈分化，对于20世纪的研究者来说大概是最为熟悉的了。在这里也是发生了重心转移的情况：伴随着有着相当大的崛起机遇和致富机会的自由竞争阶段之后，对于小有产者和中产者来说，在市民阶层内部也是慢慢有利于经济较强的集团，而不利于经济较

① 又一个28，原文如此。——译者

弱的集团。对财产很少，或仅及中产者来说，除了少数几个部门重新开张而外，要想发大财愈益困难。小有产者和中产者对于大有产者的依附越来越大。中小有产者的机遇越来越小，而大有产者的机会几乎是不断自动地扩大。

在 11 和 12 世纪的西法兰克骑士社会中也发生了类似的情况。社会的主要是自然经济和农业经济区的对外扩张机会已经到了山穷水尽的地步。分工，社会的商业区域——同时也有某些倒退——正在扩大和发展。大多数的骑士地主从这种发展中所得利益甚少，只有少数大骑士地主参与了这种发展，并从中获利甚丰。从中可看出，封建骑士社会自身也在进行着分化，这对生活状况和生活方式不能不产生影响。

“封建社会作为整体来说，”吕歇尔曾在其对菲利普·奥古斯特时代社会无与伦比的表述[51]中这样写道，“除部分精英而外，自 9 世纪以来对其风俗习惯几乎没有什么改变。城堡骑士差不多全是嗜杀成性、打家劫舍的一勇之夫，好勇斗狠，征战不息；不打仗，便打猎，挥霍无度而自取灭亡；压榨农民，勒索邻人，洗劫教会的田产。”

处于分工和货币化渐渐发展的一里地禁区①的阶层在向前发展，而其他阶层则停滞不前，或者只是在处处受阻的情况下被动地卷进潮流。如果说诸如此类的阶层“没有历史性”，那当然是不对的。然而小地主或骑士的生活条件的改变可说缓慢已极，如何称谓这种现象呢？他们进入交换的网络，货币的洪流，进入贯穿于整个社会的迅速运动，却没有直接积极地参加进来。如若感受到社会运动的冲击和震动，那总是以一种不利于他们的形式发生。所有这一切都是一种无论地主还是农民都无法理解、常常憎恨的潮流，虽则他们由于多少有些强制性地从其自给自足的土地上被裹挟进随潮流而迅疾向前的阶层中去。他们吃的是其土地

① 欧洲中世纪城镇、寺院、城堡周围一里范围内城市当局或地主有经营磨坊酒房等的专利权。——译者

所产，其圈厩所出，取农奴劳动之所得，这没有任何的改变。如觉得短缺，想多得一些，那就动武去劫掠。这是一种简单的、易被忽略的和独立的存在。这里的骑士，后来的农民，以某种方式是并一直是农村的主人。对他们来说，税收、贸易、货币、市场价格升跌都是来自另外一个世界的陌生的和满含敌意的现象。

社会的自然经济领域，在中世纪以及此后很长阶段还掌控着大部分社会化的人，在这历史—社会震荡的早期阶段肯定也不会纹丝不动。可是尽管有所震动，其实质性变动的速度和在其他阶层所发生的变化相比还是微不足道。它并非“没有历史性”；然而对于中世纪的为数众多的人来说再生产出来的总是同样的生活条件，只是在近代处于这种生活条件的人数才越来越少。那时绝大部分的人都是在当地和在同样的经济单位的框架内生产和消费。社会其他区域密集超地区的联系只是后来才间接地感受到。在商业化的区域业已加速发展的分工和劳动技术，在这里则改变得极为缓慢。

因而后来那种独特的强制性，那种严格的调节和克制影响着人的灵魂，在货币网络中，在分工愈益精细、可见和不可见的相互依赖愈益严重的网络内，它们塑造着人。人的本能和行为迟疑不决地慢慢地臣服于文明。

如上所述，在中世纪以及此后的很长阶段，那种很少分工、很少有超地区联系和有强烈惯性的农业自然经济区域还掌控着大部分的人口。要想真正理解文明的进程，就一定要看到这种历史的复调音乐，有些阶层变化的速度快些，有些则慢些，要看到它们之间的比例。中世纪世界那广大的、变动缓慢的农业区域的主人——骑士，他们大部分人的行为和本能几乎与货币的链条没有什么直接的联系；为了维持生计，他们大都除了手中宝剑不知道还有什么其他的手段，除了武力便没有别的直接仰仗之物。只有被人以膂力制服的危险，只有明显占上风者的挑战，亦即直接的外界的体力强制才能迫使他们收敛。再者，他们的情绪在生活的大惊大喜中不受约束，相当放纵。他们的时代——也像货币，也像社会相互依存的职能一样——只是在微不足道的程度上由于依赖和依靠他人而导致不断地重新分配和调整。其本能情欲也是如此。它们粗野、残忍，动辄冲动，受当时情绪的主宰，所为不计后果。他们无法进行自我强制；由于其局限性而无法培养出一种称为严格而稳定的超我，一种将异己强制与外界依赖转变为自我强制的能力。在中世纪行将结束之际，很大一部分骑士被吸引至大骑士封建宫廷的势力范围之内；在上册以一系列绘画所举的一位骑士生活的事例就是出自这样的圈子。在这个时代大部分骑士的生活与 9 世纪或 10 世纪没有什么大的不同。即使在中世纪过去了很久，甚至还有愈来愈少的一部分地主还过着同样的日子。按照作家乔治·桑的说法——她本人曾强调她所写的具有历史的真实性——直至法国大革命爆发前不久，在法国偏远的省份里尚有一些未被驯服的封建残余存在，他们更是双倍的野蛮，由于处于边缘地位而惊惧和残忍。她在一部名之为《魔沼》的小说中描述了一个城堡中的最后生活情形。这些城堡与其说自身发生了变化，还不如说其周围的社会变化的结果使得它们多多少少具有强盗窝的性质：

小说的主人公说："我祖父有 8 个儿子，他是封建专制小朝廷在我省残留下来的最后一代；为数众多的封建专制小朝廷曾统治法国数百年之久。那种迅速导致革命运动的文明，也越来越胜过这样的胡作非为和有组织的打家劫舍。"①

将这一整段的描写摘录下来，以表明 10、11、12 世纪大部分上层典型的行为方式到底是何种样子，由于生活条件的相似，而今个别的边缘人物依然还以如此的方式生活。这是一种飘忽不定、受本能驱使的生

① 原文为法文。——译者

活。还总是缺乏向多重高雅情趣的转变，社会上下已经见识到这些情趣。面对妇女，心存疑虑，妇女基本上还是满足性欲的对象；打家劫舍，强奸施暴，其乐无穷；不承认任何人高于自己，老子天下第一；对赖以生活的农民极尽压榨之能事；在这一切的背后是以武器以膂力无法化解的强制：债台高筑，狭隘困窘，生活贫苦，与其要求之高，与其主人和农民对货币的疑虑形成鲜明的对照：

“他不要钱。钱的价值是农民辛苦耕耘赚取而来，对钱他只会唾弃之。‘钱太贵了’，他常说。对他来说，钱不同于单纯的体力劳动所赚之物。钱意味着和外界人、物的交易。赚钱要有远见，要会精打细算，作出这样的努力，做这样的买卖，进行这样的智斗，这和其平时粗略无文的行事方式大异其趣。一句话，这是一种精神劳动，对他来说这是最为吃力、最心神不安的工作。”

这是在布满商业和分工网络的广大地区中一块以自然经济为主的飞地。在这里人们自身无法抗拒地被裹挟进货币的漩涡中去。首先是税收，继而便是购物，总要买些自已无法制造的东西，这就迫使人们往这个方向进发。然而进行那种独特的悄悄的调整和预测，对超越迫使人们和货币链条发生关系的必要体力劳动限度的趋向犹豫不决，这在这些区域内是，而且一直是一种令人憎恨的强制，一种令人根本无法理解的强制。

这段引证所关涉的是18世纪末的地主和农民。为说明这个社会区域变化速度之慢，描绘一下当时人的态度，这段话也就够了。

29. 伴随着广大自然经济的是无数的城堡和大大小小各自为政的领地。法国在11世纪、12世纪更是明显，从这种自然经济区中慢慢凸显出两种新的社会形式，两种新的聚居和整合形式，这标志着分工的发展和人际关系的密切：一为大封建主的宫廷，一为城市聚居区。从社会发生学上来说，两种建制关系极为密切，不管两者之间的人是多么互不信任，多么敌对。

对此切不可产生误解。好像一种多元的聚居形式(在其中直接间接交换和分工的结果能够养活更多的人群)，突如其来地出现，并和单一的自然经济区域相对立。新的独立的经济阶段走上庄园从自然状态迈进消费之路是极为缓慢的，城市和大的宫廷都是一步步从保持于小庄园的经营形式中形成的。无论是城市聚居区，还是大的封建宫廷，在 12 世纪甚至在此后很长的时间内，都没有像 19 世纪城市与所谓广大农村相分离那样和自然经济区域相分离，哪怕只是在很小的程度上。相反，城市和农村生产总是极为密切地结合在一起。少数的大封建宫廷虽则以其过剩的收获、滚滚而来的租税，以及对于奢侈品的需求越来越大，而加入商贸网络和市场流通，可是其绝大部分的日常需要还总是由其领地庄园的收获来满足；从这种意义上来说，它们还是以自然经济为主的宫廷。不过正是由于领地地产规模很大，所以即使在其内部经营也要有所分工。在古希腊罗马时代的大奴隶主庄园，一部分人为市场而劳动，另一部分人则直接为主人庞大的家计而劳动；在这种意义上奴隶主经济一直是多元化的非市场的经济和经营形式，这种大封建庄园经济则与此相仿佛。庄园之内比较简单的劳动兴许在一定程度上就是如此，特别是在经营的组织上。大封建主的领地产业构成了一个绝无仅有的、强大的、封闭的农业综合体。庄园通过不同的途径，如征战、继承、赠送和婚姻关系渐渐转入一人之手。庄园往往分散于全国不同的地区，因而它们不像小地产那样可以一目了然。需要一个管理中心，需要有人照看庄园产品的进出，管理账目，不管起初是多么简单从事；需要有人监督租税的收入，此外还要管理整个的领地。“小的封建宫廷在有识之士看来就是一个残遗的器官，如果主人既不会写也不会读时更是如此。”[52]大的富有的封建主首先将有学问的神职人员招纳到身边，组成行政管理的班子。不过这些大而富有的封建主，如前所述，借助于那时向他们滚滚涌来的机会而成为富甲天下、权势无比的人物。于是他们便有了以宫廷的奢华辉煌来表现其权势的欲望。他们不仅比其他的骑士，而且起初比任何的城市市民也都来得富有。因而大封建宫廷在那时较之城市在文化上也有着大得多的意义。在领主间的角逐中，它们便成了其主人应酬交际的场所。大封建主为着管理的目的招纳秘书人员，为了将其事迹和命运载入史册，也将历史学家招纳到身边。大封建主对为他们及其贵妇歌功颂德的游吟诗人慷慨解囊，大宫廷于是成了“文学资助者的潜在中心”，成了“撰史的潜在中心”。[53]那时还没有书籍市场，在世俗社会的范围内，对那些专门书写和吟诗并以此为生者来说，不管是否神职人员，宫廷赞助乃是其生计的惟一来源。[54]

随着社会的多元化和逐步富裕起来，随着文雅的社会圈子的形成，在那时也像在历史上任何时候一样，诗歌创作也从简单的形式向着高级、高雅的形式发展。诗人并非以完整个人的身份面对未曾相识的受众来进行创作，他至多认识其中个别的代表。他是直接为他所认识的和每天打交道的人来创作和说话的。在诗人话语中表达的乃是这一社会圈子的交往、关系和交际形式，这个圈子的气氛，以及他在这个圈子的社会地位。

行吟诗人①从一个城堡游走至另一个城堡。他们是歌者，也常常是最简单意义上的讲述笑话的人和丑角。他们也出没于普通小骑士的城堡，不过只是临时性地到此一游。这些小城堡没有空间，没有兴趣，也没有资财长期豢养和酬劳他们。只有在少数大的宫廷才有长期养活这些行吟诗人的空间、资财和兴趣。在所谓的行吟诗人中，实际上其职责又分为普通讲笑话者和丑角，宫廷抒情诗人和行吟诗人。所扮演角色要视受众而定。最大、最富有、同时也是封建级别最高的封建主，有可能将

① Troubadour，11 至 13 世纪主要在法国南部及意大利北部的诗人。——译者

最优秀的人才集中在自己身边。在他们那里人多势众，有可能进行高雅的交游和娱乐；那里的诗歌也雅致脱俗。“男女主人地位愈高，歌者的地位也就愈高，才能也愈是突出”，当时的这一说法足以表明了这一点。[55]从根本上来说这是自然而然的事情。在大的封建宫廷里，不仅仅生活着一个诗人，而是多个诗人歌者。“女主人的个人素质越高，衔头越高，围绕其周围的、为其效劳的诗人也就愈多。”[56]大封建主之间进行着权力斗争，与此相应的是他们之间也为着威望进行着斗争。诗人也正像历史学家那样属于这种斗争的工具。因而一位宫廷抒情诗人从一个主人转而为另一位主人服务，往往意味着其曾经歌颂过的政治信仰的完全改变。[57]说宫廷抒情诗“从其意义和目的来说，是以向个人致敬形式的政治颂歌”，[58]此话一点也不错。

30. 回顾这段历史，人们很容易认为，宫廷抒情诗就是骑士社会的表现形式；这种习惯的看法还受到如下情况的支持和强化：随着骑士职能的消亡，随着专制主义崛起，即使上层也受到日益增强的束缚，笼罩在回顾者渴望纱幕中的便是一幅自由的、无拘无束的骑士社会图景。不过很难设想，宫廷抒情诗，特别是有着高雅隽永之风的抒情诗——并非所有诗歌都有高雅之风——来自大部分骑士的生活，与其所处地位相应的是，他们的行为方式无法无天，粗鄙野蛮。先前业已强调过，宫廷抒情诗和“骑士精神根本就是背道而驰的”。[59]一定要对开始分化的整个景观加以考察才可解决这一矛盾，才能理解特鲁巴多尔抒情诗所表现的人的态度。

在11和12世纪，骑士的多重命运形式便慢慢凸显出来。一种是较小的骑士，他们拥有一个或几个规模不大的庄园；继而便是大而富有的骑士，亦即领主，其人数不多；最后是无地或少地的骑士，他们效劳和依赖于较大的骑士。骑士宫廷抒情诗人，亦即贵族宫廷抒情诗人，如果不全是，那也主要是来自这最后一个骑士集团。以歌和诗效劳于大领主及其贵妇人之路，乃是从上层和城乡下层被排挤出来的人所走之路中的一条。这两个阶层的沦落者都在大的封建宫廷担任特鲁巴多尔时走到一起来了。即使大封建主中有人偶尔亲自参加演唱和吟诵活动，那也改变不了特鲁巴多尔和宫廷抒情诗的性质，这些诗歌都是那些无社会独立的人所受限制的产物，他们周旋于富人的圈子中，后来便逐步成为固定形式的交际圈子。这时所形成的人际关系和强制还没有受到持续不断的、严格的调节；和封建宫廷也尚未密不可分，尚未出现后来那种对更大的、更为金钱关系所左右的专制王朝宫廷的依附。不过那时的人际关系和强制业已朝着对情欲本能进行更为严格调节的方向发展。在狭小的宫廷圈子中，尤其因女主人在场，更为平和的交往形式成为应尽的义务；不过对此也不可进行夸张的想象；心灵平和化还远远没有达到后来专制国王甚至下令禁止决斗的程度；刀剑总是出鞘，喋血的争斗随时都会爆发；可对慷慨昂扬激情的克制，封建宫廷交际圈逐步升华，也是明显的，也是必然之趋势。骑士歌者和市民歌者都缺乏社会独立性；是效劳服务的关系构成了其歌吟、其态度、其本能和情欲状况的社会基础。

“宫廷诗人要想使自己的艺术和人格得到尊重和声誉，确保自己持久地盖过那些流浪的艺人，那就得使自己进入国君或王后之门，为其效劳。宫廷抒情诗歌就是从远方写给尚未谋面的女主人的，其目的无非是表达乐意为宫廷女受众效劳的心愿。这始终是所有那些不得不以艺术为生者，不论其出身低贱还是原为高贵之家、而后家道中落无遗产可凭借的后代子孙的现实目标。……”

“……从康拉德·布尔达赫①的研究可清楚地了解到瓦尔特·冯·德尔·福格威德服务宫廷的情况，这为我们的观察提供了一个典型的例

① Konrad Burdach（1859—1936），德国研究瓦尔特·冯·德尔·福格威德的权威。——译者

证。菲利普国王①将瓦尔特召到自己身边，可说这位诗人已登堂入室，为其家族所接纳：通常的说法即是成了内阁大臣。这是没有封地的职务，在四周和一年之间即被解除。一旦服务的时限到期，他便可在当时主人的允准之下另寻新的主人。瓦尔特没从菲利普那里，也没从狄特利希·冯·梅森(Dietrich von Meißen)、奥托四世②或赫尔曼·冯·图林根③那里得到封地，他曾一度为后者的家臣。他曾为爱伦布莱希茨教会的沃尔夫嘉尔主教效劳，不过在这里他也是匆匆过客。他在腓特烈二世④那里终于得到一块封地，使其得以终养。腓特烈二世是艺术鉴赏家，也是诗人。赏赐，封地赏赐或职务赏赐(直至后来才有金钱赏赐)乃是自然经济的封建时代给予所做服务的最高荣誉，也是众人梦寐以求的目标。无论是在法国还是在德国，对宫廷诗人进行封赏是极为罕有之事。作为宫廷诗人在交际场合给人以娱乐，为此能得一席之地栖身，有碗饭吃，大多对此已经很感满意了，……如对其宫廷服务进行封赏，那定是非同寻常的荣耀。”[60]

31. 在宫廷抒情诗中所表达的那种特殊的感情状况是和诗人的这种社会地位分不开的。9 和 10 世纪，以及以后的大多数骑士对自己的妻女一般来说并非温柔有加，对下等妇女就更无需说了。城堡中的妇女一直是强悍男子采取行动的对象。妇女可用巧计和智谋对付，不过在这里占压倒优势的是男子。就像在任何一个有着或多或少男子统治烙印的武士社会里一样，这时的两性关系是按照力量的大小进行调整，是在每人都使出浑身解数的或明或暗的争斗中加以调整。

---

① Philipp(1178—1208)，德意志国王。——译者

② Otto Ⅳ(1175—1218)，德意志霍亨斯陶芬王朝国王，神圣罗马帝国皇帝。——译者

③ Hermann von Thüringen(1155—1217)，图林根侯爵。——译者

④ Friedrich Ⅱ(1194—1250)，德意志国王，1220 年加冕为神圣罗马帝国皇帝。——译者

我们常常听说，有的女子性格泼辣，颇有男子风。城堡的女主人就是那种性格泼辣、感情外露的“悍妇”，自小受过躯体训练，和骑士同甘共苦，休戚与共。[61]可另一方面我们也常常听到武士、国王或普通的庄园主殴打自己的妻子。骑士一旦恼火，便拳打妻子的鼻子，直打得鼻青脸肿，血流满面：

“国王听着她的诉说，无名怒火升腾而起，脸涨得通红，举起老拳便打，重重地落在她的鼻子上，顿时四滴鲜血流淌下来。那女子说道：‘太谢谢了，打得好。如陛下乐意，还可再打。’”

吕歇尔[62]曾写道：“另外的欧妻把戏也是同一类型：总是用拳头猛击鼻子。”再则，如果骑士听从了妻子的劝告，那他就会为人诟骂不已。

“有个骑士曾这样说：去你的吧，我的老婆！走出你那五彩缤纷、镶金嵌玉的闺房，和你的仆人去吃去喝，观赏你那绫罗绸缎的颜色，这才是你的事儿，我的事儿是使刀弄剑。”

吕歇尔又写道：“可得出这样的结论，在菲利普·奥古斯特时代，那种宫廷式的、优待女性的彬彬有礼的作派在封建王室的圈子内尚属罕见。在大多数的宫廷和城堡区域内大行其道的还是那种古老的、对人缺乏尊重的、野蛮的风气。在为数众多的流传下来的‘英雄颂歌’(chansons de geste)中对此就有所表现。鉴于狭隘的特鲁巴多尔和一些来自佛兰德与香帕尼的行吟诗人①的爱情理论，读他们所表达的感情切不可抱有什么幻想，我们往往以为那都是少数精英的感情……”[63]

可以看出，大多数中小骑士宫廷和少数与渐渐发展起来的商业和货币关系网络有着密切联系的大骑士宫廷之间的差异，也带来了行为方式的差异。当然这种差异首先没有后来所描绘的那样鲜明，在这里也有一系列的过渡与相互间的影响。不过一般来说，只是在这些少数大骑士宫

---

① Trouvères，11—14 世纪生活在法国北部的诗人。——译者

廷才形成了以宫廷女主人为中心的比较平和的交际方式；也只有在这里，诗人歌者才有机会进行长期的服务，才能形成效劳的男子对宫廷女主人的那种在宫廷抒情诗中所表达的独特地位。

在由宫廷抒情诗所表现的风度与感情和另外那种在大多数中小城堡中所大行其道的较为粗野的风度与感情（对此我们有大量的历史资料以资证明）之间的差异，换句话说，也就是两种不同类型的男女关系之间的差异，这和封建社会中两种不同的阶层相适应，先前我们业已说过，这两种阶层是随着重心的转移在封建社会内部形成的。乡村贵族待在散布于广大乡村的城堡和庄园之中，比较自由自在，一般来说，在乡村贵族的社会中，造成男子对女性压倒优势，亦即形成较少掩饰的男性统治的机会是很大的。凡是在武士阶层或乡村贵族阶层对社会的整个行为方式有着巨大影响的地方，就会出现男性统治的印记，出现带有其特有的性爱方式的纯男性交际的形式，出现打上妇女靠边站烙印的传统。

这样的一种关系在中世纪的武士社会中也占统治地位。其特点是，两性之间有种独特的相互不信任，此乃生活方式与各自活动的生存空间有着很大不同的表现，是由此而产生的心灵陌生的结果。正如后来妇女被排除于职业生活之外，在这里妇女也是被排除于男子生活的中心范围，被排除于征战活动。这种情况存在一天，男人便构成妇女自身生活和她们中间的主要部分。与这种优势相应的是，男子对妇女采取相当明显的藐视态度："到你那小巧玲珑的闺房里去，女人，我们的事业就是打仗！"这种言辞极为典型。女性属于闺阁。这种态度存在的时间，就如同生活本身，如同产生这种态度的社会基础存在的时间一样长久。在直至16世纪的法国文学中可追寻其印记，这正好是武士和乡村贵族阶层形成主要的上层的时间，[64]随后这种态度便从文学中消失。这时在法国，文学完全由宫廷人士所操纵、塑造。不过可以肯定的是，那种对待妇女的态度并没有从乡村贵族生活中消失。

在欧洲历史上大的专制朝廷乃是迄今为止最完美地实现主要生活范围平等的场所，因而也是建立男女行为方式平等的场所。要在这里说明，为何早在12世纪的大封建宫廷业已开始，直至专制朝廷才真正地、以无法比拟的鲜明态度为妇女提供克服男权统治、取得与男人平等地位的特殊机会，那未免扯得太远。有人指出，在法国南部，妇女早就可以成为封地的女主人，占有产业，并可在政治上发挥作用。人们猜测说，这一事实有利于宫廷抒情诗的发展。[65]不过有人也审慎地强调："只有当男性亲属——封臣和邻近的封臣——毫不阻拦地允准女性继承人继承其产业时，女儿才有可能继位。"[66]在大封建主的狭小阶层里，男子对妇女的优势还是明显可见，这与男子的征战作用有关。在大封建宫廷自身的生活空间里，男人的武士职能至少有一定程度的削弱。这时在西方社会里，为数众多的人，也包括男人，第一次在中央集权者——在领主的眼下按照尊卑顺序、经常密切往来地生活在一起。仅此一点也迫使所有那些下属仆役谨慎小心行事。在这里有一大堆非征战的行政管理事务要处理，一大堆文书工作要做。所有这一切造成一种较为平和的气氛。在所有那些男子被迫放弃以膂力动武的地方，妇女的社会分量也相应地得以提升。在这里，在大封建宫廷的内部，形成了男女共同生活的空间，男女相互交往的共同空间。

当然，在这些宫廷中男子统治还没像在后来的某些专制宫廷中那样被打破。对于宫廷的男主人来说，其作为骑士和战争统帅的职能优先于其他所有的职能；其所进行的训练也是武士的训练，其训练的中心乃是如何使用兵器。正是有鉴于此，其夫人在平和交际方面取得了优势。在西方社会，有着精神教养、能读善写的上层人士首先并非男子，而是女子。大的宫廷广有财资，使妇女有可能充实其空余的时间，满足奢华的需求；女主人有能力将诗人、歌者、教会学者罗致到身边来；如此这般，便出现了首先以妇女为中心的平和的、精神活跃的圈子。"12世纪，在上层，妇女的教养普遍高于男子。”[67]毋庸讳言，这里指的男子是同一级别的男子——丈夫。和他的关系，和丈夫的关系，在这时和武士社会中和一般丈夫的关系也根本没有什么大的区别。在大宫廷，这种夫妻关系较之在中小骑士那里温和一些，也许高雅一些。不过男子在与自己妻子关系中所加诸自身的强制一般来说并不是特别大。即使在这里也明白无误地表明，男子仍是主人。

32. 并非这种关系，并非夫妻关系，是那种为特鲁巴多尔抒情诗和宫廷抒情诗提供基础的人际关系形式，提供这种基础的乃是社会地位低下的男子和社会地位高的女子之间的关系。只有在那种阶层，只有在那种富有而又有威权的宫廷领域内，这样的关系才会出现，才会得以保持，才会有宫廷抒情诗。然而若和骑士阶层的整体相比，事实上这仅是一个狭小的阶层，是其“精英”部分。

在关系的社会结构和性生活结构之间，明显存在着联系。在大多数的封建社会里，凡男子是统治者，妇女对男子的依赖毫不掩饰，几乎没有限制的地方，对男子来说便没有必要对自己的本能施加强制，加以克制。在这种武士社会里，谈不上什么“爱情”。人们有这样一种印象，情人在这些武士中显得极为可笑。在这里，一般来说，女子在男人看来似乎是低贱的生物。她们只是男子最为简单的泄欲工具。妇女所给予男子的只是“肉体的满足”，对此后来曾有这样的表达。不过这完全符合早期武士的行为方式。他在女人身上所寻求的无非是肉体的乐趣，除此之外便是“对女人忍耐，才算是大丈夫”①。[68]

在西方的历史中，向来存在着对妇女感情的强制；后来，除了较大的专制宫廷以外，几乎贯穿于整个西方历史的是这样的事实：对妇女的强制要大大大于对同级男子的强制。这种地位高并有一定自由的武士社

① 原文为法文。——译者

会的妇女较之同等地位的男子要早得多、也容易得多地走向控制、驯化和有效转变自己的感情之路，这也许是持续不断适应的结果，是早期在这一方向上限定的表现。在与外表上看来社会地位相同男子的关系上，妇女也还是社会地位低下的生物。

与此相应的是，在武士社会中只有社会地位低、依附性强的男子与社会地位高的女子之间的关系才会使男子有把握自己、放弃和克制情欲，从而将其改造的必要。就是在这种不仅仅作为个体现象，而且也作为社会现象的状况中形成了我们称为“抒情诗”的东西，而那种同样是作为社会现象的情欲的改造，那种对感情的渲染、升华与细腻化，则是我们称之为“爱情”的东西。所有这一切绝非偶然。这里出现的男女之间的联系并非只是例外情况，而是在社会建制上得以固定下来。这种男女联系使得男性强人无法将其喜欢的妇女手到擒来，使得男人对女子可望而不可即，或者是难以到手；同时正是由于其地位高，难以到手，所以更成为男人渴望得到的对象。这就是宫廷抒情诗所描绘的感情状况。从那时起，长达许多个世纪，热恋者都能从中体验到自己的那份感觉。

大量的特鲁巴多尔和宫廷抒情诗歌基本上肯定是封建宫廷俗套的表现，是对交际的修饰，社会游戏的工具。有为数甚多的特鲁巴多尔与女主人的内在关系并不突出，他们个人认为，对那些可以轻易到手的女子来说并不会造成什么损害。如果缺乏那种真实的经验和感觉，无论是宫廷的日常俗套，还是这种俗套的表现都不可能出现。它们的核心乃是真情实感和真实的生活。有些人真正地爱过，有些人有足够的才气和素质用语言将其爱情表达出来。哪些诗作中抒写的感情和经历是真实的，哪些诗作写的是俗套，则很难断言。很可能先有那么几个人为其感觉找到了话语和语调，其他人也跟着学样，由此便产生了落入俗套的写法。“可以肯定地说，优秀的诗人在其诗作中表现热恋的疯狂时，会将自己真实的经历放进去的。大量的生活会使他们在创作时妙思泉涌。”[69]

33. 常常有人问起，宫廷抒情诗的文学原始资料是什么，其仿照的样本又是什么。这样说也许是对的：宗教性的宫廷抒情诗与其有血缘关系，它也从拉丁语的浪游诗中汲取营养。[70]

不过宫廷抒情诗的起源，其核心不可单单从文学的因果关系来理解。在浪游抒情诗和圣母抒情颂诗中包含有许多发展的可能性。为什么人力图表达自身的样式会发生改变？为什么——我们为把问题提得简单一点，就这么说吧——这两种抒情诗，浪游抒情诗和圣母抒情颂诗，没有一直是社会表达的主要形式？为什么人们从这两种形式中撷取形式和感情的成分加以创新？为什么这种“新”采取了我们称之为“宫廷抒情诗”的形态？历史总有其连续性：不管后代是有意和现存者挂起钩来还是不和现存者挂起钩来，他们总将现存者推向前进。然而这种运动的动力机制是什么，这种历史变动的塑造力量又是什么？这也是这里的问题。原始资料和因果关系的研究对于宫廷抒情诗固然有重大的意义，可是如没有社会发生学和心理发生学的研究，其起源，它和采邑封地的关系依然是令人琢磨不透。如果不了解那种关系的特殊形式，不了解诗中所反映的人际现实，不了解这种状况的发生，那就不可能理解作为超个体现象的宫廷抒情诗，不理解其社会职能，亦即在作为整体的封建社会中的职能，同样也不会理解其形式的特殊性，其形态的典型性。这一特别问题如果是针对更大的运动关系，那就需要较之其支配的更大的空间；如果在这方面为像宫廷抒情诗这样的个别现象确切地提出了问题的方向，如果为宫廷抒情诗的社会发生学与心理发生学的结构提出几条基本线索，那就为这里需要解决的课题作出了功德圆满的努力。

34. 巨大的历史变动有其严格的规律。今天在有些人著作中看来，似乎是一个个的历史人物相继登场，他们的历史就是历史，像是偶然的并列，这与皮尔·金特①头脑里云端中人物相类：一会儿看起来像马，一会儿又像是熊；社会在他们笔下一会儿充满罗马气息，一会儿又是哥特式的，继而则是巴罗克大行其道。

历史进程塑造了“封建制”意义上的社会，最终导致了宫廷抒情诗中所表达的关系的出现，在这里要揭示的乃是这种历史进程发展动力的几个线索。随着财产关系的愈益固定，民族大迁徙之后人口迅速增长，无论是贵族阶层，还是农奴或半农奴都形成了人口过剩，这就迫使一些自由人浪迹天涯，寻找新的服务机会。

在这样的背景下，产品便从生产到消费的各个环节穿插进来，对统一的、机动的交换手段的需求日渐增长，在封建社会内部重心发生了转移，转移的结果有利于较少的大封建主，而不利于为数众多的小封建主。在领土一级地区的中心形成了大骑士的封建宫廷，在这样的宫廷中，骑士封建的特点和宫廷的特点结合为一个统一体，正如在社会整体中自然经济的关系和货币经济关系结合在一起一样。

在大封建主相互间的流血与不流血的竞争中，名誉声望的需求便应运而生；面对较小骑士，大封建主便贯彻其沽名钓誉的意志；作为所有这一切的表现乃是：诗人与歌者对其男女主人的歌功颂德，赞颂男主人的追求和政治见解，赞颂女主人的高雅与美丽，这多多少少成为一种固定的社会习俗。

也就是在骑士社会的一小部分的上层中出现了妇女解放的第一种形式，妇女有较大活动自由的第一种形式——不言而喻，这种自由若和大专制宫廷妇女的活动自由相比，那还是微不足道的。宫廷女主人，社会地位高的女子，和特鲁巴多尔，社会地位低下、有依附性的男子——无论其是否骑士——之间的频繁接触，对所相思女子的可望而不可即，社

① *Peer Gynt*，挪威著名剧作家易卜生的剧作，亦是剧中人物名。——译者

会地位低下男子对自我克制的强制，对情欲生活的谨慎，对其进行某种程度的温和的调节与改造，最后便是用语言在诗中表现这些难以实现的愿望。

有的诗优美，有的空洞无物，有的诗有着伟大的气魄，有的则是小家子气，宫廷抒情诗的事实情况就是如此。宫廷抒情诗是一种社会建制，在其框架内个人才得以发挥——这里讲的只是单个的宫廷抒情诗人——作为社会建制的宫廷抒情诗就是直接形成于社会进程的游戏中。

35. 正是在这种情势下，在大骑士的封建宫廷中，同时也形成了某种固定的交际习俗，对本能的某种程度的控制，对举止风度的调节。那种风度标准，交际习俗，对行为举止刻意讲究，在这一社会里人们名之为“库忒息”①。只有将在前面对“库忒息”举止风度探讨变得清晰的结果，拿来和这一章节中为理解这种封建宫廷所论述的一切放在一起来看，有关“库忒息”的概念才会完整。

在举出一系列各种不同例子来说明举止文明进程之前，上面也谈到了宫廷社会的准则规定。庞大的、骑士封建宫廷的社会发生学，同时也是这种“库忒息”举止风度的发生学。库忒息也是这样一种行为方式，它最初大约首先形成于出入骑士宫廷上层交际圈、有着社会依附性人的中间。[71]无论如何，有一点是明确无误的：这种库忒息式的举止风范绝非任何意义上的开端；也绝非行为方式形成的例证，如果说人的情感不受社会的，亦即人际关系制约或完全“自然”放纵的话。本能绝对不受制约或“开端”的那种状态是根本没有的。库忒息上层本能表露的自由度要大于西方后来的世俗上层，这也完全符合整合的形式，符合人们维持生活而相互依赖的程度和方式。

这时的分工尚未像在形成严密的、专制统治制度的阶段内那样精

① Courtoisie，法文：礼貌，客气，宫廷式，骑士风度，宫廷礼仪。——译者

细；商贸联系也是微不足道。与此相应的是，在某一地区所能养活的人口也不多；和分工程度较高的社会相比，和人口稠密之地、和有着精心规定的秩序的地区相比，在这里个人间相互依赖的那种社会联系，各人相互间对人的依赖关系，要松散一些，要狭窄一些。因而在这里个人本能生活所要受到的调节与制约也不那么严格，不那么经常，不那么规整。然而在这里，在这较大的封建宫廷，对本能的调节与制约要比较小的宫廷，要比大多数的武士社会还大得多。在那里，人相互间的依赖程度还远没有那么深广，人际关系还远没有那么复杂，个人间的联系要空疏得多；只有战争和动武这种职能性的依赖才将人们空前紧密地联结起来。与其行为方式和情感状况相比，库忒息就算是一种雅致高贵的表现了。一直存在于中世纪举止准则规定中的争论——这也不许，那也不可——相当直接地表明了大多数骑士阶层举止风度的状况：从 9 或 10 世纪直至 16 世纪，都在缓慢而又一点一滴地变化着，正如其生活条件一样。

36. 发展到今天这个水平还缺少一套语言术语，来表达这种进程的渐次向前滑动的状况。如果说，人和其本能表露所受制约变“大”了，整合使人际关系变得“密切”了，相互依赖更“强烈”了，这些用语都是不精确的暂时性的辅助手段；同样，这是“自然经济的”，那是“货币经济的”，或者对所选择的词语再重复一下：“货币经济关系区在增长”，所有这一切都与历史—社会现实不相切合。“增长”多少，是一步步增长吗？怎样才使得制约“变大”，整合怎样使得人际关系“密切”，相互依赖怎样变得更加“强烈”？我们的概念太一般化；它们与物质实体形象贴得太近。所有这一切并不在于程度的大小，并不在于“多些”或“少些”。制约和相互依赖的任何“变得强烈一些”，乃是人与人之间的相互制约，人与人之间的相互支撑、相互依赖变得和以前不同的表现，这是一种质的不同；这里说的是社会结构的不同。人的生活被织进有着巨大力度的相互依赖的网络之中，人的本能，人的行为方式也会随之采取不同的形态；这里说的是人的心灵整体结构中，或者行为标准中有了不同。这种质的变化尽管时有反复，经过一个长期阶段，变化便会向着同一方向运作，成为持续不断的、朝着某一方向前进的进程，并非只是一种毫无规则可言的变迁。这一点也提醒、也能够使人们在研讨不同的阶段时使用比较级。这并不是说这种进程是向着好的方向运动，是一种“进步”，或者是向着坏的方向运动，是一种“倒退”。然而这也并非说只有量的变化。无论是在这里，还是在历史上，结构的变化，最容易从量的角度把握，其结果最鲜明、也许是最为浮表。

人们所见的运动是这样的：先是城堡对城堡，领地对领地，继而便是国家对国家。而今在历史的地平线上首次出现了这样的迹象：为地区和人群在更高的数量级上的整合而斗争。人们可以这样猜想，随着相互关系的日益密切，整合单位渐渐有可能在一个稳定政权的统治下在更高的级别上联结起来，可以保持内部的和平。这种整合单位自身在对外的斗争中又会将矛头对着同一级别的人群整合，直至随着进一步的联结、相互间距离的大大缩短，也将同一级别的整合单位逐渐紧密地联结起来，直至这个地球社会得到安宁。这也许要经过几百年或几千年，但不管怎样，整合和统治单位总是要继续发展为更高一级的单位，这同时也是社会和人的关系发生结构性变化的表现。每当社会内部的重心向着新一级别的整合单位转移时——在有利于大的封建主而不利于中小封建主、继而有利于国王而较少利于大封建主或领主的重心转移中，总是表现出朝着这个方向的推动力量：变动总是和社会职能的变化，和社会职能的多元化有着密切的关系，和社会组织的——不管是军事的，还是经济的——行动链条有着更多的环节，环节变得更长有关。每一次都意味着，在个人身上相互交织的依赖依靠的网络变大了，其结构也变化了；每一次，与这种相互依赖网络完全相应的是，人的行为方式和整个精神生活的样式，人的心灵整体的形态也都发生了变化。“文明”进程，从行为和本能生活的角度来看正如从人际关系的角度来看一样，是相互联系愈益紧密的过程，是社会职能日益多元化的过程，与此相应的是，逐步形成了越来越广泛的依赖关系，越来越大的整合单位，个人的境况与活动范围就有赖于这种整合单位，不管你意识到与否。

在这里试图首先对最早和最不复杂的阶段进行一般性的研究，并辅之以生动形象的事实。至于运动的进一步行程，推动运动的机制，随后加以论述。人们先是看到，西方历史上自然经济占优势的阶段，整合和建立大国的稳定的统治机制的机会是何等的少，以及为什么会这样少。那时从事征战的国王虽能在战斗中将广大地区攫为己有，连成一片，也能恃其宝剑的威力维持一个阶段，然而社会的结构却使人无法建立一个稳定的统治机构，能使征服来的国土保持较长时间的和平，并以相对和平的手段将其凝聚在一起。什么样的社会进程能使这样一种稳定的统治机构得以建立，同时能使个人有着不同于先前的联系，还有待发现。

人们看到，在9和10世纪，至少是在西法兰克地区，较少外来的威胁，而与此相应的是，经济上的联系也微乎其微，因而统治职能的分散化也达到特别高的程度。社会景观无非是一大片分散的、相互杂陈的、一块块的统治单位和经济单位。除了一些飞地，一些异邦商人，或一些修道院而外——它们常常有较大的、跨地区的联系——每一单位基本上都是自给自足，不大依赖外界。在世俗的统治阶层中，通过攻守的战斗进行整合，乃是联系的基本形式。于是能使统治阶层的这些人有规则地、持续不断地克制自己情感的东西并不多。这就是一种广义的“社会”，按广义的定义，任何形式的人群的整合都可称之为社会；这还不是狭义的“社会”，狭义的社会是指一种较为稳定的、相对狭小和均衡的人群整合，对暴力活动，至少是在内部交往中的暴力活动的克制有某种程度的强制。这种狭义“社会”的早期形式是渐渐在大骑士封建宫廷中形成的。在这些大的封建宫廷中，与庄园收获量大、加入商贸网络相联系的是，产品有更大的流通量，有更多的人被驱使来寻找服务的机会，寻找一个立足之地；在这里也有数目更多的人一直受到强制和制约：在内部要进行平和的交往。这要求(首先也和地位高的女子在场不无关系)对行为方式进行某种程度的调节，对举止行为采取慎重的态度；对情感和交际形式进行更为精确的规范。

37. 这种举止行为的审慎并非总是像宫廷抒情诗对诗人和女主人之间关系所作的套路式的描写那样。库忒息风度举止规范对这里所要求的日常行为标准提供了更为详尽的图像。这里对骑士和妇女的交往——不光是对考察宫廷中诗人和女主人的关系——也很有些启发意义。

比如在“男人的格言”[72]中曾有这样的劝诫：

如和妇人在一起，
定要加倍注意：
举止有节，言语有致，
我奉劝你，
这样才算是有礼。
……
如和她坐在一起，
我提醒你：
千万不要坐在她的衣裙之上，
靠得太近，亦为失礼；
不要碰到她的胳臂，
如和她轻言细语，
我忠告你。

对妇女如此这般照顾，从骑士的习惯来看，他们要付出很大努力才能做到这一点。如和路易十四宫廷中要求宫人养成习惯的那种审慎相比，无论是这里所说的，还是库忒息规范所讲的，都是微不足道。这首诗同时还给人一种这样的印象：相互依赖的程度有所不同，常常是通过生活习惯所形成的依赖网络有着差异。这同时也表现出，库忒息实际上意味着在通向最终对我们本能进行规范的道路上前进了一步，也是向着“文明”的方向迈进一步。

相互联结松散的、世俗的武士上层及其象征：矗立于自给自足区域内的城堡为一方，联结紧密的、世俗的宫廷上层——其集中表现为专制宫廷，王国的中心机关——为另一方，这是观察范围中的两极，我们暂时从更为深远的运动中截取这一观察范围，以便进入文明变迁的社会发生的研究。

较大的封建宫廷，库忒息中心是如何渐渐从城堡景观中脱颖而出，已从某些方面加以指出。所以揭示推动进程的机制仍是我们的课题，假手这种机制，大封建主或领主——国王被赋予胜于其他领主的优势和机遇——朝着建立囊括几个领地为一体的“国家”这一方向前进。这同时也是从“库忒息”行为准则走向“礼貌”的道路。

第二部分　国家的社会发生

崛起王室的第一阶段：在领地范围内的竞争和垄断的形成

1. 在社会发展的不同阶段王冠所代表的意义也有所不同，尽管对所有的加冕者来说都有一种实际或名义上的中央职能，首先是进行征战、攻打外敌的职能。

12 世纪初，当时的西法兰克王国在几乎没有遭到什么强大外敌威胁

的情况下便最终分裂为一系列不同的统治地区：[73]

“当初以‘君主’将‘地方’和封建王朝联结在一起的纽带完全断裂。休·卡佩和其儿子所同意的臣属关系虽则在大的封国已不被认真对待，可至少在那里还有所表示，而今实际臣属关系的最后痕迹业已消失得无影无踪。第一级封建集团的举止表现完全像是独立的国家，它们将国王的外来影响拒之门外，对其所采取的行动更是抱着拒绝的态度。大封建主和王冠拥有者的关系保持在最低水平。这种变动已经表现在正式的称谓和官方用语上。12 世纪的国君不再称自己为‘忠诚的伯爵’(comtes du Roi)或‘忠于王室的伯爵’(comtes du royaume)。”

在这种情势之下，“国王”采取了其他大封建主所采取的措施：巩固自己的产业，在那个他惟一尚可动手的地方——法兰西岛领地——扩大自己的势力。

路易六世① 1108 年至 1137 年在位，他一生主要干了两件事：一是在法兰西岛领地内扩充他直接的产业：将大片土地和城堡——这些都尚未分封，即使分封了也只是小块出手——扩充为家族田产或其领地田产；并且——也是在其法兰西岛领地内——将所有能和他较劲的竞争对手，所有武士打垮。没收或部分没收其制服或战胜的封建主的产业，并且不将其作为整体重新分封他们；他就是以这样的方式一步步扩充其家族的产业，此乃其权力的经济与军事基础。这两件事是相互促进的。

2. 王冠拥有者在这里首先不过是一个大封建主。他所能支配的力量手段极为有限，中等封建主，甚至是许多小封建主只要联合起来就能有效地对其进行反抗。随着作为共同统帅职能的消解和封建化的逐步深入，王室的霸权地位不仅在王国的广大地区消失殆尽，甚至在其起家的领地内这种霸权地位和垄断地位也受到极大的挑战，挑战来自其他地主

① Ludwig Ⅵ(1081—1137)，法国卡佩王朝国王。在位时得到僧侣阶级的支持，打击大领主以加强王权。为扩充法国领土曾和英国作战。——译者

家族或武士家族这样的竞争对手。路易六世代表卡佩家族对蒙莫朗西、博蒙、罗什福尔、蒙太里、阿莱堡、普塞特家族，以及许多其他家族[74]进行斗争，正如同数世纪之后霍亨索伦家族在大国君的领导下对奎操和乐和家族进行斗争一样。只是卡佩家族的时机有许多不利之处。卡佩家族，与货币、税务以及军事技术水平相应的是，在军事和财政手段方面并不比对手占有优势。大国君对其领土内的权力手段已有某种垄断性的支配权；路易六世，撇开教会组织对他的眷顾，基本上还是一个大地产主，拥有巨大领地的他要和那些只有较小产业、较小军事力量的领主们一决雌雄。这场争斗的胜利者才能取得领地内的霸权地位，取得超过其他家族的竞争领域的地位。

读一下同时代的记载就能看出，在那个时代卡佩王室所拥有的军事和经济权力手段并没有超出法兰西公国其他封建家族所拥有的权力手段多少，在经济联系极为薄弱、运输与联络极不发达的情况下，在封建的军队组织和围攻组织的条件下，“国君”为争取霸权地位所进行的斗争即使在领地狭小的地区该是多么困难。

就拿蒙太里家族城堡要塞来说吧，它盘踞于沟通卡佩家族领地最重要的两大部分的要道之上，控制了连结巴黎地区和奥尔良地区的交通线。1051 年，卡佩国王罗伯特赐给一位官职为“林业总监”的臣仆一块土地，并允准他建立城堡。这位“林业总监”的孙子业已以城堡为中心统治周围的地区，就像是一个独立的君王。这是一种那时到处都一样的势所必然[75]的典型的离心运动。路易六世的父亲费了九牛二虎之力，经过多次战斗，终于和蒙太里家族达成了和解；他将一个年满 10 岁的私生子和蒙太里的女性继承人结成了连理，于是又将城堡置于其家族的支配。

路易六世的父亲在其临死时对其长子和继承人路易六世说：[76]“我高贵的儿子，你一定要保住蒙太里要塞，为它我耗尽了心血，为它我早生华发；这要塞一直使我不得安宁，难于安枕……蒙太里要塞是远远近近一切阴谋诡计的中心，谁都是使出浑身解数，想将其攫为己有；只有通过它，在它的帮助下才能将叛乱消灭于无形……因为蒙太里处于科贝伊①和沙托福尔②之间；一旦发生冲突，巴黎就会被包围，而且巴黎和奥尔良之间的联系就会被切断，在此种情形之下只有一支武装部队前去解围。”

联络的问题，也正像今天对国与国之间的关系一样起着不小的作用；而在那时的社会发展水平之下，在封建主——不管有无国王的头衔——和其他封建主的关系中，联络问题也同样重要，对于巴黎和奥尔良之间这微不足道的距离，也有着另一种规模的困难。蒙太里离巴黎只有 24 公里。

路易六世为城堡要塞所进行的斗争耗费了他在位的很多时间，直至他最终将蒙太里家族的财产一劳永逸地变为卡佩家族的财产。在这样的境况下总是同时意味着取胜的家族在军事力量上得到了加强，经济上也更加富有。蒙太里政权的年收入为 200 里弗③，这在那个时代是个国家总收入的数目；蒙太里家族有 13 个直属的采邑，另有 20 个受直属采邑管辖的间接采邑，[77]而今全归卡佩家族所有，从而加强了卡佩家族的军事力量。

路易六世所领导的其他斗争也同样旷日持久而又艰苦。为打破奥尔良地区一个骑士家庭的霸权地位，他于 1111 年、1112 年和 1118 年分别进行了三次征讨；[78]为了对付罗什福尔、费泰尔—阿莱或普塞特家族，将他们的财产变为自己家族的财产，他用了 20 年的时间。于是卡佩家族的领地产业变得如此庞大和牢固，以致该家族借助急剧膨胀的经济和军事的机遇在竞争中胜过法兰西公国所有其他武士，从而形成独霸一方的

① Corbeil，法国地名。——译者

② Chateaufort，法国地名。——译者

③ livre，法国钱币单位，一个里弗等于 20 个苏。——译者

局面。

四五个世纪之后，国王职位的拥有者成了来自整个王国地区的庞大军事与财政权力手段的独占者。像路易六世在领土范围内和其他封建主所进行的斗争乃是走向后来王室独占地位之路所迈出的第一步。起初，这些名义上是国王的家族，在地产、军事和经济力量方面，对其周围的封建主并没有明显的优势。产业的差别相对不大，因而武士中间的社会分化也是微乎其微，他们用以装扮自己的还总是那些头衔。后来某一家族通过婚姻、收买、征伐而占领了越来越多的地盘，于是势必由此取得了对其邻邦的霸主地位。至于在法兰西公国正好是王室成功地取得主宰地位，除去其原本就有不少的地产使其崛起成为可能之外，还和王室代表者个人的才干、教会的支持以及某种传统的威望有关。如上所说的这种武士中的财产分化，在同一时期在其他公国领地中也在进行。于是便发生前面讲过的武士社会的重心转移，朝着有利于少数大骑士家族而不利于大多数中小骑士家族的方向转移。在每一个公国领地中，或迟或早总会有某一个骑士家族通过田产的积累而成功地取得对其他家族的优势，亦即在它们当中取得霸权或独占的地位。王冠的拥有者、胖子路易也是照此办理，这看起来似乎是放弃了国王的职能。然而对他来说，除了将社会权力手段分配外别无他法。其狭小的祖传之地上的家产和权势是构成这一社会的、也是其国王权力的最重要的军事和财政基础。路易六世将其力量集中于法兰西岛的狭小地区，在领土之内建立霸权和独占地位，这就为其家族的进一步扩张打下了基础。这样一来，他也为更大的法兰西创建了具有潜力、凝聚力的核心，尽管还不可认为他具有前瞻性而预见到未来。他是在现实状况直接地强制之下行动的：他不得不战胜蒙太里家族，如果他不想丧失其本土各部分间的联系的话；他不得不将这一奥尔良地区最强大的家族打倒，如果他不想丧失他本人在那里的权势的话。卡佩家族在法兰西岛夺取霸权的争斗中一旦失败了，那就会很快有另外的家族代之而起，就像在法兰西其他地区一样。

霸权形成的机制总是一样的。这和财富的积累有类似之处：在近代，一些企业在和其他企业的竞争中脱颖而出，它们彼此再一决雌雄，直至最后它们中的一两家企业独占和垄断某一部门。近代国家在地球的某一部分争得霸权，也有着相似的地方：先是不断扩大土地，继而发挥扩大军事和经济潜力。不过在这种分工较为精细的社会里，经济和军事霸权都是相对多元形成的；而在路易六世自然经济占优势的社会里，军事和经济则是不可分的。统治一方的家族同时也是占有最大领地产业的家族。如不因其领地产业收入之大、封臣与属臣之多而在军事力量上胜过领土中所有武士家族，那其家族的统治力量也会丧失殆尽。

某一武士家族在一个狭小区域的优势地位有了几分巩固，继而便会在一个更为广阔的地区为霸权而斗争，这种斗争是在少数几个大的领主之间进行，目标是在王国之内称霸。这便是路易的后代，卡佩家族后几个世代的任务。

有关英、法和德国发展历程几个不同方面的附录

1. 为了称霸，同时也可说是为了集中和统治权而进行的斗争，向参与各方所提出的任务在英法不同于在德意志—罗马帝国地区。道理很简单：帝国的版图之大，英法完全不可同日而语；在帝国，地形之不同，社会之歧异，远远大于英法地区；地方离心倾向之力度也完全不同于英法；这就形成了一种独占优势的领主霸权，它使得建立中央集权变得无比困难；为了制止德意志—罗马帝国内的离心力量，并将其作为一个统一的整体持久地保持下去，这需要一种比英法强大得多的领主或家族力量，统治者的家族乃为力量之源泉。许多情况表明，在这么一个广大的地区压制离心倾向使其一直不得发展的任务，在当时的那种分工水平、

相互联系的水平、战争、交通和行政管理技术条件之下，几乎是不可能解决的。

2. 在其中社会进程得以演示的幅员大小也是其结构的一个不可忽视的因素，毫无疑问，是诸多因素中的一个。如果有人问，英法地区的集中化与整合为何要比德意志地区早得多、完美得多，这一点就是一个不可或缺的因素。三个地区的发展倾向在这一方面是完全不同的。

当西法兰克地区的王冠为卡佩家族所有时，该家族所能真正行使权力的地区是从巴黎到北面的桑利斯①，其南面则到达奥尔良。在此前25年，奥托一世在罗马加冕为罗马皇帝。其他德意志部族首领反叛他的图谋被他血腥镇压了下去，他所依靠的力量首先是其本部族地区能征善战的部队。这时奥托一世的帝国差不多从西面的安特卫普②和康布雷——不将东易北河边疆伯爵领地计算在内——至少可达易北河岸，南面沿着布吕恩和奥尔米茨③到其东部；北面到达石勒苏益格，南部边界为维罗纳④和伊斯特里亚⑤；除此之外还有大片的意大利国土，勃艮第也曾臣属于它。在这里人们所看到的是一个庞大的帝国，其幅员之大，贯彻其中的矛盾和利益对立的紧张状态绝非西法兰克地区，甚至连同后来的诺曼——英属殖民地可比。法兰西和诺曼的大公或安茹领主国⑥的大公作为国王在为这一地区霸权进行斗争中所面临的任务，和任何一个德意志—罗马帝国的统治者所面临的任务完全不可同日而语。在那个较小地区，中央集权化或整合尽管有着偏向这一方或那一方的摇摆，但从整体

① Senlis，法国地名。——译者

② Antwerp，比利时第二大城市。——译者

③ Brünn和Olmütz，今在捷克境内。——译者

④ Verona，今在意大利。——译者

⑤ Istrien，古代伊利里亚人部落的聚居地，在今南斯拉夫的伊斯的利亚半岛。——译者

⑥ Angevinisches Reich(1154—1204)，原为安茹伯国，其国都为昂热，全盛时其领土包括整个英国和半个法国。——译者

来看还是连续向前的。而在那个无比庞大的地区，总是有某一领主家族以王冠同时去争夺掌管整个帝国的真正的、稳定的统治权，然而每一次都是徒劳。一个接着一个家族为这一可怕的任务而奋斗，其间耗尽了无论如何仍然是其收入、因而也是其权力地位的中心来源；它们耗尽了祖传或领地的产业。每一个新家族的每一次失败之后，接踵而至的是分散或离心力量向前迈进了一步。

法兰西王室力量重振雄风前不久，在王室代表路易六世本人开始巩固其领土产业和领地产业前不久，德意志—罗马帝国皇帝亨利四世的统治①在德意志大领主、教会、上意大利城邦及其长子联合地进攻之下，亦即在不同的离心力量的冲击之下崩溃了。这和早期的法兰西王朝有可比之处。后来法兰西国王弗兰茨一世将王国的整个地区掌控在自己手中，再也无需召开什么等级会议，提高税收也不去征求纳税人的意见；而罗马帝国的皇帝查理五世②及其行政官员，在其为皇室、军队和行政开支征收必要的赋税时，即使在其世袭或祖传的领地也要召开一连串的等级会议；所有之收入，加上海外殖民地的收入，都无法抵偿其盘根错节的统治任务所需的支出。查理五世退位时，其皇朝的财政已到崩溃的边缘。在其为统治有着强大离心力量的庞大帝国而奋斗时，即便是查理五世也是消耗殆尽，并归于离析。尽管如此，哈布斯堡王朝的统治却能得以保持，一般来说，这是社会转型的表现，特殊来说这是国王职能转变的表现。

3. 按国家一词的最新定义来说，国家形成的机制，如前所述，在其社会从自然经济占主导地位阶段逐步持续向货币经济过渡的欧洲地区，大体来说没有大的区别，法国就是一个明显的例证。至少在较大的欧洲国家的历史中，会有这样一个早期阶段：在后来形成国家的地区，总有一些公国大小的统治单位起着决定性的作用；也就是说，像在世界其他

① Heinrich Ⅳ(1050—1106)，原为德意志国王，后加冕为罗马帝国皇帝。——译者
② Karl Ⅴ(1500—1558)。——译者

地区一样，由于分工不细、联系不多，总会时不时地形成从其边界来说较小和较为松散的统治单位，其边界是由于自然经济关系占主导地位而对统治机构限制的结果。封建领主的统治便是例证，它们在德意志—罗马帝国的范围内，由于货币经济的兴起，便逐步形成牢固的、较小的王国、公国或者伯爵领地；另一例证便是威尔士和苏格兰王国，而今已和英格兰合并为大不列颠—北爱尔兰联合王国；第三个例子是业已说过的法兰西公国，它也是渐渐发展为牢固的、封建的统治单位。概括来说，各个不同的、距离相近的领主统治之间的进程，是和先是在一个牢固的领主国之内各个地主或骑士之间相互竞争，直至其中之一脱颖而出争得霸权地位，进而形成一个更为牢固的领主统治的进程相类似。在某一阶段，首先是多个豪强地主统治，继而便出现稍大一些的统治单位：公国或伯爵领地，它们被置于竞争的地位：要么进行扩张，要么为扩张的邻国所战胜，对其俯首称臣。

正如前面业已详细论述过的：在这样一个社会里，由于人口的增长，土地占有的固定化，对外扩张的重重困难，对土地的争夺便在内部激烈地展开。我们也曾经说过，这种对土地的欲求，在穷困的骑士那里表现为对符合身份生活的简单的要求，而对上层富有的骑士来说其动力则是要求“更多”的土地。因为在一个有着这样竞争压力的社会里，如不取得“更多”，那就会自动“减少”，要是对其所有只是保守的话。在这里人们重又看到从上到下贯穿于整个社会压力的作用：它促使领主之间相互争斗；因而也带来了垄断独占的机制。起初权力手段的差异还是保持在一定的范围之内，它允许为数众多的封建领主国相互攀比。后来争争斗斗，经过多次胜负的较量，有些通过权力手段的积累而变得强大了，有的则从霸权竞争中淘汰出局。后者不再扮演这场斗争中的第一流的角色；而那少数的胜利者继续争斗，反复出现淘汰的局面，最后在两个领主国之间一决雌雄，它们都战胜过其他领主国，失败者自愿或被强制并入胜利者，从而使它们变得更为强大。而所有其他领主国，不管是参加这场争斗还是保持中立，由于这两个领主国的强大便成了二三流的角色。不过在这种情况下，它们依然有着一定的社会分量；而那两个领主国则逐步接近霸权地位，它们是在竞争中打败所有对手而出现于世，决斗要在它们之间进行。

在这“一决雌雄”的斗争中，在这社会性的“物竞天择”过程中，毫无疑问，个人的素质，诸如某一男性长寿或男性继承人阙如这种“偶然事件”，对于哪个领主国取胜、升迁和开疆拓土，有时会起着决定性的作用。

可社会进程，亦即这样的事实：有着相对均衡的权力和产业单位的社会，在强烈竞争的压力下逐渐趋向于少数几个权力单位的扩大，最终导致垄断地位的形成，这一大方向是完全不受偶然事件制约的；偶然事件只能加速或延缓这一进程。至于谁人称霸是无关紧要的，而或早或晚形成霸权地位则有着极高的概率，至少是在迄今为止的社会结构条件之下。对于这种说法可以精确的自然科学语言称之为“规律”。详加考察，这只是对于相当简单的社会机制的较为精确的措辞，这种机制犹如钟表装置，一旦上了发条，便会不停地运转。在人群网络之中，相对多的单位凭借拥有的权力手段来相互竞争，结果趋向于这种平衡局面(许多单位通过许多相对自由竞争的平衡)的打破，逐步接近于另外一种局面：愈益减少的单位参与相互竞争，换句话说，就是越来越接近这样的局面，即某一社会单位通过积累而达到对所竞争的权力手段的独占。

4. 对于垄断机制总的性质我们下面还要详加论及。不过在这里似有必要指出：这样一种机制在国家的形成中也在发挥作用，正如在前面所讲的较小统治单位，领主国形成时发挥作用一样，或者说这种机制对较大领主国的形成也起作用。只有看到这种机制，才能弄清楚，在不同国家的历史中是什么样的因素限制抑或阻碍了这种机制的发挥。只有如此才能尖锐地看到，有潜力的德意志—罗马帝国的中央领主所要从事的任务，较之西法兰克有潜在能力的中央领主所面临的任务大到无可比拟。即使在罗马帝国也进行着一系列的淘汰性的斗争，通过领土持续不断的扩充，最后领地的统治权落在胜利者手中，其权势其财富都优于所有其他的领主，其地位极为巩固，以致将其权力手段集中起来便可使其家族有可能通过和平的抑或战争的强制渐渐使得其他领主依附于他；最后或对其加以改编，或加以消灭，将其纳入自己的统治机构之中；只有这样才可使矛盾重重的帝国实现中央集权，而且并不缺少有此趋向的霸权斗争；并非只是在威尔夫①和斯陶芬②家族之间进行争斗，争斗还在皇帝和教皇之间进行，后一种争斗特别复杂。然而所有这一切斗争都远离目标。形成一个成熟凝聚核心，一种明确霸权的概率，在一个如此广袤、发展如此不平衡的地区较之在较小地区要少得多；此外，和以后阶段相比较，那时尚处于一个经济联系微乎其微、相互联系的距离加倍遥远的阶段。无论如何，淘汰性的斗争在这么广大的地区比在相邻的较小地区需要多得多的时间，胜负才可见分晓。

那么在德意志—罗马帝国的区域内民族国家到底是怎样形成的呢，情况是一清二楚的。在德意志的领主统治下——意大利相类似进程暂且不表——逐步形成领主政权，首先通过在德意志或半德意志的殖民地区进行扩张而渐渐进入与古老的哈布斯堡政权竞争的状态，这就是霍亨索伦③领主政权。于是进行导致霍亨索伦家族胜利的霸权斗争，在德意志的领主国内形成了明确无误的霸权，由是便一步步最终走向在一个政权机构统治下的德意志领地的合并。围绕霸权在帝国两个最强大部分所展开的斗争，一方面加强了内部的整合，开创了国家形成的局面，而同时

① Welfen，意大利诸侯家族。——译者
② Staufer，施瓦本诸侯家族，不少德意志国王和皇帝皆出于该家族。——译者
③ Hohenzollern，德意志的主要统治家族。——译者

也意味着古老帝国的进一步解体。哈布斯堡领主政权由于失败而被排除于统治圈外。事实上这是古老帝国走向逐步瓦解之路的最后几步。在数百年间总有部分地区剥落下来，并形成独立的统治单位。作为整体来说，帝国太大，太不平衡，因而对民族国家形成起阻碍作用。

为何在德意志—罗马帝国境内国家的形成较之西方的邻邦费劲得多，晚得多，对这一问题的思考肯定有助于直接理解20世纪。一方是早已巩固的、较好平衡的、饱尝扩张之果的西方国家，一方是前不久才有几分巩固的、过晚才进行扩张的古老帝国的后继国家，从两者之间的差异体察这一问题至今尚有其现实意义。从结构性的观点来看，这一问题并不很难回答，至少不会难过互补性的问题，这种问题对于理解历史结构几乎和结构性问题同样重要。在这里至少要指出这样一个问题，这个庞然大物尽管其结构不良，尽管离心力量无法避免地强大，为什么还能维持那么悠久的岁月，为何它不早分崩离析。

5. 作为整体帝国很晚才瓦解。然而数百年间，特别是西方和南方，总有德意志—罗马帝国的边缘地带剥落下来，走自己的路；同时不停地向西殖民，德意志人聚居区不断向东方扩张，以对在西方的损失进行一定程度的补偿。直至达到某种程度：帝国在中世纪后期，部分还超过这一时期，西方直达马斯河和罗讷河。撇开所有的波动反复，只看运动一般的趋向，那就会得出这样的印象：帝国逐步被消磨，逐渐缩小，其扩张的方向和重心在其内部从西向东移。对此种趋向进行比在这里所能看到的更为深入的研究，倒是一个课题。只从地域大小来看，本来的德意志地区的最近的变动清晰可辨：

德意志邦联	1866 年之前	630 098 平方公里
德国	1870 年之后	540 484 平方公里
德国	1918 年之后	471 000 平方公里

英国和法国运动的趋向接近相反。在这里，传统的建制先是在较狭小的地区发展，而后其影响范围逐步扩大。如果不将这一简单的因素，不将由小到大的缓慢增长考虑在内，那就无法理解这些国家的中央机关的命运、整个统治机器的结构和发展，无法理解这些国家和古老帝国后继国家形成之间的差异。

与德意志—罗马帝国相比，威廉一世1066年征服海岛领土，那仅仅是一个小小的扩张。这大约会使人想起在早期国王治理下的普鲁士。普鲁士那时北部边境有一小段和苏格兰接壤，囊括今天的英国，亦即不包括苏格兰和威尔士的整个海岛，共有面积131 764平方公里。威尔士直至13世纪末才完全纳于英国(英国加上威尔士面积为151 130平方公里)。从1603年起才建立了与苏格兰在一起的君合国。这些数字再清楚不过，不过首先也只是粗略地指出了结构的不同。数字表明，和那些欧洲大陆大民族的形成相比，英吉利民族，其后是大不列颠民族的形成是在这样的范围之内进行的：在决定性的阶段很少超出领主统治之外。征服者威廉及其后继者所建立的功业，事实上无非是建立了西法兰克王国的一个庞大的领主政权，这一领主政权和同时代的法兰西岛、阿奎坦或安茹土地上存在的领主国并无大的区别。这一地区的领主不得不承担起的任务是为霸权而斗争——如不向外扩张，就会被他人的向外扩张所战胜——而这一潜在中央领主的任务实际上和大陆帝国向其中央领主所提出的任务完全不可同日而语。最初阶段就是如此，那时海岛地区成了西法兰克的一种殖民地，其诺曼底或安茹国的统治者同时在大陆拥有广大的领土，与此相应的是这些统治者还在为西法兰克后继地区的霸权而斗争。再就是后来他们被赶出大陆而回归海岛，其时和大陆更是分道扬镳。这时的任务是，单从英吉利出发，将海岛维持在统治机构之下。如果说国王职能，还有国王与各等级之间的关系和大陆有什么不同的话，那么影响因素之一——当然这不是惟一的因素——便在于这里相对狭小，当然也在于这一本应统一一致的地区离群索居。在这一地区地域分化的机率要小得多，两个对手之间的霸权争斗要比大陆多个对手的争斗来得简单。英国议会就其构成方式和结构来说是和德意志帝国议会无法相比的，而首先和德意志邦议会有可比之处。所有其他的建构颇有相似的地方。它们像英国自身一样，由小到大地成长起来；由封建领地的建制逐渐转变为国家和帝国的建制。

不过在这里，某一有一定规模的联结在一起的地区也立即就会显示出愈益强烈的离心倾向。这一帝国即使对先进的联系、联络水平来说也显得过于庞大。只有一种富有经验的、颇具灵活性的治理艺术才能克服诸多困难，将其凝聚为一个政权统一体。在完全不同于德意志古老帝国的先决条件下，这里也像由征服和殖民而拼凑起来的帝国一样最终显示出这样的趋向：解体为一系列具有某种独立性的统治单位，或者至少蜕变为某种“联邦制国家”。仔细看来，这样的一种机制几乎像是天经地义的。

6. 卡佩家族的起家之地是法兰西公国，比诺曼公爵所占有的英国要小。英国大约和斯陶芬时代勃兰登堡边区的大小相若，在王国的框架下，经过五六个世纪才由这一小小的殖民区成长为一个国家，它却可以任何方式和古老的、业已巩固的王国领地政权一决雌雄。在西法兰克后继地区狭小的范围内，这一地区的权力手段，加上教会对卡佩家族物质和精神上的支持，足以使得这一家族能够很快地参加争夺法兰西更大地区的霸权的斗争。

西法兰克王国的后继之地乃为后来法国的雏形。就其范围来说，它处于后来的英国与德意志—罗马帝国之间。这里地域之歧异，离心力量之强大，较之邻近的大帝国为小，潜在领主的任务也比较容易完成。然而地区之不同，离心力量之大，又大过不列颠岛。[79]可在英国，正是由于地域的狭小，在某种条件下各个不同的等级，特别是整个地区的武士易于联合，将矛头共同对准中央领主；尤其征服者威廉土地的分配造成了这样一种局面：全英国范围内的地主阶层容易建立联系，并有着一致的利益，至少是在和中央领主的关系上有着一致的利益。还需要指出的是，这一统治区域有某种程度的不一致性和歧异性，但尚未大到使整个地区分裂的地步；但歧异之大足以使得各个等级在全国范围内直接联合起来，这样程度的歧异正好加强了中央领主的地位。

西法兰克的后继之地在其扩张之后，为中央领主的崛起、为政权独占提供了不坏的机遇。

卡佩家族如何抓住这种机遇，通过何种机制在这一地区完成了政权独占，还要一一考察。

论垄断(或独占)机制

1. 我们称之为近代社会的那种社会，首先是在西方，是以形成某种程度的独占为其特点的。个人无权占有军事手段，只有中央政权才有权占有，[80]不管该政权采取何种形式；个人财产或收入的赋税亦集中于社会的中央政权的手中。统统归其使用的财政手段维护着政权的独占，而政权的独占又维护着赋税的垄断。这两者之间没有任何意义上的优先问题，既不可说经济垄断优先于军事垄断，亦不可说军事垄断优先经济垄断，两者都有着同样的垄断地位。如若一方消失，另一方也自动跟进，不管政权独占是由军事还是经济方面所动摇。

这种在较大区域对赋税和军队独占的早期形式在分工不细的社会中业已存在，首先是作为出征部队的后果而存在。而在社会分工进步的情况下所形成的乃是这种独占稳定而又专门化的行政机构。只是随着分工细密统治机构的形成，对军队和税收的占有才具有完全独占的性质，对军队和税收的独占才成为一种持久的现象。于是社会斗争的焦点不再是消灭政权的垄断，而是围绕着这样的问题进行争斗：谁人应占有这个垄断的机构，应如何组成，其利益和负担应如何分配。也只有随着这种中央政权和专门的统治机构持久独占的形成，统治单位才具有“国家”的性质。

在国家中有一系列其他的独占凝聚在所说的两种独占之上，这两种凝聚乃为关键的独占。它们一旦崩溃，其他也随之崩溃，比如“国家”。

2. 如何和为什么会形成独占呢？

在9、10和11世纪的社会里，完全没有垄断的现象出现。从11世纪起，在西法兰克的后继地区才慢慢形成垄断。起初，任何一个占有一块土地的武士，都在行使以后利用专门人才进行的管理而为中央政权所垄断的所有统治职能。任何一个武士，只要他愿意，都可发动战事，以取得新的土地，保卫其原有的土地。无论是掠取土地和统治职能，还是以战争捍卫其财产，套用后来的话说，都完全是出自“私人积极性”。随着人口的不断增加，对土地的需求、压力、渴望也就特别强烈，因而在全国范围内对土地的竞争也就愈演愈烈——那时是军事和经济手段双管齐下，这有别于19世纪，这时国家权力独占的力量只是以经济手段来进行竞争。

回味一下直接在我们眼皮子底下进行的竞争和垄断的形成，这对于理解社会早期的垄断机制不无好处。如从社会发展的整体来看，面对过去，回味后来者，是非常有意义的。后来者是以先行者的存在为先决条件的，两者的运动中心构成了最为重要的生产资料的积累，或者至少是对生产资料占有权的积累，积累的结果集中于越来越少的人的手中，前者积累的是土地，后者积累的是货币。

对垄断形成的机制业已进行了简单的论述，[81]现总结如下：在一个较大的社会单位里，因相互依赖而集聚其中的较小社会单位有着相对均衡的社会力量——不受已经存在的垄断的阻碍——可为社会力量的机遇进行自由竞争，亦即首先为生活和生产资料进行竞争。于是便会出现极大的可能性：一些胜利了，一些则败北，这样一来便渐渐会产生这样的后果：越来越少的人占有越来越多的机会；越来越多的人从竞争中淘汰，陷入对越来越少的人的依赖之中。

处于这种运动的人群关系愈益接近一种这样的状态：竞争机遇的占有权力集中到一人的手中；于是有着开放机遇的体制变成了机遇封闭的体制。[82]

这种运行过程的一般模式是相当简单的：在一个社会空间总有一定数量的人，有一定数量的机遇，与人的需要相比，机遇总是短缺或不足。在这个所有人的空间里，起初某人和他人为现存的机遇而进行斗争。大家都打成平手的局面无限延续下去，或胜负不见分晓的概率是微乎其微的，如果竞争真是一种自由的、没有垄断势力操纵的竞争的话；而迟早有人战出的概率是极大的。竞争者胜利了，其机遇也会随之增加，失败了，机遇也会随之减少。较大的机遇集中于原先参加竞争的一部分人的手中，而另一部分则从直接的竞争中被淘汰出局；在胜利者中重新开始又一轮的竞争：又有一部分人胜利，争得了对失败者机遇占有的权力；于是更少的人拥有了更多的机遇，另有更多的人从自由竞争中被淘汰出局。这种过程循环往复，直至最后一人占尽所有的机遇，所有其他人都要依附于他。

在历史的现实中，当然并不总是仅限于一些陷于这种关系机制中的个别人，而常常是社会组织，比如说领主国或国家起着更大的作用。相关进程实际上往往比上述模式更复杂，并且充满着变异。比如说常出现这样的情况：许多弱者联合起来，协力打倒个别积累了过多机遇和变得过于强大之人。他们一旦胜利了，便将被战胜者的机遇或机遇的一部分攫为己有，竞争就是为此而进行；继而他们之间又展开了竞争。力量对比转移的效应总是一样的。在这条道路上制度总是朝着这样的方向倾斜：通过一系列的淘汰竞争，最终是越来越少的人掌握越来越多的机遇。

这种平衡的打破不利于多数人，而只有利于越来越少的人，其进程和速度在很大程度上取决于机遇的供求关系。如果说需求者的数目和机遇的数目在运转的过程中作为整体来看是不变的，可随着情况的变化对机遇的需求会越来越大。依附者的数目会增加，依附的强度会加大，依附的方式也会改变。如果相对独立的社会职能在社会中为具有愈益依赖性的职能所取代，比如说自由骑士为宫廷骑士所取代，最后甚至为廷臣所取代，或者是相对独立的商人和职员为依附性的商人和职员所取代，那么情感的模式，整个情欲和思维的结构，简言之，人的整个社会风度和社会修养也同时必然地发生变化。而且在接近垄断地位人的身上较之在没有机会进行竞争因而直接或间接地陷入依附境地人的身上所发生的变化要大。

3. 无论如何这种进程不可理解为“自由”越来越少，“束缚”越来越多，尽管在某些阶段曾呈现出类似景象。观察一下运动的整体，就不难认识和理解到——至少是在任何较高的多元化社会里——进程某一阶段的依附性会以独特的方式突然发生变化。由于垄断机制的作用，陷于依附的人越多，依附者的社会力量就越大；当然不是说单个依附者，而是说依附者作为整体和少数或单个垄断者相比；不光从人的数目来看，而且从少数接近垄断地位者愈益依赖依附者来确保和充分利用其垄断机遇来说，亦是如此。不管是士兵、土地还是金钱，以某种形式集中于某人的手中越多，他越是难以弄清他手中土地、兵丁和金钱的数目。通过独占，他越是依赖越来越多的他人，就越是依附于其依附者的网络。变化一直在进行，变化到使人感觉到的程度需要数百年的时间；对持久性的建制打下烙印，这样的变化又要数百年；特殊的社会结构规律往往给进程带来没完没了的障碍；其机制和趋向是清楚的。垄断化的机遇越是广泛（对垄断机遇发挥作用的，或者是垄断的存在从某种方面来说取决于其工作、其功能的），人际网络越大，人群的分工越细，霸权领主的统治领域就越是强烈地使自身分量和自身法理发挥作用；霸权领主可以服从这种法理，强使自身服从其作为强大领主所要求的限制；他也可以放纵自己，将自己的好恶喜怒摆在第一位；那么，由私人积累的机遇所成长起来的复杂的社会机构早晚会陷入混乱中，就会真正承受自身的反抗，承受自身法理的威力。换句话说，垄断占有越是稳固，其分工越是细密，它就越是鲜明地追求这一点：霸权领主变为职能分工机构中的中央骨干，也许比其他骨干更强大，但和其他骨干几乎一样受束缚、受制约。这种变化差不多是在不知不觉中进行的，迈小步，在小型的争斗中进行；或者，依附者集团面对少数的霸权领主以武力贯彻其社会力量，无论如何，对借助私人积极性而在许多淘汰斗争中积累起来机遇的占有权有这样的倾向：从占有量某一最佳点上脱离霸权领主的掌握，而过渡于作为整体的依附者的手中，或者起初至少过渡于一些依附者集团的手中，亦即转变为霸权领主管理人员的占有权。个别人的私人独占社会化了；转变为整个社会阶层的独占，转变为公共独占，转变为一个国家的中央机关。

我们今天称之为“国家预算”者，其发展过程就是这种进程的鲜明例证。国家预算是从封建统治者家族的“家庭预算”演化而来，详细说来就是：收入和支出在起初并没有“公”与“私”的差别。中央领主的收入主要来自其个人的家族产业或领地产业；无论是领主维持宫廷的费用，狩猎、服饰或礼品的支出，还是小型的行政管理，雇佣军或维持城堡的支出都同样由这些收入来承担。于是越来越多的土地集中于领主家族的手中；收支的管理，产业的经营与保卫，个人越来越难以应付。然而，即使是领主家族直接占有的产业，其领地庄园，早已不是其政权收入的最重要来源；随着社会的日益商业化，全国货币赋税大量流入中央领主的银库，以权力独占为后盾的对土地的独占同时变成了货币赋税或税收独占，中央领主还是像占有其家族私有收入一样占有这些收入。那时他还总是能够决定其收入的多少用于建筑宫殿，多少用于分发礼品，多少用于膳房和整个宫廷的开支，多少用于军队，多少用于行政开支。由于机会的独占，收入的分配也有很大的随意性。不过只要仔细加以观察就可看出，独占者的决定权限越来越受制于其财产逐渐蜕变为的巨大人际关系网。对行政人员的依赖和行政人员的影响日益增加；独占机构的固定开支越来越大。这种情况愈演愈烈的结果便是：有着似乎是无限权力的集权统治者在很大程度上受到压力，受到法律的制约，对其所统治的社会有着职能上的依赖。封建领主的无限权力并非单单是对机遇实施独占政策的结果，而是那个阶段社会独特结构的功能，对此我们以后还要谈。不过无论如何，在法兰西专制主义的国家里，提出预算时对国王的开支并没有“公”与“私”之分。

后来集权统治在预算方面的社会化已是有目共睹。中央政权的拥有者，不管其有何名号，就像任何一位工作人员一样，在预算中都有其一定的份额；中央领主，国王或总统家族或宫廷开支都是由预算的份额来承担。国家政权组织所需的开支和用于私人目的的个人开支严格分开。私人的政权独占转变为公共的政权独占，即使政权落入作为社会运转者的个人手中。

从整体来看，政权机构的构成也出现同样的情形。政权机构可以说是形成于国王或国君“私人”宫廷和领地的管理。所有国家政权机关的出现是对国君家政职能区分的结果，有时也是对地方自治机关加以合并的结果。这种政权机构最终一旦变成了国家或公共的机构，那么中央领主的家政至多成为诸多机关中的一个，最后甚至还成不了一个机关。

这里所说的仅是公共职能如何从私人占有中演化而来，个人独占最终如何社会化的一个鲜明例证，而私人独占乃是在竞争或淘汰的斗争中取得一系列胜利的结果，是几个世代机遇积累的结果。

如果对从个人对独占化的机遇形同“私人”的占有权如何演变为“公共”的或“国家”的或“社会”的占有权的真正意义详加论述，那话题就扯远了。所有这些用语，正如以前所述，只有联系有着广泛职能分工的社会才有其完整的意义；只有在这样的联系中才可看出，任何个人的活动和职能都是直接或间接地取决于许多其他人的活动和职能；也只有在这里才可认识到，许多相互纠葛在一起的行动和利益的分量是如此之大，以致即使对有巨大机遇拥有独占权力的少数人也无法摆脱其压力和强力。

独占意义上的社会进程在许多社会都有，在职能分工较少、相互联系较少的社会也是如此。然而当独占积累至一定程度时往往会有这样的倾向：脱离个人独占而过渡至社会集团的占有，占有权常常是首先过渡至先前政权的工作人员，亦即独占者的最初仆人手中，封建化的进程就是其中一例。正如上面所表明的那样，在这个过程中，对大片土地的占有权和对大规模的军事手段的占有权与独占领主相脱离，几经风雨波折，首先过渡至先前的工作人员或其继承者的手中，然后转变为整个武士阶层不同层次的权力。在其职能较少相互依附的社会中，这种社会化的推动必然会导致要么是“无政府”状态，独占状态完全崩溃，要么是取代一人独占的寡头独占。后来的发展有利于机遇的多人独占，而不利于一人的独占，从而造成另外一种对机遇支配的形式。只是在所有职能相互间的社会依赖性不断增长的过程中才有可能取消少数人滥用机遇的独占现象，如果说没有使这种现象完全解体的话：在职能分工很强并且不断增长的情况下，对一波又一波的新机遇要加以独占的少数人面对多数人，或迟或早会陷于困境，并处于不利的地位，这是由于他们对他人服务和其职能的行使对他人依赖的结果。由于分工的日趋细密人际关系也愈益密切，人际关系网络作为整体有其自身的规律，那就是对机遇的任何私人垄断起着愈益强烈的抵制作用。独占，亦即权力和税收独占，由“私”到“公”或“国家”的趋向，无非是社会相互依赖的结果。分工日益细密的人群关系由于作为整体的自身的分量而趋向于一种均衡状态，这使得利益和独占化机遇收益的分配只有利于少数几个人成为不可能。首先是诸如政权这样关键性的独占已是“国家化”或“公有化”了，而在以前完全不是这么回事，然而在今天看来则是理所当然之事，这表明已向所说的方向迈进了一步。由于社会的特殊条件，完全有可能一再有障碍穿插于进程之间。上面所讲的德意志—罗马帝国的发展过程就是这种障碍的特殊例证。社会网络一旦超过了形成独占的最佳规模，便会出现类似的现象。人们会明显地感到，人际网络总是趋向于这样一种结构：对独占朝着有利于整个人际网络和在整个人际网络的意义上的方向上进行调节，不管有什么因素作为抵制的机制穿插其间，也不管有什么因素在反复较量的冲突状态中阻碍过程的发展。

因而独占形成的过程一般看来有着清晰的结构。自由竞争在这一过程中有其确定的地位和良好的功能：这是一种相当多的人为取得尚未为某一个人或少数几个人所独占的机遇而进行的斗争和竞赛。任何社会独占的形成都是以这样一种自由的淘汰竞争为前提的。而任何自由的淘汰斗争或竞争都朝着形成独占的方向发展。

面对这种自由竞争的阶段，独占的形成一方面对于许多人和对于越来越多的人来说是直接进入某些机遇的结束，另一方面也意味着对这种机遇的支配权愈益集中。集中的结果使得这些机遇不再是许多人直接竞争的对象；最佳情况是：这些机遇为某一社会单位所支配。这一社会单位作为独占者绝不可能单独受用其独占的收益，在一个分工细密的社会里就更不能这样。它很可能先是，如果它有这样的社会力量的话，将独占收益的大部分归为己有，按最低的生活水准来支付服务。可它到头来不得不将其所支配的大部分机遇与他人共享，因为它也依赖他人所提供的服务和职能的发挥。积累的财富越多，和他人分享的部分就越大；对他人的依赖越大，和他人分享的部分也越大，因而他人的社会力量就越强。为取得这种机遇，而今在仰靠这些机遇者之间又重新展开了一场竞争。在先前阶段的竞争还可说是自由的，亦即竞争的结果完全取决于某一时刻可见分晓的胜负，而今则取决于独占者从其政权的全局出发如何用人，何人担当何职，何人派何用场。取代自由竞争的乃是由中央机构，由人所监控的或者说可监控的、有制约的竞争。在这场有制约的竞争中有望取得胜利的品质，竞争的淘汰机制，亦即竞争所制造的人的类型，和先前阶段的自由竞争完全不可同日而语。

自由封建贵族和宫廷贵族之间的差异即为此提供了例证。自由竞争时代决定机遇分配的是家族，是其职务的社会力量，同时也是其经济与军事装备的社会力量，直接动武乃是这种为取得机遇所进行的自由竞赛的不可或缺的斗争手段。然而在有制约的竞争时代，最终决定机遇分配的是其家族，如其先辈在武斗中作为胜利者而崭露头角，就会握有权力；在这场为着由国君所分配的机遇而进行的竞争中，凭借权力而无需动武；竞争的手段文明化了，或者说高雅化了，感情的表达愈益审慎，这是对独占领主依附的结果；一方面对其生存境况的强制性有所反抗，对依附和受制的状态有所憎恶，对于无拘无束的自由竞争骑士时代极为向往，另一方面又对所培育出来的自我克制能力颇感自豪，对于向其大开方便之门的新的娱乐可能性甚为快意，他们就是在这两者之间摇摆不定。一句话，这在文明的路途中又迈进了一步。

下一步则是由市民阶级来接管权力和税务独占，连同在此基础之上建立起来的所有统治机构。在这一时代，这一阶层作为整体以一种无组织的形式支配某些经济机遇；不过这些机遇起初在其成员之间分配得相当均匀，以致他们当中的许多人相互间可以进行自由竞争。也正是为了自由竞争，这一阶层才和王公贵族展开了斗争。斗争的尘埃落定并非是政权独占的毁弃；这一阶层所追求的并非是对税务和军警权力的独占化机遇在其成员之间进行重新分配；他们不愿成为地主，那种有着自己军事力量和赋税的地主。赋税独占和凭借膂力好勇斗狠乃是地主豪强自身社会存在的基础，也是限制自由竞争的前提。自由竞争是市民阶层成员之间为着某些经济机遇以经济力量的手段所进行的竞争。

市民阶级在为政权独占进行的斗争中所努力达到的和最终达到的并非是——如上所述——对业已存在的独占进行分配，而是对负担和收益进行另外一种分配。而今对这种独占的支配不再取决于某一个专制的国君，而是取决于整个阶层，这一点在前面所指出的方向中又前进了一步。这是在这样的道路上迈出的一步：独占所给予的机遇按照个人恩宠和个人利益加以分配的情况越来越少，而越来越多地按照许多相互依赖的人的利益制订非个人的严格的计划加以分配，最后是按照整个相互依赖的人际网络加以分配。

换句话说，以前个别人通过战争暴力或经济权力争得机遇，而今通过集中化和独占化可使其服从计划的安排，变得可以操作。为独占所进行的斗争从发展的某一时刻起便不再趋向于破坏，而是为了收益的支配权，为了支配权的结构计划，为了利弊分摊的计划，一句话，是为了分配的关键。分配本身，独占领主和独占行政的任务，在这场斗争中由相对私人的职能转变为公共职能；这一职能对于相互联系的人际网络的所有其他职能的依附性在组织上也愈益显示出来。中央机构的人员在这整个网络中像所有其他人一样也是依附者。能否支配独占权，能否拥有关键性的位子，并非取决于某一次独占大型“自由”竞争，而是取决于经常的淘汰性的反复较量，这种较量不诉诸暴力，而是由独占机构加以调节，这是一种独占政策“制约”的竞争。换句话说，最终形成了我们一般所谓的“民主政权”。这种政权并非像今天人们似乎意识到的那样——这只要仔细观察一下我们时代的某些领域的经济垄断过程就可得知——与独占的存在根本不相协调一致，它的存在取决于最大限度自由竞争余地的存在，而政权自身就是以高度组织的垄断存在为前提的，尽管它只是在某些条件下，只是在整个社会环境有了某种特殊结构的情况下，然后在独占形成极为后期的阶段才会出现，或者说可以持久地运转。

根据我们的经验水平，独占机制形成的过程要区分为两个阶段：一为自由竞争的阶段，或者说淘汰阶段，其间机遇积聚在越来越少的人的手中，最后落入一人之手，这是独占形成的阶段；第二个阶段：对业已集中化和独占化的机遇的支配权趋向于从个别人手中逐渐过渡至越来越多的人的手中，最后变为作为整体的相互联系的人际网络的职能，这是一个由相对的“私人”独占走向“公共”独占的阶段。

在缺少分工的社会里，也有着第二个阶段的萌芽。不言而喻的是，只有在分工愈益细密的社会里第二个阶段的特点才能充分发挥。

整个运动可简化为一个公式，其出发点是这样一种状况：整个阶层支配无组织的独占机遇，在这一阶层成员中对独占机遇进行分配，主要是通过自由竞争和公开动武来决定；分配趋向于这样一个状态：整个阶层支配独占机遇——接下去便是作为相互关联的整体的所有依附于机遇者来支配这些机遇——进行集中组织，并且通过监督机构加以保证；在这种状态下，对独占收益的分配是按照计划进行的，计划绝非以个别人的利益为依归，而是以是否有利于分工过程的运转，是否有利于所有参与分工的、相互有密切关系的人群的最佳合作为依归。

对于一般性的竞争和独占机制就谈到这里。只有联系具体事实，这一公式才有充分的意义，它一定要经受得起事实的考验。

今天一说到“自由竞争”和“垄断的形成”，在人们眼前就会浮现出当代的事实；首先想到的是为“经济”机遇而进行的“自由竞争”，这是人或人群在游戏规则的范围内运用经济实力的手段所进行的斗争。在斗争的过程中，一些人对经济机遇的支配权得以扩展，而另一些人的经济存在则被限制、被击败或被消灭。

然而今天的经济竞争不仅仅直接在我们眼下导致真正“尚未垄断”的竞争对手的圈子愈益狭小，导致垄断形体的逐渐形成，它们自身——正如前面所指出的那样——也业已以某些先进的垄断的坚实存在为其前提；没有起初以一国为限的膂力暴力和税收的独占组织，这种为“经济”机遇而进行的斗争就不会在各国之间长时间限于使用经济实力的手段，遵守基本的游戏规则。换言之，现代的经济竞争和垄断的形成是在一定的历史背景中出现的。也只有注意到这种广泛的联系，通常关于竞争和独占机制的表达才有其完全的意义。只有看到而今已极为巩固的“国家”的垄断机构的形成过程，考察者才能在大量的史实中清楚地看到这种机制的作用，看到这些独占形成的体制、结构和规律，因为只有在强劲扩张和多元化的阶段，“国家”的垄断机构中才会使“经济”领域走向势不可当的个人竞争，因而也会形成新的独占。

“国家”的垄断组织是怎样形成的呢？导致“国家”垄断组织形成的竞争又是何等样的境况？

法国长期以来是欧洲典型的大国，其“国家”垄断组织的形成也最为典型，考察一下它的这种历史进程也就能解答以上的问题。在这里，要不惮于探讨一系列的细节。否则就无法赋予进程的一般性规律以丰富的经验为其依托，而没有经验为依托，规律也是空洞的，这正如没在其中看到秩序和结构的人觉得经验是一片混沌一样。

王国范围内的早期竞争

1. 在后来的西法兰克的领土之内，在相互争夺的武士家族之中，或迟或早总会有一个家族占了上风，最终取得独占的地位，许许多多小的封建领主国就是以这样的方式归并为一个较大的统治单位，这在很大程度上符合独占机制的规律。

正好是这一个家族——卡佩家族，在一系列长期的淘汰斗争中以胜利者姿态脱颖而出，一跃而成为独占机制的执行者，起初都是未定之天，难以断言，尽管可以轻而易举地列举出该家族在崛起中优于其他竞争对手的因素。可以说，是卡佩家族的后代，抑或另一个家族的后裔成为正在形成的国家的独占者或中央领主，要历经百年的战争最终才见分晓。

在独占和国家形成这样的普遍问题和哪个家族取得霸权和保持霸权这样一个特殊的问题之间加以区分，是重要的。这里要对普遍性的问题讲得多些。

如前所述，在 10 世纪以至 11 世纪，财产关系强烈地划一化之后出现了独占形成的第一次冲击波。这种独占形成于领地的框架之内。继而在狭小的区域里演出了第一批淘汰斗争的剧目，淘汰斗争所达成的新的平衡有利于少数人，最后有利于一个人。一个家族——总是家族，家庭是自我实现的社会单位——争得了这样多的土地，以致其他家族在军事上和经济上无法与其争锋。只要有与其较量的可能性，分封的采邑关系只是一种名义上的关系。随着社会力量的转移，分封才会名实相符。于是形成了新的依附关系，尽管许多武士家族所依附的领地内最强大家族既缺乏组织完好的中央机构，其强盛也并非贯彻始终，因而不具备后来专制政权的素质。

几乎同时，在西法兰克领域里的所有领地内都发生着类似的进程，即独占的机制极为严格地运转着。路易六世，法兰西大公，名义上是整个地区的国王，而实际上只是独占形成阶段的代表。

2. 看一下 1032 年法国的地图，就会对这个地区政治上的四分五裂有个鲜明的印象，那时存在着为数众多的大大小小的领主政权。[83] 人们所看到的，绝非现在所认识的法兰西。这个逐渐成长的法兰西，西法兰克王国的旧有之地，东南以罗讷河为界；阿尔勒和里昂都在勃艮第王国之外。在勃艮第王国北部是今天的图勒①地区；巴勒迪克②和凡尔登，还有亚琛地区，继而便是安特卫普，直至荷兰，都属于加洛林王国。西加洛林王国的后继地区的东部与北部边界都处于今天法国的腹地。然而无论是名义上的卡佩王国的边界，还是其内部较小的政治单位的边界，都有着今天国家疆界的职能或者说稳固性。地理上的低洼地带，河谷和山地，语言各异，习俗不同，这都使边界具有某种稳定性。大大小小所有地区，莫非某一家族的财产，对于这个统治单位最最重要的是这个家族的胜负、嫁娶和买卖。一旦这一地区的政权发生更迭，其变化也相对是大的。

从南向北看，在北面首先遇到的是巴塞罗那伯爵领地，在比利牛斯山以北是加斯科涅③公国，其领土直达波尔多地区和图卢兹伯爵领地。与其相连接的，先捡大的说，吉耶讷公国，亦即阿奎坦公国，然后便是安茹伯爵领地、第二个法英王室的世袭领地、曼恩④和布卢瓦⑤伯爵领地、诺曼底公国，第一个法英王室领地、特鲁瓦⑥、韦芒杜瓦和佛兰德伯爵领地，最后是在诺曼底统治区域、布卢瓦、特卢瓦伯爵领地和其他伯爵领地之间才是卡佩王国，亦即法兰西公国的狭小统治区。这里要强调的是，卡佩统治地区也像其他领主国一样狭小，但在地理上和军事上却是高度统一。它由两三个相连的较大地区组成：法兰西岛、贝里和奥尔良地区。另外还有一些分散于普瓦图、南方和法兰西各地的较小的产业，这些都是以某种方式为卡佩家族所占有。[84]

3. 路易六世时代，在大多数的领地国中，总会有某一家族通过对土

① Toul，法国城市。——译者
② Bar le Duc，法国东北部城市，默兹省首府。——译者
③ Gascogne，法国西南部古地名。——译者
④ Maine，法国西北部，古地名。——译者
⑤ Blois，法国中部，位于卢瓦尔河谷地。——译者
⑥ Troyes，法国中部，巴黎盆地东部塞纳河畔。——译者

地占有的积累而争得了事实上的霸权地位。在领主国内所进行的国君和较小领主之间的斗争一再燃起战火，他们之间的紧张局势一直无从缓解。

较小的封建家族进行反抗，其获胜的希望很是渺茫。他们对各自采邑主或领主的依附在 11 世纪愈益明显，国君家族在其领地之内的独占地位难得动摇。而今社会的特点越来越强烈地表现在国君家族之间为较大地区的霸权所进行的斗争。与先前相同的强制驱使人们投入斗争：如邻邦较大，因而也较强，那么另一邦国便陷入为其制服或依附于它的危险；为不被臣服，它就得征战。对外进行殖民和扩张的征战，内部的紧张状态就会得到某种程度的缓解；对外扩张的机遇越小，内部的紧张状态便会愈烈。自由竞争相互交织的机制便在一个狭小圈子里运作起来，即在武士家族之间，在变为中央领主的家族之间运作了起来。

4. 诺曼大公远征英格兰，正如以前所述，是一种典型的扩张性征伐，这体现了那个时代的特点，是众多征伐中的一个。诺曼大公同样患了土地饥饿症，那时由于人口的增长，特别是武士人口的增加，无论是穷还是富，都对土地怀着贪婪的欲望。

诺曼大公的暴富，其军事和财政手段的膨胀，同时也意味着在法兰西领主之间迄今为止所维持的平衡受到了震撼。平衡的改变并没有使人立即感到它的全部威力，因为对其新的统治的权力手段要加以组织，而这又需要时间。正当诺曼大公着手此事时，由于对西法兰克领土无暇顾及而出现了某种险情。诺曼大公们的势力增长就是对其他领主的威胁，首先是对诺曼底的近邻，亦即在法兰西的北部所感受的威胁远胜于法兰西的南部。而直接受到触动的乃是法兰西，卡佩大公的家族，诺曼底东部邻邦的这一家族一直怀有争霸之心。也许正是强邻威胁，才给予路易六世强大的推动：穷毕生之精力，锲而不舍地巩固在其领地之内的霸权地位，击败领地之内任何可能的对手。

路易六世身为西法兰克的国王和采邑之主，可由于其财力所限，实际上要比其藩臣和邻邦，而今一跃而为英格兰的统治者，同时也要加冕为国王的威廉一世虚弱得多，这在他们之间每次的争斗中都会表现出来。

威廉一世由于新近征服了这个岛国，所以有可能建立这个时代相对集中的政权组织。他将征服的土地进行分封，但所采取的方式却是尽量避免形成能与其抗衡的、同样富有强大的家族和世代。英国中央领主的行政机构是当时最为进步的机构，甚至设有收款的专管局。

威廉一世争得该岛统治所率领的大军，只是部分来自封建扈从，而另一部分则是雇佣骑士，后者也是受到渴望得到新土地的驱使而来。而今，在征战取得胜利之后，诺曼底中央领主有的是金银财宝，完全可以豢养这些雇用来的武士。海岛领主光是这些大军，完全不计封建扈从之军，就使他对大陆邻邦占有军事上的优势。

法兰西的路易六世也像其先辈一样无法做到这一点，后来人们说他对货币有贪欲，他千方百计要将货币弄到手。事实上在那个时代，正如在许多时期一样，货币相对稀少，货币存量和需求根本不成比例，对货币有贪欲就特别惹人注意。路易六世面对腰缠万贯的邻人实际上还很有些捉襟见肘。无论是在货币方面，还是在政权组织、集权化和淘汰其内部对手诸问题上，海岛领主国足以令大陆领主效法，如果他们在争霸斗争中不想被淘汰出局的话。

12 世纪初卡佩家族才切身感到和海峡对岸的对手家族的差距，无论是在所占土地上，还是在人口方面都远不如人。路易六世和英格兰的竞争者几乎是每战必败，虽则后者还没能侵入法兰西的本土。这就是法兰西的主人当时的处境，这使得他囿于一隅，无法使其扩展权力基础和家族产业，也无法使领地内和领地间的较小封建主就范。为争夺西法兰克王国以后的这片土地的霸权，展开了大规模的竞争，进行了百年争战；为了夺取法国的王冠，在法兰西岛和英格兰岛的两位主人之间展开了斗争，为此路易六世在某种程度上装备了他的家族。在争战的过程中，越来越多的领主国合并为一个政权集团，落入一个武士家族之手。从今而后，这个地区所有其他的紧张关系都相当直接地与这场争斗交织在一起。

5. 征服者威廉家族的统治衰落终结之后，代之而起的是普朗塔热内家族来和卡佩家族争霸。前者的前身乃是安茹[85]家族政权，同样是法兰西的邻邦。安茹政权差不多和卡佩家族同时崛起，其兴盛的方式也和卡佩家族大同小异。正如法兰西在腓力一世治理下一样，邻邦安茹在弗克治下时期实际的权势和藩臣相比已变得极为微弱。也正像腓力一世的儿子路易六世一样，弗克的儿子小弗克，以及他的儿子若富瓦·普朗塔热内逐渐将其境内的大大小小的封建主一一消灭。从而这个家族也打下了日后扩张的基础。

而在英国，起初进程朝相反的方向前进，从另一面呈现出武士社会的机制。威廉一世之孙亨利一世死后，没有男丁承继，于是威廉女儿的儿子艾蒂安·冯·布卢瓦①便提出要求继承英国王位。他取得了世俗封建主和教会的承认；而他自身不再直接是诺曼底的封建主了，其个人的产业，其所仰仗的家族势力都非常有限。因而面对其他的武士，面对教会，他都相当软弱无力。他上台伊始，岛上便出现了分裂的迹象。封建主建造了一个又一个的城堡，自铸钱币，直接向地方征税，一句话，他们要将迄今为止由于诺曼底中央领主社会力量的强大而为其所独占的权益攫为己有。此外，艾蒂安·冯·布卢瓦本人还有一系列使教会尤为反感的失误，若换一个强人再怎么做可能也没什么，而他是一个需要别人扶植的人，一旦有了失误，只会有利于他的对手。

安茹的伯爵作为竞争对手而登上了舞台。若富瓦·普朗塔热内娶了最后一任诺曼底英王的女儿为妻，鉴于这一婚姻他也提出权力的要求。慢慢他在诺曼底站稳了脚跟，其子亨利希·普朗塔热内就一统曼

① Etienne v. Blois。——译者

恩、安茹、都兰①和诺曼底而为他的天下。有这样的实力作后盾，他完全可以将其祖父的英国统治区夺回来，一如当初诺曼大公将这块土地征服一样。1153 年他渡海到了英伦，1154 年，他年方 24 岁便成了国王。既是由于他有着军事和财政实力，也由于他个人精力充沛、才干突出，因而他成了一个中央集权的强势国王。两年前，他和阿奎坦领主的女继承人结为连理，从而一跃成为法兰西南部地区的主人。而今他既占有了英格兰岛，又拥有大陆这块地方，卡佩家族的领地与之相比就显得狭促多了。然而西法兰克的领地是为法兰西岛还是为安茹所统一，至此尚难逆料。英国自身是被征服之地，起初多是政治的对象，而非政治的主体。[86]也可以说是与西法兰克有着松散联盟的半殖民地地区。

这个时期政权分配图使人想起遥远的东亚人所共知的当代状况：一个小海岛和大得多的大陆领土掌握在一家之手。卡佩王国的整个南部地区就属于这种状况。首先是巴塞罗那伯爵领地不属于普朗塔热内的统治区，其中央领主参加了同样的扩张性远征，同样由于联姻的关系而成了阿拉贡②的国王。其地区渐渐地，几乎是悄悄地从西法兰克的领地中离析出来。

此外在南方——除了一个较小的教会政权外——还有图卢兹伯爵领地不属于安茹—英国统治区。这里的主宰者和阿奎坦地区北部的小封建主，由于安茹王国的强大使其感到威胁，于是便向与之抗衡的力量中心卡佩王朝靠拢。在这样的均衡体系中调控人的行动的平衡规律基本上是一样的。其在这里，在西法兰克领地联盟内的较小地区内的运作方式，和在近代欧洲以及整个世界决定政治的运作方式几乎没有

① Touraine，位于法国中部偏西，其中心为图尔。——译者
② Aragong，西班牙历史地理区。——译者

什么两样。只要还没有出现绝对的霸权——霸权形成就会封杀其他势力争霸的空间，霸权便会在这一均衡体系中占有垄断的地位——次级强大的单位便会针对兼并许多地区一跃而成为霸主的单位试图建立一个集团。一个集团形成便是对另一个的挑战。不管这样的较量反复多少次，但作为整体的系统却是趋向于围绕着一个真正具有举足轻重的势力合并越来越大的地区，与之抗衡的力量越来越少，最后是只此一家，最终成为集中化的中心。

诺曼大公的远征建立起一个集团，使法兰西北部的平衡发生了有利于他的变化。安茹家族的扩张就是以此为基础，并且更进了一步。安茹王国所建立的集团使得西法兰克地区的整个平衡都成了问题。这种集团可能极为松散，集权化的政权机构尚处于初级阶段；在普遍性的土地饥饿的压力下，一个家族促使另一个家族合并或争取更多土地，这样的运动在集团的形成中充分地表现出来。除了南部而外，法国整个西部的宽阔地带而今都属于普朗塔热内家族的统治范围。英国国王对于这个大陆地区来说，形式上仍是卡佩国王的藩臣，然而若没有相应的社会力量为后盾，“法理”是值不了几个钱的。

路易六世的继承者是路易七世，1177 年会见英国年轻的国王亨利二世时他已老态龙钟，他对英王说：

“噢，国王陛下。自您登位以来，以及在此之前，屡屡冒犯于我：您曾信誓旦旦要忠实于我，敬重我，可您却践踏了您的誓言。不过您最最令人恼火、最最肆无忌惮的恶行乃是将奥弗涅[1]攫为己有，而置法兰西于不顾。我年老体衰，夺回这块土地和其他的土地我已是无能为力。可我面对上帝，面对王国的各路诸侯，面对我们的臣下，我要大声抗议，我要重建国王的尊严，我要求收回我王冠下的权力，特别是我对奥弗

[1] Auvergne，法国古地名，在法国中南部。——译者

涅、贝里、沙托鲁①、日索尔②，还有诺曼底的维克西恩③。我恳请万王之王陛下，请您派一王位继承人来这里，使其领有陛下拒绝归还我的土地。”[87]④

维克西恩有点像是阿尔萨斯—洛林，位于卡佩王国和普朗塔热内诺曼底统治区之间有争议的边区。卡佩统治区和安茹家族之间的边界穿过贝里地区，一直向南方延伸。普朗塔热内家族显然已经强大到将属于卡佩家族政权的部分攫为己有的地步。卡佩家族和普朗塔热内家族之间争夺霸权的斗争如火如荼，安茹政权的统治者还一直占着卡佩家族的上风。

卡佩家族向对手所提出的要求实在并不过分，它只是将本来属于它的一些地区重新占有而已。起初并没有想得更多。对安茹政权的兴盛和自身的局限，卡佩家族是一清二楚。

路易七世在和竞争对手比较一番后说道：

“我们法兰西人除了面包、葡萄酒和快乐之外，什么也没有。”

6. 不过这时的政权形态，正如所说的那样，尚缺少稳固性。这些政权实际上像是“私人企业”，也像后者那样受到竞争的社会规律的制约；也像后者那样其稳固性在很大程度上取决于占有者个人的能力、年龄、后继者的状况等诸如此类的个人因素。这和后期的政权形态有所不同，在后来的时期，不光是占有者个人，而且还有一定的分工，为数众多的有组织的利益，以及稳定的政权机构使得更大的单位凝聚起来。

1189 年，卡佩家族又和普朗塔热内统治者发生了对峙。冲突期间卡佩政权几乎将所有有争议的地区重归版图。领导普朗塔热内政权的乃一老翁，而卡佩家族的代表要年轻得多，那是路易七世的儿子腓力二世，

① Chateauroux，法国中部城市。——译者
② Gisors，法国地名。——译者
③ Vexin，法国地名。——译者
④ 原文为法文。——译者

名叫奥古斯都。在一个掌权者尚不能委派他人指挥战争、战争胜负很大程度上取决于个人作为、战争中掌权者要亲冒矢石进行攻防的社会里，如上所述，年龄有很大关系。亨利二世自身是个强势君主，他将对广大地区的统治权牢牢掌握在自己手中；而在年迈时，却为起义反抗所困扰，还为他长子、绰号为狮心王的理查所仇恨，后者有时和敌手卡佩家族共同对付父亲。

利用对手的虚弱，腓力·奥古斯都收回了奥弗涅和他父亲所提到的贝里的部分。亨利二世和腓力二世在图勒对峙之后一个月，便溘然长逝，终年 56 岁。

1193 年，狮心王理查成了俘虏，腓力二世收复长期争议的维克西恩，其盟友是其阶下囚的弟弟约翰。

1199 年理查去世。他像弟弟和继承人无地王约翰一样，将其父亲留下的田产和钱财几乎挥霍殆尽，以致其政权的根基大受破坏。对无地王约翰虎视眈眈的是这样一个男子汉：由于安茹—英国王朝的强盛，卡佩政权所受之屈辱和限制他感同身受，受到这些经验的刺激，他将其全副精力关注于一个方向：更多的土地，更多的权力。多了还要多，多多益善。他，也正如在他之前的普朗塔热内的第一代人一样，沉迷于这样的欲望。后来无地王约翰有次问他，能否将输给卡佩家族的土地赎买回来。腓力这样回答他：他是否知道愿意出售其土地的人在哪儿；而他本人不是卖地，而是买地。在当时，腓力是土地最多、势力最大的男子汉。

从这里可以看出，斗争实际上并不仅仅涉及国与国、民族与民族之间的斗争。如果不能把握住“个人作为”特点的先行阶段，就无法理解后来独占组织、国家与民族的形成史。这是一场相互竞争或争夺的家族之间的斗争，这些家族和普遍的社会运动相应的是：先以较小单位，后来以越来越大的单位相互交替地进行扩张，争得越来越多的财货。

1214年在布汶所进行的战役是第一次有决定意义的战役，英国的约翰及其盟友为腓力二世击败。在封建武士社会里，对外战争的失败也常常意味着对内的削弱。败绩而归的大王和教士约翰发现国内发生了动乱，要求订立“大宪章”。与此相反，腓力·奥古斯都对外得胜归来，这也意味着在其统治区内部权力的加强。

腓力·奥古斯都从其父手中继承下来的不过是巴黎和奥尔良那一小块内陆，此外还有贝里的几部分。而他自己开疆拓土的结果却使卡佩王朝地域大大增加，举其大端者如下：诺曼底，当时是西法兰克王国内最大最富庶的地方；此外还有安茹、曼恩、都兰地区、普瓦图的几个重要部分，以及圣通日①、阿图瓦②、瓦卢瓦、韦芒杜瓦，还有亚眠地区和围绕博韦的大部分地区。“巴黎和奥尔良领主而今成了法国北部最大的领主了。”[88]他使“卡佩家族成为法国最富有的家族”，[89]从今而后他的政权有了出海口。随着其权力的巩固，他在法国北部的其他领主国内，在佛兰德，在香帕尼和布列塔尼的影响也如日中天。甚至在南方，他也拥有一块不小的土地。

卡佩政权远非大一统的局面。在安茹和奥尔良地区之间有布卢瓦伯爵的政权。在南方，在桑特③周遭的沿海地区和往东的奥弗涅，都没有和北方联结起来。不过这些地区，卡佩家族的旧有之地加上诺曼底，以及北部越过阿拉斯④的新征服的土地，光从地理上来讲就是一块完整的地方。

腓力二世甚至还没有把我们所说的“法国”放在眼里，其真正的统治地区还不是这个法国。他首先念念不忘的是扩大其家族政权的领土，

① Saintonge，法国西部海岸古地名。——译者

② Artois，法国北部古地名。——译者

③ Saintes，法国西部城市。——译者

④ Arras，法国北部城市。——译者

加强其军事和经济实力，将其危险的竞争对手普朗塔热内家族制服。这两者他都如愿以偿。卡佩家族所统治地区在腓力二世驾崩时为其登位时的差不多4倍。而普朗塔热内家族却与此相反。该家族迄今为止生活在大陆上的时间要比在海岛的时间多，其行政班子既有岛上人，也有来自大陆的诺曼底人和其他大陆地区的亲属。而今它在大陆上所占有的土地只剩下当初阿奎坦的一部分，北面是比利牛斯山沿海直至吉伦特①入海口的中部和西部地区，吉伦特被称为居延公国；除此之外尚有北诺曼底群岛中的一些岛屿。平衡发生了不利于该家族的变化。其势力大为缩小，幸而还保有海岛的统治。过了一段时间在大陆的平衡重又向着有利于普朗塔热内家族的转移。在这片西法兰克王国后来的土地上，争霸斗争远远没有结束。看来，在普朗塔热内家族之后能起而和腓力·奥古斯都争霸的主要对手是佛兰德伯爵。这里是另外一个权力中心，在这里上演法国以后的全部历史。腓力二世有次可能这么说过：要么是法兰西佛兰德化，要么是佛兰德法兰西化。他肯定是意识到，这些少数几个大领主家族进行的所有斗争关系其生死存亡，要么称霸，要么丧失独立。他想到，佛兰德也会像法兰西一样在整个地区称霸。

7. 腓力·奥古斯都的后继者起初坚决奉行他所选取的路线：他们试图巩固和扩大已有的大片地区。腓力二世死后，普瓦图男爵便立即投向普朗塔热内家族的怀抱。路易八世，腓力二世之子，重新巩固了这个地区的统治，在圣通日、欧尼斯②和朗格多克③地区，以及皮卡第④的部分地区和佩尔什⑤伯爵领地也采取了同样的措施。卡佩家族开始向南方进

---

① Gironde，法国西南部省名。——译者

② Aunis，法国地名。——译者

③ Languedoc，法国古地区名。东起罗讷河，西到加龙河，北至中央高原，南到地中海地区。——译者

④ Pikardi，法国北部地区。——译者

⑤ Perche，在法国北部，诺曼底和曼恩之间。——译者

击——部分是采取宗教战争的形式，比如对阿尔比[1]邪教徒的征伐——已经进入除了普朗塔热内家族外惟一能与之较量的大领主辖区，进入了图卢兹伯爵领地。

下一个卡佩家族的主人便是号称圣人的路易九世。他不得不对迅速增长的产业加以保护，以防止内外的攻击，并加以扩展：他将法国北部、比利牛斯山以东的各部分，马孔伯爵领地、克莱蒙、莫尔坦和几个较小地区与自己的家族政权统一起来。绰号为勇士的腓力三世夺得了在加来[2]和圣奥梅尔之间的吉纳伯爵领地，不过12年后又重归伯爵的继承人。通过购买，或者答应予以保护，周围大大小小的地产被他攫为己有。他业已蓄谋将香帕尼和图卢兹这样大的领地并入其家族的统辖区内。

而今在整个西法兰克的领域之内，没有哪一个领主在没有结盟的情况下敢与卡佩家族决一雌雄，除了普朗塔热内家族以外。后者也以不减于卡佩家族的干劲积极进行扩张。在大陆，其统治的范围又超过了居延公国。在海峡对岸，降服了威尔士，并准备征服苏格兰。在不和卡佩家族直接冲突的情况下，对普朗塔热内家族来说还是有扩张的机会的。卡佩家族在另一个方向尚有扩展的余地。在美男子腓力四世的时代，其统治区与德意志—罗马帝国接壤，也就是说，一方面到达了马斯河，一般被视为西法兰克的自然的——回忆一下加洛林王朝于843年的分裂——同时也是传统的边界；另一方面，又向南方进击，达至罗讷河和索恩河[3]亦即到了道芬行省和勃艮第伯爵领地，这里同样不属于西法兰克领土的传统地带。香帕尼和有着许多属地的布里[4]，其中有些部分在德意

① albigensisch，12世纪晚期盛行于法国南部的异端。——译者
② Calais，法国北部港口城市。——译者
③ Saone，法国东部河流，发源于东北部的孚日山西部。——译者
④ Brie，法国地名，在马恩河和塞纳河之间。——译者

志—罗马帝国境内，腓力四世是通过联姻来取得的。在北方，从佛兰德伯爵手中拿到了里尔①、杜埃②和贝蒂纳③领地；从布卢瓦伯爵的产业中取查特斯伯爵领地和博让西领地而自用。此外，美男子腓力四世还得到了马尔什④和昂古莱姆⑤伯爵领地，卡奥尔⑥、芒德⑦和勒皮⑧的教会领地；在南方还有比戈尔⑨伯爵领地和索勒⑩副伯爵领地。

腓力四世的三个儿子：路易十世、腓力五世和卡尔四世都先后亡故，没有留下男性继承人。卡佩家族的家业和王冠便落在小儿子的后裔头上，瓦卢瓦的伯爵领地属于他，并为其俸田。

至此，数代人不懈的努力都是朝着一个方向：积累土地。对此总结一下努力的结果，也就无需多说了。

我们看一下卡佩王朝最后一任嫡传登位的国王查理四世死时的地图，就可看到如下情况：这是卡佩王朝的一个庞大的法兰西集结体，直接围绕法兰西公国所形成的集结体，西到诺曼底，东到香帕尼，北至康什；再往北延伸便是阿图瓦地区，乃为家族一个成员的俸禄之封地。往南——为安茹的俸田地区所隔开——便是为巴黎大公直接支配的普瓦捷伯爵领地；再往南，是图卢兹伯爵领地和以前阿奎坦大公国的几个部分，也全属于卡佩家族。其整体是一个强大的多地区的集结。然而一直还不是一个相互有着有机联系的地域。从外观上来看总还是一种典型的领主家族的产业，各个地区之所以能相互联结，并非由于相互的依赖，

① Lille，法国北部城市，靠近比利时边境。——译者
② Douai，法国北部城市。——译者
③ Bethune，法国北部城市。——译者
④ Marche，法国中部地区。——译者
⑤ Angouleme，法国西部城市。——译者
⑥ Cahors，法国南部商业城市。——译者
⑦ Mende，法国南部城市。——译者
⑧ Le Puy，法国南部城市。——译者
⑨ Bigorre。——译者
⑩ Soule。——译者

某种分工，而是由于地区所有者的人，是由于“人的联盟”，是由共同的管理中心将各地区联结起来。地方自我意识，每个领地的特殊利益和特点，都使人能强烈地感受到。联结于一个国君家族，部分也是联结于同样的行政中心，起初这要排除一系列的障碍；联结顺应扩展贸易关系、加强跨地区联系的趋势，一小部分的居民业已感知到这种联系。不过推动国君家族吞并或扩张的趋势当时在居民中的影响，完全不同于19世纪在根本不同的发展水准下的城市市民阶层中所产生的影响。在11、12和13世纪，争夺土地机遇的斗争，在越来越少的武士家族之间的竞争，构成了兼并较大领地的基本动力。在少数愈益壮大的武士家族中，在国君家族中，首先就有这样的积极性。在其庇护下，城市和贸易关系才得以发展。后两者都会从集权化中受益，毫无疑问，它们也各自为集权化作出贡献。对此以后还要谈及。市民阶层，一旦在一个政权下出现了联结在一起的较大地区，在那个时代也肯定会是巩固和强化这种联结的举足轻重的部分。如果没有市民阶层从日益发展的商业中流向国君，那这几个世纪无论是扩张，还是政权组织，都是无法想象的。然而城市和商业化在这里只是在极少的情况下才直接发挥作用，更多的是作为国君整合较大地区的工具或部件。地区的这种整合或合并，首先意味着一个武士家族战胜了另一个武士家族，亦即一个家族在另一个家族的失败中崛起，或者至少是后者臣服、依附于胜利者。

14世纪初，卡佩家族后继无人，看看那时地区的情况，便可大致分辨出变化的方向。中小武士家族为争夺土地或更多的土地而进行的搏斗自然没有停歇。然而这种斗争完全失去了路易六世时代、特别是其先人时代的作用。当时土地的分配还是相对均衡的，当然所占地产也有多有少，这种差异在那时人看来也可能是很突出的。不过即便是名义上的国君所占地产和由此所拥有的权力手段也是不多的，以致邻近的众骑士家族胆敢起来为了土地或权力机遇与其一争高低。这些家族在多大程度上卷进这种斗争，这要视其“私人积极性”如何。到了 14 世纪许多武士家族便不再拥有值得一提的势力，至多是在联结为一个等级的情况下方才有一定的社会力量。真正尚有“积极性”的是屈指可数的几个武士家族，它们在迄今为止所进行的淘汰战中作为暂时胜利者脱颖而出；它们积累的土地之多使得其他武士家族无法与之抗衡，而只能依附于它们。于是对大多数的武士来说，直接以自己的社会力量，亦即在自由竞争的道路上取得新的土地，并由此取得独立的社会地位的大门已被关闭。不过武士家族还存在于社会阶梯之中，尽管这个或那个成员没能成功地取得大领主的眷顾，并由此依附于他而往上攀登。

在西法兰克这块土地上，自成一体的、为着土地和权力机遇相互争斗的家族的数目愈益减少。兴亡沉浮的结果，诺曼底、阿奎坦作为独立的公国已不复存在；另外遭致灭亡命运的较大的领地国尚有香帕尼、安茹和图卢兹伯爵领地。而今除了法兰西家族而外，在这个地区尚有四个家族硕果仅存：勃艮第、布列塔尼公爵，佛兰德伯爵，再就是最为强大的英格兰国王——居延公爵，以及一些较小地区的领主。于是一个有着相对自由竞争的武士社会变成了独占性的、有限竞争的社会。这五个大的武士家族还具有相当大的竞争能力和竞争手段，与此相应的是也保持了几分独立性；然而从它们当中又脱颖崛起了两个家族：一为卡佩家族及其后裔，亦即法国国王；一为普朗塔热内家族，英国国王。在它们两者之间又要进行较量，以便决出西法兰克的故土究竟是谁人之天下，中心又在何方，独占地区的边界又在哪里。

离心力量重又加强：众王子的竞争圈子

8. 然而政权独占的形成之路并非笔直的，这和单纯的土地积累初期所显示出来的情况有所不同。卡佩家族积累和集中管理的地产越大，反向的运动就会愈演愈烈；分散的趋向就越是强烈。而这种趋向，就像在先行的、具有浓厚的自然经济色彩的阶段一样，比如说在加洛林王朝时代，首先是由近亲和藩臣所代表。不过分散势力运作的方式却完全不同于当初。货币、手工业和商业，在社会中所扮演的角色而今也吃重得多。专门从事各种行业的人群——市民阶级已经具有独立的社会分量，交通手段也有了很大的发展。所有这一切都为较大地区的政权组织提供了先前所没有的机遇。中央领主差遣至地方去管理和监护其地产的仆人也不那么轻易地闹独立了；中央领主的助手和仆人的大部分而今都是来自市民阶层。中央领主仆人中的市民崛起而成为领主竞争对手的危险要大大小于先前的时代：那时中央领主不得不从武士阶层中挑选一部分助手，甚至还要罗致一些无人身自由的农奴；为对其服务加以报偿，就分封土地给他们，后者一旦土地在手，便有了权势地位，就会获得武士或贵族的社会头衔。

某一社会范畴的人对于大地产集中于一个人的手中总会是一种重大威胁，尽管这些人权力不大，其行事的方式也有了变化。即使在业已变化了的社会条件下，他们仍然是并且将来也是分散的代表人物：他们是中央领主的近亲：有时是叔伯，有时是兄弟，有时是儿子，有时也可能是姐妹或女儿。

统治地区和政权的独占，在这个时代并非为某一个个人所有，而是在很大程度上为家族所有。所有的近亲都有权提出至少是分得一杯羹的要求。一家之主很难拒绝这种要求，也不想拒绝这种要求，特别是在家业很大的情况下。毋庸置疑，这里所说的并非是后来意义上的所谓“法律要求”，那时普遍性的或愈益推广的“法律”几乎连萌芽也不存在，即使有，也得屈从于大武士领主的意志。没有哪一个征讨性的政权能贯彻这样的法律。只是随着权力独占的形成和统治职能的集中化，一种普遍的法律，一种共同法典才逐渐在大的区域内得以贯彻。所教给孩子的乃是一种社会责任，这作为习俗在“风俗习惯”（Coutumes）中有着够多的积淀。也只有有钱人家才能遵守这些习俗，正因为如此，与这种习俗相联系的是较高的声望价值。一国之中最富有的家族，帝王之家，又怎能将声望义务弃之不顾呢？

一个家族的领地财产，即便是从狭义的角度来说也是我们所说的私人财产。一家之主对财产的占有，完全像今天的大地主对其庄园，大家庭企业的业主对其资本、对资本收入和其分支的占有一样，是无限制的，甚至比后两者更无限制。就像大地主将这个或那个庄园分给其幼子，或作为妆奁给其女儿，根本无需去征求庄园上的居民、农民或奴仆的意见：新主人是否中他们的意，国君根本无需征求其臣民的意见。这就像业主提取资本送给女儿以为嫁妆，或派其儿子为某一分支的头头，根本无需向其员工作出解释一样，早期国君对其统治地区的村庄、城镇、庄园和领地占有也是这般情况。大领主对其儿女照顾的用心与前两种情况如出一辙。除去对某个孩子特别钟爱而有些偏心之外，对其他子女进行符合其身份的装备，为的是保持和展示家族的社会地位，也是——至少表面上，至少直接看来——为了扩大其实力的机遇，并使其家族长治久安。家业和统治职能有利于家庭成员的分离，结果恰恰危害了统治实力的扩展和家族的长治久安，这一事实经过一系列的痛苦经验之后，才使得国君刻骨铭心地意识到。从这种经验中得出结论和惨痛教训的首推路易十四。他极为严格地使其家族的所有成员——采取了一切可能采取的措施，甚至连太子都不例外——都要远离任何的统治职能和任何独立的权力职位。

9. 在这种发展路线的起始阶段，在卡佩家族的家产并不比许多其他武士家族的家业大多少的早期阶段，使家业四散的危险是显而易见的。邻近封建家族的直接威胁接连不断。这迫使家庭内部无论是人还是家业都凝聚集中。毋庸讳言，任何家族内部都会发生争吵，相互勾心斗角。

但同时整个家族，或至少家族的一部分都会为保卫家业或是扩大家业而尽力。那时王室的家业也像任何其他武士家族的产业一样都规模不大，从根本上来说都是自给自足，自身缺少举足轻重的社会分量；实际上具有强烈的家庭企业的性质。兄弟、儿子、母亲和家长的妻子，都会按其个性、根据情况对如何治家发表意见。可几乎从来没人会想到将家业的一大部分分出去，将家业留给某一个家庭成员，以为他个人的产业。家长的较小儿子也许会得到一块小小的地产，或者在其成亲时给他一份小小的财产。不过有关某个幼子生活穷困的事例倒是时有所闻。

后来情况发生了变化，王室越是富有，变化越大。最后卡佩家族成了整个领地内乃至整个国家内最为富有的家族，在此情形下要是再让较小的儿子像个小骑士那样生活就不可以了。王室的体面要求，所有的王室家属，包括较小的子女在内，都要有一份符合其身份的装备，亦即给他们一块较大的地区，让其主宰，收入供其生活。再者，当卡佩家族财富、权势超过国中绝大多数的家族而独步全国之时，家业四散的危险也不再迫在眉睫。因而随着卡佩家族统治区的扩大，同时分配给国王较小子女的俸田也日益扩大。于是在新的基础之上又出现了分散的倾向。

路易六世赏给他儿子罗伯特的德勒伯爵领地并不很大；腓力·奥古斯都，一代开疆拓土之主，将其苦战得来的产业牢牢掌握在自己手中，他所分出去的惟一的产业乃是小小的圣里基耶[①]领地，以为其妹的嫁妆。

路易八世在其遗嘱中业已决定，将阿图瓦、普瓦捷、安茹和曼恩伯爵领地，亦即家业的大部分，虽则不是其核心部分，分封给他的儿子们，以为俸田。

路易九世所赏给儿子们的俸田是：阿朗松[②]和克勒芒等；腓力三世给其幼子的是瓦卢瓦伯爵领地，而当那些王子死时没有男丁作为继承人

① St. Riquier，法国地名。——译者

② Alencon，法国西北部城市。——译者

时，又将封地收回于卡佩王室。所收回的有：普瓦捷、阿朗松等。

1285年，有5个伯爵领地作为俸田从家业中分封出去，它们是：德勒、阿图瓦、安茹、克勒芒和瓦卢瓦；而在查理四世[1]去世时，则增至9个。

腓力六世[2]继承了卡佩王朝的家业和王冠，又将其家族的俸田瓦罗亚、安茹和曼恩与王室家族更大的产业统一起来。查特斯伯爵领地在另一位瓦罗亚继承者死后又重归王室家业。腓力六世本人还争得了几个较小的领地，其中就有蒙彼利埃[3]，后者是他从马约卡国王手中买来的。在腓力六世手下，首先是道芬为卡佩家族占有。至此，卡佩家族的扩张已越过了传统的西法兰克王国的界线，往东达到了罗塔林[4]的后继之地——早在美男子腓力四世时就已通过与图勒和凡尔登主教城市的密切关系而取得了里昂大主教领地——这是向前大大迈进了一步。

然而道芬为巴黎领主占有的方式，无论是对当时的集中和分散势力，还是对俸田的意义来说，都是很典型的。道芬属于阿雷拉[5]或勃艮第王国，该王国紧挨着罗讷河和索恩河以东的罗塔林区间王国而出现。其最后一任统治者是胡伯尔特二世[6]，在其独子死后便将其产业留给了，精确点说是在一系列的条件下卖给了卡佩家族的继承人。条件之一便是为其清偿大量的债务；还有一个条件是，是腓力二世而非其长子才可得到这片土地。很显然，道芬的主人想将土地出售给这样一个人：极为富

① Karl Ⅳ, Le Bel(1294—1328)，法国卡佩王朝末代国王。在位时竭力加强王权，增加赋税，发行劣币以聚敛财富。曾试图获取德意志王位，夺取佛兰德，均未果。——译者

② Philipp Ⅵ(1293—1350)，法国瓦罗亚王朝的创建者。与英王爱德华三世争夺王位，1338年宣布没收其在法的采邑。百年战争期间屡遭败绩。后曾在国内实行某些改革。——译者

③ Montpellier，法国城市，埃罗省首府。——译者

④ 即现在的洛林。——译者

⑤ Arelat。——译者

⑥ Hubere Ⅱ。——译者

有，有能力付出他所需要的数目；于是他便将国土出让给法兰西统治者；同时他还要防止在其身后土地成为几个其他邻邦争夺的对象，因为巴黎领主有足够的力量捍卫其所得。卡佩家族的权势对较弱的邻邦具有很大的吸引力，这里所言说的故事当然不是惟一的例证。弱者保护自身的需求也是促进和推动集权化与独占化进程的因素之一，一旦这种进程达到某一阶段的话。

但是年迈的统治者在其继承人死后显然是要避免这样的情况出现：其领地，道芬，在逐步为法国占有的过程中完全丧失其独立性。所以他要求，其土地应封赠给国王的第二子为俸田。于是显而易见便有这样的期望：这块土地成为独立的领主封地，保持某种程度的独立存在。实际上俸田向这一方向发展的趋势日益明显。

瓦罗亚的腓力六世并没有遵守这项协议。他没有将道芬交给幼子，而是给了他的长子约翰，王位继承人。他是这样来解释这项决定[90]的："道芬位于边关，对其进行贤明而强化的治理对于王国的防务与安全至关重要。如采取另外的做法，不久王国就会大祸临头。"将土地分封给较小的儿子所隐藏的危险，在这个时代已有清楚的认识。一系列有关的言论便可证明这一点。对较小儿子予以关照，使其能过上体面的生活，这种必要性还是为国王所坚持的。处于安全的原因，腓力六世没将道芬赏给幼子，但将奥尔良大公领地和为数众多的伯爵领地给了他。

其长子好人约翰二世① 1350 年继承王位。早在其父的时代，西法兰克王国的后继之地的两个最大的统治单位和两个最强大的武士家族之间的蕴藏已久的矛盾便已爆发了。从 1337 年起，便开始了一连串的武装冲突，是谓"百年战争"。普朗塔热内家族，岛上之领主，困守海岛，无

---

① Johann Ⅱ(1319—1364)，法国瓦罗亚王朝国王。1356 年在百年战争中被英军所俘，1360 年被赎回国。但因付不出 300 万赎金，在英为人质的儿子又逃跑，1363 年赴英请罪，次年客死。——译者

法向大陆进行任何的扩张；只要不将卡佩家族消灭，如果不能阻止在大陆形成另一个强大的霸权，甚至其在大陆上的领土也会一直受到威胁。另一方面，巴黎领主的进一步扩张也受到极大的限制；只要一天不制服岛上人，或者至少将其赶出大陆，其霸权地位就会一直受到威胁。这是一种真正竞争情况下的无法挣脱的强制，这种强制推动两个家族及其依附者相互争斗，不能自已，并使战争绵延不断，因为两者的斗争长期不见分晓。

10. 起初，出于多重原因巴黎王处于下风。好人约翰于1356年在普瓦捷的战役中为英国太子所俘虏，并被解往英国。不满20岁的王位继承人查理①立即代理国政，潜在的矛盾也随之大爆发：巴黎发生了革命，农民起义，骑士四出劫掠。英军联合卡佩家族的另一后裔、以前俸田的所有者——纳瓦尔王，占领了法国西部的大部分土地，甚至逼近了巴黎。好人约翰为了早日得到释放，便与普朗塔热内家族及其盟友签订了协议，将狮心王理查一世12世纪末占有的全部大陆地区归还给胜利者。但是由约翰长子、道芬大公所召集的法国统治区三级会议却声明，此约不可行，也无法执行。对此惟一最好的回答便是来一场真正的战争。毫无疑问，这清楚地表明，在卡佩家族的大家业中，众王族相互间的依赖是多么深，其自身的分量和自身的利益是多么重要，而正是后者削弱了国王职能的私人独占性。不过起先这种发展还处于萌芽状态。重新开战，结果又于1359年签订了《布雷蒂尼条约》。该条约比好人约翰在英国所签之和约稍稍有利于瓦罗亚王朝，不过美男子腓力四世当年所领有的国土的四分之一还是要割让给普朗塔热内家族：首先是南部的卢瓦

① Charles V(1338—1380)，号称明智的查理五世。好人约翰二世之子。曾为质于英国。他于1356年代理国政，并被迫召开三级会议。在位时，进行军事、财政改革，加强王权，收回大部分失地，致使法国东山再起。——译者

尔—普瓦图、圣通日、尼斯、利穆赞[①]、佩里戈尔、凯尔西、比戈尔，这和英国旧有的领地居延构成了阿奎坦侯国，此外在北方还有加来等地；另外，好人约翰的赎金也从《伦敦条约》的400万金塔勒降至300万。不过这位勇敢而侠义的君王显然并没有忽略这次失败的严重性。他在这种情况下的表现清楚表明，他在多大程度上仍然是剩下的整个地区的名正言顺的所有者，这个地区后来成了“法国”，成了一个国家，一个民族。他觉得，而今一定要对外展示其家族的荣光。战败的自卑感也促使他过分强调自身的体面。他认为，家族的威严和荣光通过以下方式能够最为妥善地显示出来：在和约批准时所有的儿子都以大公的身份出现。因而在其从俘虏营归来首先着手的是从其统治的土地中划分出几个公国，以为儿子们的俸田。长子现已是诺曼和道芬大公，次子路德维希被封为安茹和曼恩大公，第三个儿子约翰得到的是贝里和奥弗涅公国。幼子腓力拿到了都兰，此事发生于1360年。

一年后的1361年，15岁的勃艮第大公夭亡。两年前他曾娶佛兰德伯爵的独养女儿、惟一的继承人玛嘉丽特为妻。他死后又没有留下子嗣，于是偌大的地区没了主人。还不仅仅是勃艮第公国的本土，而且布洛涅和奥弗涅伯爵领地，西法兰克王国传统边界那边的勃艮第伯爵领地，弗朗什孔泰[②]等地也都一下子没了主人。好人约翰根据复杂的亲属关系想占有整个地区。无人敢与其争锋。1363年他将这整个地区封赏给他的幼子腓力，为其俸田，以取代都兰。腓力是他最钟爱的儿子，在普瓦捷战役中随侍左右，作战特别勇敢，并和他一起进了俘虏营。“考虑到，”他曾这样说，“我们认为，赐予子女的田产应能使其保持祖上荣光之数，此乃自然之理；对于他们当中功勋特别卓著者应予以特别慷慨的

① Limousin，法国中部地区。——译者

② Franche Comté，法国东部，紧邻瑞士。——译者

封赏。"[91]

分封俸田这一事实以及这种分封的动机，都清楚不过地表明，法国领主政权这个时期在多大的程度上仍具有家庭占有的性质，不过同时也表明，这种性质在多大程度上助长了分裂的倾向。在这一时期，对政权的私人占有性质或领地占有性质的排斥趋向正日益明显。在宫廷中代表这一趋向的集团，我们马上还要谈及。毋庸置疑，为家族的威望计而对诸王子大加分封的癖好在好人约翰个人身上有着特别的表现，这和他的性格与个人的命运有关。然而在此显而易见的是，这种趋向也和竞争的加剧有着很大的关系。百年战争就是其表现，在战败之后，才会出现迫不及待夸耀卡佩家族后人财货的需要。

好人约翰一死，中央职能仍在，尽管遭到削弱，尽管遭到失败。这在某种程度上表明，中央领主的权力地位除了军事统帅的职能而外，还有很强的其他职能。道芬王是个体能不强之人，但很明智，青年时代经历过苦难，以查理五世的名号践祚。他是《布雷蒂尼条约》留给卡佩家族继承人所有产业的最高的主人，也拥有俸田地区。仔细看一下当时权力的分配，就可看出，在最高政权的王冠下，离心的力量重又加强。在卡佩王朝的统治区又出现了一系列的领主国，这些都或多或少地谋求独立，它们之间又相互竞争。而今在西法兰克王国后继之地所展开的争霸斗争有个特点，即所有逐鹿者皆为卡佩家族的后裔。除却少数例外，一律是俸田之主和其后人，他们作为潜在的对手或竞争者相互对峙。毋庸讳言，非王室成员或非直系王室成员的较大领主还是有的，只不过在争霸斗争中不再是首要的角色而已。

在好人约翰时代，纳瓦尔王坏人查理①即为非王室直系的大领主。其父腓力·冯·埃夫勒②是腓力三世之孙，美男子腓力四世和瓦罗亚查

① Karl der Schlechte。——译者

② Philipp von Evreux。——译者

理四世的侄儿；其母又是美男子腓力四世的孙女，路易十世的女儿。而他本人则是好人约翰的女婿。除了纳瓦尔的比利牛斯领地而外，一系列先前卡佩家族家业的俸田地区，这里首推埃夫勒伯爵领地和诺曼底公国的一部分，也都属于他。其产业已靠近巴黎，呈咄咄逼人之势。

纳瓦尔的坏人查理是卡佩家族的亲属和领有俸田者中争霸于西法兰克王国故地，并最终向王冠挑战的第一个代表。他是百年战争的第一个阶段中普朗塔热内家族在大陆的首要盟友，曾有一段时间是这场战争期间巴黎的军事首领(1358 年)；甚至是该市的市民阶层，甚至艾蒂安·马赛[①]也曾一度站在他这一边。查理取卡佩家族继承人而代之、加冕为王之梦似乎不久就要实现了。他和中央领主的亲属关系推动他在这一方向上愈行愈远，也赋予他非亲属关系者所缺少的权力手段和提出要求的权利。

和他结盟的普朗塔热内家族的爱德华三世[②]同样也是卡佩家族母系近亲。他是腓力三世的外孙，美男子腓力四世和瓦罗亚王查理的外甥。

在北部与普朗塔热内家族陆地领土接壤的是好人约翰赏赐给其儿子们的封地：路易大公的安茹领地，约翰大公的贝里领地，勇士腓力大公的波旁领地；此外还有路易大公的波旁领地。后者，波旁大公，也是卡佩家族的后裔。他是腓力三世弟弟克勒芒伯爵罗伯特的儿子。罗伯特的妻子比娅特丽丝是波旁领地的女继承人；他的母亲属瓦罗亚家族，其妹嫁给了查理五世，他本人是查理六世的舅舅，而安茹、勃艮第和贝里大

① Etienne Marcel(1315—1358)，1356—1358 年巴黎市民起义领袖。巴黎商会会长。法军在百年战争失败后，即主张扩大三级会议权限，惩治贪暴，节约开支。1356 年召开的三级会议，以起义的巴黎市民为主，迫使摄政太子颁布改革敕令，但巴黎贫民并未得益。1358 年 5 月农民起义爆发后，农民军曾积极支持巴黎市民起义，但他拒绝与之结盟，后遇刺身亡。——译者

② Edward Ⅲ(1312—1377)，英国金雀花王朝国王。在位时以法王腓力四世的外孙的资格争夺法国王位继承权，从而挑起英法百年战争，初期得胜。14 世纪 60 年代末对法战争失利，赋税增加，民怨沸腾。——译者

公则是查理六世的叔叔。这些都是在好人约翰、查理五世和查理六世时代角逐霸权的主要登场人物。除了普朗塔热内和波旁家族外，他们全是卡佩家族俸田领地的拥有者，而今他们要扩大自己家族的权势，到头来参加了角逐霸权的斗争。

在斗争初期，明智的查理五世还健在，正统的卡佩家族瓦罗亚王朝尚占上风。可在他过世之后，继位的儿子只有 12 岁。从发展的全局来看，这种偶然性的事件往往会有利于社会结构中业已存在的趋向。瓦罗亚的统治者年幼无知，致使久已增长的离心势力更加强大，冲突终至爆发。

查理五世最后曾将道芬并入自己的家业，将纳瓦尔王的诺曼底领地攫为自己的产业，奥尔良公国和欧塞尔①伯国亦复如是。然而在其去世之际，国中已有 7 个大封建领主，皆为圣者路易九世②所出，因而他们全是卡佩家族的后裔。在当时人们称他们为“百合王子”③。后来，除了在争霸斗争中已无力担任独立角色的中小领主[92]和普朗塔热内家族而外，只剩下两大家族——布列塔尼大公和佛兰德伯爵，他们并非卡佩家族男性直系的后裔。可佛兰德伯爵只有个独养女儿，原已许配给年轻的勃艮第大公，后者夭亡后，向其求婚者盈门，后来又是在普朗塔热内和卡佩家族之间进行抉择。经过反复考量，在瓦罗亚之主查理五世的运筹帷幄之下，“绣球”终于抛到了他弟弟腓力的怀中，后者利用其父的支配权成了勃艮第大公。大封建主之间所缔结的婚姻关系，用今天的话说完全是一种“交易”，着眼于家业的多寡、领土竞争能力的大小。勇士腓力④在佛兰德伯爵死后便将其产业和勃艮第合并为一体，而今在大陆古老的

① Auxerre，法国北部城市。——译者

② Louis Ⅸ(1214—1270)，法国卡佩王朝国王，在位时实行司法、军事和货币改革，加强了王权。——译者

③ princes des fleurs de lis，百合乃法兰西国花，故名。——译者

④ Phillip der Kühne(1342—1404)，请注意，有别于勇士腓力三世。——译者

大封建主家族只剩下布列塔尼大公一家了。取代古老家世的是来自卡佩家族的分支和其产业的分支所形成的一个新的、更为密切的领主与领主产业的圈子，而这种情况正是领主之间相互竞争、争霸机制所促成的。在自然经济占主导地位的社会里，特别是在自然经济的武士社会里，由于人际相互联系不那么紧密，或者说分工不那么细密，对较大地区政权和地产独占也势必会形成威胁，总是趋向于产业的分散，离心力量的加强。这种强制性的机制而今又在运作了。现时分散推动又在发挥作用，推动分散之力在前几个世纪曾使得加洛林王朝瓦解，促成了 12 世纪封建社会制度的形成；从中央领主那里得到封地之人重又趋向于自主独立，从而成为已被削弱的中央领主家族的竞争对手。然而今天能够参与竞争者仅只限于原先中央领主的几个后裔。这清楚地表明，在这种社会的背景之下人际关系有了多么大的变化，人际网络至少是在农业区已经形成机遇封闭的系统。

11. 查理五世一死，在最强势的“百合王子”之间为得到摄政和监护权的争斗便立即拉开了帷幕。查理五世命其弟安茹大公路易摄政，而将儿子的监护权给了弟弟勃艮第大公腓力和波旁大公内弟路易。为了不使政权集中于一人手中，查理五世也只能这样做。安茹大公路易、勃艮第大公腓力都想将全部政权攫为己有，他们要将摄政权和监护权合二为一。以致王室成员之间的争权夺利贯穿着查理六世的整个统治时期，查理六世本人没有决断之权，最后陷入疯癫。

在王室亲属中参加争权斗争的主要角色是变换不定的，在斗争的一个阶段，取代安茹大公路易的是查理六世的弟弟勃艮第大公，后者占有奥尔良公国以为其俸田，成为最强的逐鹿者。竞争者的转换也是由相互密切交织的强制性机制促成的：在一个业已狭小的竞争圈子里，总有两三个人相互对立，他们中要是有人强过自己，没人会听之任之，即便是别人之强并没有威胁自己的存在。王室亲属内部的争斗势必牵涉到这个时代的大斗争，即卡佩家族和普朗塔热内之间尚未见分晓的争霸斗争。鉴于相类似的机制，普朗塔热内家族的分支也陷于类似的争夺中。

请设想一下皇室成员的处境：他们一生一世皆为二三流角色，可他们自我感觉良好，总自以为是比那位合法的王位和家业继承人更好更强的继承者。他们和这一目标之间只是隔着一两个或三个人；这样的两三个人短期内相继死亡，于是便为下一个登上大宝扫清了道路，这在历史上并不乏先例。然而在大多数的情况下，通向王冠之路是通过和竞争者进行艰苦斗争而到达的。在这个时代和这样的环境下，不那么强势者，不管你多么有资格，只要你是出自旁系，几乎便和王冠无缘。在这个时期，总会有人对其权力要求提出质疑；有人即使没有资格得到王位，可他们却胜利了，如果他们比他人更强大的话。一些有资格争得王位者，原先就是独霸一方的拥有俸田的领主；在那个时代，他们全都尽其所能建设其根据地，对现有的根据地加以扩充；并扩大其家业、收入和权力。即使他们不能直接加冕为王，但他们可和其竞争对手比富、比强、比荣光，有的地方领主甚至比王室还要声势显赫。最后便在众竞争者中脱颖而出，成为佼佼者。

这就是软弱的查理六世的近亲叔伯们的处境和态度，当然并非所有人都是如此，少数几个人的情况即是如此，他的弟弟亦是如此。随着情况的不断变化，随着第一第二顺序的王位继承者的机遇愈益减少，围绕着王位的这种态势、这种境况、这种矛盾一直在重复进行，参与其事者不乏极富个性的天才。到纳瓦尔的小领主亨利成了法国国王时，这种情况才算告一段落，不过直至路易十四时代那种情况才完全销声匿迹。

在“百合王子”的争斗中，勇士腓力乃是一位强人，他是好人约翰最小的儿子。起初他的俸田只有勃艮第公国；后来——从根本上来说是通过婚姻——他将佛兰德伯爵领地、阿图瓦地区、内韦尔伯爵领地和东希男爵领地①并入自己的领地。他第二个儿子安东本是布拉邦特公爵、安特卫普的领主，通过姻亲关系又成了卢森堡大公。这是勃艮第领主进行扩张的第一步，建立牢固政权的第一步。这一政权在巴黎王势力范围的另一边，现今的荷兰地区。

查理六世的弟弟路易乃是勇士腓力在争夺法国的斗争中的最大对手。他们都在坚定不移地加紧扩充自己家族的势力。路易先是得到奥尔良公国为其俸田，查理五世在他叔父奥尔良的腓力五世死后又将其并入王室的地产。

后来路易又拿到了两三个伯爵领地和香帕尼的较大地产；此后他又争得了几个伯爵领地，这也是借助于妻子丰厚的陪嫁。其中布卢瓦伯爵领地是花钱买来的。最后他还从妻子那里取得了意大利地区的伯爵领地阿斯蒂②和对几个领地的候补资格。勃艮第领主向尚兰扩张，并跨过奥尔良直取意大利。在西法兰克王国故地的内部，占有关系也很是牢固。这一地区最大的几块地方分别属于伦敦王和巴黎王。某一“百合王子”如能在其夹缝中生存下来，也能进行某种形式的霸权斗争，那他就得全力以赴地壮大自己家族的势力。在昔日加洛林王朝分封的广阔土地上曾展开淘汰性或争夺霸权的斗争，而今又出现了新的紧张状态：在卡佩王朝大为缩小的竞争圈子里的几个大领主要扩大他们的领地，贪得无厌地攫取更多的财富。不过现在联姻、继承、购买也和战争与武力相拼一样，是同等重要的扩张手段。不仅哈布斯堡是由联姻而壮大的。而今在这个社会里已经形成了有着较大战争潜力的大产业单位，如有个别人、个别武士家族要想崛起于当世，那就得敢冒作出战争决定的风险，倘若其领地已拥有敢于与之较量的战争潜力的话。这也表明，在这个阶段，在大地产、大领土的环境下，竞争的机会已

① Baronie von Doncy。——译者

② Asti，意大利北部城市。——译者

变得多么稀少；人与人之间矛盾紧张状态的结构又促成了大地区政权独占的形成。

这时的英法地区仍然是相互依赖的领地体系。有利于或不利于某一竞争家族的社会力量每一变动，迟早会影响到另外的家族，因而也影响到整个系统的平衡。任何时候都能相当精确地说出，在整个系统中，紧张的中心点和非中心点处于何地。重心的分布和其强劲的势头，以及变动的曲线都已经有了相当鲜明的轮廓。英法之间的百年战争不可仅仅看作是几个有野心的君王之间的战争游戏，也应看成是一定量级领地产业社会内部矛盾的无可避免的释放，看成是在极不稳定的统治单位相互依存的系统内部，互为对手的家族之间的竞争或争霸斗争。巴黎和伦敦家族逐渐为前王室的两个旁系，即瓦罗亚和兰开斯特①所取代，由于家大业大，战争潜力雄厚，这两家常是主要对手。野心膨胀的结果，至少使得伦敦的领主——巴黎领主有时也是如此——要将西法兰克王国故地的全部领土、陆地和扩张而得的岛国，统一于他们之手。只是在斗争的过程中，才使人显著地感觉到，鉴于社会发展的水平，军事征服，特别是将一个广大的、充满矛盾的地区凝聚起来，置于一个政权一个统治机构之下，所遇到的反抗是何等强烈。有一个不可回避的问题是：在这样的社会发展水平之下，在完全战胜瓦罗亚之后，岛国国王及其同盟者有无可能由伦敦出发建立陆地和海岛独占性的政权，抑或对其进行永久性的整合。不过无论如何，巴黎和伦敦两家起初在这一地区进行着争霸斗争，这一地区内部的所有竞争，首先是巴黎家族各个分支之间的斗争，最后都归结为这整个地区系统的主要斗争。比如勃艮第的瓦罗亚在这一斗争中，一会儿站在这一边，一会儿又站在另一边。

然而由于职能分工日趋细密，跨地区的相互依赖日益增长，这使

① House of Lancaster，安茹家族分支。——译者

得业已扩大的西法兰克领主社会的各个不同统治单位互为敌友地相互接近起来。不仅如此，整个西欧较大地区领主国之间的平衡也明显地相互影响，并且在开始发生转移。法英领主社会在愈益密切的联系中也愈益成为欧洲各国整体系统内的一个子系统。在百年战争中，较大地区这种不断增长的相互依赖——不言而喻从未达到完善的地步——已经非常明显地表现出来。德意志和意大利的国君在英法地区争霸斗争中，也业已对英法的利益和社会力量加以权衡，虽则它们起初只是扮演着次要的角色。在这里业已预示着，数百年后在“三十年战争”中更为鲜明地表现出来的情况：地球上欧罗巴这块地方作为整体已开始成为相互联系的国家体系，有着自己独特的平衡和重心机制；在这一系统中，任何一种力量对比的变化都会间接或直接地牵涉到任何一个单位，任何一个国家。又过了若干世纪，在所谓的1914—1918年的第一次“世界大战”中，在同样的变化和日益密切的联系中，矛盾和平衡的打破会影响到更大区域的统治单位，影响到地球上更多的国家。至于独占形成的方式和步骤，调节这种世界相互联系中所出现的紧张关系的方式和步骤，其结局的方式和步骤，更高数量级的统治单位在这些斗争中形成的方式和步骤，所有这一切在我们思想中只是一个大概的轮廓，如果说它们业已在我们的意识中初见端倪的话。不过其情景与当初纠结于百年战争中领主家族和人群并没有什么两样。它们当中的任何一个单位对于他者的强大都会感到直接的威胁。在这种斗争的过程中慢慢出现的大单位，比如我们所知道的法国和英国，对于那些将其培育出来的人来说，几乎还没有像我们那样意识到它们都是“欧洲的”一个政治单位。

至于相互竞争的集团和家族之间的矛盾斗争结局如何，在两个主要角色，英国的兰开斯特，法国的瓦罗亚和勃艮第的瓦罗亚之间的斗争如何反复曲折，英国人如何将法国的大部分领土攫为己有，甚至夺取了法王的名号，最后又是如何由于奥尔良少女[1]的出现，将拥护法国瓦罗亚的所有力量团结起来进行了成功的反抗，使软弱的国王起先到兰斯[2]加冕，继而又以胜利者的姿态凯旋巴黎。所有这一切都能轻而易举地在其他地方读到，因而在此就暂且不表。

以此方式所要解决的是这样一个问题：是伦敦和盎格鲁诺曼底岛，还是巴黎和法兰西家族领地成为西法兰克王国故地的凝聚中心？最后的结局有利于巴黎。伦敦的政权只限于海岛。百年战争加速并最终造成了大陆和海外地区的永久性的分裂；大陆而今又重归“法兰西岛”，亦即法兰西领主的统治地区，而海外之地以前不过是大陆领主的殖民地领地而已。这场战争就是以这样的分裂来收场。海岛地区，大陆征服者的后裔和当地人，发展成了另外一个社会，走自己的路，形成了自己独特的统治建构，混杂的语言发展成为一种特殊的统一的语言。两个竞争者中没有哪一个独占鳌头，取得并保持这整个的地区。法国国王和那个地区的人群对岛国的权力要求失之交臂，永无再造之日；英王也没能战胜巴黎的对手，调转过来对大陆殖民也是春梦一场。这个地区的人需要新的土地，新的移民之地，新的市场，从今而后要到远方去寻找。英王从争夺大陆霸权和法兰西王冠的斗争中被淘汰出局。这一过程使人不禁想起数世纪之后，在德意志领主国的社会里，普鲁士战胜了奥地利，两种过程不无相似之处。两者都是分裂归结于较小地区的整合，这样的整合要容易得多。

然而，英国人从大陆被赶出，在争夺大陆霸权的斗争中被淘汰出局，这同时也使得紧张与平衡的机制移植于自身社会的内部。伦敦王和巴黎王相互间的争霸斗争只要是处于势均力敌之际，他们之间的竞争局面只要还是平衡系统中的主轴，大陆领主间的争夺便只有次要的意义；

① 指贞德。——译者

② Reims，法国东北部城市。——译者

他们对主要斗争鹿死谁手便能发挥举足轻重的影响。但他们却无法直接使两个竞争对手中的哪一个拔得头筹。

英国人被逐出大陆，大陆领主间的竞争，首先是卡佩家族各旁系间的争夺上升为主要的矛盾斗争。百年战争结束之际，西法兰克王国故地的大陆领主国究竟由谁来整合，究竟在何等样的范围内整合为一个更高级的政权单位，都在未定之天。于是在这方面又展开了淘汰战。

在查理七世①统治的最后几年，除巴黎家族而外，至少还有八大家族在争霸斗争中举足轻重，它们是：安茹、阿朗松、阿马尼亚克②、波旁、勃艮第、布列塔尼、德勒和富瓦③。每个家族本身又有诸多旁系分支。它们当中最强大的要推勃艮第家族。其核心乃为勃艮第和佛兰德领地，经过坚韧不拔坚持不懈的苦心经营而在罗马帝国和法兰西之间建立了庞大的家族政权，和以前的洛林有着亲属关系。该家族和巴黎王之间的争霸斗争构成了封建领主国之间平衡系统的主轴，哪家从平衡系统中胜出，哪家就会统一“法兰西”。除此之外，波旁家族和布列塔尼家族也构成了举足轻重的权力中心。

除了后者布列塔尼大公家族而外，上述所有家族的成员全是卡佩家族领有俸田者的后裔和亲属，亦即卡佩家族的旁支。于是领主封建制，后加洛林王朝的封建制浓缩成了所谓的“王亲国戚”封建制，亦即卡佩王朝的封建制。[93]在西法兰克地区进行优胜劣败的斗争中，大大小小的武士家族最后只剩下一个胜利者。昔日的西法兰克地区基本上为这一胜利者家族，亦即卡佩家族的后裔所独占。

---

① Charles Ⅶ(1403—1461)，1418 年因百年战争中败绩而逃回南方，居布尔日代父统治。1428 年英军围攻奥尔良，翌年贞德解围，并助其加冕。1435 年与英签订《阿拉斯和约》，次年收复巴黎。百年战争结束后进行军事和财政改革，并平定贵族叛乱，晚年基本收复所有失地。——译者

② Armagnac。——译者

③ Foix。——译者

然而经过了几个世代，这一家族和其所积敛起来的领地重又四分五裂。而今家族的各个分支为了争权夺利而相互争斗。独占的形成并非像人们乍一看的那样是直线发展。这时，在百年战争结束的初期形成的统治占有权的集中，并不是落于一地一人之手的完全的独立，而只是绝对独占路途上的一个阶段。

这里所形成的状况是一种极受限制的竞争。对于所有那些不属于这一家族的人来说，在该地区取得和占有较大的地盘，或者扩大已有的地盘而参加以后的淘汰性竞争的机遇可说是微乎其微。

最后的自由竞争和胜利者最终的垄断地位

12. 赋予独占过程特点的——也是后人，首先是20世纪的人在回首这段历史时所应记取的——是这样的事实，在近代业已进行了分工的社会职能，在这种早期阶段并没有什么区分。大封建主，一国之君的社会地位，最大富翁，其地区生产资料最大占有者的职能，和统治者、军事支配权和司法权的拥有者的职能是合而为一的。今天通过有着不同分工的人和人群所代表的职能，比如说大地产者的职能和政府首脑的职能，那时尚密不可分地联结在一起，是一种私人占有。之所以如此，是因为那时的社会还是以自然经济为主，尽管自然经济的成分在逐年减少；其最重要的生产资料是土地，这和后来以体现分工的货币为最重要的生产资料的社会大不相同。出现上述的情况还和这样的事实有关：后期阶段任何政权独占的关键是体力暴力和军事暴力实施权的独占，这使人得以在广大地区建立牢固稳定的社会机构。而在先前阶段，这种独占历经数世纪，正处于缓慢的发展之中，初期还是以私人家族的独占形式出现。

我们习惯于将“经济”和“政治”这两个领域，将“经济”和“政治”这两个社会职能加以区分；我们将“经济”理解为服务于生产和取得消费资料以及生产资料的活动与建制的整个网络。我们说到“经济”，同时也会自然而然地认为，生产，特别是取得生产资料和消费资料，通常是在不受威胁和使用体力军事暴力的情况下进行的。这是再自然不过的事。而对所有的自然经济的武士社会来说——还不光是这些社会——利剑乃是取得生产资料自然的、不可或缺的手段，暴力威胁是生产的不可或缺的手段。只有在职能分工达到相当高的程度；只有在经过长期斗争而形成了专门的独占性的行政管理，对政权职能作为社会公有而加以管理；只有在较大地区形成了集中的、公共的权力独占，才会使为消费和生产资料而进行的竞争在很大程度上排除体力暴力，才会出现我们通常说的真正意义上的经济和竞争。

不可将竞争关系局限于经济结构，更不可将其局限于 19 和 20 世纪的经济结构；[94]竞争关系自身是一个极为普遍、极为广泛的社会现象。凡是众多的人为着同样的机遇而奋斗，需求超过了满足需求的机遇，不管对机遇的支配权是否为人独占，就会出现竞争的局面。我们在这里所说的是一种特殊的竞争，即所谓的“自由竞争”。“自由竞争”的特点是：众人所需求之机遇还没有人占有，没有为争夺者的竞争圈外的人所占有。“自由竞争”阶段在许多社会的历史上都有，如果不是所有社会的话。因而，比如说在如下的情况下便会出现“自由竞争”：在某种意义上有相互联系的众人中，土地和征战机遇都是平均分配，他们中无人是毫无异议的机遇的最多拥有者、社会最强者，这也就是封建武士家族相互间关系的那个阶段，或者是国家相互间关系的那个阶段。他们当中无人超出他人的势力范围，对于这种关系还没有出现有组织的、集权化的政权独占。如果是在相互依赖的众人中货币机遇也是以这样的方式相对均衡地分配，那也会出现“自由竞争”。人口越多，对机遇的需求越大，而机遇又不同时增加，那么这种竞争就会愈演愈烈。

有时是凭匹夫之勇施暴或以此相挟制，时而又是以社会沉沦、丧失经济独立、破产抑或贫困相威胁，但这些方式无一能改变自由竞争的发展方向。在封建武士家族的斗争中，两种斗争手段，两种暴力形式，一为膂力——军事暴力，一为经济暴力，往往是双管齐下，密不可分。封建时代的竞争与后来的、职能分工细密的社会内部竞争有着功能上的类似：经济自由竞争是一连串同行业商家为取得主宰地位而进行的斗争，国家间的争霸斗争是在一种领主国的均衡系统内进行，这种斗争靠膂力暴力的实施来解决。

在有些没有竞争的环境里所出现的斗争，都是为着贯穿于整个社会的有限机遇所进行的持续不断的争执和一般性的竞争的一个层次。相互自由竞争者的机遇对于另外一些人来说则是一种没有组织的独占，后者是无法和前者一争高低的，因后者所支配的机遇微乎其微，因而直接或间接地依附于前者，而前者自身为着机遇的分配进行着一场受到制约的竞争。相对独立者之间的竞争压力和受到独占化的机遇制约者的压力，从所有方面来说都有着密切联系的。

有些地方，自由竞争，亦即为着尚未被集中的、有组织的独占的机遇所进行的争夺，经过反复较量，越来越多的竞争者被打倒、被淘汰出局，他们作为社会单位没落或陷入依附状态，争夺的机遇愈益集中于越来越少的竞争者手中，慢慢形成霸权，最终形成了独占。这种独占形成的社会现象，并不局限于我们今天一讲到“垄断”便会首先想到的那种进程。占有机遇的积累可以转化为一定数目的货币，或者可以以一定数目的货币来表示；这种积累只是形成独占的诸多推动因素中的一种历史因素。功能相同的进程，也就是建立起人际关系网络的趋向，在人类历史上曾以各种形态在各个地方出现。在这种所谓的人际关系网络之下，单个人或人群通过间接或直接的暴力威胁能够限制和调节他人对竞争机遇的得失。

在这样的竞争中，所有参与者往往都是将其身家性命孤注一掷，这是竞争之势使然，是自由竞争和其进程的基本格局造成的，是无法避免和无法摆脱的。一个社会一旦进入这样一种运转状态，在尚未独占的环境下，任何一个社会单位，不管是骑士家族、经济实业，还是领主国或国家，都会被置于同样的非此即彼之境：

它们被人战胜——不管是否参与了斗争——在极端的情况下这意味着所属人员遭监禁、为暴力所戕，或物质上陷于困境，甚至饥饿困顿而死；在最轻缓的情况下这意味着社会沉沦，丧失相对的社会独立，步入直接的依附状态，被掷入更大的社会集群；这样在其意识中给其生命以意义、价值和永恒的东西便被破坏无余，尽管在其同代人和后来人看来所遭致破坏的东西有悖于他们的信念、他们的社会存在或者他们的“永恒”，因而也是应该加以破坏的。

如果它们能够抵御其最关键的对手，并能战而胜之，那么其生命、其社会存在、其追求便会得以实现：将竞争的机遇归为己有；在自由竞争的情况下仅保持其社会存在就要求同时扩大其社会存在；不是崛起发展，就是退步落伍；因而胜利首先意味着——不管是有意还是无意——在其最直接的对手中取得霸权地位，并将其逼迫至或大或小的依附状态；此人之所得，必然是他人之所失，不管得失的对象是土地、军事权力手段抑或社会实力。然而这种胜利还意味着在或短或长的时间内面对一个新的数量级的对手，要与它一争雌雄；此人的发展壮大，便是他人的臣服、屈辱或毁灭；不管是以赤裸裸的军事暴力和经济暴力，还是通过和平协商，都可造成力量对比的转变、霸权的形成和巩固；通过一系列的兴亡盛衰和价值观念的起落，竞争总会导向一种参与者所料想不到或无法预见的新的社会制度的建立，导向独占制度的形成；使得受到独占制约的竞争代替没有独占性的竞争；只有形成这样的独占最终才有可能对机遇的分配加以调控——因此斗争本身——发扬盛衰与共的人们之间的合作精神来加以调控，以减少破坏。

中世纪封建社会的武士家族也都面临着这样的抉择。最后只剩下卡佩或者说王族这样的大封建主反抗王权的加强，也应从这个意义上来理解。巴黎王起初在诸多领主的心目中实际上只是他们当中的一员，和他们不相上下。巴黎王对他们来说是一个竞争对手，曾几何时一跃而成为最强大、最具威胁力的竞争对手。他一旦取胜，他们即使不被从肉体上消灭，那至少其现有的社会存在也会遭到破坏，他们眼中赋予生命以意义和荣光的东西，其政权的独立性，对其家族产业不受干扰的支配权，其荣誉、身份、社会威望等，在极端的情况下就会荡然无存，在最好的情况下也会降尊纡贵。如果他们胜利了，那首先阻挠了集权、霸权和独占的形成、国家的形成。于是乎勃艮第、安茹、布列塔尼等这些大领主政权便会得以保存，起初它们还是有相对独立性的政权单位。这对为数众多的同时代人来说，首先是对王室官员来说，甚至对今天回忆起这段历史的我们来说也都是毫无意义的，因为这些领主国的社会网络具有另外一种水准，所以不再去探讨这些有着很大局限性的地方单位了。

如果他们胜利了，那么胜利者或迟或早也会作为竞争对手相互对峙。由这种紧张状态而产生的斗争，一天没形成新的霸主，一天就不会停息。在 19 世纪，特别是 20 世纪的资本主义社会中表现出一股形成经济垄断的普遍势头，且不论是这家还是那家在竞争中获胜，压倒其他竞争者；同时在“国家”，首先是在欧洲国家的竞争中有种形成鲜明霸权局面的类似趋向，这种趋向愈益明显，它是任何独占形成、任何全面整合的先导。同样，中世纪武士家族之间，以后是大封建主和大领主之间的斗争也展现出形成独占的普遍势头。不过这一进程起初是在占有土地和占有政权职能是一个不可分割的整体的氛围内演示的；后来，随着对货币需求的不断增加又转换了形式，即赋税集中化和支配所有膂力制服的手段。

13. 以瓦罗亚王朝法兰西一支为一方，以勃艮第一支，连同其余较大的卡佩封建主为另一方，展开了激烈的争夺。在15世纪下半叶查理七世去世之后，布列塔尼大公成了前卡佩大封建主的最后代表。离心势力再次积聚力量，共同向巴黎瓦罗亚王朝，向路易十一①发起攻击，后者的财富与权势在迄今最大的对手英王被淘汰出局之后，便对所有其他的领主造成了威胁。而大胆的查理②勃艮第大公在其势力逐步增长、对法王政权整体造成咄咄逼人之局面时，曾说出大部分国王竞争者在其社会存在遭受威胁之时的心声："宁肯有六个国王，也不愿是一个国王！"[95]

路易十一本人并非一开始就全心全意致力于其国王重任。甚至完全反其道而行之。在尚为王储之时，他是完全按照其他卡佩大封建主的旨意与精神行事的，而后者是在分裂法兰西。他曾在勃艮第大公的宫廷中生活过一段时间，而勃艮第公爵却是巴黎王国最大的对手。之所以如此，是和其个人情况分不开的：路易十一与其父为敌对的关系；不过这同时也证明了国中最为富有的家族那种特殊的个人化，这种情况又和各个王子都有其俸田密不可分。不管当初路易十一是什么原因憎恨其父，对自己领地的支配权却将他在感情和行动上推到了其父竞争对手的一边。甚至在登基之后，他首先想到的乃是有仇报仇，有恩报恩。报复那些对作为道芬的他怀有敌意的人，其中不少是王室忠实的仆从；奖赏那些对作为王储的他表示善意的人，其中不乏巴黎王室的反对者。可见政权在很大程度上还是私有财产，并在很大程度上取决于主子的喜怒。然而政权，正如任何大的产业一样，亦有其严格的

---

① Louis Ⅺ(1423—1483)，瓦罗亚王朝国王，查理七世之子，外号蜘蛛。为加强王权，1470年、1474年缔结"永久同盟"，镇压以勃艮第大公为首的大封建主。1477年吞并勃艮第公国。不久又收复阿图瓦和毕加底。在国内奖励工商，增加赋税。——译者

② Charles le Temeraire(1433—1477)，勃艮第大公，为建立独立的勃艮第中央集权国家，长期对抗法王路易十一。1464年联合各地贵族领主成立"公益同盟"，与法王作战，其势力曾扩张至莱茵地区。1473年神圣罗马帝国皇帝拒绝为其加冕。1475年曾占领南锡，两度丢失，后阵亡于南锡城下。——译者

自身规律，政权的主人也无法抗拒，否则政权就会毁于一旦。曾几何时，王室的敌人也成了路易十一的敌人；服务于王室的人也成了他的朋友和仆从。其个人的野心已和巴黎中央领主传统野心合而为一；再加上他个人的性格——极端好奇；对于其周围的秘密有种近乎病态的侦知的欲望；诡计多端；爱憎诉诸赤裸裸的武力；还有一种甚至天真和强烈的虔诚心，这使得那些圣徒和其对手的庇护者争相送礼，像生意人那样来争取他——所有这一切都朝着他作为法兰西领地主人必然所趋的方向发展：与离心势力、竞争的封建主进行斗争，成了他一生最重要的功业。而勃艮第家族，作为王储世代的朋友——按照国王职能固有的逻辑——成了他的主要对手。

路易十一所进行的斗争绝非轻而易举，巴黎政权有时甚至落入岌岌可危的境地。在其执政行将结束之际他终于战胜了敌手，部分是由于家大业大其实力也强，部分是因为他善于用兵，发挥了他的聪明才智，部分还因他运气好，一系列的偶然事件帮了他的忙。勃艮第大公大胆的查理于 1476 年分别在格朗松和穆尔滕①为瑞士人所败，后者对路易的反抗就是由他所鼓动的。1477 年，查理在攻取南锡的战役中丧生。在淘汰了最强大的对手英国人之后，法国瓦罗亚王朝在卡佩后继者的竞争圈内的最大对手而今也从西法兰克领主的竞争中败下阵来。大胆的查理撒手而去，留下了他的独养女儿玛丽。为了向她求婚，为了谋取她的遗产，路易十一和哈布斯堡家族展开了竞争。在广大的欧洲土地上，后者逐渐成为巴黎王室的主要对手。在西法兰克王国故地所进行的淘汰战中只剩下一个家族，从而形成独霸和独占的态势，这种斗争越是接近尾声，开始成为整个地区中心的这个战无不胜的家族就越是将斗争的矛头指向境外的同数量级的对手。在为勃艮第所进行的竞争中，哈布斯堡家族取得了

① Grandson 和 Murten，瑞士地名。——译者

胜利。马克西米连一世[①]和玛丽结成连理，也得到了勃艮第的大部分。由此便产生了这样的一种局面：哈布斯堡家族和巴黎王之间的争斗绵延了两个多世纪。勃艮第公国自身和勃艮第遗产中的两个直接属地最后还是归于瓦罗亚王朝的麾下。这些勃艮第旧地对于法国统治区的完满至关重要，终至和法国统一为一体。

在西法兰克王国故地，而今只剩下了四大家族，它们所支配的领地还有相当的规模。在它们中间最为强大，或者说最为重要、自古以来独立性最强的家族当推布列塔尼家族。然而在社会力量上没有哪一个家族敢于和巴黎家族比试。法国国王的统治业已超出了邻近领主竞争范围。巴黎王在他们中间拥有独占的地位。通过一纸条约、暴力或某种偶然事件，早晚有一天四大家族会依附于巴黎家族，丧失其独立性。

果不其然，15 世纪末，布列塔尼大公死时一如勃艮第大公，只有一个独养女儿，这也可说是一个偶然事件。由此引发的争端正好演示出那时力量对比的格局。西法兰克故地的其他领主没有哪一个敢于和巴黎的主人在布列塔尼的遗产上决一雌雄。就如同在勃艮第的遗产上一样，这次的竞争者也是来自外邦，亦是这样的问题：是哈布斯堡抑或瓦罗亚，是查理八世，路易十一的年轻的儿子，抑或哈布斯堡的马克西米连能和布列塔尼联姻。此时马克西米连的勃艮第的妻子已经亡故，他是鳏夫待娶。就像在勃艮第一样，哈布斯堡这次也是拔了头筹，至少是和布列塔尼年轻的公主安娜缔结了婚约。经过了一番周折，最后是布列塔尼各级代表的意见一锤定音：绣球抛向法兰西的查理。哈布斯堡为此提出抗议。为此双方开启了战端，最终又达成了谅解和妥协：将不属于西法兰克故

---

① Maximilian Ⅰ(1459—1519)，德意志国王，神圣罗马帝国皇帝，腓特烈三世之子。以联姻的方式兼并尼德兰、勃艮第公国，并为哈布斯堡家族取得在西班牙、匈牙利、捷克等国的王位继承权。在帝国境内力图加强中央集权，未果。与法国争夺意大利的斗争亦败绩。——译者

地，也不直接在现今法国领土之内的勃艮第伯爵领地划归哈布斯堡。其交换条件是马克西米连承认查理八世①对布列塔尼的占有。查理八世死时没有子女，其继承人为瓦罗亚王朝奥尔良一支的路易十二。后者即位之后便立即通过教皇宣布其现存之婚姻无效，并和其前任的21岁的未亡人结成连理，为的是取得布列塔尼这块王室的产业。可这次婚姻给他带来的全是女儿，于是这位国王又将其大女儿——作为其母的继承人而今领有布列塔尼封地——下嫁给其家族最为亲近的后裔，王位备选人弗兰茨·冯·昂古莱姆②伯爵。布列塔尼这一重要地区总有落入竞争对手，首先是哈布斯堡之手的危险，这迫使法国朝着同一个方向奋进。于是在竞争机制的压力下，这块历经多次淘汰性竞争而保存其独立性的西法兰克地区的最后领地，也慢慢整合于巴黎王的统治区内。在昂古莱姆伯爵以弗兰茨一世的名号继承王位的初期，布列塔尼还保有相当的独立性。其各阶层要求独立的呼声始终不断，然而个别领主国的战争潜力已是微乎其微，无法对周围形成的大的统治单位进行有效的反抗。1532年，布列塔尼从属于法兰西统治区的既成事实从体制上被巩固下来。

作为独立的领主国，作为不属于巴黎王的地区，或者说像佛兰德和阿图瓦属于哈布斯堡家族的地区，而今在西法兰克故地只剩下阿朗松公国，内韦尔和旺多姆③伯爵领地，波旁和阿尔布雷④领主国。[96]尽管个别领主，像阿尔布雷和波旁家族，尽可能地扩张其领地，梦想有朝一日加冕为王，[97]可他们拥有的地区几乎仅仅是法王统治区内的一块飞地。现在王冠拥有者的实力业已完全超出了与其他领主争锋的范围。当初曾在这

① Charles Ⅷ(1470—1498)，路易十一之子。少年即位，1491年亲政。为争夺那不勒斯，1494年率军入侵意大利，导致意大利战争爆发，后被击败，被迫撤回法国。——译者

② Franz von Angouleme。——译者

③ Vendome。——译者

④ Albret。——译者

里驰骋争霸的家族，而今已陷入了依附的状态，抑或消失得无影无踪。在西法兰克王国的故地之内，巴黎王终于打遍天下无敌手，其地位愈益明显地具有集权独占的性质。而在西法兰克地区之外，却在如火如荼地演示着相类似的进程，虽则其独占进程、其淘汰性竞争还远远没有达到法国境内的地步。不过哈布斯堡至少已经打拼出一个家族地区，其军事和财政实力远远超出绝大多数欧洲大陆领主国。先前为着勃艮第和布列塔尼遗产所表现出来的争端，从16世纪初开始便日益凸显：分别由查理五世和弗兰茨一世所代表的哈布斯堡皇帝家族和法王家族而今作为一个新的数量级的对手相互对峙。两家都在其广大地区实施一种多少有些独占性质的统治，两家在一个尚未被独占的更为广袤的地区为机遇和霸权而角逐，因而可说他们是作为“自由竞争者”而拼。它们之间的竞争在一个相当长的时期内是正在形成的更大的欧洲紧张系统的主轴。

14. 法国统治区就其幅员来说要比哈布斯堡家族区小得多，不过它也集中得多，首先它更为封闭，亦即从军事上来说其“自然边界”更易于防守。其西部濒临海峡和大西洋，整个沿海地区直至纳瓦尔都牢牢掌握在法王手中。地中海是其南部边界，除了鲁西永和塞尔达涅①外，这里的沿海地区亦属于法国。其东部边界是罗讷河，和尼扎以及萨沃恩②伯爵领地遥遥相望；先是通过道芬和普罗旺斯，越过罗讷河，一直突显于阿尔卑斯山。罗讷河和索恩河则构成了王国北部边界，对面是勃艮第伯爵领地；索恩河的中段和下段有些超出北部的边界。在北部和东北部，与法国现今的边界还有少许距离；只是在拿到了梅斯大主教区、土尔和凡尔登之后，法国才靠近了莱茵河，不过起初这些地区都是飞地，位于德意志帝国境内的前哨；西边和德意志帝国接壤的凡尔登，再往北

① Roussillon 和 Cerdagne，皆为地名。——译者
② Nizza 和 Savoyen。——译者

则是色当地区；正如勃艮第伯爵领地属于哈布斯堡一样，佛兰德和阿图瓦也属于哈布斯堡。在争霸斗争中起初起决定作用的问题之一便是，这里的边界是否推移，并且是如何推移的。在很长的时期内，起初法国就是保有这样的地盘。只是在1610年和1659年间，法国的北部边界才和阿图瓦，此外还有法国与三个大主教区——作为神圣罗马帝国境内的飞地——之间的上阿尔萨斯和下阿尔萨斯接壤；也只有在这时法国才接近莱茵河。[98]今天构成法国地区的大部分已经连成了一个统一的统治单位。是否还有扩张机会尚不得而知。问题是，在欧洲张力系统这一单位能否并能在何地找到"自然"的边界，亦即能很好捍卫的边界。

法国人在法国，德国人在德国，生活于国家的秩序之中，生活于对体力暴力有着稳定而集中化的独占的社会之中；他们回过头来看时，总以为现存的权力独占，这样大小、这样方式的地区结合乃是自然而然、最合适不过的事；他们将这些不由自主地看成是有意计划出来的。与此相应的是，他们以这样的观点来观察和评价导致这种状况的各个行动：它们是否直接适宜于在他们看来有意义而又自然的秩序。他们很少去审视昔时集团和个人行动的实际纠结与强制性；很少去审视它们直接的计划、愿望和利益。他们更重视这样一个问题：对他们自己所认同的东西是好还是坏。历史上的活动家似乎一定或可能眼前已有未来的预言性图景，这图景对他们这些后来者则是有意义的，也许是值得肯定的现实。他们就是这样来赞扬和谴责将历史引至他们的活动家，视其行为是否直线式地导致所预期的结果来评分。

对历史人物这样评分，以个人好恶，以主观或偏颇的方式看待过去，这往往掩盖了历史形态形成的基本规律和机制，掩盖了历史形态的真正的结构史和社会发生史。历史形态总是在不同利益的冲突斗争中发展的。在这样的斗争中，有的最终导致灭亡，或以新的形式崛起，就像封地变成了王国，王国又转化为资产阶级国家一样；这对于新形式的形成正如那受到眷顾的、战无不胜的对手对新形式的形成一样不可或缺。没有暴力行动，没有对自由竞争的推动，也就没有对权力的独占，因而也就没有在广大地区行使权力的满足，也就没有对权力的遏制和调节。

往来反复的运动，逐步导致以法兰西公国为凝聚中心的越来越大地区的整合；这清楚地表明，西法兰克故地完满的整合乃是错综复杂的自动机制下的一系列淘汰性竞争的结果，而非预见性的想象或一个个帝王将相严格计划的结果。

亨利·豪泽①有一次说：[99]“以事后的立场来看问题，倒过来看历史，总是有那么一点不自然，正如把业已行政化的君主制和亨利二世的集权化的法兰西看成永远是在预定的边界内诞生和生存一样不那么自然……”

只有自己置身于昔时昔境，只有切身体验到众多武上家族之间的搏斗和其生活的直接必然，其切近的目标，只有眼前想象一下其斗争和社会存在的整个风险，才能理解在这一地区霸权与独占形成的概率是何等大，而其中心及边界又是多么的偶然。

一位美洲开创者有次所说的一句话在某种程度上也适用于法国国王及其代表：[100]

“他没想要所有的土地，他想要的只是眼前的土地。”

这句言简意赅的话很好地表现出，现今所有的一切就是从无数的个人利益和意图——不管是同一方向的还是背道而驰、相互敌对的利益和意图——的纠结中最后出现的，并非是由哪个人计划好或打算好的；然而同时又是出自众多个人意图和行动。这本来就是社会纠结、社会强制性、社会建构的规律性、社会结构、社会进程特点和其发展的全部秘密；这是社会发生和关系能动性的秘密。

① Henri Hauser。——译者

法兰西王室的代表在后期由于居于更为中心的地位，在整合的过程中，较之美洲开创者肯定会有更为深远的意图和更大的活动半径。然而就是他们所能清楚看到的只是下几步，只是他们所必须得到的眼前的一块土地，如若不让他人得到，如若不让一个令人讨厌的邻居或竞争者比自己强大的话。假如他们中的某些人同时胸怀更大的王国图景，这样的图景经过一段时间后就会在其头脑里褪色为昔日独占形成的影子，成为加洛林王朝和西法兰克王国的返照；这更多是回忆的产物，而非预言性的图景，为未来树立的目标。无论如何，从众多的个体利益、计划和行动的纠结中产生的发展方向，以及相互联系的人的整体规律性，并非某个人有意为之；所产生的形态——法国也并非哪个登台人物原先计划好的。正因为如此，理解这一类的形态还需要在一个鲜为人知的现实层次上来一个突破，亦即在有着自身规律的关系的层次上，在关系能动性的领域来个突破。

统治单位内部的分量分布。这种分布对于中央权力的意义。“国王机制”的形成

15. 独占的发展有两个阶段，一为自由竞争阶段，其中有股形成或多或少具有私人性质的独占的势头；再逐步由“私人”独占转化为“公共”独占。但是仔细观之，在这样的运作中其趋向并非简单地顺序而行；尽管在这种变动的过程中政权独占的社会化只是在后来才充分地显示出来，成为一种占主导地位的现象，然而导致这种现象的结构，亦即相互纠结的现象却早已在从繁复的竞争斗争中逐步形成以私人占有为形式的政权独占的阶段里存在，并且发挥着作用。

毋庸置疑，法国革命是对法国范围内的税收或权力独占的巨大而特别明显的推动。在这里统治独占事实上是在向广大社会阶层的支配权或

者说至少向着体制所保障的监督过渡。中央领主，不管他有什么样的名号，和所有其他实施权力独占的人，比以前更加确定地变成了职能分工社会的整个网络中的职能执行者。他们对其他社会职能代表的职能性的依附非常之大，以致在社会组织中明确无误地表现出来。政权独占及其所有者对社会其他职能的职能性依附业已存在于先行的阶段，其依附的程度只是不如后来那么大。所以在相当长的时期内这种依附性在组织中，在社会的体制结构中并非直接、直白地表现出来；所以政权独占者的支配权或多或少具有“私人占有”的性质。

16. 某个家族独占地位“社会化”的趋向在某种情况下，亦即在其支配范围或其产业开始膨胀之时，在自然经济占主导地位的社会中也已经表现了出来。我们所称之为“封建主义”的东西，我们在上面所表述的离心力量的运作，也无非是这种趋向的表现。主人对其仆从或臣仆职能性的依附在不断增长，亦即对更为广泛阶层的依赖在不断增长。这样的趋向导致个别家族及其头领对土地和战争权力手段的支配权向其亲近的仆从和亲眷的有层次的支配权过渡，一旦条件成熟进而向整个武士社会过渡。前面已经指出过，这里的“社会化”由于土地占有和权力手段的特点同时也意味着集中化的独占——虽则是很松散的集中化——的解体；解体的结果是各个大独占产业转化为一系列较小的独占产业，也就是转化为一种分散的、较少组织的独占形式。只要土地占有是财富的主导形式，在某些情况下就会出现向着这个或那个方向的推进：在自由竞争的道路上形成霸权，大片土地兼并，众多武士归于一个武士中央领主；在中央领主的后继者当政时又产生了分散的浪潮，在其仆从、亲眷或被统治者的各个阶层中又在进行新一轮的竞争，又要形成新的霸主。何种合而又分、分而又合的浪潮的整体，在某种情况下——其地理抑或气候条件、经济形式、人赖以生存的动植物种类，和救世组织的传统结构也总有着密不可分的关系——会导致这形形色色推动浪潮社会积淀的错综复杂的交织。其他非欧洲封建社会的历史在这方面也处处展现了同样的规律性。法国的发展方式尽管是如此地循环往复，然而和其他大多数的社会相比还是相当笔直的。

使大的独占性政权一直处于重新解体威胁的节奏只是在这种情况下才会变调，并直至突破：在一个社会之中，随着职能分工的日益发展，占有货币取代对土地的支配权而成为财富的主导形式。只有在这时，在支配权从一个人或一个小圈子的手中过渡到更大圈子的过程中，大的集中化的独占才不致像在封建化的推进中那样解体为一块块小地区，而是渐渐集中化为作为整体的职能分工社会的工具，在其初期也就是我们称之为国家的中央机关。

交换和货币流通连同其载体的社会形态发展，在一定的地区之内和政权独占的形态与发展有着持续不断的互动关系；两种发展系列总是相互绞合在一起，并呈螺旋式上升状态。政权独占的形态和发展趋向，受到社会分化、货币流通的进展和赚取货币与拥有货币阶层的形成等各个方面的影响。另一方面，分工自身的扩大，较大地区交通道路和市场的保障，保护生产免遭暴力的侵扰，许多其他协调的措施都在很大程度上取决于独占和中央机构的形成。换言之，工作过程，社会联结中所有职能越是分化繁复，相互衔接的个人行动(因而单个行动也完成其社会目标)的环节越是长而复杂，中央机关愈会凸显它的特殊品格：职能分工整体的最高协调机关的品格。如果没有具有如此功能的相当高的组织化的机关，社会内部职能分工的过程达到了一定程度后便不再会向前发展，也不能现实地发挥作用。组织简单、分化较小社会的中央机构也并非完全缺乏这种功能。甚至像9和10世纪有许多自给自足的地主的这样较为松散的社会里，在某种情况下也需要一个最高协调者。如果外患在国门之外，战争威胁迫在眉睫，这时也需要某人挺身而出，将众骑士团结起来，协调他们之间的行动，作出最后的决定。在此种情势之下，平时分散而居的领主们相互的依存重又显而易见。整个大军的合作一旦失灵，每个人就会面临危险。在这样的关头，众领主对中央领主、对国王的依赖便大为增长，国王的重要性、其社会力量和权力也会水涨船高——如果他完成了自己的社会功能，如果他没被战胜的话。一旦没有了外患，或者向外扩张的机会消失，在这样一种社会结构下，个人和集团对一个最高协调中心的依赖也会随之减弱。如果作为整体的社会联结愈益趋向多元化，如果在社会联结的细胞结构中渐渐形成新的职能、新的职业集团和新的阶层，中央机关作为持久的、专门的和分工细密的任务领域的职能便会愈益凸显出来。只有在这时具有协调作用的中央机关对于维护整个社会的运转才是不可或缺的，以致即使在社会内部社会力量有了变动，中央机关有可能转化，有可能改组，但不再会解体，就像先前封建化的过程中所出现的那样。

17. 较大地区特别稳定和专门的中央机关的形成是西方历史最为突出的现象之一。任何一种社会联结可以说都有一种中央机关，但是像西方社会职能分工与专门化达到如此高的程度的社会联结，在世界其他地方尚未见到。虽说西方之后其他地方的社会联结也开始趋近这样的水平，可专门化的中央机关还是首先在西方取得了前所未有的稳定性。中央机关，中央工作人员，随着其作为协调器的意义日益提高，也就没有必要同时加强其统治支配权。人们很容易有这样的想法，不断的集中化，由稳定的中央对全部的社会交往调节和监控的不断加强，统治者和被统治者之间的分野也会愈益明显，愈益稳定。真正的历史进程却是另外一种景象。西方历史中固然不乏这样的阶段：社会中央的支配权和决策范围是如此之大，以致有理由说中央之主是在进行“统治”。不过正是在许多西方社会的近代史中也有这样的阶段：对集中化的机构的支配权尽管有种种的集中化，可支配权的分散与分工却是达到了这样的程度，以致很难确定谁是统治者，谁是被统治者。与中央职能连在一起的决策范围处于转换之中，有时大些，于是拥有这些职能的人便有了“统治者”的样子；有时则小些，可作为最高协调中心的中央机关的集中化和其重要性并未因此而同时减弱。换言之，中央机关和任何其他的社会组织一样，都有其两重性：一为人群所属网络内的功能，一为与这种功能相联系的社会力量。所谓“统治”，无非是高度分工的社会中的特殊社会力量，社会力量决定职能，首先是决定那些将中央职能按照其他职能代表的比例赋予其所有者的职能。社会力量决定一个高度分工的社会最高的中央职能，也以同样的方式决定其他职能：这仅仅取决于——如果这种职能不和对个人世袭独占长期支配相联系的话——各种不同的职能相互依赖的程度。中央人员的“统治权”变大了，这在一个有着职能分工的社会里就意味着，在社会联结之内，其他集团和阶层对最高的协调机构依赖程度提高了。“统治权”变小了，这表明其他集团和阶层对协调机构有了相应的限制。不仅仅是而今我们主要考察的国家形成的先前阶段，而且西方国家社会的现代史也为中央人员社会力量的变化提供了足够的例证。所有这些例证都是整个社会内部紧张关系特殊变化的可靠的迹象。在这里透过社会结构的种种不同，重又遇到了紧密交织的机制——至少是在分工细密的社会里，这种机制造成了中央权力的社会力量的增减。不管是贵族和市民，还是资产阶级和工人阶级；也不管是像在诸侯宫廷中相互竞争的集团这样顶尖的阶层和人数众多的阶层联合，还是最高的军事机构和政党机构所构成的具有现实决定意义的社会张力的轴心，都是社会力量对比的某种安排，有的安排加强了中央政权的中心地位，而有的则削弱了中央政权的地位。

在这里还要简略地谈一谈那种决定中央权力强弱的密切交织的机制。如果是不从密切交织机制的基本规律出发，不将其作为主导的思考方式，眼前有一个观察的普遍公式，那就不可能理解西方社会集中化的进程，首先是不能理解“国家形成”的阶段，同样也不能理解文明的进程。对于集中化，对于国家的形成，在前面的一些章节里，业已从各个领主家族和统治单位之间，亦即从这些统治单位我们今天称之为“外交事务”的方面加以说明过。而今出现了一个补充性的问题，提出了这样的一个课题：探讨这种统治单位内部相互交织的过程，亦即使得中央政权——与其先行的阶段相比——有着特别的力量和技巧，因而使其整体具有“集权国家”形态的过程。历史上实际有两种系列在起作用：一为在一个社会内部单位每个阶层力量的分布和转移，一为在各个不同的统治单位张力系统力量的转移，两种系列一直相互交叉发展。

在各领主进行竞争的过程中——如前所述——有一个领主家族从中逐渐胜出。于是它渐渐承担起最高协调者的职能，然而这种职能并非由其创造出来的，而是由于该家族在竞争的过程中积累的财富多，对战争手段和赋税的支配权力大，该职能才降于这一家族之身。最高协调者的职能是由于在社会联结的整体中分工的愈益细密而形成，并获得其形态，获取其相应的力量。由此初看起来似乎有些悖谬：在国家形成阶段的中央领主获致极大的社会力量；也就是从其开始，从中世纪行将结束之时起，随着职能的迅速分解，中央领主的职能愈益明显地受到其他职能的制约。也正是在这个时期，职能分工性的行动链条的循环愈益深广，愈益固定。社会进程的固有规律，终于在法国大革命之后取得一个明确的、体制上表达的中央政权的功能性品格，这时比中世纪更加有效地发挥着作用。中央领主对从其整个统治区获取货币收入多寡的依赖，便是明确无误的表现。毫无疑问，路易十四就已强烈地受到这一循环的制约，受到盘根错节的行动链条的固有规律的制约，其受制程度远甚查理大帝。可是在这一阶段为何中央领主起初有那么大的决策空间，那么大的社会力量，以致一般称其为“独裁”呢？

事实上领主首要的还不仅仅是独占性地支配军事力量手段，借以控制其统治区的其他阶层，特别是那些并非无足轻重的顶尖阶层；而且基于一种独特的相互交织的格局，正是这些阶层在这一时期对充满张力结构最高协调者的依赖非常之大，不管它们乐意与否不得不在相当长的时间内放弃对最高决策的监督与参与。

如果没看到人际关系的特点，那就不会了解这种独特的相互密切交织的格局。随着社会中职能分工的愈益细密，人际关系的特点也愈益明显地表现出来：那就是公开或隐蔽的矛盾性。无论是在人际关系中，还是在各个不同的职能阶层的关系中，所呈现出来的乃是利益分散，甚至是利益的四分五裂。单个的社会存在，或者是整个功能阶级编织于内相互依赖的网络越是宽广，越是细密，利益的分裂性也就越大。在这里，所有的人，所有的集团，所有的等级或阶级，都是以某种形式相互依存着。它们是潜在的朋友、同盟者或行动的伙伴，同时也是潜在的利益上的对手、竞争者或敌人。在自然经济的社会里，人际关系往往是显而易见的消极，纯粹而又无法缓和的敌对。到处迁徙的游牧民族侵入某一聚居区，在游牧民族和当地人的关系中常常没有丝毫的相互职能上的依赖。在这些集团之间事实上有的只是你死我活的敌对。在这些组织简单的社会里，建立一种明朗的、质朴的、相互依存关系的机遇，建立单纯的友谊、同盟、爱情或服务关系的机遇也还是很大的。许多中世纪的书都是以非黑即白的手法写就，里面的人物不是好朋友便是恶棍，这清楚地表现了中世纪人们建立这种关系的意愿。在这样的现实中，与许多人在职能上有很大的相互制约性相应的是，从一个极端走向另一个极端，一种“相继行事”，一种好友和死敌的轻易转换。人的社会职能和利益要是愈益分歧，愈益矛盾，那么人的行为和感觉也就会愈益有种奇特的分裂，就会愈益有种积极和消极因素的“同时共有”，就会愈益有种各种比例和各种类别的相对减弱的好感与反感的混合。造成纯粹的、没有任何矛盾的敌意的可能性越来越罕见；任何针对对手的行动同时也是越来越明显地威胁到施加这种行动者的社会存在；针对对手的行动同时也会干扰职能分工行动链条的整个装置，装置的一部分便是敌对双方的现有的社会存在。如果在这里对利益的基本分裂性、对其给政治游戏或心理特征所带来的后果，以及与不断发展的职能分工有联系的社会发生学进行深入的探讨，那就未免将话题扯得太远。不过这不多的有关表述就足以使人们认识到，利益的分裂乃是分工高度细密社会所带来的影响最大的结构性特点之一，是给文明化行为打下深刻烙印的原因之一。

比如说，随着职能分工的发展，各个不同的统治单位之间的关系在这个意义上的矛盾性便越来越毫无异义。今日国家之间的关系，首先是欧洲国家之间的关系，就为此提供了一个鲜明的例证。尽管在这些国家之间职能的交织和分工还没有在其内部来得发达，可而今任何一种战争的爆发，都会危及作为整体的各个民族这种高度分工的相互交织的网络，到头来即使胜利者自身也会处于受到极大震动的境地。它能将敌国搞得荒无人烟，也可向彼处殖民。可它为了胜利起见就不得不尽量摧毁敌人的工业设备；同时为了和平起见，又不得不将这些设备在一定的范围内加以保存，甚至进行重建。它可取得殖民领地，修改边界，扩大销售市场，取得经济或军事上的好处，简言之，使其国力向前跃进一步。然而在高度分工的社会联结中彼此间所进行的搏斗中，任何一个对手和敌人，同时又是同一台分工机器流水线上的行动伙伴，所以网络内的一个部门中任何迅猛而过激的变化，都无可避免地导致对其他部门的干扰和改变。毋庸讳言，竞争和独占机制就会因此而停止运作。只是必然发生的争霸斗争对于整个极为敏感的国家体系来说，风险越来越大。不过历经愈益复杂的紧张状态和释放爆发，使得这个体系慢慢趋向日渐鲜明的霸权形成，趋向于围绕某些霸权中心形成较大单位的联邦组合。

随着职能分工的不断发展，在一个统治内部各个不同的社会阶层之间的关系在同样意义上的矛盾性也日渐严重。即使在这里，基于狭隘的理由，其职能分工相互协调的各个集团为着某些机遇也相互争斗。即使它们既是竞争对手，同时也是行动伙伴。一个社会现存的组织运转极差，内部关系极为紧张，以致达到了临界状态；对于相当强大的某一方的人和阶层来说，已有几分到了“忍无可忍”的地步；在这样的情势之下，矛盾关系的负面利益的对立，便会胜过职能相互依赖所造成的利益共同性的积极方面，以致发生紧张状态的暴力性释放，社会重心发生激烈转移，在一个改变了的社会基础之上进行重组。直至这样一种革命形势，职能上相互联系的阶层总是在多重分裂的、相互矛盾的利益中间跳来跳去。它们有种从社会对手那里争得或多或少的利益的欲望，但同时又怕在反对对手的斗争中使得整个社会机构毁于一旦，而后者的运转正是它们的安身立命之所在，这些阶层就是这样摇摆于欲望和恐惧之间。社会各阶层的格局就是如此，其关系的形式就是这样，这中间隐藏着理解中央人员社会力量变动的钥匙。如果最强大的职能阶级的合作没有太大的困难，如果利益的对立没有大到盖过它们之间的相互依赖，并威胁整个社会机器的运转，那么中央决策的范围便有所节制。如果社会的某些主要集团之间的紧张关系有增长的势头，决策范围随之有扩大的趋向。如果各个职能阶级的大部分对在现有的形式中保持其社会存在感兴趣，它们对于任何对整个机构的巨大干扰，以及对其自身社会存在相应大的震撼都极为恐惧；如果在各强大的功能集团之间的利益对立过大，以致通常的、自愿的妥协几乎无法达成，而引起不安的、胜负不分的社会冲突司空见惯，在这种情况之下中央机构的决策范围算是达到了最大效值。这种情况最鲜明地表现于这些阶段：一个社会联结中的各个集团或阶层的强弱在伯仲之间，这些阶层的社会力量基本持平，比如说贵族和市民，或资产阶级和工人阶级的情况即如是，尽管它们在体制上的地位绝非是平等的。谁如果在这样的格局之下，在这样一个为不分胜负的斗争所疲惫、所搅乱的社会里取得对最高协调和监控机关的支配权，他就有机会对保持在相互轩轾的利益之间的现存社会分配方面达成强制性的妥协。不同的利益集团既不能相互分离，也不能相互接近；这使得各利益集团为保持其眼前的社会存在特别仰仗最高的协调中央，特别依赖协调中央的主人。其仰仗和依赖的程度完全不同于在相互依存的利益极少轩轾、其代表之间极易达成直接协议的情况下的仰仗和依赖的程度。不同的职能阶级的大多数，或者至少是其活跃的顶尖集团，其情况若不是坏到要将其现存的社会存在孤注一掷的程度；同时它们还没有惶惶不可终日；它们之间的分量都是均衡分布，以致任何一方都怕另一方获得哪怕比自己多出一点点的好处，比自己稍强出一点点，在这种情况下各职能阶级便相互积聚力量。这使得中央政权在社会内部比在任何的格局之下有了更大的机遇；这使得当权者，不管是何等人，有了一个最佳的决策范围。在历史现实中，这种紧密结合形态的变体是多种多样的。如前所述，只是在分工高度发达的社会中形成的这种形态才极为鲜明，在相互较少依赖的、职能分工较少的社会中，首先是赫赫战功和军事实力才能建立起横跨较大地区的强大的中央政权。即使在职能分工细密的社会里，在和其他政权单位开战和争执中战而胜之，争而胜之，也正是对强大的中央政权起着举足轻重的作用。不过先撇开一个社会外在的紧密结合及其内部平衡的意义不说，而提出这样的问题：在一个分工细密的社会里，既然所有职能相互之间有着相当大的和较为均衡的依赖，又怎么可能出现一个强大的中央政权？那就又会重新碰到那种特殊的格局：先是在一个考察的普遍公式中凸显出来的：在一个分工细密的社会里，最重要的职能集团利益矛盾如果大到或它们之间力量分布如果均衡到既不能达成决定性的妥协，也无法进行决战并使胜负见出分晓的地步，这便是强大的中央政权胜利高歌向前迈进之时。

这种紧密结合的机构，在这里简称为“国王机制”。实际上由于社会势力有了这样的格局，中央政权才取得“集权”君主政体的最佳状态的社会力量。毋庸置疑，这样一种平衡机构不仅仅是一个强大国王政权的社会发生驱动器，而且也见于以某种独裁政权——不管它有什么名号——为基础的分工细密的社会。中央的大员总是在大大小小集团的紧张关系中起一种平衡的作用，这些集团是相互依存的对手，又是行动伙伴，彼此间相互牵制。这样的一种紧密结合，乍一看似乎是一种极易破碎的机制。可历史事实表明，它也如同所有其他由单个人组成的紧密结合的机构一样，有种强制性和无可阻挡的力量使其保持不散，直至持续不断重心转移最终使得以相互结合的方式、多少动用暴力的变动，以及新的紧密结合的形式成为可能。紧密结合的机制在其经常性的一代代的再生产中就是存在于那种持续不断的重心转移的过程中。

18. 社会机制的规律性使得中央领主和中央机构处于特别的境地，而且这种机构及其机关越是专门化，这种规律性越是显示出它的决定性意义。中央领主及其班底作为某一社会形式的代表占据中央行政的最上层；也可能这些最上层人员主要罗致自整个社会的某一阶层。可是一旦某人爬上了中央机构的高位，并在较长时间内保持其位，那么该位子就会强制他接受其固有的规律。它使其渐渐疏远整个社会所有其他的集团和阶层，甚至远离其出身的阶层、将其扶植起来的集团。在一个分工细密的社会里，中央领主由于其特殊的职能也具有其特殊的利益。他的职能是，社会一旦存在，就要凝聚和确保整个社会，因而他在一定程度上对其他职能集团之间的利益平衡甚为关心。日常经验使其逐渐明了这一任务，通过这一任务的窗口使其看到社会运转的机制。这一任务就已使其和其他职能集团保持相当的距离。同时他也像其他人士一样，注意保持其自身的社会存在；他要作出努力，务使其自身的社会力量不致减少，而是有所增加。从这个意义上来说，在社会的角力中他也自成一党。由于其职能的特点，他的利益也和整个社会结构的安全与运转息息相关。在此结构内部，同时他不得不眷顾某些人，他不得不经受内部斗争的考验；为加强其个人地位，他不得不和有些人结成联盟。然而在这当中，中央领主的利益从来不和其社会的某一个别阶层或集团的利益完全等同。中央领主的利益也许暂时和这个或那个集团的利益走到了一起，可要是他和某个集团走得太近，而和某一集团距离太远，其自身地位的社会力量早晚会受到威胁。因为这种社会力量，如前所述，一方面取决于各个集团之间的某种平衡，取决于各个社会利益集团之间的某种程度的合作；另一方面也同时取决于它们之间强烈而持久的紧张关系与利益的对立。他要是为使其或大或小社会圈子中的个别集团强过其他的集团而付出自己的权力手段和支持，他这是自毁前程。如若社会中某一集团或阶层明显地占了所有其他集团的上风，不管该集团自身是多么的不一致，其紧张状态是多么严重，那么对最高协调器的依赖，以及中央领主的统治性质便必然会有所收缩。如果其社会的主要集团之间的紧张状态有了缓和，它们能够自行调节彼此之间的合作，并能采取共同的行动，中央领主的地位便会大大削弱，至少在相对和平的时期是如此。而当整个社会的外患，至少是最重要集团的外患兵临城下的战争时刻，内部紧张状态的消退对中央领主也会带来有利的局面，而不再是危险之事。

简言之，中央领主及其机构在社会中构成了一种特殊的利益中心。其地位常常促使其宁肯和其社会中二等强大的集团联合起来，而不愿和最强大的集团抱成一团。中央领主的利益既要求一定程度的合作，也需要各派别之间的某种紧张状态。他的地位不仅仅取决于整个社会各个派系之间矛盾的性质和强弱，他和任何派系之间的关系自身也是矛盾的。

以这样的方式出现的社会机构的基本公式是相当简单的。唯己独尊的主宰者国王作为个人与整个社会相比要无可比拟的软弱，尽管他是这个社会的主宰或最高级的公仆。整个社会，或整个社会的大部分要是团结起来共同对付他，面对这种压力他会虚弱之极，正像任何个人面对相互依赖人群的整体感到虚弱一样。作为一个社会的中央领主，其享有的独一无二的地位，其赫赫权势，如上所述，这是由于这一社会的人群的利益，部分是相同的，部分又是相互对立的，以致他们的行动既有协调一致的一面，又有背道而驰的一面；中央领主一人独尊的权势就是由于在一个分工细密的社会联结中社会关系的基本矛盾性造成的。在某些情况下，这种关系的积极方面占主导地位，或者说积极方面无论如何没有为消极方面所掩盖。在通向消极方面成为主导的道路上，有着过渡阶段：对抗性和利益的对立是如此之大，以致继续存在的行动与利益依赖性在没有完全丧失其意义的情况下已从相关人士的意识中消退。由此而产生的紧密结合的形态，如上所述：社会的各个部分由于其社会力量的接近而相持不下。它们之间的紧张关系通过一连串的大大小小的斗争表现了出来，然而没有一方能战胜或消灭对方。它们无法走到一起来，因为一方利益的任何扩大便会对另一方的社会存在造成威胁。然而它们又不能分道扬镳，因为它们的社会存在相互依赖。这样的一种局面，赋予国王，中央领主，处于顶峰之人，以最佳状态的权势。这种情势清楚地表明，国王特殊利益之所在。通过这种强烈的相互依赖和强烈的相互对抗而出现了一种社会机构，它可称之为危险的、同时又是重要的、残酷的发明，它可能是某一社会工程师的工具。正如这一历史阶段所有的社会形体一样，也出现了这一形体——“国王机构”，后者将特殊的权势赋予作为最高协调者的一个人，这是社会的进程中渐渐地自然而然发生的。

想想拔河的情景，就能轻而易举地了解这种机构。力量相近的集团和社会势力之相持不下，就如同将一条粗绳拉紧。双方都竭尽全力将粗绳往自己一方拽，双方都不停地拉。可没有哪一方能将对方拉出其立脚点。集团间的极为紧张的关系状况就如同各自向相反的方向拉一条粗绳，这使得不属于两个正在相互搏斗集团中的任何一人有可能一会儿将自己的力量用于一方，一会儿又用于另一方。在这一过程中他所要特别注意的是，不使紧张状态本身有所缓和；不使某一方取得决定性的优势。实际上他就成了紧张局势的掌控者，他个人凭一人之力既不能运作这个集团，也不能运作另一个集团，更不能运作联合起来的集团；可在那种社会势力绷紧的情况之下稍一用力，便可使全局运转起来。之所以如此，那是因为在机构处于平衡状态之下，潜伏着极大的力量；没有触发者这些力量便无以发挥。某人揿一下按钮，受对方制约的力量便会运作起来。他要是和朝同一方向运转的力量结合起来，那这一势力就会取得一定的优势。优势便使这一势力脱颖而出。社会机构在这样情势下有如一个力场，它会将某人所花的微不足道的力气自动地扩大数倍。为使这架机构能够长时间少出故障地运转，那就要加倍小心地操作。掌控者也像所有其他人一样受到其规律和强制的制约。较之他人，掌控者的决策范围要大一些，可他也在很大程度上取决于机构的构造；他远不可为所欲为。

这只是一个赋予中央领主最佳状态权力的一般性轮廓，然而它清楚地表明其社会地位的基本结构。达到最佳状态，并非偶然，也并非强人统治者诞生的结果，而是因为一旦某种社会结构为此提供了机遇，中央机关便会达到其最佳强度，而这通常表现于强有力的独裁统治。以此方式使中央领主对分工细密的很大的社会拥有较大决策范围是这样出现的：他处于社会张力的交叉火力之中，他对在其统治区相持不下的不分轩轾的利益和野心能够纵横捭阖，掌控有节。

毋庸讳言，这样的一个公式对于真实的事态有某种程度的简单化，任何社会所有的张力场的平衡，在有相当分工的人群网络中总是通过一系列集团和阶层相互合作与相互争斗出现的。不过这种多极的紧张状态对于中央领主地位的意义就如同双极张力的意义一样，而后者的情形正如以上所述。

社会各个部分的对抗，毋庸置疑，不仅仅是以有意斗争的形式出现的。起决定作用的，制造紧张状态的，与其说是计划和明确的斗争目标，还不如说是无名的紧密联系的机制。比如说，中世纪行将结束之际，逼使骑士封建主走上下坡路的主要是向前突进的货币化和商业化，城市市民阶层的有意识的冲击还在其次。与货币的突进紧密联系在一起而出现的对抗，不管其在个别人或集团的计划和战斗目标中是如何表现的，都是与逐渐强大的市民阶层和其职能逐渐式微的乡间地主之间的紧张状态同时发展的。随着这种错综复杂的机制和紧张状态的发展而发展的是决策范围，是在竞争道路上成为中央领主，成为国王的决策范围，直至他们在市民和贵族之间达成某种平衡，以一种专制王国的形式争得其最佳的力度。

19. 人们不禁要问，在一个分工细密的社会里，形成并保持一个集权专制的中央政权又怎么是可能的，尽管中央领主所受到的整个职能分工机器运转的制约并不下于其他地位的拥有者。国王机制的公式便能解答这一问题。仅只是军事力量，仅只是地产的规模和收入的多寡，还不能解释这一阶段中央领主的社会力量，虽则没有这两种成分社会联结的中央也根本无法运转。在一个分工细密的社会里，比如说在专制时代，中央领主为能取得这样一种最佳力度，还需要在社会内部有种特殊的力量分布。

在逐渐衰落的贵族和崛起的市民集团之间在各个方面进行竞逐而胜负未分之际的这段社会史中，君主制的社会建制事实上达到了它最大的社会力量。16 世纪迅猛发展的货币化和商业化，给予市民集团以强大的推动；并使得武士阶层，原有的贵族的大多数一步步走向没落之路。表现为社会急剧转型的社会斗争的末期，贵族部分和市民等级部分之间的相互依赖程度大为增加。贵族的社会职能和形态处于根本变化之中，而今它与第三等级有了关系。部分贵族成员变得更加强大，更加雄心勃勃。原有的武士贵族之家业已衰亡，而许多市民家族却接受了贵族的品位。在短短的几个世代，其后裔代表更新之后的贵族利益而面对市民等级的利益。由于彼此间更为密切的交织，它们之间也势必相互对立。

不过这一市民等级，至少其上层集团的目标并非——像1789年资产阶级的大多数——是消灭作为社会建制的贵族。各个市民人士最大目标乃是，如上所述，为自己和家庭取得贵族的封号，获得贵族的特权。作为市民整体代表的上层集团汲汲所求的就是佩剑贵族的特权和声望；他们并非要消灭贵族本身，而是最好作为新贵族取旧贵族而代之，或者和他们平起平坐。17世纪，特别是18世纪，第三等级的上层集团（noblesse de robe）不断提醒人们，他们这些贵族也是优秀的、重要的、货真价实的贵族，一如佩剑贵族。其间所出现的竞争绝非局限于口舌和意识形态。两个等级的代表在背后为着权力地位和权位蹿升，进行着持久的、多少有些隐蔽的、不见分晓的争斗。

先前也曾指出过，如若是从这样的概念出发，即这一阶段的市民阶级也像今天，或者至少也像昨天作为资产阶级最典型、最重要的代表的“独立商人”的形象，那就无法理解这种专制政权的社会格局。17、18世纪市民阶级最有影响的代表，至少在欧洲大陆各大国，乃是国君或国王的市民仆人，其近祖或先祖肯定是手工业者抑或生意人，可他们自身在统治机构中已经谋得了一个职位。在商业阶层构成资产阶级上层集团之前，起初处于第三等级顶端的是，用我们现在的话说，官员。

国家职位的结构和性质在各个不同国家有相当的不同。在古老的法兰西，市民阶级重要的议员是领年金者和官员的独特的混合。有人以其金钱在国家机构中买了一个职位，以为个人的私有财产，或者该职位是从其父那里承袭下来的。基于这一职位，他可享受一系列的特权，比如说，其中的许多职位都和免税相联系。投下去一笔资本是以手续费、薪金或其他形式的收入来收取利息。

这种人士被称为“长袍”男子，在王政①时代，他们在等级会议中代表市民阶级；在会议外，面对其他等级和国王，他们也是其代言人和利益的代表。第三等级所拥有的社会分量，社会力量，都在这一上层集团的要求、举止和政治手腕中表达了出来。不言而喻，这一市民阶级上层的利益，并非总是和其余市民阶级集团的利益等同。不过除去许多不同的利益，还有其共同的利益，首先是——维护其各种各样的特权。不光是贵族或有一官半职者的社会存在由特权凸显出来，这一时代商人的存在亦是仰仗于特权；行业手工业的保持也是取决于特权。不管特权各自的性质如何，已有一定社会分量的市民阶级，直到18世纪下半叶，也完全像贵族自身一样，是一个由特权所塑造、所保持的等级形式。因而从某一方面来说，这里所碰到的是一个相互密切交织的机制；由于这一机制，市民阶级从未向其对手贵族进行决定性的打击。对贵族的这种或那种特权可能进行过斗争，然而市民阶级从未能也从不愿消灭使贵族成为一个特殊等级的特权的社会建制自身。因为其所有一切都赖以保持的自身社会存在，同样也是由特权维护的。

只是在资产阶级的社会存在愈益鲜明地凸显于社会的细胞结构之时，其社会基础不再是等级性的特权；只是当社会越来越大的领域认识到所有由政府所保证的或设立的特权，全都是对整个职能分工进程的严重干扰，这才出现了要将贵族打倒的社会力量，它们所要消灭的还不仅仅是贵族的特权，而是贵族特权的社会建制自身。

新的资产阶级集团斗争的对象是特权建制自身，与此同时也抓住了旧有市民形体，即等级市民的基础，不管它们是否意识到这一点。等级市民只有当其有着特权等级贵族面对它存在这样的社会职能时，才有其特权和整个的组织形式。精确点说，各等级是阋墙的兄弟，是同一个社

① ancien regime，指法国大革命前的旧政权、旧制度，或者说王政。——译者

会制度下相互依赖的基本组织。如果某一方面的建制消亡了，其他方面的建制也会自动倒塌，作为整体的这一制度也随之垮台。

1789年的大革命，实际上并非单纯是资产阶级对贵族的斗争。大革命的结果，等级市民阶级，为其上层的第三等级中有特权的官职拥有者的社会存在，还有古老的等级行会手工业的社会存在，也像贵族等级一样荡然无存。这种共同的结局，使人一下子明了整个社会的错综复杂和先前阶段特殊的力量格局。后者鲜明地勾画出有关以下情况先前所说的一切：某些社会阶层的相互依赖和利益之轩轾，应运而起的平衡机构，以及中央政权的社会力量之所在。专制时代市民阶层中政治上活跃的部分，其利益，其行动，其思想，完全依附于等级制度的存在和其特殊的平衡，直至一个新的、非等级的资产阶级从旧有的市民阶层中慢慢地出现。正因为如此，市民阶级的从政者，在与贵族，不用说也和第一等级的僧侣阶层进行争斗时，总是一再陷入利益矛盾的漩涡。他们在与贵族进行利益斗争时，无法走得太远，否则就会伤及自己的筋骨。对于贵族作为建制每进行一次决定性的打击，都会动摇整个国家的机构和社会机构，这就等于点一把火，也会危及具有特权的市民阶层自身现有的社会存在。所有特权阶层都同样对使斗争限于一定范围感兴趣；它们所怕的莫过于整个社会机构的过大震撼和力量平衡的转移。

可它们之间又免不了进行争斗；这是因为其虽有共同的利益，但在许多点上又有尖锐的对立。它们之间的社会分量是如此之分散，它们之间的竞争是如此之大，以致一方得到即使是微不足道的好处，权势有了微不足道的增长，都会使另一方感到威胁。可与此相对应的是，一方面不同集团的成员之间并不缺少客客气气，甚至是友谊；另一方面，在整个王政时代，两个等级的代表，首先是上层集团之间的关系一直极端紧张。一个怕另一个；一个总是用狐疑的眼光看着另一个。此外，贵族和市民之间这种最重要的紧张轴心贯穿于其他许多相颉颃的集团。世俗统治机构的官位等级一直处于和教会等级为争夺权限威望而进行的斗争中。在某些方面，教会总是一再和这个或那个贵族圈子发生冲突。因而在这个多元的平衡系统中，小爆发，小争端，社会角力接连不断，而这些都是在意识形态的外衣下进行，由无关紧要的事端引发。

国王或其代理人有时将其力量投放于这个方向，有时则投放于另一个方向，以便掌控这整个的机括。这一社会网络的主要集团间的结构性的紧张状态过分严重，无法使它们对其共同事务达成协议，并以此对国王采取坚决的、一致的行动。

在这一阶段，市民和贵族集团采取共同行动对付国王只在一个国家，即在英国取得了成功。英国社会在结构上有其特点，致使等级间的紧张状态有所缓和，并使得市民和部分贵族间的稳定联系成为可能；这样的社会格局在经过反复较量之后，导致中央领主决策范围有所限制。然而不管英国社会有着什么样的特点，而在其他国家基于某种错综复杂的格局，却再次表明，使得中央政权取得专制形态的社会力量是多么强大。

在 16 世纪和 17 世纪早期，各种社会出身的人并非没有联合起来的企图，以便各个社会形体采取共同行动对付国王日益坐大、咄咄逼人的权势，可他们全都遭致失败。这种内战和叛乱清楚地表明，即使在法国各个等级集团限制国王及其代表决策范围的要求是多么强烈。可这也清楚地表明，各集团间的争斗和利益对立是多么严重，以致阻碍了它们在同一方向上采取共同的行动。每个集团都希望对国王进行有利于自己的限制，而每个集团恰恰强大到能够阻止别的集团在这方面取得成功。各个集团相持不下，到头来只得断此念头，重又依附于强大的国王。

换句话说，在社会大转变的时期，市民集团在职能上较强，而贵族集团则在职能上较弱。其间曾有这样一个阶段：这两个职能集团——虽则与第三集团有着种种紧张关系，在各自内部也是矛盾重重——在社会力量方面基本持平。因而实际上在相当长的时间内形成了那种盘根错节的机构，在前面我们称之为“国王机制”：两个主要集团间的对立太大，无法在它们之间达成决定性的妥协；无论是力量的对比，还是彼此间社会存在的相互密切依赖，都阻碍着它们之间进行一场决战，使得霸权落在何人手中立见分晓。如此这般，它们既没有能力联合，也没能力全力以赴地进行争斗，并战而胜之，于是它们不得不将所有决策权全都奉献给一个中央领主，它们自身是无法作出决策的。

如上所述，这种机构是在历史的进程中漫无目的地形成的。其掌控的好坏，在很大程度上取决于担任中央领主职务的那个人。为了说明这种机构是如何形成的，有关专制的国王机制一般的说法，在这里需要谈一些有关的史实。

20. 在9和10世纪的社会里，有两个自由民阶层：教士和武士。在他们之下的大众，大都是没有自由人身者，他们不能佩带武器，不是社会生活的积极部分，尽管社会存在仰仗于他们的劳作。武士在相当大的程度上是自给自足的地主，他们在西法兰克这块土地上的特殊情况下，如我们已经言及的那样，对中央领主协调活动的依赖微乎其微，而教士对国王的依赖出于各种不同的原因却要大得多。西法兰克的教会不同于神圣罗马帝国的教会，前者从未取得较强的世俗权力。在这里，主教从未成为过大公。在法国，教会上层基本上一直处于相互竞争领主的系统之外。因而其离心的、寄希望于中央领主虚弱的欲念并不十分强烈。教会的产业大多是分散于世俗领主统治区的中间，处于他们不断的攻袭之中。由是教会希望中央政权强大，希望国王有足够的权势来庇护他们，以反对世俗封建主的暴力。大大小小的战火在整个地区不断燃起，这是僧侣和其他教会人士所极不愿看到的。这个时代的教会较之后来的教会更长于战事，甚至更为好战，后来的僧侣至少不靠征伐生活，也不是为战争而生活。攻守之战常常是在他们的地盘上进行，于是全国被践踏、受屈辱、其权利被限制的教士和修道院便一再吁请国王仲裁。

在卡佩王朝初期国王和教会之间存在着牢固而又很少蒙受损害的关系，这并非偶然。其原因还不仅仅在于最初卡佩王室个人的强烈信仰，同时也是显示出来的利益格局所致。在这个阶段，不管其他情况如何，国王尊严也成了教士在争端中对付武士阶层人士的手段。国王受洗、涂圣油和加冕，都是由教会投资性的仪式所确定，由此国王政权便获取了一种神圣的光环；完成诸如此类的仪式也渐渐成了教会的某种职能。与其他社会中相仿现象不同的是，这里已出现政教合一中央政权的萌芽，然而这一发展方向很快便中断了，而这和基督教建构本身并无任何联系。这个时期，教会较之大多数的世俗统治区更为古老，其结构也更为牢固。教会有自己的首脑，而后者愈益明确地提出这样的权利要求：教会和世俗霸权与中央政权结合而成为超越一切的权力。由此，某一地区世俗中央领主和教皇之间迟早会出现竞争的局面及争夺霸权的斗争。无论在何地，这种斗争的结果总是教皇退缩于其神职的霸权地位，皇帝和国王世俗的特性更为纯粹地凸显出来，世俗政权镶嵌于教会等级与仪式之中的萌芽有所萎缩，但并未完全消失。在西方世界也出现这样的萌芽，很值得研究一番，这对于比较世界各地的历史结构和了解各个不同的社会进程有着特别重要的意义。

在这一阶段，西法兰克国王那一边起初和教会走得很近，这是上面所讲的教会职能的建构规律所致。国王依靠较弱的集团来打击更强大、更危险的集团。国王在名义上是所有武士的采邑之主，可起先在大领主的统治范围内几乎没有任何势力，甚至在自己的领土上其权力也受到很大的限制。王室和教会的密切结合使得处于其他领主区域内的寺院、修道院和主教管区成了国王的堡垒。这种结合也使得教会遍及全国的精神影响为国王所用。国王还以各种各样的方式利用教士的写作能力、教会的行政管理和组织经验，当然还有其理财的能力。卡佩王朝早期的国王除了自己领地的收入外，是不是还有来自整个西法兰克王国地区的“王室收入”和贡赋，尚不得而知。如有这一类收入，那也不过是对自己家族收入数目不大的补充。有一点是肯定的：除自己领地的收入外，还有来自教会的贡赋，比如来自空缺的主教管区的收入，或者有时也有特别事务津贴。如果有什么使得传统的王室面对竞争的家族占了明显优势的话，如果有什么在早期淘汰性竞争中有助于卡佩家族在其领地之内重振雄风的话，那就是名义上的中央领主和教会之间的联盟。在这一离心倾向很强的阶段，从教会中产生出使君主制超越单个国王的生命而得以延续并使集中化向前迈进的社会势力。只是随着第三等级的崛起，教会推动集中化的社会作用才有所减退，但并未完全消失。不过这个阶段也表明，不同社会集团之间的紧张状态，教士阶层和武士阶层之间的紧张状态对中央领主是多么有利，而且，中央领主是多么受这种张力的制约，甚至成为这种张力的俘虏。许多武士领主的势力膨胀，使得国王和教会走到了一起，尽管它们之间也不断发生规模较小的冲突。国王和教会第一次大规模的冲突，它们间第一次真正的权力之争，只是在人力和货币这样的权力手段从市民阵营源源不断地开始流入王室之际才算发生，亦即在腓力二世(奥古斯都)时代。

21. 随着第三等级的兴起，张力网络随之复杂化，社会内部的张力轴心也有所转移。在一个各竞争地区或领主相互依赖的系统中，总会呈现出某些主要矛盾，而与此相联系的所有其他的对抗则是次要的紧张状态，直至一个大的力量中心的优势成长起来，并得以巩固。与此相似的是，每一个统治区内部都有某种处于中心地位的张力，许多较小的张力附着于它，并向着这一方或那一方转移。11 和 12 世纪，武士和教会之间的矛盾关系便属于这种中心张力。从这段时期起，武士和城市市民集团的对立又转化为中心的、内在的张力。这种张力乃是社会分工细密的表现，在此背景下，中央领主又有了新的重要性：社会各阶层对最高协调者的依赖逐步加大。国王在争霸过程中其统治区进一步扩张，于是便从武士阶层中脱颖而出，和其他的武士愈益明显地拉开了距离，这是他在武士和市民阶层之间的张力中所处地位所致。在这种紧张状态中，国王绝不是鲜明地站在武士这一边，虽则从其出身来看国王属于武士阶层，而是将其力量一会儿投入这一边，一会儿又投入另一边。

城市取得地方权利乃是这条道路上的里程碑。这一阶段的国王，首先是路易六世和路易七世，连同其所有的代理人以及所有其他的封建主面对日益壮大的地方，特别是自己领域内的地方势力，总是有些狐疑，至少是怀着“一半的敌意”。[101]国王只是慢慢地才体会到这一不寻常群体的用处；弄清在社会的细胞结构中出现第三等级对其意味着巨大的机遇，这需要一个过程。一旦理解到这一点，国王便在符合自己利益的范围内大力促进第三等级的利益，将开发资产阶级纳税和财政的潜力看成是自己的第一要务。可国王又全力以赴地与城市掌权的要求进行斗争。随着市民阶层经济和社会力量的不断壮大，这种权力要求也应运而起。王权的提升和市民阶级的崛起，有着职能上的相互依赖的关系；这样的两种社会阵营有意无意地相互交织在一起盘旋而上，可即使是这样，它们的关系还是一直处于矛盾之中。两者之间敌对性的争端时有发生，起初甚至也不乏这样的事例：贵族与市民企图联合起来限制国王的统治支配权力。国王在整个中世纪都一再处于这样的境地：为采取某些措施不得不征得三级会议代表的同意。三级会议代表了王国的各个阶层；在大大小小地区三级会议的过程中，可以清楚地看出，尽管摇摆不定，这时的社会张力结构和专制时期是多么的不同。[102]三级议会——这使人想起英国的名称——也与资产阶级工业社会的党派议会相类似，只要在各阶层的代表间就某些议题能直接达成共识，它就可以运转；要是达成直接妥协越是困难，社会中的紧张状态越严重，它就运转得越差。议会在多大程度上运转得差劲，中央政权的权力机遇就越大。在中世纪的世界里，由于货币和商贸关系不那么发达，起初占有土地的武士阶层和城市市民阶层之间既没有相互的依赖，也没有相互的对立，一定要由中央领主来加以调节。骑士，市民，教士，每一等级都生活于自己的天地里，尽管他们之间有种种的联系，可较之后来这种联系要微弱得多。不同等级为着相同的社会机遇所进行的竞争也远没有后来那么经常和直接。市民的上层还远远没有强大到向贵族武士在社会上的特权进行挑战的程度。只是在社会的某一阶段，崛起的市民阶层在国王扶持之下才慢慢将骑士和神职人员直接从其在政权机构中的职位上，用我们的话来说，从官员的职位上拉下马来。

22. 在政权机构的发展中，在所有建构（最初不过是王室和领地的管理）多元化的过程中，国王对整个社会事务的职能性的依赖愈益显露出来。如果自由人的社会基本上是由骑士和神职人员组成，那么，如上所述，政权机构首先也是由骑士和神职人员组成。而教士大都是国王利益的忠实仆从和代表；而封建主即使是在宫廷和王室管理内部也常常是国王的竞争者，它们所想的多是建立自己的权力地位，而不是去巩固国王的地位。政权机构之外的武士阶层要是有了较大的分化，在淘汰性斗争的过程中要是大大小小的封建主分化瓦解了，那么这种在日益发展的政权机构的结构中的格局也会反映出来：教士和较小武士家族组成了他们的班底；只有很少的大封建主能保留他们的位子，比如说做个参议员或者顾问什么的。

在这个阶段王室的行政人员中肯定已不乏来自武士和教士以下家族的人，虽则非自由人出身的因素在法国中央政权的发展中所起的作用显然不同于德国。从这一阶层形成的城市行政区和由自由人所组成的第三等级，在法国要比在德国更早地具有独立的意义，这也许和出身因素在法德的影响不同有关。无论如何，在法国地区，随着城市的发展，王室行政管理人员中市民所占比例也在增加。法国市民参与政权机构早在中世纪就已达到的程度，在大多数德意志领主国家直至近代都未达到。

城市因素进入政权机构是以两种途径来实现的：[103]一是不断占有原先为贵族所占据的世俗的位子；二是在教会中所占比例也在日益增加。“clerc”一词的意义在12世纪末渐渐地有所变化，其为“教士”（可解释为牧师、神父和神职人员）的意义在隐退，后来就干脆指读书深造过的人，会读会写拉丁文，此乃为神职人员晋升第一阶段的首要前提。后来和行政机构不断扩大相联系的是，“clerc”这一称谓也在不断地世俗化，愈益接近大学深造这方面的意义。学好拉丁文并非只是为了当教士，也是为了当官。这一阶段肯定也有不少市民是因其理财能力和组织能力而进入国王的班子；然而大多数的市民是通过学习教会法典和罗马法典而进入政权机构高层的。读书学习成了城市上层子弟晋升发迹的通常之路。于是在政权机构中，市民出身者慢慢取贵族和教士出身者而代之。国君仆从的“官员”阶层——与德国所不同的是——成了为市民所独占的形态。

“最晚是在腓力·奥古斯都时代就已出现了法学家，可谓是‘法学骑士’：他们的任务是将封建法和天主教会法规与罗马法融会起来，以便创建出君主制度的法律……1316年有30位录事，1359年则为104或105位，1361年是60位录事随侍国王左右，做些公文的抄录誊写之事。他们争得了许多特权。他们中的大多数人成了公证人。精英分子（在美男子腓力时代是3人，1388年以前是12人，1406年是16人，1413年是8人）后来成了枢密录事，有的成了财政大臣。和贵族廷臣所不同的是他们不是凭借出身，仰仗先祖的余荫，而是靠自身开创了一代之家风。”[104]

随着国王产业的增加，逐渐形成了一个专家阶层。其社会地位首先取决于其效劳的地位；其等级威望、个人利益，和王室与政权机构的利益在很大程度上等同。而今第三等级的成员担任书记、国王的顾问、税务官员、最高法院的法官等各种各样的职务，而这些职务先前是由教士担任的，现在也有教士出任，只不过人数逐步减少而已。这些担任官职的市民要保持中央职能的利益，并试图在某一国王身后使国王政策保持连续性，并常常对个别加冕为王者的个人喜恶有所抵制。在这里已是市民阶层扶助王室，国王扶助市民阶层。

23. 随着贵族几乎完全从政权机构中被排挤出来，市民阶层取得了对于社会内部均衡关系至关重要的权力地位。正如上面所提到的，在与贵族争斗的过程中，在法国直至王政结束都不是富商也不直接是行会代表市民阶层，而是形形色色的官员代表市民。贵族社会地位的削弱，市民地位的加强，最清楚不过地表现在：至少是从 17 世纪起，高官阶层就已提出在社会地位上与贵族平等的要求。实际上在这一时期，贵族和市民阶层相互紧密联系而又相互争斗的紧张关系已达到了这样的程度：使得中央领主具有特别大的权势。

城市市民子弟对中央权力机构的渗透，造成了一个错综复杂、盘根错节的形态，从这里可以直接看出，王室声威的上升和市民阶层的崛起有多么密切的功能上相互依赖的关系。高级的“国王仆人”之家逐步上升为市民的上层；市民上层在 16、17 世纪所取得的社会力量之大，几乎使得中央领主落进了它的手掌，要不是贵族和教会与其抗衡的话；后者的反抗束缚了市民上层的手脚。不难看出，国王，首先是路易十四一直在这种紧张状态中的做法。在先前的阶段，首先是贵族和教会——尽管在其关系中已经有了矛盾——较之城市市民阶层是中央政权强大得多的对手。正因为如此，崛起的市民才是受王室欢迎的、乐意为其效劳的助手，于是国王才让中央机构的网络变成了第三等级人士独占职位，因为这一等级比第一第二等级更为弱小。

从另一方面来看，国王和市民社会力量的增长与贵族和教会的衰落（如果从其社会存在的财政关系来看的话）之间有相互依存的关系。这种不利于贵族的重心转移很少是市民圈子有意为之，这在前面业已强调过。这一方面是竞争机制运作的结果，另一方面首先是货币关系不断发展的结果。竞争到最后使得贵族的大多数依附于一个贵族之家，亦即王室，因而也在某种意义上来说使其沦落到和市民相同的级别。货币量呈锯齿状的曲线增长，同时也在不断地贬值。货币量的增加和货币贬值的速度在16世纪特别加快。靠田庄收入生活的贵族，其收入的增加抵不上贬值的速度，很快便贫穷起来。

宗教战争——这里只提一下结束时的境况——对于逐渐衰落的贵族所具有的意义，常常如同内战之于沉沦的阶层：起初掩盖了其无可避免的命运。金戈铁马，混乱喧嚣；在激烈的战斗中幸免于死；虏获战利品的机遇；取得利益的轻而易举，所有这一切都使贵族以为其岌岌可危的社会地位能够得以保存，沉沦和贫困皆可避免。随波逐流于经济大变革中，贵族们对于经济的大变化几乎是浑然不觉。他们所看到的是钱多了，物价上涨了，而他们对此无法理解。布朗托姆①，这个时代的宫廷武士曾对当时的气氛有如下的描写：

他说，[105] “差得远呢，这场（国内）战争根本就没有使得法国穷困不堪，反而使国家富了：发现了埋在地下的宝藏，如今将这些原先没有派上用场的东西发掘了出来……战争使得它们在阳光下闪闪发光，将它们转化为大量美好的货币。在法国，数百万磅的黄金白银变成了品种繁多、形色各异的钱币。然而这还并非一切：富商，高利贷者，银行家，乃至教士，他们的箱底都压满了塔勒②。如果没有高额的利息，不以田庄家产来作抵押，他们是绝不会出借的。而贵族，在抵御异国的战争中却变得一贫如洗，他们不得不将其田园抵押变卖，到头来连生火的木材也不知从哪儿能搞得来，因为那些卑鄙无耻的高利贷者将其家中的一切

① Brantom（1540—1614），查理九世和亨利三世的廷臣，也是作家，其多卷集的回忆录对当时的社会有着丰富多彩的描述。——译者

② 一种直至18世纪还在流通的银币。——译者

都攫为己有了。不过这一次美好的内战重又使得贵族武士时来运转，又有机会建功立业。先前只有两匹马和一个马童的武士在战时和战后则有六七匹好马了。于是这些勇敢的法国贵族托这次美好内战之福，或者说是从战争中捞足了油水重又发达起来。”

法国的大部分贵族从“美好”的内战中返乡之时，战时所捞到的“油水”使他们确信，他们可以再造昔日的辉煌；而实际上他们所面临的乃是债主上门，重新陷入困境。生活费用极其昂贵。债主、富商、高利贷者和银行家，特别是那些高官，那些身着长袍之男士，一个个雄赳赳地逼上门来，令其将所借之钱还来。这些人巧取豪夺，田庄，还有那足够多的头衔，都归于他们的名下。

那些尚有田庄的贵族很快就发现，他们所得之收入再也无法弥补那日益昂贵的生活费用：

“那些贵族之家将土地租给农民耕种，所得收入货币数还是原先那么多，可是物价却大大上涨，以前价值 5 个苏①的东西，而到了亨利三世时代则价值为 20 个苏了。不知不觉中贵族成了穷光蛋。”[106]

24. 这里所呈现出来的社会力量对比若明若暗。早已发生的不利于武士贵族而有利于市民阶层的社会结构的变化，到了 16 世纪更是加速进行。后者所取得的社会重心，正是前者所失去的。社会中的对抗性正日趋严重。武士贵族不能理解变化进程中的强制力，正是后者将其从世代相传的地位上拉下马来。对于武士贵族来说，这一变化的进程体现在第三等级的人士身上，贵族与后者为了相同的机遇，首先是为了钱，不过通过钱也是为了自己的土地，也是为了自身在社会上的优越地位，愈益直接地展开了竞争。正因此，才慢慢形成了平衡的机构，这赋予一个人，亦即中央领主以最佳的支配权。

---

① Sol，法国一种低币值货币单位，1 个苏合 5 个生丁。——译者

在16、17世纪的斗争中，人们发现市民团体富有而又人数众多，它已强大到足以对武士贵族统治与权力要求进行最坚决抵制的地步；然而它既没有足够的能力，也没有足够的力量，使得武士、佩剑者直接依附自己。眼见得一个个贵族身强力壮而又好勇斗狠，足以给崛起的市民阶层带来经常性的威胁；而实际上已经虚弱了，特别是在经济上，已经无法直接支配城里人和他们的赋税。在这一时期，贵族已经完全丧失了行政和司法的职能，这些职能完全落在市民阶层的手中，这一点大大削弱了贵族的势力。可是社会上的任何部分都难以长久地保持对其他部分的绝对优势。一旦发生这种情况，国王总是会重新寻找某一阶层或者团体做自己的盟友和助手，以对付自己无法掌控的其他集团和团体。

毋庸置疑，贵族和市民都来自不同的集团和阶层，其利益总是有所不同。这两个等级间基本的紧张状态之上，又盘根错节着一系列其他的矛盾，有的是在其内部，有的是在这两者和教会之间；可这所有集团和阶层的存在又都在相当程度上取决于其他集团与阶层的存在。然而它们之中没有哪一个集团或阶层首先强大到推翻整个现存制度的程度。上层集团是惟一能够在现存建制的框架之下发挥某些政治影响的集团，它们对激烈的变动最不感兴趣。张力的多样性首先真正加强了国王的统治机遇。

任何一种上层集团，无论是贵族的上层，宫廷中的“大人物”，还是市民、参议院，从他们的角度出发，都希望限制国王的权力。朝此方向所作的努力，这一类的想法，在整个王政时期都是不间断地出现。其愿望和利益大相径庭的各社会集团，对王权的态度也各不相同。对此有清楚表现的事端也时有发生。甚至也出现过贵族和城市市民阶层，首先和参议院结成暂时的联盟，联手反对国王的参议员。一旦出现了什么情况，在这暂时联盟的过程中直通款曲便会遭致困难，无法穿过它们之间矛盾与竞争的厚壁。

在这里人们想起了“投石党”[1]之乱：路易十四尚在幼年，马萨林[2]执政。在相当长的时间内，各社会阶层和集团联合起来，掀起了反对由马萨林代表的绝对王权的风暴。议员和三级会议中贵族、市民团体和高级贵族人士，大家都想利用王权空虚、由主教执行的皇太后摄政的时刻，来达到自己的目的。然而起义的情况事实上清楚地表明，所有这些集团之间的关系是多么紧张。“投石党”之乱是一种社会实验，它再次揭示出这种张力结构，也正是这种结构才为强大的中央政权提供了机会。而当中央政权稳定之时，人们往往看不到这一点。王权对手联盟中的某一个哪怕是多占了一点点便宜，其他盟友便感到是对自己的威胁，于是便离联盟而去，与马萨林重又修好，联手反戈一击，将矛头对准昔日的盟友。“投石党”中的任何一个集团，都同时对其他集团的势力膨胀感到恐慌。最后——这也在很大程度上归功于马萨林的运筹帷幄，善于利用张力结构所提供的机遇——有利于王室的原有均势得以重建。路易十四对这次动乱的教训永志不忘。他远比所有的先王都更加自觉、更加精心地维护这种均势，维持现有的社会差异和紧张状态。

25. 在中世纪有段相当长的时期，城市市民阶层就其社会地位来说要远比武士贵族低下。当此之时，国王和市民之间的共同利益就很显著，尽管还没有大到在城市和中央领主间完全没有磨擦、没有斗争的地步。这种利益共同性的最为明显的后果便是：贵族逐步从王权机构中被排挤出去，而市民出身之人逐步渗透其间。

在货币流通和独占形成的过程中，贵族社会力量较市民有所减弱之时，国王便又进行某些投人，以有利于贵族。国王就是这样在咄咄逼人的市民之前维护贵族作为上层的存在。不过国王对这种维护掌握一定的

---

① Fronde，1648—1653年法国国内发生的一次最为严重的反对中央政府的骚乱。——译者

② Giulio Mazarini（1602—1661），法国外交家和政治家，生于意大利。——译者

分寸：维持贵族和市民阶层之间的社会差别，维护其政权领域中的张力均势。比如说保障大多数贵族的税务豁免权，而市民阶层则要取消这种权利，或者至少限制这种权利。仅仅豁免其税务当然还不至于使经济上虚弱的土地占有者具有这样的经济基础：提出其作为上层的权力要求，势必突出其独特的、鹤立鸡群的存在。广大的乡村贵族尽管有税务豁免权，在整个的王政时代还是过着非常困顿的生活，他们在物质享受方面完全不能和市民上层同日而语。面对官府，特别是法院，他们根本没有受到什么眷顾，因为其中的职位大都由市民出身的人所盘踞。此外，国王在部分舆论的支持下在贵族圈子中保持这样的规定：贵族不可直接从商，成为生意人，否则就会取消其贵族头衔，至少是在其经商期间。这一规定也是为了保持贵族与市民之间的差别，国王对此的关心不下于贵族自身。不过这样一来，也堵塞了贵族惟一的直接的致富之路。毋庸讳言，间接地，比如说婚姻亦可间或通向经商为宦者的财路。如果贵族或其中的一小部分没有在王室的扶助下在宫廷之中取得独占性的地位，那就不会有某种一直保持到17、18世纪的荣光和社会地位，那就无可避免地沦丧于经济上逐渐壮大的市民和新的市民贵族的脚下。这种在宫廷中的独占地位使其有可能过一种符合其身份的体面生活，同时又不致和市民的事由相混同。宫廷官职，王室家政各种各样的职位，全都保留给贵族；这样成百上千的贵族便有了收入颇丰的位子。此外还有国王的恩宠，这常常由不时的赏赐表现出来，也是另一种特权；再者随侍国王的左右，也是一种很高的荣誉。于是便从乡间贵族衍生出一类其荣光、影响可与市民上层相媲美的宫廷贵族来。那时因为市民阶层不敌贵族，所以国王对于市民阶层加以扶助，国王的行政管理的位子转而为市民独占；而今，贵族又弱于市民，国王同样加以扶助，于是宫廷的官职变为贵族独占。

宫廷官职为贵族独占，并非一朝一夕完全按照某一国王的意旨进行的，就如同其他的国家官职为市民独占一样。

在亨利四世时代以及路易十三①时代，宫廷官职及大多数的下级军官和行政与司法职位尚可用钱买，因而也是拥有者的财产。甚至王国某个区的行政长官、军事司令的职位也是如此。当然在某些情况下职位的拥有者只有得到国王的恩准才可担任其职务；不用说，任何一个职位都是由国王的恩宠所授予；不过一般来说，这个时期的买官已占了由国王恩宠而得官的上风。因大多数的贵族在货币占有方面无法和市民上层相比，所以第三等级或者至少是第三等级所出自的并在不久前被封为贵族的家庭也慢慢地、惹人注目地爬上了廷臣和军官的位子。只有国中大贵族之家，一方面是由于广有田产，一方面国王支付致仕之金，才有足够的收入在竞争中保持这样的禄位。

无论是在亨利四世时代，还是在路易十二和黎塞留②时代，在这种情况下扶助贵族的趋向是显而易见的。再者，亨利四世是以贵族军队的统帅登上王位的。面对对贵族产生不利影响的经济进程，这些能君贤相也一筹莫展，但除此之外，国王职能自身有其必然性，国王职能对贵族的关系是矛盾的。无论是亨利四世，还是黎塞留，还是其所有的接班人都坚决要而且必须要使自身安全，都尽可能地使贵族不染指所有具有政治影响的职位。他们坚决要同时也必须要将贵族作为社会平衡中一个独立的社会因素加以保持。

专制朝廷的这种两面性完全符合国王和贵族那种两重性的关系：宫廷是掌控贵族的工具，同时也是供养贵族的场所。宫廷就是朝着这一方

① Louis Ⅻ(1601—1643)，法国波旁王朝国王，亨利四世之子。1610—1617 年间由母后摄政。其间贵族和胡格诺派起而叛乱，国家财政亦趋于崩溃。1614 年召开三级会议，王权得到第三等级的支持，1617 年下令暗杀了母后的心腹大臣。1624 年委任红衣主教黎塞留为首相，加强王权。1628—1642 年御驾亲征反叛的贵族。对外推行反对哈布斯堡王朝的政策，并参加三十年战争，扩大法国势力。——译者

② Armand Jean du Plessis de Richelieu(1585—1642)，法王路易十三的首相。——译者

向逐步发展。

生活于贵族的圈子里也是亨利四世自然而然的习惯。不过其政策还没有完全严格地朝这个方向倾斜：要求那些希望得到国王恩宠的贵族一直居留于宫中。他还没有这么多的钱财来养活这么庞大的宫廷；还没有像后来的路易十四那样大规模地授予宫廷官职，颁降恩宠和致仕之金。在亨利四世时代，社会处于动荡之中。贵族家族日趋没落，市民阶层逐步兴起。等级尚存，可婚姻状况正在发生着巨大的变化。将各个等级隔绝起来的壁垒业已出现了很多的裂缝。一个人能干与否，幸运与否，在这个时代很大程度上决定着一个家庭的机遇，也决定着其等级的原有归属。在这个时代，市民出身的人通向宫廷和宫廷官职的大门敞开着。

贵族对此怨声载道。贵族希望和建议那些职位应该只留给他们。他们想得到许多份额中的一份，想将失去的位子争取回来。1627 年贵族将一份题名为"重建贵族等级"的申请，呈递给路易十三，该申请在这方面有着详尽的建议。[107]

在这份申请中首先说的是，除了上帝援手、亨利四世以剑纵横天下而外，亨利加冕为王也要归功于贵族。当今之世，其他阶层的多数都相继骚乱；可贵族却"由于无所事事而穷困潦倒，在生活的压力下变得绝望"。

几句话便刻画出这一没落阶层的处境，这在很大程度上是符合实际的。绝大部分的田庄债台高筑，许多贵族之家财产散尽，一贫如洗。贵族青年没了希望；骚乱不安和释放出来的社会压力，在社会生活的各个角落都能感受得到。怎么办？

在列举出造成这一状态的几个理由之后，又特别强调不信任其造成的后果：贵族中的某些人，傲慢无礼，追名逐利，这给国王带来了影响；国王最后竟至这样认为：为限制这些贵族的权势，就得排除他们做官为宦，进而扶助第三等级，以致自这一时代起贵族便被剥夺了进入法院和进行税务管理的权利，在国王的参议院再也没有他们的立足之地。

在申请行将结束的第二十二款中，贵族要求改善这种状况：除却一些省份的军队司令官的职位外，首先是王室的文武下级官员的位子一律要禁止买卖，只保留给贵族。实际上这一要求成了日后将宫廷变为贵族供给站的纲领。

此外，贵族在这些条款中还要求参与省一级的行政管理，并从贵族中挑选合适之人才进入高级法院、议院，至少充任无薪给的顾问；最后还要求，财政委员会和军事会议中的三分之一人选、王国统治机构中部分人员都要有贵族担当。

除了一些细微的要求外，所有这些要求中只有一个得到了满足：市民被排除于宫廷官职之外，只有贵族才有权担任。所有其他的要求，一旦涉及贵族参与政权，一旦涉及参与国中的行政管理，即使是在微弱的程度上，也全都未能实现。

在为数众多的德意志领主国中，贵族寻找并能得到的除了军事职务外，总还有行政管理和法院的职务。至少是从宗教改革以后，贵族也在高等学府任职。[108]大多数的国家高级官员在德意志诸国正好为贵族所独占。此外，在这里，许多其他的国家职位是按照一个精确的分配方案来安排的，一般贵族和市民可说是平分秋色。

在法国的中央机关里，如上所述，贵族和市民这两个阶层的紧张状态和或明或暗的争斗表现为：整个行政机构为市民所独占，而狭义的宫廷机构的职位大都由贵族所占有，然而由于这些职位可以买卖，所以有市民化的危险。17 世纪便明文规定将其完全保留给贵族。

黎塞留在其遗嘱中就已建议，向那些“没有幸运地生于贵族之家的人”[109]关上通往宫廷之门。路易十四后来已经严格限制市民担任宫廷官职，但他并未将大门关死。贵族的社会利益和王室的社会利益几经考验和权衡，最后才使宫廷具有了颇有特色的形态：一方面是贵族的供给站，另一方面也是掌控和驯服古老武士阶层的场所，那种无拘无束的骑士生活已经一去不复返。

对于大多数的贵族来说，此后不仅其经济基础在减缩，而且其活动的天地和生活的范围也日益狭小。他们收入微薄，蜷缩于自己田庄之内。在战争中支起军帐，时常换防，这对其生活来说也不失为一种调节，而今，至少是部分地消匿于无形。如有征战，也不是作为自由骑士为自己而战，而是作为定要服从于严格军规的指挥官为了他人打仗。如要永远脱离乡村贵族的圈子，进入视野开阔、威望崇高并大有用武之地的宫廷贵族的圈子，那需要特别的幸运和特别的关系。

一小部分贵族去了王宫，他们在巴黎或巴黎附近有了安身而不稳定之家。直至亨利四世和路易十三时代，属于王宫圈子的贵族有时身居宫廷，有时又去自己的田庄，或者作客于某个“大人物”，这种居无定所并没有为自己带来什么困难。在这个时代虽有个别乡间贵族摇身一变成为宫廷贵族，可社会的离心倾向还极为严重。路易十四早年曾经历“投石党”之乱，他一直坚持不懈地加强贵族对自己的依附。他要“所有那些有可能成为动乱之主的人物全都集中于自己眼皮子底下，使宫殿成为这些人的集中地……”。[110]

凡尔赛宫的修建即是顺应王室这两种相互交织的趋向之结果：一是将贵族养起来，一是完全将其掌控与驯服于宫中。国王多赏赐，对其宠臣出手往往极为大方；他对其臣仆所要求的乃是听话。他总是使贵族感到，他们的金钱与机会全靠他来分配。

圣西门①曾在其回忆录[111]中这样写道：

“国王不仅留意将大贵族置于宫中，而且也要求小贵族进宫。在其早晨接见之时，休憩于长沙发之际，进餐之时，他都要环顾四周，看看

① Saint-Simon, Luis de Rouvroy(1675—1755)，法国军人，外交家和作家。——译者

有什么人。对那些不总待在宫中，对那些很少进宫之贵族，他着实感到不快；对那些从不或几乎不露面的人则是恩宠尽失。假如他们当中有什么人想得到什么东西，国王会傲慢地说：‘我不知他是何人。’一言既出，绝不收回。如有人喜欢乡居，他并不见怪，只是要掌握一定的分寸；时间较长，则要预为先机。在我青年时代曾为一个案件出差去鲁昂，国王命其大臣写信给我，要我报告案情的原委。”

对一切都加以监控的癖好乃是这种王权结构的特点，这清楚地表明，从根本上来说，那种紧张矛盾的状态是多么严重，社会内外都概莫能外，以致国王为维护其统治就不得不加以监督和控制。路易十四曾有一次这样来指点其王位接班人：“治国的艺术并不难，也并不令人讨厌；这种艺术说白了就是：对欧洲所有王子的真实思想了然于胸，对人们所欲隐瞒的一切都要了解，对其秘密进行一丝不苟的监督。”[112]

圣西门在另外一处讲道：[113]“国王对所发生的一切都要窥知的好奇心与日俱增；他曾委托其首席宫廷侍从和凡尔赛的行政长官，招募一批瑞士人进宫服务。这些人身着王家制服，只听命于所指定之专人，领受秘密使命，日夜巡于过道走廊、皇宫各处；隐其身形，观察监视，看人们去向何方，又何时回转；窃听他们的谈话，并对此进行详尽的报告。”

一种强大的独裁统治所能具有的社会结构特征，无外乎是对中央领主统治区内所发生的一切进行尽可能精细监控的必要性。这种必要性乃是严重的紧张状态和社会机构不稳定的表现，无此监控，这么强大的政权就无以行使中央领主的协调职能。在社会力量方面相持不下的各个社会阶层间的强大的张力均势，还有每一阶层与强大的中央领主同样严重的矛盾对立，所有这一切确非某一位国王发明的。在相互交织的过程中一旦形成了这种错综复杂的紧张格局，那么对中央领主生死攸关的便是在不稳定中保持这种格局。而这一任务便要求对臣下进行尽可能精确的监督。

其中路易十四有充分的理由对高级别的人士睁大警惕的眼睛。那种所有人对所有人均衡的依赖，因而中央领主也要依赖人民大众的分工，尚未发展到这一步，以致来自广大人民阶层的压力对国王造成了最大的威胁。尽管大众的骚乱，特别是巴黎居民的骚乱对于国王并非没有危险，正是出于这个原因国王才将其在巴黎的王宫迁至凡尔赛，此乃不言自明之事。在路易十四前任时代广大群众的不满滋长，并导致动乱，乘机带头作乱并利用不满实现其个人野心的乃是王室家族成员及其党徒。王朝最危险的竞争对手是国王周围最密切的圈子中人。

如上所述，在独占形成的过程中，为了政权机遇而能相互竞争的人的圈子，慢慢只限于王室的成员。路易十一最后战胜了诸王封建主，并将其领地收为己有；在宗教战争中各党各派带头挑起对立者乃是各支的王室成员。亨利四世是在王室嫡传一支无后的情况下以旁支旁系登上王位的。可是法国的众亲王、“大君”、大公和有特权的贵族，依然是权势浩大。这种权势的基础一看便知：首先这些人有的是一省的行政长官、军事司令，他们有牢固的地盘。随着政权独占的不断巩固，国王的潜在的竞争对手们渐渐也具有了强大政权机构职能者的性质。可是他们抗拒这些变化。路易十三同父异母的弟弟，亨利四世的私生子，旺多姆大公率领一派反对中央政权；他是布列塔尼的行政长官，基于姻亲关系，他自以为对这一省份有世袭之权。于是首先反叛的那个省份的行政长官也加入了反抗中央政权的行列；继而起事的便是朗格多克省的行政长官，蒙莫朗西大公；类似的权力地位也为胡格诺贵族的反叛埋下了伏笔。全国的军事力量尚未完全集中化，要塞的指挥官和驻防长官有相当高的自主权。各省的行政长官将其花钱买来的职位看成是自己的财产。于是在这样的情势下全国的离心倾向又燃起了熊熊大火。早在路易十三时代，离心力量就已显示出迹象。国王的弟弟加斯通，奥尔良大公，也像前面提到的国王的几位兄弟一样参加了反对中央政权的斗争。在其接管了与红衣主教为敌一派的领导权之后，便宣布解除与红衣主教一切形式的友好关系。他动身前往奥尔良，意在从坚强的军事地位出发，发动与黎塞留和国王的斗争。

黎塞留最后赢得了所有的战斗，值得一提的是在得到市民阶层的援助，在其优越的财政援助的情况下取得了胜利。这些各霸一方的诸侯而今成了败军之将，有的成了阶下之囚，有的被流放于边远之地，有的在战斗中死于非命。国王的母后也被黎塞留逐出国外，并客死他乡。

“如果认为他们是国王的儿子兄弟，或是亲王，在王国犯上作乱就可不受惩处，那是大错特错。相反，为确保王国安全和国王的尊严，就不可凭借血统而豁免其罪。”

圣西门在其回忆录中曾这样写道。

胜利果实是由路易十四收获的。然而贵族，特别是高级贵族所带来的威胁使其刻骨铭心；对于小贵族有时离开宫廷，并能说明理由，他尚不那么在意；而对“大贵族”他是绝不宽容。在对待这些贵族的态度上可以清楚地看出，宫廷起着监督站的作用。当他的弟弟向他请求一个固定的行政长官的位子时，他以“法国之子最为保险的地方就在法王的心中”作为回答。其长子单独居留于默东①行宫，这使他老大不高兴。其王位继承人一死，他便迫不及待地卖掉其宫中的家具，怕的是默东宫为他的哪一个孙子所有，将该宫派同样的用场，重又“分裂宫廷”。[114]

路易十四这样的紧张不安，圣西门说，是自寻烦恼。因为没有哪一个孙子敢于招惹他不快。可是只要事关其统治的威望与安全，他便严格按章办事，不分亲疏。

这样，以税收和体力暴力为中心的政权独占，在某一个人独占的阶段里，取得了它最完满的形式。一个运转良好的监督组织保护着这种政

---

① Meudon，巴黎西南的一个县城，沿塞纳河畔，17 世纪设有行宫。——译者

权的独占。一个占有土地并授出土地与实物年金的国王，变成了一个占有货币并分授货币年金的国王：这使得集中化达到前所未有的强度和力度。离心的社会力量被彻底摧毁。所有独占领主的潜在竞争对手都被纳入有体制保证的对中央领主的依赖之中。不再是在自由的，而是在受独占制约的竞争中，部分贵族，即宫廷贵族，为独占领主所恩赐的机遇而相互争斗；他们还处于乡村贵族后备大军和崛起的市民阶层不间断的压力之下。宫廷即为这种受制约的竞争的组织形式。

尽管在这一阶段，国王个人对独占性机遇的支配权非常之大，可绝非是无限制的。在这相对私人独占权力的结构中，业已隐含着这样的结构因素：对独占的某个个人的支配渐渐向一种公共支配，一种在分工整体愈益扩大部分的监督之下的支配转化。对于路易十四来说，这句话在某种程度上是适合他的："朕即国家"（L'État, c'est moi）。不管他说没说过这句话，那时的独占组织从体制上来说，仍然在很大程度上是私人财产的性质。不过独占领主在职能上对其他阶层，对社会职能分工的整体的依赖已经特别强烈；此外，这种职能上的依赖随着商贸与货币关系的发展而不断增长。只有特殊的社会状况，只有在崛起的市民和逐步衰落的贵族集团间，以及国内大大小小集团间独特的张力均衡才赋予中央领主巨大的支配和决策空间。昔日国王拥有田庄和领地，具有很大的独立性，实际上这是社会联系微弱的表现，而今却消失于无形。路易十四治下的巨大的人际网络，有其自身的规律，有其自身的重心，连他也不得不顺应；为使人与人间、集团与集团间在这种网络中保持均衡，他殚精竭虑，自我克制，利用矛盾，驾驭全局。

他所掌控的张力均衡一旦有利于市民阶层，一旦形成有着新的张力轴心的新的张力均衡，中央领主为着个人利益而驾驭整个人的网络的可能性便大受限制。于是这时在建制上个人的独占也在向公共的独占转化。随着职能分工日益加强，职业市民阶层的兴起，法国社会在一连串的淘汰性斗争中，在体力暴力手段和赋税渐渐集中化的过程中，一步步在组织上向国家的形式过渡。

税务独占社会发生学

26. 研究历史的人往往忽略对独占形成和国家形成的观察与研究。这是因为大多数人对后来的阶段，对这一进程的结果较之对以前阶段认识得更为清楚。他们几乎难以想象，这一专制王权和这一集中化的政权机构从中世纪脱颖而出，在同时代的人看来是令人吃惊的新鲜事。尽管如此，还是有人立志从事这段历史的研究，寻求理解那时所发生之事的可能性。

这种变化的大致轮廓还是清楚的。其中心点可用几句话概括：

武士家族的田产，对某些土地的支配权，和向生活于其土地上的人们要求实物地租和各种劳役之权，随着职能分工的不断发展，在淘汰性抑或竞争性的斗争中，转化为对一个较大区域的军事实力手段和经常性货币地租或税务的集中支配。

而今在统治区内，在没有得到中央领主允许的情况下，谁也不准使用武器和城堡，或者以拳脚相斗；在一个整个阶层的人根据其收入和喜怒而使用武器和以体力相搏的社会里，这确实不太寻常。现在中央领主要求每个人将其货币收入的一部分或其货币财产的一部分按期交纳给他，和中世纪社会原有的惯例相比，这又是一件新鲜事儿。那时是自然经济为主的社会，货币还相当稀罕，国君和国王要求交纳货币租税——除了一些由某些情况所固定下来的习俗外——起初人们觉得这简直是亘古未有之事；这样的措施在人们看来就是抢劫抑或掠取利息。

“田里的收成为的是防止靠其过活的人被臣仆抢劫”（“Constitui sunt reditus terrarum, ut ex illis viventes a spoliatione subditorum abstineant”），[115]

托马斯·阿奎那①有次这样说。他在这一点上所讲的肯定并非只是教会的意见，尽管教会机关由于占有较多的货币受到上述措施打击最大。可国王所想的却是一再索要这样的货币赋税，虽说那时一般的货币量很小。比如腓力二世，由于一系列货币税款，特别是1188年十字军税款，由于有名的“萨拉丁②什一税”（dime saladine）引起了骚乱和反叛，以致他于1189年强调并一再命令不再征收税款。在其诏令中规定，无论是他本人，还是其继承人，都不会再犯同样的错误；他以王家之威，以王国所有教会之全部威权郑重宣布，坚决禁绝这一可恶之事端。如有什么人，不管是国王陛下还是其他人，一旦试图重行“民怨沸腾的征税”之事，那他就不再会顾及此人。[116]这一诏令有可能是当时的名人捉刀，不过当其于1190年准备十字军远征时，他又强调，如他死于远征之中，要将战利品分发给那些由于征收税款而陷入贫困境地的人。国王所要求的货币税款，事实上在货币相对短缺的社会里，不同于商业发达的社会里的税收。谁也没想到，货币税收成了一种经常性的设置；市集贸易和价格水准对它都没有准备；其来临有如晴天霹雳，完全出乎人的意想。它给一连串的生存带来的是毁灭。国王抑或其代理人，正如人们所看到的那样，对此却有一定程度的理解。然而由于直接从其领地田庄中所获货币收入极为有限，因而他们一再会面临这样的抉择：要么是不择手段，包括威吓和动武，通过征收税款来榨取货币，要么是以别的形式来将竞争对手置于死地。萨拉丁什一税所引起的骚动，税款所引起的叛乱，人们久久未能忘怀。只是在79年以后，一个国王重又要求货币税款，即所谓“助税”（aide féodale），以为其十字军东征做准备。

---

① Thomas v. Aquino（1225—1274），意大利人。中世纪基督教神学家，著有《神学大全》《反异教大全》等。——译者

② Saladin（1138—1193），埃及阿尤布王朝的创建者。征服叙利亚和美索不达米亚的大部分。1187年打败并俘获耶路撒冷国王和圣殿骑士团首领，西欧为之震惊，引起第三次十字军东侵，亦为萨拉丁所败。——译者

一般人，连国王都有这样的想法：领主和其政权是靠其真正意义上的领地收入，也就是基本上靠自己田庄上的收入来维持的。我们看到，在独占机制运作的过程中，国王和一些大封建主在众封建主中脱颖而出，回头来看，那是新的职能正在孕育之中。不过这些新的职能成长发育极为缓慢，踏着小步向前迈进；并且还要一直和其他职能代表进行争夺，最后才发展成固定的建制。首先国王在大大小小的武士中是一个大武士。如前所述，他也像其他武士一样靠田庄上的收获生活。在特殊的情况下，他也有向其统治区的居民征收货币附加税的传统权力，一如其他骑士。每个封建主，一旦其女出嫁，抑或其子成了骑士；或者他在对阵中被俘而要付赎金之时，都会征收一定数目，并且也会得到一定数目的货币税款。这原先是一种封建性的货币补助金，亦即助税。国王也像所有其他的封建主一样，要求这种助税。除此之外，货币的要求在习俗上便没有了根据。正因为如此，其他的货币要求便形同抢劫和勒索。

12 到 13 世纪，国君又有了新的捞钱手段。12 世纪，城市逐步成长起来。按照古老的封建习俗，只有武士等级，亦即贵族男子才可从军服务。而今市民手执武器争得了城市自由，抑或正想如此行事。大约从路易四世时代起，又有了新风俗：城市市民，或者说资产阶级，也被拉来服兵役。曾几何时，城市居民宁可出钱也不愿服兵役。国王和其他大封建主对此却不无欢迎。没获供养的或供养不足的武士愿服兵役的人数，往往超过相互竞争领主的购买力。市民以钱豁免兵役的作法很快便变成了一种固定的习俗抑或制度。国王代表为某次征战向每一个城市行政区要求装备多少部队，抑或为此支付相应数目的款项。后者或同意，或讨价还价。不过人们将这样的习俗理解为封建助税在某些特殊情况下的另一种形式，将此称为“征旅助税”（aide de lost），并将其总结为“四种情况”。

如果将城市行政区为了应付各种各样的摊派而逐渐形成内部征税制

度和税务机构的过程详细说来，那就未免扯得太远了。在这里提出以下的情况就打住：一方面是国王的税款要求促进了它们的发展，另一方面城市税款制度于 12 世纪末开始巩固，这对王家的税款制度的组织有着不可低估的意义。市民和王室——大都是不由自主地——相互推动。这并不是说，市民或其他阶层心悦诚服、毫无异议地拿出钱来。这种在特殊场合下偶尔为之的货币税捐，慢慢就成了后来的定期缴纳的货币税捐，亦即后来的赋税；当初缴纳时，没人不是觉得直接或间接地受到强制。无论是前者，还是后者，都是一个社会里各个集团间相互依赖和其力量对比的精确表现。

国王不想，也不可以引起太大的反抗，显而易见，国王职能的社会力量还没有强大到这种地步。另外，国王为其职能，为其自我保存，特别是为了资助绵延不断的竞争，总是不断需要钱款，数目越来越大，也只能靠这种所谓的“助税”搞到。其措施是变换不定的，朝令可以夕改。可以看出，国王代表在那种情势的压力之下，什么事总是摸索着办，总是一再寻求新的补救办法；它们一会儿将主要负担强加给这一阶层，一会儿又转移至另一阶层。历经周折之后，人们会感觉到王室的社会力量在不断增长之中；随着这种力量的增长，也受其促进，钱款赋税慢慢有了一种与先前截然不同的性质。

1292 年，国王要求每出售一磅货品交纳一个第纳尔①的税金，而且是买卖两家都得交纳。当时的一个编年史家将此称为“这是一种在法兰西从未有过的税收”。在里昂，一个王家收款处被抢。里昂和巴黎是国王统治区中最重要的两个城市，最后又以一定数目的钱款将被抢之钱物赎买了回来。[117]但是令人谈之色变的“分摊款项”（mal-tote）一词还是长时间地留存于人民的记忆之中；税款所引起的反抗还长时间地留存在那

① Denar，从古罗马引进的货币单位，一个第纳尔等于 10 个阿斯。——译者

些王家官员的记忆之中。经此事变，国王在翌年便向殷实的资产阶级强行借贷，招致激烈的对抗，1295年又回复到原先“助税”的形式。而今是向所有等级，而不只是向第三等级索求税款。每一庄园收获的百分之一上缴，如此征收来的税款显然不够多。越年，又提高至百分之二。这当然使得身受其害的封建主怒火中烧。国王表示愿意从自己统治区收缴来的助税中分出一部分授予教会和世俗封建主。也就是说，他将其战利品分出一杯羹。可是这一招数并没有将这些封建主完全安抚下来。特别是世俗封建主、武士，觉得自己世袭的权力，自己独立的统治区，甚至是自己整个的社会存在都越来越受到中央政权机构的威胁。国王的人无孔不入，将以前只属于各个封建主的权力和赋税攫为己有。而今的货币税款，可说是常常闹得个“底朝天”。1314年，在美男子腓力死前不久，为了征伐佛兰德，又要征收高额税款，于是不满情绪日益增长，再加上指挥失当，便爆发了公开的叛乱。一位受害者说：[118]“征收助税，无法容忍；我们无法心平气和地接受这一税款；这样一来，我们会丧失我们的荣誉，我们的特权，我们的自由。”“这是法国，特别是巴黎前所未有的不讲理的压榨，是横征暴敛。”另一个同时代人这样讲，“这些榨取来的东西被用来填补亏空；有人说是为了佛兰德的战争。卑躬屈膝的参议院和国王的大臣们要买家和卖家每做成一磅的生意，交纳6个第纳尔……贵族和非贵族们，要誓死捍卫你们的自由和你们的祖国。”

事实上不满情绪很大很普遍，城市和封建主结成了联盟，共同反对国王。这是历史上的一次大检验，从中可以看出，它们间利益相互纠缠的程度，它们间的紧张状态是多么严重。由于共同受到国王代表勒索钱款的威胁，这种勒索在各界引起了不满，所以在这里建立市民阶层和贵族间的联盟还是可能的。这种联盟能持久吗，其作用如何？前面业已指出，在其他国家，首先是在英国，由于有着另外的社会结构，某些城市（市民）和乡村（贵族）阶层间的接近和采取共同行动得以实现——尽管市民和贵族之间也存在着紧张状态和敌意——这至少有助于限制国王的权力。在法国，这种市民和贵族间的联盟曾不时地出现萌发状态，可随着各等级相互依存的增加，便愈益明显地有了另外一种发展。各阶层的团结一致没能维持很久，共同行动的势头为相互间的猜疑所挫。“愤懑和不满使大家接近，可利益使它们无法团结。”[119]

> “不满使大家心心相连，
> 利益冲突却又使人心涣散。”

当时的一首歌曲曾这样说到盟友。为所欲为地强行征收税款所引起的强烈反应，给人留下了深刻的印象，也使那些国王的大员们感受甚深。在统治区内部如此大的震动，也给与外敌进行的斗争带来了威胁。中央领主的社会地位尚未强大到独自一人决定赋税和赋税多寡的地步。各社会阶层力量的对比使得国王不得不时常进行协商，并征得他们的同意。直到那时为止，“助税”还是不外乎偶尔为之的、特别的捐税，一种扶助性的钱款。可在百年战争的过程中，这种情况慢慢有了改变。战争使得“助税”成为长期现象，中央领主拿这些税款长年争战。

27.“只有对王室与之打交道的和阻碍其意图贯彻的社会力量及利益有个概念，才可理解王室为固定和扩大税务权力所进行的斗争。”[120]

这句话实际上指出了税务独占社会发生学的基本特征。在搏斗厮杀中，无论是国王自己，还是其某个伙伴，都没有预见到会出现什么样的制度。他们原先并没有“扩大税权”意图；国王和其臣下起初只是要尽可能多地从其统治区中搜刮钱财，每次都有一定的任务，一定数目的开支，这些都逼使他们伸手来要。税务和税务独占并非哪个人发明的；在税务制度缓慢形成的数百年间，没有哪个人，更没有一系列的个人，按照一个严格的计划为这一目标而努力。税务也和任何其他制度一样，是密切交织的社会关系的产物。税务始于——如同平行四边形的各种力量——各种社会集团和各种社会利益的争斗。直至后来在社会力量对比的不断考验中才发展成为一种工具，最后才由感兴趣者愈益有意识地——如果愿意这样说的话——有计划地扩展成为一种固定的组织抑或制度。随着社会的逐步转型，随着力量对比的转移，这种偶尔为之的、为着某次征战或为被俘者所筹赎金，或者为其子女的娶嫁之资而交纳给庄园主抑或领主的辅助金，就这样变成了经常性的税款。在一个自然经济为主的社会里，如其货币商贸领域一步步扩大，在众多封建主家族中，如有哪一家成了王室家族而拥有越来越大的地盘，那么封建的"四方面助税"（aide aux quatre cas）就会渐渐变成正常的税收。

从 1328 年起，特别是 1337 年之后，这种特殊的助税愈益加快地转变为经常性赋税。1328 年，在王国的某些地区，为征伐佛兰德而征收的直接税款又有了提高；1335 年，为装备一支舰队，在西部的一系列城市里征收间接税款，从每次买卖中征收捐税；1338 年，从所有王室官员的薪给中扣除些许；1340 年，从所售货品中征收捐税的做法又普遍恢复；1341 年，又有出售食盐的特别捐出台，特捐被称为"盐税"（gabelle du sel）。1344 年，1345 年，1346 年，继续提高这种间接赋税。在克雷西战役①后，王室官员又想重新征收个人和直接捐税；1347 年和 1348 年，又回复到间接的形式，亦即售货捐。所有这一切都具有实验性质；所有这一切征收都是为了支援国王的对外战争而具有社会暂时辅助金的性质，是所谓"战争辅助金"（les aides sur le fait de la guerre）。国王及其官员们一再声称，钱款的征缴及由此带来的敌意就要结束。[121]各等级的代表，只要有机会，就要强调这一点。他们还试图对此进行某种监督，看从"助税"这一名目来的钱款收入是否真的用于战争。国王自身，至少从查理

① Battle of Crécy，1346 年 8 月 26 日发生的英法百年战争首次陆上大战，英军大胜。——译者

五世起，从未严格按这一要求行事。他们对“助税”金库有支配权，如有必要，也会用作王室的开支，抑或从中取出钱款赏赐给宠臣。这些钱流入国王的金库，用这些钱支撑着一支军队，这整个的发展缓慢而稳步地加强着中央职能的实力。每一等级，一马当先的乃是贵族，竭尽全力遏制中央政权实力的增长。然而在这里由于它们之间利益的分歧也削弱了反抗的力量。它们所受战争的打击太大，它们对英国人成功的对抗只是停留于兴趣上，以致无法摆脱国王的战争捐税。它们之间的对抗，加之地方差异之力，不仅阻碍了它们采取共同行动以限制国王的钱款勒索，抑或监督所交纳之款项，而且也阻碍了它们各阶层组织起来直接主导战争。外患使得这个相对分散和松散社会的人对国王，对这个最高的协调者，对其政权机构更加依赖。于是乎他们不得不年复一年地为战争交纳所谓的“特殊辅助金”，此乃以国王的名义征收，从未有个尽头。

后来在普瓦捷会战中，国王约翰被俘，英国人要求交纳巨额赎金；这次捐税第一次不是一年即告完捐，而是长达 6 年。这次偶然性的突发事件加速了平时孕育于社会结构中的这一事物。实际上征收还不仅仅是连续 6 年，而是连续了 20 年之久。人们有理由猜测，在这一时期，市场流通已对这样的捐税有了某种适应。此外，为赎国王而征收的买卖捐税一再挪作他用；1663 年①，为弥补战争所造成的亏空而征收直接捐税；1367 年，为打击兵痞的劫掠，1369 年为重新开战而征收直接或间接捐税，其中最令人憎恨的乃是所谓“灶捐”②。

“当然这一切还是封建助税，不过它正在推广，正在范式化，也不断加码；不仅是在国王的领地内，而且是在整个王国之内，更是在专门的、集中化的行政机构的监督之下进行。”[122] 事实上在百年战争期间，“助税”慢慢变成了一种持续性的现象，也一步步形成了行政职能，它

① 原文如此，疑为 1363 年。——译者

② fouages，一种直接税，按宅计征。——译者

们专司这种“特别捐税”个人和司法方面的事务。后来通过一些“财政总监”在全国范围内监督“助税”的税务大军。1370 年，设立了两个最高行政官，一个专管财政事务，另一个则专门处理征收“助税”所引起的法律问题。这在整个王政时代，都一直是税务管理最重要机关之一的雏形；是审理间接税案的最高法院的雏形。不过在 1370—1380 年间，这种制度尚在形成的过程中，它还没有定型。它是各种社会力量相互间一直较劲中的一种尝试。其外形还使人想起那种其作为结果的社会角力，与那些有着固定而稳定的外形的制度大异其趣。每当王室在社会各阶层的抗拒之下而不得不限制其赋税索求时，这种最初的税务制度的行政职能也会随之消退。其存在，其发展的曲线，乃是中央职能和中央机构的社会力量与贵族、教会和城市市民阶层的社会力量对比、此消彼长的精确的计量器。

在查理五世时代，如前所述，“战争辅助金”已是持续不断的现象，一如战争本身。“助税”都强加在人民的头上。兵燹，大火，交易的艰难，还有那不断过往的兵丁，要吃要喝，有时强拿硬取，这使得人民一贫如洗。而今要将特例变成定例，怎能不使人感到世道大变，今不如昔了呢。查理五世在世之际，这种不满情绪还没有明显的表达。苦难在悄悄增加，不满也在悄悄增长。迹象表明，国王对国中日益严重的紧张局势，对于遭到压抑的对立情绪，特别是针对捐税的情绪，是有所了解的。他以一个孩子，他年幼的儿子取代自己，取代一个年迈的、历经沧桑的国王，在相互争斗的众王亲的辅佐之下登上王位，也许他对由不满情绪所引发的危险有所考虑了。也许他既有对前途的担心，也有良心上的谴责。他肯定会觉得其机构年年都要争逐的赋税是无法避免的，也是不可或缺的。然而即使他本人从中得到了好处，他也觉得这种税款来路不正。反正在其过世前几个小时的 1380 年 9 月 16 日，他签署诏令，取消了最令人反感的、最不得人心的、无论穷富都深受其害的灶税。这一诏令在多大程度上顺应国王死后所出现的局势，很快便表现了出来。中央职能受到削弱，隐忍已久的不满终于爆发。亡故国王的勾心斗角的亲眷，首先是安茹的路易和勃艮第的勇士腓力为争夺控制权以及国王的财宝而展开了搏斗。城市发生了抗捐的动乱，老百姓将征收“助税”的王家官员驱逐出门。来自城市下层的骚动起初也为富有的市民所喜，现在两者走到了一起。1380 年 11 月，市民上层会同其他等级的代表在巴黎集会，要求废除国王的捐税。在此压力下，安茹大公和国王首相很可能答应了它们的要求。于是在 1380 年 11 月 16 日以国王名义颁发了诏书，决计“从今而后，使臣民不堪负担的、由于战争强加于臣民头上的捐税（比如盐税酒捐）全部予以废除”。

“最后十年的财政系统，废于一旦；1358—1359 年和 1367—1368 年中所有征战的成果，化为流水。王国像是一下子倒退了 100 年。而今它似乎处于百年战争拉开帷幕的那一天。”[123]

如同一个尚未完全平静下来的动力系统一样，社会也在各种各样势力为权力的分配而进行的斗争中动荡不安。但是到头来这个时代的中央机构和中央职能所具有的社会力量还是占了上风：中央所丧失的地位很快便得以恢复，尽管国王还是一个幼童，完全听命于辅政大臣和左右的侍臣。后来在查理七世的治下重又明确表现出来的状况，在这时也有所表现：在法国社会这样的结构和境况之下，机遇已和国王职能联系得非常之紧密，即使是国王本人还很弱小，抑或微不足道，王权的社会力量也会有增无减。这一社会中的各个集团和阶层，对一个保持各个社会职能和领域间交流与合作的最高协调者的依赖，随着相互间的依存增加而增加；这种依赖性只是在战争迫在眉睫时才会大踏步地增加。在这种情况下，各个团体和各个阶层很快便会重又赋予共同利益的代表者、国王及其代表以进行战争所必须的手段，这同时也给王室提供了进行掌控的手段。

1382—1383 年间，王室，亦即国王连同其所有的王亲、大臣和侍臣，也就是在某种意义上属于统治机构中的人，重又能够向城市——动乱之大本营——下令征收所需要之捐税。

1382 年爆发了市民的叛乱，其中心问题乃是税捐问题。不过在为税捐和中央机构进行的负担分配的斗争中，常常也使整个权力和统治的分配问题经受了考验，并见了分晓。在这一时期，市民中的知名人士眼中目标非常明确：参与有关捐税提高和分配的协商——此乃中心出发点——保证对统治机构的监督；不仅是他们，其他等级的代表在集会中也是人同此心。中下层市民眼界狭小，他们只要求解除其重负，别无他求。单就这一点市民中的各派别就有了分歧，尽管——鉴于和国家机构的关系——相互间尚未敌对相向。城市自身这一狭小的圈子就已是这样的不一致；各个阶层的利益虽有紧密的联系，也正是联系过于紧密，结果是分道扬镳。

这时的城市行政区，业已有各个不同的形态。他们中有着享有特权的上层，是地道的资产阶级；其所拥有的独占性的特殊地位表现在对市政职务和城市财政有着支配权。此外还有中层，是一种小资产阶级，是资金较少的手工业者和工商业主；最后是学徒和工人大众，亦即“人民群众”。在这里税捐也成了一个关键性的问题，在此关键问题上也特别清楚地表现出相互依存、相互对立的关系。中下层明确要求按财产多寡而交纳直接税和层级税，而上层则宁可选取间接税抑或平均分摊税。下层群众为税捐问题起而闹事，起初还颇得市民上层欢迎；只要他们自己反对王室和地方封建主的态度不变，他们就对下层群众的运动予以支持。然而动乱的矛头很快便指向了城市中的有钱人，这部分也是贵族市民统治者和市民中层为争夺城市管理权斗争的反映。后者要求参与市政，就像较大区域中的城市名人一样也参与国政。市民上层或撒腿就跑，或挺身自卫。最后这一阶段的斗争对他们来说，王室军队的到来就是解救。

如将各个城市的斗争和动乱一一加以描述，那就未免有些离题了。总之这些斗争和动乱都是以有利于中央机构和王室的重心转移结束的。抗税的主要肇事者被处以死刑，从犯则课以很重的罚款；城市作为整体被强加很高的税款。在巴黎，国王的城堡抑或巴士底狱加固重修，为王家“卫队”（gens d'armes）所进驻。城市的自由受到了限制。从那时起，地方城市的行政愈益受到王家官员的挟制，直到它们基本上成为王室统治机构的机关。于是中央政权机构的阶梯，从大臣、最高法院的职位，直至市长和行会会长的位子，都是由市民的上层集团担任。作为整体的捐税问题同样终见分晓：由中央下达指令予以解决。

在各路力量的较量中，很快中央职能便占了明显的优势，究其原因，就会碰到我们常常说的情况：社会各集团相互对抗的力量使得中央职能加强了力量。市民上层不仅和世俗与教会的封建主关系紧张，和下层的城市市民也有矛盾。在这里首先是市民自身的矛盾百出，使得中央领主有机可乘。以下的事实也不无重要：在王国各城市间几乎没有什么密切的联系，没有各个城市联合起来共同行动的势头。共同行动所需要的相互联络还远远不够。各个城市间互不搭界，形同异国；不仅如此，它们相互间还存在着或明或暗的竞争。在这种情势下，国王代表先是和巴黎达成半和平的状态，腾出手来对付佛兰德的各个城市。继而便平定了里昂的叛乱，接着是平定巴黎，将各城市的叛乱各个击破。不仅是社会各阶层的四分五裂，而且是地区的歧异——只要这种歧异保持在一定的范围内，并以某种程度的相互依赖传接下来——也有利于中央职能。如果是面对全民的反抗，王权必败无疑。要是面对一个阶层，一个地区，手握来自全国的权力手段的中央职能那就是较强的一方了。

在以后的年月，社会各阶层还是一再试图限制或摧毁中央职能不断增长的势力。然而每次都是由于同样的结构性规律起作用，使得社会业已动摇的张力均衡在过了一些时候重又建立起有利于王室的均衡。每一次的较量，都是中央领主的支配权又增加了一分。向国王缴纳的税款不时地停征一个时期，抑或对其加以限制，可是没过多久又恢复。管理税务和征收捐税的官员消失没有多少时间，便又复职。比如“助税法院”的形成史就充满着这一类的震荡和突变。从 1370 年到 1390 年，便是接连不断的消失与恢复。1413 年，1418 年，1425 年，1462 年，1464 年，1474 年，这些年头反复经历了消失与恢复这样的震荡。正如编年史家所说：“生死变幻无常，复活难以逆料”，[124]直至从中形成了国王统治机构中的一个固定机制。在这样的震荡中反映出来的肯定不仅仅是大的社会较量，这种个别机制形成的反复也使人看到国王职能的社会发生学的大概情况，独占组织形成的大概情况。从中可以看出，所有这些职能和形态并非形成于某个人的长期策划，有意为之的创造，而是在各种社会势力长期的争斗中迈出千百跬步，历经千百次摸索，才作为紧密交织的现象出现的。

28. 国王个人的行动，个人才干的发挥，完全受制于形势，受制于国王职能所在的环境。这一情况在查理七世身上表现得特别明显。从其个人来看，个性并非很强；他不是强人和伟人。可是尽管如此，他还是将英国人赶出了国境，王国在其治理之下越来越强。国王在其臣民面前成了一个战无不胜的统帅，虽则在其个人的气质上缺乏这一点。在战时，全国所有的财力和人力都集中于中央政权的手中。军事领导的集中化，使对税款的独占性支配前进了一大步。外敌被赶走以后，军队，至少是一大部分军队还在，这使得国王在国内具有极大的优势，各等级要是抗拒他的意志，无异于以卵击石；特别是精疲力竭的平民，所希望所需要的只是和平。在这种情势之下，国王于 1436 年宣布：全国同意他推行无限期的“助税”制；并请求他，不要再召开什么等级会议来对税款进行表决了，旅程的花销太大，人民大众负担不起。

如此说法定是空穴来风；废除三级会议措施本身，完全是国王社会力量的表现。这种力量业已达到这样的地步：在战争期间事实上已经成为持久现象的“助税”而今已可以彰明昭著地宣布为一种持久的制度；国王认为已没有必要就税款的种类与多寡和纳税人协商。如前所述，后来还是有所反复，各等级屡次图谋反叛。如若没有一系列的较量，废除三级会议便无法实施，国王的独裁支配权也无以巩固。然而每次的较量总是一再表明，总是愈益清楚地表明，在这一阶段，随着职能分工和社会关系的日益发展，中央职能的力量也势必增长。保证和提高中央职能对税款的支配权的总是日益集中于中央手中的军事实力。对税收的集中化支配使得对体力暴力的实施和对军事实力的独占化日益加强。两种力量手段一步步相互咬紧，盘旋而上，直至最后在某一时刻，中央职能在这一过程中所取得的优势一下子展现在惊奇而又恼怒的世人眼前。在这里，也是同时代人的情绪自身，胜过任何描写，使得后来者理解，所有这一切新事物都涌进人们的脑海之中，人们却不知究竟，不知缘何如此。

在查理七世时代，开始完全公开地持久性地征收税款，并不征得各个等级的同意，为此兰斯①的主教尤文纳尔②曾致书国王，信中内容转译如下：[125]

“陛下的先王每进行一次征战，都要将三个等级的人士召来议决，这已成为惯例；他们要求教会界、贵族和代表小民的人士在其美好的城市中的一座聚集一堂。于是他们应召而来，为抵御来犯之敌，听取对国情的陈述。请求大家共商如何进行此次战争之大计；然后商讨如何交纳税款以对此次战争加以协助。先王总是静待结果，直至其看到和看出，上帝和幸运之神——此乃多变之神祇——眷顾于他，此刻他才感到庄严而又崇高。助税和其他捐税由先王们安排，而先王自己领地的赋税却由

① Reims，法国城市。——译者

② Juvenal。——译者

三级会议决定，无需征得先王的同意。

“先前……完全有理由将法兰西称为‘法兰西王国’(Royaume France)，因其维护自由，并拥有所有的自由(franchises et libertes)。而今他们不再是奴隶，可却要按人之喜怒而纳税(taillables a voulente)，遍观国中之居民，仅为先前的十分之一。我不希望陛下国势之日蹙，而是希望像我之小小的一份财产那样日趋壮大。毋庸置疑，一国之君的陛下您若为着捍卫王国和公共事务这一类的特殊事端，当然有权向臣民索取和征收助税，但必须以理智的方式协商。我之使命非陛下之事务。无论陛下司法之事是独立的，抑或在您之职权范围，但有关领地收入之事我倒有些话说。陛下占有领地，任何私人也有其领地；呈请注意，换言之，国王应从其庄园领地收入中支取其用度，而不应随意占有来自全国的税收。现今对待臣下，不仅是剪其毛，而且还要揭其皮，割其肉，饮其血，直至敲其骨，吸其髓。”

在另外一处，主教更是毫无顾忌地发泄其愤懑：

“凡肆意滥用权力，而不将得获的一半封赏其臣民之君，有人窃其国乃为罪有应得……由征税而源源流进的钱财使陛下的钱袋鼓胀(亦即油水很足)；请陛下当心，这些皆取于臣民的身体，千万勿使其灵魂再遭祸殃。陛下也是身体之长，如将人类造物的心、手和脚(这里可能象征教会、武士和平民)全都毁坏得荡然无存，那陛下不就是暴君了吗?!”

从这时起，以致后来很长一段时间，臣下就已指出国王这一职务的公共性质。诸如“公共事务”“祖国”甚至“国家”等词语大多用于与国君和国王对抗之时。这一阶段的中央领主自身支配着独占化了的机遇，首先是其统治区内的税款——尤文纳尔说起这些，如同道及私有财产。亦即在此意义上，国王对反对者使用诸如祖国或国家这些用语应理解为国家即朕。

对这一发展方向感到惊奇的还不只是法国人。在法兰西形成的政权，中央机构和中央职能的强大与巩固，在15世纪对于非法国人来说的确是新鲜事儿；可是由于结构的类似，几乎在所有的欧洲国家中都先后出现了与法国相类似的情况。只要读一下当时一个威尼斯的使节的报告，就可对以下情况有个印象：法国在外国人看来是怎样一种状况，一位眼界开阔、经验丰富的观察家对一种未知的政府形式是如何一种看法。

1492年，威尼斯派遣两个使臣前往巴黎，公开的说法是，为祝贺查理八世与布列塔尼的安妮的婚礼；可实际上却是要了解一下法国如何及从何处入侵意大利；也想看看法国真实的面貌：其财政如何，国王和执政者都是何等样人；那里出口和进口什么样的货品；那里有什么派别。一言以蔽之，使臣要了解一切有了解价值的东西，以便威尼斯采取正确的方略。偶尔为之的使臣派遣，后来竟成为常规；这也说明，在这一时期，欧洲超大范围地在逐渐发展一种相互依存的关系。

在此报告中，也对法国的财政状况进行了精确的表述。使节估计，国王每年的收入约为3 600 000法郎，其中“1 400 000法郎是作为特别捐税征收的，而今也成了国王的正常收入”。

法王每年的开支约为6 600 000抑或7 300 000法郎。所出现的赤字以以下的方式来弥补：

“每年一月，召开每区——亦即国王原有之统治区，如道芬、朗格多克、布列塔尼和勃艮第——财务主管者会议，对下年度所需的收入与开支进行估算。首先要看开支，然后再看开支与预期收入之间亏空的多寡，最后再定出向王国所有省份征收普遍税捐的数额。无论是高级教士，还是贵族，都不缴纳分毫，纳税者只有人民大众。以此种方式所收之正规税金和贡金，正好可以抵销来年之支出。如遇到战争爆发抑或突发性事件，原征税额不敷开支，就要另开税源或削减退休金，反正都要凑足所需之数额。”[126]

而今可说税务独占形成了。从这位威尼斯使节的描述中可以清楚地看出在这一发展阶段税务独占之形态和运作状况。在该份报告中同时谈到最为重要的结构性特点之一，专制制度中关键性的地位之一——在某种程度上，亦即国家的特点和地位：开支优先于收入。社会中的个人，特别是市民中的个人，在发展的过程中，完全是严格按照其收入来支出的，这已越来越成为一种习惯，一种必要。而在这里，在整个社会的预算中，开支成了一个固定点，收入要取决于开支，亦即税捐取决于开支；基于税务独占，税款是向社会各个成员征收的。这也是一个由相互密切交织的个体组成的整体拥有本身结构性特点的例证，也受到个体对其有不同的理解、不可从单个人出发来理解的规律性的制约。对一个这样的社会中央的货币需求惟一能加以限制的，乃是整个社会缴纳税款的能力，以及各个集团和对税款独占有支配权的领主的社会力量的对比。后来，对税务的独占管理处于更为广泛的市民阶层的监督之下，全社会的财政管理与个人的财政管理彻底分了家，这些个人原为管理中央独占机构的职能者。作为整体的社会、国家，能够而且必须一如既往地基本上根据社会必要的开支来征收税款，筹措开支；而今国王，各个中央领主也不得不像其他人那样行事。他们有其固定的薪俸，并按收入来调整开支。

在独占逐步完善的第一阶段，情况又有所不同。国王的预算和社会的预算尚未分开。国王根据他所认为必要的开支来征税，或用于征战，或用于修建宫殿，抑或用于对宠臣的封赏。政权这一关键性的独占事实上具有私人独占的性质。这里所看到的仅仅是社会或公共独占形成道路上的一段插曲，而在1500年对于这位威尼斯的观察家来说还是一种新生事物。他怀着极大的好奇加以观察，就像察看异国的风俗习惯。在其家乡可不是这个样子。威尼斯最高当局的支配权一如中世纪的国君，受到不同地区和等级的自治权与自治团体很大程度的限制。威尼斯也是一个较大统治区的中心，其他地区的市政管理自愿非自愿地处于它的治下。

即使是归附的城邦在其归附时也有先决条件："在没有得到议院多数的认可下，不得实施任何新的规定。"[127]在一个威尼斯使节，一个局外人心平气和的笔下，法国所发生的变革更加清楚地表达了出来，较之身受其害的主教的言辞更胜几分。

1535年，威尼斯使节有如下的报告：

"国王握有军权而强，臣民顺从而富；除此之外我要说，国王一般情况下岁入为2 500 000，因为只要他愿意，他就可向其臣民提高征税数额。强加于他们身上的负担是何等沉重，他们的支应竟没有任何的限制。鉴于此种情况不得不说，承担重负的主要部分的该国居民极为贫困，以致任何微小的加码，都使其无法承受。"

1546年，威尼斯使节马利诺·卡瓦利①在关于法国的一份详尽的报告中终于将该国政府形式的特点披露无遗，这是这个时代眼界开阔的局外人的表述：[128]

"许多王国，比如匈牙利和意大利，比法国的土地更肥沃，也更富有；许多国家，比如德意志和西班牙，比法国更加辽阔，也更加强大。然而没有哪个国家像法国那样统一，其臣民像法国臣民那样听话。较之统一和听话这两者更为重要的莫过于自由，自由乃为世上人们最为渴望得到的礼品；不过并非所有的人都对其珍惜。因此之故，有些人生来就听话，有的则生来颐指气使。如若将其颠倒过来，就有如近日之德意志和昨日之西班牙。这期间法国人已将其自由和意志完全交给了他们的国王陛下，也许他们认识到这样做并不合适。国王只要说一声我想要这一件想要多少，我对此批准或准许多少，我这样决定或我要决定多少，也就够了，所有这一切自会有人执行，自会有人立即照办，就像办一件全体人员议决的事一样。而今事态到了这一步：他们中某一个人要是有着

① Marino Cavalli。——译者

更多的智慧，那他会说以前的国王被称为‘法兰西君王’（reges Francorum），现在则称为‘奴隶的国王’（reges servorum），于是不但向国王提供他索要的东西，而且所有其他钱财也都任其掠取。

“查理七世将其国家从英国人统治的枷锁下解放出来之后，继路易十一和查理八世征服那不勒斯之后，臣民的这种顺从也大大扩展了一步。路易十二对此亦作出了贡献。执政的国王弗兰西斯一世①要超过其所有的前任：他随意令其臣民支应特别的税捐；他将新得之领地归于王家产业名下，俾其永远不再脱离。他要是进行某种封赏，那对封赏者和被赏者也只有一世之效。谁人若寿命太长，就会将封赏作为对王家不祥之物收回。此事并非空穴来风，后来已为数人所证实。在对待民兵头领及其各级长官方面亦是如法炮制。若是有人为殿下效劳，说他在法国人那里薪俸多少，拥有什么头衔和有何等待遇云云，殿下须知，这是什么样的待遇、头衔和封赏。为数众多的人一生之中从未得到过什么封赏，抑或一生之中只有那么一次，有些人两三年没有任何的报偿。殿下一旦封赏起来，不但赏赐某些物品，而且也封赏一些可以世袭之物；但愿殿下不要为别国的做法所左右。按我的判断来说，只是生前有效的封赏习惯就是明证。这使得国王有机会对有功之人进行封赏；国王总是有可封赏之物。要是封赏可以世袭，那法兰西岂不一贫如洗。当今之王便会无物可赏，而今效劳之人多为有功之人，而非昔日受赏者的承袭者。敬请殿下对此多加考量，法兰西如此行事，其他小国之君又该当如何。对此若不加顾及，一如既往进行世袭式的封赏——如人常说，维持家族——那不多久就会出现这样的局面：对于真正有功之人无法进行像样的封赏，

① Francis Ⅰ(1494—1547)，法国瓦罗亚王朝国王。在位时对内强化王权，确立专制君主制。1516 年与教皇签订《波仑亚宗教条约》，控制全国教会。对外争夺神圣罗马帝国皇位，结果失败。在与哈布斯堡家族争夺意大利的战争中也屡遭败北。1525 年在巴威亚一役中被俘，1544 年与德皇签订和约，最终放弃对意领土的要求。——译者

抑或新的负担强加于人民的头上。无论出现哪种情况，皆非公正之举，为害甚剧。封赏如只管生前，就可酬谢有功之人。田庄周游一圈，最后又回归于国王名下……八十年来，不断有新的版图统一于王冠之下，而没有通过继承或出售失去任何地盘。以此种方式国王将一切吸纳于自身，以致国中没有一个领主其收入超过两万斯库蒂[1]。此外，具有收入和领地之人并非是产业真正的主人。通过征收、税款、军队驻扎以及其他形形色色新奇的负担，国王仍有最高所有权。国王愈益富有，王国愈益统一，其声望如日中天，一旦有内战发生，国王便会稳操胜券。王国内的领主大多穷困不堪，他们无意也无法与国王对抗，当初布列塔尼、诺曼底、勃艮第大公以及加斯科涅地区其他大领主的反叛已成过眼云烟，不复再现。有人若鲁莽行事，胆敢变天，一如波旁之所为，那只能使国王立即有机可乘，以雷霆万钧之力歼灭之，从而更加富有。"

在此对正在形成的专制制度决定性的结构特点再进行一次总结。一个封建主一旦打败了所有的竞争对手而取得了霸权，那他也随之争得了对所有土地的最高领有权。对土地的这种支配权渐渐商业化抑或货币化。变革首先表现在国王对全国税收的独占，以致他能支配全国最大的收入。于是占有土地和分封土地的国王慢慢变成了支配货币和分发货币的国王，正是以此他能打破自然经济那种不祥的循环。对其所需之服务，无论是宫廷服务抑或行政服务，他都加以报偿；他不再是划出一块地产赐予服务者，以为其世袭之财产，当时的威尼斯显然还是这种情况；而是赐予土地和货币年金，只为其有生之年，一旦受赐人亡故，便将其收回，这样国王的产业不致受损。在越来越多的情况下，国王是以钱钞以及以薪金来报偿服务。他将全国的税收集中起来，然后又将涌流而来的钱财按照自己的意愿和为着政权的利益分发出去。这样全国越来

① Scudi，意大利旧货币单位。——译者

越多的人直接或间接地靠国王的恩典，靠王室财政管理的钱钞支付为生。这或多或少也是国王及其亲近侍臣的私人利益，后者为了尽量利用社会的机遇而趋近于这一方向。然而在各个社会职能的利益斗争中逐渐形成我们称之为“国家”的社会组织形式。税收独占，连同体力暴力独占乃为这种组织形式的后盾。要是对“国家”中央机关之一的税务独占在关系活跃发展的过程中，亦即基于关系结构、相互交织的利益与行动的某种强制性，如何一步步形成的情况不加以说明——这里也是以一国为例——那就无法了解“国家”的发生，理解“国家”的存在。社会的中央机关——从威尼斯人的报告中可以看出——业已具有前所未见之稳定和牢固，这是因为具有支配权的领主由于全社会的货币化而无需从自己的领地中拿出土地来支付服务的报酬，如不对外扩张，土地早晚会封赏净尽；而只要从源源而来的税收中支出一定数目的钱钞也就可以了。货币的特点使国王免除了那种先是以土地付酬转而以货币付酬的必要性：免除以毕生的、可以世袭的产业来酬谢服务的必要性。货币能使服务抑或一系列的服务通过一次性的大的支付来报偿，或通过工资、薪金进行偿还。这种变革所产生的后果多种多样，影响深远，不过也只能到此打住。威尼斯使节的惊讶充分表明，货币使用在今日看来乃是每天的自然而然之事，而在当时人的眼里却是一种何等新奇的事物。同时他所作的解释再次特别清楚地表明，社会的货币化才使得中央机关有可能稳定：货币的支付使有关之人持久地依附于中央，从而最终击溃了离心的倾向。

从这一大背景出发，就一定会理解这一时代贵族的境况：在先前贵族势力相当强大之时，作为中央领主的国王还有意对市民进行某些照顾，于是其统治机构便成了市民的大本营。而今由于货币关系的发展和军事的集中化，武士、地主、贵族日益没落。于是国王便将机遇的分配重点照顾贵族，使得一部分贵族作为高于市民的上层继续存在。城市居民在宗教战争中的最后一次叛乱失败之后，又有“投石党”之乱；在这种情况下，宫廷的职务又慢慢变成了一种特权，宫廷又成了贵族的大本营。国王就是以此种方式来维护贵族的特权的。他将其所支配的恩宠和金钱机遇加以分配，以使由于贵族的式微而遭致损害的平衡得以保持。不过这样一来，昔日相对自由的武士贵族变成了终身依赖和效劳于国王的贵族。骑士变成了廷臣。如有人问，这类廷臣到底具有什么样的社会职能，答案就在这里。人们习惯于将王政时代的宫廷贵族称为一个“没有职能”的阶层。的确，若按分工的意义，若按19、20世纪各分工国家的意义，这种贵族是没有什么职能的。王政时代的职能运作是另外一种样子。那时的职能状况基本上是由以下情况决定的：中央领主在很大程度上还是政权独占的私人所有者；作为私人的中央领主和作为社会职能者的中央领主还没有严格的区分。宫廷贵族在分工的过程中并没有直接的职务，不过对国王倒有某种功能；它是国王统治的不可或缺的基础，它使得国王有可能与市民阶层保持一定距离，正如市民使得国王有可能与贵族保持距离一样。贵族是社会中与市民相抗衡的力量，这本身对国王来说就是最最重要的功能，除此它还有一些其他的职能。没有贵族和市民间的紧张状态，没有所强调的各等级间的差别，国王就会失去其绝大部分的支配权。实际上宫廷贵族的存在，反映出政权独占在多大程度上还是中央领主个人财产，全国的收入在多大程度上还按照中央职能的特殊兴趣来分配。随着独占化的发展，全国收入按照计划分配的可能性业已存在。不过这种计划的可能性这时还被用来维护正在没落的阶层抑或职能。

这里要对专制社会的结构有个明确的概念：法国王政时代的世俗社会由两大领域组成，这一点比19世纪的社会还要鲜明：一为乡村农业大区，一为经济上愈益强大的城市市民小区。这两个领域各自都有一个下层：这里是城市贫民、学徒和工人大众；那里是农民。此外都有一个下中层，前者为小手工业者，还有下级官吏；后者是偏僻地区的贫穷的乡村贵族；以及一个上中层，城市里是殷实富裕的商人，还有市政和省政高级官吏及司法人员；乡村则是广有钱财的乡村贵族和省区贵族；还有直达宫廷的上层：属于市民的是任职高官的长袍贵族；宫廷贵族则是佩剑贵族的上层。国王在两者之间纵横捭阖，间或利用教会的力量，在两大领域内和它们之间的紧张状态中小心翼翼地维持着平衡。面对经济上不断发展的市民集团，他确保贵族的特权和社会地位，凭借其对财政独占的支配权用社会产品的一部分直接供养贵族的上层。在所有改革的尝试宣告失败之后的革命前夜，在反对派资产阶级集团的口号中一旦将消灭贵族特权的要求提到前面，那里面也一定会包含着对税收独占和税务收益进行另外处置的要求。消灭贵族特权，一方面意味着废除贵族免税的权利，亦即对税款负担重新加以分配；另一方面也意味着：取消抑或减少廷臣，亦即取消——在新兴的资产阶级看来——无用的、没有职能的贵族职位，这同时也是对税务收益的重新分配；这种分配不再是按照国王的意旨进行，而是按照职能分工的社会整体的意志，首先至少是按照资产阶级上层意志进行分配。取消贵族特权最后也意味着中央领主作为两大等级间平衡者地位的消失；中央领主蓄意保持这两个等级的现存级别顺序。事实上以后的中央领主是在另一种张力网络中保持平衡的，因而这时的中央领主及其职能也有了另外的性质。不过有一点没变：尽管是张力轴心的结构有了改变，只要各等级间的紧张状态不那么严重，换言之，只要矛盾各方的代表还能进行经常性的、直接的沟通，中央一级的权限就会受到一定的限制；而在紧张状态不断增长的阶段，相互争斗的各集团没有哪一个占到明显的上风，中央的权限也会随之扩展。

总　结
文明论纲

社会强制导致自我强制

在一个较大地区的内部，以“国家”为形式的社会组织化，税收和体力暴力行动的独占化与集中化，到底和“文明”有何干系呢？

文明进程的研究者面临着一大堆的问题，在这里撇开几个最重要的问题不说，先谈一个一般性的问题：我们——在本书第一卷通过一些生动的材料曾试图加以说明——看到，文明进程是人的行为与感觉在某一方向的改变。然而显而易见的是，这种改变，这种“文明”，并非是在过往的年代里某一时刻、某些人有意为之；渐渐则完全是有意识、有“理智”通过目的明确的措施来实现的。显而易见的是，无论是“文明”还是合理化，都不是人类“理智”的产物，都不是高瞻远瞩精心策划的结果。这样的一种“理性”行为和策划历经几个世纪一直是渐进的“理性化”的基础，这难道是可以想象的吗？以那种本身也有着漫长的文明进程为其前提的高瞻远瞩和对所有短期情感的掌控，来使人的文明进程运作，这难道可能吗？

事实上在历史中没有任何一点表明，这种改变是由个别人抑或个别团体通过目标明确的教育来“理智地”加以实现的。改变作为整体来说，是没有计划的；但其完成并非没有一定之规。前面业已详细论述过，源自各个方面的外来强制如何转变成了自我强制；愈益多元化的形式中人类的日常事务如何一步步被排挤至社会生活的后台，又如何蒙上了一层羞耻感；对于整个本能—感情生活的调节如何通过经常性的自我监督愈益全面、均衡、稳定。这一切当然不能归之于几百年前，某时某刻某些人突然之间有了这样一个理智的想法，然后成了代代相传的行动指南和愿望的目标，直至在“进步的数世纪”中“完全实现”。不过这种转变也并非毫无定形的胡乱变化。

从文明进程的角度提出的无非是历史变化这样的一般性问题：作为整体的变化并非以“理智”策划出来的；然而这变迁也不是没有一定之规、来无踪去无影的匆匆过客。这又怎么可能呢？在人类世界里怎么会出现这样的形体呢，无人有意为之，可又不是无形无状、飘忽不定的云彩？

先前的研究，特别是有关社会机制问题的研究部分，就是试图解答这样的问题。答案极为简单：

单个人的计划和行动，感情的冲动和理智的律动，都一直是或配合或对立地相互交叉而行。这种单个人的计划和行动根本性的密切交织会招致并非个人策划与创造的变迁与形态。从相互交织的关系中，从人的相互依存中，产生出一种特殊的秩序，一种较之单个人的意志与理性更有强制性和更加坚实的秩序。[129]这种相互交织的秩序决定了历史变迁的行程，也是文明进程的基础。

这种秩序既不是“理智”的，如将“理智”理解为就像制造机器一样，经过深思熟虑而出现；也不是“非理智”的，如将“非理智”理解为以不可理喻的方式出现。它有时被某些人与“自然”的秩序等同起来；而黑格尔等人则将其解释为超个体的“精神”。他提出的“理性的狡计”这一概念表明，他也曾为这样的事实伤透脑筋：人所策划，人所行动的结果，其中许多并非人在行动时原先有意达到的。不过，诸如“理智”还是“非理智”，“精神”还是“自然”这种非此即彼的思维定式在这里显然是捉襟见肘。在这方面真实的状况并非完全像某种标准定义大全之类要使我们相信的那样；毋庸置疑，这些标准定义之类在其时作为人们探索未知世界的指南曾起了很好的作用。社会相互密切交织现象的固有规律，既不可与“精神”的、个人思维和计划的规律性等同，也不可和我们称之为“自然”的规律性等同，尽管真实的所有方面在功能上无可替代地相互联结在一起。然而对于相互交织现象固有规律的一般性说明很少有助于我们对这一现象的理解；它空洞而又充满着误解，只能同时以某些历史变迁自身为例，揭示出相互交织的具体机制和这种规律性的运作，才可消除误解。本书的第三章所要解决的就是这一课题。这里试图表明，是什么样的交织关系，是什么样的人的相互依存抑或依赖的关系，使得，比如说，封建化的进程运作起来；竞争状态的强制如何使得一系列的封建领主相互争斗起来；竞争者的圈子如何逐渐变小；如何导致其中一人的独占地位，最后——在其他相互交织关系机制的运作下——如何导致专制国家的建立。这种人际关系的全部改组必然会直接影响到人的仪表的改变，其暂时的结果便是行为与感觉表达的“文明化”的形式。人际关系结构的这种特殊的变化和心理表征结构的相应变化之间的关联，我们马上就要讲到。不过了解一下这种相互交织的机制，在一般意义上来说对于理解文明进程不无助益：只有看到某种社会结构、某种社会相互密切交织的形式趋向于一种特殊的变革，因之趋向于相互交织关系的另外的形式在多大程度上是带有强制性的，[130]才能够理解人的仪表的变化，富有弹性的心理机制塑造的变化是怎么出现的。所有这些变化，在人类史的早期和当代都会一再出现。也只有这样才能理解，从文明的意义来说，人的仪表的变化包含着一定的方向和秩序，尽管后者既非由单个人策划出来，也非由“理性”的、目标明确的措施招致而来。文明既非“理性”之物、“理智”之物，亦非“非理性”之物。[131]它盲目地运转起来，一旦运转便不会停息，凭借一种关系网络的自身势头，凭借人类相处方式的改变而运转不息。然而使其“理性”一些，按我们的需要与目的使其运转得更好一些，则是完全有可能的。正是在文明进程的背景下，相互交织关系自身的盲目运转逐渐会为对相互关系网络和心理表征进行有计划的干预，以及为基于对非计划规律性的认识所进行的干预提供更大的空间。

是什么样的人类相处方式的特殊改变，在“文明”的意义上塑造了人的富有弹性的心理机制呢？对于这一问题的第一个也是最为普遍的答案是很简单的，这一答案的基础乃是我们在前面业已谈到过的西方社会的变迁：从西方历史的早期阶段直至当代，在强大的竞争压力下，社会职能愈分愈细。分工越细，职能的数目，因之具有职能的人的数目也就越多；单个人，事无巨细，不管是最简单最日常的事务，还是最复杂最少见的事务，都依赖于这种职能。越来越多的人的行为一定要相互配合；行动的组织愈益精确、愈益严格地加以通盘安排，以使单个人的行动在其中完成其社会职能。单个人被迫愈益细致、愈益均衡、愈益稳定地调整其行为。正如业已强调过的，这种调整绝非只是有意为之的做法。也正是以下的情况乃是心理机制在文明的过程中改变的特点：对人的行为细致而稳定的调节愈益自动地、自我强制地从小培养，而对此人是无法对抗的，即使在其意识中有对抗之意。行动的组织复杂而又深广，它要求人们在该组织中努力“正确”表现；所做出的努力很大，以致单个人身上除了有意识的自我控制而外，同时还有一种自动的、盲目工作的自我监控机制固定下来；后者试图通过畏惧的壁垒防止对社会俗常行为的违犯；然而正是因为这种自动化的机制习以为常地盲目运转，也常常通过间接的路径招致对社会现实的背离。然而不管是有意无意，在对整个心理机制进行愈益细密调节的意义上，行为改变的方向都是由社会愈益多元化，由不断发展的职能分工，由相互依存的链条不断延伸而决定的。而单个人的每一动作、每一表现都无可避免地与这一链条相适应。

人在一个分工简单社会的相互关系中和在分工细密社会的相互关系中的差异，可以比作羊肠小道和通衢大道之间的差别。道路交通可说是社会相互交织关系的空间职能，这种交织关系作为整体不可仅仅再以从四维连续统一体得到的概念来加以表达了。请想一想，一个简单的自然经济为主的武士社会的乡间小路的状况：坎坷不平，没有任何铺设，为风雨所侵蚀。来往交通，除了少数例外，极为稀少。这里人对人构成了最主要的危险：随时都会受到武士或强盗的袭击。人若外出走路，首先要环顾四周，张望一下树林和山丘，看看沿路的情景，因他时刻要提防着有人会手执武器突然而至，进行攻击；再则，还要设法避开什么人。这一社会的路上行人要时刻准备进行生死搏斗，对抗外来的体力暴力的攻击，以捍卫自己的生命财产。而在我们时代大城市干道上的交通，却要求对我们的心理机制进行另外的规范。在这里，武士或强盗袭击的危险已降到最低限度；机动车辆疾驰而过；行人和骑自行车者要在川流不息的车辆中穿行；警察站在十字路口指挥交通。不过这种外部的指挥一定要与每个人依照相互交织关系的必然性而对其行为的调整完全协调一致。在这里人对人的主要危险是，在此种喧嚣之中有人失去自我控制。一种持续不断的自我监控，一种对行为高度细致的调节是很必要的，以使自己在繁忙的交通中安然无恙。为使自己和他人免于死亡的危险，要求每个人为持续不断的自我调节所作出的努力再大也不为过分。

这里所列举的仅只是一个形象的例子而已。行动链条组织、分工高度细密的社会内的每一行动都交织其中，实际上要复杂得多；从小就养成的自我监督的习惯较之这一例证有着更深的渊源。不过这一图景至少可以使人对以下的情况有个印象：为“文明”人的心理表征打下很深烙印的自我强制的持久性和区别性，与社会功能的多元性、人的必须相互协调一致的行动的多样性到底有何关联。

自我强制的范式，本能规范的模式，随着在这一组织内职能的不同、所处地位的不同而不同。即使在今天西方世界不同的领域中，自我强制的强度和稳定性也有着不同的层级；只要仔细观察一下，即可发现其中显著的不同。从这里出发，又可引发很多的问题；只有凭借社会发生学的方法才能开启解答之门。在一个分工细密的社会内这种差别，和层级与分工较为粗放的社会内人的仪表的差异相比要大大减少；首先要加以强调的是变化，其大致轮廓鲜明地显现出来：随着社会组织的分化，社会发生的、心理的自控机制也更加细密、全面、稳定。

社会职能分工的愈益细密，乃是社会变化中的第一个，并最具有普遍性的变化；如果要问“文明”意义上的心理表征变化的原因，那首先要碰到的就是这个社会职能分工的问题。随着社会职能分工的不断发展，社会组织的全面改组也会联袂而来。前面业已详尽地论述过，在一个职能分工极为粗放的社会里，具有一定规模的地区的中央机关为何相对不稳定，为何容易瓦解；也曾论述过，如何用关系强制的杠杆来使得离心倾向、封建化的机制慢慢失效，如何一步步形成稳定的中央机关，形成对体力暴力较为牢固的独占建制。心理自我强制机制的独特稳定性，与对体力暴力独占建制的形成有着密切的关系。心理自我强制乃是每一个“文明”人最重要的一个特征。只有随着这些稳定的独占机制的形成，那种社会特征的机制才可建立起来。后者使单个人从小就习惯于一种持久的、精心调节的自我控制。也只有在这样的情况下，个人才会形成更为稳定的、多是自动工作的自我控制机制。

暴力独占一旦形成，就会出现和平的空间，出现一般情况下没有暴力的社会环境。在这种环境中对个人起作用的强制就会是一种不同于以前的强制。早就一直存在的暴力形式，迄今只与体力暴力相混合或相融合，而且来自体力暴力。在和平的空间，暴力以相应改变了的形式独自滞后。对于当代一般人的意识来说，最显著不过的体现暴力形式的乃是经济暴力和经济强制。实际上这还是不同种类暴力或强制的混合体；一旦体力暴力从社会日常生活的公开舞台上渐渐退隐，只以间接的形式参与习惯的培养，这种混合仍然滞留于人间。

人际关系结构如以所描述的方式重组，那么一般来说，人的行为和情绪就会以以下的方式改变：没有稳定的暴力独占的社会，同时也总是这样的社会：职能分工相对粗放，束缚个人的行动链条也短。反之：由国君或国王代表的、对暴力进行稳定独占的社会，职能分工就得以发展，束缚个人的行动链条也长，个人对他人的职能性依赖也就大。在这样的社会里，个人的生命在很大程度上得到了保护，使其免遭突然袭击，免遭令人惊吓万分的体力暴力的破门而入。但个人同时要自我强制，克制自己的感情冲动，不对他人动粗。在和平空间占统治地位的其他形式的强制，也在同一方向上规范人的行为和情绪表达。个人都是以发达的职能分工被编织于相互依存的网络；这种网络越是细密，人的空间就越大。人的空间就是为这种网络所笼罩，并与这种密切交织的关系——不管是在职能上，还是在建制上——联结为一体。感情越是容易冲动、情绪越是容易爆发之人，其社会存在就会越多地遭到威胁；越是能够抑制自己情绪之人，他在社会上越是处于有利的地位；每一个人就越是从小被催逼着通盘考量自己和他人行动的后果。抑制一时的冲动，克制情绪的爆发，超越眼前而扩展思考的空间，想到过去的原因和将来的后果，这是相同的行为变化的不同方面，也是那种随着体力暴力的独占化，随着在社会空间行动链条和相互依存的扩展而必然发生的行为变化的不同方面。这是在“文明”意义上的行为变化。

贵族由骑士阶层转变为廷臣阶层就是一个例证。在暴力乃为不可避免的日常现象的空间，在个人的依赖链条很短的空间，强烈而持久地克制自己的本能与情绪，既没必要，也无可能，更是无益，这是因为骑士主要直接仰靠其土地的出产为生的缘故。武士自身的生命，还有所有在这个社会中与武士上层共处之人的生命，都从未间断地、直接地受到暴力的威胁。人的生命，与在和平的空间相比，也相应地动荡于两个极端之间。武士有可能——与其他社会相比——无所顾忌地发泄其感情与激情；有极大的自由尽情享乐，醇酒妇人，不厌其多；抑或摧毁和折磨所有敌人，以解其心头之恨。然而一旦他被打败，那他立即就会面临这样的危险：处于他人的激怒与暴力之下而束手待毙；所遭受之极端奴役，极端形式的躯体折磨，是在个人施虐转而暴力为中央政权独占以后几乎不大出现的。暴力独占化的结果，个人躯体所受威胁逐渐减弱；这种威胁不再直接受到眼前情绪的支配，而慢慢愈益精确地受到规矩和法律的制约。躯体的威胁最后逐步减弱，即使还有一定范围和一定反复的触犯法律。

在一个尚未形成一种牢固而强有力的中央独占的社会里，到处所遇到的本能无拘束性和很高程度的躯体威胁，乃是一种补充现象。这样的社会结构使得胜利者和自由人发泄本能和情绪的可能性就大一些；一人的情绪对他人直接造成损害的可能性也大一些；一个人一旦陷入他人的暴力之中，受到奴役和百般屈辱的可能性也就更容易变为现实。这一点不仅适用于武士与武士之间的关系——对于后者来说，在逐渐货币化和自由竞争区域逐步狭小的情况下，行为情绪日趋缓和的准则慢慢形成，而且在整个社会内部，男子存在的无拘束性和妇女存在的限制性，主人存在的无拘束性和被制服者、被战胜者抑或农奴任其摆布的极端状态的对立，较之后来更为强烈。

与这种处于极端的生活、持久的不安全感——是这种人际网络的结构将单个人置于不安全之中——相对应的乃是个人行为和个人精神状态的结构。正如同在人与人之间的关系中危险更加令人震惊地出现，胜利抑或解脱的可能性更加突如其来、更加不可捉摸地出现在人的面前一样，人的兴致与反感也更加经常、更加直接地反复变换。自由骑士的社会职能在很小程度上能预见到未来的危险，考量到行动的第三、第四步的影响，尽管这种职能早在中世纪随着军队日益集中化慢慢朝着这个方向转变。起初是直接的现实对此加以推动；正如眼前的形势变幻无常一样，人的情绪也是喜怒无常。形势带来了快乐，于是便尽情享受这快乐；形势带来的是苦难，是阶下囚，是失败，那他们便无可奈何地去受苦受难；无法消除的不安，险象环生的处境，这种无法逆料和令人惶惶不可终日的整个生活气氛，即使没有外来的诱因，也常常会使尽情的欢乐突然之间转换为极度的悔恨；不过在这种生活中当然也有令人安逸的、瞬间即逝的绿洲。人的心灵在这里——请允许我这样表达——要时刻准备着，也总是习惯于从一个极端跳向另一个极端；常常是小小的印象，无法遏制的联想，就足以引起不安和情绪的变换。[132]

一旦人际关系发生了变化，一旦体力暴力的独占组织形成，取代经久不息的争斗与战争的强制的乃是更为持久的强制，后者更为和缓地将个人束缚于其职能所在的金钱与声望的竞争之中，情绪的表达就会渐渐趋向中间路线。行为与情绪表达的波动虽则没有消失，然而却一步步走向缓和。摆幅不再那么大，摆动之缘由也不再那么直接。

从另一个角度来看所发生的变化，可能更加清楚一些。人对人所造成的威胁，通过暴力独占的形成而受到更为严格的制约，因之更容易预见得到。日常生活已经从那种大起大落、令人震惊的突变中解脱出来。暴力业已军营化；只是在极端的情况下，在战时，在社会动荡的时期，暴力才会从其藏身之地，从军营之中破门而出，直接波及个人的生活。一般来说，暴力已为某种专家集团所独占，而从其他人的生活中剔除出来。而今这些专家，整个暴力独占组织，只是处于社会日常生活的边缘地位，监督守护着个人的行为。

体力暴力以及由其所产生的威胁，即使以这种形式也会在社会中产生某种影响，不管其知道与否。然而这不会使人产生渗透于个人生活的持续不断的不安全感，而是一种安全的独特形式。这种暴力威胁不再将人作为攻击者或被攻击者，把体力战胜者或体力战败者在强烈的情绪爆发与深巨的恐惧之间掷来抛去，而是从这种隐藏于日常生活后台的暴力出发，对个人的生活施加持久的、均衡的压力，而个人对此几乎没有体认，因为已完全习以为常，其行为和其本能形态从青少年起便与社会的这种建构相协调了。实际上铸造人的行为的整个机构是在不断变化的；与此相应的是，如上所述，不仅各个行为态度，而且行为的全部特点、心理自控的全部建构也在随之变化。体力暴力的独占组织，一般来说，不是通过直接的威胁对个人进行强制；而是以多种多样的方式来对个人持续进行大多可以预见的强制或影响；很大一部分的强制是通过人的思考的媒介来施加的。暴力本身通常是作为潜在的威力，作为监督机构而时时存在于社会之中。现实的强制是：个人基于一连串行动的相互交织的关系而得知其行动的后果，抑或基于从小就规范其心理机制的成人姿态而自我施加的强制。体力暴力的独占，武器和被武装的人集中于一人手中，使得暴力的实施多多少少能被人觉察，并会强制手无寸铁之人在和平的环境里自我检点，这也是个人预见或思考的结果。一言以蔽之，它在或高或低的程度上强制人们自我控制。

在中世纪的武士社会里，抑或在分工不够细密、对体力暴力没有牢固管理的社会里，并非完全没有任何种类的自我控制。自我控制的心理机制，自控，良心，不管其称谓是什么，在这样一个武士社会里，只是直接在体力暴力的背景下加以培养、强制、维持；其形态适应有着极大反差并且会风云突变的生活。与和平安宁的社会里的自我控制机制相比，则是散乱、不稳定的，而且还充满着剧烈的情绪宣泄；保障社会“正确”行为的恐惧，还远远没有从个人的意识中进入所谓的“内心”。对个人来说，决定性的危险并非来自自我调节的失灵或自我控制的放松，而是来自外界直接的体力暴力的威胁；与此相类似的是，在这里习惯性的恐惧要比对外界力量恐惧的大得多。这种自我控制的机制既不稳定，也不全面，而是片面和局部的。在这样一种社会里，培养一种相对极端的自我控制可能要忍受痛苦；但在折磨他人的情绪释放中，以另外的标准来看，又可得到某种补偿。与此相应的是，在中世纪的某些领域中，也有着禁欲、自我强制和自我禁绝的相对极端的形式；与此相对立的乃是在社会其他部分极端的情绪释放。在个人生活中，人们常常碰到其态度突如其来地大转变。加之于自身的强制，对自身肉体进行的苦斗一如其反面，即对他人斗争或尽情享乐一样，密集、片面、极端而又充满激情地进行。

在和平的空间随着暴力的独占化而形成的自我控制或自我强制，则属于另外一种类型。这是一种没有激情的自我控制。与社会的监控机构相应的是在个人的精神整体中形成的监督机制。这种或那种的监督机制，都是试图使其整个的行为、全部的激情都同等地得以更精确地调节。两者——它们中的很大部分都是以对方为中介的——都施加持久的、均衡的压力，以抑制情绪的表达。它们朝着削弱行为和情感表达上的极端波动的方向驱动。体力暴力的独占化减少了人对人的恐惧与惊吓，同时也减少了引起他人惊吓、恐惧抑或使他人受尽折磨的可能性；亦即减少了大喜大悲、情绪宣泄的可能性；个人愈益习惯坚持不懈地自我控制，也同样试图减少行为的反差和突如其来的大起大落，减少所表达的情绪负荷量。个人受到驱动，以便按照对其本能生活和其行为在方方面面进行持续不断的、均衡调节的原则改变其整个的精神状态。

个人在和平的空间所置身的不动武的强制和力量，比如说经济强制，也完全在同一方向上运作。这样的强制与力量，也减少了情绪含量，也和缓、平稳一些了；较之在没有独占的武士社会里人对人所施加的强制不再那么大起大落了。体现于社会中向个人开启的所有职能中的这种强制，也迫使人按照任何行动都自动加入的那漫长而细密的链条而瞻前顾后，而不是只顾眼前。这种强制与力量要求个人按其行为的深远后果而对眼前的情绪与本能的冲动加以克制；它们在个人身上——相对于另外的标准——培养一种均衡的自我控制，后者如同一枚坚固的指环，将其全部的行为镶嵌其中，并按照社会的标准对其本能进行坚持不懈的调节。在这当中，在人的身上培养一种审慎的态度，培养对本能与情绪的调节机制，不仅仅直接是成年人的职能；而且成年人通过自己的行为方式和习惯，半是自动半是自觉地为孩子在制造相应的行为方式和习惯。个人早在其青少年时代起就业已与那种持续的审慎和长远的眼光相协调一致，而这正是成年人职能所需要的。这种审慎的态度和对其行为与本能的调节机制，使人从小便习惯于在其自身按照社会流行的范式和模式形成一种形同社会规范中继站的、对本能进行自动监控的机制，形成一种“理性”、一种细致而稳定的“自控”；以致一部分被抑制的本能冲动和情绪根本不再直接被意识到。

在以前的武士社会里，一个人只要强而有力就可以施暴，就可以向周遭公开发泄自己的欲望情绪；而今这已被社会禁止，不再允许公开纵欲。而为直接发泄的更大机会要承受的是更大可能的显见而直接的恐惧。有关中世纪犹如地狱的想象，使我们对在这样的人际关系结构中个人的恐惧是多么强烈而密集也能感知一二。喜与怒在那时更为公开更为自由地得以释放，个人成了喜怒无常情绪的俘虏，经常为自己的情感所摆布，正如为自然之力所摆布一样。个人控制自己激情的情况少，更多更强烈地为激情所主宰。

后来，个人的存在依附于长而细密的职能分工的流水线上，于是个体便渐渐学会了舒缓地控制自己；个人也很少是自己激情的俘虏了。个人对愈益众多人的活动的职能性依赖，较之以前愈益强烈；同时个人在其行为中直接满足自己情感与本能的机会较之以前也大为减少。生活在某种意义上来说，危险少多了，但同时也缺少了情绪色彩，或者说乐趣也少了，至少从情欲的直接表达来讲是这样。于是便在梦中、书中、图画中来寻找日常生活中所缺少的东西的替代品；于是贵族在宫廷化的途程中阅读骑士小说，市民在电影里欣赏暴力镜头和狂热的爱情场面。肉搏、战争和武斗，愈益减少；凡是使人想起这些的，甚至是肢解死去的动物和餐桌上使用刀子，也在排斥之列，至少是受到愈益精确的社会性的制约。可是同时，在某种意义上可说是战场转移至人的内心。以前直接在人与人之间的争斗中加以消解的紧张与激情，而今部分是由自己克制。个人与他人关系对自己所施加的强制，在自己身上逐步变得较为平和了；在自己身上逐步定型为一种独特的习惯机制，一种特殊的“自控”；这种机制和“自控”按照社会的建构来持续不断地调节、改造和压抑自己的情绪。本能和激情现已不再直接地出现于人与人的关系之中，而是相当猛烈地与自我监控那部分进行斗争。这种人的半自动化的自我搏斗，并非总是有着胜利的结局；社会生活所要求的自我改造，并非总是能达至本能的新的均衡。在这一过程中，常常会出现大大小小的干扰，出现攻击他人的骚动，抑或使人长期失去活力；一旦失去活力，人便难以完成甚至根本无法去完成社会职能。恐惧忽而转化为乐趣，享乐忽而转化为悔恨，这种纵向的起伏，就暂时这样说吧，愈益减少；而贯通人之身心的横向跳跃，“自控”和“无意识”抑或“下意识”之间的张力在加大。

在这里如果不只是研究静态的结构，而且还要探讨其社会发生，那么这种相互交织关系现象的基本轮廓再次表明是相当简单的：由于人的较大群体的相互依存，在群体内部剔除了体力暴力，于是就形成了一种使得人与人相互间持续施加的强制变为自我强制的社会机制；这种由于交织于长长的行动链条而从小便培养起来的自我强制和一直左右权衡的职能，部分有着有意识自我控制的形态，部分则是以自动运作的习惯的形式出现；它们按照一种细致的、与社会状况相符的范式影响人的本能与情绪表达，使其得到缓和抑制，持续不断的克制以及精心的调节。它们每每依照内在的压力，社会与个人的状况，在个人行为和本能生活中制造独特的张力与干扰，后者有时会导致长期的不安和怅然若失之感，这正是因为其情绪和本能的一部分尚能在变化了的形式中，在想象、旁观、倾听和白日夜晚的梦中得到满足所致。对情绪进行习惯性的压抑——比如挥之不去的百无聊赖的感觉抑或寂寞之感——往往会走得很远，以致个人变了形的情绪根本无法以任何形式进行毫无恐惧的表达；被压抑的本能根本无法以任何形式进行直线式的满足。在这样的情况下，一些本能的分支往往会通过人在孩童时代在其中长大的关系网络的特殊结构而在某种程度上受到麻醉；这些本能在危险——与本能在人的孩童时代社会空间的表达俱来——的压力下受到自动出现的恐惧的包围，以致有时在人的一生中麻木不仁，毫无反应。而另外一些本能由于严重冲突的结果而大为扭曲，其能量只有通过旁边的小路，只有在强制性的行动中，在其他干扰性的现象中找到不遂人愿的出路。而所谓严重冲突，乃是人这一小小的生物在规范为“文明人”的途程中，其未经雕琢的情感本性所必然遇到的。而在另外的情况下，这些能量汹涌奔流，转化为无法控制的、片面的好感与反感，稀奇古怪的癖好。情况无论如何，一种持久不散的、似乎是空穴来风的内心的不安，都有可能表明，有多少本能的能量以此等方式被束缚于某种形态，而无法得到真正的满足。

个体文明的发展，正如社会的文明发展一样，大部分还是盲目进行的。在成年人所思考、所策划的掩护下，在成年人和正在成长一代之间所形成的那种关系在成长一代的心灵中有其功能和影响，而这些是成年人所无意为之的，对此也几乎一无所知。在这一意义上，并非有计划地产生出极端不利的、在社会上是反常的规范化的现象，正如这些例子所表明的那样。原本并非规范化现象的、归之于不变遗传因素的心理反常，在这里暂不予以考察。维持于社会准则框架内的，同时主观上看来更加容易给人以满足的表征，其产生更是没有计划。在广阔的范围内，从同样的社会铸造模式中展现出有利与不利的特点。自动再生产的恐惧，在文明化冲突的过程中附着于某些本能的表达；在某种情况下不可能导致个别本能的长期而又完全的麻木，而是在所谓的正常的框架内进行抑制与调节。一些本能能量的转轨和转变，不是表现于对社会无用的强制性行动，不是表现于在社会上认为是稀奇古怪的癖好与习惯，而是表现于个体最大满足的、对社会极为有益的活动抑或才干。无论是哪种情况，最具特色的青少年时代的关系网络，在个人的心理机制中，在其自控与其本能中心的关系中，作为其个人的特点而形成；无论是什么情况，关系网络都会巩固为一种习惯机制，它表现于所有的行为方式中，表现于所有对他人的关系中，并得以继续编织。在比较有利的情况下——用句形象化的话来说——文明化的冲突给个人心理造成的伤口慢慢在愈合；在比较不利的情况下，伤口永远不会愈合，抑或愈合了一旦遇到新的冲突便重新裂开。在这里早期沉积于心理机制中的人际间的冲突，总是一再干扰以后的人际关系，不管是以各个自我强制习惯间矛盾的形式也好，这种习惯是以孩童的各种不同的关系、多种多样的依赖为其起点的；也不管是以自我强制机制与本能中心间的反复出现的争执的形式也罢。在特别有利的情况下，自控机制不同部分间的矛盾，慢慢会得以平衡；自控机制和本能中心间的干扰性的冲突也会渐渐地自我包藏起来；它们不仅从清醒的意识中消失，而且被制服与加工到这样的程度：在不需花费额外气力主观即可满足的情况下，如不有意为之就不会闯进深入一步的人际关系之中。在一些情况下，有意无意的自我监督在一些部位仍然是散乱的，并且为那些形态不符合社会要求的本能能量大开方便之门；在另外的一些情况下，这种自我监督在与社会结构极好的配合中慢慢变得同一而又稳定；这样的自我监督至今在青少年时代还像上下漂动、相互碰撞的大块浮冰，而不是溜滑而坚实的冰层。然而这种社会结构在今天特别容易变动，因而同时需要行为习惯的灵活，在大多数的情况下，这种灵活性是以稳定的丧失为代价的。

个人文明进程成功与失败之间的差别，在理论上是难以说清的。一种情况是：历经千辛万苦，历经进程的种种冲突，最终在一种社会成年人职能的框架下，形成了适应性良好的行为方式，运转得当的习惯机制，并且同时——不一定是同步——形成了有利的情绪平衡；另外一种情况则是：要么总是一再为制服反方向的本能能量而以严重的紧张状态，为个人的满足而花很大的代价来赢得社会必要的自我调控；要么是根本没能制服这些能量，不得不满足这些能量的欲求，以致最后也根本无法取得有利的情绪平衡，因为社会的戒律和禁律为他人所确证，而且也为这种吃尽苦头的当事人自己所体现；因为在其内心一级的法庭乐意自身禁绝并惩罚另一主管部门。

实际上个人文明进程的结果，只是在相当少的情况下，也只是在整个范围的边缘部位，才能明确地显现出有利还是不利。文明者大多生活于那种极端的中间。社会性有利还是不利，个人满足还是不满足的趋向，都以不同的比例掺合在一起。

西方意义上的社会规范化的过程，可说是举步维艰。为了取得几分成功，不得不按照西方社会的结构生产出富有层次的、能够进行强化而稳定调节的心理机制。因而一般来说，特别是在中下层，较之职能分工较少的社会的规范过程，它需要更多的时间。对适应现有文明标准抗拒；这种适应，这种整个心理机制深刻转变使个人付出的努力，总还是非常显著的。因而在职能分工较少的社会之后，西方世界的个人也以成年人的职能同时获得了一个成年人的心理表征；后者的出现大体标志着个人文明进程的结束。

尽管对心理机制进行深广而强化的整理，同一方向的进程，社会与个人的文明进程，肯定不会只是演示于西方。凡是在竞争的压力下职能分工使得更多的人群相互依赖的地方，凡是在体力暴力业已独占化，使得一种没有冲动的合作成为可能与必要的地方，凡是在形成了对他人下几步的行动与意图左右权衡的职能的地方，都会出现这种社会与个体的文明进程。对推动这种文明的方式与程度起决定性作用的乃是相互依存的广度、职能分工的程度以及职能内部的建构。

强制向长远扩展和自我强制的扩展

西方文明进程之所以成为富有特色、独一无二现象，是因为在这里形成了高度发达的职能分工，对广大地区和广大人群形成了稳定的、相互依存的、竞争性的暴力独占和税务独占，这是人类历史上前所未有之事。

货币和商贸深远的相互交织关系，以及在其中形成的相当牢固的体力暴力的独占组织，很显然，以前只是发生发展于濒临水路的地区。首先是河谷地带和盆地地区；而广大的内陆地区，还多多少少处于自然经济的水平；也就是说，其相互间的关系比较疏离，多是自给自足，尽管个别的商贸干道通过其间，个别较大的市场存在其间。西方社会过去生发出一种别具一格的相互依存的网格，不仅覆盖沿海地带，而且也笼罩着广大的腹地，直至最后一条田垄。与此相应的是，广大地区的人群行为相互协调的必要性，预见到下几步行动的必要性，这种必要性是前所未有的。因之，自我控制相对强大，自我强制、情绪抑制和本能调节也相对持久，而这也正是相互交织网络中心的生活所必须的。表明相互依存网络的大小与内在压力为一方，个体精神状态为另一方，两者之间联系的那种现象，我们称之为我们时代的“速度”。[133]实际上这种“速度”反映了联结每一种社会职能的相互交织链条的数量，以及广大而稠密的居民网驱动每一行动的竞争压力。这在官员和企业家身上表现为数不清的应酬约会抑或谈话谈判；而在工人身上则表现为每一动作都要和每分每秒的时间相协调。无论是在什么情况下，速度都是不计其数的相互制约的动作的表现；都是由各个动作组成的链条的长度和宽度的表现，一如局部之于整体；都是将这整个相互依存的网络保持于运动状态的竞争淘汰性斗争的表现。无论是作为官员、企业家，还是作为工人，其处于众多行动链条枢纽地位的职能，都要将其有生之年的时间加以精确地分配。这种职能习惯于使其眼前的情绪服从于广泛相互依存的必然性；它要使人剔除行为中一切的动摇不定，进行持续不断的自我强制。这也是在个别人身上之所以时常出现由自控所体现的社会时间倾向的原因，也是许多人陷于自我斗争的原因，如果他们不愿意准时的话。人们可以从时间机制和时间意识——正如从货币和其他相互交织关系机制——相当精确地看出，职能分工随着它的发展同时是如何推动强加于个人的自我强制的。

在这一网络之内，为何感情调节的模式在某些方面有所不同，为何性生活在一些国家有着完全不同于另外一些国家的清规戒律，这当然是一个值得研究的问题。然而不管这些区别的来源如何，行为发生变化的大方向、文明运动的趋向到处都是一样的。所造成的变化都是趋向于相对自动的自我监控，趋向于使短暂的冲动受到习惯性的长远眼光的制约，趋向于更为细致、更为牢固的自控机制的形成。使眼前情绪服从长远目标这种必要性的传布方式也是一样的：先是西方社会的少数上层，然后才是愈益广大的阶层。

是否生活于密切交织的依赖链条的世界里，形同相互依存的被动物；是否在不能影响或只是不能认识自身存在深远密切交织的关系的情况下，使自己在情感上受到远方所发生事件的牵制；或者在社会中是否有这样的处境或职能：为使其胜任，它要求人们作出持久的努力，以审视到更为深远的密切交织的联系，并在密切联系的意义上不断调整自己的行为，这有重大的区别。在西方社会的发展中，首先是某些中高级的职能强制其拥有者从长远角度进行持续不断的、积极的自律；处于巨大的社会联结的权力中心的宫廷职能和处于远途贸易相互交织联结中心的商业职能则处于相对稳定的暴力独占的保护之下。不过随着相互依存关系自身的扩大的同时，从长远角度行事的必要性，使个人的行为对更为广阔的空间和更长的时限进行积极配合的必要性愈益扩展到更多的社会阶层，此乃西方社会进程的特色。即使是社会下层的职能，其整个的社会状况也要求某种从长计议观，也愈益使这种从长计议观得以实施；并且使得种种只顾眼前抑或短期满足而牺牲长远的倾向得到遏制，或者发生改变。在过去，下层手工业者的职能一般来说只能以这样的方式编织于相互依存的网络中：其拥有者一旦感觉到长远的后果不利，就会以动乱、以感情的发泄来回应这种不利的后果。然而在其职能的结构中无法实现外来强制向着自我强制的自动转变；其日常生活的事务使得他们无法克制自己眼前的愿望和冲动，而做出有利于彼时彼地的事来。所以其一时的发作几乎没有什么长期的效果。

在这里是不同的链条联结相互发生作用。在任何一个较大的人际网络中，在其不同的层次中，总有着中心和较为中心的区域。这些中心区的职能，比如说高级的协调职能强制人们进行更为经常和更为严格的自我控制，这并非仅仅是因为处于更为中心的地位，并非仅仅是因为有着为数众多的相互交错的行动链条，而且还是因为与其相联结的乃是一种更为强大的社会力量；这种联结是按照取决于行动者调节职能的行动量来进行的。西方发展的特点是：在发展的过程中，任何人对其他人的依赖是相对均衡的。多元的、高度分工的西方社会在越来越大的程度上取决于即使是城乡下层由于顾及长远的相互交织的联结也来调节自己的行为与活动。这样的阶层根本不再是社会“下”层了。分工的机制极端敏感而复杂，流水线上的任何一个环节出现了故障都会威胁到整体，以致支配性的领导阶层在淘汰性竞争的压力下也不得不愈益顾及广大阶层的利益。在这种演变的过程中，随着这些阶层职能的愈益中心化，在整个人际分工网络中所占分量的愈益增加的同时，也要求他们，也能使他们具有更为远大的眼光以完成其职能。一般来说，在强大的社会压力之下，支配性的领导阶层也逐渐习惯于克制自己一时的情绪，规范自己整个的行为方式，这是因为他们深刻认识到在其中工作的整体的相互密切交织的关系、他们的任务以及他们的处境。这样也渐渐使得先前下层的行为向着起初局限于西方上层的方向上发展。与上层相比，下层的社会力量也在不断增长；长期眼光的历练也在不断增加，不管是谁起初起着带头作用，也不管是谁赋予这种长期眼光以思维模式；那种转化为个人自我强制的外来强制也会对他们发挥影响；在他们身上那种“自控”、自我监督的机制与或好或坏转化了的、得以调节或压制的本能能量之间的横向张力也在不断增加。这样一来，西方社会内部文明结构甚至还在不断地扩展；于是上层和下层一起的整个西方也都趋向于变为上层和相互密切交织网络的中心；从这一中心出发，文明的结构逐渐扩展于西方以外的世界各殖民地和非殖民地。只是这种全面运动的幻象，以及某些职能与行为结构一波又一波地扩展于新的阶层和新的地区的幻象，只有认识到我们自身处于一波又一波的推进之中，处于文明运动的危机当中，而非其尽头，才能使“文明”的问题显示出它的优越性来。如果从现在步入过去，一波又一波的运动又当是何等的情景呢？就是我们的问题。

反差在缩小，种类在扩大

文明是在一系列兴亡胜败的运动中前进的。往上崛起的阶层中，总会一再出现一个崛起的阶层取代上层的职能和采取上层的行动，一个社会总会为另一个社会所取代。随着业已崛起变为上层的阶层接踵而至的乃是更为广泛的、人数更多的阶层或集团。

产生自上、中、下层行为的差异与层次不同的诸多问题，构成了独立的课题范围。一般可以这样说，下层直接受其情绪和本能的支配；其行为所受到的调节较之上层有些粗疏。施加于下层的强制，在历史上很长的阶段乃是直接的、躯体威胁性的——如肉体折磨的威胁、以武力消灭肉体的威胁、困顿饥饿的威胁——强制。这样的暴力，这样的状况无助于外来强制向自我强制的稳定地转化。中世纪的农夫之所以不吃肉，是因为贫穷，因为牲畜是为了主人的餐桌而豢养，亦即仅仅是由于肉体的强制。如果没有外在的危险，那他们会屈从于荤食的欲望。这和来自上层的教团的创立者有所不同，他们之所以放弃荤食，是因为他们想到来世，出于一种原罪感而弃绝这种享受。一贫如洗之人，处于时刻断炊或强制入狱的威胁之下而为他人劳作，外在暴力的威胁一旦解除，那他就不会再去劳其筋骨。这有别于殷实的商人，尽管他们不去工作照样生活得很好，他们之所以还是劳作不息，并非因为一旦不工作便没得饭吃，而是由于生意场中为其地位与脸面而进行的竞争的压力所致，乃是其职业，其高标准的生活意义与高标准的身份所致。再者，持续不断的自我强制也逐渐使得工作变成了一种习惯；一旦不能再去工作，其心灵便会失去平衡。

在发展的过程中，上层和下层的状况与行为密码之间的反差逐步缩小，这是西方社会的特色之一。下层的性格在漫长的发展过程中渐渐扩展至所有的阶层，作为整体的西方社会逐步变成了一个有节制的劳作的社会便为此提供了明证。以前劳作乃是下层的特色，后来这一有别于上层的特点同样也成了整个社会的特点。社会的外来强制转变为自我强制，转变为自动的、习惯成自然的本能调节和情绪克制——这本来只有在这些人身上才有可能，他们在一般情况下能够免受暴力与饥饿那种极端的肉体的威胁——早在西方内部也越来越扩及广泛的大众阶层。

如果只是简单地观察一下这一运动的某一短暂的阶段，在文明化的世界里上下层的本能规范与行为之间的反差有可能还是很大的。可要是探究一下这一运动的数百年历程，就会发现，不同社会集团的行为方面的强烈反差，甚至是个人之间行为上的反差与转变也在不断地缩小。下层的本能规范、行为模式、整个仪态，随着其在整个分工网络中的职能的重要性不断增加，愈益接近其他集团的仪态，特别是愈益接近中产阶层的仪态，其部分的自我强制与禁忌不管是出自从其自身阶层“跳出来”的渴望，还是出自对其先前所缺少的某种较高威望的追求，也可能是因为其对情绪联结与持久的远大眼光的社会依赖性还没有达到同时代上层那种必要抑或可能的程度。

这种随着社会结构变化而来的社会或个人间反差的减少，这种原先差别很大的行为方式的独特的相互渗透与混合，乃是西方社会不容忽视的特征，也是“文明”进程中最最重要的特点之一。然而社会和文明的这种运动并非是直线发展的，在这一大运动中总会有大大小小的风浪，后者往往使得社会的反差和个人行为的不稳状态加大，时常会有情绪的发作。

在我们眼前所发生的，我们习惯于称之为狭义的“文明扩展”的东西，我们体制与行为标准扩展于西方境外的特征，这一切，正如上所述，是在西方内部进行了数百年之久的运动的最后一波。其势头，其特征，在这里不断为自己开辟道路；这一运动早在“文明”的概念出现以前就已有了。从西方社会——作为一种上层——无论是通过西方殖民，还是通过对其他部族集团上层的同化，而今西方“文明化”的行为方式的扩展业已远远超出西方的范围；正像当初在西方内部行为模式由某种上层、某些宫廷或商业中心扩展开来一样。这种扩张的过程很少是按照那些其行为方式被人所接受的人的计划与愿望进行的。那些赋予行为准则的阶层至今也并非是扩张运动理所当然的创立者和发起者。“白人母国或祖国”对同样的行为方式加以扩展，继之而来的便是其他的人群地区也被纳入同样的政治、经济相互依存的网络，被纳入西方各民族之间或内部的淘汰性竞争之中。这种行为改变的原因并非“技术”；我们所称之为“技术”的东西本身仅仅是一种象征，是持之以恒的远大眼光的最后的固定形式之一；而不断加长的行动链条的形成，在这些联结其中的人的竞争则不断向着远大眼光靠拢。“文明化”的行为方式在另外的地区扩展，因为在这些地区里，由于被纳入起初西方构成其中心的相互依存的网络，社会结构、人际关系从整体上来说同样也发生了变化。技术，学校教育，所有这一切都只是部分现象。在古老西方扩张所至的地区，也逐步改变了个人必须与之适应的社会职能，以致这些地区的人也不得不、也有可能进行长期眼光的演练，也像西方同样强烈地调整自己的情绪。整个社会的改组，也为行为文明奠定了基础，进而也在这些地区开辟了减少反差的道路，此乃文明运动所有波段的特点。

职能上层的行为方式一再和崛起的下层的行为相融合，对于上层那种矛盾的、奇怪的地位来说是一种不小的特点。其职能与处境使得上层对行为与情绪的严格调节变成了习惯，而这种对长期眼光的习惯，对行为与情绪进行严格调节的习惯，对于上层来说，比如说对进行殖民的欧洲人来说则是形成了优越于他人的重要工具，成了有别于他人的特点，是赋予其威望、使其具有上层地位的标志。正是因为这个缘故，这样一个社会才对违反本能与情绪调节常规的现象，对其成员的那种“无所谓”的态度加以惩戒，所使用的手段多是败坏其名声而使其蒙羞。下层的社会力量越是强大，下层的人越是往上追求，上下层为着同样的机遇而进行的竞争越是激烈，这种惩戒就越是严厉。为保持上层地位所作出的努力，所需要的长期眼光，在社会的内部交往中往往通过其成员相互间进行监督的强度表现出来。出于对其整个集团的处境的恐惧，出于为保持其上层地位而进行的斗争的恐惧，出于对其上层地位所经受的大大小小威胁的恐惧，在其成员之中直接促进了行为准则的维护，对自控的培养。这种恐惧转化为个人的恐惧，转化为个人对于自身价值下降的恐惧，抑或对自己在社会威望降低的恐惧。正是这种由自我强制培养起来的对于自身声望在别人眼中下降的恐惧，不管它是采取羞耻的形式抑或荣誉感的形式，保证了区分性行为的持续不断的、习惯性的再生产，保证了在各个人身上对本能进行严格的调节。

一方面，这些上层——上层和上层职能，在某些方面说的是作为整体的西方各个国家的上层与上层职能——趋向于并被强制趋向于竭尽全力维护其特殊的行为和特殊的本能调节，以作为有别于其他阶层的标志；另一方面，其自身的处境，其身处的整个运动的结构都会向着逐步减少行为差异的方向发展。西方文明扩展的运动充分表现出这种两面性。这样的文明便是西方有别于其他地方的、昭示其优越性的标志。可是同时西方人在其自身竞争的压力下，在世界遥远的地方促使人际关系和人的职能的改变，以使其符合自己的标准。他们使世界广大地区依附于自己，并同时——根据一再可以观察到的、一直发展的职能分工的规律——使自身依附于这些地区。一方面西方人通过建立一系列的建制和对自身行为进行严格的监督而在自己和殖民地当地集团间营造藩篱，后者在他们看来，根据“强者有理”的原则，是等而下之的人。另一方面他们以其社会形式也将其行为方式和建制扩展到那里。他们自觉或不自觉地往这样一个方向努力：最终总会导致殖民者和被殖民者之间社会力量的差别、行为方式差别的日益减少。在我们时代部分反差已经开始明显地缩小。在西方以外的不少地区，按其殖民化形式，按该地区在职能分工的大网络中所处之状况，以及按该地区自身历史结构的状况，渗透与混合的进程一开始便得以进行。这种情况与上述的西方诸国宫廷与市民阶层行为的变化相类似。在殖民地区，西方的行为方式也按照不同集团的状况和社会力量的大小由上而下地传布，有时也由下而上地渗透，(如果对该地区进行持续观察的话)并且融合成新的、独特的统一体，文明化行为的新种类。随着文明的传布，上下层间的行为反差在逐步缩小；文明化行为的种类或者说类别则在不断地扩大。东方人或者非洲人在西方行为准则方向上开始发生的变化代表了我们所能看到的文明运动初潮中的最后一波。这一潮流的兴起，则在同一方向上显示出文明新潮流及其继续发展的萌芽。在殖民地区，作为崛起的下层而接近西方上层者，起初大都是那里各部族的上层。

退回来看看西方自身，人们也同时感受到我们刚刚说起的文明运动的浪头：城乡下层被纳入文明化行为的准则之中，也愈益适应于以长远眼光观察事物，愈益习惯于对情绪的适度克制，并对其进行更为精确的调节，在这些下层身上也逐步形成了自我强制的机制。在这些城乡下层身上，也按照一个国家的结构史，在文明化的框架内形成了情绪调节的不同规范或种类。在英国，工人的行为方式中透露出乡村贵族和远洋贸易商人的影响；而在法国，工人的行为方式中则有廷臣和通过革命上台的市民的影子。在那些久已成为殖民地宗主国、在广阔的相互依赖的网络中执行着上层职能的国家里，即使工人也对其行为方式进行精确的调节，也是受到传统熏陶的一派谦谦君子的风范；而在后来才进行殖民扩张，或者根本没有进行过殖民扩张的国家里，工人的行为调节就没有那么精确，情绪的调节也显得粗疏。这些国家暴力和税务垄断以及国家权力手段的集中化——而这正是进行任何长期的殖民扩张的前提——出现得较晚，只是后来才成为竞争的对手。

回头来看看17、18和19世纪，由于各个国家的结构不同，有的早些，有些晚些，就会在狭隘的圈子里看到同样的情景：贵族和市民行为方式在渗透。根据力量对比的状况，在渗透的产物之中起初总会有一种模式，一种符合上层状况的模式占统治地位，继而便是崛起的下层的行为方式占先，直至最后出现作为过去进程积淀的融合，一种具有独特品格的新的统一体。即使在这里也会遇到那种上层的矛盾处境，而今的“文明旗手”也处于这样的境况。“文明旗手”的宫廷贵族，由于自身更加严密地编织于相互依存的网络之中，也会对自己的情绪进行严格的控制，对自己的行为方式进行精雕细刻。贵族所陷入的处境，在这里是由王室和市民的强制表现出来的。贵族的职能和处境强制其自我控制；这种自我控制同时也是使其有别于咄咄逼人的下层的手段，对其具有威望价值。一方面贵族无所不用其极保留差别，只有圈内人，只有其成员才能了解贵族温文有礼的个中秘密；也只有在上流社会自身的交际中才能学会那种彬彬有礼的举止。有关“如何生活”（Savoir-vivre）——实际上是关于贵族礼仪——的著作，那著名的“手册”，显然是将温文、雅致、优美的真正的行事方式隐去。一位深居宫廷的公主[134]曾这样宣称，这样不至于使随便什么人花上几十个芬尼就将这方面的知识买去。这位公主没有忘记，在其为这本有关礼仪的小册子所写的前言中强调，该书作者的手稿原为几个朋友的私人使用而写，而今付梓也只是为了上流社会中人。在这里也可看出贵族所处地位的矛盾性。宫廷贵族所处的生活环境是一种独特的相互密切交织的关系，无法避免将其礼仪、习俗、审美观、语言传布至另外的阶层；而且他们自身出于这种或那种需要而与有钱的市民阶层交往，也促成了这种传布。首先是在17世纪，市民上层得贵族礼仪之先——一本有关宫廷言谈规范的书[135]为此提供了鲜明的例证，继而在18世纪，这种礼仪扩展至更为广泛的市民阶层；这时期有关礼仪的书籍大量出版，便清楚地表明了这一点。在那时，作为整体的相互交织潮流的暴力、张力和竞争，也都在市民内部趋向于多元化，趋向于愈益精细的职能分工，趋向于个人对愈益众多的其他人的依赖，趋向于愈益广泛的阶层的崛起；而这些要强过贵族在自身周围所筑起的壁垒。

那时有着为数众多的较小的职能中心。起初，显而易见的是，这些中心强制职能愈益增长的盘根错节的关系朝着长远之计发展，朝着自我控制修养的方向发展；后来，西方内部越来越多的职能范围甚至在同样的意义上发生了变化；最后，在与现存的文明形式相联结的情况下，社会职能和行为方式以及整个的心理机制，在欧洲以外的国家也开始发生同样的变化。如若观察一下社会领域中西方文明运动迄今的进程，我们便会看到这样的一幅图像。

武士的宫廷化

17、18 世纪的宫廷社会，首先是形成了中心地位的法国宫廷贵族，在这种波浪式运动的整体中，在这种下层行为方式兴起并最终渗透于愈益广泛的圈子中的整体中，占有一个独特的地位。宫廷中人并非是情绪抑制、对整个行为方式加以精雕细刻的创始人和发明者。他们一如这一运动中的所有其他人，只是听命于相互交织关系的强制，而后者并不是任何个人或团体所计划出来的。不过这种宫廷社会为为数众多的行为方式和交际方式提供了底色；继而又为其他的阶层所浸润，并依照载体之状况为其他的阶层所改变，进而随着对长期眼光的强制愈益传布至愈益广泛的职能范围。在这一运动的过程中，宫廷上流社会中人较之任何其他的西方社会阶层都更为鲜明地成为社会交际中行为塑造和规范的专家。因为任何其他的社会集团都与上层的处境不同，他们有社会职能却没有职业。

不仅仅是在西方的文明进程中，而且在其他的文明进程里，比如说在东亚，大宫廷，对税收和体力暴力进行关键性独占的管理中心的行为方式所取得的规范，也具有同样重大的意义。首先是在一人独尊的君王那里，操纵着巨大的相互依存的网络中的一切；在社会进程的某一阶段中，这里所交叉的行动链条比网络上的任何一点都多，也比任何一点都长。各个城市商业职能中心盘错其间的远洋贸易链条，如果在很长阶段里没有受到中央政权的保护，那也不会持久和稳固的。与此相应的乃是，中央机关对其职能者和对国君自身，抑或对其代理人和仆从演练长期眼光的要求，对其行为进行更为严格调节的要求比在任何一点上都更为强烈。隆重的仪式、庄严的礼节就清楚地表明了这一状况。从整个统治区直接或间接向中央领主及其周围的人涌来的事务多如牛毛，对此进行处理的任何一个步骤、任何一个表情，都会造成严重的后果和深远的影响。正是因为，如果独占具有如此强烈的私人或个人性质，一旦没有了那种精确的分派，没有了那种富有灵活性的审慎和保留的态度，那么，独占管理的平静工作所赖以进行的那种社会张力平衡很快就会打破，陷入混乱的状态。尽管并非总是通过中央领主自身，至少也是通过他自己及其大臣们身边的人员在整个辽阔的统治区内所引起的任何较大程度的波动和震动，也都会对大多数的廷臣、领主周围的人发生影响。宫廷中人无一遗漏地陷入其中的相互密切交织的关系，直接或间接地迫使人们时时小心谨慎，每说一句话，每做一件事都要权衡利弊。

暴力和税务独占的形成，围绕这独占巨大宫廷的形成，肯定不再是带来渐进文明的整个进程中的部分现象了。不过它还是那些关键性现象中的一种；正是从这些关键性的现象才能毫不费力地找到通向这种进程机制之路。大的王室曾有一个阶段是社会相互交织关系的中心，启动了行为文明的进程，并使其处于不断的进展之中。如果要探讨一下宫廷的社会发生，那就会陷入诸多文明变形中的一种；而这样的一种文明变形很有特色，同时也是所有其他文明方向改变的不可或缺的前提：人们可以看到，能够抑制自己情绪的、温顺的贵族怎么一步步取代了武士贵族，亦即宫廷贵族一步步取代了武士贵族。不仅仅是在西方文明进程中，而且在我们目光所及的任何大文明的进程中，武士的宫廷化便是具有决定性意义的过程中的一个。

这种宫廷化，一个社会的内部和平化，有着不同的阶段和层级，这是不言自明之事。西方武士的宫廷化从 11 或 12 世纪开始便逐步进行，直至 17 和 18 世纪才逐步结束。

之所以如此，正如以前详加论述的那样：首先在一个有着为数众多城堡和庄园的广大地区，人们相互间的关系并不密切；日常所需的相互间的依赖，以及与此相应的大多数武士的眼界，也像农民一样没有超过这狭隘的区域：

“地方主义在中世纪早期的欧洲起着极为重要的作用；起先是聚族而居和大庄园形成一个区域，后来在此基础之上发展成为封建统治单位，这是中世纪的社会根基。这些单位从政治上和社会上看来差不多都是各自为政的，货品与思想的交流微乎其微。”[136]

有些便从一个地区众多的城堡和庄园中脱颖而出；其主人经过无数次的战斗，地盘日渐扩大，军事实力也日渐膨胀，于是便在一个或大或小的区域内打败了其他的武士而争得了霸权地位。其驻地周围也相应地有着为数众多的田庄，成了为数众多人群的居所，成了院落①。聚集在这里的人群是为了寻找机遇；其中总有大量的贫穷武士，他们已不像自由骑士那样可以不依赖他人。后者在自己的庄园内自给自足，自作威福。无论什么样的武士都一律处于与独占相联系的竞争之中。在这样的人群圈子里，虽则与专制王朝的宫廷相比甚为狭小，还是有着人际关系的交往，彼此间的行动总是处于互动的状态；即使是武士也陷于相互交织的关系之中；而正是这些迫使武士彼此间有种持久的顾忌，并具有某种长期眼光，对自己的行为进行较为严格的调节——特别是在与宫廷女主人的交际时，武士则更是如此，因他们所仰仗的正是这种女主人，对

① 德文宫廷与院落为同一个词。——译者

自己的情绪进行更大的克制，对自己的本能进行改造。宫廷行为的准则使人对这种交际的调节有个概念；宫廷抒情诗[137]则使人对本能的抑制留下深刻的印象，那时在这些大大小小的领主宫廷中，克制本能已成为必需和习俗。此乃最终导致贵族完全宫廷化，其行为在“文明”的意义上进行持续重新塑造运动第一波的见证。然而武士在这里所陷入的相互交织的网络尚不那么深远，也没有达到尽头。如果说宫廷中的人不得不习惯于某种程度的克制，那么此外尚有不计其数的人，对他们无需进行强制规范。人们可以离开某一对男女主人，而到他处寻找栖身之所。许多人仆仆风尘于大道之上，有的业已改换了门庭，有的还在寻找新的主人，寻找对行为调节要求不高的主人。在宫廷，在与女主人的交往中，不可动粗，亦不可情绪冲动。然而即使是宫廷骑士，他首先是一名武士，其生活与战争、争斗和动武几乎是无法脱离的。趋向于对本能进行深刻重塑的较为平和的相互交织的强制，尚未持续不断地、均衡地对其生活发生作用；它们只是某些地方出现，而又经常为战争的强制所渗透，所掺杂。而战争强制是不需要抑制情绪的。与此相应的是，宫廷骑士的自我强制只是在很微弱的程度上稳固为半意识的习惯，成为几乎是自动起作用的自我塑造和自我抑制的机制。宫廷礼仪的规定——业已指出过——在骑士宫廷社会繁荣的年代，很大部分对成年人与孩子提出同样的要求。成年人从来就不是自然而然、无需提醒地按照规定行事。对立的冲动并未从意识中消失，“自我监控”尚未得到很大而均衡的发展。

除此之外，这里还缺少主要的动力之一，这种动力后来在专制宫廷社会里在很大的程度上促使美好的交往形式在个人身上固定下来，同时也使得这种交往形式趋向于高雅：针对贵族的城市市民阶层的崛起相对来说还不那么咄咄逼人；与此相应的是，这两个等级间的竞争的紧张状态还不那么严重。毋庸讳言，在领主的宫廷里，武士和市民间为着同样的机遇有时也展开竞争。宫廷抒情诗的吟唱者既有市民，也有贵族。即使在这方面领主宫廷也表现出与后来的专制宫廷相类似的结构规律：使得市民阶层的人与贵族阶层的人士走到一起来，相互进行持久的接触。而在后来形成完全的政权独占的年代里，贵族与市民职能性的相互密切交织的关系衍生出相互持久接触的可能性，由此引起的持续不断的紧张状态即使在宫廷之外也有所增加。在领主宫廷所出现的市民与武士间的接触还是一种相当孤立的现象。在社会的辽阔空间，市民与贵族间那种相互依赖的交织关系还极其微弱，如果和以后阶段相比的话。大小城市和大小封建主相互间一直是互不相扰的政治与社会单位。极不发达的职能分工，不同等级间不相联系，清楚鲜明地表现于这样的事实：城市与城市间，宫廷与宫廷间，教会与教会间的关系，习俗或思想的传布，亦即社会同一阶层内部的关系，尽管相距遥远，也常常是多于同一地区城堡与城市间的联系。[138]首先要看到这样一种社会结构——近乎一种反证——才能理解其他的结构，另外的社会进程，这种社会进程逐步导致心理自控的愈益“文明化”。

在这里，就如同在任何一个以自然经济为主的社会里一样，交换，因而相互间的关系，不同阶层间的相互依赖，与后来的阶段相比还是非常微弱的。整个的生活方式进而也毫无规律可言。武装力量、军事实力和财产的多寡还是密切联系、相互制约的。与此相应的是，手无寸铁的农民生活在最底层，随身携带兵器的主人可以随意摆布他们，这种状况是在以后阶段公共或国家暴力独占形成之后人对人的态度所无法比拟的。而另一方面，佩带武器的主人，亦即武士，却相当地不受约束，他们对下层人有着职能上的依赖性——下层是不可或缺的——是靠直接的肉体威胁来维持的；这种职能上的依赖程度之有限同样也是后来任何上层对下层的依赖所无法比拟的。在生活水平方面也有着类似的表现。在这个社会里，上下层生活水平的反差非常之大，在从众多的武士中崛起少数几个特别有钱有势的领主的阶段，下层生活之悲惨尤甚。今天，比如说在印度，在埃塞俄比亚，其社会结构类似西方中世纪的社会结构，在这些人群地区上下层生活的反差也一如西方的中世纪：少数上层人支配很高的收入，甚至比今天西方的高收入还要高；用于私人消费，我们称之为“私人生活”之一切，诸如衣物、首饰、住宅、马厩、餐具饮宴、节庆等，可说是极尽豪奢之能事。而在另一端的下层人，农民，则是生活悲惨，一直处于歉收或饥馑的威胁之下。即使在正常的年景，他们一年的收获也仅仅使他们免于冻饿而死。其生活水准之低还大大低于“文明化”社会中的任何一个阶层。只有这种反差不断减少；只有在使这种社会上下紧张万分的竞争的压力之下，逐步加强职能分工，加强相互间的依赖，加强更大范围内的相互密切交织的关系；只有上层的职能性依赖不断发展，下层的社会力量连同其生活不断提高，才能渐渐地达到这样的境地：上层具有持续不断的长期眼光，进行“自我控制”，下层则是扶摇直上，以及促成所有其他一系列的变化，所有这些在文明运动冲击波之中相互发生影响。

起初——有如在这一运动的发轫之际——武士过着一种相对独立的生活，市民或农民也是各过各的日子。各个等级间深沟高垒，即使相距很近，也不相往来。习俗、举止、衣饰或娱乐方式也各不相同，尽管肯定有所交流。总之社会的反差——相对统一的世界中人喜欢这样说——是很大的，那时的生活可说是五光十色。上层、贵族感受不到来自下面的特别大的社会压力；即使是市民也几乎没有在职能上和体面上与其争锋。贵族无需对自己进行持续不断的克制，无需不断地花费心思，就可以全然保持其上层的地位。贵族占有土地，手握宝剑，无所畏惧；对于某一武士的最大危险乃是来自其他武士。贵族相互间对各自不同行为的监督也是微乎其微；也是由于这一点，单个骑士对自己所进行的自我监督也是微乎其微。较之宫廷贵族，骑士对其社会地位更是无比自信，更是觉得理所当然。骑士不必将粗野和低俗从自己的生活中排除出去。想不到下层也有什么不安；也并没有什么恐惧一直与骑士相联系，因而在上层的交往中也不像后来那样对一切使人想起下层的举止加以禁止。看见下层或下层的举止，也没有唤起什么难堪的感觉，有的只是蔑视。这种情绪毫无掩饰，根本不加抑制、不加顾忌地表达出来。在进行探讨的过程中，能够“看一眼骑士的生活”，[139]也可使人对这样一种态度有个印象。虽然这里所选取的生动的材料出自骑士制度宫廷化的后期。

武士如何一步步与其他阶层和集团卷进愈益紧密的相互交织关系的旋涡之中，他们之中越来越多的人如何陷进对其他阶层先是职能性、最后是建制性的依赖之中，上面的几页已经详加论述。历经数百年朝着同一方向的进程，所有的武士丧失了军事上和经济上的自给自足，他们中的一部分完成了宫廷化。

早在 11 和 12 世纪人们就已感受到这种相互交织关系的威力，那时领主政权日趋巩固，有为数不少的人，其中特别是那些所受恩宠较少之武士，被迫奔走大大小小的宫廷，以求效劳的机会。

在此之后，少数封建亲王的大宫廷渐渐崛起，大有鹤立鸡群之势。而今只有王室的成员能够相互自由地比试，在封建亲王参与比试的圈子里，最富有、最豪华的宫廷当属勃艮第宫廷，从中可以看出武士宫廷化渐进的过程。

到了 15 世纪，特别是 16 世纪，武士宫廷化从中获取动力的运动，亦即职能的分工，愈益扩大的人群地区和阶层的整合，相互间密切的交织关系加速发展，这在那种社会机制的运动中看得特别清楚。这种机制的运用与改变最为精确地反映出职能分工水平、社会相互依存的广度和方式；这在货币的运动中也看得特别清楚：货币量在迅速增加，与此相应的是，购买力或货币价值同时迅速地下降。这种武士宫廷化的运动，金属货币贬值的趋向早在中世纪就已开始，而今在从中世纪向近代过渡的过程中新鲜的，不是货币化，不是金属货币购买力下降本身，而是这一运动的速度和规模。在这里，通常首先显现为数量上的改变，仔细观之，乃是质变以及人际关系结构变化的表现，是社会结构改组的表现。

这种货币的加速贬值当然并不是在这一时期愈益明显的社会变动的惟一原因；这仅是部分现象，是社会相互交织关系的驱动装置中的一个杠杆。在一定阶段和一定结构的竞争的压力之下，这一时期对货币的需求日益增加。为满足这种需求，人们找到了新的途径和手段。然而这一运动——正如已经指出的那样[140]——对于社会中不同的集团有着不同的意义。而这也正表明，不同阶层相互的职能依赖已变得多么巨大。在这整个的变化过程中，受益的是这样一些集团，其职能使它们通过获取更多的钱币，以其货币收入量的相应增加来补偿货币购买力的下降，因而首先是市民阶层，赋税独占者的国王；而受到损害的则是武士和贵族集团。其收入名义上还是那些，可按其购买力来说则是日益减少，货币贬值越多越快，就越是如此。16、17 世纪，在这一运动的裹挟下，越来越多的武士被驱入宫廷之中，因而直接地依附于国王。而同时国王的税收却大大增加，以致国王有能力将越来越多的人养活在宫中。

要是对过去年代的遗存加以观察，比如说看看某种具有美学价值的画册，如果注意一下“风格”的演变，那就会很容易地得出这样的印象：似乎是人的审美观或者人的情趣随着时代的不同而发生着跳跃式的变化，似乎是通过突如其来的“灾变”使一切都变了样。于是出现了“哥特式的人”，忽而又出现了“文艺复兴的人”，正在观赏着，又跳出了“巴罗克的人”。一旦要对整个人际关系网络，亦即某一时代所有单个人都编织于其上的人际关系网络有个概念，一旦要对人们生活于其中的建制的变化，或者是对建立人们的社会存在的职能的变化加以探讨，这样的印象便会慢慢消失：在某一时刻，在许许多多的人中，突然之间无法解释、互不相干地发生了相同的灾变。所有这些变化在很长的阶段内是缓慢进行的，是踏小步前进的，在很多情况下是悄然发生的。而这样的变化能够隐藏惊天动地的大事件。大爆炸中个人的存在和境况变化极大，因而也特别能为人感受得到，只不过是长期的、几乎无法察觉的社会翻腾的部分现象；其影响也只能在不同世代的比较中，在父辈与子孙辈的社会命运的对照中才可领会。武士宫廷化的状况就是如此，自由骑士上层就是这样为宫廷上层所取代。即使在这一进程的后期，还是有为数不少的人将过一种自由骑士的生活视为其存在、愿望、情感与才干的实现。然而所有这些情感与才干，通过人际关系的缓慢改造渐渐再也无法实现与施展。赋以用武之地的职能已从人际结构的网络中消失。专制王朝自身最后也逃脱不了如此的结局。专制宫廷也不是哪个人某一时刻突发奇想想出来的，抑或一手制造出来的，而是基于社会力量对比的改变逐渐孕育形成的。所有单个人都是通过某种相互依赖而被驱赶进其中，驱赶进关系的这种特殊形式之中。人们通过相互的依赖和制约而在其中保持自身。宫廷不仅是从这种相互密切交织的依存的关系中产生出来，而且也一再生产着自身那种超过许多单个人生命的人际关系的形式，生产着有着牢固结构的建制，只要是某种相互依存基于整个社会结构而一再在广大的人群中产生出来。要是不从一再产生工厂的整个社会环境的结构中弄清，为何这里的人依赖于向企业家提供职员或工人的服务，为何企业家这方面也依赖于这样的服务与劳作，那就无法领会一个工厂的社会建制。同样，如果不了解需求的公式，亦即不了解相互依存的方式与规模，那也不会领会专制宫廷的社会建制；不同的人假手这种相互的依存才被联结与保持于这一形式的。只有如此，宫廷在我们眼前才能显现出它的真相来；惟其如此，宫廷才会丧失那一班人偶然造成的光环。回答“为什么”，既没可能，亦无必要。宫廷获取了人际关系网络的意义；这种网络在一定时期总会一再以这样的方式产生出来，这是因为它为许许多多单个的人提供了一再为社会所抑制的需求满足的机会，抑或相互依存的机会。“贵族若是偏安一隅，生活于自己家乡，自由虽则自由，但受不到保护。要是生活于宫廷，获得了保护，却成了奴隶。”

上面已经论述了这种需求格局，作为跨越几代建制的宫廷总是一再从这一格局中产生出来：贵族，至少是贵族的一部分，需要国王，这是因为随着独占的逐渐形成，自由武士的职能已从社会中消失；还因为货币不断交织于各个方面，光是庄园的收获——与新兴的市民阶层的水准相比——已不能维持中等水平的生活，面对日益强大的市民阶层，有着贵族体面的社会存在更不能维持。在这种压力下，一部分贵族——希望在那里找到栖身之所的人——便去了宫廷，直接地依附于国王。只有宫廷的生活，在这样的社会环境之下，才能为一些贵族开启通向经济机遇之门，同时也是通向维护体面的机遇之门，这些机遇能在某种程度上满足有威望的社会存在的需求。若只是抑或首要是为了经济机遇，那他们就不会求告于宫廷之门。要是单纯为了钱，他们中的许多人就会经商或者通过联姻，这要比靠宫廷吃饭好得多。如果是经商赚钱，那就不得不丢掉其贵族的头衔；这样他们在自己眼里，在其他贵族的眼里就掉了身价。不过正是这一点，正是与市民阶层的距离，正是其贵族的性格、其国内上层的属性，才是赋予其自身生活感觉以意义和方向的东西。保持其等级体面的愿望，与其他阶层“区分”的欲求，乃是其不将追求财富、积累金钱放到首位的动机。他们不仅求告宫廷、留在了宫廷，因其在经济上依附于国王，而且也一直依赖于国王，因为只有通过宫廷，通过在宫廷社会的生活，才能与所有其他人拉开距离，才能保持其体面；其心灵的幸福感，其作为上层成员的存在，其国内“上流社会”的存在全都有赖于此。当然至少还是有部分宫廷贵族没有生活于宫廷之中，一旦那里没有为其提供各种各样的经济机遇。不过他们所追求的并非是经济存在的机遇——他们在宫廷中不仅能找到这些机遇，而且也能找到与维护其有别于他人的体面、维护其贵族的品格相配合的存在机遇。经济必要性和体面必要性这种兼而有之的双重联结是所有上层相对的特点，不仅是对“宫廷”的载体如此，对“文明”的[①]载体亦是如此。这两种必要性也是两种强制。其一是上层归属以及保持这种上层归属的欲望对人施加的强制，与另一种强制相比，也是同样强烈，具有同样的规范性，后一种强制是单纯出于维持生计的必要性。这种双重的动力有如双料的、不可分割的链条缠绕在这些阶层人的身上。其一是保持体面的欲求，惧怕体面的丧失，为制止社会区别的消失而奋斗。这一链条也无法以另一链条来加以解释：将其视为对多多益善的金钱戴着假面的欲求，是对经济好处戴着假面的欲求，有的家族在饥寒边缘的强大压力下就是戴着假面以求经济好处之实的。将某种社会地位威望的欲求作为行动的首要动机多发生于这样的阶层成员身上：其收入在一般情况下并不太少，甚至还在增长之中，远远高于饥饿线上。这些阶层之所以进行经济活动，并非出于单纯以求温饱的必要性，而是为了维持社会上通常的高标准的生活及其体面。也正是这一点说明了这些上层何以对情绪的调控，首先是培养自我强制方面一般比相应的下层要留意得多。这些上层对社会体面丧失抑或减少的畏惧乃是其将外来强制转变为自我强制的最为强大的动力之一。在这一点上也正如在许多其他方面一样，上层的性格特点，“上流社会”的特点表露无遗；17、18 世纪宫廷贵族表现得特别典型。这也是因为在其所处的环境之中，金钱虽是生活不可或缺的手段，财富当然也是其所想望的目标，然而绝没有达到市民阶级所想望的程度，体面仍是贵族的中心，对宫廷社会的归属本身，对于归属之人的意识来说比财富更为重要。正是为此，他们才死心塌地、义无反顾地归属于宫廷；他们塑造其行为的宫廷强制才是如此强烈。对于他们来说，为使其身价不致下跌，再也没有比宫廷更为合适的地方；因此，他们对国

---

① 此处应指市民阶层。——译者

王的依赖，所受国王的制约才如此之大。

从国王这一方面来说，对贵族的依赖也是有一系列缘由的。国王需要一个交际的场合，他也要分享那种礼仪气氛，这可满足那种高踞于国中所有其他集团之上的那种虚荣。在其进餐之时，侍立左右；就寝之时，侍立左右；行猎之时，执鞍随镫，所有这些服侍之人全都属于国中最高级的贵族。最最重要的还是国王需要贵族来对付市民，将其视为一种平衡的力量，正如需要市民来平衡贵族的势力一样，如果他不愿使其对关键性独占的支配的回旋余地减少的话。这首先是一种“国王机制”的规律运作的结果；后者使得专制的统治者依赖于贵族。将贵族作为有别于其他阶层的阶层加以保留，因之也维护着贵族与市民间的张力平衡，不使两者中任何一个过分强大，也不使任何一个过分虚弱，此乃国王治国之道的基础。

不仅仅贵族——市民也是同样——依赖于国王，国王也依赖于贵族的存在。毋庸置疑，单个贵族对于国王的依赖，要大大地大于后者对某一贵族的依赖。这一点非常明显地表现于在宫廷形成的国王与贵族的关系。

国王不仅仅是贵族的压迫者，正如部分宫廷贵族所感受的那样；也不仅仅是贵族的养活者，正如多数市民所认为的那样；国王是两者兼而有之。因之宫廷也同样是兼而有之：既是贵族的驯化之地，也是贵族的养育之地。

“贵族若是偏安一隅，生活于自己的家乡，自由虽自由，却缺少保护；生活于宫廷，有了保护，却成了奴隶。”① 在某种情况下，这种关系有点像是独立的小商人和强大的家族康采恩的高级职员之间的关系。在宫廷，部分贵族能够取得与其等级相宜的生活费用；然而这里的贵族之

① 原文为法文。——译者

间，已不像以前自由骑士之间进行自由的战争式竞争，而是出于与独占相联系的竞争，是围绕着独占性的君王所赐予的机遇而展开竞争。他们不仅生活于这种中央领主的压力之下，而且也生活在自身相互竞争的压力之下：除了宫廷贵族间相互竞争，大批的乡间贵族也对他们虎视眈眈；而最大的竞争来自正在崛起的市民阶层。随着市民阶层的社会力量日益增长，宫廷贵族和他们日益处于对立的地位。贵族主要靠的是来自第三等级的赋税为生。不同社会职能的相互依存与相互交织的关系，首先是贵族与市民相互间的依存大大密切于先前阶段。与此相应的是，他们之间的紧张关系更为明显。随着人际关系结构的变化，随着单个人完全不同于以往地被编织于人际关系的网络之中，为其所依赖的链条所规范，单个人的意识和本能结构也在发生变化。与方方面面相互密切依存的关系，及来自方方面面强大而持久的压力，都要求和培训着一种更为稳定的自我监督，一种更加稳定的自控。人际交往中的新形式出现了：由武士变为廷臣。

较为深远的文明进程不管发生在这个世界的哪个地方，在引起仪表举止变化的历史——社会驱动装置中都会发现相类似的过程。这些过程有的可能快些，有的可能慢些；有的可能只需一大步便可到位，有的可能历经许多波折；相对明确的、相对稳定的武士宫廷化，以现有的材料来看，乃是任何一种较大文明运动的最为基本的社会前提。一眼看来，宫廷的社会形态对于我们今天的社会生活来说多么缺少现实意义，然而为了理解文明进程，对宫廷结构有所了解则是不可或缺的。宫廷结构的这个或那个特点也许同时对了解强大政权中心的生活有所助益。

本能的抑制　心理化和合理化（理性化）

拉布吕耶尔①[141]曾说：“宫廷生活是一种严肃而又令人郁闷的下棋游

① La Bruyère（1645—1696），法国作家。——译者

戏，并且一定要将棋下好：每移动一个棋子都要动足脑筋，千方百计打败对手；有时会急中生智；有时在梦中也在设计；尽管如此，有时还是会被逼得走投无路甚而败北。”

在宫廷，特别是巨大的专制宫廷，第一次形成了一种社会和一种人际关系。其结构特点从此影响了西方历史一个很长的阶段，历经各种变迁一再扮演着决定性的角色。在一个基本上摆脱了体力暴力的广阔的人群区域形成了一个“良好社会”；不过尽管体力暴力已从人际交往中退缩，尽管明令禁止体力暴力，禁止决斗，可是人对人还是施加花样繁多的强制与暴力。这一圈子的生活并不和平。在这里为数众多的人相互制约。围绕着体面与国王的恩宠所进行的竞争是剧烈的。纠纷、争名邀宠引起的冲突不断。最后以刀剑作为裁决手段已不多见，代之而起的则是为了向上爬和社会成功而施展阴谋，明争暗斗，唇枪舌剑。他们需要并培养出与兵器相争不同的品性：深思，算计长远，自制，精确调节自己的情绪，识人之明，深知内幕，所有这些都是任何一种社会成功不可缺少的前提。

任何人一旦需要便会支持自己的“集团”、交往的圈子；不过各种派别也是变换不已。任何人都会结盟，并且尽可能与那些高居于朝堂之上、举足轻重的人物结盟。不过人的行情同样变化很快；每个人都有竞争对手，每个人都有或明或暗的敌人；明争暗斗有计谋，与人结盟有诀窍，这些都需要深思熟虑。在态度上对人亲疏远近都要掌握适当的分寸；每句问候，每次谈话，都有着超越其直接言行的影响；这些都表明人的行情的涨落，并且有助于宫廷舆论的形成：

“任何一个受宠者都得十分当心；如果他比往常更早地在前厅出现在我的面前，如果他的面部表情有些茫然，如果他很少皱一下眉头，如果他表现出更愿意倾听的样子，如果他在我回家的路上陪侍的时间长了一些，那我就会想，他对我来说已成长为一个软弱的人，我对其支配便有了更多的理由。”[142]

宫廷是一种交易所；正如在任何“良好社会”一样，在人的你来我往中不断形成对每个人价值的“舆论”；不过在这里这种价值的现实基础不在金钱财富中，亦不在其功绩或者能力之中，而是在于从国王那里所得恩宠的多寡，在于他在其他权势者那里的影响大小，在于他在宫廷钩心斗角中所扮演的角色。所有这些恩宠、影响、角色，这整个的复杂而危险的游戏，都要求每一位参与者有种长期眼光，有识人之明，对其在宫廷舆论的网络中的地位与行情了如指掌，因为在这场游戏中禁止使用膂力暴力，禁止直接的感情冲动。这种相互交织的价值关系要求人们对自己的行为进行细微的区分。每一失误，每一次鲁莽行事，都会使其在宫廷舆论中的行情下跌；在某种情况下，这甚至威胁到他在宫中的地位。

“一个对宫廷极为熟悉的人，会完全控制其举止、其眼睛和面部表情的；他深不可测，无法看透；他善于掩盖其不良之工作，对敌人也会笑脸相迎，喜怒不形于色，言不由衷，行非所愿。”[143]

贵族在行为“文明化”的方向上所发生的变化是显而易见的。这种变化并非在所有方面都像在后来的市民社会中所发生的变化那样深刻、那样全面。因为仅是面对同一等级之人，廷臣和宫女才需要对自己进行极大的强制，而面对社会下层的人，对自己施加的强制要小得多。更不要说，宫廷社会对本能与情绪的调节与市民社会有着完全不同的模式，所以人们没有忘记，那是出于社会原因而进行的调节。相互对立的倾向至少没有完全从清醒的意识中消失；自我强制还没有完全变成几乎是自动运作的、囊括所有人际关系的习惯性机制。不过显而易见的是，这时的人业已在一种极为特殊的形式下有着细微的区分，很大程度的分裂。在某种程度上来说，人是自我对立的。人将“自己的偏爱隐藏起来”，“否定自己的内心”，“违背自己的感情行事”。预计到随一时的兴致抑或情绪行事会带来不快，于是便会抑制这种一时的兴致或情绪。实际上这种机制与大人——不管是父母还是其他成年人——愈益果决地从小培养孩子自控能力的那种机制是同样的。眼前的本能发作和情绪冲动因畏惧将来的不快而加以掩盖和制止，直至这种畏惧最终对所禁止的行为方式和偏爱习惯性加以阻挡，即使是在没有产生这种畏惧的别人在场的情况下，也是如此。这种一时的兴奋被引向一种没有危险的、没有不快威胁的方向。

由于社会的改变，人际关系的改变，个人的整体情绪也在发生变化：在一些地方个人所依赖的行动系列与人数在不断增加；而在另一些地方察觉较长链条的习惯在不断养成。随着个人行为和整体心绪的变化，人观察人的方式也在发生相应的改变；人对人的概念已变得丰富多样，已从一时的情绪中解脱了出来：人的图像已“心理学化”了。

在一些社会职能结构比宫廷更许可个人在一时冲动下行事的地方，既没有必要也没有可能深入地研究这样的问题：另外一个人的个人意识结构和情绪结构的性质怎样，其行动的基础隐藏的何种动机，何种算计。在我们这里是算计加算计，而在那些地方则是直接地情绪加情绪。这种直露情绪的力量将个人联结于几种有限的行为方式上：某人不是朋友便是敌人，某人非善即恶；在那里人们就是根据这种非黑即白的情绪来看待人的，这也是其行为方式的基础。似乎一切都直接与感觉着的人有关。艳阳高照，电闪雷鸣，他人的一笑一颦，所有这一切都会在见闻者的情绪结构中唤起某种感情；此时此地引起其好感或敌意的，他也都一一接纳，似乎好感与敌意都是针对他的。他没有想到，几乎击中他的雷电，伤害他的表情，都可从深远的联系来加以解释，和他根本没有什么直接的关系。这种对自然和人事的长远眼光，只有在不断发展的职能分工和相互密切交织的人的关系的链条使个人习惯于长期眼光和对情绪进行更大抑制的时刻，人们才能获得。只有这样，以情感遮住人眼睛的面纱才会慢慢撤去，在其眼前展现出一个崭新的世界。这一世界对于个人或友或敌地运作着，无需直接对某人表示善意或敌意；这是一连串一环扣一环的事件，只要对其深远的联系进行冷静观察，其因由就会迎刃而解。

在文明的过程中，无论是整个的行为，还是对人对事的观察，感情用事的程度在不断减少。“世界图像”直接由人的愿望与恐惧来确立的情况愈益减少，愈益趋向于我们称之为“经历”或“经验”的东西，趋向于相互密切交织关系的系列，而后者有其自身的规律。而今在这新一波的文明运动中，历史和社会的发展逐渐从个人感情与惊悸的迷雾、从集团的渴望与畏惧的迷雾中走了出来，在人们眼前开始展现出一种相互密切交织的联系，同样，那时人与自然——在有限的范围内——以及人与人的关系也是逐步摆脱了诸多的迷雾。特别是在宫廷远近圈子里，逐步发展着一种我们今天称之为“心理学”的观察，对人对己较长的动机系列和较长的联系链条进行精确的观察；因为在这里，对己监督和对他人进行持续不断的、仔细的观察，也是维护其社会地位的基本条件。这实际上仅仅是我们称为“经验方向”的例证。当社会结构自身也驱使个人在很大程度上克制感情冲动、改塑本能的能量时，对较长的相互交织联系的观察也开始发展。

圣西门曾经观察一个他并不熟悉却又与之有关系的人，他曾描述了自己在这种情况下的态度：

“我很快发觉，他冷静了下来。我非常注意地观察着他对我的态度，以免对这个我认为是深陷困境之人做错了什么事。他的表现也许是纯属偶然，也许是我的猜测。不过我的怀疑很快便得到了证实。于是我再也不和他来往，不用说，这一切我会做得不显山不露水。”[144]

这种观察人的宫廷艺术——有别于我们今天通常称之为“心理学”的东西——从来就不是对人进行单独的观察，其行为的基本特点似乎与他人的关系毫不搭界，好像是后来才与别人发生了关系。这里是把个人永远置于社会网络之中，将其看成是与他人发生关系的人，看成是社会状况中的个别人，这样的观察可能更加符合实际。

在前面已经指出过，[145] 16 世纪的行为准则与前几个世纪的相比并无多大的区别；对此不能仅做内容的比较，而是首先从其语调、从变化了的情感气氛加以比较。在这些行为准则中，心理学的联系、个人的观察已开始发挥更大的作用。将伊拉斯谟或德拉·卡萨的行为准则与中世纪类似的规则加以比较，就可看出这一点。对这一时期的社会变动和人际关系的变化进行研究，即可找到答案。这种行为规范的“社会学化”，抑或说行为规范浸透着观察与经验，就是上层迅速宫廷化与这一时期社会所有部分更加密切联系的表现。在这一方向所发生变化的信号不仅在这一时期有关“优雅举止”标准的著作中可见，而且也见于这些阶层用以怡情悦性的作品之中。宫廷圈子中的生活所要求的对人的观察，在对人进行描述的艺术中得到了文学性的表现。

在一个社会的内部对于书籍的强烈需求，其本身就是猛烈的文明浪潮的可靠标志。因为本能的转化与调节既要求写书，也要求读书，因而读书写书的情况大为增加。然而书在宫廷社会中所起的作用不同于在市民社会。在宫廷社会中，社交，体面价值市场构成了每个人的生活中心；书籍很少是为了在书斋里阅读，抑或为了得到某种职业而在空闲的时间苦读，而是为了社交而备；书籍是交谈和社交游戏的组成部分与继续。或者像是大多数的宫廷回忆，像是由于这样或那样的原因缺少对象而未能进行的交谈。在宫廷回忆录、书信或格言警句中表现出了写人的高超艺术，那种对人观察之细微给人留下了深刻的印象；正是宫廷生活培养了对人的观察能力。在这里以及在许多其他的关系中，法国的市民社会也继承并发扬了宫廷的遗产；一个作为在宫廷圈子生发出来的体面手段的得益者和发扬者的巴黎“良好社会”的存在，历经大革命直至当代，对宫廷遗风的发扬可能有所助益。无论如何人们可以这样说，从圣西门及其同时代人的宫廷人物描写，到普鲁斯特对 19 世纪“上流社会”的描写——其间的作家有巴尔扎克、福楼拜、莫泊桑等，最后是诸如罗曼[1]和安德烈·马尔罗[2]这样的作家以及一系列的电影对广泛阶层的塑造，都贯穿着一条直线传统。对人观察之明晰，在社会的相互交织关系的整体中来观察人，从其相互密切交织的关系中来理解人的能力，都属于这种传统的典型特点。在这里人物形象从未脱离其社会存在的架构，脱离对他人依赖依存而凭空制造出来。正因为如此，对于气氛的烘托栩栩如生，对人的描写具有质感，使人如见其人，如闻其声。

与这种“心理学化”状况相类似的是“合理化”，后者从 16 世纪起在社会各种各样的表达中使人强烈地感受到这一点。所谓“合理化”也并非单纯独立存在的事实，它也是在这个世代愈益突出的整体心灵改变的表现，也是从那时起社会职能中越来越大的部分所培养、要求的长远眼光的表现。

在这里，也像在许多其他点上一样，为了理解历史—社会之变化，有必要放弃一下我们从小养成的思维习惯。这种常常观察到的历史的合理化实际上并不在于：历史的过程中，许多相互间没有联系的单个的人，如同基于一种预置的稳定化的和谐，在同一时刻从“内部”开发出一种新器官或新实体，开发出从未有的“理性”或“理智”。人们相处共同生活的方式改变了，因之其行为方式也在改变，其意识和其整体的本能亦发生改变。改变的“情况”并非看似从“外面”来到人身之物；改变了的“情况”是人与人之间关系本身。

人是一种特别可塑和可以改变的生物；这里所说的人的行为的改变就是这种可塑性的例证；它不仅关系到我们惯常所认为的“心理的”与

---

① Jules Romain(1885—1972)，法国诗人和作家。——译者

② André Malraux(1901—1976)，法国作家，政治活动家，曾在戴高乐政府中担任文化部长。——译者

"生理的"之区别。在历史的行程中，按照人生所编织起来的相互依赖的网络，单个人的"身体"受到不同的塑造，而身体和我们称之为"心理"的东西有着不可分割的联系。人们想到对人的面部肌肉的塑造，从而对人的面部表情进行塑造；还想到在大脑培养阅读和写作的中心区。与此完全相应的乃是我们将其实体化的"理智"或"理性"的情况。这一切并非——要是对措词加以思考的话——相对来说不为历史—社会的变革所动，像心脏或胃一样存在着；而是整体心灵精神的某种塑造的表现。这里所进行的塑造是在一波未平一波又起的浪潮中进行的，由于人与人之间相互依赖关系的制约，个体的本能发作和情绪冲动越是明显越是彻底地受到不快、受到在与他人相比时沉沦而处于劣势，甚至是社会存在招致毁灭的威胁时，这种塑造就愈显突出。这里的塑造是在整体心理愈益分明地将本能中心和自我中心区分开来，直至最后形成一种全面、稳定、极为细致的自我强制机制。并没有什么真正的"理智"，在最好情况下有的只是"理智化"。

我们的思维定式很容易使我们倾向于寻找"开端"；可在人的发展中没有这样一个点：在其前尚无"理智"，而这时才出现了它；以前尚无自我强制，尚无"自控"，而今，在这一或那一世纪它们才突然出现。所有的现象都没有什么零起点。不过要是做如是想：以前的一切就像现有的一切一样，都是一直存在着的，那也无法对付实际发生的事实。"文明"人的自我强制机制，其整体意识和情绪在其整体结构上与所谓"原始人"的有着明显而确切的区别；但从可以看清的塑造来说，两者都有着几乎相同的自然功能。

通常的思维习惯总使我们处于静态的非此即彼的选择中；从某种意义上来说，这是一种埃利亚学派①的思维模式：只能想象许多个别的点，

① 为古希腊哲学家和诗人色诺芬所创，认为一切事物都由水和土而出；提倡一神论，认为有一个全视、全知、全听的神，它无所不在，不动不变。——译者

许多个别的跳跃式的变化，抑或根本就没有变化。显而易见，刚开始时，很难看到一种渐进的、持续不断的、有着一定秩序和规律的变化。如对其加以追溯，我们的目光就会消失于昏暗之中；很难将其看成是一种运动，尽可能地将其看为一个整体，类似出弦之箭抑或一条河流的运动曲线，而不是在许多点上的重复相同的东西，或者是从一点跳跃至另一点。我们所称之为历史的那种进程变化着的，我想再说一遍，是人的相互关系，是单个人在其中所经历的塑造；一旦深入探讨一下人的基本历史性，那在我们眼前就会同时展现出人的存在法规，人的结构的独特性，而这一直不变地存在着。只有在这从不停息的运动的整体中观察人的个别现象，才能理解这些个别现象。个别与整体有着不可分离的关系；个别形成于运动的联系之中——运动在许多原始人那里可能显得非常缓慢，或者在我们这里就显得很快，在这一过程中，要将个别理解为某一阶段的部分或浪潮。在任何地方的人中，都有着某种程度的本能调节和限制，或者某种预见。然而这种预见，这种情绪的克制，打个比方，在平常的饲养人员和在武士阶层那里就会有不同的形态，在廷臣那里，在国家官员那里和在机械化部队的成员那里，也会有程度的不同。职能分工越是细密，单个人行动与其一定要相协调的人数越多，情绪克制的程度就会越大，也就越是全面。与此相应的是，成为个人习惯的“理性”或“思维”方式，与其社会的其他人相比，有所相似，也有所不同，一如各自的社会境况，一如各自在其中长大成人并交织于内的人群网络中的地位；与他人有所相似也有所不同，一如其职能与其父母或其最为重要的教养者的职能。印刷工人或钳工的长远眼光，不同于会计、工程师的长远眼光，而后者的长远眼光又不同于销售经理和财政部长的长远眼光，而军队头目又有别样的长远眼光，尽管所有这些不同的、浮表的塑造通过职能的相互依存不断地达到一定程度的相互适应和相互平衡。在工人之家长大的人的理性与感情的塑造，就与富家子弟的塑造结构——在深层次中——有所不同。由于相互依存的历史有诸多区别，因而德国人、英国人、法国人和意大利人的理性和感情模式、自我意识和本能结构最终也有所不同；作为整体的西方人和东方人的社会塑造也有所不同。不过所有这些区别都是可以理解的，因为其基础乃是同样的人类社会法规。在所有这些集团的内部的个人差异，比如说“智力”的差别，不是某些历史塑造形式框架内的差别，不是社会，不是个人所赖以成长的人际网络而给其或大或小的活动空间的差别。在这里使人想起极其个人化的、所谓“创造性智力”的现象。那种非权威的、个人独立思维的勇气，证明自己为“创造性人才”的那种态度，不仅仅是以一种独特的、个人的本能遭际为前提。只有在某种政权的结构下才可能有那种勇气；这是以一种特殊的社会结构为其前提的。此外还取决于：在有着这样结构的社会内部，那种训练，那些为数不多的社会职能是否为个人开放；而只有这些职能才能使这种个人独特的深远眼光得以施展。

在这个意义上，骑士的长远眼光或“思维”不同于廷臣的眼光与思维。兰克①曾经描述的场面，[146]使我们对于随着对暴力手段独占化的不断加强，独特的骑士习惯与感情注定要消解的情况有个深刻的印象。除了较为一般的观点外，还为社会职能结构中的变革以什么样的方式强制进行行为变化提供了例证：

“蒙莫朗西公爵，其父曾为亨利四世的胜利作出决定性的贡献，大发雷霆。他是一位颇有骑士风的豪侠之士：慷慨，出众，勇敢而又雄心勃勃。他也效力于国王；可是，说白了，他对黎塞留大权独揽，既不理解，也不认可。于是便与其手下之人反叛国王，一如古老的年代一个骑

① Leopold Ranke(1795—1886)，德国历史学家。——译者

士，一个封建主，进攻另一个封建主一样。他和国王的元帅绍姆贝格[①]遭遇，后者处于不利的阵势，”兰克写道：

“对这种优势蒙莫朗西并没有在意。他瞭望一下敌阵，便向朋友们建议，立即冲向敌人。他抖擞精神，纵马向前。这时久经沙场的战友，里奥斯(Rieux)伯爵请求元帅稍待片刻，先开炮，大炮已经运来，以打乱敌人的阵脚，再作计较。可这时蒙莫朗西的昂扬斗志已不可遏止，他觉得事不宜迟，要立即发动攻击。献计者不敢违拗这位有骑士之风的统帅的意志，虽则他感到大祸即将临头，便大声喊道：‘主公，我要蹈死于您的脚下。’

“蒙莫朗西因其战马饰以红、蓝和褐黄之羽毛而惹人注目；随其冲锋的只是一小队人马。他们翻越沟壕，冲破一切障碍，奋勇向前，终于抵达敌阵。迎接他们的是一片毛瑟枪的快射近射，人马死伤；伯爵和大部分人全都阵亡；蒙莫朗西公爵受伤，和中弹的战马一起倒下，公爵被俘。

“黎塞留将其交付法庭审判。元帅知道他所面临的判决。不久之后，图卢兹城这一家族的最后一位蒙莫朗西被枭首处死。”

凭着一时的冲动行事，没有深思熟虑的长远眼光，是先行阶段行为方式的特点；那时的武士彼此间尚可进行自由的竞争。这样的行为方式——虽导致一些人的毁灭——与整体的社会结构则是相适应的，因而也是“现实合理的”。战斗的狂怒对于贵族男子来说在这里是取得成功和威望的前提。随着独占的形成与发展，随着中央集权的不断加剧，所有这一切都在发生变化。

发生了变化的社会结构而今以必然的灭亡来惩罚没有相应长远眼光

① Frederick Herman Schomberg(1615—1690)，法国元帅，因抗议迫害胡格诺派教徒而辞职。——译者

的情绪发泄与鲁莽的行动。谁人要是不满于现状，不满于国王的专权，那必定没有好下场。这里说说圣西门的故事。在蒙莫朗西死于非命不到一个世代，他圣西门成了一个反对派的公爵，并且一反反了一生。不过他所能做的一切不外乎是一个宫廷小派别的作为。他如乖巧，可寄希望于国王的接班人道芬，争取他来实现自己的理想。然而这是在路易十四的宫廷中一个极为危险的游戏，对路易十四，需要极端谨慎小心。首先要将王子与他人分开，然后再使其渐渐进入所意想的轨道：[147]

“我尽最大努力主要是要探听一切有关我们尊严的事务，而对远离这一目标的事务小心岔开。谈话被着意引向这一方面。道芬……注意倾听。我竭尽全力加以陈述和解释。道芬开始激愤起来，并慨叹国王的愚蠢和鲁莽。我对道芬陈说了几乎所有的话题，对此我进行了精心的剪接。我随侍他的左右，并使其有言谈之乐，使其有机会表现自己多么有教养；使其有机会表现出自信、激愤、恼怒；而我要了解他的观点和思想方法，收集他的印象，这些我将来都会派上用场……我的意图并非掌控他的结论和言不及义，而是小心翼翼地灌输我的观点和意见。”①

这里对两位男子汉——一是蒙莫朗西公爵，一是圣西门公爵——的行为方式进行了简短的论述，这有助于对他们反对国王专制的情形有个完整的概念。一个是最后一位骑士般人物，他试图以其匹夫之勇来达到目标；另一个是廷臣，以消遣娱乐为职事；一个是感情用事，不考虑其他；另一个则一直注视着他人，驾驭着自己的行为。两者，不仅是蒙莫朗西，而且圣西门也处于险象环生之地。道芬随时都可以偏离宫廷娱乐游戏的恰当规则而大发雷霆；只要他乐意，他就可以以任何一个理由中止娱乐和关系，并且不会蒙受什么损失；如若圣西门不小心，他就会看穿其反心，并报告给国王。蒙莫朗西几乎是不计危险，完全受制于直来

① 原文为法文。——译者

直去的行为，这种行为又受情感冲动的支配；他正是要假手于狂怒的情绪来驾驭危险。圣西门看到并深知危险的规模；他行事极端冷静，深思熟虑；他不愿以暴力为之，他以长期的眼光工作。他非常审慎，总是不动声色地而又切切实实地以自己的情感“浸润”他人。

这里所描述的乃是颇具特色的宫廷理性，它往往没被人认识清楚，对我们所称之为“启蒙运动”的发展具有不小的意义。起初甚至比城市—商业理性，比商业网络中的职能使人所习惯的长远眼光还要重要。然而，毋庸置疑，长远眼光的这两种形式——贵族上层和中产阶级中的上层的理性化和心理学化——是不同的，相互间却又有密切的联系。其背后表明贵族与市民间有了更为密切的相互交织的关系；这要归之于整个社会的人际关系之改造：这和那种变革有着最为密切的关系，再者变革的过程中由中世纪社会较为松散的市民集团渐渐发展成为一种高度集中的社会，一种专制国家的部分职能。

合理化的历史进程对迄今为止不为正统的学术思维所把握，或对其只有模糊理解的过程来说，是一个范例。它属于——如果坚持通常的学术模式的话——一个尚未存在的学术领域：历史心理学。在今天学术研究的形式中，历史和心理学家的工作是截然分开的。似乎只有当代生活的西方人才需要进行并且也能够进行心理学的研究，抑或再就是所谓的原始人可资研究。从简单的、原始的心灵结构到我们今天复杂的心灵结构的路径，即使在西方历史中也是一团模糊。正是因为心理学家不进行历史思考，正是因为在其研究今天人的心理结构时，似乎将其看成不是变化而来的东西，不可变化之物，所以历史学家一般来说无法利用心理学家的研究成果。也正是因为历史学家孜孜以求所谓的史实，而对心理学问题则尽量回避，所以从历史学家方面来说，也不能为心理学家提供什么。

社会学情况也好不了多少。就算是研究历史问题，却完全承认历史学家在人的心理活动和诸如艺术、思想或什么其他方面不同的表达形式间所划下的界线。为了得出人的所有不同的表达和其社会存在之间的联系，同时需要进行历史社会心理学、心理发生学和社会发生学的研究，而这一点却是无人知晓。无论是对研究社会历史者，还是对研究思想史者来说，一边是“社会”，另一边是人的思想世界，是人的“观念”，这是两个不同的形体，不管从哪方面说，都要使其分家。两者似乎都相信，既没有超越思想的社会，也没有超越社会的思想和观念。它们之间争论的只是两者之中哪一个更重要。一方说，推动社会的是本身没有社会的思想，另一方说，推动“思想”发展的是本身没有思想的社会。

文明进程和其中渐进的心理学化和合理化这些现象，是无法顺应这样的问题模式的。它们根本不可在思想上从在人际关系结构中发生的历史变化里割裂开来。思维和行为方式从较少理性向较多理性的渐进过渡，是否改变着社会；这样的问题当然是没有意义的；因为这种理性化的进程也和全面的文明进程一样，其本身既是心理现象，也是社会现象。不过如将文明进程说成是“上层建筑”抑或“意识形态”，亦即只从其职能出发，将其作为某些社会阶层和利益集团反对其他阶层与集团的斗争武器，那也是毫无意义的。

渐进的理性化和整体的文明转化，毫无疑问，一直是和不同阶层与集团间的相互争斗相联系的。西方关系网络的整体，最近一次，也是最大一次的文明浪潮的基础，肯定不是一个和平的统一体，就像有时在和谐主义的思想大厦中所显示的那样。并非原本是一个和谐的整体，只是偶然地——有如个别人使坏或无知所造成的结果——将冲突添加了进来，而是张力和斗争——也像人的相互依存那样——构成了那种基础结构的一个完整的因素。对于文明浪潮基础的变化方向有着决定性的意义。毫无疑问，文明浪潮作为争斗的武器可以获得极为重要的意义。因为习惯于高水平的长远眼光，对自己一时冲动进行较强抑制——这里为的是对文明化现象进行回忆——在某些情况下使一些集团的成员面对其他集团有种优越感。然而高水平的理性和对本能的抑制在有的情况下又被看成是软弱的表现，因之会吃亏。“文明”往往是一把双刃剑。不管个别的情况如何，这种文明的潮流反正是不受其中的集团或阶层制约的，全不问它们是否接受抑或对其有利。文明潮流是基于强大的相互密切交织关系的机制而进行的，这种机制的整体方向不取决于个别的社会集团。文明浪潮总是会摆脱人们有意无意的操纵，摆脱对其进行的以使其成为社会斗争的武器的精细加工。正如整体的心理表征的形态一样，特殊的文明结构同时也是作为那种全面社会进程驱动装置中产品与杠杆而形成的；在社会进程内部形成着并改组着形态变换的各个阶层与利益集团。文明的转变和随之而来的理性化，并不是“观念”或“思想”特殊范围内的事物。这里不再仅仅是与“知识”的变化、“意识形态”的变化，或一句话，与意识内涵有关，而是与人类的整体表征的变化有关；在这表征的内部，意识内涵和思维习惯只是一种局部现象，只构成个别的领域。这里所关涉的乃是整体心灵的形态变化，从有意识的自我调控直至完全变得无意识的本能调控，其所有区域都发生了变化。为了能把握这类变化，眼前的思维模式，所说“上层建筑”抑或“意识形态”，已是不敷应用。

长期以来，在人的意识中有这样一种根深蒂固的想法：心理，人的整体心灵，是由不同的区域组成的，它们互不相干地运作着，可以分别加以观察。还流行着这样的说法：细致复杂的心灵，其职能层级中一个层级——似乎是作为人的心理自我调控的最为基本的东西——在深思时会为另外的职能层级所取代。思想史或知识社会学的研究试图从知识和思维方面触及人。这种研究的结果在某种程度上来说，思想和观念像是对人的心理自控最为重要。非意识的驱动，本能和情感的整体，依然不为人们所知。

然而任何一种研究，只是看到人的意识、人的“理智”或“观念”，而没有同时顾及本能的结构、人的情绪与激情的运作方向和形态，这样做的结果一开始便会使其研究成果受到局限。而对于理解人不可或缺的东西却不去触及，意识内涵自身的合理化，进而自控和控我职能的整个结构的变化，所有这些现象——前面业已讲过，还要进一步论述——都是对思考没有进行全面的触及，只要使研究固守于自控和控我的结构之中，而对本能和情感结构相应的变化不加注意。只有随着人际关系的变化同时把行为和心理结构作为一个整体来看待，才能真正理解观念和思维形式的历史。

对相反方向的强调致使视野狭隘，今天则是常见于精神分析学派的研究。这一派往往倾向于在对人进行观察时将“无意识”、不作历史思考的“本我”作为最重要的部分从整个心灵结构中挑选出来。最近所作的修改多是表现于治疗实践过程中，对实践所取得的材料肯定尚未进行理论的加工；这些修改还没有导致思维手段一定要达到的深远的发展。在理论加工中，人的调控大都似乎还是通过无意识的冲动先是有个独立的形态和结构，后者和整体心灵的其他调控职能的形态与结构毫无关系，人的这种调控好像是比人的存在本身更为重要。对原始的、自然的本能材料，这些在人的历史中实际上很少变化，与日益巩固的结构和轨道不加区分。所谓轨道是每个人的心理能量通过与他人的关系在其生命的第一天起便被导向的轨道。不过这种被加工过的任何活人都与其有关的本能能量——人和人相遇时从来不会，即使是在搞错的情况下，也不会表现出尚未被加工的心理功能，这种社会本能的方向和结构，它们无论如何都是和自我与超我结构不能脱离的。对于人的行为来说，它们较之自我和超我结构既不是更重要，也不是更不重要。它们并非像精神分析学派的文献中有时所说的那样与社会无关，它们在历史上也不见得比自我和超我功能更不易变化。

对于我们眼前所看到的人来说，具有决定性意义的不仅是“本我”(Es)，也不仅是“自我”(Ich)或“超我”(Überich)，而是它们之间的关系，部分是相互争斗，部分是相互配合的心理自控的功能层级之间的关系。单个人自身的这些关系，不管是其本能调节的形态，还是自我和超我调控的形态，都是作为整体在文明的进程中按照人际关系的转化，按照社会关系的转化而发生着变异。在这一过程中，用句时髦的话说，意识变得不那么具有本能渗透性了，而本能则变得不那么具有意识渗透性了。

与社会发生学相一致的是，相同方向的进程至今还能在每一个孩子身上看到：只有在人类历史的过程中，抑或在个别文明进程的过程中，自我或超我调控为一方，本能调控为另一方，相互间愈益区分开来，本能自动机制才会随着本能渗透性较小的意识功能的形成而渐渐获得那种“无意识”的品格，而今通常认为“无意识”具有无历史的、纯“自然”的独特性。在同样的转变过程中，在日渐“理性化”的趋向下，意识自身也在发生变化。随着心灵整体的日趋细密复杂和稳定，直接外向的心理功能慢慢具有一种相对摆脱了本能与情绪、一种理性功能化意识的品格。

如果将有意识和无意识的心理自我调控在某种意义上想象为相互分离的存在，或者相互分开运作，那就永远不会理解与正确观察它们的形态与结构。两者对于人的存在都同样是根本，两者共同构成了一个大功能联系。要是只限于观察个别人，那也同样不能理解它们的结构和变化。只有在人际关系结构的联系中，只有在社会结构变化于内的相互交织关系秩序的联系中，方可理解它们。

因而为了弄清文明进程——这是这里所要走的路子——就要同时对整个心理与整个社会形态的变化加以研究。要对社会发生学在较小的范围内进行考察，使之适应于把握个人心理能量的整体战场和工作场，使之针对本能性的自我调控不下于针对有意识的自我调控的结构与形态。为了弄清文明进程，就要在较小的范围内进行社会发生学的研究，研究某种社会环境和环境在其中发生变化的社会制度的总结构。

为了对这种社会进程进行相应的研究，需要对惯常的思维习惯进行必要的改变，以便得出一个相应的、心理发生学的立论。为了对社会结构和进程有所理解，只研究社会场中的一个功能阶层也是远远不够的。要真正了解这些结构与进程，就要探讨在一个社会场内相互间联系的不同功能阶层间的关系；随着社会力量对比或快或慢的转移，基于社会场的特殊结构，这些不同的功能阶层隔一段时间便又生产出来。就像进行任何心理发生学的研究一样，在这里不能仅仅看到“无意识的”心理功能层级，也不能仅仅看到“有意识的”心理功能层级，而是有必要将心理功能的整个循环尽收眼底。同理，在进行任何社会发生学的研究时，一开始就要探讨有着相对分工的、充满紧张状态的社会场的整体。之所以能够这样，乃是因为社会组织和其历史形态的演变，并非是混乱一片。相反，即使是在天下大乱之际，亦有其明晰的秩序和结构。研究社会场的整体，并不是说对其中的所有事端都要一一加以考察。首先要揭示其基本结构，后者为场内的所有事件都指明了方向，打下其特殊的烙印。要提出这样的问题，15 世纪社会的张力轴心、功能链条和建制有别于 16 或 17 世纪的，但为什么会朝着 16 或 17 世纪的方向变化。为做到这一点，对史实要有丰富的知识当然是十分必要的。不过历史的研究，来自一定水平的材料知识起先已达到了一个这样阶段：它已不满足于细节的进一步搜集，不满足于对已经搜集到的材料加以描述，而是要在其中得出规律性的东西来。某一社会的人就是基于这样的规律而一再以某种特点，在作为骑士和农奴、作为国王和国家仆人、作为市民和贵族的特殊的功能链条中相互联结起来的；基于这种规律，这种关系形式和建制朝着一个特殊的方向变化着。材料知识达到一定的水准，一句话，在史实的海洋中就可看出其固定的骨架和结构上的联系。所有能够发现的其他材料，除了丰富历史全景外，要么是可资修正原先对这些结构所得之观点，要么是扩展并深化这些观点。如果说进行任何社会发生学研究都必须涉及社会场的所有的功能阶层，这并不是说，所有细节全不放过，而是要对结构的整体加以探究。

如果是这样，也可理解上面所说的理性化。逐步向“合理化”的行为与思维过渡，正如向不断加强的自我监控过渡一样，今天大多不仅仅是与市民的功能联系起来。在许多同时代人的头脑中往往有着这样固定的想法：市民是合理化思维的“倡议者”和“发明者”。这里为了更加鲜明，曾描述了贵族阵营中的理性化的情况。然而不可从中得出这样的结论：宫廷贵族乃是这种理性化浪潮的社会“倡议者”。手工业时代的宫廷贵族和市民自身也没有在任何其他的社会阶层里有一个“发起者”；这种理性化浪潮根本就没有什么“倡议发起者”。整个社会结构所发生的同样的变革，从某一个角度来看，就是理性化，就是在变革的过程中才逐步形成了市民和贵族这种组织形式。变得合理的，不仅仅是人的某些成品，首先不是在书里记载的思想体系。逐步理性化的，首先，乃是某些社会集团的行为方式。“理性化”无非是——可说想起了武士的宫廷化——在某种社会组织形式中，人的特征在这一时期变化方向的表现。这一类的变化并非“起源”于这个或那个阶层，而是在与社会场的功能集团间的矛盾紧张的联系中，在与竞争者之间紧张状态相联系中出现的。在这种贯穿于整个社会组织的张力的压力下，社会组织的整个系统便在一定阶段，朝着一些统治区日益集权化、日益专门化的方向，朝着单个人日益紧密联系的方向发生变化。随着这种整体社会场的转化，社会和心理功能的结构——起先是在较小区域，继而便在越来越大的区域——也同时在合理化的意义上发生变化。

第一等级慢慢失去了权力，第二等级逐步被安抚，第三等级渐渐崛起，它们之间并非互不相干，正如这一时期商业的发展不可理解为与暴力独占和强大宫廷的形成毫无关系一样。所有这一切都是那种分工愈益细密、行动链条愈益延长的进程中的杠杆；这一进程迄今为止对于西方历史的发展起着举足轻重的作用。在这一过程中，贵族的功能发生了转化——对此已有若干篇幅论及，与此相联系的乃是市民的功能和中央机关的形态也发生了变化。随着整个社会功能与建构渐变——首先是贵族的上层，市民的上层——的联袂而来，心理的自我调控也在朝着更长远的眼光、对一时的本能冲动进行更为严格调节的方向发生变化。

如果翻阅一下西方有关的思想发展史，就可得出这样的印象：其作者多有这样一种模糊的看法：意识的理性化，在西方历史中由神秘的思维形式向合理的思维形式的转化，其原因是在于一系列天才的、特别的智者的横空出世。这些光辉四射的才俊，按那些作者的看法，以其杰出的才能教会西方人如何正确利用其天生的理性。

实际情况并非如此。西方大思想家所作出的贡献，毋庸讳言是巨大的。其同时代人在日常行动中所经历、所感受的一切，本人在思考中未必能清晰完整地把握，而那些思想家们却能赋予一个伟大的、综合的、典范的表达。他们试图将基于社会组织的全面的结构变革逐步形成的理性化思维形式加以净化，并借助于它们将人类存在的基础推向前进。他们对他人进行有关世界和有关自己更为明晰的介绍。在强大的社会驱动装置中，他们同时有如杠杆臂对社会的发展发挥着作用。他们在或大或小的范围内——这要视其伟大的程度及其个人的才具——担当社会合唱团的解说者和发言人的角色。然而他们并非流行于他们那个社会的思维模式的“首创者”也不是我们所谓的“合理化思维”的创造者。

“合理化思维”一词的本身——现在看来——对其要表达的事物来说，太过静态，太过笼统。说其太过静态，是因为整体心灵结构也像社会功能的结构一样，是在不停息地变化着，虽则有时慢些，有时快些。

说其太过笼统，是因为理性化的模式，理性思维习惯的结构，以前是、现在也是在不同的社会阶层中各不相同，比如说在宫廷贵族那里或市民上层那里，这是由于其社会职能的不同、历史积淀的不同的结果。最后，前面对意识变化的论述也适用于理性化。理性化所表现的仅是整体心灵全面变革的一个方面。它和相应的本能结构的变革联袂而来。总之，它是诸多文明现象中的一种。

羞耻和难堪

我们通常所谓的“羞耻感”和“难堪感”的本能的独特规范，像行为的“合理化”那样，也是文明进程的特色。理性化的强大浪潮和同样强大的羞耻与难堪感的浪潮，特别是从 16 世纪起，在西方人的表征中愈益感受到它们的冲击；它们是相同的心理变异的两个不同的方面。

羞耻感是一种特殊的冲动，是一种恐惧，在某种诱因之下会自动地、习惯性地再生产出来。表面看来，是一种对社会境况下降的恐惧，抑或如一般所说，是对他人优越的恐惧。不过究其实，它也是不快或恐惧的形式，是在以下的情况下制造和表现出来的：对自己弱小低下感到恐惧之人，对于这样的危险既不可以膂力攻击，亦不可以任何其他形式的攻击来直接防止。这种面对他人优越的无可奈何，这种完全受人摆布的状态，并非直接来自此时此地他人的体力优势的威胁，尽管面对教导者，孩子的无可奈何来自体罚的强制和其体力的弱小。成年人之所以处于这种无可奈何的境地，是因为其优越性表情令人生畏者处于与无可奈何者和惊惧者自身超我相一致的地位，与其自我强制相一致的地位，这种机制是通过他所受其制约的、对其有着某种权力和优越性的他人逐渐培养形成的。与此相应的是，这种我们称为“羞耻感”的畏惧在别人看来在很高的程度上被抑制着，不管它有多么强烈，都不会直接明显地表现出来。在其身上产生羞耻感的人做了或者打算做的事情，同时与那些现在或以前有某种形式联系的人，与自己，以其进行自我监控的意识区一旦发生了矛盾，这种羞耻感就会有了某种色彩。表现于羞耻—恐惧的冲突，不仅仅是个人与社会舆情的冲突，而且也是个人使其行为与部分自我的冲突，那种代表社会舆情的自我。这还是一种自我心灵的冲突；冲突是对自我劣势的承认。个人怕丧失了他人的爱与尊重，而他又很在乎这种爱与尊重。这些他人的态度已经在其身上形成了定式，面对本人他会自动采纳这种定式。这就是面对他人优势性表情使其处于无可奈何境地的情势；他人在某一方面使得在其自身的那种自动化机制现实地激发起来。

因此也可以这样解释：外来强制越是强烈地通过社会结构转化为自我强制，缠绕着人的行为自我强制的环圈越多，越细密复杂，对于违犯社会禁律的惧怕就越是强烈而鲜明地具有羞耻感的性质。如果一个人总是觉得抑或真的在哪一点上突破了环圈，那么内在的张力所出现的激动情绪随着禁律的严重程度和自我强制程度的不同而有所不同。在日常生活中，这种激动情绪只是在一定的关系下达至一定的强度，才称之为羞耻感。这同一现象，按其结构来说有许多种类，有不同的强度。如同自我强制一样，在社会发展的简单阶段也有这种现象出现，只是其形式不那么均衡，不那么稳定，有某些片面。也如同自我强制一样，随着每次的文明浪潮，这样一种结构的张力和畏惧愈益鲜明地显现出来。最后，这种畏惧较之其他类型的畏惧——特别是对他人躯体威胁与暴力强制的畏惧——在以下情况下就越是占有主导地位：和平生活的人群地区越大；膂力暴力居于边缘地位，更为均衡的强制占了主导地位，它们对人的影响所具有的意义越大；一句话，行为的文明越是向前推进。只有在与理性化浪潮，与要求长远眼光和抑制功能的形成相联系的情况下，才可说起理性。同理，也只有在与社会发生学、与冲击波相联系的情况下才可谈到羞耻感。就是在这种冲击波中羞耻感才被向前推进；在这些冲击波中，自我强制的结构和模式才会朝着某种方向改变，以便在或长或短的时间内再复制出来。不论是理性化，还是感到难堪的界限向前推进，它们都在同样程度上是对他人威胁或强制的直接畏惧减少的表现，是自动的、内在的畏惧与强制加强的表现，后者是个人施加于自身的强制。无论是羞耻感的向前推进，还是理性化的发展，都在同样程度上是更细致、更广远的预见和长远眼光的表现。随着社会分工的不断细密，对于越来越多的人群来说为维护其社会存在也愈益需要一种长远眼光。由此不难解释，那些表面上相异的心理形态的演变何以相互间又有联系。羞耻畏惧的强化和理性化的加强，这两者都是在功能分工不断细密的情况下出现的个人心灵分裂的不同方面，是本能功能与本能监督功能亦即在“本我”和“自我”或“超我”之间分工愈益细密的不同方面。心理自控愈是细致完善，心理调控的那种区域——广义上为“自我”，狭义上为“超我”——就愈是鲜明地具有双重功能：这一区域构成了这样的中心，一方面从此出发个人在与他人他物的关系中调节自己；另一方面从此出发个人部分是有意识，部分是自动抑或无意识地控制或调节自己的“内心”，自己的本能冲动。心理功能的层级在所描写的社会变革中愈益从本能的冲动中凸显出来。换言之，自我或超我功能在心灵内部具有双重的任务：内政与外交兼而有之，两者并非总是一致，而常常是处于矛盾之中。因此就可解释，在同一历史—社会时期，理性化明显向前推进的同时，何以羞耻和难堪的界限也在向前推进；也可解释，这与社会发生学的基本规律是一致的，至今还可在每一个孩子的生活中观察到一种相应的过程：行为的合理化是同一种超我结构的外交表现，其内政则表现于羞耻感的向前推进。

说到这里，使人思绪万千。还是来说说整体心灵日益细密的分工是如何表现于各个本能冲动的形态演变之中的。首先要谈的乃是，这种整

体心灵的日益细密的分工是如何导致男女关系中性冲动的改造，羞耻感愈益发展的。[注]

(注) 这一社会性问题的重要性先撇开不谈。为解释这一问题，就要对在西方历史中家庭和整个性关系的结构所发生之演变进行论述和详尽的分析。还需要对将孩子抚养成人与青少年长大成人的方式进行研究。为揭示文明进程所搜集的资料，对其所进行的分析过于广泛，简直要引起爆炸，以致远远超出这一著作的范围，容我在下一部书中论及此事。

这对文明进程中中产阶级的轨迹，对市民——城市和非宫廷的乡村贵族阶层中文明转化也同样是适用的。在这些阶层中，虽则行为和心理功能结构的变化，与西方社会组织的整体结构中的一种特殊的重组有着密切的关系，然而——对此曾多次指出过——非宫廷的中等市民的文明轨迹的模式与宫廷模式却有明显区别。首先是对性生活的处理——一方面是因为家庭的结构不同，另一方面是因为中等城市市民职业功能所要求的长远眼光与贵族的长远眼光有所不同——两者并不相同。如对西方宗教的文明转化进行考察，那也会发现类似的情况。迄今最为社会学家所重视的宗教角度的文明转化乃是收心内省和理性化的浪潮，这在形形色色的清教—新教运动中表现出来；显然这种文明的转化和中等市民阶层境况与结构中的某种变化有着密切的关系。天主教相应的文明转化——这在耶稣会的形成和权力地位有所表现——似乎是在与专制中央机关密切联系的情况下进行的，天主教会的等级制—中央集权制的结构对此有种促进作用。只有先弄清非宫廷的中等市民的和宫廷的文明发展的轨迹，才能解决后来在工农阶层中出现的文明运动的问题。

而在这里也只能将总的联系轨迹，从上面所描述的社会发展到羞耻与难堪感的轨迹揭示出来。

在西方近代史中，并非总是以相同的方式将羞耻感纳入整体的心灵中。进入心灵的方式——这里只提差异——在等级社会中就不同于在后来的资产阶级—工业社会。

上面所举的例子，首先是有关裸露[148]羞耻发展中的差异，能使人们对这样的变化有个生动的印象。在宫廷社会中，某种躯体裸露的羞耻感与这一社会的结构相一致，也是受到等级抑或级别的制约的。社会地位高的人在社会地位低者面前的裸露，比如说国王在其大臣面前的裸露，可以理解的是，尚未受制于严格的社会禁律；在更为先前的阶段，男子在社会地位低下、因此社会级别亦低的妇女面前裸露，也同样如此。这种裸露在这些人心中，与其对地位低下者的依赖微弱相一致，并没有引起处于劣势的感觉，没有引起羞耻之感。这种裸露甚至，如德拉·卡萨所说，可看成是对地位低下者恩宠有加的表示。而级别低者在地位高者面前的裸露，抑或在同级面前的裸露则愈益被视为大不敬的表示而从社交中被禁除。这样的裸露被看成是犯规，因此也令人觉得可畏。只是在等级的壁垒坍塌，一切人对一切人的功能性的依赖愈益加强，社会中所有人的价值逐步趋同之时，这种在任何他人面前的裸露，除却在某些亲密的飞地外，全都变为犯规。于是这样的行为在个人身上从小便被蒙上了一层畏惧，以致禁律的品格完全从其意识中消失，羞耻感对他就如同是自己内心的戒律。

难堪的感觉也同样如此。难堪构成了羞耻感的不可分离的对应物。羞耻感的产生是由于违反了自我和社会的禁律，而当个人之外的某种东西处于危险的区域，触及早先其周围布满的恐惧的行为方式、事物、爱好，直至这种恐惧——按照“条件反射”的方式——在相类似的情景中重又产生。难堪的感觉是一种不快的情绪抑或恐惧，一旦他人就要突破或正在突破由超我所代表的社会禁律的量级，它们就会出现。危险区越大越复杂，行为的文明越是向前发展，这种难堪的感觉也就会变得愈是多种多样，愈是广泛；个人的行为是通过危险区调节并规范的。

上面一系列的例子表明，自16世纪起羞耻和难堪阈限是如何愈益迅速地向前推进的。在这里，思想的链条也开始在慢慢收拢。这种推进是和上层愈益加速的宫廷化同步进行的。在这个时代里，在个人身上相互交叉的依赖链条愈来愈密，愈来愈长；越来越多的人愈益紧密地联系在一起，自我监督的强制在逐步发展。正如相互的依赖不断发展一样，人与人之间的相互观察也在加强。善感性和与此相应的禁律变得愈益精密，由于共同生活的不同方式而使人感到羞耻的事物，在他人身上使人感到难堪的事物也愈益精细、愈益广泛、愈益多样。

前面业已指出，随着职能分工的发展，人的整合愈益加强，不同阶层和国家的巨大反差也在减少；而在文明框架内的对其进行规范的种类与方式却是日见其多。在这里，在个人行为与感觉的发展中遇到了一种完全相对应的现象。个人行为巨大反差愈是削弱，喜怒无常的情绪爆发愈是受到克制、受到抑制，并使其转化，行为种类或色彩的敏感性就会愈强，人对小表情、小动作和形式就愈是敏感，人自身和其层级的世界的经历就愈是复杂；这些层级通过尚未被抑制的情绪的面纱先前没有进入意识之中。

试举一个浅显的例子。“原始人”在相对狭小的区域经历着人和自然空间，这个区域对其生死攸关，说其狭小，是因其依赖的链条较短，从某种意义上来说，他们又比“文明人”精细得多。其精细之处是多种多样，这要看其是为农，为猎，还是从事养殖。然而不管情况如何，一般可以这样说，只要是事关集体生死攸关，原始人便会开发出比“文明人”更强的能力：在树林和田野中辨别树木的种类、声响、传闻或动作。不过在原始人那里，自然空间还在很大程度上是一种危险区域；它充满危险，而文明化的人对此已不再认为是什么危险了。在原始人那里，什么更精细，什么较粗放，都是与此种情况相对应。“自然界”逐步在中世纪盛期，继而从16世纪起愈益加速为人所经验的方式有着以下的特点：越来越大的人群空间愈益分明地过上了和平的生活。而森林、草地和山岳也逐渐不再是首当其冲的危险之地，不再是对人的生命造成威胁与不安的头号危险之地。而今道路四通八达，以劫掠为生的骑士，还有那凶猛的野兽渐渐绝迹，森林和田野不再是肆无忌惮的动粗之地，不再是猎逐人和兽的用武之地，不再是撒野和令人谈之色变的场所，而是愈益成为进行和平活动的场地，为产品的生产、为商业、为交通所规范。因之可说，相对和平的自然界以一种崭新的方式展现在和平生活的人的面前。大自然在很大程度上成为——以愈益得以抑制的情绪作为中介对人的眼福具有越来越大的意义——人们享受眼福的对象。人，首先是久居城市的人，不再能常常领略田野和树林的风光；而今林野成了他们的休养之地。城里人变得更加敏感了，他们以先前为危险和野性所掩盖的层次来欣赏广阔的田野，其细微之处也都尽收眼底。色彩和线条之和谐令他们赏心悦目，他们尽情领略大自然之美；天空白云苍狗的变幻，地上阳光对树叶的戏谑，怎不使人们心旷神怡。

在逐渐平和化的过程中，人对于相互交际行为的敏感性也在改变。外在恐惧愈益减少，而内在恐惧，亦即人的一个区域对另一个区域的恐惧却在成反比例地增加。基于这种内在的张力，人开始在相互交往中以一种在那些地方所没有的方式相互体验着；在那些地方所能料到的仅只是来自外部的、挥之不去的威胁。以往很大一部分的人与人之间的紧张关系是直接通过武斗来裁决的，而今却化为内在的张力而要进行自我斗争。社会交际不再呈现出一片险象环生的景象：先前筵饮、舞会和笑语喧哗，常常是转瞬之间就转化为狂怒、斗殴和凶杀，于是这种交际便成为一种危险区，个人克制不够，触及敏感部位，触及自己的羞耻阈限抑或他人的难堪阈限。而今危险区在某种程度上贯穿于所有个人的心灵。也正因为如此，人在这一范畴里对于区分也敏感起来，而在先前，这些区分几乎进入不到人的意识之中。较之先前，大自然在很高的程度上成为由眼睛为中介的乐趣的源泉；而今天，人相互间同样在很高的程度上成为一饱眼福的源泉，抑或相反，成为由眼睛为中介的令人厌恶的源泉，成为程度不同的难堪感觉的引发者。人对人造成的直接的畏惧在减少，与此成反比的是，由视觉和超我为中介的畏惧，内心的恐惧却在增加。

如果可以随便动武，动武就成为家常便饭。顺便提一下上面所举例证之一，那么在餐桌上向人递上餐刀的小小的表情就无关紧要。而当使用武器愈益受到限制，当外来强制和自我强制同时使得个人以躯体攻击发泄其情感冲动和狂怒愈益困难，那么人对于使其联想到攻击的一切就会变得极为敏感。只要作出攻击典型表情，即会触及危险区；当一人向另外一人递上餐刀，刀刃朝着该人时，那他就会有种难堪的感觉。[149]宫廷上流社会的小圈子可谓最为敏感，对其来说，敏感同时也是其体面价值，是使自己有别于其他阶层的手段，因之他们对此也精心加以养护而形成禁律。而这种禁律从宫廷上层慢慢渗透到整个文明化的社会。从禁律中可看出，武士时代的影响，来自与恐惧相联系的本能层次的一系列的联想。

前面一系列的例子表明，刀枪武器的使用如何一步步受到限制，动武的危险区如何通过大大小小的禁令加以护持。不过在宫廷贵族中体力暴力的放弃在多大程度上依然是外来的强制，又在多大程度上转化为自我强制的，仍是一个没有回答的问题。尽管有种种限制，最初使用餐刀如同使用刀剑的做法还是流行甚广。就像行猎和在餐桌上杀死野味是可以允许的、日常所见的男人的乐趣一样，在餐桌上切割死去的动物也是处于难堪阈限之内的许可范围。后来随着市民阶层的慢慢崛起，终于使切割死去动物的工作转至社会生活的后台。这是市民阶层通过其社会职能的整体架构而达至和平化与自我强制的整体转化愈益完善、愈益确实的结果，尽管在个别国家，特别是在英国还保留着这古老的习俗。不过操刀切割，甚至空手持刀，虽未禁止，几乎到处为人所避免。在这一方向敏感性增强了。

这就是整体心灵结构演变的某些方面许多例证中的一个；心灵结构的演变我们简称为“文明”：在人类社会中没有任何地方对外界力量的畏惧是零起点的，也没有任何地方对自动内在的恐惧是零起点的。两种恐惧对于个人来说是有所不同的，然而两者归根结底也是不可分割的。在文明的进程中，并非一种兴起，另一种沉寂。所发生改变的仅仅是外来和内在恐惧的比例及其整个的结构：人对外界势力的恐惧——没有完全消失——减少，而从未缺席的、潜在或现实的恐惧，产生本能与自我之间的张力的恐惧在比例上越来越大，越来越全面，越来越经常。读者诸君在第一卷中所看到的有关羞耻和难堪阈限向前推进的证据，事实上不过是心灵演变的结构与方向的简单而又形象的凭据；这种演变也可从许多其他的方面加以揭示。从中世纪天主教的超我的形成向新教的超我结构的过渡，显示出一种相类似的结构。这种过渡也表现出一种恐惧内心化的巨大冲击波。只有一点是不容忽略的：无论是先前，还是今天，成年人内在恐惧的种种形式都同与他人关系上的恐惧、对外在势力的恐惧是密不可分的。

上层联结更为紧密，下层更大的崛起

前面业已指出过，在为中世纪后期骑士—宫廷上层所绘制的图画中，[150]对下层人的描绘和对下层表情的描绘，并不使人感到特别难堪；如按照专制宫廷上层难堪阈限进行更为严格的挑选，就只能表达具有恢宏气度、沉静表情，至少是具有高贵表情的形象，所有使人想起下层的一切，所有的粗俗，都尽可能从形象中剔除出去。

这种对粗俗的抵制，对来自下层稍欠高雅之一切的日益上升的敏感，贯穿于宫廷上层社交行为的所有领域。前面业已详细描述过，[151]这种对粗俗的抵制如何表现于宫廷对说话的规范上。人们不说，宫女解释说，“我朋友中的一个”（un mien ami），或者“那可怜的死人”（le pauvre deffunct）；所有这一切“都有些市民气”；如果市民抗拒，并回敬道：这是上流社会那帮子人使用的词儿。那就会有人回答：“很有可能有一帮子正派人对我们语言的‘高雅细腻’（Delikatesse）缺少语感。这样的‘高雅细腻’……只有很少的人熟悉。”

这是绝对的，正如善感性要求本身。如此进行选择的人，无法、也不试着去论证，这样的构词为什么有时会使他们感到舒服，而另外的构词却为何又使他们感到难堪。他们特殊的善感性与对本能冲动愈益加强的、特别的调控和改造有着密切的关系；上层基于其特殊的社会地位是被强制进行这种调控和改造的。他们可以以确切的语气说：“这种说法听起来好听，那种说法选词不好。”这种确切，这种对自己审美观的自信，与其归之于有意识的思考，毋宁归之于其心理自我调控的无意识运作的形体。在这里同样明确的是，起初宫廷上流社会的小圈子是如何以其“高雅细腻”，以其对种类与色调的日益加强的敏感来谛听所说所写话语节奏、语调和释义的；这一圈子的敏感，这种“良好的审美观”又是如何同时表现为体面价值的：触及其难堪阈限的一切，都是十足的市民气，都是社会上的卑贱之物；反之，凡是有市民气的东西，都会触及其难堪阈限。于是便有必要和市民气的一切划清界线，后者又加强了那种敏感性；在宫廷，既非通过职业活动，亦非通过对钱财的占有，而是对社交行为的打磨抛光成了威望与恩宠竞争的主要手段，也只有这种宫廷生活的独特架构才使得上述情况成为可能。

正如一系列的例证所指出的，从16世纪起社交行为的标准便处于迅速的变动之中，17世纪，还有18世纪，这种标准还是变动着，以便在18和19世纪，在以某种方式转变之后，传播于整个的西方社会。这种约束和本能变异的浪潮随着骑士贵族的宫廷化而冲击着宫廷贵族。这种冲击波和上层与其他职能集团的关系的改变有着密切的关系，先前也曾谈过这种关系的变化。骑士宫廷社会还远远没有遭到那么大的压力，也远远没有像宫廷贵族那样与市民阶层处于相互依存的关系。这种宫廷上层是在细密得多的相互依存网络中的一种组织形式。可以说它生存于两种势力的夹缝之中：一方是宫廷的中央领主，它所依赖的就是中央领主的恩宠；另一方是经济上处于优势的市民的上层，并试图与它争锋。宫廷上层并非在18世纪末19世纪初才与市民阶层处于愈益紧张的状态，而是一开始它的社会存在就受到向上攀登的市民阶层的威胁，而且这种威胁愈演愈烈，愈益经常。贵族的宫廷化与市民阶层的日益崛起有着密切的关系。贵族和市民阶层之间相互强烈的依存关系，相互间严重的紧张关系对于贵族上层的宫廷贵族的品性来说是带根本性的。

“贵族和市民集团一直进行的拔河式的斗争持续了几百年之久，最后的结局只对几个人有利”，切不可为这样的论调所迷惑；“在17和18世纪，上层的依附性，不同阶层间职能的相互依存，潜在的紧张关系较之19和20世纪在不同的民族社会中要小一些”，也切不可为这一论调所迷惑。如和中世纪自由的武士贵族职能性的依附相比，宫廷贵族的依附性就已经够大的了。随着和平化的进展，社会张力，特别是市民与贵族间的张力有了另外的性质。

只要对体力暴力实施的支配、对武器和军队的支配尚未达到高度的集中化，一系列的社会紧张状态就会一再引发调整性的战争行动。一些社会集团，手艺人的聚居点和其封建主，城市联盟和骑士联盟，它们都同时作为统治单位而相互对峙。它们就像后来的国家，时刻准备着以手中的武器来裁决它们的利益对立。在这样的社会张力的架构下，由其所制造的恐惧，很轻易很经常地以战争行动，以体力暴力的直接实施来加以消解。随着暴力独占的逐步稳定，贵族与市民间的职能性的依存不断增长，这种状况开始有了改变。紧张状态越来越经久不断，只是当其达到顶点和突变点时才以体力暴力解决。因之一般来说，这种张力表现为持续不断的压力，贵族中的每一个成员都不得不加以对付。随着社会关系的转化，社会恐惧也渐渐失去其火焰般的品性：一碰就着，霎时便会向外扩散为漫天大火，旋即熄灭，说不定重又迅速地燃烧起来。而今取代这种明火品性的乃是一种暗火品性，不会有熊熊燃烧的火焰，也不会直接冲向外面。

从这一方面来看，宫廷贵族所代表的是不同于中世纪自由武士的、另外一种类型的上层。它是第一个那种有较强依附性的贵族，在近代接踵而来的是具有更大依附性的阶层。较之自由骑士，宫廷贵族更直接更强烈地受到市民阶层的威胁，后者以咄咄逼人的态势威胁其社会存在的基础，威胁其特权。早在 16 和 17 世纪，至少是在法国，就有一些市民上层集团，首先是高级法院和高级行政的成员强烈要求，将其定位于佩剑贵族，抑或至少将其定位于与佩剑贵族并驾齐驱的上层。这些市民阶层的策略是，牺牲古老的贵族以扩大自己的特权，尽管它们同时——因之这种关系有种独特的矛盾的品性——又通过一系列的社会协作与其有着紧密的联系。也正是这个缘故，带来持续不断的张力的恐惧，在市民上层总是以一种隐蔽的、以超我严加控制的形式表现出来。这种情况也同样适用于真正的贵族。后者经常是处于守势，对其遭受的失败，对其在和平化与宫廷化的过程中遭受的损失所感到的震惊，引发出长期都难以消除的后果。宫廷贵族也不得不对与市民集团进行持久的拔河式的争斗所产生的不安加以克制。在这种相互依存的架构下，社会张力在遭致威胁的上层人士中引发强烈的、内在的紧张状态。基于这种社会张力在上层人士中产生的恐惧，部分地消解于心灵的无意识区。从那里出发，在自我调控的特殊的自动化机制中，只是以变化了的形式重新表现了出来。这种恐惧表现为宫廷上层的特殊敏感：对一切，甚至来自遥远的对其世袭、为其生存基础的特权的触动都极为敏感；表现为充满强烈情绪的拒斥表情，宫廷人士也就是这样对待一切散发着“市民气”的东西。这种恐惧对以下情况也负有责任：宫廷贵族较之中世纪的武士对于辨别性的举止更为敏感；他们将一切“粗俗”特别严格地从其生活的圈子里剔除。这种一直郁结于内的社会性的恐惧，最终也构成了一种宫廷上层成员对自己，并对同一圈子的其他人的行为进行严格监督的强大的动力。这表现在宫廷社会的人士对于有别于下层的一切都予以密切的注意和精心的修饰：不仅是其爵位的外在标志，而且还有其语言、举止、社会享受和社会交际。下层的不断崛起，和在上层所引发的恐惧，虽非惟一的，不过也是那种特别的文明雅致化的动力之一。它使得上层人士卓然不群，最后演变为他们的第二性格。

宫廷贵族的主要功能——其对于强大的中央领主的功能——就是一种区分的功能，作为有别于市民阶层，作为市民阶层对立面而得以维护的功能。他们完全有时间精心设计高雅的交际行为，训练温文的举止，培养高尚的审美观。崛起的市民阶层也紧跟而来。他们都有职业，没有时间精心设计培养其行为与审美能力。然而他们的理想首先是也像贵族那样靠年金过活，如有可能，进入宫廷的圈子。宫廷圈子对于很大一部分注重自己声誉的市民人士来说，也是一种理想的榜样。于是他们成了“布尔乔亚绅士”①。他们模仿贵族，模仿他们的风度。这样一来，在上面宫廷中所培育出来的行为方式作为区分的手段便不可用；于是权威性的贵族集团便对行为进行进一步的加工培育。这样习俗经常是花样翻

① Bourgeois Gentilhommes，亦可译为布尔乔亚上等人。——译者

新：前不久还被视为“雅致”者，没过多少时候重又流于“粗俗”。人们不停地进行磨制，难堪阈限不断转移，直至专制宫廷社会在大革命中覆灭，这种交互的运动才算停息，或者说失去了它的本真。除了在宫廷阶层内部为取得强势者的恩宠进行极为尖锐的竞争而外，下层的崛起事实上也构成了在专制宫廷阶段相对快速地促进贵族文明转化，并以此也相对快速地促进羞耻—难堪阈限发展——这在第一卷中曾以例证加以论述——的动力。由于不同阶层间相互依存的关系更为紧密，时髦的模式流传与周转较之中世纪要快得多；相互依存的关系既带来更为密切的联系，也带来了相互间的持久张力。宫廷社会之后继之而来的“上流社会”或多或少直接地卷进职业社会的网络。尽管在他们那里也不缺少与宫廷社会相类似的角色，可他们在社交的圈子里再也不具备同样的塑造摩登的力量。这是因为从今而后职业与金钱才是体面的源泉。艺术、社交中翩翩之风度对于个人在社会中的威望与成功不再像在宫廷社会那样具有决定性的意义。

任何的社会阶层对其具有生死攸关意义的行为区都会最为精心最为卖力地使其典范化。在宫廷社会中，进餐时的每一个动作、每一种礼仪性的举止，甚至连说话的姿态都是经过精心培养的，因为所有这些举措都是有别于下层、显示自己高贵的手段，都是在竞争中取得国王恩宠的手段。房舍或公园的优雅设施，按当时的时髦，房间华美或舒适的装潢，充满智趣的聊天或恋爱，所有这一切在宫廷阶段不仅仅是一些人乐意为之的享受，也是社会地位生死攸关的要求。它们是取得他人尊重的前提，取得社会成功的前提，这种成功与资产阶级社会中的职业成功具有同等的价值。

在 19 世纪，随着职业资产阶级崛起而承担了上层的功能，所有这一切宣告结束，不再是社会塑造模式走向的中心。而今赚钱和职业是社会强制首选的攻坚地带；对个人进行塑造规范的就是这种社会强制。所有在宫廷社会成为存在基础的、因之也特别精心培植的一切，现在大多对人的社会地位只有中介作用，只是第二位的决定因素。社交的形式、房舍的装潢、造访的礼仪、就餐的规矩，而今全都退居于私人生活的领域中。但它们还将其所具有的生存基础的功能多保留于贵族的组织形式迄今为止仍然最稳定、最鲜明地维护着的社会团体中，在英国这种情况较为多见，尽管资产阶级早已崛起。基于贵族与市民行为范式的数百年的相互渗透形成了一种独特的行为融合。在这种融合中，那种市民——中产阶级的特点逐步占有显著的地位。无论如何，在所有的西方社会中，随着纯粹的贵族的消亡，何时和以何等方式且不管它，总的来说，那种为胜任其职能、为对工作进行相对精确调整所必须的行为方式和感情塑造愈益直接、愈益迅猛地发展。这也就是职业资产阶级社会何以在有关社交行为的一切先将宫廷社会的礼仪拿来再说，而不对其进一步培育的原因；这也就是随着职业资产阶级的兴起，在这一范围内情感调节的水准推进缓慢的原因。在宫廷社会中，也在部分的英国“社会”(Society)中，人的存在没有分裂为职业领域和私人领域。一旦这种分裂普遍化，文明进程便开始了一个新的阶段。职业工作所需要的本能调节的模式，在很多方面区别于廷臣功能和宫廷生活游戏所强加于个人的本能调节模式。维持资产阶级社会存在所要作出的努力，资产阶级职业功能向个人所要求的超我结构的稳定，本能调节与演变的强度，尽管在交际形式上有某些松动，可整体来说，要比宫廷贵族所要求的相应的心理角色大得多。最为引人瞩目的区别乃是表现于对性关系的调节上。不过宫廷贵族对人的塑造以这样或那样的方式注入于职业资产阶级对人的塑造，并在后者中得以发扬。人们发现，以原本为宫廷社会所独有的行为方式和本能规范来浸染广大阶层的人，这种趋向在这样的地区表现得特别强烈：宫廷宏大而又特别富有，因而其典范性具有很大的穿透力。巴黎和维也纳就是一例。这里是两个 18 世纪强大的、相互竞争的专制宫廷所在地。直到今天人们还能感受到它们昔日辉煌的余韵；它们不仅是作为“上流社会”的中心抑或其产品多为“女士”所用的豪奢工业所在地而名噪一时，而且在性关系的塑造方面，对居民的性爱影响方面也是名声远播，尽管电影过多利用而使其名实不符。

宫廷贵族上流社会的行为模式，即使在那些宫廷不那么富有，不那么强大，其影响力也不那么大的地区也浸染了广大工业社会的行为模式。西方各统治集团的行为方式，其情感调节的层级和方式，尽管有着民族模式的种种不同，还是表现出了很大的一致性。一般看来，这毋庸置疑是这些集团，所有功能分工进程在西方不同的民族集团中的相互密切交织关系的结果。在这种普遍性的框架下，有着巨大的相互依存关系的半私人暴力独占和宫廷贵族社会阶段历经整个欧洲，并对西方文明化行为特征打下了深深的烙印。宫廷社会是第一个有着这样纯粹形式功能的社会：后来这种功能以不同层阶和不同变种传播于西方社会愈益广泛的阶层；这是“上流社会”的功能，上层的功能；这一“上层社会”抑或上层一方面受到一种强度很大且作用深远的压力，另一方面又受到咄咄逼人的崛起的下层的压力。宫廷社会实际上是上层那种独特形式的第一个代表；随着职能分工的不断发展，各个社会阶层相互间的依赖程度愈大，人群越多，相互间有着依存关系的人的空间越大，那种上层的独特形式就会表现得愈益明显。这是一个受到高度制约的上层，其处境要求它进行持续不断的克制，进行强化性的本能调节。正是这样一种形式的上层，从今而后在整个欧洲地区逐步占有主导地位。其自我克制的模式在宫廷贵族社会中起初是为交际和“私人生活”而生发出来的，其后又以不同的层阶和变态传播于一个阶层又一个阶层，就如同那种上层境况与功能一样。贵族社会的世袭性之意义大小，这要看“上流社会”的品性对一个阶层抑或一国民族所起作用的大小。情况凡是如此的地方——或多或少的程度上愈益广泛的阶层是这种情况，最后是西方所有国家都是如此情况，特别是在那些早就形成强大的中央政权并也成为殖民强国的地方则更是如此——就会在深广的相互交织关系的压力下愈演愈烈；这既体现于本阶层竞争的强烈，也体现于面对下层保持上层高生活水准和体面的必然性，也体现于按照一定模式保持社会监督强度，保持对其他阶层成员的行为的敏感性，保持个人自我监督和“超我”强度的必然性。一旦各种不同的市民阶层兴起，并达至上层的境况，宫廷贵族上层的行为方式便会与那些市民上层的行为方式融合起来。初期以“礼貌”(Civilite)预先成型者，随着载体的特殊情况而转化，在被称为“文明”者，或“文明化的行为”者中得以扬弃和发扬。于是从19世纪起，这种文明化的行为方式便传播于西方社会中正在崛起的下层，也传播于殖民国家的各个阶层；而且和与其命运和功能相符合的行为方式相融合。伴随着每一次的新兴浪潮，便会有相应的上层或正在兴起的下层或集团的行为方式的渗透。新兴者的行为标准，其戒律的模式，在其架构中都是与这种新兴进程的历史相符的。于是在各个不同的市民民族集团的本能和行为模式中，在其“民族性”中，完全准确地反映出贵族与市民间的关系的样式和社会斗争的结构；在这种斗争中最后总会有一些人取得政权。比如说，行为和本能调整的模式尽管有许多共同之处，可要较之英国，其中产阶级的影响要纯得多，要鲜明得多，这是因为在那里贵族消亡得早，而在英国贵族和市民中层进行了一波又一波的斗争，反复较量的结果是两者富有层次的融合，并导致两个阶层行为模式的富有层次的相互渗透。在这一著作的第一章，假手德国和法国民族性的不同而揭示了相类似的过程。以欧洲其他民族的民族性来展现类似的情况，并非难事。

文明标准每一次的对另一阶层的传播浪潮都是与该阶层的社会力量的增长，与其生活水平和比其高的阶层的生活水平相接近，抑或至少与其生活水平朝此方向上提高联袂而行。濒临饿死的阶层，抑或生活于极端困苦之中的阶层，在行为上是无法文明化的。为了培养和保持更为稳定的超我机制，以前需要，现在也需要相对高的生活水平和高度的安全感。

使得西方行为文明得以发展的相互密切交织关系过程的杠杆，一眼看去非常之复杂，可这种相互联系的基本模式又是极为简单：迄今为止所提到的所有的个别现象，比如说广大人民阶层生活水平的提高，上层日益加强的功能性的依赖，或者中央独占的稳定，所有这一切全是时快时慢向前发展的职能分工的结果和部分现象。随着这种功能分工的开展，工作的效率曾经得以提高，并且还在提高。工作更大的效率乃是提高广大阶层生活水准的前提；随着这种职能分工的发展，比较高的阶层相互间职能性的依赖也在加强。职能在职能分工很高的层次上方可最终形成有着专门独占性的行政机构，亦即形成西方意义上的国家；随着国家的形成，个人的生活才可逐步获得较高的“安全感”。而这种不断提高的职能分工也会不断使得越来越多的人，越来越多的人群地区相互依赖；它要求并培养个人更大的克制性，对其行为和情感进行更为精确的调节；它要求进行更强的本能制约，并且——从某一阶段开始——更为经常的自我强制。这就是为更大的安全感，为同一路线上的其他的一切所要付出的代价。

这种在文明运动迄今为止的阶段中的自我克制和自我强制——这对于我们今天的文明水准有着决定性的意义——并非简单地以每个个人与许多其他人的持久合作的必要性为其特点的，其特点首先在于社会奇特地分裂为上层与下层。因而较为上层的人所形成的克制与本能规范的方式，其特点表现为贯穿于社会的持续不断的张力。这些人的自我和超我的形成既是为本阶层的竞争压力、淘汰性斗争所决定，也是下层的崛起的结果；职能分工的不断发展，总是一再产生崛起的新形式。上层人士行为所受到的并为“超我”所代表的社会监督的强度和矛盾的复杂性，不仅与以下的情况有联系：监督是相互竞争的，部分是相互自由竞争的存在的监督，而且首先也和这样的情况相联系：面对咄咄逼人的新兴者，竞争者通过特别负荷着恐惧的长远眼光和预见性共同保持其有别于他人的体面，保持它们的高水平。

纵观数百年来的这种进程的轨迹，就可看出一个明显的趋向：生活水平和行为标准逐步适应，巨大的反差也是渐被磨平。然而这一运动并非是直线发展的。这种行为方式的传播浪潮，每次都是从较小的圈子向更大的、正在崛起的阶层传播，可明显地分为两个阶段：一为殖民或同化阶段。在这一阶段里，广大的下层虽在兴起，然而还是明显地受制于上层，并且其价值取向是以上层为榜样，而上层集团也是有意无意地向其贯彻它的行为方式。第二个阶段是拒斥、分化和解放的阶段；在这一阶段里，新兴集团的社会力量和自我意识有了明显的增长，与此相应的是上层集团被迫固守、封闭；社会中的反差加大，紧张状态愈益严重。

在这里，两种趋向：适应和区分，吸引和排斥，都同时存在于每一个阶段中；这种关系从根本上来说是矛盾的。第一个阶段大都意味着下层的个人向上层蹿升；在这一阶段里，出现了自上而下的殖民化的倾向；在第二个阶段，下层集团的社会力量从整体来看在增长，而上层的力量在削弱；随着竞争与相互排斥的倾向的加剧，两大集团的自我和本我意识也在加强，相互区分（或者说相互划清界限）的倾向趋于巩固；两个阶层的反差日益扩大，其间的壁垒更加强固。

在第一个阶段里，亦即同化的阶段里，正在兴起的阶层中的许多人，不仅其社会存在，而且其行为、思想和理想，尽管有所抗拒，都在很大程度上受到上层的制约。他们——常常是，虽则不总是如此——在许多上层业已精心塑造的方面尚未成型；由于处于社会劣势，他们受到上层禁令、情感调节和行为密码的很大影响，以致他们也要按照同样模式来调整自己的情感。在这里碰到了文明进程中的一种令人非常惊异的现象：上升阶层的人是遵照优势、殖民的上层的样板在自己身上开发超我机制。这种表面上看来是按照上层的模式而形成的超我机制，仔细考察起来，在许多方面又与其原型有着很大的不同。不像原型那么均衡，而同时较之原型又常常是更为严格、更为酷烈。这种超我模式从不否认个人闻达需要做出巨大的努力；也不否认蹿升者处于来自下层与上层的威胁之中，处于各个方面交叉火力之中。自下而上的完全同化，在一代之中也只有在少数的例外的人的身上取得成功。正是为此，汲汲于向上发展的大多数人，在其努力向上之时无可避免地会导致意识和举止的特殊扭曲。这种情况是以来自东方和殖民地国家的“黎凡特①主义”而闻名；西方社会的中小阶层中常常会出现这种“半吊子”：强要成为他本来不是的东西，其行为、其品味游移不定，不但其家具和服饰有种效颦式的俗气，其心灵情感亦在模仿他人。所有这一切表现出一种这样的社会状况：模仿社会地位高的集团的模式。这种模仿并不成功，模仿还是被看出是对其他模式的模仿。在这一阶段，正在崛起的阶层和上层的教育、生活水平和生活空间还是有很大区别的，以致意在达到上层式的行为稳重和完善，到头来在大多数的新兴阶层的人中所导致的只是品性的奇异的虚假和举止的失措。这背后是其社会存在的确确实实的困境，是对来自上面的压力和对自己劣势的逃避。来自上层的这种超我的特征，使得正在崛起的下层出现了一种特殊形式的羞耻感和自卑感。这种羞耻感和自卑感与没有个人蹿升机会的下层的感觉是完全不同的。其行为虽有些粗糙，可更为一致、更为统一、更为坚定，在此意义上更为有形有致。他们生活于自己的世界里，并没有赢得上等人体面的奢望；因之其情感的宣泄有着更大的空间；他们之间按照自己的习俗相处；面对上层的劣势，无论是受制于人的表情，还是反抗的表情，都是一清二楚，不

① Levant，原指地中海东部沿岸诸国。——译者

加掩饰，一如其情感；他们受到某些简单形式的制约。在他们的意识里，对其自身的善恶，对其他阶层的善恶都有着是非分明的立场。

而那些志在蹿升的人却在相当的程度上与上层认同，这也为其劣势感和处于劣势的表情着上一种特殊的色彩。他们有着在前面所描述过的羞耻感的建构：这种境况的人在其部分的意识里也把上层的禁律、准则和行为方式的准则认定为对自己有约束力的禁律与准则，而又不能像上层那样自然而然、自觉自愿地加以遵守。这是一种由其自己的超我所代表的他们心中的上层和自己的无能之间的颇具特色的矛盾；所谓无能是指没有能力完成这种对自己的要求。就是这样一种持续不断的张力为其情感生活和其行为打下了特殊的烙印。

不过同时从另外一个角度来看，这也表现出严格的行为调节对于上层来说具有何等重要的意义：它是一种威望手段；同时——在某一阶段——也是统治手段。殖民化运动打的旗号是“文明”，这也是西方社会的一个很大的特点。对于有着职能细密分工的社会的人来说，光是仰仗手中的武器，一如武士阶层，来统治被压迫民族和国家还是不够的，尽管先前大多数的扩张运动只有一个古老而又简单的目标：将其他民族的人民从其土地上赶走，掠取新的耕地和居住地，这当然在西方国家的传播运动中扮演着重要的角色。然而人们所需要的还不仅是土地，同时还需要人；西方人是要将其他民族纳入自己这个上层国家的分工网络中来，或为劳工，或为消费者。不过这势必使得被战胜者的生活水平有某种提高，按照西方人的模式培育自我强制抑或超我机制。这真的要求被征服者文明化。就像在西方，相互依存的关系一旦达到一定的程度，光是通过武力和躯体威胁对人的统治再也不能进行下去一样，那在不仅需要种植园和种植奴隶，而且也需要人的地方维持一个帝国，那就有必要通过超我的规范来统治这些人。于是在部分被征服者身上出现了第一个发展阶段的颇具特色的种种现象：个人的发展，上层的感情调节和禁律对蹿升者的同化，与上层的部分认同，按照上层的模式培养或改变超我机制，现有习惯和自我强制与西方文明化的礼仪连同其所有的描述过的后果相当成功的融合。

为了考察这些现象，无需奔向远方。在西方市民阶层上升运动中即有这种相类似的阶段：宫廷阶段。在这个阶段，来自市民上层的许多人的最大追求便是，像上层人，像贵族那样生活，有着上层人那样的风度举止。他们在内心深处认可宫廷贵族行为的优越性；他们也试图按照这样的榜样来规范和监督自己。在宫廷圈子的市民谈论如何正确说话，如前所述，就是证明。在德国语言史上，市民的宫廷阶段便打上了说话人和书写者的著名习惯的印记，每说三四个德文词，便会夹杂上一个法文词，如果他们没有说错嘴，干脆说起法语——这欧洲宫廷语言的话。贵族，甚至宫廷圈子内的市民自身也常常嘲笑那些故作“高雅”或模仿宫廷风度而又模仿不像的其他的市民。

资产阶级的社会力量一旦增长，这种嘲笑也就随之消失。或迟或早，所有那些有着第二个崛起阶段特点的现象的意义都凸显出来。资产阶级集团愈益强烈愈益鲜明地显示出自己那种特殊的资产阶级的自我意识；它们愈益坚决愈益自觉地贯彻自己的禁律，以反对宫廷贵族的禁律。它们——视其特殊的境况——以勤劳来反对贵族的游手好闲，以“自然”来反对贵族的烦琐礼仪，以对知识的追求来反对对交际形式的追求；至于它们提出监督中央关键性的独占、改造税务和军队管理的特殊要求就更不用说了。它们还首先提出以“道德”来反对贵族的“伤风败俗”：对性关系的调节，对性的约束，在中产阶级和正在崛起的资产阶级那里由于职业状况的缘故远比宫廷贵族，远比后来的业已蹿升的、达到其社会顶峰、完全具有上层品性的大资产阶级严格。不过在这战斗的阶段不管对峙是多么尖锐，不管资产阶级从其贵族楷模和贵族统治中取得多大程度上的解放，资产阶级上层所展示的行为模式，一旦它进入了先前专门为贵族所保留的角色，成了社会上层，那就会是新老上层密码融合的产物，这也是因为每一崛起运动都有一个同化的阶段。

这种文明运动的大致轨迹，愈益广泛阶层的一波又一波的崛起，在西方所有国家，都是一致的；在西方以外的愈益广大的地区也有这种一致的苗头。一致的还有以文明运动为基础的建构规律，在竞争的压力下功能分工愈益细密，阶层对阶层的依赖逐步走向均衡的趋势，后者不让任何功能集团的社会力量持久地大于其他的社会集团，并使得世袭的特权归于消灭。一致的还有那自由竞争的过程：自由竞争导致独占的形成，独占落于少数人的手中，而最终对独占的支配权一步步向愈益广泛的阶层手中过渡。所有这一切，在这一阶段，在市民阶层反对贵族特权的斗争中，首先是在“公共转型”中，在以前按照少数人的利益来加以操作的税务和暴力独占的市民化与国家化的过程中，都非常鲜明地显现了出来。所有这一切，或迟或早，通过这种或那种途径，都会在西方相互依存网络的所有国家里发生。然而还是有所不同。各个国家由于其建构不同，其国情不同，所走的道路也会有所不同；同样，在各个民族最终得以贯彻的行为的特征、情感调节的模式、整体本能的建构和超我的建构，也都有所不同。

上述的这些，再说一遍，在各个国家都是不一样的；比如说英国，宫廷专制阶段相对短暂，城市市民阶层和乡村贵族的联盟和联络早已出现。在那里，上层和新兴中层行为方式在波浪式的反复较量中逐步融合。这和德国不同。由于没有中央集权，三十年战争所造成的后果，德国比其西方邻邦一直是一个生活水准低的贫穷国家；有着大大小小为数众多的、也同样匮乏的宫廷的专制阶段特别长；也同样因为缺少中央集权，直至后来才对外进行极不圆满的扩张，进行殖民扩张；也正是出于这些原因，内部的紧张状态才严重而又长久，贵族对市民的封闭严密而又持久；市民阶层进入中央独占难乎其难。城市市民阶层在德国，在中世纪有那么一段时间政治和经济上都相当强大，它们比任何一个其他的欧洲国家的市民阶层都更加独立和有自我意识。因而其政治经济上的衰落特别令人震惊。如果说先前在德国许多地区形成了形式特别纯粹的市民中产阶级的传统，那是因为城市组织形态极为富有而独立；而今这种市民中产阶级的传统作为特殊的市民传统而继续发扬，那是因为其载体特别穷困和虚弱。因之市民和贵族阶层之间的相互渗透，两者行为方式的融合就进行得很晚。市民和贵族的禁律长期并存，而相互间并没有什么联系。在很长的时期内，无论是税务独占，还是警察和军队独占这样关键性的位置差不多完全由贵族所独占，而市民也习惯于这种强大的、外部的国家权威，这种习惯为其打下了深深的烙印。英国由于是个岛国，[152]只在一定程度上有支舰队，长期既没有陆军，也没有集中化的警察力量作为对其居民的威压手段而扮演什么角色；反观普鲁士德国，有着相当辽阔的领土，其边界易受侵犯；它有一支由贵族、由特权阶层所率领的陆军，也有强大的警察部队，这为给其人民打下印记起着巨大的作用。这种暴力独占的建构使得单个的人无法以英国同样的方式进行自我监控；它不是强制个体独立和半自动地进入终生的“团队合作”，而是强使个人在很高的程度上从小就习惯于服从他人，听从外界的命令。从国家共同生活这一角度来看，基于暴力手段的这种结构，外来强制向着自我强制的转换就微乎其微。此外还长期缺少这样的功能：这种功能在一些其他国家，特别是在英国，促使市民和贵族阶层最终形成共同的长远眼光，形成按照共同模式进行的强有力的自我控制：广远的相互依存网络的中央功能，殖民王国上层的功能。这样一来，在德国个人的本能调节在很大程度上要与强大的外界国家暴力相适应。这种功能的缺少，使得个人的情感平衡、自我控制处于危险的境地。于是在一代又一代的市民大众中一再形成一种适应于特殊的长远眼光的超我机制；而这种长远眼光是整个社会的统治与组织所要求的，并由社会上层的特殊的小圈子所摆布。我在本书的开篇就已指出过，市民崛起早期的这种命运，起初会导致市民一种自我意识的特殊形式，导致市民对与行政和统治有关的一切抱着敬而远之的态度[153]，导致对内在的深入，导致对精神与文化价值的特别的推崇。

在法国所进行的相应的运动却有另外一种发展轨迹。法国较之中世纪早期的任何其他一个欧洲国家都更加持续不断地形成着宫廷的圈子。先是骑士宫廷，而后是大宫廷的形成，后来出现的宫廷越来越大，最后经过淘汰性的斗争只剩下一个强大而富有的国王宫廷，全地区的赋税都流向王室。与此相应的是，在法国很早便实施一种由中央调控的经济保护政策。这当然首先按照独占领主的利益，朝着最大限度的税收的方向加以调控，不过这也同时服务于商业的发展，导致殷实的市民阶层的兴起。因之在法国相对早地建立起新兴市民和愈益缺钱花的宫廷贵族之间的联系。与德国为数众多的、相对小的、大都经济拮据的专制政权不同，法国富有的、中央集权的专制政权促进了外来强制向着自我强制的全面转化，促进宫廷贵族和市民行为方式的融合。当着在这一阶段中那种下层的崛起，并随之而来的社会水准的磨平和向协调的最终完成，此乃文明进程的典型特征，当着贵族失去其世袭的特权，市民集团取得了上层的功能，市民阶层就会将宫廷阶段的模式，本能的塑造和行为模式作为先行的、长期渗透的结果比欧洲任何的市民阶层都更加直线式地、更加持续不断地加以发扬。

概 观

纵观一下这一过往运动的整体，那是眼前所看到的方向的一个变化。通过大量的史实材料对过去结构和相互交织关系的强制钻研得越深，进程的骨架便会愈益清晰地显现在人们的眼前，分散的史实材料可以将其装配起来。以前许多的考察人员经历不少的迷误和弯路才从自然观察中慢慢对自然联系有了一个较为完整的幻象；而今在我们的时代，经过几代人的工作留存于我们头脑和书本中的人类过往的片断也开始慢慢整理出一个对历史联系和对人类宇宙的较为完整的图像。为这一较为完整的图像所赢得的再添上几笔，再从某一视角总结一下，也许并不为过。只有和自己的时代所发生的事件联系起来看，才可得到社会组织过往变革的鲜明的形象。在这里也常常是：眼前发生的事，会加深我们对过去的理解；而对过去事件的深入理解，又会有助于我们对目前发生事件的了悟：我们今天相互交织关系的许多机制，显然还在推动着西方社会建构中的过去起伏不定的演变在同一方向上向前发展。

在西方最为严重的封建分裂的状态中（这在前面已经论述过），[154]某些趋向整合为越来越大联合的相互交织关系的机制又在开始发挥作用。从更小的单位形成的较小的统治单位，较小的领主政权，经过竞争和淘汰性的斗争而逐渐有几个胜出，取得最后胜利的是其中的一个战斗单位。这一胜利者形成了较大统治单位的整合中心；构成了国家组织的独占中心。在其框架下，当初许多相互竞争的地区和人群逐步成长为一个相对统一、相对均衡的、更高一级的人群组织。

而今这些国家相互间重又形成了与当初较小单位相类似的相互自由竞争的人群联合的平衡体系；当初的那些较小单位现在都被整合于这些国家之中。而这些国家在张力的压力下，在使得我们整个社会充满着斗争和危机运动的竞争机制的强制下，处于愈益严重的对抗之中。又有许多统治单位相互竞争，其相互间的关系盘根错节，致使任何一个停滞不前、不发展壮大的单位处于被削弱、受制于其他国家的危险。正如在任何一个有着不断增长的竞争张力而没有中心独占的平衡系统一样，构成这种平衡体系的根本张力轴心的强大国家，也会在一种持续不断的螺旋式的运动中，为扩大和加强其实力地位而相互斗争。为霸权而进行的斗争，有意无意为建立更高量级的超地区的垄断中心而进行的斗争正在全力进行。尽管开始时首先是为了世界霸权而斗争，但在其背后，随着越来越大的地区相互交织的关系愈益密切，也明白无误地预示着，这种争霸斗争是在席卷全球的相互交织关系的系统中进行的。

我们常说的相互交织关系的机制，在当前使人紧张的程度不下于过去，它使得建制，使得整个人际关系发生改变。我们这个时代的经验本身也驳斥了这样一种想法，后者统治我们的思维长达一个世纪之久：自由竞争单位的平衡系统——不管是国家、手工业者，还是别的什么——在这种不稳定的均衡状况中可以永久地保持着。无论是过去还是现在，这种尚未形成垄断的竞争的均衡都在向着垄断发展。对以前所说的[155]竞争和垄断机制加以引申，就已经表明这种均衡状况何以这么不稳定的原因，转变为另一种状况的可能性何以这么大的原因。

无论是现在，还是过去，推动这些变化的原动力，都不是"经济"目的和强制本身，也不仅只是政治动机和发动力。在这种国家的竞争中，取得"更多"的金钱，或者争得"更大"的经济实力并非真正的最终目标，扩大国家的统治范围，争得更大政治军事力量也只是最终目标的面具和达到这种目标的手段。对体力暴力实施和对经济的消费与生产资料进行有序和无序的独占都是相互联系的，并非一为本来的基础，另一个仅仅是什么"上层建筑"。在社会的组织中，按其水平，两者共同生产特殊的紧张状态，推动社会组织发生变化的紧张状态。两者共同构成了将人相互联结了起来的链条的大厦。无论是在政治，还是在经济的这两种相互交织关系的范畴内，在永久的相互依存中，都是有同样的相互交织关系的强制在运作。大商人之所以有扩大其企业的趋向，归根结底是由其整个的人际网络的紧张压力引起的；如果与其相竞争的企业发展得比自己的大，那他就会面临着其支配权的缩小、独立性丧失的危险；同理，相互竞争的国家，在它们所构成的整个组织的紧张状态的压力下，在相互竞争的漩涡中，相互推动着向前发展。有些人希望，这种螺旋式的运动，这种从“自由”竞争和斗争向均衡状况的推导，这种推导所带来的变化，能予以制止。在迄今历史的行程中，这种相互交织关系的强制，到头来总是大于这种愿望的力量。今天国际关系尚无跨越性的暴力垄断予以调节，于是重又有形成这种暴力垄断并因之形成新量级的统治单位的趋向。

在我们的时代这种大规模的统治单位业已初具规模，比如说联邦国家、国际联盟、大的帝国等皆是此类的统治单位。这些多还相当不稳定。就像当初许多的领主国相互争斗了数百年之久一样，而今众多的国家重又陷入争斗之中，在那些争斗所促成的较大统治单位的中心与边界的所在之处，暂时不见分晓，并且也无法决出胜负。也像当初一样，今天也是很难预言这种反复的较量何时才有个最后的结果。正像较小单位相互斗争慢慢产生出国家一样，[156]我们起初对今天行动者有意无意趋向于形成的较大的统治单位的结构、组织、建制至多只能有一个大致的想象。但有一点是明确的，那就是我们相互交织关系的方式向前推进的方向。只要是在流血和不流血的较量中尚未形成较大统治单位的稳定的暴力垄断和中央组织，国际竞争张力在我们这个社会建构所带来的张力的压力下就不会趋于平静。在较大统治单位的框架下，较小的国家可以联合为一个均衡的统一体。事实上相互交织关系的驱动装置从最为严重的封建分裂时代一直到今天，都在同一方向上推动着西方相互交织的人际关系的改变。

“当代”的许多其他的运动也有着类似的情况。如果将我们称为“过去”或“历史”者比为一条不舍昼夜、奔腾不息的河流，把这些运动看成是奔流的瞬间，那就会使人对所有这些运动有种耳目一新的看法。今天在各个统治单位的内部，也在进行着一系列的没有垄断的竞争。不过这种自由竞争在许多地方业已面临着尽头。在以经济武器进行的斗争中，在各个地方已经形成私人的垄断组织。当初在个别封建主的手中形成税务和暴力独占的同时使人感到有种势不可当的强制，而这最终导致支配权的扩大，不管是通过独占行政服从于公选的立法途径，还是通过某种“国家化”的形式；与此种情况相似，今天我们也清楚地看到相互交织关系的强制正在运作。运作的结果会限制对新近的“经济”的垄断组织私人占有的机会，并使得新老垄断组织的建构相接近，最后导致两者的组织合并。

在不同的统治单位内促成变化的其他一些紧张关系也是同样的情形；这也适用于在作为世袭财产直接支配某些独占工具的人们和被排除于支配这些工具之外的人们之间的紧张关系；这两种人都处于不是自由的而是受到制约的竞争之中，并共同受制于独占领主所赐予的机会。我们在这里也是处于历史的风波之中。正如汹涌澎湃大海的巨大浪头裹挟较小的浪花向前涌进一样，这种历史的风波也裹挟着那崛起的浪潮在同一方向上向前涌进。前面对独占机制的推导中业已论述过，[157]在独占主人和独占仆人之间的紧张关系中，在这整个的张力压力达到一定程度时如何和为何张力平衡也或快或慢地趋向于变革。也还论述过，这一方向的浪潮也同样在西方社会的早期出现过。比如说在封建化的进程中也曾经碰到过这种情形，尽管这里起初只是关涉到上层自身内部的变革；并且这种变革不利于少数人，而有利于多数人；与职能分工微弱相应的是，导致对独占机遇支配的分散和独占中心的解体。

随着职能分工的发展，所有职能间的相互依存的发展，这样的一种重心的转移便不再表现于先前业已集中化的独占机遇分散于许多个体的趋向，而是表现于对独占中心和独占化的机遇本身重新加以支配的趋向，这种第一次的巨大变革阶段就已充分地表现出这一点；在这一阶段里，市民阶层为着支配较为古老的、近代已经完成的第一批的独占中心而奋斗。支配这些独占中心的首先乃是国王，部分是贵族，他们将其看成是世袭的财产。我们今天的崛起浪潮，出于许多原因而变得极为复杂。之所以如此，这是因为并非仅仅是为了税务和躯体暴力这种较为古老的独占中心进行斗争，也不仅仅是为了正在形成的经济独占中心进行斗争，而是同时为了对两者的支配而在进行斗争。不过在这里运作的相互交织关系强制的基本模式在这种情况下也是极其简单的：任何一种家族世袭的机遇独占化都会在相关的单位中导致特殊的紧张关系和比例的失调。这样的一种紧张关系在所有的联合体中都趋向于变革关系组织，并因之变革建制，虽说是在分工不够细密的地方，首先是在上层是由武士组成的地方，所导致的变革常常是极不充分。职能分工极为细密的联合体[①]对紧张关系带来的比例失调和职能障碍特别敏感，作为整体，较之分工水平低的联合体所遭受的打击更大，更为经常地受其干扰。在这些分工细密的联合体中，尽管解决和消除这些紧张状态的途径不只一条，而是两条或者三条，然而克服这些紧张关系的方向却是无可避免地取决于引起紧张关系的原因，亦即取决于张力的发生。产生于为着少数人利益对独占机遇支配的紧张关系、比例失调和职能障碍，只要这种支配方式一天不予以克服，便一天不会结束，一天不会解决。不过可以肯定的是，即使在这种支配方式得以克服的情况下，失调和障碍的解决，围绕着这一问题所进行的斗争到底需要多少时间还是不得而知。

在我们这个时代，人的行为、人的心理功能的全部结构，也在发生着与此相应的情况。在我撰写该书时就曾试图详细论述心理功能的建构、行为调节的标准特点和社会功能的建构，和人际关系的变化有什么联系，而这种联系又是如何发生的。对于我们这个时代的这种联系加以详尽追踪，乃是摆在我们面前的任务。一般性的问题已经很快地谈过了。相互交织关系的强制今天正在或慢或快地、明显地改变着建制，改

① 或者说单位。——译者

变着人际关系；这种强制同样明显地使人的心灵结构和特点发生着相应改变。只有将发生于我们自身的东西当作某一方向的一个浪潮而和以其为基础的过往的运动联系起来看，才能从这一方面也能得出一个较为清晰的概念。在崛起浪潮的阵痛中，先前占统治地位的上层的行为标准到头来也会相对松动。新的标准的确立，是以时代的震荡为前提的。行为方式不仅是自上而下地传播，而且，随着社会重心的转移，也会自下而上地传播。这样一来，在资产阶级崛起的运动中，宫廷贵族的行为密码也丧失了一些制约性的力量。交往和交际的形式也逐步松动，部分也变得粗线条了。中产阶层的一些行为范畴的严格禁忌，首先是有关金钱和性关系的行为戒律，不同层次地在更为广大的阶层中得以贯彻；后来由于张力平衡的消失，在时松时紧的摇摆中，视斗争情况时而用这个版本，时而用那个版本，直至最后两个阶层的行为模式的成分融合为一个固定的行为密码。

今天我们生活其间的崛起浪潮，就其结构而言不同于以往任何的崛起浪潮。不过有一点是可以肯定的，它是建立在过往运动的基础之上，并将其推向前进。在今天我们这个时代，也碰到与以往相类似的结构性的现象。我们现在也发现，一些俗常的行为模式也在发生某些松动，来自下层的某些行为方式在兴起，不同阶层的行为方式间的渗透在加强。一些行为范畴在收紧，而另外一些的范畴却有某种程度的粗糙化。

这是一个过渡时期，为人们提供了一个深入思考的机会：旧的准则部分已成了问题，而新的准则尚未确立起来。人在调节其行为时变得有些犹豫不决。社会状况自身使得“行为”成为一个急迫的问题。在这样的阶段——也许只有在这样的阶段——才在人们眼前展现出许多先辈在其行为中认为是自然而然的东西。而子孙辈则在父辈不加思考的那些地方开始进行深入的思考。他们开始在父辈不问根由的地方问起了原因：为何“人们”在这里是那样的表现，而在另外的地方又是另外一种样子？为何这是允许的而那要禁止？这种风度，那种行为准则到底有何意义？于是代代相传的、未加思考的常规便成了问题。除此之外，由于思想有了越来越大的灵活性，由于愈益经常地接触另外类型的人，人们同时学会了较为客观地看待事物：德国的行为模式是这样，为何在英国又是另外一个样，为何英国和美国又有所不同，为何所有这些国家又不同于东方，抑或较为原始的联合体？

先行的研究使这些问题朝着解决的方向更进了一步。从根本上来说，所研究的只是“正在酝酿中”的问题。先行者按各自的知识水平试图阐明这些问题，并开辟一条在讨论的交叉火力中、在众多人的合作下继续前进的道路。我们社会的行为模式对个人从小就加以塑造，对人的影响有如第二自然属性；首先在社会愈益严密的监督下，人们对这些行为模式一直保持着警醒的状态；对这些模式不可从一般人类的和无历史的目的的角度加以理解，而是要将其看成是历史形成的东西；从西方历史的整体联系、从特殊的关系形式的角度加以理解；这些关系形式是在行为模式的形成过程中形成的，是在相互交织关系的强制中形成的，而后者又对其加以改造和继续培养。这种模式，正如我们行为的整个调节，我们心灵功能的组织一样，也是多层次的：对这种模式的形成和再生产，情感冲动的参与不下于理性的本能和自我功能的参与。长期以来一般认为，在我们社会对个人行为进行制约的调节，只有通过理性的思考才能基本上将有根据的东西解释为一种理性的东西。在这里情形并非如此。

情况表明，[158]理性化自身，随之而来的对社会禁忌进行更为合理的塑造和创立，仅是囊括这个心灵的转化的一个方面，本能调节和自我与超我调节无不如此。某一特定方向的相互交织关系的强制，关系形式和整个社会组织的转化，构成了心理自我调节变革的动力。这样一种理性化是和愈益细密的功能链条、与躯体暴力的组织中所发生的相应的变化联袂而来。理性化是以生活水平的提高和安全系数的提高为其前提的；理性化的前提还有：面对躯体暴力侵犯或肉体消灭，并因之面对令人极端忧惧的破门而入而受到更大的保护。在暴力独占极不稳定、职能分工极不发达的社会里，个人的存在更为强烈更为经常地受到这种忧惧的威胁。当前，人们已经习惯于稳定的暴力独占的存在，习惯于对暴力实施的更大的预计性，以致我们几乎没有注意到这些对于我们行为和心灵建构的意义。我们尚未意识到，一旦我们自身中和围绕着我们的恐惧发生了变化，一旦在我们生活中扮演着角色的恐惧突然间大幅度提高，抑或大幅度减少，或者像在一些较为简单的社会中那样两者同时时而提高，时而减少，那我们所称为“理性”的东西，那种对我们行为所进行的有着相对长远眼光的、对本能进行控制的、极其精细的调节就会败落或崩溃。

只有触及这种联系，才有可能通过社会上流行的禁律进入行为及其调节的问题。恐惧张力也如同乐趣经济学一样，存在于每一个人的联合体中；恐惧张力在联合体的每一层次和在每一个历史阶段中都有着不同的形式。为了理解社会对其成员所施加的并为其打下烙印的行为调节，只是认识到为论证戒律而列举出的理性目标还是不够的，而必须在思想上对恐惧寻根究底。是这些恐惧才推动社会成员、首先是戒律的维护者自身对其行为进行调节的。因而也只有注意到行为在文明意义上的演变与恐惧的建构和装配的变化的联系，才能更好地理解行为演变。在前面业已勾画出这种变化的方向：[159]一个人对另一个人的畏惧，直接的惧怕，达到一定程度便会减少；而间接的内心化的惧怕却在增加；无论是直接的惧怕，还是间接的惧怕，两者都会变得愈益持久；畏惧恐惧的浪潮不再经常地直线上升，继而又很快地下降，而是处于较之先前阶段为小的摇摆之中，通常处于中等的高度。如果情况如是，同时行为——在许多的级别和波动之中——也就具有了“文明”性质。不管在这里，还是在任何地方，恐惧的建构无非是强制的心理对手。人对人假手于社会相互交织的关系而相互施加这种强制。恐惧构成了一条联系的途径——一条最重要的联系途径，通过这条途径社会的结构传播于个人心理功能之中。对个人发生深刻影响的社会强制的某种变化，整个关系组织的改组，首先是暴力组织的改组，构成了行为文明变化的动力，也构成了恐惧文明变化的动力。

那些用以调节人的行为、也以此调节使其不安的恐惧的戒律，以前和现在都常常使人觉得是种人性之外的东西。对在其过程中形成和改组禁律和恐惧的社会联系研究得越是深入，就越是使得有识之士不禁产生一种对我们的行动和对我们的自知之明不无重要意义的深刻认识；就越是清楚地表明，使人不安的恐惧在多大程度上符合人性。毋庸置疑，使人感到恐惧的可能性，正如使人感到欢乐的可能性一样，都是人性的不可改变的妆奁。不过潜伏于或炽燃于个人身上的恐惧的强度、性质和结构，从来就不仅仅取决于他个人的品性，至少是在他生活于其中的多元化的社会里，也从来不仅仅是由其品性决定。这些，归根结底都是由历史、他和他人关系的建构、其所在社会的结构决定的；并随着这一切的变化而变化。

实际上这是一把不可或缺的钥匙，可用来解决行为调节与社会禁律和禁忌所给我们出的一切难题。如若没有他人所制造的恐惧，一个正在成长的人永远也学不会对行为的调节。要是没有由人所制造的恐惧为杠杆，人这一动物也永远不会长大成为不愧为人的人；人性也不会完全发育成熟，也正是这种人性使人的生活充满喜悦和乐趣。年长者有意无意在孩子身上所引起的恐惧积淀于孩子的心灵，其后便部分地相对自动地再生产出来。恐惧对孩童可塑的心灵进行加工的结果，能使其在成长的过程中渐渐按照当时的准则行事，不管这种恐惧是由直接的躯体暴力引起的，还是由失误、由对食物和游玩的限制引起的。人性的恐惧最终使成年人由里到外都固持于轨道之上。羞耻感，对战争的恐惧，对上帝敬畏，负罪感，对惩罚和失去社会威望的畏惧，对自己的恐惧，对委身于自身本能的畏惧，所有这一切的恐惧都是由他人直接或间接引起的。其强度，其形式，对个人心灵所起之作用，全都取决于其社会的建构和他在其中的命运遭际。

没有个人本能与感情的沟通，不对个人行为进行某种调节，任何社会都无法存在。人与人之间如若不相互施加强制，如若这种强制在被强制者身上不转化为这种或那种恐惧，这样的调节就无法进行。可不要忘了，由他人所经常制造和再制造的恐惧，在凡是有人群以某种形式共同生活的地方，在凡是众人的欲望和行动——无论是工作，无论是社交，还是恋爱——相互交叉的地方，都是无法避免，不可或缺的。切不可相信，切不可为这样的论调所迷惑：为今天的人打上印记的禁律和恐惧基本上是以人的共同生活的根本上的必要性为其目的的；它们在我们的世界里局限于这样的强制和恐惧：对众人欲求的平衡，对维护社会合作所必要的强制和恐惧。我们的行为戒条充满着矛盾，充满着比例失调，一如我们共同生活的形式、我们社会的结构。今天个人所屈从的强制，与强制相应的恐惧，其性质、其强度和其结构都是由我们的社会大厦的前面业已讲过的特殊的相互交织关系强制、水平的差异和贯穿于其中的强大的张力所决定的。

人们已经知道，我们生活于何等样的运动中、何等样的危险中，对于决定运动和危险方向的相互交织关系，前面也已经谈到过。今天时常将恐惧抛向个人生活的强制、紧张关系和牵连纠结，远远大于那种合作的简单强制。在竞争机制的强制下，为了取得更大统治区的霸权，各个国家相互间展开了斗争；这种国家间的紧张关系对于个人来说则表现于某些失常失灵和限制紧缩；它使得个人承受更大的工作压力，有种更进一步的不安全感。匮乏、动荡和工作负担，所有这一切对恐惧的制造，不下于对生命的直接威胁。不同的统治单位内的紧张关系也是同样的情形。一方面是同一阶层人之间的非常规、非独占性的竞争；另一方面是不同阶层、不同集团间的紧张关系，同样也会使人处于持续不断的不安之中，对个人同样也会起一种禁戒和限制的作用；它们制造其特殊的恐惧：怕遭解雇，怕受强势者的摆布，怕饥饿和贫困，正如下层人所遭受的那样；怕沉沦没落，怕财产和独立性减少，怕丧失社会威望，怕从高级地位跌落下来，地位与威望对中上层来说事关重大。正是这些对丧失有别于其他阶层的世袭下来并可世袭下去的体面的恐惧（这在前面已经谈过），[160]至今还在塑造流行的行为密码方面起着举足轻重的作用。也正是这些恐惧（这也已经论述过），在很高的程度上趋向于内在化。这种恐惧往往大于对贫困、饥饿和直接的体力暴力的威胁的恐惧；它在那些阶层的某些成员中按其养育成人的方式而固持为内心的恐惧。这种恐惧在强大的超我的压力下，即使没有任何外人的监督，也会使个人受其制约。父母经常忧虑的是，孩子是否能达到本阶层，甚至更高层级的行为标准，是否能保持并发扬本家族的荣誉，能否经得起本阶层的竞争的考验。这一类的恐惧从小都环绕着孩子，而且在中层和新兴的阶层中较之上层尤甚；这一类的恐惧在孩子从小就屈从的行为调节和所施加于其身的禁律方面占有很大的比重。父母部分是自觉地部分也许是自动地使这些恐惧发挥作用；并将其与其说是通过言词、毋宁说是通过表情传给孩子。这些恐惧为形成内在恐惧的火力网持续不断地运作着，而内心的恐惧将青少年的行为和感觉限制在一定的范围之内，使个人受到某种准则羞耻感和难堪感的制约，或者也受到某种特殊的说话方式和特殊的风度的制约，不管个人愿意与否。甚至是施加于性生活的戒律和将其闭锁起来自动化的恐惧，而今肯定不是仅仅出自对共同生活的众多人欲望进行调节和平衡的必要性；它们的很大部分同样来自很大程度的紧张关系的压力，我们社会联合体的上层，特别是中层就是生活于这种压力之下。

即使是性生活戒律和那种恐惧也和对丧失财产机遇和崇高的威望、对社会地位的下降、对在残酷竞争中机遇的减少怀有的恐惧有着密切的关系，而这些通过父母和教育者的态度很早便对孩子发生潜移默化的作用。有时父母的强制和恐惧所带来的正好是要加以防止的东西，这种盲目培育起来的恐惧自动化机制也许正好使得正在成长之后辈在竞争中没有能力取得成功，没有能力取得和保持较高的社会威望，然而，不管其结局如何，社会的紧张关系总是会通过父母的表情、戒律和恐惧投影于孩子。独占机遇和社会威望的可遗传的品性，在父母对孩子的态度上直接表现出来；于是孩子便感受到了威胁这种品性和威望的危险，感受到了人际关系网络的全部张力，尽管这孩子对此尚是一无所知。

在外在的、直接由社会状况所决定的父母的恐惧与未成年者的内在恐惧、恐惧自动化机制之间的联系，是有着比在这里所能表现出来的意义更为普遍性的意义的现象。只有比今天更好地对漫长的世代链条进行观察和思考，才能无论是对个人的心灵建构还是对世代相传特征的历史沿革有个更为完整的理解。不过在这里有一点是再清楚不过的：自己时代的水平参差不齐，压力的状况和紧张关系是多么深地深入到个人的心灵之中。

人如果生活于紧张关系之中，无辜地从一种罪责推向另一种罪责，那就无法期望，他们业已以一种表现为——就像人们今天常常所认为的那样——“文明化”行为最终最高点的方式相互对待。相互交织关系的强制驱动装置一直驱动着行为的逐步变化，历经数世纪之久才达到今天这个地步。同样的强制今天也足够明显地在朝着行为的继续演变并超越我们水平的方向运作着。无论是我们社会相互交织关系的方式，还是我们行为的方式，我们的强制、戒律和恐惧的水平都不是最后的形式，更不用说达到顶点了。

一直存在着战争危险。战争，换句话说，还不仅仅是和平的反面。

战争是势所必然，其理由是显而易见的；在迄今为止的历史行程中，较小联合体的战争是较大联合体的和平无可避免的阶段和手段。职能分工越是发展，竞争对手相互间的依赖越大，社会建构的敏感性也肯定越强，战争的宣泄给所有参加者所带来的风险和震荡也就会越大。因而在我们这个时代人们愈益感受到这样的倾向：国家间进一步的淘汰性的斗争通过风险小、危险小的其他的强力手段来加以裁决。不过事实是，当今也和过去一样，相互间交织关系的强制却是促成了这种争斗，促成了覆盖于全球大部分地区的暴力垄断的形成；通过恐怖与斗争才达至和平。人们看到，在世界各地，部分是交织于世界各地的紧张关系背后，业已出现了最新一级的紧张关系。各种形式的国家联盟和超国家单位的席卷全球紧张关系体系已露端倪；淘汰性的斗争和为霸权而进行的斗争已在全世界拉开了序幕；形成世界暴力垄断的前提，形成全世界政治中心机关的前提，因之促成和平的前提也业已出现。

经济斗争也是这等情形。自由经济竞争也不仅仅是垄断秩序的反面；它同样持续不断地超越自身而向着它的这个反面运作。从这一角度来看，我们的时代还远远没有达到最终的高点，尽管不少部分已经走向尽头，结构相似之过渡阶段已在行进。即使在这方面，我们的时代也是充满着未见分晓的紧张关系、尚未结束的相互交织关系的进程；其期限几乎无法看到，其行程也难以一一逆料，只是其方向尚可确定：自由竞争有受到限制和被消解的趋势，换句话说，无组织的独占有着受到限制和被消解的趋势；还有人的关系的变化，对机遇的支配从上层世袭和由其交接慢慢转变为一种社会和公共监督的功能。这里在当代紧张关系的掩护下业已预示到下一级的紧张关系的到来，即垄断行政管理的上中层职能者间的紧张关系，以官僚主义为一方和其余社会为另一方的紧张关系。

只有在国际和国内的紧张关系解决和克服之后，我们才有权说，我们是文明化了。只有这样，注入个人超我的行为规范才会更多地摆脱非个人优越性的功能，摆脱标志与个人优越不相干的世袭优越性的功能；也只有这样，才能摆脱那种不仅是通过个人劳绩有别于其他个体，而且要通过财富和威望手段有别于少数集团的必要性。只有这样，才能使得对人与人之间关系的调节限制于必要的禁律，以保持社会功能的高度多元化，很高的生活水平，保持工作的高效率；所有这些都是以高度的、不断增长的职能分工为前提的。这样才能使得自我强制限于必要的约束上，以便人尽可能没有干扰、没有恐惧地共同生活，共同劳动和共同享受。只有随着人际紧张关系和人际网络矛盾的疏解，人们心中的紧张和矛盾才会逐步消散。只有这样才再也不需要什么例外；才会成为规律：个人达到其心灵的最佳均衡状态，我们往往以诸如“幸福”和“自由”这样伟大的字眼来称呼这种状态：人的社会任务、其社会存在的整个要求为一方和个人爱好和需求为另一方的持久的均衡，或协调。人际关系的建构有了这样的性质，构成每个人存在基础的人的合作以这样的方式来发挥作用：对于所有在共同任务的多环节链条中携手工作的人来说，至少能够得到平衡，这样人们才有权说，人已经达到了文明化了。直到今天为止，人至多还是处于文明的进程之中，今天我们所能说的只是：“文明尚未结束，它还在形成之中。”

附记　埃利亚斯和他的《文明的进程》

袁志英

诺贝特·埃利亚斯(Norbert Elias)被称为20世纪百科全书式的人物，21世纪的社会学家。他的主要著作《文明的进程》于1976年出版了简装袖珍本之后，曾风靡西方世界，成为畅销书，很快被译成数十种语言，他的其他著作也随之大量发行，一时掀起埃利亚斯热。

一、埃利亚斯的生平

童年和青年时代：

无忧无虑的童年
哲学和医学并举
蓝白协会和在自然中观察
为维持生活而“下海”

他于1897年出生于原属德国、战后划归波兰的布雷斯劳的一个犹太人家庭。父亲赫尔曼·埃利亚斯是位富商，并拥有一爿专为大户人家制作西服的工厂，早在第一次世界大战之前就已退出工商界赋闲家居。退休后他依然受人尊敬，在税务局担任荣誉性的职务，为此他对其一生颇有一种成就感。母亲名为索菲，是一位贤妻良母型的传统女性，有关家庭财政的事她全由夫君做主，自己维持着一个活跃的社交圈子。

聘请一位“小姐”担任家庭女教师，乃为当时的风气，埃利亚斯家也未能免俗。不过父亲经常调换人选，这使得孩提时代的他疲于应付。诺贝特自小身体孱弱，儿科中几乎所有的病症都光顾过他，为此家人没送他去幼稚园，另聘一位男性教师为他进行三年的学前教育。1903 年，他进入约翰内斯文理中学的附属小学。该校小学生一律穿校服，戴校帽，用铅笔书写，一般的学校则没有如此气派，用来写字的是石板石笔。当时德国有三大犹太人聚居的城市，首推柏林，次为美因河畔的法兰克福，名列第三的则是布雷斯劳。约翰内斯文理中学犹太学生特别多，犹太教师也多。犹太教师中有几个是市议员，隶属自由党，这对校风也产生了某种影响。

体质柔弱的埃利亚斯在约翰内斯文理中学如鱼得水，学业名列上等。那时是按成绩排座次的：学习差的座位在前。据其同学回忆，诺贝特总是在后面排排坐，尽管他身材矮小。学校犹太人虽多，但犹太教并没有得到特别的强调，几个拉比讲授宗教课，也只是应景而已。埃利亚斯在其回忆中津津乐道的乃是该校的普鲁士人文主义传统对他的影响，几位杰出的教师所给他留下的深刻印象。

埃利亚斯特别喜欢钻研哲学，在高年级，他和同学组织了一个哲学兴趣小组，主要阅读以艰深著称的康德的著作，并在阅读速度和理解深度方面展开竞赛。埃利亚斯如此“自讨苦吃”，是因为他早就下定决心要在满布荆棘的文人学者之路上跋涉，有意识地进行一番智力上的磨炼。对哲学的迷醉，对古希腊罗马文化的崇敬，对以席勒和歌德为代表的德国古典文学的热爱，这一切都为其名山事业打下了坚实的基础。

德国的排犹、反犹并非自希特勒始，然而在威廉皇帝治下的德国，犹太人在法律上还是受到保护的，经济上也有着平等竞争的机会。埃利亚斯家道殷实，属于中上层，和那些沿街叫卖、衣衫褴褛、满口葱蒜味的“犹太佬”相距遥远。埃氏一家虽则皈依犹太教，意识到自己是犹太人，可他们德国公民的自我感觉更加强烈。社会地位的不平等，偶尔发生的仇犹事件，并没有使他们受到真正的伤害；在他们看来，这仅仅是没有教养者的幼稚行为，不值得跟其一般见识。正如埃利亚斯在其生平漫笔中所写的，他们过的是一种“人身、经济和文化受到保障的生活”。康德的理性批判精神，歌德的世界公民的胸襟，都为犹太人融于德意志社会开启了方便之门。第一次世界大战的战鼓擂响之后，德国犹太人也纷纷走向战场，为德意志帝国流血牺牲，不少人战功卓著，受到应有的表彰。直至1938年，埃利亚斯的父母还没有从其德国梦中警醒过来。那年他们去伦敦探望流亡的儿子诺贝特，后者劝他们留在伦敦。可即使到了那个时候，双亲还是要返回德国，父亲的理由是：他的所作所为光明正大，从没有什么不义之举；自认为是在一个法治国家中过了大半生，分享了它繁荣的成果，致使自己达到了小康。可是他错了，为此付出了惨重得无以复加的代价。

中学毕业后，早已决心走“文人、学者”(homme de lettres)之路的埃利亚斯于1915年6月进了布雷斯劳大学，所学专业为哲学和日耳曼学。可是一注册，他便像所有其他同学一样报名参军。他成了通讯兵，被派往东线，在夏季战役中所在部队损失惨重。由于体格不强，他在战场上曾虚脱过一次，继而便被遣返回家。他不适于野战，于是便当了布雷斯劳驻军的卫生兵。服役的同时，他开始学医，直至1919年4月才和军队彻底脱钩。

他的绝大部分同学都血洒“光荣的战场”，对战争的残酷埃利亚斯曾有如下的描述：“污秽，泥浆，鲜血，垂死的马匹，垂死的战友，密集的炮火；我还能回忆起向前线一步步推进的场面：隆隆的炮声日夜不停，我们看到开炮时的闪光。我身旁的战友吹起了口琴，大家唱道：‘我曾有一个战友……’”体弱的他，身心无损地从战争中走出来，这近乎一个奇迹。不惟如此，经过“劳其筋骨，饿其体肤”的磨炼，经过战火的洗礼，他反而更加坚强了。在战争环境下他培养出一种自律的能力，使自己的身心很快适应环境的能力，这样的能力无疑有助于他度过那漫长的流亡岁月，有助于他进行长期的、默默无闻的学术研究工作。

学医是父亲的意旨，后者中学毕业后曾想攻读医科，可他无钱读下去，于是便将当个济世活人的医生的理想寄托于儿子身上。埃利亚斯不愿放弃他心爱的哲学，学医的同时又兼学哲学，在其通过了医学基础科目考试之后，便逐步放弃医学而专注于哲学。可是临床前的医学基础和解剖学的学习，由此所获取的自然科学知识为其以后的事业带来莫大的裨益。在其《生平漫笔》中他曾写道：他对人在笑和微笑时的面部肌肉的运动了如指掌，并和类人猿进行了比较。人类笑肌的复杂多样使面部表情的丰富与动物面部表情的呆板形成了鲜明的对比。在进一步研究的基础上，引发他得出这样的认识：人类的感情不仅仅是某些面部肌肉运动的原因，感情和表情从根本上来说就是一码事，自我的存在和他人是无法分开的。只是在文明的进程中感情和表情才人为地分了家。埃利亚斯甚至怀疑，如若没有医学知识，他能否构建起他的有关西方人心理发生的理论。

在布雷斯劳他师从新康德主义者理查德·霍尼希斯瓦尔德①。为扩大眼界，1919 年夏季学期他就读于海德堡大学，听过他心仪已久的贡道尔夫②的课，后者是歌德专家，同时也是诗人，坚决反对狭隘的民族主义。11 年后，年轻的冯至来到海德堡，也对贡道尔夫的道德文章大加赞扬。埃利亚斯还参加了雅斯贝斯③的讨论班，雅氏建议他就文明文学家

① Richard Hönigswald(1875—1947)，布雷斯劳大学哲学、心理学和教育学教授，新康德主义学派成员。

② Friedrich Gungdolf(1880—1931)。

③ Karl Jaspers(1883—1969)，著名存在主义哲学家。

为题作个主要发言。所谓“文明文学家”原是托马斯·曼用来讽刺包括其兄长亨利希·曼在内的左派作家的，在这里文明是作为文化的对立面出现的。在托马斯·曼看来，文化是自然的、真实的，因而也是德意志的；而文明则是异邦的，没有魂灵的，分裂的。

埃利亚斯很少过问政治，其父母亲眷的圈子也都远离政治。在战时的1918年他曾因口才出众被战友选进了士兵委员会，但这并没有改变他对政治敬而远之的态度。面对这一政治化的题目，他避开现实，而是从历史根源上来阐发文明和文化概念的形成。

1920年夏季学期他又就读于弗莱堡，目的是要参加在弗莱堡大学任教的胡塞尔①的歌德讨论班。由于布雷斯劳大学的导师霍尼希斯瓦尔德的预先警告，他对胡塞尔的现象学抱着批判的态度。介绍他来见胡塞尔的是胡氏的学生和助教艾蒂特·施坦因女士。她在推荐信中写道：“而今有个青年到弗莱堡去，为的是听您的课，我曾答应他将其介绍给您，本来早就应该这样做了。他叫诺贝特·埃利亚斯。主科或副科是医学，在霍尼希斯瓦尔德那里进行哲学训练，不过我劝导他：暂时收起他的批判主义，以便对现象学有所了解。”艾蒂特是个极为虔诚的天主教徒，后被纳粹残害于集中营。保罗教皇在1987年访问德国时，曾对她加以表彰。

在撰写哲学博士论文的过程中，埃利亚斯的解剖心理学的观点和导师的观点发生了冲突，实际上是和新康德主义发生了冲突。新康德主义流行于19世纪后半期和20世纪初，后分为两派：马堡学派和弗莱堡学派。他们提出“回到康德那里去”的口号，但又指责康德唯心得还不够彻底；他们否认康德“自在之物”唯物主义的意义，将其说成是一种“极限概念”，它所表明的乃是认识的极限，而并非实在之物，认为自然

① Edmund Husserl(1859—1938)，著名哲学家、现象学家。

界是“纯粹思维”的产物。埃利亚斯的导师霍尼希斯瓦尔德既不属于马堡学派，也不属于弗莱堡学派，甚至提出了“具体主观性”和“事实认识”的立论，但骨子里还是新康德主义。埃利亚斯在其博士论文“观念和个体”中表达了他从解剖心理学角度出发所得出的认识，这和哲学唯心主义有所背离；他强调大脑运作的方式，这也和新康德主义者所称的先验就有的作为观念领域的人的“精神世界”无法合拍。埃利亚斯认为：先验的一切无法符合事实，“我对此不能视而不见：康德所说的超越时间和超越经验的一切，是一种有着因果关系的表象，这种有着时间性或自然和道德法则的表象和其相应的话语被他人习得才能保留于个人的意识之中。这些概念(或表象)是一种知识财富，因而也属于一个人的经验宝藏。”在这里他甚至直截了当地否定了先验论。导师无法接受他这位博士生的观点，并指出“生物学并非万能”，要求他进行根本性的修改。那时师徒如同父子，不进行修改，论文就无法通过；进行根本性的修改，又有违自己的本意。面临这两难处境，他进行了“小修小补”，致使导师满意，而他的基本观点也得以保留。1922 年他通过了如下学科的口试：哲学、心理学、艺术史和化学，1924 年拿到了博士学位。

埃利亚斯的博士论文充满着哲学术语和抽象的论证，但特别重视事物发生的先后次序；在该文中埃利亚斯就已提出了这样的问题：先前的国家形式如何发展成后来的形式；先前的经济形式如何发展成后来的形式；先前的知识形态如何发展成后来的形态；先前的人类共同生活的形式如何发展成今天的形式，这也透露出他日后研究的信息。

一位年轻的大学生不媚俗、不欺世，明知自己的观点不合时宜，也大胆地发表出来；面对对自己未来有决定性影响的权威也能坚持原则，但又会在枝节问题上进行某种妥协，表现出适度的灵活性，这是一种忠实于学术的可贵的品质。在此后的数十年之久，埃利亚斯不为世人所理解，在学术界一直处于边缘人的地位，可他无怨无悔，不改其孜孜以求的乐趣。

20 世纪初，有个名为菲舍尔的德国人组织了一个候鸟协会，奖励青年徒步旅行，一时间满山遍野闪动着青年人的身影，传出阵阵歌声，这使人想起我们曾经有过的“拉练”。不过这种协会排斥犹太人参加，犹太人不甘寂寞，也组织起一个蓝白协会来与之唱对台戏，不仅进行“拉练”，也进行犹太复国主义的宣传。据同时代的人回忆，埃利亚斯参加了布雷斯劳蓝白协会，并且是其中的重要头头，不过他所起的作用，至今还是争论的话题。这里有一点是清楚的：他于 1921 年 7 月在该协会的《蓝白杂志》上发表过题名为“在自然中观察”的文章。该文完全没有涉及这一刊物最为关心的犹太复国主义，而是概述了他的学术观点，显现出他以后学术研究的方向和轨迹，是其从哲学家向人学家转变的第篇文献。这里所说的“人学”，并非“文学即人学”意义上的“人学”，而是直接研究人的科学，它包括以下诸学科：历史、心理学、心理分析、人种学、人类学、政治学、经济学和社会学。埃利亚斯就是试图将这些学科熔为一炉，来创立人类社会发展的理论。他认为，人面对世界并非一个封闭的个体，而是这个世界的一分子，属于这个世界。他不承认先验的东西，一切的理论都需要进行科学的论证。如果说他在以前的思考中还有某种形而上学的东西，而现在则是开始朝着经验和实践的方向转变。经验学术研究的目的就是要找出评价客观事物的科学的尺度。

“在自然中观察”一文不仅表明了埃利亚斯的科学态度，也显现出他的远大目光，开阔胸襟，承前启后、一往无前、将学术研究进行到底的志向。他在该文中引用一句拉丁成语，以为其一生的座右铭：“lapadia echontes diadosusin allelois”，用中文来说就是火把接力的意思，也可说是薪尽火传。前薪虽尽，后薪以续，前后相继，学术之火，永不熄灭。他对其博士导师霍尼希斯瓦尔德满怀感激之情，他也从导师那里学到很多东西。1966 年之后，在获取阿多诺学术奖金之后的一次答谢演讲中他曾这样说："人学以及其他的学术工作都是一种火炬接力：从上一代接过火炬，前进一程，又将其传到下一代的手中，代代相传，学术的火炬永远照耀着人们前进。前一代为后一代创造了超过自己的前提。"

1922年进行了博士考试之后，他再也不能指望得到父母经济上的支持，因为大萧条也使他们自身难保：难以想象的大幅度的通货膨胀使得父亲的退休金萎缩得微不足道。于是他不得不设法自己养活自己。一家生产炉盖和阀门盖的工厂需要一位高学历的年轻人，最好是博士。经人推荐，埃利亚斯前往应聘，结果他便成了这家拥有800多员工的中型企业的销售部主任。于是他经常出差到北欧诸国，开展其营销活动。为此他和各种各样的人打交道，观察到了经济危机中的工人那令人触目惊心的穷困，也了解到工厂主之所以孜孜为利并非只是为了赚钱，或为了竞争所带来的乐趣，而是错综复杂的相互关系使然。埃利亚斯迄今为止主要是栖身于学校的围墙、学术的象牙塔之内，士兵的经历打开了通向社会的一条门径，而这次的"学商"则使大门洞开，对其以后的学术生涯发生了至关重要的影响；《文明的进程》的许多观点就是源于这次的营销经历。

销售部主任是个令人眼馋的职位：薪给优厚，又能经常到国外出差，他本可以衣食无忧、开开心心地干一辈子，可这样的生活非其所愿。他锁定要在大学里发展，教学科研才是其所爱。他自信能做一个好老师，为人授业解惑，在同学中他享有这样的声誉：复杂的事物能以简单的话语表达。1924年他离开了工厂，来到了阔别5年的海德堡。这期间，父母的经济状况有所好转，也可供他们惟一爱子的不时之需。在这里还需提一件事：埃利亚斯是个珍惜时间的人，在工作之余，在旅途中，他将一些希腊的故事和笑话加以翻译改写，后来竟在《柏林画报》上发表，并得到稿酬。这使得他坚信，笔耕也能使他维持生活。

童年和青年时代过去了，在海德堡他的生活开始了新的一页。

转校海德堡，转学社会学：

两个韦伯

学术沙龙

学术争论

拿到博士学位之后，他便要向教授论文进军。学术观点的不同使其无法在布雷斯劳继续师从霍尼希斯瓦尔德，后者通过了他的博士论文就已算是不小的奇迹了。于是他进行了“两转”，一为转校，由布雷斯劳转至海德堡大学；二为转专业，由哲学转至社会学。因为布雷斯劳的哲学使他有点失望，而海德堡的社会学又那么有名。海德堡本是他的旧游之地，这里的学术气氛深深地吸引了他。

海德堡的社会学是韦伯兄弟的天下。首先是马克斯·韦伯，他在海德堡大学执掌社会学教席的时间不长，1897 年任教，由于劳累过度，1899 年便基本上停止了教学活动，1903 年则完全放弃了这一职位。可他将课堂搬到了家中，在其夫妇周围形成了一个交谈切磋的圈子，参加者均为学术界的名流，后来大学生也被允许参加，但他们都是经过精心挑选的青年精英。从 1912 年每周都有一次“聚会”（jour fixe），会上大家各抒己见，讨论异常热烈，时时迸发出思想的火花。这当中起中心作用的乃是马克斯·韦伯。雅斯贝斯对此曾有如下的描述：“他的发言透彻，一语中的，再艰深的问题在他面前总是迎刃而解，具有使人心服的力量。参加者感到他那巨大的智力优势，甚至使人有些沮丧；但同时他又毫无权威的架子，他那平实而又亲切的论述又使人深受鼓舞。”韦伯在世之日，他家的沙龙就有了“海德堡神话”的赞誉。在韦伯过世之后，他的夫人接过了火炬，继续维持这一学术界的沙龙。参加这一沙龙的条件是作教授论文，埃利亚斯也曾在此作了“哥特式的社会学”的报告。

马克斯·韦伯的弟弟阿尔弗雷德·韦伯①是经济学家，也是社会学家，在教学和科研上成绩卓著，也为学生所爱戴。但其兄长的名气太大，以致他一直生活在后者的阴影之下。兄弟两人的政治观念不尽相同，较其兄长，阿尔弗雷德对魏玛共和国肯定得更多一些，对现实政治也更加积极地投入，他甚至和人共建了民主党；专业方向上阿尔弗雷德则倾注于文化社会学。在学术问题上他持一种自由主义的态度，基本上兼容并包。所以听他课的人既有民族主义者，也有服膺于马克思主义和共产主义的学生。诺贝特·埃利亚斯是在1924年底来到海德堡的，在阿尔弗雷德门下攻读社会学。

1925年海德堡共有人口23 000人，其中大学生就有2 500人，可说是一个大学城。17世纪该市曾遭受过一次大火和破坏，后按巴罗克的风格加以重建。在第一次世界大战之前来这里学习的多是参加社团、具有政治色彩的学生，在战后的20年代中期越来越多的没有参加大学生联谊会的学生也来到了这里，他们自称是“自由大学生”，但他们对世事非常关心，上帝和世界是他们经常讨论的题目。海德堡大学的社会学系较之古老的系科较少保守倾向，左派革新的气象更多一些，该系犹太学生占有很高的比例，因为其他系科或多或少、或明或暗总有一种反犹的气氛。如果说海德堡大学社会学系在20年代中期是左派的天下，那是绝大的误会。这里也有民族主义者和民族社会主义者的圈子。

埃利亚斯在海德堡最初的情况不甚了了，他自己回忆说，他首先熟读特吕尔奇②和齐美尔③这些大家的著作，并完成了题为“人类意识的历史”的论文，但由于经济原因，一直没有面世。他参加了阿尔弗雷

① Alfred Weber(1868—1958)。

② Ernst Troeltsch(1865—1923)。

③ Georg Simmel(1858—1918)。

德·韦伯和卡尔·曼海姆①的讨论班，同时着手为“试论正在兴起的自然科学的社会学”这篇论文收集资料，为此去了一趟佛罗伦萨。

他在社会学系比其他研究生年长10岁左右，已是博士，而其他人正在攻读博士学位。在这个圈子里，他最有学识，也表现得最为沉静，很像是一个学者，给人一种鹤立鸡群的印象。有人回忆说埃利亚斯是曼海姆的助教。曼海姆是知识社会学的创立人之一，他对意识形态有着独到精深的见解，曾著有《意识形态和乌托邦》一书，一位德国友人曾赠笔者一部1985年出版、第7次印刷的版本。该书在20世纪20年代出版，在第三帝国时代也曾再版，这并非由于纳粹的宽容，而是由于他们的愚昧无知。曼海姆在卢卡奇那里吸收了一些马克思主义。那时曼海姆年轻气盛，和其相处很有些难度。但埃利亚斯和他关系不错，并且成了曼海姆和学生之间紧张关系的调停人。曼海姆当时在海德堡还仅是一个私人讲师，即有了教授资格，但无教授位子。所以埃利亚斯要作教授论文，也只能在阿尔弗雷德·韦伯那里攻读。教授论文的题目为“佛罗伦萨社会和文化对于科学的兴起的影响”。曼海姆倾向于历史唯物主义，阿尔弗雷德·韦伯则有较多的唯心主义色彩。他们两人在学术观点上每每不合，这也影响了他们之间的私人关系。韦伯是资深教授，曼海姆还是一个毛头小伙，前者的地位是不可动摇的。埃利亚斯曾在其《生平漫笔》中提到这两位性格和观点迥然不同的人之间的磨擦，但彼此间并没有飞短流长、相互攻讦、闹得满城风雨，这不符合海德堡的学术传统。

在学术观点上两人各不相让，甚至达到公开冲突的地步，连埃利亚斯也不能置身局外，虽则他常常以局外人自居。这种情况特别突出地表现在两次国际学术会议上。德国社会学协会于1926年在维也纳召开的研讨会，主要有两个议题：一为谈迁徙，一为论垄断。后者有两个中心发

① Karl Mannheim（1893—1947）。

言人，第一个是利奥波德·冯·维塞[1]，他在社会学界声名赫赫，是《社会学季刊》的主编，第二个发言者便是名不见经传的年轻的曼海姆，发言的题目为“精神领域中竞争的意义”。这一报告体现出他高超的学术水准，可载于社会学的史册。

他认为：“任何历史的、世界观的、社会学的知识，即便是绝对正确，是绝对真理，也总是为某些具体集团的权力欲望和名利欲望所吸纳，并为其所负载。这些集团总是要将它们对世界的解释转变为公众对世界的解释。”这听起来有点像马克思对基础和上层建筑的论述，毫无疑问，他是受到了马克思的影响，可又有别于马克思。在他看来，所谓基础并非物质的经济状况，而是对这些状况的精神把握和意识的形成，这同时也为上层建筑的精神因素打下了烙印；对存在的不同的解释便是意识形态。曼海姆不否认阶级的存在，可他又提出凌驾于阶级之上的精神阶层的概念。曼海姆还进一步将知识社会学宣称为中心学科，其任务是揭示时代和立场对思维的制约。知识社会学不仅改善了思维的形式和内容，而且也改善了历史科学和社会学的研究思路。

1928 年 9 月在瑞士的苏黎世举行了德国社会学大会，在会上曼海姆向保守主义和自由主义发起了进攻，而自由主义的代表人物就是阿尔弗雷德·韦伯。埃利亚斯在其《生平漫笔》中描述了这场冲突：“阿尔弗雷德·韦伯无法掩饰自己的恼怒”，他称曼海姆在玩弄“唯智主义的游戏”，外表华丽，里子却很粗糙，到头来还是那“老一套的唯物主义史观”，须知，那时唯物主义几乎是一句骂人的话。后来埃利亚斯也发了言，他认为韦伯是永恒原则思维的代表，而曼海姆则是“阶段过程思维的代表”。在这个简短的发言中，他比较倾向于曼海姆的观点，说曼海姆不仅构建了一种新的理论，而且也给人带来了一种“全新的生活感

① Leopold von Wiese（1876—1969）。

觉”，亦即要人们以一种科学的基本态度来对待社会的进程。最后他提出了这样的问题：为什么在社会发展的不同的阶段人们被迫要以不同的方式来体验“自然”？不管愿意与否，人们总是以与历史状况相适应的方式来经历“自然”，这正如中世纪的人被迫以完全不同于我们的方式来面对“自然”一样，他们把客观世界看成是鬼魅的世界。在这里他无非是想说明，人类的认识水平、知识水平是和历史社会的发展相适应的，是受时代制约的。在苏黎世会议上，他还作了第二个发言，论述了艺术的起源，也非常精彩。埃利亚斯锋芒初露，引起众多人的注意，可说是他从此登上了国际社会学的舞台。

法兰克福岁月：

为曼海姆当助教

法兰克福学派

助人为乐，有口皆碑

低估了希特勒

教授论文，功败垂成

但其当务之急还是教授论文事，后者是他在大学任教的入场券。在阿尔弗雷德·韦伯那里已有几个博士后生排队，轮到他来通过论文，恐怕要在十年之后。正在其彷徨之际，曼海姆伸出援助之手：1929 年曼氏应聘到法兰克福大学担任社会学教授的职位，他约埃利亚斯和其同行，做他的助教；并许下三年之后便可通过埃氏教授论文的诺言。这时的埃利亚斯有种柳暗花明的感觉，狭窄的学者之路好像突然开阔起来，他立即欣然表示同意。在其离开海德堡时，学校还为他们举办了告别晚会。会上演出了集体创作但以埃利亚斯为主笔的话剧。该剧以阿里斯托芬的喜剧风格描述了这几年的学习生涯，也提到了他们的导师阿尔弗雷德·

韦伯，并向其表示敬意。演出大获成功，马克斯·韦伯的未亡人玛丽安娜极为感动，在海德堡能上演一出这样的话剧简直令她难以置信。阿尔弗雷德也对此大为高兴。随着帷幕的降落，埃利亚斯在海德堡的五年的学习生活也随之结束，束装就道，前往法兰克福，开始新的人生戏剧。

法兰克福的歌德大学校长库尔特·里茨乐①雄心勃勃，要将该校办成全国学术中心，为此他首先罗致人才：1930年曼海姆从海德堡来了，来主持社会学的教席；同年马克斯·霍克海默②来了，来主持社会哲学教席，并执掌社会研究所；特奥多尔·W·阿多诺③则成了霍克海默的得力助手，后来又有马尔库塞④等人的加入，形成了有名的辩证批评派，亦即法兰克福学派。马尔库塞甚至成了60、70年代风起云涌的欧洲学生运动的精神领袖，此是后话，暂且不表。紧接着，鲍尔·蒂利希⑤来到该校，成了神学哲学的教授。在短短的时间里荟萃了这几位顶尖人才，实在是难能可贵。1928年到1932年是法兰克福歌德大学最为兴旺发达的时期。这除了归功于里茨乐的慧眼识珠之外，该市社会民主的传统、普鲁士文化部长所执行的资产阶级自由化的文化政策也起了很大的作用。那时法兰克福大学也真正成了全德的学术中心，对于著名学者和年轻的研究者具有极大的吸引力。

1930年的复活节，埃利亚斯走马上任，担当起曼海姆的助教来。他要相帮处理社会学系全系的工作，辅导学生，对外联络，还要撰写自己的教授论文。这时霍克海默是社会研究所的所长，曼海姆是社会学系的主任，两人在出身、性情和研究方向上都各不相同，但两人的表述能

---

① Kurt Riezler。

② Max Horkheimer(1895—1973)。

③ Theodor W. Adoron(1903—1969)。

④ Herbert Marcuse(1898—1979)。

⑤ Paul Tillich(1886—1965)。

力、雄心都同样强，于是又出现了在海德堡曾出现的双峰并峙的局面。除却无法避免的合作与交道之外，两个单位不相往来。法兰克福的学术气氛非常浓，一般市民对学术的关心程度较之海德堡甚至有过之。社会研究所经常举办讨论会，非本所人员也可参加，曼海姆更是常客。会上争论异常激烈，有人回忆说："我们像野兽一样扑向对方，那种毫无顾忌地诘难对方的激烈程度，简直令人难以想象……但这并没有丝毫损害我们之间的友情。"埃利亚斯在接受阿多诺奖金答谢时也曾说："该市的男男女女，特别是妇女，经常来听这些大学教师那些有趣的、激动人心的报告。在报告中所提出的问题往往成了派对儿，亦即各种各样聚会的话题……"

曼海姆的报告吸引的人最多，那些上流社会中的女性们更是趋之若鹜，有人甚至将其称为"面纱讲座"。可埃利亚斯却较少参加这样的讨论会，因为他要花大量的时间和学生特别是博士生"泡"在一起。博士生们遇到什么难题要找他，论文题目也要和他商定。而他对人总是有求必应，有问必答，他那种乐于助人的精神在学生中可说是有口皆碑。一位名叫玛嘉丽特·塞丽斯-弗洛顿塔尔的博士生，其论文的题目就是埃利亚斯建议的，后来她成了国家法和刑法的专家，在自传中她这样写道："曼海姆教授从海德堡带来了一个助教，此人所有的正是曼海姆所没有的。他并非英气逼人，也不好为人师，而是有些内向，做事认真彻底，讲究方法，无私地帮助我们大家。他就是埃利亚斯博士。我们有什么不懂的地方，他总是解释给我们听；在我们的论文写不下去的时候，他视为自己的事，会来帮助我们解决问题。"

而今成为世界著名摄影家的吉塞勒·弗洛因德(Gisele Freund)也有着类似的回忆，她那时还是狂热的业余摄影家，正要作社会学的博士论文，但是写什么题目总是拿不定主意，于是就来找埃利亚斯："他见多识广，建议我以19世纪摄影的社会发展为题来撰写论文，并指导我如何着手。这篇论文的完成还真亏了他，这最终还影响到了我一生所从事的职业。”

埃利亚斯所辅导的博士生中还有一位是演员，埃利亚斯的忠告使她心明眼亮，永世不忘：“您是一位演员，对演戏这一行您是了如指掌，这对社会学家来说有很大的裨益。”还有一个名叫沃尔夫的年轻人，后来他成了曼海姆传记最为重要的撰写人，也说“埃利亚斯总是助人为乐”。

埃利亚斯不仅在校内辅导学生，有时也参加校外的聊天会。学校附近有个名为劳莫的咖啡馆，课余常有社会研究所和曼海姆的社会学系的社会学家与哲学家来此聚会。一杯香浓的热咖啡，一碟可口的点心，高谈阔论，继续辩论讨论班上所提出的问题。特奥多尔·阿多诺一来，便会立即成为中心人物，其“课余讨论班”也会在热烈的气氛中开始。在这里众口无忌，畅所欲言，学术问题、政治问题、社会问题、文学和艺术问题，无不是他们的话题。在这里的收获甚至比在课堂上还来得大。

在这样的氛围之中，埃利亚斯如鱼得水，一切都按设想和计划进行。可在校外已是乌云密布，纳粹的气焰一天高似一天。这些学者和学子们对此也曾加以讨论，可他们总是没有对一步步逼上门来的危险当真，而陷于如沃尔夫所说，“对现实政治的盲目性”。外面不时传来“打砸抢”的声响，传来斗殴时发出的吼叫声，传来冲锋队行进在大街上橐橐的皮靴声，也听到目击者的述说，可他们总是无法相信，也不愿相信，总认为是排演某个场面的音响效果。

在课堂上也没有以崛起的法西斯主义为题进行探讨。曼海姆计划写关于自由主义的书，关于保守主义的书，1932 年和 1933 年冬季学期所研究的就是这两个题目，几个助教轮流上阵，为此做一些辅助性工作，并组织了相应的工作组。这些工作组被大家戏称为“自由小分队”。这甚至引起冲锋队的警觉，他们还以为是一种准军事组织呢，为此埃利亚斯遭到了传唤。

崛起的法西斯主义之所以没有成为社会学系的社会学家曼海姆所研究的社会现象，也许他觉得这不该是他研究的课题，也许是因为他低估了这一运动的力度。埃利亚斯在1982年11月15日的一封信中曾这样写道："有时也讨论意大利的法西斯主义，可希特勒领导下的纳粹在我所知道的学术圈子中并没有被认真对待，因为它太粗野，太野蛮；讲起话来都是尖声喊叫，其哲学是一种半吊子哲学……大家都觉得这一切都怪得很，没有人会想到以纳粹为题进行社会学的研究。"

毋庸置疑，人们也并非不关心政治，对纳粹也并非没有不祥的预感。比如说，社会研究所的领导早就着手将有价值的东西和资料转移至国外，可一般学者总是这样认为：那些被卷进去的人不明了真相，很快便会醒悟过来，纳粹横行的日子不会太久。

霍克海默对埃利亚斯也表现出极大的善意，应其所请，他将社会研究所的一间房子提供给埃利亚斯使用，并允准他使用研究所的图书馆。而今埃利亚斯的教授论文的题目是"宫廷社会"，1969年才出版，前后有所改动。他写论文，语言独具风格：明白晓畅，形象生动，完全没有那种故作高深的学究腔，可又不失社会学的科学性。后来他写《文明的进程》，便采用了该篇论文中的不少材料。该篇论文完成之后，递交给导师曼海姆，也通过了后者的鉴定；埃利亚斯甚至已被告知，对能否取得私人讲师的资格无需担忧，而今只差试讲这最后一个环节。在大学任教授的梦想已接近实现，学者的奥林匹斯山顶已是遥遥在望，实现海德堡计划的路上似乎再也没有什么障碍了。就在这个时候，风云突变，希特勒上台了，成了帝国总理，他以授权法为尚方宝剑开始对大学进行砍杀，清除犹太人，清除信奉马克思主义的左派知识分子，扼杀一切批评性的学术，要使大学一体化，成为纳粹的一统天下，埃利亚斯的试讲再也无法进行，埃利亚斯眼看就要成为曼海姆的私人讲师之事也胎死腹中。

可是即使在这样的时刻，一些高傲的知识分子还是没能正确理解他们所面临的危险。他们无法想象，在希特勒的领导下，会有什么样的灾难。1933年2月，沃尔夫在大街上偶然碰到曼海姆，建议后者：出走德国，此其时矣。可曼海姆却断定：希特勒这么疯狂，过不了六星期就会垮台。当然并非曼海姆一个人有这样错误的认识，这乃是当时知识分子对纳粹及其“元首”相当普遍的看法。

6个星期很快过去了，希特勒的政权更加巩固了，法兰克福大学的社会研究所已是关门大吉，继而社会学系亦遭封闭，曼海姆不得不远走英国。不久，埃利亚斯去了法国，手提一个小行李，就和其他出走的人一样。来到法国，他有些彷徨无主，不知下一步如何行动。他暗自希望，纳粹只是暂时现象，过不了多久，便可以重返德国。然而他的希望落空了，全德国的大学都遭到了整肃，高等学府成了纳粹摧毁文化的场所。海德堡大学所发生的一幕可说是全德国大学命运的一个缩影。阿尔弗雷德·韦伯曾这样说：“希特勒接管政权之后，学生头头将全校所有的师生召集到学校大操场，他站在检阅台之上指挥大家，并大声宣布：海德堡大学现在开始停课！”其他大学也像海德堡大学一样。

悠悠三十载的流亡生涯：

来到巴黎

开办玩具工厂

渡海赴伦敦

文明进程“出师不利”

两雄相争，埃氏遭殃

“拘留营”大学

终于圆了教授梦

没有流亡过的人大概很难体验到流亡生涯的滋味。离开自己的家乡，成为异乡异客，人地生疏，举目无亲。记得有个德国诗人曾这样描述流亡生活："在窄而陡的楼梯下众人匆匆而过，无人注意到他。在自己的栖身之地，深居简出，无人知晓；他在窄而陡的楼梯下，他在黑暗中，他以狗为伴；他感到陌生却又觉得像在家中；他是行尸走肉，他是众人口中的幽灵；在这间房子里，他没有仆役，没有职务，没有权力，没有义务，有的只是渴望和躺卧……"

埃利亚斯流亡生活长达30年，在这漫长的岁月里，他有过彷徨，有过恐惧，有过失望，甚至也有过绝望的时刻，但他的希望更多，耐心更大，自信更强，正因为如此，他才挺得过来，流亡生活本身即可写一部大书。埃利亚斯很少谈他的流亡生活，但从其流亡中的诗作可窥其心情一斑，在一首题名为《可怜的雅各布》的歌谣中有这样的句子：

> "千辛万苦，终于来到大城市巴黎。
> 他在大街上走来走去，感到无比惊奇：
> 街上有这么多人，一个个充满喜气，
> 他们坐在炉子旁，饮着咖啡；
> 只有他独自一人，
> 无法感受到这洋洋的喜气，
> 只因他挨着冻也没有吃的。"

起初，他在巴黎只认识一个名为塞勒斯坦·布格勒(Célestin Bouglé)的法国社会学家，他们相识于1930年在达沃斯举行的一次会议上。布格勒很有些影响，他私人邀请埃利亚斯来，并为他申请了一份阿姆斯特丹基金会的奖学金，以解决其生活问题，并使其有可能继续进行科研工作。埃利亚斯在此期间曾在流亡杂志《出路》上发表过一篇题为"试论胡格诺教徒被赶出法兰西”的文章，这是其科研的成果之一。这篇文章也是有感而发。胡格诺教徒是新教徒，在法国受到天主教的迫害，1572年曾发生巴托洛牟斯之夜大血案，多达3 000名胡格诺教徒被杀。作为犹太人，他不也是被赶出德国了吗?！多少犹太人面临着被宰杀的命运?！除此之外，他还发表了《低劣模仿的风格和低劣模仿的时代》一文。

埃利亚斯有过从商的经历，生活于窘迫中的他又有了重操旧业的念头，不过这次不再是产销炉盖，而是生产玩具，销售玩具。他和德国朋友，工人诗人图勒克(Turek)、雕塑家赫尔茨合伙进行经营。赫尔茨曾有如下的回忆：“在那段时间，我和埃利亚斯关系密切友好。整个企业是由他来策划的……这是一爿生产木质玩具的工厂。埃利亚斯投资，担任厂长兼推销，另外一个朋友负责机器设备，我是进行产品设计。这爿厂维持了两年之久。我想，埃利亚斯大概没有收回他的投资。不过在那个时候好歹是靠此维持生活的。”

工厂关门之时，埃利亚斯已离开了法国。在法国一年，他已慢慢认识到，在法国搞他的学术研究是没有前途的。为此他也去瑞士转了一趟，他原先辅导过的博士生玛嘉丽特-弗洛顿塔尔开着她自己的车，两人一起完成了这次旅行。但看样子，瑞士也不是适合做学问的地方。美国倒不错，他的很多朋友和相识都到了美国，可是要弄到美国签证他又没有过硬的关系。万般无奈，他渡海去了英国。那他是怎么会到英国的呢?

埃利亚斯有一个1922年就相识于布雷斯劳的朋友，他叫阿尔弗雷德·格鲁克斯曼(Alfred Glucksmann)，1925年两人又相聚于海德堡。格鲁克斯曼是医学专家，研究解剖学和进化史，向埃利亚斯讨教他在研究过程中所遇到的哲学、政治和社会学的问题，他对埃氏的意见极为重视。1933年格鲁克斯曼逃亡英国，在他的帮助下，1935年深秋埃利亚斯来到英国。

在告别大陆之前，埃利亚斯还回到布雷斯劳一次，探望他那亲爱的双亲，因为他意识到，这次赴英不会是小别。“顶风”回乡，具有很大的危险性，有人是有去无回，归宿于集中营。临别时，父母送他一个小小的手提打字机。

在英国他受到亲切的接待，不乏谈得来的朋友。可是在大学任教也是无望。起初他的英语程度不能算高，再者英国的高等教育制度也不同于德国，一个流亡的异邦人不得其门而入；当时社会学在英国不如在德国红火，大学社会学的教席很少。还算是不幸之中之大幸，他得到犹太人流亡组织一份奖学金，这样使他有可能继续以德语进行他的研究工作，于是他便经常出入大英博物馆，为写他那伟大的著作——《文明的进程》——而收集资料。

《文明的进程》的试印本是于1937年由私人印刷的。他将书分别寄给那些他认为对此感兴趣的人，期望这些人为他做做“广告”，以收到事半功倍之效。在吉塞勒·弗洛因德的建议下，他也给瓦尔特·本雅明(Walter Benjamin)寄了第一部，并去信一封，希望他能对社会进程和社会进程中的“心理发展”之间的联系感兴趣，并在研究所的杂志上对该书加以评论。本雅明原本是法兰克福社会研究所的人，但埃利亚斯和他并没有什么私人来往。在本雅明接到信后的差不多一个月的1938年5月13日的回信中，他所表现出来的态度极为保留。他说埃利亚斯倾向于唯心主义史观，和他所坚持的辩证的唯物史观颇有些距离，他想待其读了第二部再言评论，抑或让那些文化史专家去评论。埃利亚斯对于这顶“唯心史观”的帽子很是恼火：只看第一部，第二部还没看，就有这样的结论；为写该书，他搜集了大量的实证材料，以切实的统计为基础，何来唯心主义？该书并非文化史，怎么要叫文化史专家来评论？

其实本雅明认为该书的关键是没有提阶级斗争，或者说对阶级对立强调得不够。他于1938年6月2日从巴黎发来的信中提出这样的看法：

“我只想追随上您的思路。如何理解社会心理学，在我看来起决定性作用的乃是要有这样一种社会理论为基础：阶级对立是其研究的主要对象。亦即，在一个相应的社会中，多数人的劳动为少数人所剥削。”从这一例子中可以看出，外界对其试印本的反应不一，至少并不总是积极的。

二战的爆发使得为该书所付出的一切努力都化为流水，它的传播也几乎戛然而止。欧洲大陆已是一片火海，英伦三岛也没有幸免。德国空军对伦敦以及其他城市日以继夜地狂轰滥炸，致使伦敦经济学院搬至剑桥，搬来的师生中也有埃利亚斯，在此期间他在该学院谋得了一个研究助教的职位。

随着时间的推移，他和英国社会科学界的人士接触愈益频繁，他和大名鼎鼎的曼海姆的关系也有助于他结识圈中的人物，其中就有莫里斯·金斯贝格①。他是社会学系的系主任，在很长的一段时间内他是英国独一无二的社会学教授，具有很大的影响。

埃利亚斯的大部分英国同事因为不懂德文，无法阅读他的《文明的进程》，但是也有个别人通晓德文，阅读之后，便会通告他们的英国同事，这样一来，知道该书的人越来越多，大家都觉得这是一部很重要的书，至少该书作者为跨文化的交流作出了重大贡献。甚至在战前就签订了将该书译为英文的合约，本打算让历史学家瓦尔特·西蒙②翻译该书，可到头来并没有实现翻译计划。

埃利亚斯和金斯贝格联系频繁，当后者在剑桥需要一个助教时，大家都猜想，肯定是埃利亚斯无疑；有人也单刀直入地建议聘请埃利亚斯。可是眼看到手的职位并没有得到，没料想坏在10年前为他打开在高等学府发展大门的曼海姆手里。

且说埃利亚斯在苏黎世的学术研讨会上曾做过一个“精神领域中的

---

① Morris Ginsberg(1889—1970)。

② Walter Simon。

竞争”的报告，曼海姆喜欢的就是这样的竞争，挑战和竞争乃是曼氏的生活方式。曼海姆也来到了英伦，并且应金斯贝格之请到伦敦经济学院担任讲师，自此便和金斯贝格展开了激烈的争斗。他自认为他是比金斯贝格更为高明的社会学家，据埃利亚斯回忆：“他也毫无遮拦地说自己强过金氏。他的讲座生动活泼，使听众感兴趣，学生们都拥进他的课堂。”金斯贝格没想到自己召进来这样一个对手，“这使他受到极大的伤害”。于是宣布伦敦经济学院是他的学院，让这位新来的异邦人走人。这场在剑桥演出的角力，几年之后还使得金斯贝格感到伤心。

金斯贝格向埃利亚斯坦言：他不能聘他为助教，尽管他很合适，尽管许多人有这样的建议；埃利亚斯曾是曼海姆的助教，若再聘他为助教，这会使他想到曼海姆，使他想到那令人痛心的往事。埃利亚斯就是这样承担了两雄相争的后果，曼海姆对他可说是“成也萧何，败也萧何”。金斯贝格劝他离开英国，前往美国；说英国人对马克斯·韦伯、对德国社会学家兴趣不大。可埃利亚斯苦于在美国没有过硬的关系，无法弄到赴美的签证，又不能回到德国，也只好留在英国了。

金斯贝格依然是埃利亚斯的好朋友，在埃氏到了拘留营之后，他还常常寄钱给埃利亚斯。金氏没聘用埃利亚斯固然使后者失去了一次在大学升迁的机会，可即使没有发生此次事件，埃利亚斯的大学梦也会化成无可奈何的叹息。突然之间，上面发布了这样一个命令：所有外国人，不管是德国人、奥地利人、意大利人，也不管其中有的人是明白无误的流亡者，一律都得进拘留营。因为那时情势紧急，德国军队在法国势如破竹，无法排除对英国的入侵。埃利亚斯起先被送至利物浦附近的外国人拘留营，护照被英国当局收来统一保管，连随身携带的钞票也被搜去。这些被拘留者主要依靠外面的捐款、寄赠和礼物为生，这也是金斯贝格常常寄钱给埃利亚斯的原因。过了一段时间，由于年龄关系，人们确认埃利亚斯不再具有作战能力，又将其转移至曼岛。不少人被弄到了澳大利亚、加拿大。相当多的英国人对这场战争的来龙去脉毫无了解，对这些流亡到英国的德国人没有任何的概念。埃利亚斯曾写道，一位拘留营的英国军官曾向他们这些德国人报告一个好消息，他是真诚地想使他们开心："德国军队已经占领了巴黎。"

那么埃利亚斯在拘留营里干些什么呢？对此倒是有不少的见证人。据他们回忆，为了排遣寂寞，也是为了利用时间，特别是那些有政治经验的被拘留者组织了一个"拘留营大学"，大家轮流举办讲座。埃利亚斯积极参加，并作了两个报告，一为"论社会关系的网络系统"，一为"论暴力垄断"。这两个报告都给人留下了深刻的印象。

在曼岛的拘留营里，埃利亚斯再次表现出他那适应环境的能力和他那坚韧不拔的精神。"大学"办得有声有色，还创建了"法律系"，埃利亚斯被任命为"系主任"，他简直成了事实上的"校长"。他待人温和，对人随和，善于协调各方面的关系。他在巴黎所写的《可怜的雅各布》的歌谣也在这里得以上演，奥地利的作曲家嘉尔为之作曲。

埃利亚斯于1941年春天离开了拘留营，英国朋友还为他举行了欢迎会。曲终人散，瞻念前途，不禁不寒而栗：在大学里谋一教席，如同海底捞月；他那伟大的书《文明的进程》虽说出版了，但似乎已被人忘却。他有时感到失望甚至绝望，可并没有放弃。从前面我们业已得知，埃氏不但是卓越的学者，而且也是出色的诗人。在其漫漫的流亡岁月中免不了将其烦闷、苦恼和压抑之感以诗的形式诉诸笔端。其抒情诗集中有一首名为《人的命运》，内中有这样的句子：

"在雨天，
有时抬手动脚
就觉得困难；
头脑和嘴巴

是空白一片。
仿佛听到那时间
悄然飘散。”

可是接下去情况便有了转机：

“跌进虚无之中，
跌倒就跌倒吧，
这是一场游戏的无底洞；
跌倒就跌倒吧，
爬起来，自己会将自己扶正。”

埃利亚斯跌倒了，但并没有趴下。在大学里找不到职位，他只能退而求其次：在低于大学水准的、由工党所办的成人教育机构中找到一个工作。从这里后来又被调至伦敦大学的成人教育系，而后又转至莱斯特大学任讲师，在这里一直工作到1954年。他干得很苦，干得很多，需要什么，他就得讲什么：从社会学、心理学到国民经济、经济史，可以说无所不包。这样一来，经济状况有所好转，生活有了基本保证。他讲课十分投入，又深入浅出，善于化繁为简，很受学生欢迎。

在后来的谈话中，埃利亚斯称这段时间是“美好的时光”。但他最终的目标乃是在一所正规大学里出任教授。所以任何大学的客座教授讲座的邀请他都接受，这当中有不少热心人牵线搭桥，为埃利亚斯在大学的客席讲座而出力。在一位女教授的帮助下，他常到伦敦大学的贝德福德学院讲课；后来又在赫尔大学谋得了一周上课一天的工作。在莱斯特大学他虽然没有拿到教授的位子，可他成了该校的讲师，既能教学，又可进行科研。他所教的许多学生成了英国社会学的教授，而他本人却还是“没有功名的一介寒儒”。

不过到了1962年，埃利亚斯终于圆了他的教授梦：在加纳的阿克拉大学出任社会学教授。那时加纳是在恩克鲁玛领导下的英联邦的成员，加纳的大学教师主要从英国聘请。在加纳两年，埃利亚斯教学科研可说是双丰收：他用英语讲起课来也一样生动活泼；另外他还搜集了大量有关非洲社会起源的资料，其中有大量的面具和雕塑。

三十一年还旧国：

相见不相识

大器晚成，迟来的名声

荷兰成了归宿之地

从加纳归来后，埃利亚斯于1964年4月底去海德堡参加德国第15届社会学家大会，可说是“三十一年还旧国”。这次大会总题目为“马克斯·韦伯和今天的社会学”。大会没有邀请他进行主题发言，主题发言者都是德国社会学界的头面人物，年近古稀的埃利亚斯并不为很多人所知。不过在以“贱民和无产者”为题的种族学的分组中，他做了“集体克里斯玛和集体耻辱”的报告。

这一报告包含着他对马克斯·韦伯所塑造的克里斯玛领袖理想模式的批评。埃利亚斯的论点是：不仅是单个人可以成为克里斯玛式的领袖，而且集体抑或集团也可以发展其克里斯玛的特质，没有特权的集团也会被裹挟其中。

不管他的发言有多么精彩，因他离国30年，乡音未改，鬓毛已衰，大多数的德国社会学家对他是“相见不相识”，他甚至差一点被取消发言资格：海德堡大学的助教米勒主持会议，由于第一批报告人所占用的时间过多，米勒干脆宣布，由于时间关系，埃利亚斯无法进行发言，下一个接着发言的乃是他本人。明斯特大学教授迪特尔·克莱森斯①闻之不禁大为恼火，于是大踏步地走到讲台前，面对50位听众大声说，你们知道坐在下面的是谁吗？这才有了埃利亚斯的发言。没想到埃利亚斯初回故国，就会有这样的遭遇。埃利亚斯在德国的朋友不多，还多亏克莱森斯，后来邀请埃利亚斯来明斯特做客座教授。除法兰克福和科隆而外，明斯特也是德国社会学的重镇。继而他又分别在亚琛、康斯坦茨、波鸿、比勒菲尔德任教。再往后荷兰也成了他的居留之地，也先后在阿姆斯特丹、海牙等地讲学。1969年其主要著作《文明的进程》再版，使其名声鹊起。1977年，他已年满八十，在法兰克福，这曾使其希望升起旋又破灭之地，接受了该市颁发的阿多诺奖金，这时他已名满天下了。他的其他的著作也逐步发表，并得以畅销。得奖之后，他表现得非常平静，也很谦虚，说他是从前人手里接过火炬，自己跑了一程，然后又把火炬交给了来者。

他于1990年8月1日在阿姆斯特丹逝世。

他的著作还有：《宫廷社会》《什么叫社会学》《干预和间距》《论时代》《社会学和历史学》《德国人研究》等。

二、《文明的进程》的沉浮和其主要内容

坎坷不平的经历

《文明的进程》是埃利亚斯的主要著作，也是他的成名之作，只是这个“成名”来得太迟而已。自其问世，从1937年的试印本算起，迄今已有61年，人们对它的认识也是一个不断深化的进程。目前已被译成世界上主要语种，是攻读社会学特别是历史社会学的必备参考书。埃利

① Dieter Claessens。

亚斯将历史学、政治学、心理学、心理分析、经济学、种族学、人类学，当然还有社会学，熔为一炉，冶炼出他的这部作品。它对人类的过去进行了总结，对未来又有所启示。所以它被称为百科全书式的著作，也被称为21世纪的著作。有人对其佩服得五体投地，有人又有所保留，有人则侧重于批评，但大家都一律认为这是一部伟大的著作。该书作者的一生历经坎坷，该书的遭遇亦复如是，从出版到真正为人接受，差不多经过了40年之久。

如前所述，试印本出版之后，他分发给有关学者，但反响并不热烈，甚至遭到冷遇。本来打算于1938年在布拉格正式出版该书，可是出版计划由于第三帝国占领捷克斯洛伐克而告吹。1938年弗里茨·卡尔格①看到该书，他深信，该书内容重要，有出版价值，于1939年夏天，在大战爆发前夕，由他的鹰房出版社②正式出版。

1939年夏天，托马斯·曼和其夫人卡嘉在荷兰风光宜人的海滨城市诺德维克③休养，7月26日收到埃利亚斯的《文明的进程》，在当天的日记中有这样的记载："收到诺贝特·埃利亚斯的《文明的进程》"，7月31日他写信给埃氏，表示感谢："写信给在伦敦的埃利亚斯，谢谢他寄的这本关于文明历史的著作。"后来他阅读了这部书，并得出这样的结论："埃利亚斯这部书比我想象的有价值得多，特别是对中世纪的表述，以及对走向没落的骑士时代的论述。"托马斯·曼的这几句话大约是用德语写的对该书最早的评论之一。

弗朗茨·博克瑙④首先发表了正式的评论，评论共分两部分，分别于1938年7月、1939年10月发表于《社会学评论》。博克瑙是埃利亚

---

① Fritz Karger。

② Haus zum Falken。

③ Noordwujik。

④ Franz Borkenau。

斯的老相识，他也是来自法兰克福社会研究所的同仁，那时他们两人就已过从甚密。博氏曾参加过德国共产党，曾任德共领导的共产主义大学生联盟的主席，1929 年退出德共，1934 年他流亡到伦敦，埃利亚斯则是 1935 年秋来到伦敦的。博氏写评论有为朋友效力的成分，但也不全然如此。他本人研究政权垄断在几百年间形成的过程，而垄断形成机制则是埃氏文明理论的核心，所以他对有关表述饶有兴趣。博克瑙对该书的第一卷大加赞扬："这部值得注意的书对历史有着精确的研究，并以独一无二的方式和高屋建瓴的理论把握有机地结合起来，这使人想起马克斯·韦伯的那种卓越的传统……任何一位攻读社会学的学生，任何一位对个体心理学和社会结构之间的交叉领域感兴趣的人士，都不能不阅读该书。"而对该书的第二卷则提了不少问题，特别是在暴力垄断的形成对于超我形成的影响方面他有着不同的看法。

第二个德语书评是来自福尔克斯①，他原来在法兰克福心理分析研究所供职，也是埃利亚斯的"旧雨"。福尔克斯流亡伦敦后靠搞心理分析为生。他对《文明的进程》的评论分别于 1939 年和 1941 年发表在《心理分析国际杂志》上。他也是对第一卷评价甚高，认为是心理分析学家的"标准教科书"，对其社会发生学的研究方法赞不绝口；但他对第二卷则有所保留。

但这两个对该书的评论并没有引起足够的重视，而第三个书评情况则有所不同。发表于 1939 年 8 月 27 日的第三个书评的作者是布拉克②，他只对第一卷作了评论，由于战争的爆发，对第二卷的评论还没有来得及写。布拉克至少知道埃利亚斯的名字，因他二人都为《流亡者杂志》撰稿，该杂志的主编是托马斯·曼的公子克劳斯·曼。埃利亚斯的《低劣模仿的风格和低劣模仿的时代》就是在这一杂志上发表的。布拉克是

① S. H. Foulkes（1898—1976），德国心理学家。

② Menno ter Braak。

托马斯·曼的好友，并非由于前者写了赞扬曼氏的“绿蒂在威玛”的文章，而是由于后者认为布拉克值得尊敬，是他的谈话对手。托马斯·曼称他为“一个使我生活愉悦的朋友”。德国人进军荷兰之后，布氏绝望自杀。曼氏悼词中有这样的句子：“他是一位永不会被腐蚀的人，一个热情的人，一个有高度警惕性的人……”显而易见，两人在海滩漫步时会谈到埃利亚斯的《文明的进程》。布拉克的这篇评论在20世纪50年代初为荷兰的社会学家约翰·古德斯布洛姆①所发现，因而《文明的进程》也立即进入他的视野：“从图书馆将它借回家来，开始阅读，便立即为其所吸引住了。一部对一系列重大问题进行精到的、专业的、广征博引的论述的书我终于找到了。”古德斯布洛姆是一位在荷兰很有影响的社会学家，由他开路，《文明的进程》便开始了它在荷兰风行的进程，甚至成了荷兰进行学校教育必不可少的参考书，而在50年代的德国，只有很少的人知道该书。“墙内开花墙外香”，这种现象看来并不少见。

1939年以后还有一些评论，值得一提的是法国社会学界的权威雷蒙·阿隆②发表于1941年的评论。但是由于德国的占领，这篇评论也没有引起充分的注意。他在评论中特别指出：埃利亚斯将阶级关系的改变引进了他的研究之中，而这一点直至现在还往往为某些学者所忽略。阿隆一直念念不忘这部书，在他的促进下，70年代初出版了该书的法译本。

埃利亚斯离国时尚未成名；如上所述，他流亡伦敦一直郁郁不得志，在其57岁的时候才在莱斯特大学得到一个讲师的位子。所以在德国学术界他默默无闻，这也大大影响了这部著作的传布。他既不得“地利”与“人和”，也不得“天时”：五六十年代是北美的系统论大行其道之时，而在六七十年代时兴的则是新马（克思主义）抑或西（方）马（克思

① Johan Goudsblom。
② Raymond Aron。

主义），他的文明理论很难插足其间。《文明的进程》于1969年在瑞士再版，新版每部70马克，在那时这是令人望而却步的价格。

再版之后的1969年至1970年间，曾有几篇评论，其中重要的有沃尔夫·雷佩尼斯①发表于《法兰克福汇报》的评论，但此后也是“波澜不兴”。1975年《新苏黎世报》刊登了克罗科夫②的一篇论述《文明的进程》的长文，该书这才引起人们的注意。克罗科夫特别指出该书对于处理、理解和解决今天问题的现实意义。他提出三点，以供大家讨论：埃利亚斯对各社会力量之间保持平衡的国王机制的研究对于今天大家所关注的问题，即西方民主可行还是不可行的辩论是个启发；对第三世界发展问题所具有的意义：埃利亚斯提出相互交织的心理和社会结构的改变是极为复杂的问题；最后一点是，要注意暴力垄断和外部与内部规范的问题：70年代民主化继续发展，作为威权国家的对应物的公共秩序的自由主义已经奠定了它的地位，为此规范就显得更为重要。个人和社会是不可分割的实体，所以“自我调控和民主化就构成了总是长远才能显现出效果的、永无终结的、一直受到损害的文明进程中的相互关联而又缺一不可的组成部分”。

《文明的进程》只是在1976年祖尔坎普出版社出了袖珍本之后，才算是取得了真正的突破。当时出版社出书时还有些担心，惟恐出书容易销售难，但作者埃利亚斯一直坚信他这部著作的正确性和重要性，总有一天该书会引起世人的关注，数十年来没有丝毫的动摇。有人断定，该书即使成不了畅销书，也会成为长销书。但是这个断定错了，第一年就销售了20 000部，很快又突破了80 000部！一部学术书，而且是一部社会学的书，竟是这样畅销，绝非寻常。后来祖尔坎普出版社简直成了埃利亚斯的私家出版社，他的其他著作也纷纷在这里面世。

---

① Wolf Lepenies。

② Christian Graf von Krockof。

“文明”和“发生”

了解《文明的进程》一书，首先要弄清“文明”的含义，此乃关键中的关键。该著作成书于20世纪30年代，那时的“文明”一词是对现代西方社会发展水平的一个总结性的概念，也是当时西方人面对先行的历史时期文明较低的社会，面对同时代其他各国“开化”程度较低的社会的一种鹤立鸡群的“自我意识”。“文明”一词涵盖如下的概念：较高水准的科学技术、社会组织，以及某种生活方式。“文明”是一个过程，至少是一种过程的结果；这一过程抑或进程被大多数西方人理解为社会进步和优势的证明。埃利亚斯在这里将“文明”的概念和西方社会挂起钩来，以示有别于其他“不开化”的社会。埃利亚斯并没有进行价值评判，只是试图进行客观的表述。而以往，正如埃利亚斯所说：“我们习惯把文明看成是一种财富，一种摆在我们面前的现成的财富。至于我们究竟是如何达到这一步的，我们现在是处在进程之中，还是处于进程的某一阶段，则不加闻问。”埃氏认为，这样一种“反历史的”文明观是无法解释文明现象的。要想对西方文明有个全面的理解，就要相应地探讨文明的发生，“揭示历史变化的定则、变化的必经过程和其具体的机制”。

欧洲从中世纪早期的封建社会到18世纪宫廷专制社会，逐步形成了民族国家，而各民族国家对文化都有不同的理解，其行为规范和个性结构也不尽相同。埃利亚斯在其《文明的进程》中提出了一种长期进程的理论，他用这一理论分析了欧洲各国的社会张力结构，或者说社会矛盾结构。这里用文明发生(Genese)，切不可将其译为文明起源(Ursprung)，虽然Genese有时也可译为“起源”。“起源”和“发生”两者不可混淆，因为埃利亚斯的研究表明，社会的进程是没有一个绝对起点的。

《文明的进程》的副标题为“社会发生和心理发生的研究”。所谓“心理发生”是指人类的个性结构的长期发展，人类行为方式的变化。

人的举止表情、心理结构、情感的表达，都和古人不同，在中国，甚至“文革”前后也有所不同。从长远看来，人的行为方式是逐步“文明化”的。而“社会发生”则是指社会结构的长期发展，亦即社会不均衡性（比如说等级、阶级、阶层）、权力结构和社会制度结构，首先是国家的逐步形成的过程。埃利亚斯的功绩不仅在于描绘出西方社会心理发生和社会发生的基本轨迹，而且也揭示出作为文明进程的两个组成部分的心理发生和社会发生之间的相互依存的关系。

在这种综合的基础上，埃利亚斯创立了两个相互密切关联的理论：一为个性和行为变迁的理论，一为社会发展的，亦即国家形成的理论。社会发展到一定程度，必然会出现稳定和整合，亦即形成国家。《文明的进程》的第一卷主要是对文明进程进行经验的表述，而在第二卷则主要是对国家形成的进程进行经验的分析，并且也包含了以“文明论纲”的形式对心理发生和社会发生分析的综合。埃利亚斯在这里所讲的文明进程限于欧洲，而世界其他地区则很少涉及。

埃利亚斯的论点可以概括如下：

源于人类本性，人总是要竞争的，以各种各样的方式和形式进行竞争，竞争的结果使得社会经济情况发生分化，其表现为职能（功能）分工的复杂化。职能分工相互关联，相互依存，单个的行动和过程定要愈益相互协调配合，这样就会愈益提高单个人和各个人的单位相互依赖相互依存的水平。随着功能分工的日益复杂化，相互依存和相互作用的链条也会越来越长。这样的行动链条需要一种可靠的、可以调解的、可以监控的行为加以配合，否则链条就会运转不灵。埃利亚斯进行了大量的社会历史调查，结果表明，人的行为形式在社会发展的过程中是不断变化的；冲动的、本能的、情绪化的行动逐步为经过调控的、自我强制的行为所代替。人的每一行动都处于相互依赖、错综复杂的网络之中，这一网络要求人在采取行动之时瞻前顾后，而这种瞻前顾后慢慢成了自动化的机制，成了自我调控的机制，从而也变成了人的个性结构的因子。

对自己本能和情绪的控制，一种高水平的社会分化与相互依存所需要的长远眼光的、也可说是“合理化”行为的发展，埃利亚斯就将其称为“文明的进程”。而经过调控的、“文明化”的行为又会翻转过来促进社会进一步的分化或者说多元化。所以说社会发生和心理发生，这两种进程是相互制约、相互促进的。

社会共同生活总要采取一种形式，而今天最重要的形式依然是国家，尽管全球化在大踏步前进。国家还是有其稳定的规则和建制，其中最重要的乃是对暴力的独占，有了它，内部的和平才能得以保障。不过国家形式的出现只有在个人行为文明化——比如对攻击性的自我监控——达到一定水准时才有可能。

而今对“文明”和“文化”的定义不下于千种，德国和法国对“文明”的理解大相径庭。在法国“civilité”（文明）原指宫廷高雅的风俗习惯。这一概念又引发著名的人文主义学者伊拉斯谟写了一本名为《论儿童教育》（1530 年发表）的小册子，正是这本小册子，连同为数众多的有关风度举止礼貌的书变成了埃利亚斯进行心理发生研究的主要资料。

乍一看来，这些资料无法登历史研究的大雅之堂，传统的历史科学主要是以“过硬”的正规的文件和文献为其研究的依托。而埃利亚斯则打破成规，资料利用不拘一格，关键在于可信度。况且他所探讨的乃是过往时代人的行为举止的变迁，而这些有关行为规范、礼貌守则一类的书籍为实际的行为方式提供了最好的见证。规范与守则的长期发展和雅致化，也正是文明理论的研究题目。

而今习以为常之事，自然而然之事，绝非原本如此，天然如此，而是历经数百年的时间逐步演变的结果，是心理逐步规范的结果。埃利亚斯以人的就餐、如厕、擤鼻涕、吐痰、男女关系和攻击性等方面的行为举止为例，来表明这种规范进程的方向。

埃利亚斯对中世纪早期人的行为进行了分析。那时人们对自己的行为较少调节，主要由冲动的情绪和本能主宰。吃饭时用脏兮兮的手去抓，吃起菜来狼吞虎咽，吃相难看得很；啃过的肉骨头乱扔一气。用赤手擤鼻涕，擤毕便在衣服上擦手。而那时的宫廷，有资料表明，已不是如此行事了，而是文雅起来。不过整个中世纪，人的行为举止变化不是太大。直至中世纪末期，风俗才逐渐雅致化。比如说，16 世纪，首先是在意大利，继而在法国，最后在英国和德国，贵族上层才开始用刀叉进餐。13 世纪拜占庭的公主在威尼斯的宫廷用一枚小巧的两股金叉将饭菜送进口中时，竟引起轩然大波，被视为绝大的“丑闻”，不少神父跳将出来诅咒这一“犯罪”行为，甚至认为，这是对上帝的亵渎，公主为此会遭到天谴。

在文艺复兴时期，人的行为举止可以说是上了一个新台阶。那时不仅将先前的行为举止视为“不文明”，加以禁止，而且还注意观察自己的行为，并以新的规矩来调整自己的行为。人们认为，人的行为举止，人的外在表现，反映出人的心灵。重视自己的行为，观察别人的举止，这是人与人关系中的新方式，是一种“新的整合形式”。正如埃利亚斯在第一卷中所说：“这表明，行为的整个问题有了完全不同于以前的性质：较之中世纪人们更加有意识地塑造自己和塑造他人。”

在继之而来的几个世纪里，对行为的观察和调节加速进行，在宫廷社会里则达到了高峰。这时决定行为方式的不再是冲动的本能和情绪，而是社会的习俗规则：“人的体察更加细微，对情绪的控制更加审慎。”这时，至少是在宫廷或贵族社会里，已开始使用自己的盘子分而食之，餐具也极为考究，也开始使用餐巾。进餐时的谈话也都精心措辞，洋溢着一种“高雅”的气氛。人的行为举止，有文明与不文明、上层和下层之分。首先为行为调节新潮所感染的总是社会的上层，只是在以后他们雅致的行为方式才耗散于中层和下层。人体的“方便”活动，以及性行为也都转移至“幕后”，转移至家庭的私人领域。

如果把行为方式的变迁只看作是有等级区分的雅致化，那也是低估了它的意义。行为的调节更多是个性深化塑造的结果，也可说是心理机制发展的结果。行为变化的特点就是对本能和情绪经常不懈地克制，形成一种调节机制。随着社会的分化抑或多元化与社会整合的日益发展，本能或情绪化的行为一定要加以调整，只有这样共同生活才能运转。这一点也同样适用于性生活，适用于攻击性，以及身体的卫生清洁。人的行为一定能够估计得到，必须有一定的可靠性，而要达到这一步，就得对本能和情绪进行经常性的监控。

情绪监控首先是由社会禁律和制裁，亦即外在强制来完成的。如要使这种外在强制长期发挥作用，那就得实现外在强制向自我强制的转变。自我强制一定要达到自动运作的地步，以便能“适应现存社会的水准”。而这种适应要经过心理结构的培训才能实现。这种心理结构用通常的话来说就是“良心”“理性”，也可说是社会的“超我”心理结构：

> 人的社会关系发生了这样的转变：人与人之间相互施加的强制愈益鲜明地变成了个人的自我强制，超我的结构愈益巩固。总之，个体中代表社会规范的那部分，就是原本的超我，今天才促使个人经常梳洗和保持清洁的。

这种超我是社会化的自我监控机制，它反映了社会的必然。按其本质来说，它是社会性的。

说到餐饮、擤鼻涕和吐痰方式的变迁，有人可能一笑置之。那么对人的攻击性的发展演变的分析，也会显示出社会发生和心理发生之间的相互依存的关系，而这更加明显地具有社会理论的分量。在中世纪，在民族大迁徙时期，未加调节的、本能冲动的攻击性在肆虐。埃利亚斯利用历史资料描绘出当时骑士生活的画面：他们抢劫、破坏、杀人越货，将无辜者致残，无所不用其极。这种情绪的发泄并非病态，而是骑士社会发展的水准使然：

> 那种残酷的发泄并没有从社会交往中排除出去。……折磨人，残害人，其乐无穷，而这也是社会认可的乐趣。从某种程度上来说，社会结构促使人们朝着这一方向发展，使得人们不得不然，使得人们觉得，如此行事才能得其所哉。

这种冲动的、感情用事的攻击性，在一定的社会条件下所进行的突袭、杀戮、抢劫和战争，表现为一种淘汰的方式。攻击性和暴力行为是社会功能的必然性，是秩序和整合处于低水平的社会的必然性。情绪性的攻击性是卫护自身、维护财货和巩固自己的政权所必须的。在暴力实施无法进行调节的社会里，个人的攻击性也几乎无法调节。

而在平和的社会里，稳定的政权为个人提供了足以使其放弃暴力的安全，个人攻击性的监控和调节便成了共同生活的不可或缺的前提。情绪的监控只有通过自我强制才会有效。后者会使得攻击性的冲动得以遏止，抑或将攻击性的情绪扼杀于萌芽之中。暴力实施的心理调节的前提是社会对暴力的调节，其形式是国家对任何暴力实施的独占。

社会发生：国家的形成

埃利亚斯把国家看成是社会秩序的同义语。政府和行政机构、法律和警察暴力成了调节社会共同生活、强制个人进行情绪监控，同时也使个人有可能进行自我情绪调控的建制。情绪调控的心理发生适应于国家的社会发生。

埃利亚斯认为，国家是一种统一的、完整的、稳定的社会形体。按他的标准衡量，欧洲中世纪早期的社会就算不上国家。像查理大帝治下的这一类的大帝国主要是靠武力征服建立并维持的，但也瓦解得快。在查理大帝生前，其帝国就已分崩离析了。中世纪早期一些王朝的不稳定，埃利亚斯认为是源于“离心”力量的强大；而离心力量强大是因为社会多元化的程度或者说分化的程度不够。

中世纪的国王还不具备管理大片领土的手段，占统治地位的经济形式是分工程度低下的自然经济。最重要的资源乃是土地，货币的流通量微不足道。国王没有税收来源，因之他无法维持一个常备军队和行政管理机构。正如埃利亚斯在第二卷中所说：“只要是自然经济关系在社会中占有统治地位，那就几乎没有可能形成强有力的、中央集权的官僚体制，形成稳定的、主要以和平手段进行工作的并一直受到中央监控的统治机器。”国王需要臣下的服务和效劳，为对其进行酬谢，不得不将部分土地——他拥有的惟一的财富资源——分封给他们，而这些国王昔日的心腹和臣仆也渐渐地变成了独霸一方的领主。

这些领主和土地的经营者经济上基本是自给自足的，并不仰仗中央领主的供给。因而地方领主一直谋求巩固对其地区的统治权，而力图摆脱国王的牵制。这是一种离心的、谋求独立自主的倾向，正是这种倾向一再使得由征服扩张而形成的大帝国或王国从内部瓦解。埃利亚斯将这种离心的分散化称之为封建化，其特点是：“政治上趋于闭关自守的地方离心力量的加强又和地方经济的自给自足的程度相配合。”

整个中世纪的历史就是“分久必合，合久必分”的历史。在数百年的时间里，总有武士崛起为中央领主，拥有广袤的土地，而又不能进行有效的治理，不得不将土地分封给臣仆。而后者又总是伺机而动，一旦发现中央领主虚弱，有机可乘，便会脱离中央而独立。可在外敌入侵或有入侵威胁之时，封臣就又需要中央领主带领大家抵御外敌，而当此之时，中央王国便重又强大和统一起来。

按照埃利亚斯的说法，这些分分合合的王国还不可称之为“国家”。在自然经济的社会里，经济的扩张等于领土的扩张，因为土地在这一时期是最重要的生产资料。从 11 世纪起，欧洲慢慢步入一个新的社会经济发展阶段：由于人口的不断增长，可耕地已不敷需要，于是便开始进行两种形式的扩张，一为向外扩张(征服和殖民)，一为向内扩张，即开垦荒地。在此背景之下，便发生了十字军东侵。参加者除封建主而外，一些百无聊赖的下层也积极从征，试图通过此举来改变自己的命运。埃利亚斯正确地指出，“为基督而战”仅仅是幌子而已。

在社会不断的分化中，许多农奴被迫离开土地，他们惟一的出路就是离乡背井，前往城市，在工商业、在手工业行业中谋得一碗饭吃。随着经济的分化与发展，出现了以贵族和农村为一方、以城市市民为另一方的阶层性的分化。城市经济实力不断增强的结果便是市民阶层在政治上从封建主手中解脱出来，并形成了自由民的新等级。分工愈益细密，对交换的需求，对市场的需求，对一种象征性的、普遍化的交换手段——货币——的需求也在日益增长，自然经济也逐步为货币经济所取代，同时远途贸易也具有越来越重要的意义。运输工具和运输设施(道路、港口)也不断得以改进。

分化的过程提高了各个不同职能间的相互依存的程度，各个社会集团与单位间、城乡间的相互依存的程度，不同职业集团间、不同行业间的相互依存的程度。而等级、贵族、教会和市民阶级的分化又造成它们之间政治上的相互依存。相互依存的功能与单位的相互渗透也愈演愈烈，愈益复杂，为了对其进行掌控，就需要建设相应的无形的基础设施，其中就有货币的引进，货币是一种抽象的交换手段；另外还有法律，法律是行为准则的系统，该系统在个人之上发挥效力，并可预测估算得到。这两项乃为最重要的无形的基础设施。不断提高的相互依存关系在文明的进程中要求对情绪进行不断加强的调控，并且也使得这种不断加强的调控有了可能。就是以这样的方式渐渐为领地统治的稳固化创建了经济的、基础文化的、社会发生和心理发生的前提，人们又把对领地的稳固的统治称为“国家”。

国家的社会发生来自封建主义中的集中和分散的相互运作。相邻的封建诸侯之国都是处于相互竞争的态势。如果不愿被别人战胜或“吃掉”，那就得战胜别人。各个领主国间的相互交织的关系，这种竞争的态势，迫使它们相互斗争。竞争的结果显示出一种带有规律性的进程，埃利亚斯将这种进程称为“独占形成的机制”：

> 在一个较大的社会单位里，通过其相互依赖而形成较大社会单位的较小社会单位有着相对均衡的社会力量——不受已经存在的垄断的阻碍——可为社会力量的机遇自由地进行相互竞争，亦即首先为生活和生产资料进行竞争。于是便会出现极大的可能性：一些胜利了，一些则败北，这样一来便渐渐会产生这样的后果：越来越少的人占有越来越多的机会；越来越多的人从竞争中淘汰，陷入对越来越少的人的依赖之中。

换句话说，竞争的态势最后会导致独占的形成。在一个地区各方势力相持不下的局面不会维持太久，长期共存的概率微乎其微，我们中国人所说的“卧榻之旁岂容他人酣睡”，“天无二日，国无二主”，也是这个意思。战胜了竞争对手，其势力也会随之增长，不断胜利的过程也是其力量不断积累的过程，直至最后一人或者一个小集团垄断了该地区的权力，其他的势力都要依附于它。

今天常见于经济领域中的垄断机制，也决定了中世纪各个领主国进行淘汰性斗争的轨迹。那些国王、大公、伯爵、男爵们，都是你向我斗，我向你斗，不是你死，就是我活。或武力征服，或钱财收买，或连横合纵，或嫁娶入赘，斗争的手段五花八门，但是目的只有一个：取得称霸地位，成为独占性的大领主。这种独占起初是领土的独占，亦即土地的独占。查理大帝的帝国、德意志民族的神圣罗马帝国都是这种独占的形式。然而这种土地的独占在自然经济的阶段，总会一再成为藩属封臣独立倾向的牺牲品。离心力量或迟或早会取得上风，大帝国又会四分五裂，于是竞争重又开始，到头来垄断的机制重又发挥作用，如此循环往复，陷入怪圈之中。

如何才能从这一怪圈中走出来呢？中央领主光是占有土地还是不行，还要完成对暴力的独占。而暴力独占的先决条件乃是税务独占，有了税收，方能养活一支常备军，军队是巩固国内政权、镇压臣下反抗的必备手段。没有暴力的垄断，捐税也收不上来。总之，暴力独占和税务独占是相互依存的："统统流向中央政权并归其使用的财政手段维护着政权的独占，而政权的独占又维护着赋税的垄断。"

通过暴力垄断和赋税垄断达到土地垄断的巩固之后，才能言说现代意义的"国家"。随着中央领主对其领地的统治渐趋巩固，便会出现垄断机制的第二个阶段，埃利亚斯将此称为"垄断的社会化"。起初暴力和税务的独占似乎完全是中央领主抑或国王的家务事；后来事务愈益繁杂，家庭成员和近臣根本无法胜任管理的重任，于是渐渐从其家族和宫廷中发展出一个行政管理的机构。所统治的地区越大，军事力量越强，税收越是有成效，建立一个分工明晰的管理机构，亦即国家机器就越是必要。由于有了这样的行政机构，对军事和财政的实际支配权慢慢从国王手中滑落。国王对行政管理机构的依赖也日益加深：

> 垄断化的机遇越是广泛（对垄断机遇发挥作用的，或者是垄断的存在从某方面来说取决于其工作、其功能的），人群网络越大，

> 人群的分工越细，霸权领主的统治领域就越是强烈地使自身分量和固有法理发挥作用(……)，于是个别人的私人占有也就社会化了；亦即转变为整个社会阶层的独占，转变为公共独占，转变为一个国家的中央机关。

埃利亚斯将垄断的社会化称为“固有的法理”，这是一种社会相互依存的功能。因为相互依存意味着，不仅是被统治者受到统治者的制约，而且统治者也要依赖于臣仆。正因为如此，国君所能支配的收益不能只为自己使用，而是要将越来越多的份额分配给为其经管统治地区的“官员”。

在个人的感情监控方面也同样如此。功能分工细密的国家迫使臣仆和管理人员调整自己的行为，而独断的统治者也越来越强制自己采取审慎的态度，以免由于感情用事破坏愈益复杂的相互依存的网络，从而失去国家赖以稳定的平衡。

在独占社会化的阶段，竞争转移至另一层面。竞争进程的第一个阶段主要是围绕着特定的机遇而进行，比如说土地的获取。随着竞争的集中化与稳定化，为此而进行的竞争已告结束。而在第二阶段，则是围绕着独占内部的机遇进行竞争。这种新的、内部的竞争不再是自由的竞争，而是受到中央领主的支配权的制约。在逐步形成的国家实体中，人们不再是以军事暴力争夺经济的机遇，而是以经济的力量来进行斗争。

在王国内部，而今贵族、教会和正在崛起的市民阶层为着国王的恩宠，为着权势，为着财富，相互间争斗不已；当然，一如既往，也同国王进行斗争。国王为捍卫其中央领主与垄断者的地位而向离心倾向斗争。国王是中央领主，所以他处于竞争的中心地位，因之他能够进行调控，使竞争向着有利于他的方向发展。最后他将相互间你争我夺、也同他进行斗争的各个领主和利益集团纳入一个埃利亚斯所称的“国王机制”之中。这种机制的特点是：国王利用其分配权挑动国内各个集团相互争斗，以销蚀其实力，这样就不会有哪个集团有反对国王之力。国王所遵循的乃是使各方实力保持平衡的准则：

> 在一个分工细密的社会里，最终职能集团利益矛盾如果大到它们之间的力量分布如果均衡到既不能达成决定性的妥协、也无法进行决战并胜负见出分晓的地步，这便是强大的中央政权胜利高歌向前迈进之时。

国王在这一阶段的原则就是“分而治之”，国王的统治也称为专制主义。在专制主义首先发展起来的法国，国王主要是挑起两大利益集团相互争斗，一为贵族，一为崛起的市民阶层。但这也并不是说市民都是团结一致向贵族斗争，有些市民还千方百计要从国王那里讨得贵族的封号，这对国王来说，是其实施分配权的机遇，分配权的实施也是国王巩固其地位的手段之一。

在这种情况下，王宫成了法国专制主义得以巩固的工具，路易十四充分利用了这一点。宫廷试图从两个方面达到其稳坐江山的目的：让那些贵族成为廷臣，一直待在宫内，使他们为得到国王的恩宠而竞争。不过这里进行的是智斗，是钩心斗角，而非武斗；靠的不是刀剑，而是唇枪舌剑，阴谋诡计。贵族不在自己的领地，其独立的倾向也会由此得以遏制。另外，这些贵族在宫中生活极为优裕，国王出手阔绰，把他们养了起来，这实际上也是剥夺他们离心倾向的手段。货币经济的发展，使得国王有可能用市民阶层的钱来使贵族就范。如若市民阶层发展壮大到压过贵族，国王又会通过赏赐和赋予新的特权来扶助贵族：“宫廷成了驾驭贵族同时也是养活贵族的工具。”

经济机遇的分配有着调控和稳定政权的功能，这也是货币经济与税务独占之所以是专制主义国家赖以稳定的前提的原因。社会产品以货币的形式缴纳税收的部分要大到上层的收入受其制约的程度时，国王才有可能假手于暴力和税务独占而使其政权长治久安。

国王机制是一种非常有趣的现象，这不仅在于透露出它一步步使国家中央政权走向稳定的轨迹，而且也使人认识到各个相互依存的社会集团的相互交织关系的力度。一般来说，国王机制是一种相互交织、错综复杂的关系。各个相互竞争的社会集团在社会力量上彼此持平，因为上面还有个国王，他善于以有目的的机遇分配来使其政权保持稳定。在此政权之下，所有的社会单位都不能打破这种态势，它们之间相互依赖，谁也不能战胜谁，因为竞争者中有哪一个过分强大，中央领主便会立即加以干涉。竞争者也无法联合起来对付国王，因为任何一方一旦提出结盟的建议，就会被对方视为有机可乘。国王就是以保持有利于自身的各方实力的平衡来维护他的政权，尽管作为个人，他的力量根本无法和整个社会的力量同日而语。不过他本人也被束缚于这样的态势之中，为保平衡，他也依赖于那些他为其分配机遇的竞争者：

> 为使这架机构能够长时间少出故障地运转，那就要加倍小心地操作。掌控者也像其他人一样受到其规律和强制的制约。较之他人，掌控者的决策范围要大一些，可他也在很大程度上取决于机构的构造；他远不可为所欲为。

各派力量平衡的结果，使各派相互依存达到了很高的程度；与此相应的是宫廷社会高雅的风范，对感情的调控也达到了高水准。翩翩的风度，潇洒的举止，已不是可有可无的装饰，而是在这样一个社会中取得成功所必备的条件：重大的机遇只有通过赏赐、通过拉帮结派、通过阴谋诡计、通过拍马溜须、通过贿赂收买才能得到。

当然这种国王机制并不能千秋万代，永世长存下去。随着等级社会的终结，专制主义的社会也走向了崩溃。社会逐步分化的结果，崛起的市民阶层不再仰仗于等第的特权，而是将特权看成了分工细密的社会经济进程的障碍。1789 年的法国大革命是市民阶级，或者说资产阶级，亦即第三等级反对教会和贵族的斗争，斗争的结果不仅是第一第二等级归于消灭，而且第三等级中有官衔和特权的市民阶层也被剥夺了权力。

这种等级社会的王朝没能挺过革命的风暴，然而国家对暴力、税务的独占并没有被削弱，反而有了进一步的加强。不过，埃利亚斯认为，民主的民族国家中的独占，不仅是实际上，而且在法律上也是社会化了。

本书下卷末尾，埃利亚斯在经验研究的基础上写出了“文明论纲”，进行理论上的概括。其中最重要的结论便是：社会发展的进程是没有计划的，却有阶段性，并沿着一定方向进行。

所谓无计划，是说文明和国家的形成并非以任何“合理”的方式进行的，任何时候都没有一个制订计划的机构，对发展进程朝着某一方向进行调控。虽则所有参与者——国王、贵族、市民、臣仆，都有个人的目标和计划，然而这些个体的目标都不能指出文明和国家进程实际推进的方向。人的行为方式的改变，并非通过理智的思考而使其合乎目的的结果，比如说人们针对躯体功能的强制，并非由于符合卫生的目的而进行；社会建制的出现，也并非先有一个目标设定而后出现的，而是在其出现之后才显示出它们的目的性。所谓无计划，也意味着没有一个超个体的形而上学的原则，没有一个“自然”、没有一种“理性”、没有一种“精神”来导引发展的进程。发展进程虽有其阶段，虽有方向，然而它不遵循任何目的论。由于进程没目标，所以也不可将发展进程视为进步的进程。

那又为什么说它有阶段、有方向呢？这是因为任何的变迁皆不是偶然的，都不是一片混乱，而是有序的。文明和国家形成的进程不是单线式的，而是阵发式和震荡式的；长期看来，它还是有方向的，朝着人的情绪愈益得到控制、社会愈益整合的方向前进。

埃利亚斯曾将社会发展的阶段性归之于“相互依存网络的固有能动性”，正是这种相互依存的网络将人相互间联结了起来：

> 单个人的计划和行动，感情的冲动和理智的律动，都一直是或配合或对立地相互交叉而行。这种单个人的计划和行动根本性的密切交织会招致出并非个人策划与创造的变迁与形态。从相互交织的关系中，从人的相互依存中，产生出一种特殊的秩序，一种较之单个人所形成的意志与理性更有强制性和更加坚实的秩序。这种相互交织的秩序决定了历史变迁的行程，也是文明进程的基础。

“关系网络的固有能动性”决定了个人和社会的关系，也使得“个人自由”的概念相对化。表面看来，个人可以自由决策自由行动，然而这种自由并非无限制的，而是被限制于一定的范围、限于关系的网络之内。个人的目标总是和他人的意图交织在一起，这种相互交织关系的结果到头来体现为一种进程；通常来说，这种进程并没有为相关者所计划、所预见，甚至给所有相关者带来灾难也说不定。

发展的进程是有一定阶段性的，有一定结构性的，是有一定方向的。但这绝不是说，文明进程是单线式的，只是一种因果关系。首先，相互依存的网络虽则表现出较之个人的计划和动机更有力度的能动性，但也不是说一切都是“命定”，一切都是决定好的。这种网络还是让组成它的人有着用武之地，而使个人的命运有所变化。尽管没有人能从竞争态势中破门而出，但是个人能对独占形成的进程发生某种影响。我们对发展的大方向还是能够推断的，只是由于相互依存网络的复杂性而无法对其精确预言。文明进程有时是浪潮式的奔涌，有时却又是退潮；前进有之，后退有之，但总体却是摇摇摆摆向前挺进。

再者，趋向是有条件的变量，不可将其实体化。对情绪愈益加强的调控是一种变量，它取决于社会相互依存的水平；而后者是社会分化的功能，而社会分化又归之于竞争的压力。看看埃利亚斯赖以立论的出发点，就可明白，他是有深意存焉。埃利亚斯将欧洲的文明进程截取从中世纪到现代这一段，这是因为那时的中欧向外和向内扩张的可能性都达到了一定的界限：一方面为了有限的资源（主要表现为土地）所进行的竞争愈演愈烈，另一方面只有分工进一步细密、社会进一步分化，才能养活越来越多的人口。正因为如此，他没有选取民族大迁徙和罗马帝国为其切入口，而是从情况复杂、开始各方面转型的中世纪入手，这样更能凸显其论点：历史发展的轨迹不是单线式的。

第三个反对单线式发展的理由是：对社会发展的进程不可以单方面的因果关系来加以解释。在埃利亚斯看来，社会发展既没有“起点”，也没有“目的”，更不是“前世注定”。相互交织的结构就是从相互交织的结构发展起来的。来自人的相互依存关系的是社会进程结构性变量的相互依存关系。相互依存的水平和情绪的调控，竞争和分化，暴力独占和税务独占，社会发生和心理发生，都是相互制约、相互促进的，人无法确定哪是原因，哪是后果。

单方面因果——一切注定的历史立论——会给人推出现成的世界图像，埃利亚斯对此持反对的态度。他主张对长期过程进行人学——综合各个学科——的研究分析，才能得出适当的解释，作出较为准确的预言。

文明和国家形成的理论是长期进程的理论，世俗的行为方式和社会的变迁的轨迹只有在长期的进程中才能显现出来。而短期观察则会有这样的危险：将瞬间即逝的发展浪潮，将隐伏期，甚至将与大方向相反的动荡绝对化，这样就会得出不适当的结论或预言。

在该书第二卷最后一节“概观”中，埃利亚斯说到，现代人面对迄今为止的社会发展一筹莫展，正如同中世纪的人面对自然界的暴力一样。为了能对无计划的社会进程进行有意识的调控，首先要从大量的史实中过滤出这一进程的基本结构和其大致的方向。埃利亚斯粗略地描绘出从中世纪过渡到近代文明和国家形成进程所特有的相互交织关系的能动性。

社会发生的进程还远远没有结束。正如同在封建时代各霸一方的领主相互争雄一样，在其完稿的30年代末的各民族国家也正为着各自的民族利益火拼。埃利亚斯早已预感到这种发展。他认为当时世界上虽有平衡系统，但该系统没有中央独占，有的却是竞争的张力，这种相互交织关系的能动性必然会导致各个民族国家的争霸斗争。第二次世界大战，以及人类经历的大大小小的战争表明，人类社会离建立一种席卷整个世界暴力垄断、建立全球的中央机关还要走很长的路。

政治领域内所进行的竞争和独占的过程，在经济领域内也以同样的方式演出。在这里，埃利亚斯也看到垄断的形成与瓦解。不过埃利亚斯以为，垄断形成的第二阶段正在出现。垄断的巩固和实际上的社会化限制了对经济垄断的私人占有，正如当初限制领主对税务和暴力独占的私人占有一样。目前所进行的社会化和整合又是一直在增长的相互依存关系的功能，后者使得人与社会单位相互间的关系愈益密切。随着相互依存程度的增长，对行为方式的调控的要求也在提高。

埃利亚斯将人的“最佳均衡状态”称为“幸福”或“自由”，而这种状态只有当着个人的需求和社会的要求相协调一致，以致社会化的自我强制限制于绝对要加以限制的地方，以维护高度的功能性的多元化，保持高度的生活水准：“只有当着国际和国内的紧张状态消解和克服之后，我们才有权说，我们是文明化了(……)文明还没有结束，他正在形成之中。”

有关《文明的进程》的评价

在以上内容介绍中已经涉及对该书的评价，在这里只是简单地提示一下。自 1976 年祖尔坎普出版社出了袖珍本之后，它洛阳纸贵，不胫而走，好评如潮，一夜之间成了畅销书；一时之间掀起了“埃利亚斯热”，其文明理论影响了世界，至少是影响了西方世界，《文明的进程》也被译成数十种文字。

评论主要有以下几点：

一、《文明的进程》不仅是社会学的著作，而且是将社会学、心理学、心理分析、历史学、人类学、哲学、人种学、经济学、政治学、文学等糅合在一起，精心打制出来的一部著作。它打破了各个学科之间的人为的藩篱，使其相互贯通，为 21 世纪的社会学指明了方向。因而有人称埃利亚斯为革新者，克服者。“克服者”是指埃利亚斯克服了各科之间的屏障。

二、埃利亚斯将历史学家从正统的观点中解脱出来，也使他们去研究人的情绪气质和思维方式变迁的课题，而同时又不放弃理论的要求。

三、传统社会学把“个人和社会”看成是各自独立、不相联系的两个实体，而埃利亚斯则推翻了这种错误的两分法，提出两者是不可分割的，“同是人的两个不同的、相互联系的方面”；它们的关系也不是部分和整体的关系，或者手段与目的的关系。个人不可能在社会之外，社会也不可能在个人之外。人的个性化（或个人化）的程度不仅不能脱离社会，相反，有了人群的高度多元化，才会有人的高度个性化。

四、埃利亚斯提出了未来社会学如何研究人的问题。在埃氏看来，人是一个统一体，他将生物的人、社会的人、历史的人、形而上的人综合在一起，联结成为人，所以对人不可单方面去看，而要综合分析。

五、以往的历史研究局限于社会经济的研究，而埃利亚斯结合社会历史，研究历史实在的文化方面，《文明的进程》对以人类学为方向的文化史有着决定性的影响。

六、埃利亚斯通过《文明的进程》成了日常生活史研究的开拓者之一，绝大多数德国的日常生活史学家都尊他为这方面的权威。在德国，乃至在西方世界兴起了研究宫廷或近代初期的衣食住行的热潮。

七、埃利亚斯使得对从封建—等第社会向资产阶级—资本主义社会过渡的变迁过程的思考更加深入一步。

八、埃利亚斯使人认识到西方文明中并行不悖和相互交叉的因素，西方的文明进程并不以法国大革命和工业化为结束。

九、《文明的进程》表明，人类社会处于不断的发展之中，人类的历史应看作是人际关系不断分化和整合的过程；他使人以另外的眼光来看待人和自然的关系，使人愈益增长一种地球上所有人都密切关联的意识。

十、埃利亚斯通过《文明的进程》使人从两种极端的历史观中解脱出来：要么是把历史看成是无法调控、无法把握的一团混乱，要么是把历史看成是有目的、有着严格计划规律的进程。埃利亚斯认为历史是一个过程，是偶然和系统有序的结果，其长期的能动性是有轨迹可寻的。埃利亚斯将 19 世纪的进化论和 20 世纪的社会变革论综合于他的这部著作之中，他的整个社会长期的结构变迁的进程模式也为 21 世纪的社会学研究奠定了基础。

十一、《文明的进程》主要以法国为例来展开他的论述，其他国家也在其视野之中，从而使一国之社会学变为欧洲的社会学；有人认为，从来没有哪一位社会学家像埃利亚斯那样为国际社会学作出这么大的贡献，“埃利亚斯和他的《文明的进程》属于世界社会学”。

十二、《文明的进程》虽是学术著作，但语言简洁明了，形象生动，富有文学性，可读性很强；不少德国人告诉我，他们读《文明的进程》，是为其语言所吸引。

有关《文明的进程》的争论

正像所有其他学术著作一样，《文明的进程》也在学术界引起了争论。有批评，也有反批评，热烈的讨论甚至至今尚未止息。我只能择其要者简介如下：

有的论者指出，该书上卷的副标题为“西方世俗上层的行为变迁”，下卷里国王和贵族的冲突也占有最大的篇幅。因而认为作者将最大的注意力集中于上层，而忽略了市民阶层的革命作用，后者在法国发动大革命，从而埋葬了专制的国王机制。而又有人提出，埃利亚斯之所以将重点放在对国王和贵族的分析，出于两个原因：文明和国家形成的决定性的阶段出现在资产阶级革命之前，文明进程首先可通过专制统治内部的政权平衡和争斗加以解释。再者，埃利亚斯想和当前社会学的主要潮流“对着干”，后者，在埃氏看来，只把资产阶级看成是现代世界的创造者有欠公允。埃氏则反其道而行之，强调贵族的功能。最后埃利亚斯以超脱概念的方式来平息这场有关资产阶级抑或贵族是社会发展动力的争论：社会演变的根源不在于这个或那个阶层，而是和“一个社会区的不同功能集团间与正在竞争着的不同的人群间的紧张状态息息相关”。用另外的话说即是：社会的发展是各社会集团、各社会阶层或者说阶级的矛盾斗争促成的。对市民阶层注意不够并非研究的“不足”，而是文明理论研究的“急需”。

对《文明的进程》的另一个责难是说其具有种族主义倾向：随着社会的不断整合，本能和情绪的调控也在不断前进，人的行为也“愈益文明”。对不同的历史时期，对处于不同发展阶段的不同的社会进行研究，就少不了比较，因而就会有“比……更文明”，“情绪调控比……具有更高的水准”等等。如果我们认为我们的时代比国王的时代“更文明”，或者说西方社会在情绪调控方面较之发展中国家具有更高的水平，那么这种比较难道不是价值判断吗？难道不是有种族主义倾向吗？

对所谓种族主义指责最激烈者乃为埃利亚斯的一个名叫安东·布洛克[①]的学生。但是又有人提出反驳：埃利亚斯所说的“文明进程”并不完全具有积极的意义，“文明的概念”不只是使人想起“进步”“较高价值”和“更高级的人性”这些字眼，而且也和“异化”“造作”“压抑”和“不真”联系在一起。埃利亚斯本人特别提醒人们注意，“文明化”是和人为的强制与恐惧分不开的。这种说法是釜底抽薪，文明的概念一旦失去其积极的评价，对种族主义的指责就会不攻自破。

埃利亚斯在他以后的著作里，不再说“较高的文明”，而是说“另外的或别样的文明”，以避种族主义之嫌。

对《文明的进程》最为激烈的批评乃是来自汉斯-彼得·迪尔[②]，他以《论赤裸和羞耻》一书著称于世，该书的副标题为“文明进程的神话”。他认为，《文明的进程》的核心论点是：社会发展从长期看来会导致行为的变迁，朝着情绪愈益得以调控的方向变化。也就是说文明是不断发展的，是不断进步的。他不相信这一点，将其称之为“神话”。他举例说，“羞耻感”并非近代的“发明”，很早以前就有，所以不可将其视为社会学概念的变数，而是与生俱来的常数，是任何时代、任何社会所有的感觉。

但是一个名为施罗特尔的社会学家反驳说，是迪尔自己将文明进程一分为二：一为不文明的中世纪，一为文明的近代，而埃利亚斯将文明看成是一个过程：这一过程没有起点也没有终点；它不是持续不断的，而是阵发式、浪潮式，有涨潮也有退潮。迪尔举例说中世纪已有了羞耻感，与其说是驳斥了埃利亚斯的文明理论，还不如说证实了这一理论。埃利亚斯从没讲过中世纪根本没有羞耻感，反倒是他对毫无疑问能加以

① Anton Blok。

② Hans-Peter Duerr。

实证的、异步和同步的行为差异深感兴趣，并对其进行了心理发生和社会发生的解释。

笔者的几点看法

《文明的进程》影响巨大，研究社会科学绕不过它，对研究政治，甚至对研究当前的国际政治都有参考价值。西方世界对它评价很高，很多说法我也认为不无道理，但其文明理论能否适用于东方，适用于中国，这还是一个很大的题目。

埃利亚斯从经济的发展，从生产关系的变革，从人与人之间相互交织的关系来考察文明进程，这是一条我们所熟悉的路子，也是一条正确的路子。所谓“人的相互交织的关系”，所谓“人际关系网络”，实际上就是马克思所说的“社会关系总和”。

在文明的进程中，埃利亚斯谈得最多的是各个领主间的争霸，是暴力垄断和税务垄断的过程，是人与人之间的物质关系。可意识形态、精神在其中所起的作用，则很少触及。比如中国早在春秋战国时代，诸子百家立言立论，对后代的影响，对后世的文明进程的影响该是多么巨大，如写中国的文明进程，他们的思想是绝不可略而不计的。可在《文明的进程》中，却见不到意识形态的作用，教会也很少提及，这是我疑惑不解之处。

按照埃利亚斯的理论，中国出现国家应该是在秦朝统一中国之后，因为那时有了对暴力和税务的独占，也有了常备军，这样春秋战国所出现的国家就不能算是国家；古希腊罗马也不能算是国家。有的汉学家认为中国到了汉代才建立起国家。这种说法真是匪夷所思，我们应对此加以讨论。

通过以上的介绍，衷心希望读者能对埃利亚斯其人，对《文明的进程》，对出书前后的状况有所了解，这也算是一篇导读吧。

参考书目：

埃利亚斯：《文明的进程》。

赫尔曼·科尔特(Hermann Korte)：《论诺贝特·埃利亚斯》，莱斯克+布德希(Leske+Budrich)出版社，1997 年。

卡尔-西格贝特·雷贝格(Karl-Siegbert Rehberg)：《诺贝特·埃利亚斯和人学》，祖尔坎普出版社，1996 年。

拉尔夫·鲍姆加特(Ralf Baumgart)/福尔克尔·艾希纳(Volker Eichner)：《诺贝特·埃利亚斯》，尤尼乌斯(Junius)出版社，1997 年。

埃利亚斯：《投入和距离》，祖尔坎普出版社，1993 年。

埃利亚斯：《德国人研究》，祖尔坎普出版社，1997 年。

亨利希·库诺(Heinrich Cunow)：《马克思的历史、社会和国家学说》，袁志英译，商务印书馆，1988 年。

注　　释

序言注释

1. Talcott Parsons, *Essays in Sociological Theory*, Clencoe, 1963, S. 359 f..

2. T. Parsons, a. a. O., S. 359.

3. T. Parsons, *Social Structure and Personality*, Clencoe, 1963, S. 82, 258 f..

4. Parsons 曾在他的著作中反复表达了这样的观点，即应该把社会结构的变化理解为在正常的和稳定的社会平衡状况下所出现的一种干扰（见 T. Parsons, N. J., Smelser, *Economy and Society*, London, 1957, S. 247f）。Robert K. Merton 也持有同样的观点（见 Robert K. Merton, *Social Theory and Social Structure*, Clencoe, 1959, S. 122）。在这本书中，Merton 同样是把一种没有矛盾、没有冲突、理想的或实际的社会状况与另一种出现“干扰”和“机能失调”的社会状况相比较。他认为，正是这种被视为“干扰”和“机能失调”的现象，一般来说对没有矛盾、没有冲突的社会结构会造成一种压力并促使其发生“变化”。

可见，这儿要提出来讨论的并不是以往曾经借助于“静态”和“动态”的概念已经讨论过的问题。这些传统的讨论所涉及的是究竟应该采取什么样的步骤和方法来研究社会现象，是采取阶段研究的方法呢，还是采取较长过程的研究方法？这儿所要讨论的既不是社会学的研究方法，也不是社会学研究课题的选择，而是使用方法和选择课题的基础，即社会和人的形态的观念。我并没有对把短时期的社会状况作为研究对象的可能性提出非议，对于社会学研究来说，这样的选题完全是成立的，同时也是不可缺少的。我所反对的是某一种理论观点，持这种观点的人经常会对社会状况进行实证的研究，尽管他们有时候也不这样做。诚然，运用某种关于社会变化、社会过程和社会发展的理论对社会状况来进行实证研究是完全可行的，然而，在有关“静态社会”和“动态社会”之间关系的讨论中所存在的问题是，人们并没有把对短期社会状况所进行的研究及其使用的方法与提出问题和阐述结果的理论模式清楚地区分开来。在以上所提到的 Merton 的书中便存在这样的问题。他所使用的

"静态"和"动态"的概念明显地缺乏这方面的区分能力。特别是在他说到，在社会功能理论的模式中"静态社会"与"动态社会"之间的界限是可以沟通的，那些在现存"社会体系"意义上意味着"机能失调"的差异、矛盾和对立，在社会变化的意义上却又是"起作用的"。

5. 促进欧洲各民族合并这一趋势的大部分动力，肯定将来自这些国家之间互相依赖的关系，首先是经济和军事方面的互相依赖关系的进一步发展。然而，这些欧洲国家中传统的民族自我形象的动摇使它们在某种程度上迟疑地去适应这一违反其民族中心传统的合作趋势。进一步合并所面临的困难是，由于在所有这些国家人民的社会化过程中都是以本民族为中心的，所以正在形成之中的、更大的超民族形态对于他们来说只有"理性"，而没有感情上的意义。

6. 在这儿无法对这一区别作一个详细的比较研究。但是，可以用几句话对此作一个大致的概括。这一区别与工业国形成之前的掌权精英们的价值观有关。这一价值观渗入到以后当权的工业阶层和它们的代表之中。

在德国这样的国家里，在欧洲大陆的其他国家中也是如此，可以发现这样一种市民阶层的保守主义势力，其价值观在很大的程度上受到工业国之前王朝、农业和军事方面掌权精英们的影响。持有这种观点的人非常明显地蔑视一切在德国被称为"商业界"的东西，也就是说，轻视贸易和工业；并十分明显地抬高"社会整体"，而贬低个别的人，即"个性"。只要这种观点在工业阶层的保守主义势力中起重要的作用，那么在这些阶层中就自然而然地存在着一种明显的反对自由的倾向。由于这一传统的缘故，任何高度评价个性和个人的首创精神、轻视"国家整体"以及商业界所主张的自由竞争观念都会引起他们的反感。

而在另外一些国家中，其工业发展之前的农业实权派无论是在生活实践中还是在观念上都与商业活动以及与所有和商业有关的人保持着一定的关系；或者在一些像英国和美国那样的君主宫廷中央集权受到限制或根本不存在的国家中，当市民阶层逐渐上升为统治阶级时，其保守主义就比较能够容忍个人竞争、国家不得干涉、个人自由等典型的自由主义思想。至少从表面上来看是如此。关于由这种自由保守的民族主义和看似毫无疑问的，同时把"个人"、民族和"国家整体"视为最高价值的观念所引起的一些特殊的问题，在这本书中还会谈到。

7. 这种用关注现实来代替关注未来的做法是一种小小的思辨诡计，这种偷梁换柱的方法作为一种潜移默化的思想方法的典范很值得向每一个对思想研究感兴趣的社会学家推荐。把现存的和现有的状况视为最高理想的各种以民族为中心的观念，往往会导致其代表人物以及持保守自由观点的代表人物简单地把他们自己的观点称为不受任何思想观念局限的、对事实的确认并把思想局限在仅注意现状的变化，特别是国家内部的变化上。当然，这样做的不仅仅是这些人。著名的现实政治①便是

① Realpolitik，强权政治的委婉语。——译者

德国社会发展中一个戴着假面具的思想的例子。持这一思想观点的人从一种他们所认为的事实出发提出了这样的理由：在国际政治中，每一个民族都应该本着有利于本民族的精神毫无顾忌地、无所节制地充分发挥自己的潜在实力。这种看起来似乎是实事求是的论断，实际上却是某种民族中心主义，是麦克恰维尔思想的新的翻版。其实质是当人们在国际范围内实施民族政策时，只需考虑本民族的利益而不必顾及其他民族。这种“现实政治”的理想之所以不现实，是因为事实上每一个民族都必须依赖其他的民族。

在美国社会学家 Daniel Bell 最近出版的一本书里也能找到与此相似的观点。这本书的书名是 *The End of Ideology*(New York, 1961, S. 279)。按照美国的传统，这一思想是以一种比较温和的形式表达出来的。Bell 认为，事实上各个群体的权力斗争都是为了追求自身的利益。与德国“现实政治”的代表一样，Bell 也从这一事实中得出这样的结论：为了达到本群体争夺权力的目的，政治家应该积极投身于各群体的权力斗争而不必顾及道德的约束。显然 Bell 不想使这一纲领带有任何政治信仰、事先拟定的价值体系或意识形态的特征，他只是试图使这一概念成为一种关注现状的政治观点。但是他忘了，人们不仅可以把现状作为一种既成事实，也可以赋予它一种感情色彩而把它看作是理想的和应该存在的。他没有把对现状所作的科学研究和将现状当作崇高理想而进行的思辨区分开来。Bell 的理想是一种状态，而他把状态当成了事实。另一个美国社会学家 Seymour Martin Lipset(见 *Political Man*, New York 1960, S. 403)写道：“民主的意义不仅仅是通过它各个群体可以奔向自己的目标并探索一种好的社会，民主就是正在造就中的好的社会本身。”以后，Lipset 对这句话进行了一番修正。美国最有权威的社会学家的这些论述说明了，连美国社会学界最明智的代表也不能摆脱他们那个社会所要求的思想一致的强大压力，同时也说明了，这种情况影响了他们的批判精神。只要这种情况存在，只要这种以民族为中心的价值观和理想仍然在美国权威的社会学家的理论思想中占主导地位，只要他们还没有意识到，社会学和物理学一样不能受任何一种民族观念的摆布，他们所具有的影响便会给全世界的社会学发展带来一种巨大的危险。正如“The End of Ideology”的现象至今尚未引起社会学家们的注意那样。

倘若苏俄的社会学同样具有这么大的影响的话，那么或许也应该如此对它加以评论。然而，据我所知，在苏俄虽然实证的社会学研究正在增加，但是几乎还没有社会学的理论。这是可以理解的，因为在苏俄马克思、恩格斯的思想还没有完全涉及这一领域，这是相对于已经上升为一种信仰体系的马克思主义思想大厦而言的。与美国占统治地位的社会学理论一样，苏俄社会学理论也是一种以民族为中心的思想的产物。从这一方面来看，“思想的末日”(*Das Ende der Ideologie*)在社会学理论中还没有引起注意。但是我们并没有理由不去竭尽全力结束那种持续不断的、自欺欺人的局面以及那种一而再、再而三地想把目光短浅的社会学思想装扮成一种永恒的社会学理论的做法。

8. T. Parsons, *Societies, Evolutionary and Comparative Perspectives*, Englewood Cliffs, 1966, S. 20:“这一过程发生在那个‘黑箱’里面，即行动者的个性之中。”

9. Gilbert Ryle, *The Concept of Mind*, London 1949.

前言注释

不应该把这一说法误解为在个人的“文明”史中也能找到社会历史所经历的所有个别阶段。没有什么比在个人生活中去寻找“自然经济的封建时代”“文艺复兴时期”“宫廷——专制主义时期”这样的做法更为荒唐的了。所有这些概念都与整个社会群体的结构有关。

这儿所指出的是一个简单的事实：即便是在文明社会里也没有人生来就是文明的。每个人都被迫经历的个人文明进程是社会文明进程的作用。因此，儿童的情绪和意识结构肯定与“不文明”民族有着某种相似之处。这一点也同样适用于成年人身上的某些意识。随着文明的发展，这些意识受到了或多或少的束缚，只有在梦中才会浮现出来。因为在我们这个社会里每个人从诞生的那一刻起，就被置于成年人“文明”的制约与影响之下，所以每个人在事实上都必须重新经历一个文明的进程，以达到他所处社会在历史发展中所达到的水准，但这并不是说个人必须重新经历社会文明中所有的历史阶段。

第一章注释

1. Oswald Spengler, *Untergang des Abendlandes*, München, 1920, I, 28:“每一种文化都有它自己的表达方式。这些表达方式出现、成熟、凋谢并一去不复返……这些文化，这些最高级的‘生物’就像田野里的花一样，是在一种崇高的无目的中成长起来的。它们和田野里的花一样属于歌德笔下活生生的大自然，而不属于牛顿的死的自然。”

2. 关于德语中“文明”与“文化”意义演变的摘记：

对于“文明与文化”这两个概念的发展过程可以作一个更为详细的探讨，然而在这儿只能简略地提一下。希望我所做的摘记有助于对书中这一方面思想的理解。

事实表明，在19世纪，特别是在1870年以后，当德国在欧洲强大起来并逐步成为一个殖民国家的时候，这两个词汇在使用中的对立有时候就不那么明显了。与今天英国和法国的部分地区一样，这时候“文化”这个词汇只是用于某种特定的范畴或表示文明的最高形式。比如，Friedrich Jodl 在他的 *Die Kulturgeschichtsschreibung* (Halle, 1878, S. 3)一书中把“一般的文化史”称为“文明史”（又见 Jodl 这本书的第25页）。

在 *Geschichte der Menschheit und Cultur*，1843，再版时的题目为 *Cultur-Geschichte der Menschheit* 一书中，G. F. Kolb 把现在一般已经摒弃不用的“进步观”融入了他的文化概念。他在其有关“文化”的见解中明显地援引了 Buckle 的“文明”概念。然而，正如 Jodl 所指出的（见前书，第 36 页），“正因为 Kolb 的思想是在自由的政治、社会和教会宗教等现代观念及要求的影响下形成的，所以它很容易被视为政治党派的纲领。”

换言之，早在 1848 年之前 Kolb 就是一个“进步人士”，一个自由党人。即便如此，他的文化概念还是很接近于西方的“文明”概念。

在 1897 年出版的 Meyer《百科全书》中仍然是这样写的：“文明是每一个野蛮的民族要达到工业、艺术、科学和思想领域更高一层的文化时所必须经历的一个阶段。”

在类似的表述中，德国的文化概念似乎已经很接近于法国和英国对“文明”的理解了。然而，即使是在这样的情况下那种认为与文化相比文明只具有次一等价值的看法在当时的德国也还没有完全消失。文化这一概念表达了德国在那些以“文明”旗手自居的西方国家面前的自信，同时也表达了德国与西方国家之间的对立。德国这种自信的强弱随着与这些国家关系紧张程度和方式的改变而改变。德国“文明”和“文化”这一对概念的发展历史与英国、法国和德国之间相互关系的发展史密切相关，而这一切又都建立在一定的政治背景之上。这些经历了一次又一次发展浪潮的历史事件在德国人的精神面貌、心理素质以及他们所使用的概念中表现出来，首先是在那些反映他们自信心的概念中表现出来。

参阅 Conrad Hermann，*Philosophie der Geschichte*，1870。在这本书中，法国被称为“文明”的国家，英国被称为“物质文化”的国家，而德国则被称为具有“高尚修养”的国家。英国和法国常用的“物质文化”一词虽然在德国的学术术语中仍然存在，但是在口语中却已经基本上不用了。在德语口语中“文化”这一概念已经和这儿提到的“高尚修养”互相融合了，从那时候起“文化”和“修养”便形影不离了。尽管如此，就像前面所提到的，逐渐地，“文化”这一概念更多地被用于表达人所取得的成就。

3. 关于知识分子的问题首先应该参阅 K. Mannheim，*Ideologie und Utopie*，Bonn，1924（现在由 Frankfurt a. M. b. Schulte-Bulmke 出版），S. 121－134。这本书的英文版 *Ideology and Utopia*，*An introduction to the Sociology of Knowledge*（*International Library of Psychology*，*Philosophy and Scientific Method*）London，1936，对这个问题进行了更为详细的探讨。有关这一问题也可参阅 K. Mannheim，*Mensch und Gesellschaft im Zeitalter des Umbruchs*，Leiden，1935 和 H. Weil，*Die Entstehung des Deutschen Bildungsprinzips*，Bonn，1930（Kap. V. Die Gebildeten als Elite）。

4. *Großes vollständiges Universal-Lexikon aller Wissenschaften und Künste*，Leipzig und Halle，1736（verlegt bei Joh. H. Zedler）. 同时也请参阅词条“宫廷侍臣”：“宫廷侍臣

是一个体面的、在某一个君主的宫廷里服务的人。由于君主的反复无常，由于众多的嫉妒者、暗藏的诽谤者和公开的敌人，也由于其好逸恶劳和骄奢淫逸的生活方式，历代的人们总是把宫廷生活描写成危险而又罪恶累累。

“然而，在任何时代都有一些宫廷侍臣凭着他们的聪明才智躲过了明枪暗箭，又凭着他们的机警战胜了罪恶的引诱，成了幸运而又有德行的宫廷侍臣中值得尊敬的典范。可是，‘伴君如伴虎’这句话仍然有它的道理。”

再见词条“宫廷”：“假如所有的侍臣都是因为君主所具有的内在的品质而尊敬他的话，就不需要那些表面的豪华排场了。然而，侍臣的服从大部分是迫于君主的豪华场面。不管是单独而行，还是前呼后拥，君主总是同一个人。但是有很多例子说明，当君主单独与他的侍臣打交道的时候，很少或者根本就没有权威。这时候人们对他的态度完全不同于当他处于与身份相当的豪华场合的时候。因此，一个君主不仅需要替他治理国家的臣仆，还需要为他个人服务以及替他张罗排场的臣仆。”

早在 17 世纪就已经有人表达了与此相似的思想，比如在 *Discurs v. d. Höfflichkeit* (1665)一书中。又见 E. Cohn, *Gesellschaftsideale u. Gesellschaftsroman d. 17. Jahrh.*, Berlin, 1921, S. 12。在德语中，“表面的礼貌”和“内在的优点”这两者的对立和德国的专制主义以及德国市民在与宫廷圈子比较之下所显示出来的社会弱点的历史一样悠久。必须把后者与这之前的发展阶段中德国市民曾经非常强大的情况联系起来看。

5. 引自 Aronson, *Lessing et les classics français*, Montpellier, 1935, S. 18。

6. E. d. Mauvillon, *Lettres Françoises et Germaniques*, Londres, 1740, S. 430.

7. Mauvillon, 同上书, S. 427。

8. Mauvillon, 同上书, S. 461—462。

9. 重新刊登于 *Deutsche Literaturdenkmale*, XVI, Heilbronn, 1883。

10. 参阅 Arnold Berney, *Friedrich der Große*, Tübingen, 1934, S. 71。

11. 参阅 Hettner, *Geschichte der Literatur im 18. Jahrhundert*, I 10：“不可否认，就其内部特点而言法国戏剧是宫廷戏剧，是礼仪的戏剧。只有极其严格遵守宫廷社交礼仪的人才有资格成为其悲剧英雄。”

12. Lessing, *Briefe aus dem zweiten Teil der Schriften*, Göschen, 1753. 引自 Aronson, Lessing et les classics français, Montpellier 1953, S. 161。

13. 这一点以及以下各点说明的依据见 Lamprecht, *Deutsche Geschichte*, Freiburg, 1906, VIII 1, S. 195。

14. Mauvillon, 同前书, S. 398f。

15. Sophie de la Roche, *Geschichte des Fräulein von Sternheim* (1771), hrsg. von Kuno Ridderhoff, Berlin, 1907.

16. 引自 *Herders Nachlaß*, Bd. III, S. 67－68。

17. Sophie de la Roche, 同上书, S. 99。

18. Sophie de la Roche，同上书，S. 25。

19. Sophie de la Roche，同上书，S. 90。

20. Caroline von Wolzogen，*Agnes von Lilien*(1796 年刊登在席勒主编的杂志 *Horen* 上，1798 年成书)，其中的一个片段重新刊登在 *Deutsche Nationalliteratur*，Berlin und Stuttgart. Band 137/II。引文见 S. 375。

21. Caroline von Wolzogen，同上书，S. 363。

22. Caroline von Wolzogen，同上书，S. 364。

23. Grimms Wörterbuch，见词条“宫廷侍臣”。

24. 同上。

25. Brunot 在他的 *Histoire de la langue française* 一书中提出，是 Turgot 率先使用了“文明”一词。但是，看来还不能肯定 Turgot 本人究竟是否用过这个词。除了在 Dupont de Nemour 的版本和 Schelle 的版本目录中出现过这个词之外，在 Turgot 本人的作品中找不到这个词。显然，这一目录不是出自 Turgot 之手，而是由 Dupont de Nemour 写的。但是，如果不是指这个词汇，而是指这种思想的话，那么，事实上早在 1751 年就能在 Turgot 那儿找到足够的材料来证明这一点。指出这一点也许并不是无益的，因为只有这样才能使人了解某些来自经验的思想是如何在人的头脑中形成的，以及这一思想和观念又是如何逐渐地通过某一个特定的词汇表达出来的。

Dupont de Nemour 在由他主编的 Turgot 版本目录中写下“文明与自然”并非偶然，因为在 Turgot 的原著中确实包含了文明的早期思想，而“文明”这个词则是以后才逐渐形成的。

Turgot 在给 *Lettres d'une Péruvienne* 一书的女编者 Madame de Graffigny 写信时(这封信以后成了这本书的序言)就“野蛮人”与“有礼貌的人”之间的关系发表了他的看法(*Œuvres de Turgot*，ed. Schelle，Bd. I，Paris，1913，S. 243)：那个秘鲁女人也许会认为“野蛮人和文明人各有优点。偏爱野蛮人实在是一种可笑的说法。她应该反驳这种说法，她应该指出，由文明带来的那些所谓的繁文缛节所反映的正是人类的天性”。

仅几年之后，Count de Mirabeau 用“文明”这样一个更加有力、意义更加广泛的概念表达了“文明人”这一概念所要表达的相同意思，尽管他的价值观与 Turgot 截然不同。

26. 这一点以及以下各点请参阅 J. Moras，*Ursprung und Entwicklung des Begriffs Zivilisation in Frankreich*(1756—1830)，*Hamburger Studien zu Volkstum und Kultur der Romanen*，6，Hamburg，1930，S. 38。

27. Moras，同上书，S. 37。

28. Moras，同上书，S. 36。

29. Lavisse，*Histoire de France*，Paris，1910，IX 1，S. 23.

30. Moras，同上，S. 50。

31. d'Holbach, *Système sociale ou principes naturels de la morale et de la politique*, London, 1774, Bd. III, S. 113, 引自 Moras, 同上, S. 50。

32. d'Holbach, Bd. III, S. 162.

33. Voltaire, *Siècle de Louis XIV.*, Œuvres Complètes, Paris(Garnier Frères), 1878, Bd. 14, 1, S. 516.

第二章注释

1. S. R. Wallach, *Das abendländische Gemeinschaftsbewußtsein im Mittelalter*, Leipzig und Berlin, 1928, Beitr. z. Kulturgesch. d. Mittelalters u. d. Renaissance hrsg. v. W. Goetz Bd. 34, S. 25 – 29. 从这本书中还引用了"拉丁民族""不论是来自哪一个国家的说拉丁文的人"等表达方法来称谓拉丁语国家的基督教界及整个西方国家。

2. *Bibliotheca Erasmiana*, Gent, 1893, 第 130 版, 如果把 1526 年的版本算进去的话, 确切地说应该是第 131 版。可惜这一版本我没有, 所以无法知道它是否与以后的那些版本一致。

继 *Colloquien*、*Moriae Encomium*、*Adagia* 和 *De duplici copia verborum ac rerum commentarii* 之后,《男孩的礼貌教育》是伊拉斯谟著作中出版次数最多的一本(伊拉斯谟所有著作出版次数统计表, 见 Mangan, *Life*, *Character and Influence of Desiderius Erasmus of Rotterdam*, London, 1927 Bd. 2, S. 396ff。)。如果把与伊拉斯谟这本书多少有些关系的那些书也考虑在内的话——可以把那些书看作是伊拉斯谟这本书所取得的成就的进一步扩展和延伸——那么, 就必须比伊拉斯谟的其他著作更高地来评价《男孩的礼貌教育》一书的意义。了解这本书的直接影响的最好方法, 是查一下伊拉斯谟的哪些著作最经常地被从学者的语言改写为一般用语。对这一方面还缺少全面的分析。M. Mann 在他的 *Erasme et les Débuts de la Réforme Fançaise*, Paris, 1934 一书中(S. 181)谈到了法国这一方面的情况。M. Mann 指出, 令人感到惊奇的是,"就数量上来看, 谈论教育和虔诚的书超过了滑稽和讽刺的书。在这张书目中像《赞疯狂》和《对话》一类的书几乎没有一席之地……吸引译者和迎合大众口味的是《格言集》、《论死亡之准备》和《儿童公民守则》这一类的书"。但是, 如果有人想作一个相应的调查, 以便了解伊拉斯谟的哪些书能在德国和荷兰获得成功的话, 肯定会得出与此不同的结论。可以推测, 在这两个国家中, 幽默类的书籍能获得更大的成功(参见注释 30)。

《男孩的礼貌教育》一书的拉丁文版在德语国家中肯定获得了巨大的成功。Kirchhoff(见 *Leipziger Sortimentshändler im 16. Jahrhundert*, 转引自 W. H. Woodward, *Desiderius Erasmus*, Cambridge, 1904 S. 156 Anm. 3)指出, 在 1547 年、1551 年和 1558

年，莱比锡库存的《男孩的礼貌教育》一书不少于 654 本，而书单上伊拉斯谟的其他著作则没有达到过同样的数字。

3. 参阅 A. Bonneau 版 *civilité puérile* 中关于礼貌书籍的摘记及注释 35。

4. 尽管这本书在伊拉斯谟所处的那个时代曾经大获成功，但在近代却很少引起重视。这显然与这本书的题目以及内容有关。礼貌规矩、交际形式和行为方式对于塑造人和调节人际关系来说是很有启发意义的，但从思想史的角度来看也许未必如此。伊拉斯谟在他所著的 *Geschichte der deutschen Literatur bis zum Ausgang des Mittelalters Bd. 6*，T. 2，第 330 页上谈到“宫廷礼貌”时写道：宫廷礼仪是“针对统治阶层子女的一种教育学说，还未深化为一种德行的理论”，这便是人们经常可以听到的对这一类礼貌书籍的评价。

在法国，某一历史时期的礼貌书籍，特别是 17 世纪的，在很长一段时期里受到了重视。注释第 93 条中所提到的 D. Parodie 的著作，特别是 M. Magendie 对这方面所作的全面研究 *La Politesse Mondaine*, Paris, 1925，(Alcan)就已经引起了人们对这一类书的关注。

B. Groethuysen 的专著 *Origines de l'esprit bourgeois en France*, Paris, 1927 也起到了同样的作用。这本书也是以普通文学作品为出发点，以便沿着某一条线索来探究人类及社会水准的演变的(见第 45、46、47 页)。

可以这么说，本书第二章所引的材料与以上列举的著作所用的相比要次一等。尽管如此，通过这些材料或许也同样能够显示出这本“小书”对于阐述个人的构成和人际关系方面所发生的巨大变化的意义。

5. 其中的一部分又重新刊印在 A. Franklin 的 *Les Repas* 一书第 164—166 页。这本书中还有许多其他可以用来引证这一题目的材料。

6. 重新刊印在由 Frederick Furnivall 主编的 *The Babees Book* 一书中(*Early English Text Society*, *Original Series*, 1, 32, London, 1868, T. 2)。其他英文、意大利文、法文和德文等版本的这一类书，见 *Early English Text Society*, *Extra Series N. VIII*, hrsgegeb. v. F. J. Furnivall, London, 1869(A Booke of Precedence usw)。在有关社会制约的英文版书籍中，特别明确地描写了英国的青年贵族是如何在其本国的某个“大人物”府邸中服务，并在这一过程中去学会适应必要的社会准则的。一个研究英国风俗习惯的意大利人在他 1500 年左右写的一本书中说道：英国人之所以这样做，也许是因为外人比自己的孩子服侍得更加周到。“如果他们把自己的孩子留在家里的话，那么他们就不得不给孩子吃与他们同样的饭菜，而这些饭菜是他们让人专门为他们自己做的。”(见 *A Fifteenth Century Courtesy-Book* 导言，London, 1914, S. 6, herausgegeben von R. W. Chambers)有意思的是，这位意大利人于 1500 年左右还曾强调指出：“英国人是最大的享乐主义者。”

其余的说明见 M. u. C. H. B. Quennel, *A History of Everyday Things in England*, London, 1931, Bd. I. S. 144.

7. 由 F. Furnivall 主编，见注释 6。关于德文和其他文字这一类书的说明见 G. Ehrismann, *Gesch. d. deutschen Literatur bis zum Ausgang des Mittelalters* Bd. 6, T. 2, Mchn. 1935(Facetus S. 326, Tischzuchten S. 328)，又见 P. Merker und W. Stammler, *Reallexikon d. deutschen Literaturgesch.* Bd. III Art. Tischzuchten (P. Merker) und H. Teske, *Thomasin v. Zerclaere*, Heidelberg, 1933 S. 122 ff。

8. 这儿所引用的德文版见 Zarncke, *Der deutsche Cato*, Leipzig, 1852。

9. *Der deutsche Cato*, S. 39, V. 223.

10. Joh. Siebert, *Der Dichter Tannhäuser*, Halle, 1934 S. 196, *Die Hofzucht*, V. 33 f.

11. *Hofzucht* V. 45 f.

12. 同上书 49 f。

13. 同上书 57 f。

14. 同上书 129 f。

15. 同上书 61 f。

16. 同上书 109 f。

17. 同上书 157 f。

18. 同上书 141 f。

19. Zarncke, Der deusche Cato, 同上, S. 136。

20. Zarncke, 同上, S. 137, V. 287 f。

21. Zarncke, 同上, S. 136, V. 258 f。

22. Zarncke, 同上, S. 136, V. 263 f。

23. *Hofzucht* V. 125 f.

24. Glixelli, *Les Contenances de Table*, 见注释 32。

25. *The Babees Book u. A Booke of Precedence*, 见注释 6。

26. 参见 A. v. Gleichen Rußwurm, *Die gothische Welt*, Stuttgart, 1922, S. 320ff。

27. S. A. Gabanès, *Moeurs intimes du temps passé*, Paris o. D., I. Sér., S. 248.

28. A. Cabanès, 同上书, S. 252。

29. A. Bömer, *Anstand und Etikette in den Theorien der Humanisten*, *Neue Jahrbücher für das klassische Altertum*, *14*. Leipzig, 1904.

30. 中世纪末和文艺复兴时期的德国市民阶层主要是以"纠正不礼貌行为"来制定礼貌准则的。人们假装把"坏"的行为作为准则，然后对它进行讽刺和嘲笑。幽默和讽刺在以后的德国传统中逐渐减少，至少是只占次一等的地位，然而，在中世纪末和文艺复兴时期的德国市民社会幽默和讽刺则起到了非常重要的作用。

通过讽刺的手法来改变不礼貌行为，是城市市民阶层用以培养礼貌规矩的特有形式。这一传统至少可以追溯到 15 世纪。"不要迫不及待地去拿食物"这样一条一再被重复的规矩，在这一时期一首题为《师傅是如何教育他的儿子的》① 这首小诗中是这样来表达的（见 Zarncke, *Der deutsche Carto*, Leipzig, 1852, S. 148)：

记着我对你说的话：
如果有人端上食物，
便第一个伸手到盘中去，
再将食物大块填入口中，
记着，只有母猪才会这样。

关于不要长时间地在公用的盘里翻寻的规矩，在这本书中是这样写的：

除了别的我还要教你：
在盘里翻来翻去，
拣最好的一块；
挑出你最喜欢的那一块，
把它放在你的盘子里；
不管别人是否感到厌恶。

在 Kaspar Scheidt 翻译的《粗鲁的人》(Worms, 1551, 重新刊登在 *Neudruck deutsche Literaturwerke d. 16. und 17.* Jahrhunderts Nr. 34 u. 35., Halle, 1882)一书的德译本中，关于及时擦鼻涕的规矩是这样写的（以下引文见 S. 17, V. 223f。)：

这是外国的风俗习惯，
比如在印度，那儿有黄金、宝石和珍珠，
人们把这些东西挂在鼻子两旁。
可惜你没有这样的福气，
所以你听着，属于你的鼻子的是：
两条长长的鼻涕，
挂在你的两个鼻孔外面，
就像是屋檐上的冰柱，
在为你的鼻子装饰，
……
但是任何事情都得有个分寸，
注意别让鼻涕拖得太长，

① 原诗为古德文，因为是讽刺，故诗中所说皆为反语。——译者

你得掌握好尺度，
如果鼻涕流到你嘴上，
顺着嘴角往下淌，
这时候你就该擦鼻涕。
如果用两个袖管去擦，
人人见了都会作呕。

当然，这完全是作为礼貌准则方面的一个鉴诫来描写的。

在 1551 年 Worms 版的扉页上这样写道：

经常读这本小书，
不断温故知新。

为了证实这本书所具有的市民阶级的特征，不妨来读一下 1567 年 Helbach 版的献词。

“Eckhardtshausen① 不足挂齿的神甫 Wendelin Helbach

“献给令人尊敬的、博学的药物学博士，美因河畔法兰克福市的名誉医师 Adamo Lonicero 先生及名誉市民 Johanni Cnipio Andronico，献给我的这两位支持者和好友。”

《粗鲁的人》一书拉丁文版的副标题为何时开始使用“礼貌”这一概念提供了一个线索。也许正是在伊拉斯谟的那本书出版后不久，“礼貌”这一概念便开始在用拉丁文写作的德国知识分子阶层中普及开来。在 1549 年版《粗鲁的人》一书的副标题中，还没有出现“礼貌”这个词。这时的副标题是这样的写的：“聪明、渊博而又好学的年轻人”在 1552 年版的副标题中出现了“礼貌”这一概念：“聪明、渊博而又好学的年轻人选择礼貌”，并一直保留到 1584 年的版本。

在 1661 年版的《粗鲁的人》一书中附了伊拉斯谟《男孩的礼貌教育》的一个片段。

最后，在 1708 年《粗鲁的人》一书的新译本中这样写道：“这本书用诗一般的语言描写了不讲礼貌的克洛茨先生，从而为所有聪明人和文明人提供了笑料。”相比之下，这个新译本在许多方面笔调要缓和得多，隐晦得多。随着“文明”程度的提高，过去阶段由讽刺文章提出来的礼貌规矩成了一种笑料。这种想象既是当时的人对自身优越性的一种认识，也是他们对自己所处阶段社会禁忌的一种小小的冒犯。

31. *The Babees Book*, S. 344.

32. Glixelli, *Les Contenances de Table*, Romania, Bd. XLVII, Paris, 1921, S. 31, V. 133 ff.

---

① 地名。——译者

33. François de Callières, *De la Science du monde et des Connoissances untiles à la conduite de la vie*, Bruxelles, 1717, S. 6.

34. Arthur Denecke 在 Beiträge *zur Entwicklungsgeschichte des gesellschaftlichen* Anstandsgefühls, *Zeitschrift für Deutsche Kulturgeschichte herausgegeben von Chr. Meyer*, N. F. Bd. II, Heft 2, Berlin, 1892, S. 145(auch in Progr. d. Gymnasium zum hl. Kreuz. Dresden 1891)中又重新提到了伊拉斯谟的下列规定(第175页):“假如我们现在已经了解了民众中较高层次圈子里所流行的就餐礼貌，那么，在伊拉斯谟著名的《男孩的礼貌教育》一书中则可以看到关于诸侯礼貌举止的规定……从中我们可以学到下列新的规矩：倘若就餐时有擦嘴的布，那么把它放在左肩或左臂上……伊拉斯谟还说：只要一个国家的风俗习惯允许，就餐时便不应该戴帽子。座位的正前方放盘子，盘子的右边放杯子和刀，左边放面包。面包不应该用手掰，而应该用刀切。就餐时先喝饮料是不适宜的，也是不健康的。把手指浸在肉汤里是粗野的。如果端上来好吃的东西，应该只拿一部分，把其余的还给递给你的人或者递给你的邻座。当别人递给你食物时，应该用三只手指或盘子去接；当别人用匙递给你流质时，应该用嘴喝，但是在把匙还给对方前必须把它擦干净。假如别人递给你的食物对你的健康不利时，不应该说我不能吃，而应该有礼貌地道谢。每一个有修养的人都必须懂得，如何切割各种各样的烤肉。不能把骨头和吃剩的东西扔在地上……；有些人吃饭时狼吞虎咽……；肉和面包一起吃是健康的……；就餐时，年轻人只有当必要时才能开口说话……；假如是你宴请别人，应该为饭菜不丰盛向来宾道歉，而不应该向客人报出每道菜的价格。所有的东西都应该用右手递给别人。

“可以看到，尽管伊拉斯谟——这位王子的教育者非常仔细，尽管他在一些细节方面非常讲究，但就总的精神来说，这些规定与市民阶层的就餐规矩没有什么两样……同样，在其他社交形式方面，伊拉斯谟的教诲也只是在量上有别于其他阶层，这是因为他想尽可能详细地阐述他那个时代礼貌规矩的缘故。”

从某种意义上来说，这一段引文是对以上所阐述的观点的补充。可惜 Denecke 的比较只局限在德国就餐规矩的范围内。为了确保这一结论的准确性，必须把它与法文和英文有关宫廷礼仪的书籍，首先是与人文主义者所倡导的行为规矩进行比较。

35. 见“*La civilité puérile*” *par Erasme de Rotterdam*, *Précédé d'une Notice sur les libres de Civilité depuis le XVI siècle par Alcide Bonneau*, Paris, 1877。

“伊拉斯谟是否参照过什么模式？诚然，处世之道并不是由他发明的，远在他之前就有人提出了礼貌总则……然而，毕竟是他首先采用特殊而又具体的方法来论述这些问题。在我们所援引的上述作者中，没有一个认为可以把礼貌或礼仪问题视为专门研究对象的。他们只是零碎地提出过一些原则，而这些原则又都被纳入教育、道德、时尚和卫生的范畴……”

I. E. Spingarn 曾经对乔瓦尼・德拉・卡萨的《加拉泰奥》(第一版，与作者其他作品的合订本，1558)一书也发表过类似的意见。见 Spingarn 为这本书 1914 年伦敦版 Giovani della Casa, *Galateo of Manners and Behaviours*, London, 1914 所写的序言第 15 页。

指出下列情况也许会有助于对这个问题的进一步研究：早在 15 世纪的英国文学中，就已经有一些长诗详细地论述了穿衣、就餐和在教堂内的举止，其涉及范围之广，接近于伊拉斯谟的那本书。这些长诗是由 Early Text Society 出版的。伊拉斯谟很可能知道这些有关礼貌规矩的诗。

早在伊拉斯谟这本小册子出版前几年，关于男孩教育的问题就已经在人文主义者的圈子里引起了相当的重视。这里仅举几本书为例。除了 Johannes Sulpitius 的诗 *De moribus in mensa servandis* 之外，还有 1525 年出版的 Brunfels, *Disciplina et puerorum* institutio, 1529 年出版的 *Hegendorff*, *De instituenda vita*, 以及 1528 年出版的 Seb. Heyden, *Formulae puerilium colloquiorum*。(Merker-Stammler, *Reallexikon*, 同上, Art. Tischzuchten。)

36. 拉丁文的就餐规矩 Quisquis es in mensa V. 18, 见 Glixelli, 同上, S. 29。

37. Gaxton, *Book of Curtesye* (Early English Text Society Extra Series No. III). *Hrsgeb. v. Furnivall*, London, 1868, S. 22.

38. 见 Della Casa, *Galateo*, Teil I, Kap. I, 5。

39. Caxton, *Book of Curtesye*, 同上书, S. 45, V. 64。

40. 在美国的行为主义著作中对某些概念有比较确切的界定。只需稍加改变，这些概念便会有助于我们对过去的理解。对于我们的理解来说，它们甚至是不可缺少的。但是其中有一部分很难译成德语。比如 "socialising the child" (见 z. B. John Watson, *Psychological care of Infant and child*, S. 112) 或 "Habit formation", 即养成某些习惯 (Züchtung von Gewohnheiten), "conditioning", 即制约 (Konditionierung)、按照一定的规则剪裁 (Zurechtschneiden)、按照或者是通过某些社会条件来塑造 (Modellieren) 人。(见 John B. Watson, *Psychology from the Standpoint of a Behaviorist* S. 312。)

41. 引自 Joh. Siebert, *Der Dichter Tannhäuser*, Halle, 1934. S. 195ff。

42. 引自 Zarncke, *Der Deutsch Cato*, 同上, S. 138ff。

43. 见 *The Babees Book*, 同上, S. 76。

44. 同上书, S. 302。

45. 同上书, Teil II, S. 32。

46. 同上书, T. II, S. 32。

47. 同上书, T. II, S. 8。

48. 见 A. Franklin, *La vie privée d'autrefois*, *Les Repas*, Paris, 1889, S. 194f。

49. 同上书, S. 42。

50. 同上书, S. 283。

51. Dom. Bouhours, *Remarques nouvelles sur la langue française*, Paris, 1676

I, 51.

52. Francois de Callières, *Du bon et du mauvais usage dans les manieres de s'exprimer. Des facons de parler bourgeoises*; *en quoy elles sont differentes de celles de la Cour*. Paris, 1694, S. 12.

"这时候，夫人的仆人进来报告说，有一位叫蒂博的年轻人要见夫人。'好吧，'夫人说，'但是让他进来之前我必须先告诉你，这位蒂博先生是何许人。他是我朋友认识的一个巴黎市民的儿子。有时候，贵族和这些人结交是有利的，因为这些人会借钱给他们。这个年轻人受过教育以期谋取一官半职。但他必须去掉市民阶层的丑陋仪表和语言。'"

53. Andressen und Stephan: *Beiträge zur Geschichte der Gottdorffer Hof — und Staatsverwaltung v. 1594—1659* Bd. I, Kiel 1928, S. 26, Anm. 1.

54. 见 Leon Sahler, *Montbéliardà table*, *Memoires de la Société d'Emulation de Montbéliard Bd. 34*, Montbéliard, 1907, S. 156。

55. 见 Andressen und Stephan, Bd. 1, S. 12。

56. 见 Platina, *De honesta voluptate et valitudine 1475*, Buch 6, 14。整个"文明发展的曲线"在1937年5月8日《泰晤士报》发表的一封"致编辑的信"中非常清楚地表现了出来。这封以"不知该如何烤牛"为题的信发表在英国国王登基大典之前。写这封信的动机显然是想对昔日类似的庆典活动进行回顾。信中写道："在现在这样一个时刻，我和许多人一样很想知道怎样才能烤好整只的公牛。我曾到史密斯菲尔德市场上去打听此事，结果是那儿竟没有人知道如何才能买到整只的公牛，更不用说如何以炙叉穿过牛的身体以及如何烤、切和吃整只的公牛了……这件事真是太让人失望了。"5月14日，在《泰晤士报》的同一专栏里，一个名叫V. Simpsons的厨房主管在一个海滩上介绍了如何烤整只公牛的方法。也是在这一期的《泰晤士报》上还刊登了一张照片：整只的公牛被串在一根铁钎上。在《泰晤士报》上所进行的有关讨论又延续了一段时间。整个讨论给人的印象是，烤整只牲畜的风俗已经逐渐消失，即使是在人们试图尽可能保持原有传统的时候也是如此。

57. Gred Freudenthal, Gestal*twandel der bürgerlichen und proletarischen Hauswirtschaft mit besonderer Berücksichtigung des Typenwandels von Frau und Familie von* 1760 *bis zur Gegenwart* (Dissertation Frankfurt a. M.), Würzburg, 1934.

58. 见 Andressen und Stephan, Bd. 1, S. 10。在这本书中讲到，叉的使用是17世纪初首先在北方的上流社会阶层中开始的。

59. 见 Zarncke, *Der Deutsche Cato* a. a. O. S. 138。

60. 见 Kurt Treusch v. Buttlar, *Das tägliche Leben an den deutschen Fürstenhöfen des 16. Jahrhunderts*. Zeitschr. f. *Kulturgeschichte*, Weimar, 1897, Bd. 4, S. 13 Anm。

61. 见 *The Babees Book*, S. 295。

62. 引自Cabanès, *Moeurs intimes du temps passé. prem. sér*. S. 292。

63. 最好和最简捷的办法是参考 A. Franklin, *Les Soins de la toilette*, Paris, 1877 以及 A. Franklin 的另一本书 *La Civilité*, Paris, 1908, Bd. II, Appendix。在这本书中收集了许多很有启发意义的引文。然而，对于作者的某些观点必须用批评的眼光去看待，因为他没有把在某一时期具有典型意义的东西与对这一时期本身来说也是一种例外的东西区分开来。

64. Mathurin Cordier, *Colloquiorum Scholaticorum Libri Quatuor*, Paris, 1568, Buch 2. Colloquium 54(Exemplum ad pueros in simplici narratione exercendos).

65. 有些不易弄懂的材料出自 De Laborde, *Le Palais Mazarin*, Paris, 1846。

比如，注释第 337 条："是否有必要对此作详细的说明呢？便桶椅在整个那一时期(17 世纪)所具有的政治含义使我们可以毫不害羞地来谈论这一问题。可以这么说，在当时人们都只使用这种家具和普罗旺斯的漏椅①。亨利四世的情妇之一德·韦诺依夫人要求把便桶放在卧室里。在今天看来这是不卫生的，而在当时则是一种可以被接受的放纵。"

假如要了解各阶层不同的文明水准的话，必须对上述注释中所提到的重要情况进行仔细审核。

考察这些水准的方法之一就是仔细地研究遗产的记录。比如，对这本书中关于擤鼻涕的一章还有一个补充说明：用今天的眼光来看令人吃惊的是，在伊拉斯谟的遗产中竟有 39 块手绢，而只有一把金的和一把银的叉。见 *Invntrium ü ber Hinterlassenschaft des E.*, hrsgeb. v. L. Sieber, Basel, 1889, 重新刊登在 *Zeitschrift f. Kulturgeschichte*, Weimar, 1897, Bd. IV S. 434ff。

Rabelais 在 *Gargantua und Pantagruel* 一书中也提供了许多有趣的情况。关于"人的自然需要"的问题见第 1 卷，第 13 章。

66. Georg Brandes 在他的 *Volltaire*(德译本，Berlin, o. D. Bd. 1 S. 340/41)一书中引用了这一段回忆录并解释道："她并没有为在仆人面前赤身裸体而感到害羞；她没有把他当作一个男人，也没有把自己看作是一个女人。"

67. 见 Rudeck, *Geschichte der öffentlichen Sittlichkeit*, Jena, 1887, S. 397。

68. Th. Wright, *The Home of other Days*, London, 1871, S. 269.

69. Otto Zöckler, *Askese und Mönchstum*, Frankfurt, 1897, S. 364.

70. Th. Wright, 同上书，S. 269 和Cabanès, *Moeurs intimes du temps passé*, 同上，2. Serie S. 166。另见 G. Zappert, *Über das Badewesen in mittelalterlicher und späterer Zeit*, Arch. f. Kunde österr. *Geschichtsquellen*, Bd. 21. Wien 1859。关于床在家庭中的作用参阅 G. G. Coulton, *Social Life in Britain*, Cambridge, 1919, S. 386。在这本书中简洁地论证了因为当时床少，所以几个人睡一张床是理所当然的事情。

71. Bauer, *Das Liebesleben in der deutschen Vergangenheit*, Berlin, 1924, S. 208.

---

① 指便桶椅。——译者

72. Rudeck, *Geschichte der öffentlichen Sittlichkeit* S. 399.

73. Dr. Hopton u. A. Balliol, *Bed Manners*, London, 1936, S. 93.

74. 当然有反对穿睡衣睡裤的情况。下面的引文是一个美国人的看法，有趣的是他的论证。(引自 *The People* v. 26. 7. 1963)

"强壮的男子是不穿睡衣睡裤的，他们穿长睡袍。只有不值一提的男子才穿睡衣睡裤这样女人气的东西。西奥多·罗斯福是穿长睡袍的。华盛顿、林肯、拿破仑、尼禄①以及其他著名的男人也是穿长睡袍的。"

"这些赞成穿长睡袍、反对穿睡衣睡裤的理由是渥太华的 Davis 博士提出来的。他组织了一个长睡袍俱乐部。这个俱乐部在蒙特利尔有一个分部，在纽约也有一大批志同道合的人。这一俱乐部的宗旨是，把长睡袍作为男子汉的标志重新进行推广。"这一段引文清楚地说明了睡衣睡裤在战后较短的一段时期内的推广情况。

这段引文还非常清楚地表明，因为妇女也开始穿睡衣睡裤，有一段时间穿睡衣睡裤的男人反而少了。代之而起的长睡袍显然是由长的夜礼服发展而来的。这种长睡袍表达了与长的夜礼服相同的社会倾向，即反对"妇女男性化"和希望突出男女社会差异的强烈愿望。这中间也包括了希望夜礼服与睡袍能取得某种和谐的简单的需要。只需把新式的长睡袍与以往的比较一下便会明白，为什么这本书在提到过去的长睡袍时认为"对隐秘的东西做工不讲究"。如今的长睡袍很像一般的外套，其款式远比以前讲究。

75. M. Cinsberg, *Sociology*, London, 1934, S. 118.

"压抑人的固有天性，还是让它得到充分发挥，这在很大的程度上取决于家庭生活和更大范围内的社会传统……比如，要断定人是否天生就对乱伦关系有反感是很困难的；或者，要解释各种各样性嫉妒的遗传因素也是很困难的。概括地说，这种固有的倾向是可塑的；它的表现方式，即压制它还是让它得以发挥，在不同程度上是由社会来决定的。"

这本书也得出了与之十分相似的观点。这本书试图在第二卷末尾的总结里指出：人的社会从属性和依赖性表现为情感的塑造和对情感具有强制力的形象的塑造，这种对社会的从属和依赖贯穿于人的一生。每个人对社会的从属和依赖方式因人际关系的不同而各异。因为人际关系的结构多种多样，所以我们在历史上所观察到的情感表达方式也各不相同。

借此机会提一下，Montaigne 在他的 *Essais* 中已经非常清楚地指出了与之相似的情况(第 1 卷，第 23 章)：

"我们说意识的规律产生于自然，实则产生于习俗。每个人内心所赞成的观念和道德都是为他周围的人所赞同和接受的，因此如果他背弃那些观念和道德就必定会后悔，而如果他毕生躬行，则会受人赞誉。有人编了这样一个故事，说一位村姑在

① 古罗马暴君。——译者

牛犊出生时就抱着它，抚摸它，久而久之便习以为常。不管牛犊长得多大，她仍然抱着它……我认为，编出这个故事的人对习俗的力量具有深刻的理解。亚里士多德说过，既是出于习惯，也是出于某种疾病，有些女人才撕破自己的皮肤、啃指甲、吃炭和泥；同样，既是出于习惯，也是出于某种天性，男人们才插手去管男人的事情。”

特别是当 Montaigne 谈到“后悔”和每个人的心理结构——这种心理结构被弗洛伊德称为“超我”，尽管其意义与弗洛伊德的还不尽相同——都是在人际关系和他生活于其中的社会影响下形成的，也就是说，这种超我是社会的；这时，他的观点与这本书的结论完全相符。

尽管几乎不用说，但在这儿还是有必要强调一下，这本书有很多地方要感谢弗洛伊德及其心理分析学派以往所作的研究。至于这些研究和这本书之间的联系，每一个对心理分析学派著作有研究的人都很清楚，因此没有必要在每一个问题上都特意去指出并对此进行详细的论述。同样，在这本书中也没有明确地指出在弗洛伊德的整个观点和这本书的观点之间所存在的明显区别。对此，我相信通过一些讨论便会不太困难地找到一种和谐。重要的并不是对个别的问题进行某种探讨，而是尽可能清楚、尽可能形象地建立起一个思想体系。

76. 首先参阅 Huizinga, *Erasmus*, New York, London, 1924, S. 200。

“伊拉斯谟究竟向世界和人类要求什么？他在《对话》中描述了他所想象的值得追求的、净化的基督教社会是一个具有高尚道德、热烈信仰、简朴、节制、和睦、宽容与和平的社会。所有这一切没有比伊拉斯谟描述的更清楚、更好的了。”

77. 1665 年的版本中讲到，“museion”一词在这儿用于指僻静的卧室。

78. 当以后的观察者看到以前阶段的风俗习惯，特别是看到中世纪洗澡的风俗时，总是感到不知所措，因为它们代表了另一种水准的羞耻感。在中世纪经常是好多人，而且往往是不同性别的人在一起裸体洗澡。他们竟然不为此而感到羞耻，这对 19 世纪的人来说刚开始时几乎无法理解。

Alwin Schultz 在 *Deutsches Leben im XIV. und XV. Jahrhundert* (Wien, 1892, S. 68f.)一书中，对此这样写道：

“我们看到有两处对这样的浴室进行了精彩的描绘。我想先作一个说明。我认为，这些画有些夸张；我还认为，这些画表达了中世纪的人爱开粗俗玩笑的特点。

“在 Breslau 的一幅袖珍画中画了许多澡盆。在每一个澡盆里总是面对面地坐着一男一女。一块搁在澡盆上的木板当桌子，上面铺着漂亮的桌布，放着水果和饮料等物品。男的头上裹着头巾，下身系一根遮羞带；女的则赤裸着身体，头上戴着头巾、项链等装饰物。在 Leipzig 的一幅袖珍画中所反映的情形与之相似。所不同的是那些澡盆是一个个分开放的。在每一个澡盆的上面是一个用布搭成的凉亭，凉亭的帘幕可以拉起来。以上这些式样的浴室不太正规，品行端庄的妇女肯定不会到这里来洗澡。但是一般来说男女肯定是分开的。城市里的长老们是不会允许人们这么公开地嘲弄礼貌规矩的。”

有趣的是，从作者的嘴里道出的是他按自己所处时代情感和难堪水准所作的推测：“一般来说男女肯定是分开的”，尽管他自己所提供的历史材料会使人得出恰好相反的结论。参阅 P. S. Allen 在 *The Age of Erasmus*（Oxford，1914，S. 204ff.）一书中对水准差别所作的客观而又明了的论述。

79. 见 A. Bömer, *Aus dem Kampf gegen die Colloquia familiaria des Erasmus*, Arch. f. *Kulturgeschichte*, Leipzig u. Berlin, 1911, Bd. IX, 1, S. 32。

80. A. Bömer 在这儿写道：“最后两卷是为男人和老人所写的。”然而，整本书都是莫里索图斯为他的小儿子写的，是一本教科书。莫里索图斯在这本书中写到了各种年龄的人。他在书中把各种各样的成年人介绍给他的儿子，年轻的和年老的妇女以及年轻和年老的男人，目的是使他儿子认识和了解他们，并让他看到这个世界上什么是好的，什么是不好的行为。至于这本书中有几卷专门是为妇女、有几卷专门是为老人所写的，则显然是 A. Bömer 自己的猜测。他之所以会得出如此结论，是因为他无法想象所有这一切都是作为教科书为儿童所写的。

81. 要理解这一问题的关键是必须了解当时社会的结婚年龄显然要比以后的时代小。

“R. Köbner 说，在中世纪的时候男人和女人往往年纪很小就结婚了。只要他们达到性成熟的年龄，教会就允许他们结婚。许多人都是这样。男孩在 15 至 19 岁，女孩在 13 至 15 岁便结婚。这一风俗一直被视为那个时代社会的一个典型特点。”见 R. Köbner, *Die Eheauffassung des ausgehenden Mittelalters*, Arch. f. *Kulturgeschichte* Bd. IX, H. 2, Leipzig u. Berlin, 1911。关于童婚的详细报道和丰富资料见 *Early English Text Society*, Orig. Series, 108, hrsgeb. v. Fr. J. Furnivall, London, 1897（*Child-Marriages, Divorces, and Ratifications* usw.）在这本书中所讲到的完婚年龄为：男孩 14 岁，女孩 12 岁（见第 19 页）。

82. F. Zarncke, *Die deutsche Universität im Mittelalter*, Leipzig, 1857, Beitr. I, S. 49ff.

83. M. Bauer, *Liebesleben in der deutschen Vergangenheit*, Berlin, 1924, S. 136.

84. W. Rudeck, *Geschichte der öffentlichen Sittlichkeit in Deutschland*, Jena, 1897, S. 33.

85. W. Rudeck，同上书，S. 33。

86. K. Schäfer, *Wie man früher heiratete*, Zeitschr. f. *deutsche Kulturgeschichte*, Berlin, 1891, Bd. 2, H. 1, S. 31.

87. W. Rudeck，同上书，S. 319。

88. Brienne, *Mémoires*, Bd. II, S. 11，转引自 Laborde. *Le Palais Mazarin*, Paris, 1816, Note 522。

89. Fr. v. Bezold, *Ein Kölner Gedenkbuch des XVI. Jahrhunderts*，摘自 *Aus Mittelalter*

u. Renaissance, München u. Berlin, 1918, S. 159。

90. W. Rudeck, 同上书, S. 171. P. S. Allen, *The Age of Erasmus*, Oxford, 1914, S. 205, A. Hyma, *The Youth of Erasmus*, University of Michigan Press, 1930, S. 56/57, 另见 Regnault, *La condition juridique du bâtard au moyen áge*, Pont Audemer, 1922, 然而，在这本书中更多地讲到了对待私生子的法律态度而不是实际状况。习俗对私生子的态度往往并不是很友善。至于习俗究竟是代表了社会各阶层还是只代表了某一阶层对私生子的实际看法，这个问题还有待于核实。

除此之外，众所周知，在17世纪的法国宫廷中，婚生的和私生的孩子被放在一起抚养。比如，路易十三非常仇视他同父异母的兄弟姐妹。还在孩提的时候，他就曾经这样说过他同父异母的一个兄弟："我更喜欢我的妹妹，而不喜欢 Chevalier，因为他没有像她那样和我同在一个母亲的腹内呆过。"

91. D. Parodi, l' honnête homme et l'idé al moral du XVIIe et du XVIIIe siècle, *Revue Pédagogique*, 1921, Bd. 78, 2, S. 94ff.

92. 比如，见 Peters, *The institutionalized Sex-Taboo in Knight*. Peters, *Blanchard*, *Taboo and Genetics* S. 181。

"作者在1916年对150个女孩进行了调查。其中有17个认为，有教养的姑娘应该忌讳思考和讨论下列问题，她们把这些东西称为'粗俗的'、'败坏的'和'一个女人根本不应该了解的东西'。"

(1) 违背习俗的东西，即经常被称为"邪恶的"和"不道德的"东西。

(2) 像身体功能这一类"令人作呕的东西"，不管它们是正常的还是由疾病所引起的，以及一切与肮脏不洁有关的东西。

(3) 那种会"使人毛骨悚然"的神秘而不可思议的事情，以及会引起别人猜疑的事情。

(4) 会使姑娘们害怕，或者会使她们联想起某些动物生活方式的肮脏事情。

(5) 性的差别。

(6) 年龄的差别。

(7) 所有涉及道德品行的事情。

(8) 所有会使人联想起婚姻、怀孕和分娩的事情。

(9) 对除了头和手以外身体其他部位的隐喻。

(10) 政治。

(11) 宗教。

93. A. Luchaire, *La société française au temps de Philippe-Auguste*. Paris, 1909, S. 273.

94. 同上书, S. 275。

95. 同上书, S. 272。

96. 同上书, S. 278。

97. I. Huizinga, *Herbst des Mittelalters*, *Studien ü ber Lebens- u. Geistesform des 14. und 15. Jahrhunderts in Frankreich und in den Niederlanden*, München, 1924, S. 32.

98. 摘自 Le Jouvencel. Lebensgeschichte des Ritters Jean de Bueil, hrsg. v. Kervyn de Lettenhove, Chastellain. Œuvres VIII，转引自 Huizinga，同上书，S. 94。

99. 见 S. 266。

100. H. Dupin, *La courtoisie an moyen âge*, Paris, 1931, S. 79.

101. 同上书，S. 77。

102. Zarncke, *Der deutsche Cato*，同上书，S. 36f. V. 167/8 u. V. 178/80。

103. *Der deutsche Cato*，同上书，S. 48 V. 395ff。

104. I. Huizinga, *Herbst des Mittelalters*, *Studien ü ber Lebens- u. Geistesform des 14. und 15. Jahrhunderts in Frankreich und in den Niederlanden*, München, 1924, S. 32ff.

105. L. Mirot, *Les d'Orgemont*, *leur origine*, *leur fortune etc.*, Paris, 1913. P. Champion, *François Villon*, *Sa vie et son temps*, Paris, 1913, II, S. 230ff. 转引自 Huizing，同上书，S. 32。

106. P. Durrieu, *Les très belles Heures de Notre Dame du Due Jean de Berry*, Paris, 1922, S. 68.

107. Ch. Petit-Dutaillis, *Documents nouveaux sur les moeurs populaires et le droit de vengeance dans les Pays-Bas au XV. siècle.* Paris, 1908, S. 47.

108. 同上书，S. 162。

109. 同上书，S. 5。

110. A. Luchaire, *La société française au temps de Philippe Auguste*. Paris, 1909, S. 278f.

111. 详见 A. Franklin, *Paris et les Parisiens au seizième siècle*. Paris, 1921, S. 508f。

112. Th. Bossert 在他为家庭画册所写的序言中(第 20 页)提到了家庭画册作者的一幅版画。在这幅版画中，画册的作者对“那些新贵族以及市民阶层对于纹章和骑士操练的嗜好进行了嘲讽”。这段话也指出了同一发展方向。

113. *Das Mittelalterliche Hausbuch*, hrsg. v. Helmuth Th. Bossert und Willy Storck, Leipzig, 1912, Einl. S. 27ff.

114. Berthold v. Regensburg, *Deutsche Predigten*, hrsg. v. Pfeiffer u. Strobl, Wien 1862—1880, Bd. I 14, 7.

115. Berthold v. Regensburg，同上书，Bd. I. 141, 24ff。

116. Max Lehrs, *Der Meister mit den Bandrollen*, Dresden, 1886, S. 26ff.

117. 有一些关于举止行为文明化的材料在这本书中没有提到，这部分是因为篇幅有限，部分则是因为这些材料并没有为理解大的文明发展提供什么新的信息的缘故。在这些未提到的材料中有一个特别值得引起注意的问题必须在这儿提一下。总的说来，西方国家的人在清洁、梳洗和洗澡观念上的变化与这本书所研究的其他方面的变化情况相同。促使人们经常清洗、经常保持身体清洁的动力最初也并不是出于卫生方面的知识，即并不是出于肮脏会危害健康这样一种明确的、被我们称为“理性的”认识；关于梳洗的态度也是随着人际关系的变化而变化的，这一点在上面已经讲到过，在下一章里还会有详细的讨论。

只是因为顾及到别人，首先是因为顾及那些社会地位高的人的缘故，人们才经常保持整洁；也就是说，是出于社会的原因，是在不同程度上可以感觉到的外部强制的推动下才这么做的。最初，这种情况对于人们来说是理所当然的。假如不是迫于社会的要求，假如没有外部的强制，那么，人们就不会经常梳洗，其清洁程度至多只限于身体舒适而已。而今天，梳洗和清洁是每一个人从小就机械地养成了的习惯，也就是说，慢慢地人们已经再也意识不到是为了别人、至少最初是为了别人的缘故；是由于别人的推动，即出于外部强制的原因才去梳洗并经常保持清洁的。而现在，人们是出于自我强制才梳洗，即使在没有人会对此进行谴责和惩罚的情况下人们也会这样做。如果有谁不这样做的话，那么与过去不同的是，在今天他会被视为不能适应现存社会的水准。在对文明发展其他方面的研究中所观察到的行为及情感的变化在这儿也显示了出来：随着人际关系的变化，人与人之间互相施加的强制越来越明显地变为每个人对自我的强制；超我的意识越来越稳固。一句话，在今天是个人中代表社会法典的那个部分、是超我促使每个人不断梳洗并保持清洁的。今天，即使在没有任何社会义务的情况下许多男子也会刮胡子。他们之所以这样做，只是出于习惯，只是因为如果不这样做，他们的超我就会感到不舒服，尽管不刮胡子不是不卫生的，也不会影响健康。如果我们联想到这一点，那么促使人们梳洗和保持清洁的机制就显得更加清楚。今天，在我们的社会中经常地用水和肥皂梳洗也成了这样一种“强制行为”。这种习惯是通过社会制约而养成的，又因为卫生和“理性”的原因在我们的意识中扎下了根。

在这儿可以用另一个观察者的见证来证实这一变化。I. E. Spingarn 在他为德拉·卡萨的《加拉泰奥》英译本（*The Humanists Library*, Hrsgeb. v. L. Einstein Bd. VIII, London, 1914, S. XXV）所作的序言中写了以下这段话：“……我们所涉及的只是世俗社会。我们看到，在世俗社会里清洁只是一种社会需要，而作为个人习惯与需要的清洁则难以找到。德拉·卡萨所描绘的那种社会习俗水准也说明了这一点：保持清洁是为了取悦别人，而不是出于个人天性中的任何内在需要……所有这一切都发生了变化。个人的清洁已经完全成为一种个人的需要。因此，个人的清洁与社会规矩已不再发生任何抵触。”观察者越是把自己所处社会的水准，即对于清洁的内在要求，看作一种现存的东西而不去探究其在历史发展过程中为什么、怎么会从另一个水准演变而来的，其间的文明发展便显得越清楚。一般来说今天只有儿童仍然迫于外来的压力和外部强制，也就是说，因为顾及他们所依赖的人的缘故才梳洗和保持清洁。而对于成年人来说，正如以上所述，如今这一行为已经逐渐地变成了一种自我强制，变成了一种个人的习惯。但是，以前，成年人也是在外部的制约下才形成这一行为的。这里再一次体现了前面被称作“社会发生的基本规律”。社会的历史反映在生活于这个社会中的每一个个人的历史之中：每一个个人必须以缩短了的形式重新经历整个社会在几百年内所经历过的文明进程；因为就个人来说并非一生下来就是“文明”的。

文明进程中的另一方面也应引起一定的注意：在一些观察者的描述中，16、17世纪的人反而没有以前几个世纪的人爱“清洁”。如果对这样的观点进行一番检验的话，就会发现至少有一点是正确的：在向近代过渡的时期，对洗澡和清洁用的水的消耗减少了，这一点至少反映在对历代上流社会生活的对比中。对于这方面的变化有一个极其简单的解释，当然对这种解释还需要作进一步的验证。中世纪末的时候大家都知道，在浴室里洗澡有可能会染上疾病，甚至导致死亡。为了理解这一经验在当时所产生的影响，我们必须了解到在当时的社会里，人们对疾病的传播和传染方式这一类因果关系还一无所知。人们所能意识到的简单事实是：浴室是个危险的地方，在那儿可能会中毒。那时候人们往往把蔓延于整个社会的疾病和瘟疫视为一种中毒现象。一旦当我们了解到那时候的人对瘟疫是多么恐惧，这一切便容易理解了。这是一种无边无际的恐惧，人们无法将它分门别类，因为在当时还缺乏我们现在社会所具有的经验水准，即对其因果关系的认识。在那个时期，人们很可能是出于某种不明确的、远远超过对实际危险的恐惧而减少了对水的消耗，特别是对洗澡用的热水的消耗。在一个具有如此经验水准的社会里，对某一事物或某一行为所产生的恐惧一旦形成，便需要相当长的时间才能逐渐地将这种恐惧、它的象征以及与此有关的禁忌和心理阻力消除掉。在世代相传的过程中，最初引起恐惧的起因可能已经被淡忘，仍然留在人们意识中的也许只是用水会带来危险这样一种感觉和不快，以及日积月累、潜移默化而形成的恐惧。比如我们发现，在16世纪的时候有这样一种说法：

> 蒸汽浴和澡盆，
> 请你赶快躲避，
> 不然难免一死。

这是一个名叫 Guillaume Bunel 的医生在1513年提出预防鼠疫的建议时说的（*Oeuvre excellente et à chascun désirant soy de peste préserver*, neu hersgeb. v. Ch. J. Richelet, Le Mans, 1836）。只需看一下，从我们现在的水准来看，在这位医生所提出的建议中正确的和想象的以及错误的东西是如何混淆在一起的，便能理解当时那种与我们现在的恐惧相比大得漫无边际的恐惧会产生什么样的后果。在17甚至是在18世纪的时候，我们还一再发现关于提防用水的警告，其理由是，用水对皮肤有害或者会使人感冒。这种情况很像是逐渐平息下来的恐惧的余波；然而，就今天的研究水准来看，这一说法很可能还只是一种假设。

不管怎么说，有一点是非常清楚的：这种假设告诉人们究竟应该如何去解释这一类现象。它表明了一个对于整个文明进程来说具有非常典型意义的事实：文明的进程是随着外部的危险以及由此而引起的恐惧不断地被限制在一定的范围内并被分门别类而发展的。人们对于那些会威胁人的生命的外部危险的预计能力提高了，恐惧的途径及范围也不断地被限定。今天我们时常还会有活得很不安全的感觉，但是与中世纪的人相比，这种不安全感则显得微乎其微了。在向我们这个社会过渡的时期恐惧的起因进一步被限定，这是被我们称之为“文明”的行为水准最基本的先决条件之一。如果社会的变化使人们重又产生像以往那样的不安全感，并使人们重又像以往那样对威胁生命的危险无法预计的话，那么，文明行为的盔甲则会毁于一旦；同时，相应的恐惧很快就会打破人们今天给它限定的界限。

随着文明程度的提高，一种特殊的恐惧正在增长。这便是“内在的”、介于有意识与无意识之间的那种恐惧，即文明人由于害怕违反行为准则而产生的恐惧。

关于这个问题在第二卷结尾处的“文明论纲”中还会有一些总结性的论述。

第三章注释

1. James Westfall Thompson：《欧洲中世纪(1300—1530)晚期经济和社会史》，纽约和伦敦，1931 年，506/507 页。

2. 这是对有关加洛林王朝财政状况结论的一个例证；从下面的引言来看，该结论的说服力也许不那么强，但加洛林王朝的财政状况对于国家边界的形成肯定起了重要的作用：

“国家的财政中心在中欧这一历史事实，说明 9 世纪中欧何以招致瓜分的原因，也说明了早在各国发生战争以前这个地区国王之间就已争战不息的原因。

“未来法国和未来德国间的疆界早在 9 世纪就已确定下来，这是因为国家收入的绝大部分就在这里……”

James Westfall Thopson：《欧洲中世纪(1300—1530)晚期经济和社会史》，纽约和伦敦，1928 年，241/2 页。请参看同一作者的《加洛林王朝国家财政的解体》一书，伯克利分校，加利福尼亚大学，1935。

3. A. Luchaire：《第一代卡佩人》，巴黎，1901 年，180 页。

4. Ch. Petit-Dutaillis：《法国和英国的封建王朝》，巴黎，1933 年，8 页，内有西法兰克王国东部边界变迁的地图。参看 Fritz Kern：《法国初期的扩张政策》，图宾根，1910 年，16 页。

5. Paul Kirn：《西方从古典时期的终结到加洛林王朝的解体》，Ptopyläen 世界史，第三卷，柏林，1932 年，118 页。

6. Brunner:《德国法律史》，引证自 Dopsch:《欧洲文化发展的经济和社会基础》，维也纳，1924 年，第二部分，100/101 页。

7. Alf. Dopsch:《从恺撒到查理大帝的欧洲文化发展的经济和社会基础》，维也纳，1918—1924 年，第二部分，115 页。

8. P. Kirn：同注 5，118 页。

9. A. v. Hofmann:《德国人的政治史》，斯图加特和柏林，1921—1928 年，第一卷，405 页。

10. Ernst Dümmler:《东法兰克王国史》，柏林，1862—1888 年，第三卷，306 页。

11. Paul Kirn:《德国边界的政治史》，莱比锡，1934 年，24 页。

12. Ferd. Lot:《加洛林王朝》，巴黎，1891 年，4 页，并参看 Jos. Calmette:《封建社会》，巴黎，1934 年，119 页。

13. Beaudoin：引证自 Calmette，同上，27 页。

14. A. Luchaire，同注 3，巴黎，1901 年，177 页。

15. A. Luchaire:《卡佩王朝(987—1180)初期法国君主建制史》，巴黎，1883 年，第二卷，329 页。

16. Karl Hampe:《西方中世纪》，柏林，1932 年，306 页。

17. Paul Kirn：同注 5，119 页。

18. Alf. Dopsch:《加洛林时代的经济发展》，魏玛，1912 年，第一卷，162 页。

19. Marc Bloch:《法国农村史的原始资料》，奥斯陆，1931 年，23 页。

20. Alf. Dopsch：同注 7，309 页。

“这种职务的拥有者的实际力量越大，其经济和社会后盾越强，王室就越是不能在其死后将职位分封给该家族以外的人。”

21. Jos. Calmette:《封建社会》，巴黎，1932 年，3 页。

22. Jos. Calmette：同上，4 页。关于这一问题也请参看 W. Ch. Macleod:《政治的起源和历史》（纽约，1931 年，160 页）中关于欧洲和日本封建主义的比较。在这里也是宁可在先行的古罗马后期的建制中而不是在当前相互交织关系强制中来寻找对西方封建化的解释。在地球社会的不同地区形成相类似的封建关系形式和建制，这一事实使人对现实关系强制性和相互交织关系的暴力性有个完全清楚的理解。也只有对其加以分析，也同时才能完全理解不同社会的封建化进程和封建的建制在一定情况下又相互区别。

在 Otto Hinze:《封建主义的本质和传播》（柏林，1929 年，321 页）中也有对不同封建社会的另外一种比较。作者在马克斯 · 韦伯(Max Weber)有关历史和社会研究思想的影响下，试图“描述一种以封建主义概念为基础的理想类型”。不过不管古老的治史方法已开始向着研究现实的社会结构的方向转变，而且也出现了一些成果，然而不同封建社会进行比较，则是按照马克斯 · 韦伯方法的主导思想进行研究，用 Otto Hintze 的话说这是为了求得“形象的概括”，为了“类型而形成类型”，所遇到的困难的例证之一。在这里对于观察者所观察的不同的人和不同的社会所遇到相似的情况来说，所关涉的并非在某种程度上来说由观察者头脑里所加工制造出来的理想类型，或者说类型，而是关涉到社会结构本身真实存在的相似之处。如果没有这种社会结构的相似，那也不会有在历史学家头脑里所形成的类型。所谓“理想类型”的概念若用另外一个反向的概念加以代替的话，那就是“现实类型”。不同封建社会的相似性并不是人为的思维的产物，而是，再说一遍：类似的相互交织关系强制的结果。正是这种相互交织关系的强制才在不同的时代和全世界社会的不同的地带，不仅在“理念”中，而且事实上也导致了相似的历史过程和类似的关系形式和建制。（这里不是对这一思想进行认识论上论证的地方，有关这个题目请参看注释 129 中所引证的个体的社会。）

Ralf Bonwit 所说的一些实例表明，在日本造成封建关系形式和建制的相互交织关系的强制，和这里根据西方封建社会时代的材料所归纳出来的相互交织关系的强制事实上有着惊人的相似之处。这样一种比较结构分析情况表明，同时也能更好地解释日本封建建制和其历史的演变不同于西方的特点。

对荷马史诗中武士社会进行抽样研究，也会得出类似的结果。这种伟大史诗的出现——对这一现象应予以重视——不但在古希腊罗马的武士社会中，而且在西方的武士社会里，在一些有着相类似结构的社会里也都会出现这一类的史诗。究其原因，不可从生物学的假说推论来加以解释，也不可从所谓人类组织的“青年时代”的臆想出发加以解释。其实只要对中等大小和大而富有的封建宫廷，抑或对骑士的征战或迁徙中的特殊的交往形式进行研究，就可解释这一现象。歌手，吟游诗人，以及对伟大武士命运和其英雄事迹的口头相传的韵文形式的报道，都在封建武士社会的现实生活中占有一定的位子，发挥着一定的功能。相互密切联系的定居民族的歌手和吟唱的地位与功能不可与其同日而语。

另一方面，对古希腊罗马早期花瓶和花瓶图案风格的演变进行研究，也会有助于对这一时期武士社会结构的变化的观察。比如说在某一时期来自某一地点的花瓶图案含有“巴罗克”的风格成分，表情和衣裙都有些矫揉造作，或者说得正面一些，表情和衣裙的描绘更为细腻。这实际上表明，职能分工的出现，富有的武士家族和国君家族已从武士社会中凸显了出来；这也使人想起级别高低不一的武士的“宫廷化”，根据情况也使人联想到另外一些强大宫廷进行殖民的影响，而不是使人想起相关社会生物学上的“变老”。对欧洲早期材料的更多的掌握，使人对封建社会的内部矛盾和过程有个清楚的认识；而这种认识使人又对古代材料的观察更为明晰，并可对其进行导向运用。不过这需要手头掌握来自古希腊罗马的另外一些材料来对结构史进行更为严格的审视。

对社会发生或者说结构史进行比较研究，这一任务刚刚起步，在今后还有待于展开。完成这一研究乃是一件大事业，可是由于学术科目之间的严格界线，不同学科之间缺乏合作，使得这一研究举步维艰。为了对早期封建社会及其结构有个了解，而对现存的封建社会进行比较研究则是亟待展开的、不可或缺的工作。进行小型考察，找出结构性的联系，进行大量介绍，这对于任何社会的了解都是不可缺少的。不过要想揭开社会的面纱，光是过去支离破碎的材料是远远不够的。而今的人种学将其研究工作局限于对于简单社会的揭示，对于“部族”的探秘；历史研究所注重的乃是对“死人”的研究，对过往社会形式和进程的研究。如若这两种学科，人种学和历史学携起手来，揭示其结构与西方中世纪社会相似的现存社会；两者同时严格探讨这些社会的结构，这些社会功能性的相互依赖性和依存性；这种依赖性和依存性以一定的形式将人联系起来，或者使人处于无序状态，以找出那些在一定情况下导致依赖和关系朝着一定方向变化的相互交织关系强制来，那才能真正揭示和理解西方中世纪的社会。

23. 这里，还有下面的论述请参看 A. u. Kulischer:《征战和迁徙》，柏林和莱比锡，50 页。

24. I. B. Bury:《拜占庭帝国史》，1912，373 页。

25. Henri Pirenne:《中世纪城市》，布鲁塞尔，1927 年。

26. Paul Kirn:《德国边界政治史》，莱比锡，1934 年，5 页。关于德国和法国封建化的速度与结构的差异，请参看美国杂志回顾历史的第 XXVIII 卷，440 页:《德国封建制度》一文。其中有这样的话:“在 9 世纪法国已经完成之事——这个国家转型为封建国家，直至亨利四世内战时代才在德国完成。”

西法兰克解体总是和外来的威胁有关(对此可参考 W. O. Ault:《欧洲中世纪》，1932 年):“由于德国招致外来的攻击较少，其内部的联系比法国紧密，所以德国的封建制度没有法国那么坚强和牢固。‘古老’的法国在 9 和 10 世纪还是四分五裂，而‘古老’的德国则是以历史上的大公国面貌出现，并没有受到什么损害。”(Thompson，见注 1，443 页)对西法兰克地区封建分裂的速度和强度同样有着决定性意义的是这样一种事实:在诺曼人定居之后，西法兰克地区所遭受异族的侵袭，因之所受外来压力和威胁较之东法兰克地区为少。至于为何较大地区较之较小地区在忽而统一之后更为缓慢地解体，抑或相反——在忽而解体之后更为艰难、更为缓慢地整合的这样的社会机制的问题还需要加以研究。加洛林家族逐渐衰落，一方面至少是因为其财产在世代相传中必然减少；另一方面部分地产消耗于支付服务效劳的报酬，还有是销蚀于家族成员的分裂和分配(对此也要详加考察。)。随着这种衰落而来的便是分裂的浪潮席卷整个加洛林统治区。很可能这种分裂浪潮 9 世纪在西法兰克地区也比在后来的德意志地区来得壮阔。肯定的是这种分裂浪潮正是随着外来威胁的日益严重而得以制止。外来威胁使得一些部族首领有机会通过抵御共同敌人而建立战功，从而成为强大的中央领主，而加洛林王朝的中央组织也一再得到加强和扩展。在中央政权得到加强的同时，加洛林王朝在很长一段时间内也有机会对外扩张，直接从紧靠德意志地区的东部边境掠取新的土地。而西法兰克地区有两种情况日趋缓和和减少:一是异族的入侵；一是对西部边界进行共同的扩张。相应的是形成强大王权的可能性有所减少；缺少国王要完成的“任务”；于是封建分裂加速而又密集地进行。（参看同上的 17 页和 46/47 页。）

27. Levasseur：《法兰西民族》，巴黎，1889 年，154 页。

28. Marc Bloch：《法国乡村史的原始文献》，奥斯陆，1931 年，5 页。

29. W. Cohn：《西西里的诺曼人时代》，波恩和莱比锡，1920 年。

30. H. See：《法国经济史》，耶拿，1930 年，7 页。

31. Kurt Breysug：《近代文化史》，柏林，1901 年，第 2 卷，937 页，948 页。

“如果对三个王朝的行为进行比较……并探讨它们取得不同成功的原因，那就不可将个别的转变看成是最终的原因。诺曼—英国王室所能利用的条件既不是植根于其本身的权力，也不是植根于某一过世人的权力，而是应由英国内外历史的相互交织关系来加以解释。1060 年在英国从最底层建立起可说是一个崭新的国家，这样便有可能充分利用大的王朝，特别是邻近的法国王朝的经验。使国家陷于四分五裂的大贵族采邑分封，官职的世袭，这是英国从近邻遭受命运中所得出的前车之鉴。”

32. Henri Pirenne：《中世纪城市》，布鲁塞尔，1927 年，53 页。D. M. Petrusevski 则代表相反的意见。请参看《国家学杂志》：第 85 卷，第 3 期，图宾根，1928 年，468 页：《有关中世纪宪法和经济史的争论》。这篇文章之所以有趣，是因为作者将流行的历史观中的一些不明确的地方，以及流行概念的持其一端的片面不足之处一一加以指正。

古希腊罗马的城市在中世纪早期消失殆尽，与这种观念相对立的是另外一种同样不那么精确的想法。请参看 H. Pirenne：《中世纪欧洲的经济和社会史》，1936 年，伦敦，40 页，其持论较为平实：“伊斯兰教的入侵，使得第尼安海的港口全部封锁，城市生活很快便遭致窒息。在南意大利，在威尼斯，这些保持拜占庭贸易的地区，城市生活也归于无声无息。小的城镇还是有的，但失去了手工业者和商人，与它们一起消失的还有罗马帝国城市秩序所留下的一切。”

“自然经济”和“货币经济”的概念，对于静止的观点来说，不是表达渐进的历史过程的方向，而是完全不相一致的社会现象（参看同上的 34 页和 61 页）；而 Petrusevski 则持完全相反的观点——“自然经济”根本就没有：“我们不想多花时间来探讨所谓的自然经济，马克斯·韦伯所论述的这一概念属于学术的空想，在现实生活中根本就不存在，也从没有存在过。而且和其他按其逻辑品格同样属于空想性质的一般概念所不同的是，它无法用于现实生活之中。”（488 页）而 Pirenne 则另有见解（同上）：“从经济上来看，这种文明的最明显、最具特色的建制乃是大的贵族庄园。可以断言的是，其起源和其联系还可追溯至遥远的过去……（9 页）贸易和小城镇一旦消失，其功能方式便会发生变化。只要商贸还能将产品向外运出，只要小城镇还能提供市场，那么贵族庄园就可经常出售产品，并可从中获利……因为没有了商人和小城镇，而今这一切便戛然而止……大家靠自己的一块土地为生，再也没人到外面购买食品……于是每个贵族庄园的经济就是自成一个体系的经济，大约可以将其称之为‘封闭庄园式的经济’，实际上是一种没有市场的经济。”

最后 Petrusevski 提出一个与“封建主义”和“自然经济”如同两个不同的存在范畴，抑或社会的楼阁，一为基础，一为上层建筑的观点相对立的观点——两种现象互不相干：“封建主义以自然经济为条件，或者说封建主义与全面的国家组织不相容。”

我们在中世纪早期所遇到的自然经济的特殊形式——与大贵族庄园相联系的分工较小、没有市场的经营，还有政治—军事组织的特殊形式，这一切我们称之为“封建主义”。它们并非同样的人的关系形式的两个不同的方面。这种相同的人的关系的不同方面只能在思想上加以区分，然而即使在思想上也不可将其看成是相互独立存在的两个实体。封建主的统治和军事职能，土地和农奴拥有者的职能实际上是相互依存的，相互间是不可替代的。封建主地位的变化，社会结构的逐步变化，其原因不可单纯地从经济关系和职能的自身运动中去找，或者单纯从政治—军事职能和关系的变化来加以解释，而要从相互交织关系的强制中寻找原因，而后者产生于相互紧密联系的职能领域和关系形式。

33. 参看 Louis Halphen：对 A. Luchaire 的《卡佩王朝时代的法国城镇》一书的导言，巴黎，1911，第 VIII 页。

34. 参看同上，第 IX 页。

35. A. Luchaire：《卡佩王朝时代的法国城镇》，巴黎，1911 年，18 页。

36.《钱币，成锭的金属还是实物？11 和 12 世纪的交换手段》，《经济社会史年鉴》，第 17 卷，1932 年 9 月，468 页。

37. 同上。硬币使用量的减少，实物支付的回潮，这一相反方向的相应进程早在古典时代后期出现：

“随着 3 世纪的到来，金属货币的用量急剧减少。流通领域中惟一存留的是安东尼奥银币……”（参看 F. Lot：《古典时代的终结》，巴黎，1927 年，63 页。）

“以实物支付士兵薪饷的趋向愈益普遍”（65 页）……这就不可避免地从制度上得出结论，在这一制度中，劳务以实物或土地来支付，这很容易使人想到，这是在导致封建制度抑或相类似的东西。”（67 页）

38. M. Rostovtsev：《罗马帝国的社会经济史》，牛津，1926 年，66/67 页，528 页和其他许多地方。

39. Lefebvre des Noettes：《勒紧马套，数百年中上套之马，有关奴隶时代的历史》，巴黎，1931 年。

Lefebvre des Noettes 的研究无论是从其研究成果来看，还是从其所提问题的方向来看，都有着无可估量的意义。所取得的成果在某些方面还需要进一步考察，但和成果的重要性相比，某些不足之处是微不足道的。在这里作者倒果为因了，他是将联畜拉车技术的发展看成是奴隶制消灭的原因了。

Marc Bloch 在其“技术史的问题”（参看《经济社会史年鉴》，1932 年 9 月）一文中曾对 Lefebvre des Noettes 的著作进行了评论，并提出必要修正的意见。首先有两点在 Bloch 那里论述得更为突出鲜明，同时也更为恰当确切。第一点是：中国和拜占庭对中世纪的发明所产生的影响需要进行更进一步的研究与探讨。第二点是：奴隶社会除了挽具的发明而外长期以来似乎对中世纪早期的建构没有什么大的作用："在没有理清时间的顺序之前，怎么可以对因果说短论长?"（484 页）德语论著中对 Lefebvre des Noettes 的研究成果进行了全面评论的首推 L. Löwenthal 的"役畜和奴隶"，载《社会研究杂志》，法兰克福(美因河畔)，1933 年，第二期。

40. Lefebvre des Noettes：《中世纪的"漫漫长夜"和其成就的清单》，载《法兰西商业丛刊》，1932 年，第 235 卷，第 V 页。

41. Hans v. Werveke：参看注 36，468 页。

42. A. Zimmern：《梭伦和克罗伊斯，和其他的希腊文章》，牛津，1928 年，113 页。参看 A. Zimmern 的《希腊国家联盟》，牛津，1931 年。

一段时间以来——完全有道理——人们一直强调，在罗马除了奴隶而外还有自由民进行手工业劳动。对此先是有 M. Rostovtsev 的《罗马帝国的社会经济史》（牛津，1926 年），继而又有 R. H. Barrow 的《罗马帝国的奴隶制》（伦敦，1928 年）这样的特殊研究，使人对这种情况有了更为清楚的认识。不过自由民劳动的这一事实，无论怎样高估其在整个生产中所占有的份额，都与 A. Zimmern 所形象论述的这一事实并不矛盾：在一个奴隶劳动占有显著地位的社会里，其社会规律和进程与一个至少其城镇劳动完全由自由民所承担的社会的发展过程是不可同日而语的。自由民竭尽全力逃避可以进行买卖的奴隶所从事的劳动，这是一种社会风气；于是在古老的社会——在近代社会亦是如此——便形成了一个"游手好闲"的穷人阶层，在很大的领域内由奴隶担负着劳作的任务。在贫穷的压力下，总是会有为数甚多的自由民被迫从事奴隶所从事的劳动，这一点是不难理解的。然而显而易见的是，他们的处境正如整个手工劳动的状况一样，在这样一个社会里不会为奴隶劳动的存在而受到决定性的影响。自由民，至少是有一部分被迫在和奴隶同样或相类似的条件下从事劳作。他们的劳动，按这个社会所占有的奴隶的数量的多寡，按其和奴隶劳动相互依存的程度，一直处于与奴隶劳动或大或小的竞争压力之下。而这也属于奴隶社会的建构规律。请参看 F. Lotd 的《古典时期的终结》。

43. 按照 A. Zimmern 的研究，古典时代的希腊社会并非典型意义上的奴隶社会："希腊社会并非奴隶社会，不过它有着奴隶的积淀，这些奴隶所从事的都是非人的工作。所谓奴隶的大部分都是从外面掠来的人，他们是学徒，和他们师傅一起来创造文明的物质基础；他们对文明的发展也作出了贡献。"（参看 Solon and Croesus，161 页。）

44. Henri Pirenne, *Les villes du moyen age*. Bruxelles, 1927, S. 1ff.

45. Henri Pirenne a. a. O. S. 10ff.

46. Henri Pirenne, a. a. O. S. 27. "这种对内地的回归"对西方社会继续发展所

具有的意义表现于这样一个事实：陆路交通运输超越古典时期的进一步发展经过了一个世纪之久才达到了船舶发展的相应水平。水路运输开始于1050和1100年之间，而陆路则开始于1200年。（参看：Lefebvre des Noettes, *De la marine antique a la marine moderne. La revolution du gouvernail*. Paris, 1935, S. 105ff. 并参看：Eug. H. Byrne, *Genoese shipping in the twelfth and thirteenth centuries*, Cambridge Mass. 1930, S. 5－7。）

47. A. Luchaire, *Louis VII.*, *Philippe Auguste*, *Lois VIII*. Paris, 1901（Lavisse, Histoire de France, Bd. III, 1）, S. 80.

48. Jos. Calmette, *La societe feodale*. Paris, 1932, S. 71. 并参看同一作者的 *Le monde feodal*. Paris, 1934。

49. 毋庸置疑，由于法律条文的固定，司法机构的独立性，还有对于保持现存一切深感兴趣的专家团体的存在，法律相对来说不那么灵活和易于变动。“法律安全”自身，社会上总是有很多人对此感兴趣，部分是建立在法律的稳固性上。法律安全和法律稳固是相互促进的。有着相互交织关系或相互依存的人群的地区和数目越大，就越是有必要在较大地区建立一种统一的法律，就像有必要建立统一的货币一样；法律自身及其机构也像货币一样成了一种相互交织关系的机关或者说相互依存关系的制造者；在这种情况下，法律及其机构就越是强烈地抵制任何的变动，任何的变动所带来的干扰和利益的变动也就越大。这也有助于在绝大多数的情况下政权机构的“合法”机关只要以体力制服来加以威胁就可使个人或整个的社会集团就范，达到基于社会力量对比的某种水准而作为法律准则和财产准则所规定下来的东西。对于保持现存的法律关系和财产关系的兴趣非常之大，通过不断增长的相互交织关系，法律所获取的分量是如此之大，以致人们不去通过(在相互较少依存的社会里人们所惯常做的)体力斗争来重新审查社会力量的状况，而是长时间表示出膺服于现存法律的意愿。一旦社会内部的震荡和紧张状态到了特别大的地步，与现存法律相联系的兴趣在社会的大部分人中发生动摇之时，往往会在经过数百年之久的沉寂之后，社会的各个集团便会开始在以躯体相搏的权力斗争中来考验固定的法律是否符合社会里大量真实的状况。

而在自然经济为主的社会里，人与人之间的相互依存甚是微弱；最为现实的、然而并不鲜明的，亦即作为整体尚不显著的社会网络对于个人来说并不是更为强大的网络。在个人的每一个合法要求的背后，维护合法要求的权力和社会力量，总是相当直接地显现出来。一旦后者衰落，合法要求也会随之萎缩。每一个合法要求的拥有者都在准备着，在这里也一定准备着进行体力战斗，以表明自己对其“合法要求”尚有充分的战斗力量，还有足够的社会力量。较大地区人与人之间的密切交织的关系，人与人之间可以进行良好的沟通，这样的地方需要这样的法律：撇除地方和个人差异的公共法，它均衡地适用于整个地区以及这个地区所有的人，对整个地区和地区所有人有效。

在以自然经济为主的社会里，相互交织和相互依存的关系有另外一种样式，它使得相对小的集团和某些个人担负起今天“国家”所担负起的职能。与此相应的是，其“法律”也极为“个人主义化”，极为“地方化”。无论是采邑之主还是藩臣，是佃农还是地主；也不管是市民还是显贵，是修道院还是大公，对这种“法”都要负有义务，都要受其约束。对这种“法律状况”进行研究的同时使人对以下情况会有一个鲜明的概念：在这一阶段人的社会相互交织关系和相互的依存关系比较微弱，因之社会整合和人际关系都有另外的样式。比如说，Pirenne 曾这样论述道：

“切不可对城市建立时的原始文献赋予过分大的意义。无论是在佛兰德还是在欧洲的其他地区，这些文献中都没有包含完整的城市法。它们只是局限于确立主要的方针，规定了重要的原则，披露了特别紧要的争论之点。它们大多是特殊条件下的急就章，只是提出了草拟该文时人们所争辩的问题……数百年后如对其进行特别的审视，就以为是城市法了，因为它们中有保障公民的自由的条款，有在法律招致践踏的情况下为人民举行起义进行辩护的文字。不过这并不是城市法，因其没有包括全部的法律条文。它们仅是一副法律条文赖以固定于上的骨架。在附加条款的周围满布着习俗法，保护着不成文的却不可或缺的特权。

不过这一点倒是对的：城建的原始文件为城市法的发展打下了基础，并且承认城市法……1127 年佛兰德的伯爵曾向布吕赫(Brügge)的公民保证：“你们的法律习惯每天都可以实施。(ut de die in diem sonsuetudinarias leges suas corrigerent.)”

在这里也可以看出，与另外一种水平的相互交织关系相适应的城市和封建主这种另外一个量级的形体几乎是处于同一性质的关系之中；而今是“国家”间和其法律约定表现出相同的规律性：国家间的约定相当直接地跟随着利益和社会力量的变动而变动。

50. Jos. Calmette, *La société féodale*, S. 71.

51. A. Luchaire, *La société française au temps de Philippe Auguste*. Paris, 1909, S. 265.

52. Ch. H. Haskins, *The Renaissance of the Twelfth Century*. Cambridge, 1927, S. 55.

53. Ch. H. Haskins a. a. O. S. 56.

54. Ch. H. Haskins a. a. O. S. 56.

55. Eduard Wechssler, *Das Kulturproblem des Minnesangs*. Halle, 1909, S. 173.

56. Eduard Wechssler a. a. O. S. 174.

57. Eduard Wechssler a. a. O. S. 143.

58. Eduard Wechssler a. a. O. S. 113.

59. Hennig Brinkmann, *Entstehungsgeschichte des Minnesangs*. Halle, 1926, S. 86.

60. Eduard Wechssler a. a. O. S. 140.

61. A. Luchaire, *La société française au temps de Philippe Auguste*, S. 374.

62. A. Luchaire a. a. O. S. 379.

63. A. Luchaire a. a. O. S. 379/80.

64. Pierre de Vaissière, *Gentilshommes Campagnards de l'ancienne France*. Paris, 1903, S. 145.

65. Hennig Brinkmann, *Entstehungsgeschichte des Minnesangs*. Halle, 1926, S. 35.

66. Eduard Wechssler a. a. O. S. 71.

67. Eduard Wechssler a. a. O. S. 74. 同样意思的还有 Mariane Weber:《法律发展中妻子和母亲》, 图宾根, 1907, 265 页。

68. P. de Vaissière a. a. O. S. 145.

69. Eduard Wechssler a. a. O. S. 214.

70. Hennig Brinkmann a. a. O. S. 45ff., 61, 86ff. Vgl. hierzu und zu dem Folgenden auch C. S. Lewis, *The Allegory of Love*, *a Study in Medieval tradition*. Oxford, 1936, S. 11.

"我并不坚持解释新事物本身。人类感情的真实变化是非常罕见的。不过我相信，感情的变化确实是有的，这里就是感情变化的情况。然而有没有完全能解释新的状态，并进而解释事物中似乎是新的东西的原因，我没有把握。有一点是可以肯定的：迄今为止，学者尚未找到这一方言爱情诗的源泉。"

71. 在英国后期也有相应的表达，有时甚至明确地限于侍从的身上。用英语对宴饮的描述可见于 G. G. Coulton, *Social Life in Britain*, Cambridge, 1919, S. 375, 内中以"仆从的谦恭和诚实"与"晚餐桌旁和蔼可亲的友好与社交"相对应，就是一例。

72. Zarncke, *Der deutsche Cato* a. a. O. S. 130 V. 71 u. V. 141f. 关于这第一次的武士宫廷化的浪潮的其他方面(在各个不同的国家形成骑士团和骑士团的法典)请参看: E. Prestage, "*Chivalry*", *A series of studies to illustrate its historical significance and civilizing influence*, London, 1928; darin u. a. A. T. Byles, *Medieval courtesy-books and the prose romances of chivalry* (S. 183ff.)。

73. Achille Luchaire, *Les premiers Capétiens*, Paris, 1901, S. 285 s. a. A. Luchaire, *Louis VI. le gros*, Paris, 1890, "Introduction".

74. A. Luchaire, *Histoire des institutions monarchiques de la France sous les premiers Capétiens (987—1180)*, Paris, 1891, Bd. 2, S. 258.

75. S. o. S. 17ff., 特别是 S. 31/32。

76. Suger, *Vie de Louis le Gros*, *Ausg. v. Molinier*, Kap. 8, S. 18/19.

77. Vuitry, *Etudes sur le Régime financier*, Paris, 1878 S. 181.

78. A. Luchaire, *Louis VI*, a. a. O.

79. "Von Northumberland bis zum Kanal ließ sich die Einheit leichter herstellen als von Flandern zu den Pyrenäen." Petit-Dutaillis, *La Monarchie féodale*, Paris, 1933, S. 37. *Zur Frage der Gebietsgröße* s. a. Rob. H. Lowie, *The Origin of the State*, New York, 1927, *The Seize of the State*, S. 17ff.

W. M. Macleod, *The Origin and History of Politics*, New York, 1931.

作者指出，像印加帝国和中国这样庞大的统治单位，其交通手段简单原始，而能保持相对稳定，是殊可令人惊异之事。中国的集权形式和欧洲的发展相比较是很具特色的。在中国，很显然武士阶层在早期就已被强大的中央政权以极端的手段予以消灭。与武士阶层的销声匿迹所俱来的乃是中国社会建构的两大特征：对土地的支配过渡到农民的手中(西方早期很少会碰到这种情况，瑞典可能有类似的情况)；统治机构总会有一部分由农民充实，官吏都是完全平和化的官吏。由官吏上下尊卑等级为中介而使宫廷的文明形式渗透到人民的最底层：这些都固定下来，在乡村行为的准则中发生了多重的形变。中国人民的性格常常被说成是“非战”性格，这并非“天生如此”，而是由以下的情况产生出来的：贫民与其保持经常性联系的并从其获取许多行为规范的阶层数百年来并非武士阶层，并非贵族，而是和平的、有学识的官吏。这些官吏所表现出来的境况和功能在传统的价值表中——这一点和日本的有所不同——征战的活动和好勇斗狠的本领并不占有很高的地位。中国的集权和西方的集权进程在个别细节上无论有多么大的区别，然而对竞争的武士或地主战而胜之都是形成较大统治区域的基础。

80. 关于对体力暴力实施进行独占对“国家”建构的意义首先要参看：Max Weber, *Wirtschaft und Gesellschaft*, Tübingen, 1922。

81. 请参看注 80，133 页。似乎没有必要按照今天的惯例来为独占机制在这里找一个数学式的表达。找到这种表达应该说并非不可能。只有找到了，才有可能从这一方面来讨论一个一般来说今天几乎不会提出的问题：数学表达的认识价值的问题。一定要这样来提问，通过数学表达对于独占机制在认识机会和清晰度方面所赢得的是什么？只有根据简单的经验自身才可回答这一问题。

可以肯定的是，今天在许多人的意识里与普遍规律的表达相联系的是一种价值，这种价值——至少在关涉到历史学和社会学的情况下——和认识价值是没有任何关系的。这种没有经过考察的价值判断往往会导致研究误入歧途。对于许多人来说，研究的根本任务是从不变之中来解释所有的变化。数学表达的权威性首先来自对不变性的这种形式的价值判断。可是这样的理想和价值品级不是根源于研究自身的认识任务，而是根源于研究读者永恒的欲求。诸如独占机制和所有其他的普遍的关系规律等这些普遍规律，不管其是否用数学表达，都不是历史—社会研究工作的终极目的，而仅是弄清这些规律性，以便成功地服务于另外一个最终目标：对人自身和其世界起一种指导性的作用。其价值仅只在于它有着解释历史演变奥秘的功能。

82. Siehe hierzu Kap. III. Über die Entwicklungs. echanik d. *Gesellschaft im Mittelalter*, Teil I, S. 14ff. Vgl. auch zum Begriff der “gesellschaftlichen Stärke” die “Bemerkung über d. Begr. d. ges. Stärke”, S. 83 unten.

83. Auguste Longnon, *Atlas historique de la France*, Paris, 1885.

84. A. Luchaire, *Histoire des institutions monarchiques*, 1891, Bd. I, S. 90.

85. Ch. Petit-Dutaillis, *La Monarchie féodale en France et en Angleterre*, Paris, 1933, S. 109ff.

86. A. Cartellieri, *Philipp II. August und der Zusammenbruch des angevinischen Reiches*, Leipzig, 1913, S. 1.

87. Siehe A. Longnon, *La Formation de l'unité française*, Paris, 1922, S. 98.

88. Luchaire, Louis VII., *Philipp Augustus*, *Louis VIII.*, Paris, 1901 (Lavisse Hist. d. Fr. III, 1)S. 204.

89. Ch. Petit-Dutaillis, *Etudes sur la vie et le règne de Louis VIII.*, Paris, 1899, S. 220.

90. Vuitry, *Etudes sur le régime financier de la France*, *nouvelle série*, Paris, 1878, S. 345.

91. Vuitry a. a. O. S. 370.

92. *Eine genauere Aufstellung dieser Feudalhäuser findet sich bei Longnon*, *La formation de l'unité française*, Paris, 1922, S. 224f.

93. Vuitry a. a. O. nouv. sér. S. 414.

94. Siehe z. B. Karl Mannheim, *Die Bedeutung der Konkurrenz im Gebiete des Geistigen*, *Verhandlungen des siebenten deutschen Soziologentages*, Tübingen, 1929, S. 35ff.

95. G. Dupont-Ferrier, *La formation de l' état français et l'unité française*, Paris, 1934, S. 150.

96. L. Mirot, *Manuel de géographie historique de la France*, Paris, 1929, Karte 19. *Auch zu den vorangehenden Darlegungen findet man dort das Kartenmaterial.*

97. P. Imbert de la Tour, *Les origines de la réforme*, Paris, 1909, I, 4.

98. L. Mirot , *Manuel de géographie historique de la France*, Karte 21.

99. Henri Hauser, Besprechung v. G. Dupont-Ferrier, La formation de l'Etat français, *Revue historique* 1929, Bd. 161, S. 381.

100. L. W. Fowles, Loomis Institute, *USA. zit. in News Review*, Nr. 35, S. 32.

101. A. Luchaire, *Les communes françaises à l'époque des Capétiens directs*, Paris, 1911, S, 276.

102. Für diesen, wie für eine Reihe von anderen Abschnitten mußten die belegenden Stücke aus Raumgründen zurückgestellt werden. Der Verf. hofft, sie in einem Anhangband sammeln zu können.

103. P. Lehugeur, Philipp le Long (1316 – 1322). *Le mécanisme du gouvernement*, Paris, 1931, S. 209.

104. G. Dupont-Ferrier, *La formation de l 'Etât français*, Paris, 1934, S. 93.

105. Brantôme, *Oeuvres complètes*, *publiées par L. Lalanne*, Bd. IV, S. 328ff.

106. Mariéjol, *Henri IV. et Louis XIII.*, Paris, 1905, S. 2.

107. 同上书，S. 390。

108. Siehe u. a. Ad. Stölzel, *Die Entwicklung des gelehrten Richtertums in deutschen Territorien*, Stuttgart, 1872, S. 600.

109. Richelieu, *Politisches Testament*, Teil I, Kap. 3, 1.

110. Lavisse, *Louis XIV*, Paris, 1905, S. 128.

111. St. -Simon, *Memoiren*, übers. v. Lotheisen, Bd. II, S. 85.

112. Siehe Lavisse, *Louis XIV*. a. a. O. S. 130.

113. Saint-Simon, *Memoiren*, übers. v. Lotheisen, Bd. I, S. 167.

114. St. -Simon, *Mémoires* (*Nouv. éd. par A. de Boislisle*), Paris, 1910, Bd. 22 S. 35 (1711).

115. Th. v. Aquino, *De regimine Judaeorum*, *Ausg. v. Rom*, Bd. XIX, S. 622.

116. Vuitry, *Etudes sur le Régime financier de la France*, Paris, 1878, S. 392f.

117. Vuitry a. a. O. nouv. série, Bd. I, Paris, 1883, S. 145. Eine andere Form der Monetisierung von feudalen Herrenrechten unter dem Druck des wachsenden Geldbedarfs der Könige, die Befreiung von Leibeigenen durch den König und seine Verwaltung gegen Bezahlung einer bestimmten Geldsumme, s. b. Marc Bloch, *Rois et Serfs*, Paris, 1920.

118. P. Viollet, *Histoire des institutions politiques et administratives de la France*. Paris, 1898, Bd. 2, S. 242.

119. P. Viollet a. a. O. S. 242.

120. Vuitry a. a. O. nouv. sér. Bd. III S. 48.

121. G. Dupont-Ferrier, La Chambre ou Cour des Aides de Paris, *Revue historique*, Bd. 170, Paris, 1932, S. 195; s. hierzu und zu dem Folgenden auch von demselben Autor, *Etudes sur les Institutions financières de la France*, Bd. 2, Paris, 1932.

122. Léon Mirot, *Les insurrections urbaines au debut du régne de Charles VI*, Paris, 1905, S. 7.

123. L. Mirot a. a. O. S. 37.

124. G. Dupont-Ferrier, *La Chambre ou Cour des Aides de Paris* a. a. O. S. 202. Vgl. a. Petit-Dutaillis, *Charles VII*, *Louis XI*, *et les premières années de Charles VIII*. (Lavisse, *Hist. de France*, IV, 2) Paris, 1902.

125. Viollet a. a. O. Bd. III, Paris, 1903, S. 465. S. a. Thomas Basin, *Histoire des règnes de Charles VII et de Louis XI*, *hrsgb. v. Quicherat*, Paris, 1855 Bd. I. S. 170ff. Einzelheiten der Finanzorganisation b. G. Jacqueton, *Documents relatifs à l'administration financière en France de Charles VII à François Ier* (1443—1523), Paris, 1897, besonders die in Frage und Antwort gehaltene Nr. XIX, Le vestige des finances (Instruktionsbuch für zukünftige Finanzbeamte der Zeit?).

126. Eug. Albèri, *Relazioni degli Ambasciatori Veneti al Senato. l. Serie*, Bd. IV,

Florenz, 1860, S. 16(*Relazione di Francia di Zaccaria Contarini*, 1492).

127. L. v. Ranke, *Zur venezianischen Geschichte*, Leipzig, 1878, S. 59, u. H. Kretschmayr, *Geschichte v. Venedig*. Stuttgart, 1934, S. 159ff.

128. Eug. Albèri, *Relazioni degli Ambasciatori Veneti*, *l. Serie*, Bd. 1, Florenz, 1839, S. 352.

有理由指出，法国的第一批专制国君是向意大利城邦专制国君学样的。比如在 Gab. Hanotaux, Le pouvoir royale sous Francois Ier, in *Etudes historiques sur le XVIe et le VIIe siecle en France*, Paris, 1886 S. 7ff:“罗马宫廷和威尼斯的首相府单独就可以传播新的外交和政治教义。在散布于半岛的多如牛毛的小小的城邦中，没有哪一个城邦不可提供范例……欧洲的君王在那波里、佛罗伦萨和费拉拉的专制君主那里不得不移樽求教。”

在这里所要完成的肯定是同一方向的、结构相似的进程；先是在较小地区，继而便是在较大地区完成这种进程。那些较大地区的首领也总是在一定程度上从那些较小地区的经验、从其组织和关系形式的知识中汲取营养。不过在这种情况下进行深入的结构史的比较研究，也可以获取有关意大利城邦的集权化过程和统治组织在多大程度上和法国专制主义早期的相应的进程与建构的知识，也可以获取有关由于社会规模不同其结构本质也有区别的知识。威尼斯使臣的描绘和其语气都表明，他对法国国王的特殊权力地位以及与之相关的财政组织不甚了然。

129. 当今世界上极为流行的看法是：社会共同生活的形式和各个社会建制，都可以首先从这样相互联结在一起的人们的目的性中得以解释。按照这样的看法，基本情况就似乎是人们认识到了这些建制的效用而曾几何时作出了决议，应该这样而不该那样在一起共同生活。不过这种看法只是一种臆想，因之是无法引导研究工作的。

个人所表示出来的以某种形式和他人共同生活的意愿，在国家组织的形式中或以公民、官员，或以工人、农民，而不以骑士、教士和农奴，或者不愿以游牧的方式和他人联结，这些都是后来之事。在这种境况下个人是没有很大选择的余地的。个人生于某种形式的制度和建制之中；要受到制度和建制的制约，要适应于制度和建制，在这一过程中，有的走运，有的就运气差一些。即使他觉得这个制度不好，对他没有什么好处，那他也不能干脆撤回自己的意愿，从现存的制度中逃避出去。他可能去当冒险家，去当“流浪汉”，去当艺术家，或为作家，以此来逃避现存制度；他也许会逃到一个寂寞的小岛上，然而作为这一制度的逃避者到头来他还是这一制度的产物。讨厌它，逃避它，也正像赞扬它，辩护它一样，也都是其制约性的表现。

摆在我们面前的任务是要弄清强制性发展的品性；在强制性发展的基础上出现了我们自身的社会形式和建制；就是在共同生活强制性发展的某种基础上，我们自身的社会形式和建制得以保持和变异。如果认为社会形式和建制是以个人业绩出现的方式(经过个人理智的思考和策划)来出现的，那是本末倒置。以为西方人早在中世纪初期就已作出共同的努力，有目的有计划地创立出我们今天共同生活的秩序和建制，这种想法是没有什么事实根据的。只有根据史实和充分的直观的材料，才能揭示这种社会形式历史发展过程的真相。对发展的某种片断，比如对国家组织，在前面已经论述过。不过有的见解，比如对历史—社会进程品性的见解有着进一步的意义：人们看到，从根本上来说，从理性的目的论来解释诸如“国家”这样的建制是多么地不能说明问题。

单个人树立目标，制订计划，采取行动，与他人的目标、计划和行动又相互密切地交织在一起。许多人的行动与计划的这种相互交织一代传一代，持续不断。而这种相互交织关系自身却没有任何的计划性。这种相互交织关系不可从单个人的计划与目标、也不可按照其模式来理解。这里与特殊的现象、强制和规律性有关。由于许多人都想占有与别人同样大小的土地、同样大小的市场、同样的社会地位，于是就出现了一种并非有意为之抑或有计划为之的特殊的社会现象：有着独特规律的竞争关系，这在前面业已论述过。于是乎出现了并非出自众人计划的、而是出自众人计划的相辅相反方面的日益递增的职能分工，这种分工不是计划做成；随之愈益众多的人群和愈益广大的人群空间，最终以国家的形式走向整合，促成了许多另外的历史—社会的进程。

只有认识到个人计划和行动相互交织关系的固有的规律性，认识到个人由于与他人共同生活而造成的相互联系，那才能更好地理解个性这一现象。人与人相互间共同生活，人的意愿和计划所织成的网络，人和人相互间的联系，绝不会消灭人的个性，反而会构成个性在其中得以发挥的介质。人与人相互间的联系会对个体有所限制，但同时又为其提供了用武之地。人的社会组织构成了一种培养基，从中产生了个人的目标，个人又总是将其个人的目的编织于上。然而这样的一种组织网络和其历史的演变自身在其作为整体的真实过程中并没有任何人加以利用和加以策划。

详见诺贝特·埃利亚斯的《个体的社会》，巴塞尔，1939年(最初发表于：*Jahrbuch der schwedischen Gesellschaft für Philosophie und Spezialforschung*, Uppsala, 1939)。

130. 关于社会进程问题的讨论请参看：

Proceedings of the American Sociological Society, 1932, hrsg. v. E. S. Bogardus, Chicago 1933.

对有关社会进程较为陈旧的生物学的观点的批评请参看 W. F. Ogburn, *Social Change*, London, 1923 S. 56f。

有关历史演变争论的动向请参看 A. Goldenweiser, *Social Evolution in Encyclopedia of Social Siences*, New York, 1935 Bd. 5 S. 656ff。文章结尾是这样写的：

“不问进化模式的逻辑秩序，社会科学工作者在大战结束以来就已试图在历史和社会中断定规律和相对稳定的趋向。另一方面在理想和史实之间日益增加的歧异愈益导致实用性的航道。如有社会进化的话，不管是何种形式，那就不可将其看作是应予思考的进程，而是通过共同的努力主动应予以解决的任务。”

首先撇开事情应是什么的愿望和要求，而是尽力断定探求事情的过去和现在的真实面貌，并且要探求事情是以何等方式、出于何种原因变成这般状况。从这一点来说，对文明进程的研究脱离了实用主义的轨道。不是症状取决于治疗，而是治疗取决于症状，这样才显得正确。

“……要弄清事物的来龙去脉。”

131. Vgl. E. C. Parsons, *Fear and Conventionality*, New York, London, 1914.

“如若将某一种禁忌看成是随心所欲的发明，或者是传统毫无道理地强加于社会的障碍……那是不对的。禁忌是数百年来的经验的积淀。我们所接受的禁忌，乃是经验将其作为可派用场而筛选出来的。”

132. Siehe hierzu die schöne Darstellung v. Huizinga, *Der Herbst des Mittelalters*, München, 1924, Kap. 1.

以上所说的比如说也适用于今天东方有着类似建构的社会，按其相互交织关系的方式、程度和广度的不同层次适用于所谓的“原始”社会。我们社会的孩子——尽管文明发展到了很高的程度——其行为方式具有简单的情绪化的趋向，而且情绪变化很快，请读读下面一段关于孩子喜欢电影中的什么场面的描述（Daily Telegraph, 12. Febr. 37）：

“孩子，特别是小孩子，喜爱暴力……他们所要看的杀杀打打，动作越多越好。他们根本不怕流血，流血就要流暗红色的血。道德胜利会受到他们大声的欢呼；卑鄙下作会被喝倒彩。如果两种场面相互交替，那么喝彩和喝倒彩也会交替进行。”

较为简单的社会中禁忌的特殊结构也与感情表达的强度，与感情向两方面的摇摆——一会儿摆向恐惧，一会儿摆向乐趣，一会儿摆向厌恶，一会儿摆向爱慕——有着密切的关系。在上面业已指出过（S. 321ff. bes. S. 326/27, vgl. a. Bd. IS. 157ff.），西方的中世纪，不仅仅是本能与情绪的表达是随兴而至，而且禁忌，自我折磨和苦行的趋向也较之文明进程后来的阶段更加强烈，更加密集，更加严厉。

Vgl. hierzu auch R. H. Lowie, Food Etiquette, in “Are we civilized?”, London, 1929, S. 48.

“……血腥的行为准则不仅严厉，而且也非常危险。尽管我们知道这些，可还是为其餐桌上的表现感到震惊。”

133. Vgl. Ch. H. Judd, *The Psychology of Social Institutions*, New York, 1926, S. 105ff. Vgl. a. S. 32ff. u. S. 77ff.

134. Einl. zu der franz. Übersetzung v. Grazians “Handorakel”, geschrieben von Amelot de la Houssaie, Paris, 1684. Gracians “Oraculo Manuale”, erschienen, 1647, erlebte unter dem Namen “L’Homme de Cour”.

17 和 18 世纪该书光是在法国就出版了 20 种不同的版本。从某种意义上来说，该书就是有关宫廷心理学的第一本手册，正如同马基雅维里①那部关于君主的书成了有关宫廷专制政治的经典性的书一样。不过马基雅维里较之 Gracian 更多地站在君主立场上来说话，或多或少地为正在形成的专制制度的“国家利益至上的原则”辩护。而 Gracian，这位西班牙耶稣会教士在其内心深处蔑视“国家利益至上的原则”。他是要让人了解宫廷游戏的规则，而宫廷游戏是人们不得不顺应之事，因为别无他路可走。

马基雅维里和 Gracian 在各自的书中所论述的行为方式尽管有种种区别，可在市民中产阶层看来或多或少都有些“不道德”，虽则在市民世界里也不乏类似的行为方式和感觉。在这种非宫廷的市民对宫廷心理与宫廷行为方式的诅咒中也表现出整个社会规范中的特殊差异。在非宫廷的市民阶层中的社会戒律和禁忌，其心灵建构与宫廷社会有所不同。市民的超我结构远比宫廷的强固和严格。在中产市民阶层的世界里，人际交往的黩武的一面虽说没有完全从实践中消失，可它已从一个作家、一个人所能言说的东西中，尽可能从人的意识中加以禁绝。

在宫廷贵族的阶层中，“你应该”常常不再作为生活智慧的戒律，而是通过与他人交往的实际必要而加以强制；在这些人的圈子中，在成年人的意识里这样的想法也从没有消失：这是事关戒律，一定要强制执行，因为这是在和他人共同生活。在中产市民阶层中，相应的戒律和禁忌在个人身上从小就加以灌输，不是作为生活智慧的实用规则，而是作为半自动运作的良心推动来加以灌输。因之在市民那里，这个超我的“你应该”和“你不应该”更为持久、更为强烈地干预对实际情况的加工和观察。从不计其数的例子中至少可举出一个来：Gracian 在一篇题名为“要精确了解和你打交道的人的性格”的戒条中曾写道：“对于先天畸形者不要抱任何奢望，这些人总是在性格上有些乖僻……”一份 17 世纪英文的中世纪行为准则流传也很广，最为著名的 George Washingtongs 的行为准则就是引申于它；Francis Hawkins(1646)的青年行为准则首先提到的是“你不应该”，并以此在同样的情况下使得人的行为在道德方面有着明显的转变(Nr. 31)：“你不应该歧视任何用药石疗治不愈的残障之人，不可对这些人的弱点幸灾乐祸，这会造成忌恨，甚至会招致报复。”

总而言之，在 Gracian 那里，或者如 Gracian 所说在 La Rochefoucauld 和在 La Bruyiere 那里，都可以发现格言式的行为准则，这甚至在圣西门宫廷生活的实践中也能碰到。这些格言式的行为准则大都一再指出克制情感的必要性(Nr. 287)：“千万不可感情用事，否则就会全盘皆输。”或者(Nr. 273)：“激烈的措辞和事实总是不会相符，到头来是感情占了上风，而不是理智。”在这里可以看出“心理学化的态度”，对性格一直在进行观察(Nr. 273)：“精确了解和你打交道的人的性格。”或者是作为这一说法的结果(Nr. 201)：“他们都是给人以发疯印象的人；没给人以发疯印象的人中的一半也是疯子。”有关自我观察的必要性(Nr. 210)：“对自己最大的缺陷要有

① Machiavell(1469—1527)，佛罗伦萨外交家、历史学家和政治哲学家。——译者

所认识。”提醒人们注意有人只是逢人只说半截话(Nr. 210):“要知道，有人会将真相玩弄于股掌之上。”要认识到，真正的真理存在于整个存在的真相之中，存在于一个人的本性之中，而不是存在于个别的话语之中(Nr. 175):“只有真理才能给人带来声誉；只有真实的东西才会转化为收益。”关于长远眼光的必要性(Nr. 151):“今天就要想到明天，要目光远大。”有关适度适中(Nr. 82):“智者认为最大的智慧就在于掌握适当分寸。”有关宫廷贵族形式的完美，其完美就在于对本能的克制，使其释放把握一定的分寸，这是一种潇洒，一种魅力，一种由动物变为人的美(Nr. 127):“某种确定的东西。没有它任何美就会死亡，没有引人之处也就没了魅力……其他的圆满乃是大自然的装饰，某种确定的东西乃为完美的修饰。这甚至在人的思维方式上也有所表现。”或者从另一方面说，非感情用事者(Nr. 123):“有关不是感情用事的人：人越是完美，就越是不会感情用事。感情用事的结果使得人的杰出的品性毁于一旦。因为人们会如此猜测：他的那些良好的品性不是其真实人格的反映，而是做作出来的勉力而为。”人与人之间的战争是不可避免的，但要以体面的方式进行(Nr. 165):“以正大光明的方式进行战争。以卑劣的方式赢得战争并非真赢。所有散发着背叛气味的东西总是会玷污人的声誉。”在这些行为准则中，总会一再陈说照顾他人，保有良好声誉必要性的理由，也就是说，以社会的必要性来说明内在世界的必要性。宗教起的作用微乎其微。上帝只是在边缘，在尽头出现，像是置身于人的圈子之外。所有美好的德行都是由人传给人的。

戒律和行为准则之所以出现，并非永恒的道德信条起作用的结果，而是为“外界”的必要性，是由他人的存在所促成。这样的一种说法首先使得市民中产阶层的观察家对那些生活准则和行为教条有这样的看法：或多或少有点“不道德”，至少使人有种“太现实”了的感觉。背弃道德信条之事一定要加以禁绝，不过在市民世界的人看来这不是出于现实的原因，不是为了维护在他人当中所享有的“好名声”，而是由于内在声音的呼唤，由于良心发现的结果，总之是由于道德戒律在起作用。这里的戒律和禁忌的建构，也像前面已经提到过的餐饮、洗涤，以及其他最基本事务一样发生着演变。行为规则，在宫廷贵族的圈子里，即使是在成年人那里也是由于直接顾及他人和对他人的畏惧才加以遵守；而在市民世界里，行为规则对于个人来说更多是一种自我强制。这些行为规则不再是由于直接畏惧他人而被复制出来，使人时刻警醒；而是“内在声音”的呼唤，由自己的超我自动复制出畏惧来，总之是由道德戒律复制出来，而道德戒律是不需要什么论证的。

135. Siehe üb. d. Proz. d. Ziv. Bd. I S. 145ff.

136. Ch. H. Haskins, *The Spread of ideas in the Middle Ages*, in *Studies in Mediaeval Culture*, Oxford, 1929, S. 92ff.

137. 请参看上面 S. 88ff。除了宫廷抒情诗而外，还有大量其他的资料，这些资料也许能更好地表现出这种水平；比如说来自 Marie v. Champagne“De Amore”社的 Andreas Capellanus 的短小的散文作品和中世纪妇女论争的全部文学。

138. Ch. H. Haskins a. a. O. S. 94.

139. Üb. d. Proz. d. Ziv. Bd. I S. 283ff.

140. Siehe oben S. 8ff.

141. La Bruyère, *Caractères*, Paris, De la Cour, 1922(Hachette)Oeuvres Bd. II, S. 237 Nr. 64; siehe auch S. 248 Nr. 99:

"百年之后这个世界依然存在:还是那出老戏,舞台还是老舞台,只是演员换了。那些为得到业已证实的恩典而欢欣鼓舞的人,那些为遭到拒绝陷于悲伤和绝望之人,全都从舞台上消失。已有其他的人在接近舞台,他们将在同一剧本中扮演同样的角色……只是还需要对舞台角色熟悉熟悉!"在这里所表现出来的那种一切不会变化的情绪,现存制度永不会消逝的情绪是何等强烈;这样的情绪较之后来的阶段,亦即"文明"概念开始取代"礼貌"概念的阶段要更为强烈。

关于这种概念的演变请参看"判决"(Judgement):"并非所有的异邦人都是野蛮人,也并非我们所有的同胞都是文明人。"

142. La Bruyère a. a. O. S. 247 Nr. 94.

143. La Bruyère a. a. O. S. 211 Nr. 2; siehé auch S. 211 Nr. 10:

"宫廷犹如大理石的建筑,以此我是想说,宫廷是由坚硬而又滑溜的人物组成。"

144. St. -Simon a. a. O. S. 63.

145. Über die Proz. d. Ziv. Bd. I S. 89ff., bes. S. 100/1.

146. Ranke, *Französische Geschichte*, Buch 10, kap. 3.

147. St. -Simon a. a. O. Bd. 22 S. 20 u. S. 22f. (1711).

这样的谈话事关重大,事关为另一种政府形式物色王位继承人;在新的政府形式中,市民上层和贵族上层在宫廷中应保持有利于后者的平衡。"Pairs"① 的政权——这是圣西门和其朋友的目标——应予以重建。特别是国家大臣这样的国家高级职务应从市民手中过渡到贵族手中。这一图谋本来要在路易十四死后由摄政大臣和在圣西门的积极参与下付诸实施,然而圣西门却招致失败。英国贵族在建立一个稳定的贵族政权方面在很大程度上取得了成功;而法国贵族却失败了:为了占据关键性的权力职位,法国贵族各个派别和集团按照多少有些严酷的游戏规则彼此展开了争夺。贵族上层的矛盾和利益对立,法国要比英国大得多;在专制主义的掩盖下,这些矛盾和对立一直存在于法国。不过这种斗争,就像在任何独裁统治下一样,都是在君主的周围,在上层中关起门来进行。圣西门就是这种秘密斗争的主要代表人物之一。

148. 关于一般羞耻感的问题也请参看 *The Spectator*, 1807, Bd. 5, Nr. 373:

"如果有人要求我为谦虚下定义,那我将会说,这是一种正直人处于一种这样情况下的反映:要么是为某件所做之事自责,要么是有种受到他人责备的印象。"在这

① 法国旧时在政治上享有特权的贵族。——译者

里也请参看有关男女羞耻感区别的说明。

149. Über d. Proz. d. Ziv. Bd. I, S. 164ff.

150. Dgl., S. 283ff.

151. Dgl., S. 145ff.

152. 人们往往试图从其地理位置，从所谓的海岛性格来解释英国的国民性，解释其国民的某些性格特征。不过如果只有作为自然条件的海岛性格对海岛居民的国民性的形成起着决定性作用，那么所有海岛民族的居民必定会有相似的性格，那必定没有任何一个民族在行为和外部特征上像日本民族那样与英吉利民族接近。

给海岛居民的国民性打上烙印的并非海岛位置本身，而是这种地理位置在海岛社会整个建构中，在其历史整个联系中所具有的意义。基于其独特的历史发展路线，英国由于缺少陆地边界，比如说，这就会导致与日本完全不同的后果：征战的本领，具体来说就是士兵的活动没有那么大的威望，亦即在社会功能的排列中所居地位不高。

在英国相对平和的贵族和市民上层，很早便成功地限制了国王对武力和军队的占有，特别是对暴力工具的使用，并将暴力工具的使用置于严格的监督之下。这种暴力独占的建构实际上也只有这种国家的海岛性才可促其成功；毫无疑问，这种海岛性对于英国国民性的形成起着不小的作用。英国人的超我结构，或者说良心结构的某些特点和这种暴力独占的建构有着极为密切的关系，至今还可以通过某种特殊的回旋的余地表现出来：在英国可以出于良心的原因而拒服任何兵役；大家普遍有这样感觉：一般的兵役意味着对个人自由的决定性的限制与损害。在英国，那些不顺从的运动和组织数百年来之所以能保持强大与活力，这是因为英国的警察和军事当局并不像德国的警察和军事当局那样支持官方的教会；在德国这种新教国家里的新教教会总会受到警察和军方的支持。无论如何，在英国武器暴力的外来强制直接施加于个人的情况很早就少于大陆其他的国家，这是事实；而这一事实又是和另外一个事实密切相关的：个人对自身所施加的强制是一种自我强制；在有关国家生活事务时，这种自我强制在英国要比在欧洲大陆所有国家都更为全面，也更为强烈。事实上，海岛性格和整个国家的自然界就是以这样的方式，作为社会史的因素，通过不同的途径为国民性打下烙印。

153. Über den Proz. d. Ziv. Bd. I, S. 17ff. S. 96ff. und S. 310 Anm. Anm. 30. Vgl. hierzu auch A. Loewe, *The Price of Liberty*, London, 1937. S. 31：

“古典时代的或后古典时代有教养的德国人是一种两重人格的人：在公共场合他处于当局所赋予他的职位之上，并以双重的角色来完成其职责：一是以上级的身份，一是以臣仆的身份，全心全意地投入，充满着责任心。而在私人生活中，他又是一个具有批判眼光的知识分子，抑或一个感情丰富的浪漫诗人……这样一种教育制度为的是要将官僚主义理想和人道主义理想结合为一体，然而这一努力归于失败。这种教育理想所培养出来的是一种内向型的专家，他们在抽象的思辨领域和形式组织领域中显示出无可比拟的才干，然而却没有能力跳出理论性的思维而创立现实的世界。英国的教育理想却没有这种内在和外在世界的分裂……”

154. Siehe oben S. 88ff.

155. Siehe oben S. 135f. und S. 142ff.

不同统治单位之间的紧张状态的强度和其内部的紧张状态与整个社会制度的强度密不可分地联系在一起，这在以前已经多次强调过。这种类型的联系，在西方早期的以自然经济为主的封建社会就已存在了。导致不同形式的扩张与竞争的人口压力，穷困的武士要求一块土地，富有的骑士、伯爵、大公和国王要求更多的土地，夺取他人之地产以扩大自己的地产，所有这一切不能简单地看成是人口增长的结果，而是与当时存在的财产关系，与一部分武士独占这个社会最为重要的生产资料相联系的人口增长的结果。土地从某一时刻起变成了固定的地产；对于家庭和个人来说取得业已被占领的土地日益困难。财产关系愈益固定化。在这样的社会格局下，农民和武士阶层的人口继续增长，许多人的生活降到水准以下；这些情况所造成的压力使得从下到上的整个社会中，使得各个领主国内，使得它们之间的紧张状态和竞争日趋尖锐，使得竞争机制继续运作(请参看前面的有关章节)。同样在一个工业社会里，造成各个统治单位内部压力的并非人口的绝对数字，也不是人口的增长，而是与现存的财产关系相联系的，与财产机遇的无序的独占形式和对这些机遇无法占有的他人之间关系相联系的人口密度所造成的。

乍一看来，西方不同统治单位的社会压力是有不同大小的。不过至今我们尚未掌握可用的思维工具，以便精确地分析压力的状况；也没有具备精确的观察模式，以对不同的统治单位进行对比，对压力的强度进行精确的测定。所清楚的是，这种“内在压力”最容易从生活水平来加以观察和分析；这不仅仅要看收入的购买力，而且还要看为取得这些收入所需的劳动时间和劳动强度。此外，要想真正了解某一人群联合的压力和紧张状况，不能只是静止地将其各个阶层的生活水准在某一时刻与其他人群联合相比，这种比较需要一个较长的时期。一个社会的张力强度和人口压力不可从那种生活水准的绝对高低来加以解释，而是要视其尖锐性和突发性；某些阶层的生活水准由于紧张状态的尖锐性和陡然的变化而会大幅度下降。一定看到人群联合中的各个阶层生活水准的历史运动，看到这一曲线，才能理解人群联合内部的压力和张力状况。

这也是对众工业国家内部的压力和紧张状况强度要想有一个清楚的了解，就不能只观察一个国家的原因。同一人群联合中的不同阶层，其生活水准的高低也各不相同；这种生活水准的高低同时也由这整个的人群联合在不同国家和统治联合的职能分工网络中的地位所决定。如果不是所有的，那也是多数的欧洲工业统治联合的生活水平都是靠不断进口农产品和原料来维持的，工业化使它们达到了今天的生活水平。进口要么需要出口所得来支付，要么有在其他国家投资的收益，或用黄金储备来支付。这样一来，不仅是内部的压力，广大阶层生活水平即将到来的抑或已经到来的下降，使得不同工业统治单位之间的竞争张力维持不散，有时还使其尖锐化，而且这种国家间的竞争张力从它那一方面有时也会在很大程度上加剧各国竞争圈子内的这个或那个对手的社会压力。

这一切在某种程度上肯定也适用于这样一些国家：它们向外输出的主要是原料和农产品。这一点实际上也适用于所有这样一些国家：它们在各个不同的统治联合分工的网络中生发出特定的功能，其生活水准之得以相应维持，全靠有足够的余地进行相应的输入或者输出。不过各个国家对于国际交换的摇摆不定、对于国际竞争的失败，以及或快或慢的变化的敏感度是极不相同的。很显然，生活水准较高的国家对此的敏感度就特别强；如若进口所需不能以国外投资的收益抑或通过换储备来抵偿；此外人以移民形式的出口也不可能的话，那么在这些国家里，本身的工业和农业生产之间的平衡在很大程度上就会不利于后者；而且这种平衡仰赖于对这两大领域的原料进口。然而这是一个本身需要进行进一步研究的问题，而在这里是不可能这样做的。只有通过在这方面的进一步的探讨，才能更好地理解，为何欧洲国家间的平衡系统中的紧张状态较之南中美国家网络中的张力更为严重。

无论如何，人们常常会有这样的想法：让这些高度工业化的国家间的经济竞争按其力量自由进行，大家在竞争的面前机会均等。可是这种力量的自由发挥乃是一种受同样规律制约的残酷的竞争，就像任何在其他领域内所进行的自由竞争一样。相互竞争的国家联合之间的平衡是十分脆弱的，它总是趋向于某种特殊的转移，其转移的方向需要经过长期的观察才能确定。在高度发达的工业国家间的竞争的过程中，经过反复较量，其重心往往朝着有利于某一国家而不利于另一国家的方向转移。竞争中遭到削弱的国家，其进出口的机会就会受到限制。如果某一国家联合处于这样一种状况——如前所述，既不能通过对外投资，也不能通过黄金储备来填补亏空——那也只能在两条路中选取一条：要么是降低价格加速出口，要么是限制进口。如果是双管齐下，公民的生活水准就会下降。而这种下降往往由这一国家内独占经济机遇者尽可能转嫁给那些没有独占机遇的人身上。而那些被排除垄断机遇的人往往觉得自己是受到垄断者的双重包围：一是受到本国垄断者的包围，一是受到外国垄断势力代表的包围。这些人所施加的压力会促使自己的代表，促使有关的国家联合作为整体而向着其他的联合体进行竞争。这样做的结果实际上使得不同统治单位内部的紧张状态和统治单位间的紧张状态加剧。这肯定仅仅是——这一点必须强调——诸多各色各样的相互密切交织关系系列中的一种。一想到这样一种相互密切交织关系系列的某种情形，就会有一种强制暴力的印象；正是这种强制使得国际间的竞争斗争一直进行下去，垄断机制一直维持下去。

156. 有关国家起源的现代理论的全面论述请参看同上 219—221 页。

157. Siehe oben S. 147ff.

158. Siehe oben S. 369ff.，尤其是 S. 377ff.

159. Siehe oben S. 320ff.，S. 348 und 406ff.

160. Siehe oben S. 346ff., S. 359, S. 365/6, S. 397ff., vgl. hierzu E. C. Parsons, Fear and Conventionality a. a. O. S. XIII: “conventionality rests upon an apprehensive state of mind...” und S. 73:

“惯例是建筑在令人畏惧的精神状态基础上的……” 73 页又这样写道，“我猜想，就餐礼仪乃是我们最明显的阶级差别之一。” 在那里又引证了：“因而习惯是社会的强大的飞速转动的车轮，是其最为可贵的凝聚力。只有习惯才能使我们大家在法律范围之内行事而不逾矩，才能保护有钱人的孩子免遭嫉妒的穷人骚乱的威胁。也只有习惯才能阻止那些人放弃最艰难、最令人厌恶的职业，这些人为这些职业受过专门的训练。”

一个更为普遍的问题在美国社会科学中也早已提了出来，比如 W. G. Summer, *Folkways*, Boston, 1907 S. 418:

“因而人种志学者对其所研究对象的人使用斥责或蔑视的口吻来描述其特征，那就是忽略了我们研究计划的最为重要的问题：即何谓习俗，何谓准则，有关贞洁、礼节、行为规范、谦虚等的概念又是什么，它们出自何处？人种志数据包含了对这些问题的答案。不过为了取得这些答案，我们就要对数据进行不带感情色彩的复现。”

毋庸讳言，这一点不仅对于研究异邦社会和较为简单的社会适用，而且也适用于我们自己的社会和自己的历史。

Ch. H. Judd, *The Psychology of Social Institutions*, New York, 1926, 也谈到了这一问题，不过其解决这一问题的方法不同(276 页)：

“本章的目的是为了证明文明人所具有的感情种类乃是不断进化的结果，在进化的过程中感情不断选取新的方向……这种适应的工具和手段乃是在前面几章业已描述过的建制。某种建制一旦稳定下来，就会在所有它所影响的个体身上制造一种与该建制相适应的行为方式和情感状态。新的行为方式和情感状态在建制创立之前是不会自行完善的。为适应建制要求单个人所做之努力，其结果可描述为好感与反感的一种新的完善的积聚。”

书 名 表

阿格娜丝·封·利利恩	*Agnes von Lilien*
爱情规则	*Arrêts d'amour*
奥尔良公爵夫人的通讯	*Korrespondenz der Herzogin von Orleans*
拜占庭帝国史	*History of the Eastern Roman Empire*
不伦瑞克的宫廷规矩	*Braunschweigische Hofordnung*
布鲁吐斯	*Brutus*
泽德勒百科大词典	*Zedlersche Universallexikon*
纯粹理性批判	*Kritik der reinen Vernunft*
从恺撒到查理大帝的欧洲文化发展的经济和社会基础	*Wirtschaftliche und soziale Grundlagen der europäischen Kulturentwicklung aus der Zeit von Cäsar bis auf Karl den Großen*
从罗曼国家来的客人	*Der Wälsche Gast*
从世界公民的观点撰写世界通史的想法	*Ideen zu einer allgemeinen Geschichte in weltbürgerlicher Absicht*
从哲学和政治的角度看欧洲人在印度和美洲设立机构和开展贸易的历史	*Histoire philosophique et politique des établissements et de commerce des Européens dans les deux Indes*
粗鲁的人	*Grobianus*
德国边界的政治史	*Politische Geschichte der deutschen Grenzen*
德国法律史	*Deutsche Rechtsgeschichte*
德国人的政治史	*Politische Geschichte der Deutschen*
德克莱芙公主	*La princesse de Clèves*

第一代卡佩人	*Les premiers Capetiens*
东法兰克王国史	*Geschichte des ostfränkischen Reiches*
对话	*Colloquia*
儿童读本	*The Babees Book*
儿童礼貌规矩	*Civilité puérile*
儿童文明守则	*La Civilité honete pour les Enfants*
法国初期的扩张政策	*Die Anfänge der französischen Ausdehnungspolitik*
法国和英国的封建王朝	*La Mondrchie feodale en France et en Angleterre*
法国经济史	*Französische Wirtschaftsgeschichte*
法国礼貌	*Civilité françoise*
法国与德国文学	*Lettres Françoises et Germaniques*
法兰西民族	*Die französische Nation*
法律发展中妻子和母亲	*Ehefrau und Mutter in der Rechtsentwicklung*
法语词源词典	*Dictionnaire étymologique de la langue française*
封·施特恩海姆小姐	*Das Fräulein von Sternheim*
封建社会	*La Societe feodale*
封建主义的本质和传播	*Wesen und Vereitung des Feudalismus*
赋税原理	*Théorie de l'impôt*
葛兹·封·贝利欣根	*Götz von Berlichingen*
宫廷礼仪	*Hofzucht*
宫廷抒情诗中的文化问题	*Das Kulturproblem des Minnesangs*
古朗日侯爵之歌	*Chanson des Marquis de Coulanges*
关于当代文学通讯	*Briefen die neueste Literatur betreffend*
关于就餐的格言	*Tischzucht*
关于修士见习期的设立	*De institutione novitiarum*
关于与别人相处时应有的以及允许和不允许的行为	*The Booke of Demeanor and the Allowance and Disallowance of certaine Misdemeanors*

	in Companie
汉堡剧评	*Die Hamburgische Dramaturgie*
汉堡杂谈	*Essay sur la ville d'Hambourg*
亨利四世日记	*Journal d'Henri IV.*
霍夫曼	*Hofmann*
加拉泰奥	*Galateo*
加洛林时代的经济发展	*Die Wirtschaftsentwicklung der Karolingerzeit*
加洛林王朝	*Les derniers Carolingiens*
教士守则	*Disciplina clericalis*
教养之书和教好规矩的学校	*The Booke of nurture and school of good manners*
近代文化史	*Kulturgeschichte der Neuzeit*
经济和社会	*Wirtschaft und Gesellschaft*
经济图景	*Tableau économique*
警句	*Apothegmes*
救世主	*Messias*
就餐礼貌五十条	*De le zinquanta cortexie datavola*
卡佩王朝初期法国君主建制史	*Histoire des Institutions Monarchiques de le France sous les premiers Capetiens*
卡佩王朝时代的法国城镇	*Les Communes Francaises a l'Epoque des Capetiens directs*
卡托斯的两行短诗	*Disticha Catonis*
拉奥孔	*Laokoon*
礼仪书	*Book of Curtesye*
礼仪与基督教礼貌守则	*Les règles de la bienséance et de la Civilité Chrétienne*
历史上个人的隐秘习俗	*Moeurs intimes du passé-prem*
流行用语	*Mots à la Mode*
伦敦的夏天	*Ein Sommer in London*
论悲剧	*Discours sur la Tragédie*

论表达方式中的好习惯和坏习惯——兼论市民阶层的说话方式	*Du bon et du mauvais usage dans les manires de s'exprimer. Des façons de parler bourgeoises*
论德国文学	*De la littérature Allemande*
论教养诗	*Boke of Nurture*
论人世科学和生活行为的实际知识	*De la Science du monde et des Connoissances utiles à la Conduite de la vie*
论优良习俗和文明规矩	*Des bonnes moeurs et honnestes contenances*
罗马的市井生活	*De l'urbanité Romaine*
玫瑰列传	*Roman de la Rose*
魔鬼沼泽地	*Mauprat*
男孩的礼貌教育	*De civilitate morum puerilium*
男孩席间举止	*Stans puer in mensam*
男人的格言	*Spruch von den mannen*
女孩子的教育	*Die Erziehung der Mädchen*
欧洲中世纪晚期经济和社会史	*Economic and Social History of Europe in the later Middle Ages*
判决	*Judgement*
骑士风度的伦理学	*Die galanthe Ethica*
钱币，成锭的金属还是实物?	*Monnaie, linggots ou marchandises?*
强盗	*Räuber*
裘力斯·恺撒	*Julius Cäsar*
人类的朋友	*Ami des hommes*
如何生活	*Savoir-vivre*
善恶的彼岸	*Jenseits von Gut und Böse*
上流社会的风俗习惯	*The habits of Good Society*
少年维特之烦恼	*Werther*
社会体系	*Système sociale*
诗与真	*Dichtung und Wahrheit*
时序	*Horen*

随笔	*Skizze*
堂·卡洛斯	*Don Carlos*
韦尔尼格罗德的宫廷规矩	*Wernigerodische Hofordnung*
文明新论	*Nouvean traité de Civilité*
西方从古典时期的终结到加洛林王朝的解体	*Das Abendland vom Ausgang der Antike bis zum Zerfall des karolingischen Reiches*
西方中世纪	*Abendländisches Hochmittelalter*
西西里的诺曼人时代	*Das Zeitalter der Normannen in Sicilien*
席间举止	*Contenance de table*
席间须知	*Quisquis es in mensa*
学生的道德教育	*Morale scolarium*
1797 年的巴黎旅人	*Le voyageur de Paris 1797*
一首关于席间礼仪的格言诗	*Ein spruch der ze tische kêrt*
伊拉斯谟	*Erasmus*
伊菲格涅亚	*Iphigenie*
医生约翰内斯·莫里索图斯在四本书中与他的儿子康斯坦丁的谈话	*Johannis Morisoti medici Colloquiorum libri quatuor, ad Constantinum filium*
有关法国农村史的原始资料	*Les caracteres originaux de l'histoire rurale francaise*
赞疯狂	*Eloge de la folie*
扎伊尔	*Zaire*
征服格拉纳达	*Eroberung von Granada*
中世纪城市	*Les villes du moyen age*
中世纪家庭画册	*Mittelalterliches Hausbuch*
论死亡之准备	*Préparation à la mort*
紫罗兰列传	*Roman de la Violette*

图书在版编目（CIP）数据

文明的进程：文明的社会发生和心理发生的研究/
（德）埃利亚斯（Norbert Elias）著；王佩莉，袁志英译.
—上海：上海译文出版社，2018.4（2023.12重印）
（睿文馆）
ISBN 978-7-5327-7657-3

Ⅰ.①文… Ⅱ.①埃… ②王… ③袁… Ⅲ.①社会心
理学—研究—西方国家 Ⅳ.①C912.6

中国版本图书馆CIP数据核字（2017）第274890号

Norbert Elias
Über den Prozeβ der Zivilisation
Soziogenetische und
Psychogenetische Untersuchungen

图字：09-2008-472号

文明的进程——文明的社会发生和心理发生的研究
［德］诺贝特·埃利亚斯 著 王佩莉 袁志英 译
责任编辑/钟瑾 装帧设计/张志全工作室

上海译文出版社有限公司出版、发行
网址：www.yiwen.com.cn
200001 上海福建中路193号 www.ewen.co
常熟市人民印刷有限公司印刷

开本 890×1240 1/32 印张 23 插页 6 字数 548,000
2018年4月第1版 2023年12月第6次印刷
印数：14,001—16,000册

ISBN 978-7-5327-7657-3/C·080
定价：128.00元